i+ Interactif de Chenelière Éd
le nouveau standard de l'ense

- **Créer** des préparations de cours et des présentations animées.
- **Partager** des annotations, des documents et des hyperliens avec vos collègues et vos étudiants.
- **Captiver** votre auditoire en utilisant les différents outils performants.

Profitez dès maintenant des contenus spécialement conçus pour ce titre.

9011-M ISBN 978-2-89650-894-5

CODE D'ACCÈS ÉTUDIANT

VOUS ÊTES ENSEIGNANT ?

Communiquez avec votre représentant pour recevoir votre code d'accès permettant de consulter les ressources pédagogiques en ligne exclusives à l'enseignant.

http://mabibliotheque.cheneliere.ca

2e ÉDITION

Principes de MICROÉCONOMIE

N. Gregory Mankiw — Harvard University
Germain Belzile — HEC Montréal
Benoît Pépin — HEC Montréal

Conception et rédaction du matériel complémentaire Web
Marc Prud'homme — Université d'Ottawa
Christian Calmès — UQO

MODULO

Principes de microéconomie
2e édition

N. Gregory Mankiw, Germain Belzile et Benoît Pépin

Traduction et adaptation de : *Principles of microeconomics*, 6th Canadian edition, de N. Gregory Mankiw, Ronald D. Kneebone et Kenneth J. McKenzie © 2014 Nelson Education Ltd. (ISBN 978-0-17-653086-0)

Conception éditoriale : Éric Mauras
Édition : Suzanne Champagne
Coordination : Nadia Martel
Traduction des ajouts de la 6e édition canadienne : Johanne Tremblay et Nathalie Vallière
Révision linguistique : Sylvie Bernard
Correction d'épreuves : Ginette Choinière
Conception graphique : Gisèle H
Illustrations : Larry Moore
Conception de la couverture : Gisèle H
Impression : TC Imprimeries Transcontinental

Catalogage avant publication de Bibliothèque et Archives nationales du Québec et Bibliothèque et Archives Canada

Mankiw, N. Gregory

[Principles of microeconomics. Français]

Principes de microéconomie

2e édition.

Traduction de la 6e édition canadienne de : Principles of microeconomics.
Comprend un index.

ISBN 978-2-89650-894-5

1. Microéconomie – Manuels d'enseignement supérieur. I. Belzile, Germain, 1957- . II. Pépin, Benoît, 1959- . III. Titre. IV. Titre : Principles of microeconomics. Français.

HB172.P74414 2014 338.5 C2013-942603-5

MODULO

5800, rue Saint-Denis, bureau 900
Montréal (Québec) H2S 3L5 Canada
Téléphone : 514 273-1066
Télécopieur : 514 276-0324 ou 1 800 814-0324
info.modulo@tc.tc

ISBN 978-2-89650-894-5

Dépôt légal : 1er trimestre 2014
Bibliothèque et Archives nationales du Québec
Bibliothèque et Archives Canadaa

Imprimé au Canada

2 3 4 5 6 ITIB 20 19 18 17 16

Gouvernement du Québec – Programme de crédit d'impôt pour l'édition de livres – Gestion SODEC.

Ce projet est financé en partie par le gouvernement du Canada

À Catherine, Nicholas et Peter
Ma contribution pour les générations futures

À nos parents
ainsi qu'à Cindy,
Kathleen et Janetta
Merci pour votre soutien et votre patience

À Denyse, Marc et Zoé, mes artistes

À Diane et Jean-Pierre, pour tout

Remerciements

Germain Belzile
Benoît Pépin

La production d'un manuel est une affaire d'équipe. Nous aimerions donc remercier les membres de l'équipe du groupe Modulo pour leur ténacité, leurs encouragements, leurs conseils, leur professionnalisme... et leur patience. Nous exprimons notre profonde reconnaissance à tous ceux et celles qui ont contribué à la réalisation de ce projet, et surtout à Bianca Lam, directrice de l'édition collégiale et universitaire. Sa patience, sa gentillesse, son doigté et sa bonne humeur ont rendu ce projet agréable.

Nous aimerions aussi remercier les personnes suivantes pour leurs conseils et leurs commentaires judicieux: Steve Ambler (UQAM), Pascal Bédard (UQAM et HEC Montréal), Hafedh Bouakez (HEC Montréal), Simon Cadorette (UQAM et HEC Montréal), Christian Calmès (UQO), Pierre Chaussé (University of Waterloo), Foued Chihi (UQTR), Martin Coiteux (Banque du Canada), Nathalie Elgrably (HEC Montréal), Robert Gagné (HEC Montréal), Jean-Denis Garon (UQAM), Olivier Gergaud (BEM Bordeaux Management School), Alexandre LeLeyzour (HEC Montréal), Pierre Lemieux (UQO), Michel Normandin (HEC Montréal), Rigas Oikonomou (HEC Montréal), Marc Prud'homme (Université d'Ottawa), Federico Ravenna (HEC Montréal), Josée Rousseau (HEC Montréal), Marc Santugini (HEC Montréal), Mireille Vallée (HEC Montréal) et Nicolas Vincent (HEC Montréal). Nous regretterons sûrement de ne pas avoir suivi tous leurs conseils.

Avant-propos

Germain Belzile
Benoît Pépin

Nous sommes très fiers d'offrir aux étudiants et aux professeurs cette nouvelle adaptation du livre de Gregory N. Mankiw, *Principles of Microeconomics*. Ce manuel, qui en est à sa sixième édition américaine, est en voie de devenir un classique dans le monde universitaire, et pour cause.

L'ouvrage de Mankiw, professeur à l'Université Harvard, réussit le tour de force de couvrir un éventail très vaste de sujets en un nombre de pages relativement restreint. Chacun des 22 chapitres aborde un thème spécifique et présente la théorie économique nécessaire à sa compréhension. Mankiw a su résister à la tentation, courante chez de nombreux auteurs, d'être le plus explicite possible et d'examiner les détails et les ramifications de la théorie proposée. À l'aide d'exemples judicieusement choisis, il prend le parti d'aller directement au cœur de la théorie et d'en faire ressortir deux ou trois idées essentielles. Cette approche permet à l'étudiant de bien voir la forêt sans avoir à examiner tous les arbres ! Par ailleurs, d'édition en édition, Mankiw a évité un autre piège, celui d'allonger les chapitres en multipliant les exemples ainsi que les développements théoriques. Au contraire, au fil des éditions, Mankiw a resserré et élagué le propos. Il est en cela proche du philosophe américain du XIXe siècle, Henry David Thoreau, qui écrivait dans sa cabane de Walden, à 30 km de Harvard : simplifiez, simplifiez, simplifiez !

En concevant cette nouvelle édition, nous sommes restés fidèles à l'esprit de Mankiw. Nous avons élagué et simplifié l'analyse. Par exemple, dans le chapitre 9, nous avons remplacé la section consacrée aux quotas d'importation par une rubrique Bon à savoir qui allège la présentation. Nous n'avons pas pour autant négligé d'actualiser le propos et de bien l'ancrer dans la réalité québécoise, canadienne et internationale. De plus, puisque l'analyse économique appelle naturellement un traitement mathématique, nous avons ajouté quelques annexes mathématiques simples, lesquelles permettront à l'étudiant qui le désire de rafraîchir ses connaissances en algèbre et en géométrie. Par ailleurs, afin de rendre l'aventure encore plus agréable, nous avons opté pour une maquette nettement plus colorée et plus conviviale.

En somme, cette nouvelle édition améliore substantiellement l'édition précédente, tant sur le plan du contenu que sur celui de la facture visuelle. Nous sommes persuadés que les lecteurs sauront l'apprécier.

Comment ce livre est-il construit?

Ce livre a été conçu de manière à présenter la matière sous une forme condensée et agréable à utiliser. Voici un aperçu de son contenu. Ce survol devrait permettre tant aux étudiants qu'aux enseignants de comprendre le plan général de l'ouvrage qu'ils ont entre les mains.

Première partie – Introduction

Le manuel *Principes de microéconomie* commence par trois chapitres d'introduction, dans lesquels est proposé un « coffre à outils » de base pour l'analyse économique.

Le chapitre 1, Dix principes d'économie, présente aux étudiants la vision du monde qu'ont les économistes. Il traite des principaux concepts qui sont au cœur de la science économique, tels que le coût de renonciation, le raisonnement à la marge dans la prise de décisions rationnelles, le rôle et l'importance des incitatifs, les gains associés aux échanges et à la spécialisation, et l'efficience des marchés. Ces concepts seront repris à plusieurs occasions dans le livre, puisqu'ils constituent la base de toute analyse économique.

Le chapitre 2, Penser comme un économiste, examine de quelle façon les économistes conçoivent leur discipline. On y décrit le rôle des postulats dans le développement d'une théorie et on y aborde la notion de modèle économique. On y commente aussi la responsabilité des économistes en matière de politique économique. L'annexe de ce chapitre présente une brève récapitulation de l'art d'utiliser les graphiques et rappelle la prudence dont on doit faire preuve au moment de les interpréter.

Le chapitre 3, L'interdépendance et les gains tirés de l'échange, présente la théorie des avantages comparatifs. Cette théorie explique pourquoi les individus commercent avec leurs voisins et les pays commercent entre eux. Puisque le but de l'économie est d'analyser la façon dont le marché coordonne les multiples décisions individuelles en matière de production et de consommation, il est tout naturel de comprendre en quoi la spécialisation et les échanges peuvent être bénéfiques.

Deuxième partie – L'offre et la demande : le fonctionnement des marchés

Les trois chapitres suivants présentent et utilisent les notions fondamentales d'offre et de demande. **Le chapitre 4, Les forces du marché : l'offre et la demande,** aborde les notions fondamentales d'offre, de demande et d'équilibre de marché. **Le chapitre 5, L'élasticité et ses applications,** expose le concept d'élasticité et, à l'aide de trois exemples, en montre toute la richesse. **Le chapitre 6, L'offre, la demande et les politiques publiques,** utilise ces instruments pour analyser le contrôle des prix (contrôle des loyers, salaire minimum, etc.) et l'incidence fiscale. Dans cette nouvelle édition, deux annexes ont été ajoutées à la deuxième partie. La première, au chapitre 4, présente les mathématiques simples de l'équilibre du marché, alors que la seconde, au chapitre 6, examine les mathématiques de la taxation.

Troisième partie – L'offre et la demande : les marchés et le bien-être

Le chapitre 7, Les consommateurs, les producteurs et l'efficience des marchés, aborde l'économie du bien-être en présentant les concepts de surplus du consommateur et de surplus du producteur. Le chapitre explique le lien entre, d'une part, la volonté de payer des consommateurs et la courbe de demande et, d'autre part, le coût supporté par les offreurs et la courbe d'offre. Il explique ensuite comment l'équilibre de marché maximise le bien-être. Les deux chapitres suivants appliquent les concepts de surplus du consommateur et de surplus du producteur. **Le chapitre 8, Application : les coûts de la taxation,** montre pourquoi les taxes génèrent des pertes sèches, alors que **le chapitre 9, Application : le commerce international,** examine les effets du commerce international sur le plan du bien-être. Ce chapitre présente également les arguments invoqués dans le débat sur le protectionnisme.

Des annexes ont été ajoutées à cette partie. La première, au chapitre 7, illustre le calcul des surplus du consommateur et du producteur, tandis que la seconde, au chapitre 8, présente le calcul de la perte sèche.

Quatrième partie – L'économie du secteur public

Les trois chapitres de cette partie portent sur l'intervention du gouvernement et montrent comment, dans certaines circonstances, celle-ci peut améliorer la solution de marché. **Le chapitre 10, Les externalités,** explique pourquoi des effets externes, comme la pollution, rendent le marché inefficient et montre quelles solutions, publiques ou privées, sont alors envisageables. **Le chapitre 11, Les biens publics et les ressources communes,** examine les problèmes qui surviennent lorsque certains biens, comme la défense nationale ou les poissons de mer, n'ont pas de prix de marché. **Le chapitre 12, L'élaboration d'un régime fiscal,** montre comment le gouvernement lève des impôts afin de financer ses programmes. Tout en demeurant près des réalités institutionnelles canadiennes, le chapitre traite également de l'arbitrage entre l'efficience et l'équité.

Cinquième partie – La firme et l'organisation industrielle

Les cinq chapitres suivants nous entraînent du côté de l'analyse de l'organisation industrielle. **Le chapitre 13, Les coûts de production,** introduit la notion de coût économique et présente les courbes de coûts d'une firme typique. **Le chapitre 14, Les firmes sur les marchés parfaitement concurrentiels,** se penche sur le comportement des firmes et sur la fixation des prix dans des marchés parfaitement concurrentiels. **Le chapitre 15, Le monopole,** examine comment se comporte une firme qui est le seul vendeur sur un marché. On y analyse également l'inefficience des monopoles, la discrimination de prix qu'ils pratiquent ainsi que les politiques publiques mises de l'avant pour éviter que les monopoles abusent de leur pouvoir de marché. **Le chapitre 16, La concurrence monopolistique,** s'intéresse à cette structure de marché où de nombreuses firmes se livrent une vive concurrence tout en offrant des produits différenciés. On profite de l'occasion pour traiter des effets de la publicité. Enfin, **le chapitre 17, L'oligopole,** analyse les marchés caractérisés par la présence de quelques vendeurs. Une introduction à la théorie des jeux permet d'initier les étudiants à l'analyse de l'interaction stratégique.

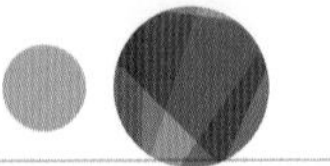

Sixième partie – L'économie du marché du travail

Les trois chapitres suivants s'intéressent au marché du travail. **Le chapitre 18, Le marché des facteurs de production,** montre les liens entre les prix des facteurs et la productivité marginale. Au **chapitre 19, La rémunération et la discrimination,** on aborde les déterminants du salaire d'équilibre ainsi que les différences compensatoires, le capital humain et la discrimination. **Le chapitre 20, L'inégalité du revenu et la pauvreté,** s'intéresse à l'inégalité dans la société canadienne ainsi qu'aux politiques pouvant modifier la distribution des revenus ou aider les plus démunis.

Septième partie – Approfondissements

Les deux derniers chapitres présentent du matériel optionnel. **Le chapitre 21, La théorie du choix du consommateur,** analyse les décisions individuelles en utilisant les contraintes budgétaires et les courbes d'indifférence. Finalement, **le chapitre 22, Les frontières de la microéconomie,** présente l'asymétrie de l'information, la théorie des choix publics et l'économie comportementale.

Les outils d'apprentissage

L'objectif premier de ce livre est de donner aux étudiants les outils de base de la théorie économique qui leur permettront de mieux comprendre ce qui se passe autour d'eux. Dans cet esprit, nous avons eu recours aux outils d'apprentissage suivants.

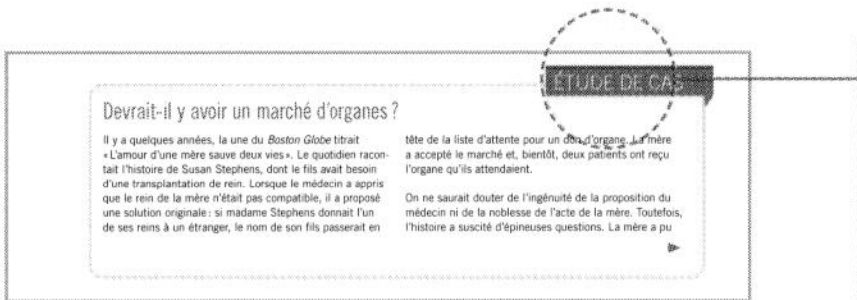

Étude de cas

La théorie économique n'a d'intérêt que si elle peut être appliquée. Dans chaque chapitre, des études de cas remplissent précisément cette mission : montrer la pertinence des concepts présentés.

Dans l'actualité

Dans la même veine, un choix d'articles de journaux récents illustrent une problématique ou un concept particuliers.

Bon à savoir

Ces petits encadrés offrent du matériel additionnel. Qu'il s'agisse de compléments théoriques ou d'un retour sur l'histoire de la pensée économique, ils offrent aux étudiants la possibilité d'élargir leur perspective sur l'économie.

Définition des concepts clés

Lorsqu'un concept clé est présenté, il est en couleur dans le corps du texte. De plus, sa définition est placée en marge du texte, ce qui en facilite le repérage.

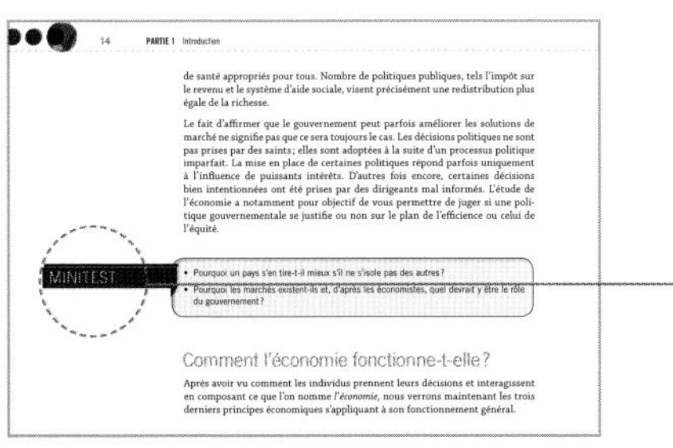

Minitest

À la fin de chaque section importante, un minitest est proposé aux étudiants. Puisque l'objectif consiste à vérifier leur compréhension de la matière, les étudiants incapables de répondre rapidement à ces questions devraient reprendre la lecture de la section qui s'y rapporte.

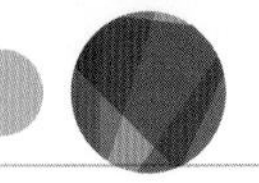

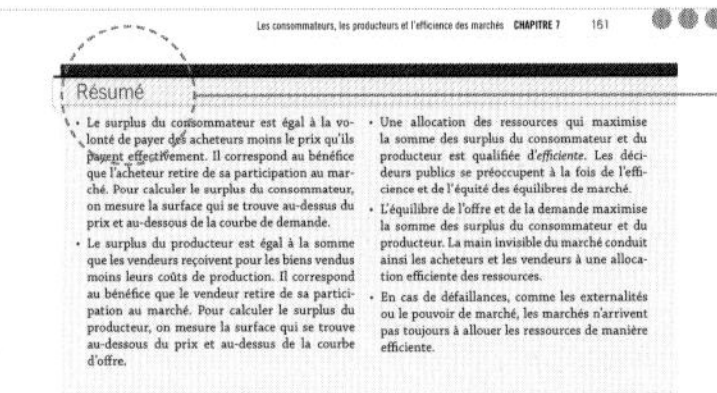

Les consommateurs, les producteurs et l'efficience des marchés CHAPITRE 7 161

Résumé

- Le surplus du consommateur est égal à la volonté de payer des acheteurs moins le prix qu'ils payent effectivement. Il correspond au bénéfice que l'acheteur retire de sa participation au marché. Pour calculer le surplus du consommateur, on mesure la surface qui se trouve au-dessus du prix et au-dessous de la courbe de demande.
- Le surplus du producteur est égal à la somme que les vendeurs reçoivent pour les biens vendus moins leurs coûts de production. Il correspond au bénéfice que le vendeur retire de sa participation au marché. Pour calculer le surplus du producteur, on mesure la surface qui se trouve au-dessous du prix et au-dessus de la courbe d'offre.
- Une allocation des ressources qui maximise la somme des surplus du consommateur et du producteur est qualifiée d'*efficiente*. Les décideurs publics se préoccupent à la fois de l'efficience et de l'équité des équilibres de marché.
- L'équilibre de l'offre et de la demande maximise la somme des surplus du consommateur et du producteur. La main invisible du marché conduit ainsi les acheteurs et les vendeurs à une allocation efficiente des ressources.
- En cas de défaillances, comme les externalités ou le pouvoir de marché, les marchés n'arrivent pas toujours à allouer les ressources de manière efficiente.

Résumé

Chaque chapitre se termine par un résumé de la matière, qui permettra aux étudiants de revoir les idées les plus importantes.

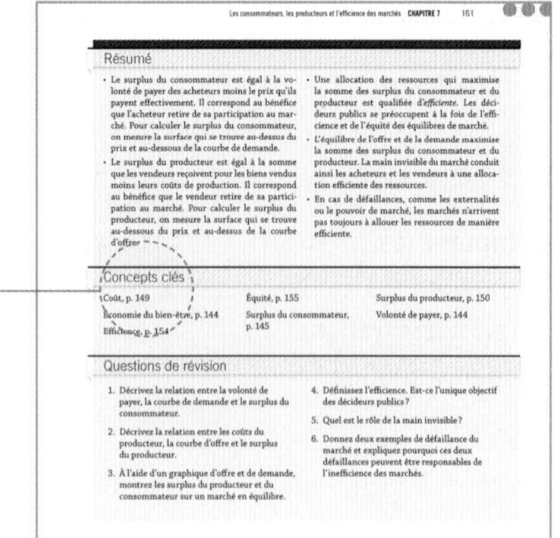

Les consommateurs, les producteurs et l'efficience des marchés CHAPITRE 7 161

Résumé

- Le surplus du consommateur est égal à la volonté de payer des acheteurs moins le prix qu'ils payent effectivement. Il correspond au bénéfice que l'acheteur retire de sa participation au marché. Pour calculer le surplus du consommateur, on mesure la surface qui se trouve au-dessus du prix et au-dessous de la courbe de demande.
- Le surplus du producteur est égal à la somme que les vendeurs reçoivent pour les biens vendus moins leurs coûts de production. Il correspond au bénéfice que le vendeur retire de sa participation au marché. Pour calculer le surplus du producteur, on mesure la surface qui se trouve au-dessous du prix et au-dessus de la courbe d'offre.
- Une allocation des ressources qui maximise la somme des surplus du consommateur et du producteur est qualifiée d'*efficiente*. Les décideurs publics se préoccupent à la fois de l'efficience et de l'équité des équilibres de marché.
- L'équilibre de l'offre et de la demande maximise la somme des surplus du consommateur et du producteur. La main invisible du marché conduit ainsi les acheteurs et les vendeurs à une allocation efficiente des ressources.
- En cas de défaillances, comme les externalités ou le pouvoir de marché, les marchés n'arrivent pas toujours à allouer les ressources de manière efficiente.

Concepts clés

Coût, p. 149	Équité, p. 155	Surplus du producteur, p. 150
Économie du bien-être, p. 144	Surplus du consommateur, p. 145	Volonté de payer, p. 144
Efficience, p. 154		

Questions de révision

1. Décrivez la relation entre la volonté de payer, la courbe de demande et le surplus du consommateur.
2. Décrivez la relation entre les coûts du producteur, la courbe d'offre et le surplus du producteur.
3. À l'aide d'un graphique d'offre et de demande, montrez les surplus du producteur et du consommateur sur un marché en équilibre.
4. Définissez l'efficience. Est-ce l'unique objectif des décideurs publics ?
5. Quel est le rôle de la main invisible ?
6. Donnez deux exemples de défaillance du marché et expliquez pourquoi ces deux défaillances peuvent être responsables de l'inefficience des marchés.

Concepts clés

À la fin de chaque chapitre se trouve une liste des concepts clés. La page de référence est indiquée pour permettre un repérage facile des concepts dans le livre.

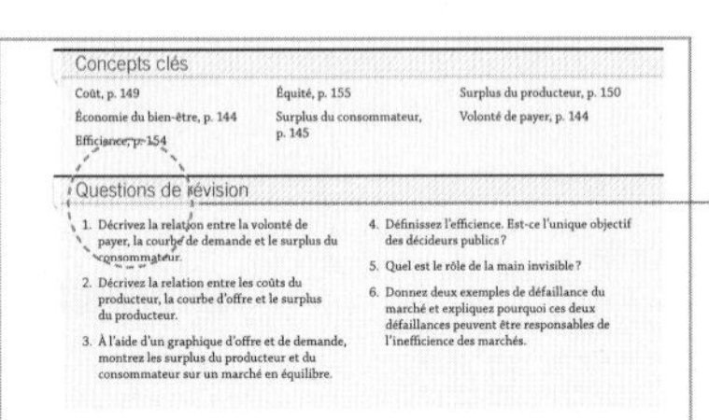

Concepts clés

Coût, p. 149 — Équité, p. 155 — Surplus du producteur, p. 150
Économie du bien-être, p. 144 — Surplus du consommateur, p. 145 — Volonté de payer, p. 144
Efficience, p. 154

Questions de révision

1. Décrivez la relation entre la volonté de payer, la courbe de demande et le surplus du consommateur.
2. Décrivez la relation entre les coûts du producteur, la courbe d'offre et le surplus du producteur.
3. À l'aide d'un graphique d'offre et de demande, montrez les surplus du producteur et du consommateur sur un marché en équilibre.
4. Définissez l'efficience. Est-ce l'unique objectif des décideurs publics ?
5. Quel est le rôle de la main invisible ?
6. Donnez deux exemples de défaillance du marché et expliquez pourquoi ces deux défaillances peuvent être responsables de l'inefficience des marchés.

Questions de révision

Afin de donner aux étudiants une vision d'ensemble de la matière présentée, le chapitre se termine par quelques questions de révision.

En complément

Les étudiants pourront se procurer *Principes de microéconomie, 2e édition — Guide de l'étudiant*. Cet outil leur permettra de vérifier leur bonne compréhension des différents concepts afin de s'assurer le meilleur succès possible. Chaque chapitre du guide correspond à un chapitre du manuel et comprend un aperçu du chapitre, des exercices d'autorévision et leurs solutions. Ainsi, les étudiants pourront confirmer les notions bien acquises et repérer celles moins bien comprises, qui pourront alors faire l'objet d'une étude plus poussée.

Table des matières

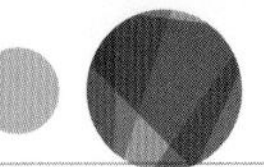

PARTIE 4

PARTIE 5

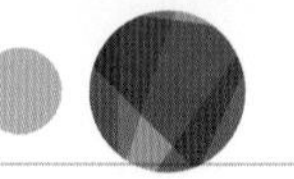

Introduction

CREME GLACEE
VINY

Dix principes d'économie

Le terme *économie* vient des mots grecs *oikos,* qui signifie « maison », et *nomos,* qui signifie « administrer ». Au sens propre, l'économie est donc l'administration de la maison. À première vue, cela peut sembler étrange, mais en réalité, l'économie et la gestion d'une famille se ressemblent à bien des égards.

Un ménage doit faire de nombreux choix. Il doit déterminer les tâches qui seront effectuées par ses membres et définir ce que chacun d'eux en retirera. Par exemple, qui préparera le souper ? Qui fera la lessive ? Qui reprendra du dessert ? Qui choisira l'émission de télévision ? En somme, la famille doit répartir les ressources rares entre ses membres selon les capacités, les efforts et les désirs de chacun.

À l'instar d'un ménage, une société doit faire des choix. Elle doit décider des tâches à réaliser tout comme de leur distribution. Certains devront produire de la nourriture, d'autres, fabriquer des vêtements, et d'autres encore, concevoir

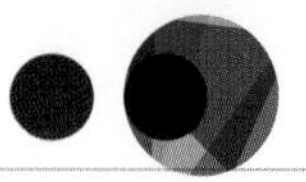

des logiciels. Après avoir affecté la main-d'œuvre (de même que les terres, les bâtiments et les machines) à ces différents métiers, la société doit allouer les biens et les services ainsi produits. Elle doit décider qui mangera du caviar et qui mangera des pommes de terre, qui conduira une Ferrari et qui prendra l'autobus.

Rareté
Caractère limité des ressources dont dispose la société pour satisfaire les besoins de ses membres.

La rareté des ressources rend leur allocation essentielle. Cette **rareté** met en lumière le caractère limité des ressources dont dispose la société, celle-ci ne pouvant produire la totalité des biens et des services dont la population a besoin. Tout comme une famille ne peut offrir à ses membres tout ce qu'ils veulent, une société ne peut répondre à tous les désirs de chacun de ses membres.

Économie
Étude de l'utilisation de ressources rares pour satisfaire des besoins illimités.

L'**économie** consiste à étudier comment la société alloue ses ressources rares. Dans la plupart des cas, les ressources ne sont pas allouées par un seul planificateur central, mais plutôt par les activités combinées de millions de ménages et de firmes. Les économistes étudient ce qui motive les décisions des individus : leur volonté de travailler, leurs habitudes d'achat, d'épargne et d'investissement. Ils observent également les interactions des individus et se penchent sur les façons dont les millions d'acheteurs et de vendeurs d'un bien en fixent ensemble le prix de vente et la quantité vendue. Enfin, les économistes analysent les forces et les tendances de l'économie générale, notamment l'augmentation du revenu moyen, la proportion de la population qui ne trouve pas d'emploi et le rythme d'augmentation des prix.

La science économique comporte certes de multiples facettes, mais son champ est unifié par plusieurs principes fondamentaux. Dans ce chapitre, nous étudierons **dix principes d'économie.** Ces principes, qui reviennent tout au long de l'ouvrage, sont présentés ici pour donner une vision globale de ce qu'est l'économie. Ce chapitre offre donc un aperçu des chapitres suivants.

Comment les gens prennent-ils leurs décisions ?

La nature de l'économie n'a rien de mystérieux. Que l'on parle de l'économie de Montréal, de celle du Canada ou de l'économie mondiale, on ne fait référence à rien d'autre qu'à un groupe d'individus interagissant au quotidien. Le comportement de l'économie ne fait que refléter le comportement des individus qui en font partie. L'étude de l'économie commence donc par les quatre principes ayant trait à la prise de décisions individuelles.

Le principe n° 1 : les gens sont soumis à des arbitrages

On n'a rien pour rien. Cet adage résume bien la première notion relative à la prise de décisions. Pour obtenir ce que nous voulons, nous devons habituellement renoncer à autre chose qui nous tient à cœur. Prendre une décision, c'est faire un arbitrage entre un objectif et un autre.

Prenons le cas d'une étudiante qui décide de l'allocation de sa ressource la plus précieuse : son temps. Elle peut consacrer tout son temps soit à l'étude de l'économie, soit à l'étude de la psychologie, ou encore le répartir entre ces deux matières. Pour chaque heure passée à étudier un sujet, elle renonce à une heure consacrée à l'autre. Et chaque heure d'étude est une heure de moins pour faire la sieste, se promener à bicyclette, regarder la télévision ou travailler à temps partiel.

Examinons maintenant le cas de parents aux prises avec les difficultés de la gestion du revenu familial. Ces derniers peuvent acheter de la nourriture, se procurer des vêtements ou se payer des vacances. Ils ont aussi la possibilité d'économiser une partie de leur revenu pour préparer leur retraite ou pour financer les études universitaires de leurs enfants. Lorsqu'ils décident de dépenser un dollar supplémentaire pour un de ces biens, ils en ont un de moins à consacrer aux autres.

À l'échelle de la société, les arbitrages revêtent d'autres formes. L'arbitrage le plus classique est celui des canons ou du pain. Plus on affecte de ressources à la défense nationale pour protéger le pays contre une éventuelle agression (les canons), moins il en reste pour améliorer le niveau de vie de la population par les biens de consommation (le pain). Un autre arbitrage important de la société contemporaine oppose un environnement propre à un niveau de revenu élevé. En effet, certaines législations exigent des firmes qu'elles réduisent la pollution, ce qui se répercute sur leurs coûts de production. La hausse de ces coûts influe à son tour sur les bénéfices, entraîne une diminution des salaires, provoque une augmentation des prix ou les trois à la fois. Les lois sur la pollution offrent l'avantage de protéger l'environnement et la santé, mais elles entraînent du même coup une baisse du revenu des entreprises, des travailleurs et des consommateurs.

La société doit aussi choisir entre l'efficience et l'équité. L'**efficience** signifie que la société profite au maximum de ses ressources rares. L'**équité** concerne la juste répartition des bénéfices de ces ressources entre tous les membres. En d'autres termes, l'efficience concerne la taille du gâteau, tandis que l'équité renvoie à la manière dont on le partage. Lors de l'élaboration des politiques publiques, ces deux objectifs entrent souvent en conflit.

Efficience
Capacité de la société à tirer le maximum de ses ressources rares.

Équité
Capacité de répartir de façon juste la richesse entre l'ensemble des agents.

Considérons l'exemple des politiques visant une distribution plus égale du revenu. Certaines de ces politiques, comme les prestations d'aide sociale ou d'assurance emploi, tentent d'aider les plus démunis de la société. D'autres, comme l'impôt progressif sur le revenu des particuliers, réclament des mieux nantis une contribution plus grande que celle des autres membres de la société. Si ces politiques ont le mérite d'assurer une plus grande équité, elles ont en revanche un coût sur le plan de l'efficience. En effet, en augmentant le fardeau fiscal de certains contribuables, la redistribution des revenus réduit la rémunération du travail, ce qui incite ces personnes à travailler moins et, par conséquent, à produire moins de biens et de services. Autrement dit, lorsque le gouvernement essaie de partager le gâteau économique en parts plus égales, ce gâteau devient plus petit.

Le fait de savoir que les gens sont soumis à des arbitrages ne nous dit pas quelles décisions ils devraient prendre. L'étudiante n'abandonnera pas nécessairement l'étude de la psychologie pour avoir plus de temps à consacrer à l'économie. La société ne doit pas renoncer à protéger l'environnement uniquement parce que les lois environnementales risquent d'entraîner une baisse de notre niveau de vie. Il ne faut pas abandonner les plus démunis sous prétexte que cette aide modifie les incitatifs au travail. Néanmoins, il importe de prendre conscience de ces arbitrages, car on ne peut prendre de bonnes décisions sans comprendre toutes les options existantes.

Le principe n° 2 : le coût d'un bien est ce à quoi il faut renoncer pour l'obtenir

En raison des arbitrages auxquels les gens sont soumis, la prise de décisions implique de comparer les coûts et les bénéfices des diverses options possibles.

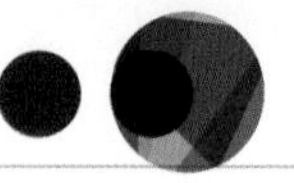

Dans la plupart des cas, le coût d'une action n'est pas aussi évident qu'il peut paraître.

La décision de poursuivre des études universitaires constitue un bon exemple. Le bénéfice réside dans l'enrichissement intellectuel et de meilleures possibilités de carrière, mais quel en est le coût? Afin de répondre à cette question, on peut être tenté de faire l'addition des différents frais engagés: droits de scolarité, livres, hébergement et nourriture. Ce total ne représente pourtant pas le coût exact de ce à quoi il faut renoncer pour une année à l'université.

Ce calcul pose deux problèmes. Premièrement, certains éléments inclus dans cette addition ne correspondent pas aux véritables coûts liés aux études supérieures. En effet, même si l'on arrête d'étudier, on continue d'avoir besoin de se loger et de se nourrir. Ces frais d'hébergement et de nourriture ne pèsent donc dans la balance que s'ils excèdent ceux que l'on aurait payés en temps normal. Deuxièmement, on ne tient pas compte du coût le plus important des études universitaires, à savoir l'investissement en temps. Une année passée à assister aux cours, à lire des manuels et à rédiger des travaux, c'est une année de moins de vie professionnelle. Pour la majorité des étudiants, le principal coût des études universitaires correspond au salaire qu'ils n'auront pas gagné durant leurs études.

Coût de renonciation
Ce à quoi il faut renoncer pour obtenir quelque chose.

Le **coût de renonciation** d'un bien est ce à quoi il faut renoncer pour l'obtenir. Avant de prendre quelque décision que ce soit, comme dans l'exemple des études universitaires, il faut être conscient des coûts de renonciation associés à chaque action envisageable. Les athlètes qui ont l'occasion de gagner des millions en abandonnant leurs études universitaires pour devenir des sportifs professionnels savent parfaitement que le coût de renonciation associé à l'université est très élevé. Il n'y a par conséquent rien d'étonnant à ce qu'ils décident qu'un tel sacrifice n'en vaut pas la peine.

DANS L'ACTUALITÉ

Les Jeux olympiques, les files d'attente et le coût de renonciation

L'article ci-dessous illustre l'un des coûts de renonciation les plus importants — la valeur de votre temps — et le rôle que peuvent jouer les prix dans l'estimation de ce coût.

Rien n'est gratuit dans la vie, pas même un tour de tyrolienne

Don Cayo

Combien votre temps vaut-il vraiment? Les longues files d'attente pour profiter des attractions olympiques sont une bonne façon de comprendre les ratios coûts-bénéfices.

Le COVAN mérite des éloges pour la quantité et la qualité des attractions gratuites que ses membres ont mis en place à Vancouver et à Whistler durant les Jeux olympiques. Les files d'attente qui caractérisent un grand nombre des attractions gratuites ne laissent aucun doute sur le plaisir qu'en tirent les résidants comme les touristes. Or, les files d'attente sous-entendent une réalité ironique: aussi curieux que cela puisse paraître, ces activités gratuites procureraient peut-être plus de valeur si nous devions payer pour en jouir.

►

Si la chose vous semble insensée, je devine que vous n'accordez pas beaucoup de valeur à votre temps. Or, je suis sûr que ceux pour qui chaque heure compte — que ce soit parce que le temps, c'est de l'argent ou parce qu'ils souhaitent jouir pleinement du peu de loisirs dont ils disposent — savent exactement de quoi je parle. Si vous aviez dû payer, les files d'attente auraient presque certainement été plus courtes, soit parce que moins de gens auraient voulu participer ou parce que le fournisseur se serait senti tenu d'offrir un meilleur service. Dans cet esprit, le prix d'une entrée «gratuite» peut se traduire par plusieurs heures de votre emploi du temps. Les tours de tyrolienne offerts au-dessus de Robson Square constituent un bon exemple.

Le concept de tyrolienne en milieu urbain est bien pensé. Cette technique d'alpinisme offre une vue unique du centre-ville à son meilleur. Je l'essaierais sans hésiter si j'étais premier ministre. Or, je ne suis pas le premier ministre et je ne fais pas de tour de tyrolienne au-dessus de Robson Square. Pourquoi? Parce que le premier ministre, contrairement à moi, n'a pas à faire la file. Quant à moi, je ne perdrai pas quatre heures — ou cinq ou six — à faire la queue pour quelques secondes de relative excitation. Bien sûr, nous n'évaluons pas tous les coûts-bénéfices selon les mêmes critères. C'est ce qui fait que certains sont disposés à faire la file une heure, mais pas deux, pour siroter une bière dans une boîte à la mode. D'autres patienteront aussi longtemps qu'il le faudra et d'autres encore choisiront simplement d'aller siroter une bière dans leur salon.

Le besoin d'équilibrer ses coûts en temps et en argent n'est évidemment pas une caractéristique exclusive aux Jeux olympiques. J'y ai pensé furieusement, par exemple, Noël dernier, lorsque j'ai emmené la famille de ma fille à Grouse Mountain pour profiter d'activités spéciales «gratuites» du temps des fêtes. Mon gendre a poireauté près de deux heures pour nous réserver ce qui allait s'avérer une très courte et très ordinaire promenade en traîneau. Nous avons tous convenu que nous aurions volontiers payé un tarif raisonnable pour avoir droit à une promenade plus agréable moyennant une attente plus courte.

Certaines entreprises — dont les marchés d'alimentation, les boîtes de nuit et les cafés achalandés — doivent tenir compte, dans leur plan d'affaires, de la tolérance de leur clientèle à l'égard des files d'attente. Je crois personnellement que les jeunes gens sont plus disposés à patienter. Ils semblent moins grincheux que ma génération et peut-être plus tolérants à l'idée de perdre du temps. Un collègue m'a cependant proposé une raison plus crédible. À l'époque où lui-même fréquentait les boîtes de nuit, la file d'attente à la porte faisait autant partie de l'expérience sociale que l'établissement: «Nous commencions à draguer les filles dans la file d'attente. Une fois à l'intérieur, la glace était déjà brisée et nous pouvions revenir à la charge facilement.» Si j'avais été jeune et célibataire, j'aurais donc peut-être fait la queue à Robson Square. Mais je ne suis ni l'un ni l'autre.

J'en ai parlé à un grand nombre de personnes de tous âges qui, étonnamment, semblaient toutes d'accord avec cette hypothèse. Pour elles comme pour moi, la principale attraction en marge des Jeux olympiques est de déambuler dans les rues du centre-ville. Nos pieds endoloris préfèrent marcher plutôt que poireauter, mais puisque les gens et l'atmosphère étaient à la fête, ma foi, je me suis bien amusé. Le prix était juste aussi. L'accès au site était gratuit et j'ai échappé à ce que les économistes appellent le *coût de renonciation* des files d'attente, c'est-à-dire le temps que j'aurais pu consacrer à faire autre chose. ■

Source: Cayo, Don. (23 février 2010). «There's no such thing as a free lunch, pavilion or zip line». *The Vancouver Sun*, p. F3. (Traduction libre)

Le principe n° 3: les gens rationnels raisonnent à la marge

Les économistes supposent généralement que les gens sont rationnels. Les **gens rationnels** tentent délibérément et systématiquement d'atteindre les objectifs qu'ils se fixent, en tenant compte des contraintes auxquelles ils font face. En étudiant l'économie, vous verrez des entreprises qui décident du nombre de travailleurs à embaucher et du volume de production à mettre sur le marché afin de maximiser leurs profits. Vous rencontrerez également des personnes qui tentent de maximiser leur satisfaction en tenant compte du nombre d'heures qu'ils doivent consacrer à travailler et du prix des biens que leur permettra d'acheter le salaire ainsi obtenu.

Gens rationnels
Personnes qui tentent délibérément et systématiquement d'atteindre les objectifs qu'elles se fixent, en tenant compte des contraintes auxquelles elles font face.

Cela dit, les décisions à prendre au cours de l'existence sont rarement aussi tranchées et comportent la plupart du temps bien des nuances. Lorsque vient le temps de souper, le choix qui s'offre à vous n'oppose pas l'option de manger comme un ogre à celle de jeûner complètement; il consiste plutôt à décider de reprendre ou non une cuillerée de purée de pommes de terre. Quand vient le temps des examens, vous n'avez pas à choisir entre étudier 24 heures sur 24 ou tout laisser tomber, mais plutôt à choisir entre passer encore une heure à étudier ou une heure à regarder la télévision. Les économistes emploient l'expression **changements marginaux** pour décrire les petits ajustements apportés à un plan d'action existant. Il faut garder à l'esprit que le mot *marge* signifie ici « écart », ces changements marginaux se limitant à de petits ajustements autour de l'action prévue.

Changements marginaux
Petits ajustements apportés à un plan d'action.

Les gens rationnels prennent leurs décisions en comparant le *bénéfice marginal* et le *coût marginal*. Prenons l'exemple d'une compagnie aérienne qui évalue la possibilité de faire payer les passagers en attente. Supposons que le vol transcanadien d'un avion de 200 places coûte 100 000 $. Le coût moyen de chaque siège sera de 100 000 $ divisés par 200 passagers, soit 500 $. Il est tentant de conclure que cette compagnie aérienne ne devrait jamais vendre un billet d'avion à moins de 500 $. Cependant, en réalité, cette compagnie peut voir ses profits augmenter en raisonnant à la marge. Imaginons que l'avion s'apprête à décoller avec 10 sièges vides et qu'un passager en attente est prêt à payer 300 $ pour monter à bord. La compagnie devrait-elle accepter ? Absolument ! S'il y a des places libres dans l'avion, le coût additionnel d'un passager supplémentaire est ridiculement petit. Même si le *coût moyen* du transport de chaque passager s'élève à 500 $, le *coût marginal* pour ce passager se limite, à peu de choses près, à un sac de friandises et à une canette de boisson gazeuse. Si ce passager en attente paye un tarif supérieur au coût marginal, la vente de ce billet est rentable.

Le raisonnement à la marge peut nous aider à rendre compte d'un phénomène qui a longtemps troublé les économistes. Pourquoi l'eau, qui est pourtant essentielle à la vie humaine, coûte-t-elle infiniment moins cher que les diamants, objets de convoitise parfaitement superflus ? La réponse tient en ceci : la volonté de payer des gens repose sur le bénéfice marginal retiré de la consommation d'une unité additionnelle d'un bien, et ce bénéfice marginal dépend du nombre d'unités que la personne détient déjà. Le bénéfice marginal associé à un verre d'eau additionnel est très petit, car l'eau est très abondante. Par contre, la rareté des diamants fait en sorte que le bénéfice marginal associé à un diamant additionnel est très élevé.

Un décideur rationnel ne se lance dans une action qu'en sachant que le bénéfice marginal excède le coût marginal. La compagnie aérienne est parfaitement rationnelle en vendant son billet à un prix inférieur au coût moyen, et il est parfaitement rationnel d'offrir un diamant à l'être aimé, plutôt qu'un verre d'eau !

Le principe n° 4 : les gens réagissent aux incitatifs

Incitatif
Ce qui conduit une personne à agir.

La perspective d'une récompense, ou d'une punition, amène les gens à modifier le cours de leurs actions. Un **incitatif** est justement ce qui conduit une personne à agir. Puisque les gens prennent leurs décisions en comparant les coûts et les bénéfices, leur comportement se modifie généralement en fonction de ceux-ci. Autrement dit, les gens réagissent aux incitatifs. Comme vous aurez l'occasion de vous en rendre compte, les incitatifs jouent un rôle fondamental en économie.

Par exemple, lorsque le prix des pommes monte, les gens en consomment moins et mangent plus de poires. Par ailleurs, les producteurs de pommes décident d'embaucher plus d'employés pour ramasser plus de pommes, car les bénéfices tirés de la vente des pommes s'accroissent avec l'augmentation du prix. En d'autres mots, un prix plus élevé incite les consommateurs à acheter moins et incite les producteurs à offrir davantage. Comme nous le verrons, l'influence qu'exercent les prix sur le comportement des consommateurs et des producteurs est centrale dans l'explication du rôle que jouent les marchés dans l'allocation des ressources.

Les pouvoirs publics ne devraient jamais négliger les incitatifs, car de nombreuses politiques changent les coûts et les bénéfices prévus, ce qui modifie les comportements. Ainsi, les taxes sur l'essence poussent les automobilistes à conduire de petites voitures moins énergivores. C'est probablement ce qui explique qu'en Europe, où les taxes sur l'essence sont très élevées, les gens conduisent de plus petites voitures qu'aux États-Unis, où les taxes sur l'essence sont plus faibles. Ces taxes encouragent également les gens à opter pour les transports en commun ou à résider plus près de leur lieu de travail. Si ces taxes devenaient suffisamment importantes, les conducteurs se tourneraient éventuellement vers les voitures électriques.

Mark Zuckerberg a bien compris les notions de coût de renonciation et d'incitatif. En 2002, il commençait des études en psychologie et en programmation par ordinateur à l'Université Harvard. En 2004, il lançait Facebook depuis sa chambre de résidence, puis abandonnait ses études pour se consacrer entièrement au développement de son entreprise. Nous connaissons la suite.

Lorsque les pouvoirs publics négligent de tenir compte des effets incitatifs de leurs politiques, ils provoquent parfois des conséquences non voulues. Prenons l'exemple de la réglementation ayant trait à la sécurité automobile. De nos jours, toutes les voitures disposent de ceintures de sécurité, mais ce n'était pas le cas il y a 50 ans. Dans les années 1960, un livre de Ralph Nader, *Unsafe at any speed,* a fait de la sécurité automobile une préoccupation d'ordre public. La réaction du gouvernement a été d'approuver une réglementation obligeant les fabricants à doter tous leurs nouveaux véhicules de ceintures de sécurité.

Quel a été l'effet de ces lois sur la sécurité routière ? Leur effet direct paraît évident : lorsque les automobilistes bouclent leur ceinture, ils augmentent leurs chances de survivre à un accident grave. Toutefois, l'histoire ne se termine pas là. Pour bien comprendre les conséquences de cette loi, il faut aussi tenir compte du changement de comportement des individus causé par les incitatifs. Dans ce cas, l'élément pertinent concerne la vitesse et la prudence. Conduire lentement et prudemment coûte en effet assez cher en raison de la perte de temps et d'énergie du conducteur. Les individus rationnels, lorsqu'ils décident de conduire prudemment, comparent le bénéfice marginal de la conduite prudente avec son coût marginal. Ils ralentissent et font plus attention lorsque les bénéfices d'une conduite prudente sont élevés. C'est pourquoi ils conduisent plus lentement et plus prudemment sur une route enneigée que sur une chaussée sèche et dégagée.

Examinons maintenant comment une loi sur les ceintures de sécurité modifie le calcul des coûts et des bénéfices d'un conducteur. Les ceintures réduisent les risques de blessures et de décès ; elles diminuent donc les coûts des accidents. En revanche, elles réduisent les bénéfices de la conduite lente et prudente. Les conducteurs réagissent aux ceintures de sécurité comme ils réagiraient à une amélioration des conditions routières : ils accélèrent et prennent des risques. Cette législation

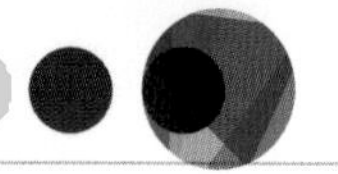

occasionne alors paradoxalement un nombre plus élevé d'accidents. De plus, une conduite imprudente entraîne des conséquences néfastes pour les piétons, puisque les risques d'être impliqués dans un accident augmentent sans être contrebalancés par la protection additionnelle qu'offre la ceinture de sécurité.

À première vue, cette analyse portant sur les incitatifs et les ceintures de sécurité peut sembler relever d'une simple conjecture. Pourtant, dans une étude réalisée en 1975, l'économiste Sam Peltzman a démontré que les lois sur la sécurité automobile avaient, pour la plupart, entraîné ce type de conséquences. Il a prouvé que ces législations provoquent à la fois moins d'accidents mortels, mais plus d'accidents tout court. En conclusion, le nombre de décès des conducteurs diminue, mais celui des piétons augmente.

L'analyse de Peltzman concernant la sécurité automobile démontre le principe général selon lequel les individus réagissent aux incitatifs. Dans l'analyse d'une politique, il faut considérer non seulement les effets directs, mais aussi les effets indirects et non voulus que provoque cette politique. Si une politique modifie les incitatifs, alors elle conduira les gens à changer de comportement.

MINITEST

- Décrivez un arbitrage important auquel vous avez été soumis récemment.
- Donnez un exemple dans lequel le coût de renonciation d'une action est à la fois pécuniaire et non pécuniaire.
- Décrivez un incitatif que vos parents vous ont offert dans le but d'influencer votre comportement.

Comment les individus interagissent-ils?

Les quatre premiers principes économiques présentés concernent la prise de décisions individuelles. Toutefois, dans la vie, bon nombre de nos décisions personnelles concernent également autrui. Les trois principes ci-dessous s'intéressent aux interactions des individus.

Le principe n° 5 : les échanges améliorent le bien-être de tous

Vous avez probablement déjà entendu dire que les Américains sont nos concurrents économiques. D'une certaine manière, c'est exact, car les Canadiens et les Américains produisent souvent le même type de biens. Bombardier et Boeing rivalisent sur le marché des petits avions de ligne. Inniskillin et Gallo s'adressent aux mêmes consommateurs de vins.

Pourtant, il est facile de s'égarer lorsqu'on aborde la question de la concurrence internationale. Le commerce entre le Canada et les États-Unis n'est pas une compétition sportive où il y a un gagnant et un perdant. Les échanges commerciaux entre deux pays profitent à tout le monde.

Pour comprendre pourquoi, considérez l'impact des échanges sur votre famille. Lorsque l'un de vos proches cherche du travail, il fait concurrence aux membres des autres familles qui sont également à la recherche d'un emploi. Les familles entrent aussi en concurrence lorsqu'elles vont faire des courses, chacune cherchant à acheter les meilleurs articles au plus bas prix. En un sens, selon la perspective économique, les familles sont en concurrence les unes avec les autres.

Votre famille n'aurait cependant aucun avantage à s'isoler. Si tel était le cas, elle devrait produire elle-même ses aliments, confectionner ses vêtements et construire sa maison. Votre famille a donc beaucoup à gagner en échangeant avec les autres. Les échanges permettent à chaque personne de se spécialiser dans le domaine où elle excelle, qu'il s'agisse de l'agriculture, de la couture ou de la construction. Grâce à ces échanges, les gens peuvent se procurer une plus grande variété de produits et de services à un meilleur coût.

Tout comme les familles, les pays ont avantage à commercer les uns avec les autres. Ces échanges leur permettent de se spécialiser dans des domaines où ils excellent, tout en bénéficiant d'une plus grande variété de produits et de services. Les Américains, de même que les Français, les Chinois et les Brésiliens, sont donc à la fois nos partenaires et nos concurrents à l'échelle internationale.

Le principe n° 6 : les marchés représentent en général une bonne façon d'organiser l'activité économique

L'effondrement du système communiste dans l'ancienne Union soviétique et l'Europe de l'Est représente probablement l'événement le plus marquant de la fin du XXe siècle. Les pays communistes se fondaient sur la prémisse selon laquelle une planification centrale étatique constituait la meilleure manière d'organiser l'activité économique. Les planificateurs décidaient quoi produire, combien produire et qui devait produire et consommer. Cette planification centralisée reposait sur la théorie suivante : seule l'autorité gouvernementale est en mesure d'organiser l'activité économique pour assurer le bien-être de la nation.

À l'heure actuelle, la plupart des pays ont abandonné cette planification centralisée et ont tenté de mettre sur pied une **économie de marché**. Dans ce type d'économie, les décisions de millions d'entreprises et de ménages remplacent celles des planificateurs centraux. Les entreprises décident des travailleurs à embaucher ainsi que des biens et des services à produire. Les ménages choisissent l'entreprise où ils vont travailler et la manière de dépenser leurs revenus. Motivés par leur intérêt individuel et conduits par les prix, ces entreprises et ces ménages interagissent sur de nombreux marchés.

Économie de marché
Économie dans laquelle l'allocation des ressources repose sur les décisions des ménages et des firmes interagissant sur les marchés.

Le succès des économies de marché intrigue à première vue. Après tout, dans une économie de marché, personne ne se préoccupe du bien-être économique de la société dans son ensemble. Les millions d'acheteurs et de vendeurs de nombreux biens et services ne pensent qu'à leur propre intérêt. Pourtant, en dépit de cette prise de décisions décentralisée et de l'égoïsme des agents, les économies de marché ont été remarquablement efficaces dans l'organisation de l'activité économique et dans la promotion du bien-être économique général.

Dans son livre publié en 1776, *Recherches sur la nature et les causes de la richesse des nations,* Adam Smith a fait l'observation la plus célèbre de toute la science économique : les ménages et les entreprises interagissent sur les marchés comme s'ils étaient guidés par une main invisible qui les conduit, sans qu'ils en soient conscients, vers des solutions collectivement avantageuses. En étudiant l'économie, vous apprendrez que les prix sont l'instrument qui permet à cette main invisible de diriger l'activité économique. Sur un marché, les consommateurs regardent le prix pour savoir quelle quantité ils désirent acheter ; de même, les producteurs regardent le prix pour savoir quelle quantité ils désirent offrir. Ainsi, les prix reflètent à la fois la valeur qu'un bien représente pour la société et le coût que cette société doit supporter. Au bout du compte, ce sont les prix qui guident les décisions des acheteurs et des vendeurs de façon à obtenir des résultats qui, dans bien des cas, maximisent le bien-être de toute la société.

De cette remarquable capacité de la main invisible à guider l'économie découle un corollaire important : lorsque le gouvernement empêche les prix de fluctuer librement au gré de l'offre et de la demande, il empêche également la main invisible de coordonner les millions de ménages et d'entreprises qui composent l'économie. Voilà qui explique l'effet néfaste qu'ont les taxes sur l'allocation des ressources : elles modifient artificiellement les prix et, par conséquent, les décisions des ménages et des entreprises. Mais cette intervention publique cause un dommage encore plus important lorsqu'elle vise à contrôler directement les prix, comme c'est le cas de la réglementation des loyers. De là vient également l'échec du communisme, au sein duquel les prix n'étaient pas fixés par le marché, mais dictés par les organismes de planification. Ces organismes ne disposaient pas de l'information véhiculée par les prix dans un marché libre. Les planificateurs ont perdu la partie en essayant de diriger l'économie avec une main attachée dans le dos — la main invisible du marché.

BON À SAVOIR

Adam Smith et la main invisible

Ce n'est sans doute qu'une coïncidence si 1776 est l'année où Adam Smith fait paraître son traité d'économie, *Recherches sur la nature et les causes de la richesse des nations*, et où les révolutionnaires américains signent la Déclaration d'indépendance. Mais ces deux documents partagent un point de vue qui prévalait à l'époque : il est préférable de laisser les individus décider eux-mêmes, sans que le gouvernement intervienne cavalièrement dans leurs affaires. Cette philosophie politique constitue la base intellectuelle de l'économie de marché et de la société libre en général.

Adam Smith

Pour quelle raison les économies de marché décentralisées fonctionnent-elles si bien ? Parce qu'on peut compter sur les individus pour se traiter entre eux affectueusement et gentiment ? Pas du tout ! Voici comment Adam Smith décrit les interactions des intervenants dans une économie de marché :

> […] l'homme a presque à tout moment besoin de l'assistance de ses frères, et il l'attendrait en vain de leur bienveillance seule ; il y parviendra plutôt s'il peut intéresser leur amour-propre en sa faveur, en leur montrant qu'il est de leur avantage de lui accorder ce qu'il demande. […] Ce n'est pas de la bienveillance du boucher, du brasseur ou du boulanger, que nous attendons notre dîner, mais de leur attention à leurs propres intérêts.
>
> Chaque individu […] n'a nulle intention de servir l'intérêt public, et il ne sait même pas jusqu'à quel point il peut être utile à la société. […] Il ne pense qu'à son propre gain ; en cela, comme dans beaucoup d'autres cas, il est conduit par une main invisible à remplir une fin qui n'entre nullement dans ses intentions ; et ce n'est pas toujours ce qu'il y a de plus mal pour la société, que cette fin n'entre pour rien dans ses intentions. Tout en ne cherchant que son intérêt personnel, il travaille souvent d'une manière bien plus efficace pour l'intérêt de la société, que s'il avait réellement pour but d'y travailler.

Adam Smith soutient ainsi que ceux qui participent à l'économie sont motivés par leur propre intérêt et que la main invisible du marché guide cet intérêt vers la promotion du bien-être économique général.

Bon nombre des idées de Smith dominent aujourd'hui l'économie moderne. Dans les prochains chapitres, notre analyse permettra de préciser les conclusions de Smith et d'étudier en détail les forces et les faiblesses de la main invisible du marché.

Le principe n° 7 : le gouvernement peut parfois améliorer les solutions de marché

Si la main invisible est si formidable, pourquoi avons-nous besoin du gouvernement ? Paradoxalement, l'étude de l'économie vous permettra de raffiner votre point de vue sur le rôle du gouvernement et de ses politiques.

Nous avons besoin du gouvernement, ne serait-ce que pour établir les conditions et les institutions qui permettront à la main invisible de jouer pleinement son rôle. Tout d'abord, les marchés ne fonctionnent correctement que si les **droits de propriété** sont respectés. Un agriculteur ne fera jamais pousser du maïs dans son champ s'il s'attend à ce qu'on lui vole sa récolte ; un restaurateur ne servira aucun repas s'il s'attend à ce que ses clients partent sans payer ; une compagnie de disques ne lancera jamais un CD si elle s'attend à ce que les amateurs de musique en fassent des millions de copies illégales. Nous avons besoin du gouvernement pour établir et faire respecter les droits de propriété. Les lois, les tribunaux et la police jouent un rôle essentiel au bon fonctionnement d'une économie de marché.

Droits de propriété
Droits d'user, de jouir et de disposer d'une ressource rare dans les conditions fixées par la loi.

Cela dit, il existe une raison encore plus fondamentale qui milite en faveur du rôle de l'État. La main invisible peut faire bien des choses, mais elle n'est pas omnipotente. La règle selon laquelle les marchés constituent un excellent moyen d'organiser l'activité économique comporte quelques exceptions notables. L'intervention du gouvernement se justifie pour deux raisons principales : promouvoir l'efficience et assurer l'équité. Autrement dit, la plupart des politiques visent à faire augmenter la taille du gâteau ou à le diviser différemment.

Examinons d'abord la question de l'efficience. La main invisible conduit habituellement les marchés à allouer les ressources de manière à maximiser la taille du gâteau. Or, il arrive qu'elle ne parvienne pas à assumer son rôle. Les économistes emploient l'expression **défaillances du marché** pour caractériser ces situations où ce dernier ne parvient pas à résoudre lui-même l'allocation efficiente des ressources. Les externalités sont une cause possible de défaillance du marché. L'**externalité** résulte de l'effet des actions d'une personne sur le bien-être d'un tiers. L'exemple le plus classique d'externalité est probablement le phénomène de la pollution. Le **pouvoir de marché** représente une autre cause possible de défaillance du marché. Ce pouvoir représente la capacité d'un individu (ou d'un petit groupe d'individus) à avoir une influence démesurée sur les prix. Supposons que tous les habitants d'une ville aient besoin d'eau, mais qu'il n'y ait qu'un seul puits. Le propriétaire de ce puits dispose d'un fort pouvoir de marché — il a un monopole — sur la vente d'eau potable. Ce propriétaire échappe à la concurrence rigoureuse qui permet à la main invisible de promouvoir les intérêts de chacun. En présence d'externalités ou de pouvoir de marché, la mise en place de politiques publiques peut accroître l'efficience économique.

Défaillances du marché
Situations dans lesquelles le marché, livré à lui-même, ne parvient pas à allouer les ressources de manière efficiente.

Externalité
Effet du comportement d'un agent sur le bien-être d'un tiers.

Pouvoir de marché
Capacité d'un agent économique (ou d'un petit groupe d'agents) à avoir une influence démesurée sur les prix du marché.

Examinons maintenant la question de l'équité. Même lorsqu'elle est en mesure d'assurer l'efficience, la main invisible est incapable, par exemple, d'assurer une distribution plus égale de la richesse. L'économie de marché rétribue les individus selon leur capacité à produire des biens que les autres veulent acheter. Le meilleur joueur de hockey du monde gagne plus d'argent que le meilleur joueur d'échecs parce que le public accepte de payer beaucoup plus cher pour assister à un match de hockey qu'à un tournoi d'échecs. De plus, la main invisible ne garantit pas une nourriture suffisante, des vêtements convenables et des soins

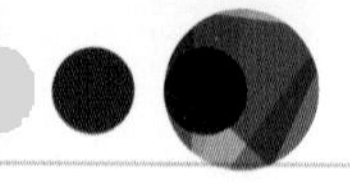

de santé appropriés pour tous. Nombre de politiques publiques, tels l'impôt sur le revenu et le système d'aide sociale, visent précisément une redistribution plus égale de la richesse.

Le fait d'affirmer que le gouvernement peut parfois améliorer les solutions de marché ne signifie pas que ce sera toujours le cas. Les décisions politiques ne sont pas prises par des saints ; elles sont adoptées à la suite d'un processus politique imparfait. La mise en place de certaines politiques répond parfois uniquement à l'influence de puissants intérêts. D'autres fois encore, certaines décisions bien intentionnées ont été prises par des dirigeants mal informés. L'étude de l'économie a notamment pour objectif de vous permettre de juger si une politique gouvernementale se justifie ou non sur le plan de l'efficience ou celui de l'équité.

MINITEST

- Pourquoi un pays s'en tire-t-il mieux s'il ne s'isole pas des autres ?
- Pourquoi les marchés existent-ils et, d'après les économistes, quel devrait y être le rôle du gouvernement ?

Comment l'économie fonctionne-t-elle ?

Après avoir vu comment les individus prennent leurs décisions et interagissent en composant ce que l'on nomme *l'économie,* nous verrons maintenant les trois derniers principes économiques s'appliquant à son fonctionnement général.

Le principe n° 8 : le niveau de vie d'un pays dépend de sa capacité à produire des biens et des services

À l'échelle mondiale, il existe une disparité colossale entre les niveaux de vie des pays. En 2013, le revenu du Canadien moyen avoisinait 43 000 $. La même année, le revenu du Mexicain moyen n'était que de 10 000 $, tandis que celui du Rwandais moyen n'excédait pas 1 400 $. Il n'est guère surprenant de constater que de telles disparités ont une incidence sur la qualité de vie des habitants. Les citoyens des pays riches, comparativement à ceux des pays à faible revenu, possèdent plus de téléviseurs et de voitures, ont une meilleure alimentation, de meilleurs soins de santé et une espérance de vie supérieure.

L'évolution de ces niveaux de vie au fil du temps est également importante. Au Canada, dans les dernières décennies, les revenus réels ont augmenté d'environ 2 % par année (en tenant compte de l'augmentation du coût de la vie). À ce rythme, le revenu double tous les 35 ans. Au cours du dernier siècle, le revenu moyen des Canadiens s'est multiplié par huit.

Productivité
Quantité de biens et de services produits par travailleur ou par heure travaillée.

Comment expliquer ces écarts énormes entre les pays ? La réponse est étonnamment simple. Cet accroissement des niveaux de vie dépend essentiellement des différences de **productivité** entre les pays — c'est-à-dire de la quantité de biens et de services produits par heure travaillée. Dans les pays où les travailleurs produisent une grande quantité de biens et de services par unité de temps, la majorité des citoyens jouit d'un niveau de vie élevé ; dans les pays où les travailleurs sont moins productifs, la majorité des gens ne peut compter que sur de maigres moyens de subsistance. De la même manière, le taux de croissance de la productivité influe directement sur le taux de croissance du revenu moyen.

Bien qu'elle semble couler de source, la relation fondamentale entre la productivité et le niveau de vie a des implications considérables. Si la productivité constitue le facteur déterminant du niveau de vie, les autres facteurs ne revêtent dès lors qu'une importance relative. Ainsi, il peut être tentant d'attribuer aux syndicats ou à la législation sur le salaire minimum l'augmentation du niveau de vie des travailleurs canadiens au cours du dernier siècle. En réalité, le véritable responsable est la hausse de productivité des travailleurs. Certains analystes ont attribué le ralentissement de la croissance des revenus des Canadiens au cours des 35 dernières années à la concurrence accrue avec les autres pays. En fait, au lieu d'incriminer la bonne performance des autres pays, il faudrait plutôt dénoncer la faible croissance de la productivité canadienne.

Cette relation entre la productivité et le niveau de vie a également des implications importantes sur le plan des politiques économiques. Afin de saisir les conséquences des interventions politiques sur notre niveau de vie, il faut évaluer leurs effets sur notre capacité à produire des biens et des services. Ainsi, pour améliorer le niveau de vie en augmentant la productivité, les décideurs doivent s'assurer que les travailleurs ont une formation suffisante et pertinente. Ils doivent aussi avoir accès à la meilleure technologie et aux outils nécessaires à la production des biens et des services.

DANS L'ACTUALITÉ

L'importance d'étudier l'économie

Dans l'extrait ci-dessous, tiré d'un discours prononcé à une cérémonie de collation des grades, l'ancien président de la Federal Reserve Bank de Dallas présente des arguments pour inciter les jeunes à faire des études en économie.

Une science ennuyeuse, l'économie ? Pas du tout !

Robert D. McTeer, Jr

Voici comment je vois les choses : les connaissances acquises grâce à une formation en économie prennent de la valeur au fur et à mesure qu'on progresse dans sa carrière. Une majeure en économie est ce qu'il faut à tout président-directeur général d'entreprise, membre du Congrès ou président des États-Unis. Une telle formation permet de développer une façon systématique et disciplinée de penser, ce qui ne manquera pas de se révéler utile. Par contre, les personnes qui ignorent tout de cette science restent souvent perplexes : comment les économies peuvent-elles mieux fonctionner lorsqu'il y a moins de gens qui les dirigent ? Qui s'occupe de la planification ? Qui prend les décisions ? Qui détermine ce qui est produit ?

À mon avis, le concept le plus important que vous ayez appris en économie est celui d'Adam Smith : la main invisible. Vous comprenez que chacun peut travailler dans son intérêt personnel tout en produisant un résultat social désirable. Vous savez que le marché coordonne les activités afin d'augmenter la richesse des pays. Vous êtes conscient de la magie des marchés et des dangers qui peuvent s'ensuivre si l'on interfère trop avec eux. Vous saisissiez mieux la première leçon reçue à la maternelle : on ne tue pas ni ne blesse la poule aux œufs d'or. [...]

Une formation en économie aide à comprendre les idées fausses et les conséquences non voulues. En fait, je définirais l'économie comme étant l'étude qui vise

►

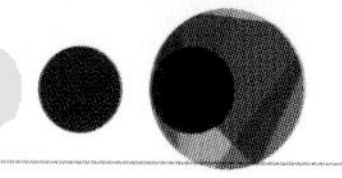

à anticiper les conséquences non voulues. [...]

Rien, dans la littérature scientifique, ne s'apparente de façon aussi pertinente aux débats actuels sur l'économie que l'illusion du carreau cassé. Chaque fois qu'on justifie un programme gouvernemental non pas sur ses mérites, mais sur le nombre d'emplois qu'il crée, pensez à l'histoire du carreau cassé. Des adolescents, rebelles comme ils peuvent l'être, lancent une brique dans la vitrine d'une boulangerie. Une foule se rassemble et s'exclame: Quel dommage! Puis, soudain, une voix s'empresse de suggérer un angle positif à la situation: le boulanger va devoir dépenser de l'argent pour faire réparer le carreau, mais le vitrier verra son revenu augmenter et il pourra dépenser davantage, ce qui, par le fait même, permettra à un autre vendeur d'améliorer son revenu, et ainsi de suite. Vous connaissez le principe. La chaîne des dépenses s'allonge, générant plus de revenus et de travail. Et qui sait? Si le carreau cassé avait été très grand, il aurait pu mener à un boum économique! [...]

La plupart des électeurs se laissent berner par l'illusion du carreau cassé, mais pas les diplômés en économie. Ils objecteront: Hé, un instant! Si le boulanger n'avait pas été contraint de dépenser de l'argent pour faire réparer sa vitrine, il aurait pu se procurer le complet pour lequel il avait épargné. Le tailleur aurait obtenu un revenu qu'il aurait pu dépenser à son tour, et ainsi de suite. Le carreau cassé n'a pas généré de nouvelles dépenses nettes; il les a simplement canalisées ailleurs. En fait, le carreau cassé ne crée pas de nouvelles activités, mais plutôt des activités différentes. Les gens voient que des activités ont lieu, mais ils ne voient pas celles qui auraient eu lieu sans cet incident.

L'illusion du carreau cassé se perpétue sous plusieurs formes. Lorsque la création ou le maintien d'emplois est l'objectif principal, on tombe dans l'illusion du nombre d'emplois. Les diplômés en économie comprennent la réalité peu intuitive selon laquelle le véritable progrès émerge de la disparition d'emplois. À une époque, il fallait que 90 % de la population du pays cultive la nourriture que les Américains mangeaient. Aujourd'hui, cette proportion n'est que de 3 %. Alors, est-ce qu'on s'en tire moins bien à cause de tous ces emplois perdus dans le domaine de l'agriculture? Ceux qui étaient destinés à devenir des agriculteurs sont maintenant des professeurs d'université ou des gourous de l'informatique [...].

Au lieu de dénombrer les emplois, on devrait plutôt faire en sorte que chaque emploi compte. Il est certain qu'on verra à l'occasion un repli du marché du travail si l'offre et la demande ne coïncident pas, mais cette situation est temporaire. De grâce, ne vous prenez pas pour des luddites — ces ouvriers anglais qui ont détruit de la machinerie à l'époque de la révolution industrielle —, ne devenez pas non plus un partisan du protectionnisme et, surtout, ne tentez pas de faire pousser des bananes sur l'île de Manhattan! ■

Source: McTeer, Robert D., Jr. (4 juin 2003). «The dismal science? Hardly!». *The Wall Street Journal.* (Traduction libre). Repéré à http://online.wsj.com

Le principe n° 9: les prix montent lorsque le gouvernement émet trop de monnaie

En janvier 1921, un quotidien allemand coûtait 0,30 mark. Moins de deux ans plus tard, en novembre 1922, ce même journal coûtait 70 millions de marks, les autres prix ayant tous connu le même sort. Cet accroissement du niveau général des prix constitue l'un des épisodes inflationnistes les plus spectaculaires de l'histoire.

Inflation
Augmentation générale du niveau des prix.

Le Canada n'a jamais connu, même de loin, une **inflation** comparable à celle de l'Allemagne dans les années 1920, même si le problème de l'inflation s'est parfois posé. Durant la décennie des années 1970, l'inflation a atteint en moyenne 8 % par année et le niveau général des prix a plus que doublé. En revanche, depuis 20 ans, l'inflation ne dépasse pas 2 % par année. Avec un tel taux, il faudrait plus de 35 ans pour que les prix doublent. En raison des nombreux coûts liés à une inflation élevée, tous les responsables des politiques se préoccupent du maintien de l'inflation à des niveaux acceptables.

D'où vient l'inflation? Dans la majorité des cas d'inflation forte ou persistante, l'origine est la même: la création de monnaie. Lorsque l'État émet de grandes quantités de monnaie, la valeur de celle-ci s'effondre. Dans l'Allemagne des années

1920, les prix triplaient en moyenne tous les mois, de même que la quantité de billets imprimés. L'histoire économique du Canada, notoirement moins dramatique, conduit à la même conclusion. L'inflation élevée des années 1970 était liée à une croissance très rapide de la masse monétaire, alors que l'inflation réduite des 20 dernières années est associée au contrôle de cette même masse monétaire.

Le principe n° 10 : à court terme, la société est soumise à un arbitrage entre l'inflation et le chômage

Les économistes s'entendent pour dire qu'à long terme, l'émission de monnaie constitue la cause principale de l'inflation. Des désaccords surgissent toutefois au sujet des effets de l'émission de monnaie à court terme. L'analyse la plus couramment admise va comme suit :

- Augmenter la quantité de monnaie dans l'économie stimule la demande de biens et de services.
- Une augmentation de la demande peut éventuellement conduire les firmes à hausser leurs prix, mais à court terme, elle les encourage à accroître leur production et à embaucher plus de travailleurs.
- Cette augmentation de l'embauche provoque une diminution du taux de chômage.

Pareil raisonnement nous conduit tout naturellement au dixième principe économique : à court terme, la société est soumise à un arbitrage entre l'inflation et le chômage.

Bien qu'elle soit parfois controversée, cette proposition est tout de même largement acceptée par les économistes. Elle signifie que, sur une période d'une année ou deux, les politiques économiques poussent l'inflation et le chômage dans des directions opposées. Et les pouvoirs publics sont soumis à cet arbitrage, que l'inflation et le chômage soient élevés (comme dans les années 1970 et 1980) ou relativement modérés (comme dans les années 1990). Du reste, cet arbitrage joue un rôle important dans l'analyse du **cycle économique,** ces fluctuations irrégulières et largement imprévisibles de l'activité économique telle que mesurée par la production de biens et de services, et le niveau d'emploi.

Cycle économique
Fluctuations de l'activité économique.

Les pouvoirs publics peuvent tirer profit de cet arbitrage entre l'inflation et le chômage. En modifiant les dépenses gouvernementales, en changeant les divers impôts et taxes et en gérant la masse monétaire, nos gouvernements peuvent modifier le niveau d'inflation et le taux de chômage qui auront cours au sein de l'économie. Puisque ces outils de politique monétaire et budgétaire sont potentiellement puissants, il n'est pas étonnant que de nombreux débats portent sur leur utilisation.

L'exemple canadien le montre bien. En 2008 et 2009, l'économie canadienne, comme de nombreuses autres économies du monde, a connu un profond ralentissement. Les problèmes qui ont affligé le système financier ont eu des conséquences sur le reste de l'économie en tirant les revenus vers le bas et en faisant bondir le taux de chômage. Les responsables politiques ont réagi de diverses façons pour accroître la demande agrégée de biens et de services. Le gouvernement canadien a mis en place d'importantes mesures de stimulation qui ont accru les dépenses publiques, pendant que la Banque du Canada augmentait la masse monétaire. Ces politiques visaient à réduire le chômage, mais certains ont craint qu'elles finissent par entraîner une hausse du taux d'inflation.

MINITEST

- Énumérez et décrivez brièvement les trois principes liés au fonctionnement de l'économie.

BON À SAVOIR

Comment faire un bon usage de ce livre

L'économie est une discipline intéressante, mais certains efforts sont requis afin d'en tirer le plus grand profit. Tout au long de ce livre, nous avons essayé d'exposer le plus simplement possible les concepts économiques fondamentaux. Mais en tant qu'étudiant, vous avez également un rôle majeur à jouer. L'expérience montre que c'est en vous y engageant que vous bénéficierez le plus de cet enseignement. Voici quelques conseils à ce propos.

1. *Lisez le chapitre avant le cours.* Les étudiants qui lisent au préalable le chapitre du manuel qui sera traité en classe obtiennent de meilleurs résultats. Ils comprennent mieux le professeur et sont en mesure de formuler des questions qui touchent les aspects à éclaircir.

2. *Ne vous contentez pas de surligner le texte, faites-vous des résumés.* Faire glisser un marqueur jaune sur un texte est une activité beaucoup trop passive pour garder son esprit alerte. Lorsque vous avez terminé la lecture d'une section, prenez un moment pour résumer ce que vous venez de lire. Utilisez les marges de ce livre pour écrire quelques notes. Lorsque vous aurez terminé le chapitre, comparez vos résumés avec celui que nous proposons en fin de chapitre. Avez-vous été en mesure de faire ressortir l'essentiel ?

3. *Mettez-vous à l'épreuve.* Les minitests sont là pour vous aider. Utilisez-les ! Ils vous permettront d'évaluer votre compréhension de la matière. Si vous doutez de la justesse de votre réponse, c'est peut-être le signe qu'une relecture de la section s'impose.

4. *Exercez-vous, exercez-vous et exercez-vous encore.* Chaque chapitre se termine par des questions de révision. Répondez-y ! Plus vous mettrez vos connaissances à l'épreuve, plus vous les intégrerez solidement.

5. *Faites les exercices proposés par votre professeur.* Votre professeur est là pour vous aider à comprendre. Profitez au maximum de son expertise : faites les exercices qu'il vous suggère et n'hésitez pas à aller lui poser des questions pour des éclaircissements.

6. *Étudiez en groupe.* Lorsque vous aurez terminé la lecture d'un chapitre et que vous aurez fait les exercices, réunissez-vous avec des collègues de classe afin de discuter des connaissances nouvellement acquises. Vous verrez, on apprend beaucoup des autres.

7. *Expliquez ce que vous avez appris à d'autres personnes.* Comme tous les enseignants le savent, la meilleure façon d'approfondir une notion consiste à l'expliquer à d'autres. Enseignez de nouveaux concepts économiques à un camarade étudiant, à un ami, à un membre de votre famille, ou encore à votre animal de compagnie !

8. *Ne perdez pas la réalité de vue.* Dans le tourbillon des graphiques, des chiffres et des nouveaux concepts, il est facile d'oublier que l'économie sert à éclairer la réalité. Les multiples études de cas et les rubriques Dans l'actualité sont là pour vous le rappeler. Ne commettez pas l'erreur de les négliger. Elles permettent en effet de vous aider à faire le pont entre la théorie économique et la réalité de tous les jours. Si vous achevez votre cours d'économie avec succès, nous osons penser que vous serez désormais incapable de lire un journal sans y voir l'offre, la demande et les autres concepts économiques.

9. *Transposez les notions d'économie à votre vie de tous les jours.* Après avoir lu sur la façon dont d'autres appliquent ces notions à la réalité, essayez d'en faire autant ! Recourez à l'analyse économique pour mieux comprendre vos propres décisions, l'économie dans laquelle vous vivez et les événements qui font la manchette des journaux. Vous ne verrez sans doute plus jamais le monde comme avant.

Conclusion

Vous avez maintenant un aperçu de ce qu'est l'économie. Les prochains chapitres seront consacrés au développement du principe de la rationalité des agents, au fonctionnement des marchés ainsi qu'à celui des économies au sens large. La maîtrise de ces connaissances exige certains efforts, mais rien qui soit hors de votre portée. L'économie repose en fait sur quelques principes fondamentaux pouvant s'appliquer à une variété de situations.

Tout au long de cet ouvrage, nous nous référons aux **dix principes d'économie** résumés dans le tableau 1.1. Gardez-les en tête : même l'analyse économique la plus raffinée repose sur ces dix principes.

TABLEAU 1.1

Dix principes d'économie

LES MÉCANISMES DE LA PRISE DE DÉCISIONS		LES MÉCANISMES D'INTERACTION DES AGENTS		LES MÉCANISMES GÉNÉRAUX DE L'ÉCONOMIE	
Nº 1	Les gens sont soumis à des arbitrages.	Nº 5	Les échanges améliorent le bien-être de tous.	Nº 8	Le niveau de vie d'un pays dépend de sa capacité à produire des biens et des services.
Nº 2	Le coût d'un bien est ce à quoi il faut renoncer pour l'obtenir.	Nº 6	Les marchés représentent en général une bonne façon d'organiser l'activité économique.	Nº 9	Les prix montent lorsque le gouvernement émet trop de monnaie.
Nº 3	Les gens rationnels raisonnent à la marge.	Nº 7	Le gouvernement peut parfois améliorer les solutions de marché.	Nº 10	À court terme, la société est soumise à un arbitrage entre l'inflation et le chômage.
Nº 4	Les gens réagissent aux incitatifs.				

Résumé

- La prise de décisions individuelles présente les caractéristiques suivantes : les gens sont soumis à des arbitrages, le coût d'un bien est ce à quoi il faut renoncer pour l'obtenir, les personnes rationnelles prennent leurs décisions en fonction des bénéfices et des coûts marginaux et elles modifient leur comportement en fonction des incitatifs.
- Les mécanismes d'interaction des agents reposent sur trois idées essentielles : les échanges profitent à tous, les marchés représentent en général une bonne façon d'organiser l'activité économique et les gouvernements peuvent parfois améliorer les solutions du marché en cas de défaillances de celui-ci.
- Les mécanismes de l'économie nous enseignent que le niveau de vie dépend directement de la productivité, que la croissance de la masse monétaire est la cause première de l'inflation et que la société est soumise à court terme à un arbitrage entre l'inflation et le chômage.

Concepts clés

Changements marginaux, p. 8
Coût de renonciation, p. 6
Cycle économique, p. 17
Défaillances du marché, p. 13
Droits de propriété, p. 13
Économie, p. 4
Économie de marché, p. 11
Efficience, p. 5
Équité, p. 5
Externalité, p. 13
Gens rationnels, p. 7
Incitatif, p. 8
Inflation, p. 16
Pouvoir de marché, p. 13
Productivité, p. 14
Rareté, p. 4

Questions de révision

1. Citez trois exemples d'arbitrage auxquels vous devez faire face au cours de votre vie.
2. Quel est, pour vous, le coût de renonciation d'une séance de cinéma ?
3. L'eau est essentielle à la vie. Le bénéfice marginal d'un verre d'eau est-il important ou négligeable ?
4. Pourquoi les pouvoirs publics doivent-ils tenir compte des incitatifs ?
5. Pourquoi le commerce international n'est-il pas un jeu avec des gagnants et des perdants ?
6. Quel est le rôle de la main invisible dans le marché ?
7. Donnez les deux sources principales de défaillances du marché en illustrant chacune par un exemple.
8. Pourquoi la productivité est-elle importante ?
9. Qu'est-ce que l'inflation et quelle est son origine ?
10. Comment l'inflation et le chômage sont-ils reliés à court terme ?

Penser comme un économiste

Chaque discipline possède son propre langage et sa manière de penser. Les mathématiciens parlent d'axiomes, d'intégrales et d'espaces vectoriels. Les psychologues s'expriment en évoquant les notions du moi, du ça et de la dissonance cognitive, tandis que les avocats emploient les termes de juridiction, de délit civil et de commutation de peine.

Comme toutes ces disciplines, l'économie possède également son propre vocabulaire : offre, demande, avantage comparatif, élasticité, surplus du consommateur, fluctuations économiques, indice des prix à la consommation. Dans les chapitres suivants, vous vous familiariserez avec de nouveaux termes et avec des mots courants auxquels les économistes accordent une signification particulière. À première vue, ce nouveau vocabulaire peut vous sembler inutilement compliqué, mais vous constaterez rapidement qu'il vous permettra d'appréhender une nouvelle réalité.

Ce livre vise principalement à vous apprendre à penser comme un économiste. Bien sûr, cela prendra du temps. On ne devient pas économiste du jour au lendemain, pas plus qu'on devient mathématicien, psychologue ou avocat en un jour. Combinant à la fois la théorie, les études de cas et les coupures de presse, ce livre vous initiera à cette façon de voir la réalité et vous permettra d'en maîtriser les fondements.

Avant de plonger dans le vif du sujet, il est essentiel d'avoir une vue d'ensemble de la perception du monde propre aux économistes. Par conséquent, ce chapitre aborde la méthodologie inhérente à cette discipline. De quelle façon les économistes abordent-ils une question ? Qu'est-ce qui distingue leur vision du monde ?

L'économiste en tant que scientifique

Les économistes s'efforcent de traiter leur sujet avec l'objectivité propre aux scientifiques. Ils abordent l'étude de l'économie comme un physicien examine la matière ou comme un biologiste se penche sur l'étude de la vie. Ils élaborent des théories et recueillent des données qu'ils analysent afin de corroborer ou de réfuter ces théories.

De prime abord, le fait de considérer l'économie comme une science peut sembler déroutant. Après tout, les économistes ne manipulent ni éprouvettes ni télescopes. Toutefois, l'essence de la science ne se trouve-t-elle pas dans la *méthode scientifique* — la mise à l'épreuve objective des théories sur le fonctionnement du monde? Cette méthode de recherche s'applique donc aussi bien aux phénomènes économiques qu'à la gravité ou à l'évolution des espèces. Comme le faisait remarquer Albert Einstein, la pensée scientifique n'est rien d'autre qu'une version plus pénétrante des idées de tous les jours.

Même si cette affirmation vaut autant pour les sciences sociales, telle l'économie, que pour les sciences naturelles, telle la physique, la plupart des gens n'ont pas l'habitude d'observer la société avec le détachement d'un scientifique. Pour commencer, voyons comment les économistes appliquent la méthode scientifique à l'observation des phénomènes économiques.

▲
« Oui, Laurent, je suis spécialiste en sciences sociales. Je suis incapable d'expliquer l'électricité ou les choses de ce genre, mais si tu veux en savoir plus sur les gens, je suis ton homme. »

La méthode scientifique : l'observation, la théorie et le retour à l'observation

Selon ce qu'on raconte, Isaac Newton, le célèbre scientifique du XVIIe siècle, fut un jour intrigué par une pomme tombant d'un pommier. Cette observation l'amena à formuler la théorie de l'attraction gravitationnelle, laquelle s'applique non seulement à une pomme tombant sur la Terre, mais également à deux objets quelconques dans l'univers. Les expériences subséquentes ont démontré que la théorie de Newton s'appliquait dans de nombreuses circonstances (mais pas dans toutes, comme Einstein le fera remarquer plus tard). La physique newtonienne est parvenue à expliquer tellement de phénomènes qu'on l'enseigne encore aujourd'hui à tous les étudiants de premier cycle en physique, partout dans le monde.

Cette interaction entre la théorie et l'observation existe également en économie. Un économiste qui vit dans un pays où les prix montent en flèche voudra vraisemblablement élaborer une théorie de l'inflation. Il pourra soutenir que l'inflation survient lorsque le gouvernement émet trop de monnaie. Pour corroborer sa théorie, cet économiste recueillera et analysera les données concernant les prix et la masse monétaire dans de nombreux pays. Si l'augmentation de la masse monétaire n'est en aucun cas liée à une flambée des prix, il doutera de la validité de sa théorie sur l'inflation. Si, au contraire, les données internationales montrent une corrélation directe entre l'augmentation de la masse monétaire et l'augmentation des prix, comme cela est effectivement le cas, il aura confiance en la validité de sa théorie.

Même si, à l'instar des autres scientifiques, les économistes s'appuient sur la théorie et l'observation, ils se butent à un obstacle qui complique leur travail: la difficulté de réaliser des expériences. Les physiciens ont la possibilité de faire tomber des objets en laboratoire pour obtenir les données corroborant leurs théories de l'attraction gravitationnelle. Cependant, les économistes n'ont pas le droit de manipuler à leur gré la politique monétaire simplement pour obtenir des données utiles. Les économistes, tout comme, du reste, les astronomes et les spécialistes en biologie évolutionniste, se contentent donc des données qui sont à leur disposition.

Plutôt que de mener des expériences en laboratoire, les économistes examinent attentivement les données historiques. Lorsqu'une guerre au Moyen-Orient interrompt l'approvisionnement en pétrole, les prix du brut grimpent sur le marché mondial. Un tel événement fait chuter le niveau de vie des consommateurs de pétrole et de produits dérivés du pétrole, et les gouvernements se trouvent alors devant des choix difficiles. Les économistes, de leur côté, profitent de l'occasion pour étudier les effets de la hausse du prix de cette ressource naturelle sur l'économie mondiale. Tout au long de cet ouvrage, nous aurons recours à des exemples historiques. L'intérêt de ces exemples ne se limite pas à la compréhension des événements passés: ils permettent d'illustrer et d'évaluer les théories économiques actuelles.

Le rôle des postulats

Si vous demandez à une physicienne d'indiquer le temps qu'il faut à une bille pour tomber du dixième étage d'un édifice, elle vous répondra en supposant que la bille tombe dans le vide sans aucune résistance. À l'évidence, cette supposition est fausse. Dans la réalité, l'immeuble est entouré d'air, lequel exerce une friction sur la bille et la ralentit dans sa chute. Néanmoins, la physicienne fera remarquer qu'une friction aussi faible a un effet pratiquement négligeable. Le fait de postuler que la bille effectue sa chute dans le vide simplifie considérablement le problème sans pour autant en fausser le résultat.

Les économistes se servent des postulats pour la même raison: ceux-ci leur permettent de simplifier la réalité afin de la comprendre. Dans le cas d'une étude sur le commerce international, par exemple, ils supposent que le monde est composé de

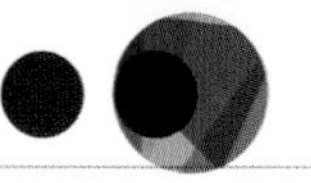

deux pays et que chacun d'eux produit uniquement deux biens. Dans les faits, il existe des dizaines de pays produisant chacun des milliers de biens. En se limitant à deux pays et à deux biens, ils peuvent mieux se concentrer sur le cœur du problème. Après avoir compris le commerce international dans ce monde imaginaire, ils sont en mesure de mieux le concevoir dans le monde complexe où nous vivons.

L'art de la pensée scientifique — qu'elle concerne la physique, la biologie ou l'économie — réside dans l'élaboration de postulats. Supposons que nous fassions tomber un ballon de plage du toit de l'immeuble, au lieu d'une bille. Notre physicienne devra remettre en cause le postulat de l'absence de friction, car l'air exerce une plus grande friction sur un ballon de plage que sur une bille. Dès lors, le postulat du vide, admissible dans le cas de la bille, ne s'applique plus au ballon de plage.

De la même manière, les économistes recourent à différents postulats en fonction des questions traitées. Imaginons que nous voulons connaître le comportement de l'économie lorsque le gouvernement modifie la quantité de monnaie en circulation. L'un des éléments importants de cette analyse concerne l'évolution des prix. Certains ne changent que rarement; c'est le cas du prix des magazines vendus en kiosque, qui varie seulement tous les deux ou trois ans. Conscients de cette réalité, nous formulerons, dans notre étude sur les conséquences des politiques, des postulats différents en fonction des divers horizons temporels considérés. Nous supposerons ainsi que les effets de la politique seront négligeables à court terme. Nous pourrons même en arriver à formuler la supposition extrême et artificielle selon laquelle les prix restent totalement rigides à court terme. À l'inverse, afin d'examiner les effets à long terme, nous partirons du présupposé selon lequel les prix sont totalement flexibles. Tout comme la physicienne employait deux postulats distincts pour l'étude de la chute d'une bille ou d'un ballon de plage, les économistes partent de postulats différents lorsqu'ils étudient les effets à court et à long terme d'une modification de la masse monétaire sur les prix.

Les modèles économiques

À l'école secondaire, les enseignants de biologie montrent les rudiments de l'anatomie à l'aide de mannequins de plastique qui leur permettent de faire voir aux élèves la disposition des principaux organes du corps humain: le cœur, le foie, les reins, etc. Bien entendu, ces modèles ne représentent pas véritablement un corps humain et personne ne les confond avec la réalité. Il s'agit de répliques simplifiées, comportant très peu de détails. Néanmoins, malgré ce manque de réalisme — ou, en fait, grâce à lui —, l'étude de ces modèles simplifiés aide à comprendre la physiologie humaine.

Les modèles dont se servent les économistes pour expliquer la réalité sont des diagrammes et des équations qui remplacent en quelque sorte les mannequins de plastique. À l'instar des mannequins des enseignants de biologie, les modèles économiques sacrifient bien des détails afin de se concentrer sur l'essentiel. Au lieu de négliger certains muscles et capillaires, ils font abstraction de certaines caractéristiques de l'économie.

Lorsque nous examinerons les divers problèmes économiques dans cet ouvrage, nous emploierons des modèles fondés sur des postulats. Tout comme la physicienne considérait la friction de l'air comme négligeable dans l'analyse de la chute de la bille, les économistes présument que de nombreux détails n'ont pas de véritable pertinence dans l'étude du problème envisagé. Tous les modèles, qu'ils soient issus de la physique, de la biologie ou de l'économie, simplifient la réalité pour en faciliter la compréhension.

Un premier modèle : le diagramme des flux circulaires

La réalité économique englobe des millions de personnes se consacrant à une multitude d'activités : acheter, vendre, travailler, louer, produire, etc. Pour comprendre son fonctionnement, il nous faut trouver une façon de simplifier notre représentation de cette myriade d'activités. En d'autres termes, nous devons disposer d'un modèle expliquant de manière générale l'organisation de l'économie et les interactions des agents économiques.

La figure 2.1 fournit un modèle visuel de l'économie, appelé **diagramme des flux circulaires.** Ce modèle ne comporte que deux types d'agents : les ménages et les entreprises. Les entreprises produisent des biens et des services grâce aux intrants, tels que le travail, la terre, le capital (immeubles et machinerie). On appelle ces intrants *facteurs de production*. Les ménages détiennent les facteurs de production et consomment les biens et les services produits par les entreprises.

Diagramme des flux circulaires
Modèle illustrant les transactions économiques entre les ménages et les entreprises dans un circuit simplifié.

Les ménages et les entreprises interagissent sur deux types de marchés, à tour de rôle en tant qu'acheteurs et vendeurs : le *marché des biens et des services*, où les ménages acquièrent la production offerte par les entreprises ; le *marché des*

FIGURE 2.1

Le diagramme des flux circulaires

LE MARCHÉ DES BIENS ET DES SERVICES
- Les entreprises vendent.
- Les ménages achètent.

Revenus
Biens et services vendus
Dépenses
Biens et services achetés

LES ENTREPRISES
- Elles produisent et vendent des biens et des services.
- Elles achètent et utilisent des facteurs de production.

LES MÉNAGES
- Ils achètent et consomment des biens et des services.
- Ils possèdent et vendent des facteurs de production.

Intrants pour la production
Salaires, loyers et profits
Travail, terre et capital
Revenus

LE MARCHÉ DES FACTEURS DE PRODUCTION
- Les ménages vendent.
- Les entreprises achètent.

→ = Flux réel
→ = Flux de dollars

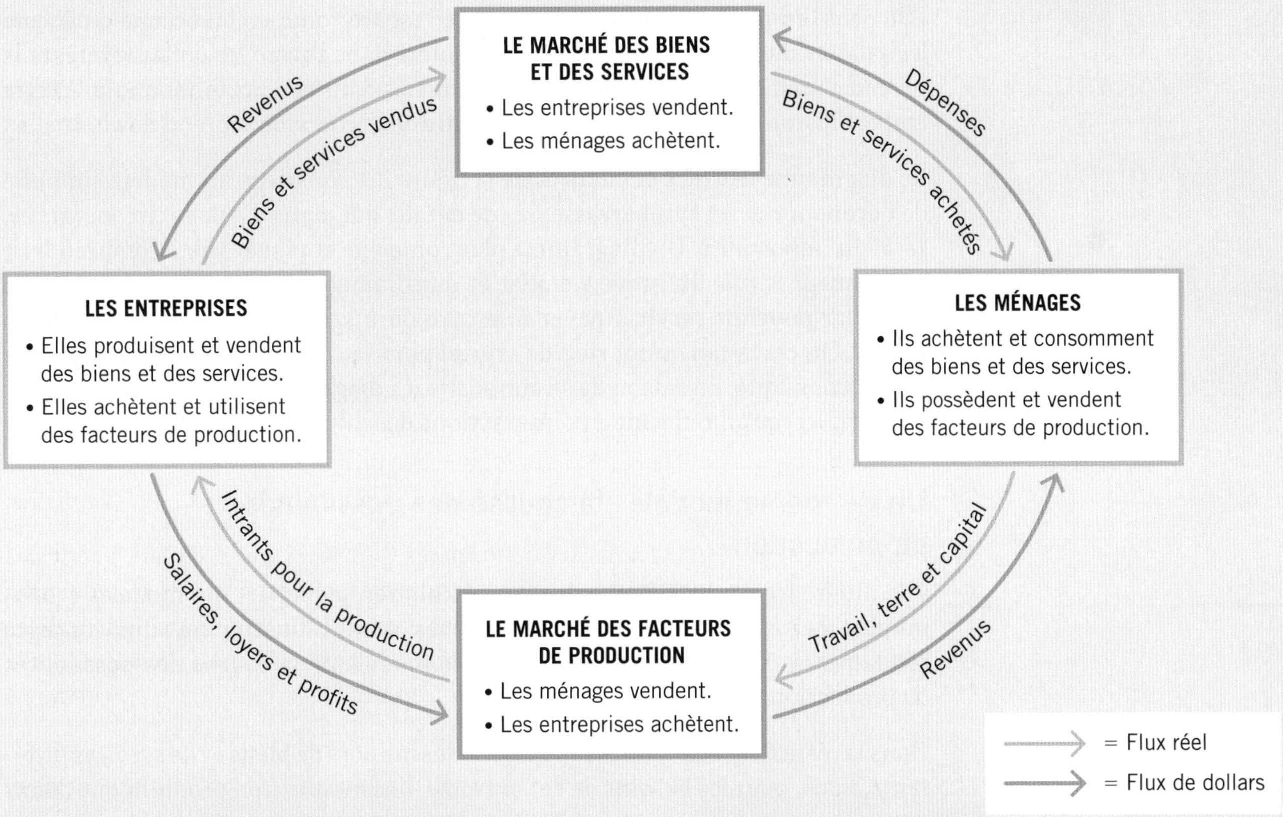

Ce diagramme représente schématiquement l'organisation de l'économie. Les ménages et les entreprises interviennent sur le marché des biens et des services (où les ménages sont les acheteurs et les entreprises sont les vendeurs) et sur le marché des facteurs de production (où les ménages sont les vendeurs et les entreprises sont les acheteurs). La boucle extérieure représente le flux de dollars, alors que la boucle intérieure représente le flux réel.

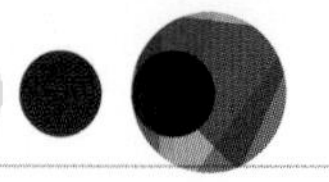

facteurs de production, où les ménages offrent aux entreprises les intrants afin de produire ces biens et ces services. Le diagramme des flux circulaires est une façon simple de représenter les transactions économiques entre les ménages et les entreprises.

Bien que distinctes, les deux boucles du diagramme sont reliées l'une à l'autre. La boucle intérieure représente le flux réel entre les ménages et les entreprises. Les ménages vendent leurs facteurs de production — travail, terre et capital — aux entreprises, qui les utilisent pour produire des biens et des services, lesquels sont ensuite vendus aux ménages sur le marché des biens et des services. La boucle extérieure de ce diagramme correspond au flux de dollars. Les ménages dépensent de l'argent pour acheter des biens et des services produits par les entreprises. Celles-ci consacrent ces revenus à l'acquisition de facteurs de production, comme les salaires des employés ; ce qui leur reste correspond au profit des propriétaires, lesquels font eux-mêmes partie des ménages.

Décrivons ce diagramme en suivant l'itinéraire que parcourt une pièce de un dollar circulant d'une personne à une autre dans l'économie. Prenons comme point de départ les ménages, le dollar se trouvant plus précisément dans votre porte-monnaie. Vous avez envie de prendre un café. Vous dépensez alors ce dollar sur le marché des biens et des services, au Tim Hortons du coin, pour consommer votre boisson favorite. Ce même dollar devient un revenu dans la caisse enregistreuse de cet établissement. Toutefois, il n'y demeure pas longtemps, car cette entreprise achète, avec ce même dollar, des intrants sur le marché des facteurs de production. Elle peut l'employer pour payer le loyer de l'espace commercial occupé ou encore les salaires des employés. Dans un cas comme dans l'autre, ce dollar réintègre le revenu d'un ménage et retourne encore une fois dans son porte-monnaie. À cette étape, l'histoire se répète et le flux circulaire de l'économie reprend de plus belle.

Le diagramme des flux circulaires de la figure 2.1 constitue un modèle simplifié de l'économie et ne s'embarrasse pas de détails qui, dans d'autres circonstances, seraient importants. Un diagramme plus complexe et plus réaliste comprendrait notamment le rôle du gouvernement et du commerce international (une partie du dollar pourrait servir à payer une taxe ou à acheter des grains de café du Brésil). Or, ces détails n'ont rien de crucial pour la compréhension de l'organisation économique. En raison de sa simplicité, ce diagramme est plus aisé à garder à l'esprit lorsqu'on réfléchit aux interactions des divers agents économiques.

Un deuxième modèle : la courbe des possibilités de production

À la différence du diagramme des flux circulaires, la plupart des modèles économiques mettent à profit les mathématiques. Afin d'illustrer certains concepts fondamentaux, examinons maintenant le modèle de la courbe des possibilités de production.

Courbe des possibilités de production (CPP)
Courbe qui indique les combinaisons de biens et de services qu'il est possible de produire avec les ressources et la technologie disponibles.

Dans la réalité, les économies produisent des milliers de biens et de services différents, mais, pour les besoins de cet exemple, l'économie n'en produira que deux : des ordinateurs et des automobiles, ces deux industries requérant la totalité des facteurs de production. La **courbe des possibilités de production (CPP)** illustre les différentes combinaisons de production accessibles (dans le cas présent, celle des automobiles et des ordinateurs), compte tenu des facteurs de production et de la technologie disponibles.

La figure 2.2 constitue un exemple de courbe des possibilités de production. Dans ce contexte économique, si toutes les ressources sont allouées à l'industrie automobile, on produit 1000 automobiles et aucun ordinateur. À l'inverse, lorsque toutes les ressources sont allouées à l'industrie informatique, on produit 3000 ordinateurs et aucune voiture. Les deux extrémités de la courbe des possibilités de production représentent ces situations. Si les ressources sont réparties entre les deux industries, la production pourrait être de 600 voitures et de 2200 ordinateurs, comme l'illustre le point A de la courbe. Ou encore, si nous déplaçons certaines ressources de l'industrie informatique vers l'industrie automobile, l'économie pourrait produire 700 voitures et 2000 ordinateurs, comme l'illustre le point B de la courbe.

En raison de la rareté des ressources, certaines combinaisons d'automobiles et d'ordinateurs ne sont pas accessibles. Quels que soient nos efforts d'allocation des ressources, l'économie est incapable de produire le nombre d'automobiles et d'ordinateurs que représente le point C. Étant donné la technologie disponible, l'économie ne dispose pas de ressources suffisamment nombreuses pour produire autant d'automobiles et d'ordinateurs à la fois. En d'autres termes, l'économie est en mesure de produire à n'importe quel point se situant sur la courbe des possibilités de production, ou à l'intérieur de celle-ci, mais elle est incapable de produire à un point se situant à l'extérieur de cette courbe.

On considère qu'une allocation est *efficace* si l'économie tire le maximum des ressources rares dont elle dispose. Les points situés sur la courbe (plutôt qu'à l'intérieur) correspondent aux niveaux de production efficaces. Lorsque l'économie se situe au point A, il est impossible de produire davantage d'un bien sans réduire la production de l'autre. Le point D représente quant à lui une allocation *inefficace*. Pour une raison quelconque, peut-être un chômage trop élevé, l'économie produit moins qu'elle le pourrait compte tenu de ses ressources : 300 voitures et

FIGURE 2.2

La courbe des possibilités de production

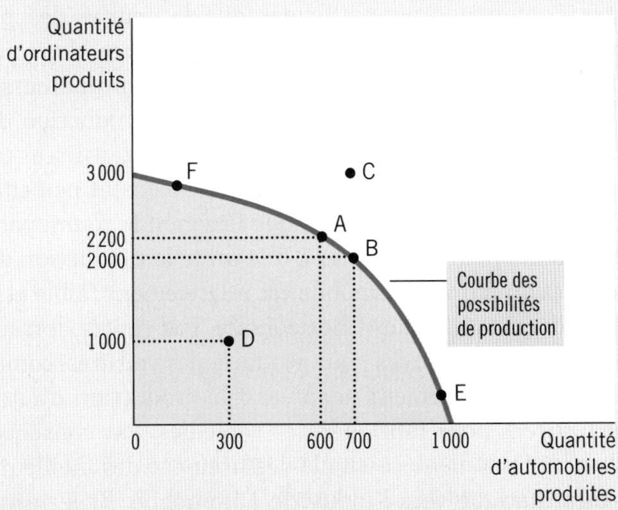

Cette courbe indique toutes les combinaisons de production — dans ce cas particulier, celles des automobiles et des ordinateurs — que l'économie est en mesure de produire. Ces combinaisons se situent sur la courbe ou à l'intérieur de celle-ci. Tout point à l'extérieur de la courbe est inaccessible, compte tenu des ressources disponibles.

1 000 ordinateurs. Si l'on éliminait la cause de cette inefficacité, la production pourrait passer de D à A, ce qui ferait augmenter ainsi simultanément la production de voitures (de 300 à 600) et d'ordinateurs (de 1 000 à 2 200).

Selon l'un des **dix principes d'économie** abordés dans le chapitre 1, les gens sont soumis à des arbitrages. La courbe des possibilités de production illustre l'un des arbitrages auxquels se heurte la société : lorsqu'une allocation est efficace, la seule façon d'augmenter la production d'un bien consiste à diminuer celle de l'autre. Par exemple, lorsque la production passe de A à B, la société produit 100 voitures de plus, mais elle doit réduire sa production d'ordinateurs de 200 unités.

Cet arbitrage nous permet de comprendre un autre des **dix principes d'économie** : le coût d'un bien est ce à quoi il faut renoncer pour l'obtenir. C'est ce qu'on appelle le *coût de renonciation*. La courbe des possibilités de production démontre que le coût de renonciation d'un bien se mesure par la quantité d'un autre bien. Ainsi, lorsque la société redistribue certains de ses facteurs de production de l'industrie informatique à l'industrie automobile, en faisant passer la production de A à B, elle renonce à 200 ordinateurs pour obtenir 100 voitures supplémentaires. Par conséquent, le coût de renonciation de 100 voitures correspond à 200 ordinateurs. Autrement dit, le coût de renonciation d'une voiture est de deux ordinateurs. Notez que le coût de renonciation d'une voiture est égal à la pente de la courbe des possibilités de production (si vous avez oublié ce qu'est une pente, rafraîchissez-vous la mémoire en consultant l'annexe de ce chapitre).

Cela dit, le coût de renonciation d'une voiture exprimé en nombre d'ordinateurs n'est pas constant. Il dépend du nombre d'automobiles et d'ordinateurs produits. La forme de la courbe des possibilités de production est révélatrice à cet égard : puisqu'elle est arquée, le coût de renonciation d'une voiture est plus élevé lorsque l'économie produit beaucoup de voitures et peu d'ordinateurs, comme c'est le cas au point E, là où la courbe présente une pente assez abrupte. Par contre, lorsque l'économie produit peu d'automobiles mais beaucoup d'ordinateurs, comme c'est le cas au point F, la courbe s'aplatit et le coût de renonciation d'une voiture est plus faible.

Les économistes s'entendent pour affirmer que la courbe des possibilités de production présente habituellement cette forme arquée. Lorsque l'économie utilise la majorité de ses ressources pour fabriquer des ordinateurs, comme c'est le cas au point F, les ressources les plus adaptées à la production d'automobiles, les travailleurs spécialisés de l'industrie automobile, sont utilisées pour fabriquer des ordinateurs. Puisque ces travailleurs sont probablement peu efficaces dans la production d'ordinateurs, on peut penser que l'économie n'aura pas à renoncer à beaucoup d'ordinateurs pour augmenter d'une unité la production d'automobiles. Le coût de renonciation d'une automobile est relativement faible et la courbe des possibilités de production est plutôt horizontale. Par contre, lorsque l'économie utilise la majorité de ses ressources pour produire des voitures, comme c'est le cas au point E, les ressources les mieux adaptées à la production d'automobiles sont déjà largement utilisées pour fabriquer des véhicules. Par conséquent, produire une automobile additionnelle nécessite le déplacement des meilleurs techniciens de l'industrie informatique vers l'industrie automobile. Et le résultat n'est pas surprenant : produire une voiture additionnelle nous force à renoncer à une quantité imposante d'ordinateurs. La courbe des possibilités de production devient alors plus verticale en raison de l'augmentation du coût de renonciation d'une voiture.

La courbe des possibilités de production illustre l'arbitrage que l'on doit faire entre la production de différents biens à un moment donné, mais cet arbitrage est susceptible d'évoluer dans le temps. Par exemple, supposons que les progrès technologiques de l'industrie informatique permettent d'augmenter le nombre d'ordinateurs qu'un travailleur peut produire chaque semaine. Cette avancée technologique élargit l'ensemble des possibilités de production. En effet, pour n'importe quel volume de véhicules produits (à part, bien sûr, 1000), l'économie peut désormais produire plus d'ordinateurs. La courbe des possibilités de production se redressera alors, comme le montre la figure 2.3.

Cette figure illustre bien le phénomène de la croissance économique. Pour garder un niveau de production efficace, la société peut se déplacer d'un point sur l'ancienne courbe des possibilités de production à un point sur la nouvelle courbe. La nature précise de ce déplacement dépend bien sûr des préférences des citoyens. Dans notre exemple, la société passe du point A au point G et peut bénéficier de plus d'ordinateurs (2300 au lieu de 2200) et de plus d'automobiles (650 au lieu de 600).

La courbe des possibilités de production a le mérite de simplifier la réalité complexe de l'économie pour faire ressortir des concepts fondamentaux: la rareté, l'efficacité, l'arbitrage, les coûts de renonciation et la croissance économique. Vous retrouverez ces concepts sous de multiples formes tout au long de vos études en économie. La courbe des possibilités de production est une façon simple et épurée de les schématiser.

La microéconomie et la macroéconomie

L'étude d'un ensemble de phénomènes donnés s'effectue souvent sous différents angles. Prenons la biologie comme exemple. Les spécialistes de la biologie moléculaire étudient la composition chimique des êtres vivants. Ces biologistes se consacrent à l'étude des constituants moléculaires des cellules qui composent la structure des organismes vivants. Par ailleurs, ceux qui s'intéressent à la biologie évolutionniste étudient les nombreuses variétés de plantes et d'animaux ainsi que leur évolution au cours des siècles.

FIGURE 2.3

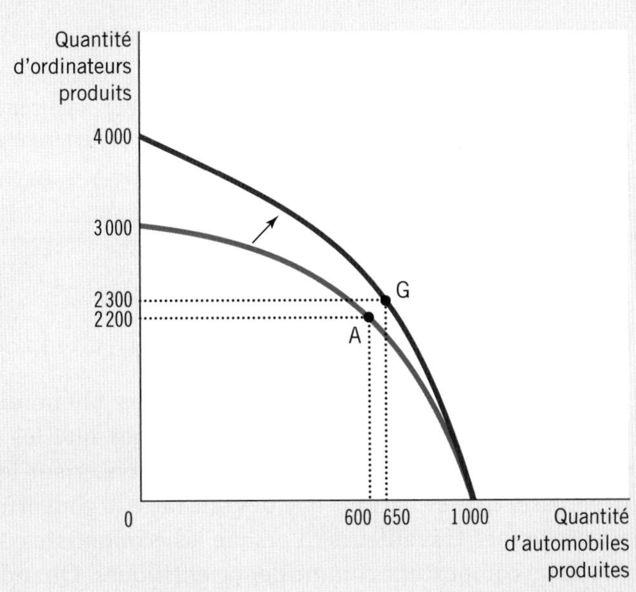

Le déplacement de la courbe des possibilités de production

Une augmentation de la productivité dans l'industrie informatique permet de produire plus d'ordinateurs pour tout niveau de production d'automobiles. Par conséquent, la courbe se déplace vers le haut. Si l'économie se déplace du point A au point G, alors la production d'ordinateurs et de voitures s'accroît.

L'économie comporte également plusieurs niveaux d'investigation. Nous pouvons scruter les décisions individuelles des ménages et des entreprises. Nous pouvons nous pencher sur les interactions des ménages et des entreprises sur certains marchés spécifiques. Nous pouvons également analyser le fonctionnement général de l'économie, lequel regroupe les actions de l'ensemble des agents sur l'ensemble des marchés.

Microéconomie
Étude de la prise de décisions des ménages et des entreprises ainsi que de leurs interactions sur les marchés.

Macroéconomie
Étude des phénomènes économiques globaux, notamment l'inflation, le chômage et la croissance économique.

La discipline économique se divise traditionnellement en deux grands domaines : la **microéconomie**, soit l'étude de la prise de décisions des ménages et des entreprises ainsi que de leurs interactions sur des marchés spécifiques, et la **macroéconomie**, soit l'étude des phénomènes économiques globaux. Une microéconomiste pourra analyser les effets de la réglementation des loyers sur le marché résidentiel de Montréal, les conséquences de la concurrence étrangère sur l'industrie automobile canadienne ou encore les effets de la fréquentation universitaire sur les salaires. Quant au macroéconomiste, il examinera les conséquences des emprunts du gouvernement fédéral sur les taux d'intérêt, l'évolution du taux de chômage ou les politiques visant à améliorer la croissance du niveau de vie.

La macroéconomie et la microéconomie sont étroitement liées. Comme les changements qui influent sur l'économie dans son ensemble relèvent, en dernière analyse, des décisions prises par des millions de personnes, il devient impossible de comprendre la macroéconomie sans prendre en considération les décisions microéconomiques. Prenons l'exemple d'une macroéconomiste cherchant à étudier l'effet qu'une diminution de l'impôt sur le revenu a sur la production globale de biens et de services. Pour analyser cette question, elle devra préalablement, dans une perspective microéconomique, examiner l'impact de cet allègement fiscal sur les décisions de consommation des ménages.

En dépit de leurs liens fort étroits, la microéconomie et la macroéconomie ont tout de même des champs d'études nettement délimités. Puisqu'elles s'intéressent à des phénomènes différents, elles ont recours à des modèles qui leur sont propres et elles sont souvent enseignées dans des cours séparés.

MINITEST

- Expliquez pourquoi l'économie est considérée comme une science.
- Tracez la courbe des possibilités de production d'une société ne produisant que de la nourriture et des vêtements. Indiquez une combinaison efficace, une combinaison inefficace et une combinaison inaccessible. Illustrez les effets d'une sécheresse.
- Donnez une définition de la microéconomie et une autre de la macroéconomie.

L'économiste en tant que conseiller politique

On demande souvent aux économistes d'expliquer les phénomènes économiques : pourquoi le chômage frappe-t-il plus les jeunes que les travailleurs âgés ? À d'autres moments, on leur demande de se prononcer sur les politiques à adopter pour redresser une situation : que devrait faire le gouvernement pour améliorer le sort des jeunes travailleurs ? Lorsque les économistes tentent d'expliquer le monde, ils se comportent comme des scientifiques. Quand ils essaient de l'améliorer, ils deviennent des conseillers politiques.

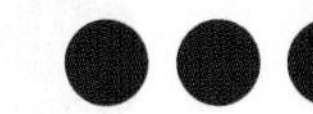

BON À SAVOIR

Il n'y a pas que les banquiers qui étudient l'économie

En tant qu'étudiant, vous vous demandez peut-être combien de cours d'économie vous devriez suivre et en quoi cette matière pourrait vous être utile dans la vie. De prime abord, l'économie peut sembler abstraite, mais elle est en fait plus concrète que vous le pensez, car les notions d'économie se révèlent utiles dans un vaste éventail de professions. De nombreuses personnes célèbres ont obtenu un diplôme universitaire dans cette matière, notamment Ted Turner, fondateur de CNN, l'homme d'affaires Donald Trump, l'ancien président américain George H. W. Bush, le premier ministre du Canada Stephen Harper, l'ancien premier ministre du Québec Jacques Parizeau, le chanteur Lionel Ritchie, l'actrice Cate Blanchett, Kofi Annan, ancien secrétaire général des Nations Unies, Arnold Schwarzenegger, acteur et ancien gouverneur de la Californie.

Quant à Mick Jagger, le fait qu'il ait étudié à la London School of Economics ne l'a pas aidé à mieux chanter, mais ses connaissances en économie lui ont certainement permis d'investir plus judicieusement les sommes considérables qu'il a gagnées pendant sa carrière.

Lorsqu'on leur a demandé pourquoi les Rolling Stones repartaient en tournée en 2005, l'ancien étudiant d'économie qu'est Mick Jagger a répondu : « L'offre et la demande ». Et Keith Richard de renchérir : « Si la demande est là, l'offre sera là ! »

L'analyse positive et l'analyse normative

Afin de circonscrire les deux rôles qu'un économiste est appelé à jouer, examinons un peu le vocabulaire utilisé. Puisque les scientifiques et les conseillers politiques poursuivent des objectifs différents, il n'est pas étonnant qu'ils emploient un vocabulaire distinct.

Prenons l'exemple de deux personnes en train de discuter de la législation relative au salaire minimum. Voici un extrait de leur dialogue.

JEAN-BENOÎT : La législation sur le salaire minimum est responsable d'une partie du chômage.

ANNE-MARIE : Le gouvernement devrait augmenter le salaire minimum.

Que vous soyez d'accord ou non avec ces déclarations, remarquez qu'Anne-Marie et Jean-Benoît n'ont pas du tout le même discours. Jean-Benoît s'exprime comme un scientifique : il tente d'expliquer le fonctionnement du monde. Anne-Marie parle comme une conseillère politique : elle suggère une manière de changer le monde.

Les énoncés sont généralement classés en deux catégories. Ainsi, en tentant de décrire la réalité telle qu'elle *est,* Jean-Benoît formule un **énoncé positif.** En revanche, en parlant de la réalité telle qu'elle *devrait être,* Anne-Marie formule un **énoncé normatif.**

Énoncé positif
Proposition par laquelle on essaie de décrire l'état du monde.

Énoncé normatif
Proposition par laquelle on essaie de déterminer ce que devrait être le monde.

La différence essentielle entre un énoncé positif et un énoncé normatif réside dans la manière dont nous les justifions. En principe, nous pouvons infirmer ou confirmer un énoncé positif en nous basant sur des observations. Un économiste pourra mettre à l'épreuve l'affirmation de Jean-Benoît en analysant les données relatives à l'évolution conjointe du salaire minimum et du taux de chômage. En revanche, la justification des énoncés normatifs fait appel à la fois à des faits et à des jugements de valeur. Il est impossible de justifier l'affirmation d'Anne-Marie sur la simple base des données empiriques. Décider du bien-fondé d'une politique dépasse le domaine scientifique et relève des positions de chacun en matière d'éthique, de philosophie politique, voire de religion.

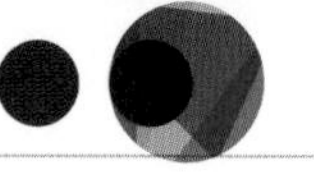

Malgré qu'ils soient distincts, les énoncés positifs et les énoncés normatifs sont souvent entremêlés dans le tissu des valeurs d'un individu. La compréhension du fonctionnement du monde qu'a un individu influe sur ses propositions normatives concernant les politiques à adopter. S'il était vrai, comme l'énonce Jean-Benoît, que la loi sur le salaire minimum provoque du chômage, cela nous conduirait à rejeter les conclusions d'Anne-Marie visant à faire augmenter ce dernier. Un fait demeure toutefois : les énoncés normatifs ne peuvent pas découler uniquement d'une analyse positive. Ils s'appuient également sur des jugements de valeur.

Au cours de vos études en économie, gardez à l'esprit cette distinction entre un énoncé positif et un énoncé normatif. La science économique s'efforce d'expliquer le fonctionnement de l'économie (analyse positive). Or, certains utilisent la théorie économique afin de proposer des façons d'améliorer l'économie (analyse normative). Quand vous entendrez un économiste formuler des propositions normatives, vous saurez que, de scientifique qu'il était, il est devenu un conseiller politique.

Des économistes au gouvernement

Le président américain Harry Truman a déclaré un jour qu'il aimerait trouver un économiste n'ayant qu'un seul côté. Lorsqu'il interrogeait ses conseillers économiques, ceux-ci lui répondaient toujours : « D'un côté [...], mais de l'autre [...]. »

Truman avait parfaitement raison de remarquer que les conseils des économistes sont rarement simples. Cette tendance vient directement de l'un des **dix principes d'économie** : les gens sont soumis à des arbitrages. Les économistes sont conscients des arbitrages sur lesquels reposent de nombreuses décisions politiques. Une politique peut améliorer l'efficience au détriment de l'égalité ou bien elle peut profiter aux générations futures en portant préjudice à la génération actuelle. Si un économiste déclare que toutes les décisions en matière de politiques économiques n'ont rien de sorcier, il convient de s'en méfier.

Le gouvernement canadien, à l'instar des autres gouvernements, s'appuie sur les conseils des économistes. Ceux du ministère des Finances contribuent à l'élaboration de la politique budgétaire. Ceux du ministère de l'Industrie conçoivent les lois antitrust et contribuent à leur application. Ceux du ministère des Affaires étrangères et du Commerce international participent aux négociations des accords commerciaux avec les autres pays. Ceux du ministère des Ressources humaines analysent les données sur les travailleurs et les chercheurs d'emploi et élaborent les politiques relatives à la main-d'œuvre. Les économistes de Statistique Canada recueillent les données qu'analyseront ensuite ceux qui formuleront des recommandations politiques. Enfin, la Banque du Canada, l'organisme responsable de la politique monétaire canadienne, emploie plus de 200 économistes pour l'analyse des marchés financiers et des perspectives macroéconomiques.

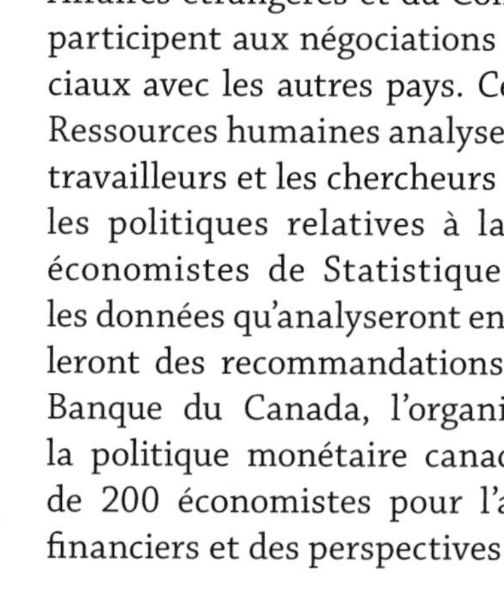

▲ La Banque du Canada emploie plus de 200 économistes.

Les économistes qui ne travaillent pas comme fonctionnaires donnent également des conseils politiques. L'Institut C. D. Howe, l'Institut de recherche en politiques publiques, le Conference Board du Canada, l'Institut économique de Montréal et d'autres organisations indépendantes publient des rapports économiques concernant les problèmes actuels, tels que la pauvreté, le chômage et la dette. Ces analyses visent à influencer l'opinion publique de même qu'à formuler des recommandations sur les politiques gouvernementales à adopter.

L'influence des économistes sur la politique ne se limite pas à leur rôle de conseillers. Par leurs recherches et leurs écrits, ils ont une portée indirecte sur la politique, comme l'économiste John Maynard Keynes le faisait un jour remarquer en conclusion de sa *Théorie générale* :

> [...] les idées, justes ou fausses, des philosophes de l'économie et de la politique ont plus d'importance qu'on ne le pense en général. À vrai dire le monde est presque exclusivement mené par elles. Les hommes d'action qui se croient parfaitement affranchis des influences doctrinales sont d'ordinaire les esclaves de quelque économiste passé. Les visionnaires influents, qui entendent des voix dans le ciel, distillent des utopies nées quelques années plus tôt dans le cerveau de quelque écrivailleur de Faculté.

Ces mots, écrits en 1936, demeurent toujours aussi vrais. En fait, l'écrivailleur de Faculté qui influence aujourd'hui la politique économique est bien souvent Keynes lui-même.

Pourquoi les politiciens ne suivent-ils pas les conseils des économistes ?

Tout économiste qui donne des conseils à un premier ministre ou à un autre élu sait pertinemment que ses recommandations ne seront pas toujours prises en compte. C'est frustrant, bien entendu, mais il y a une explication à cela. Le processus qui mène à l'élaboration d'une politique économique est, dans la réalité, très différent de ce qu'on présente habituellement dans les manuels d'économie.

Dans le présent ouvrage, par exemple, lorsqu'il est question de politique économique, on se limite souvent à une question : quelle est la meilleure politique que le gouvernement devrait mettre en œuvre ? Cela sous-entend que la politique est déterminée pour ainsi dire par un monarque bienveillant et que, dès que ce dernier a trouvé la politique adéquate, il lui suffit de l'appliquer.

Dans les faits, arriver à définir la politique appropriée n'est que l'une des nombreuses tâches d'un dirigeant, parfois même la plus facile. Une fois qu'un premier ministre a écouté ses conseillers économiques lui tracer les grandes lignes de la meilleure politique à adopter, il se tourne ensuite vers plusieurs autres conseillers pour obtenir différents sons de cloche. Ainsi, ses conseillers en communication l'informeront de la meilleure manière d'expliquer à la population la politique proposée, et ils anticiperont tout malentendu qui pourrait compromettre sa mise en œuvre. Ses attachés de presse évalueront comment les médias vont rapporter sa proposition et prévoiront les opinions que les éditorialistes vont exprimer dans les grands quotidiens. Ensuite, les conseillers législatifs envisageront comment l'opposition et le Sénat accueilleront le projet de loi et les changements qu'ils sont susceptibles de suggérer. Ses conseillers politiques lui diront quels groupes vont appuyer la politique proposée ou s'y opposer, et comment celle-ci se répercutera sur sa popularité parmi les différents groupes d'électeurs et sur le soutien qu'il pourrait obtenir s'il lançait d'autres politiques. C'est seulement après avoir écouté et considéré tous ces conseils que le premier ministre décidera de la marche à suivre.

Mettre en œuvre une politique économique dans une démocratie représentative n'est pas une mince affaire. Le premier ministre ou tout autre politicien a souvent de bonnes raisons de ne pas aller de l'avant avec les politiques que prônent les économistes. Bien que leurs conseils soient essentiels à l'élaboration des politiques, ils ne constituent en fait que l'un des ingrédients d'une recette fort complexe.

MINITEST

- Donnez un exemple d'énoncé positif et d'énoncé normatif.
- Nommez trois organismes gouvernementaux qui utilisent les conseils des économistes.

Pourquoi les économistes ne s'entendent-ils pas ?

« Même si l'on mettait tous les économistes bout à bout, ceux-ci ne parviendraient pas à atteindre une conclusion. » Cette boutade de George Bernard Shaw est tout à fait révélatrice. On critique fréquemment les économistes pour leurs recommandations politiques contradictoires. Le président américain Ronald Reagan avait fait remarquer, en plaisantant, que si le jeu Quelques arpents de pièges avait été conçu par des économistes, il comprendrait 3 000 réponses pour 100 questions.

Pourquoi les économistes semblent-ils être si souvent en désaccord entre eux lorsqu'ils font des recommandations à la classe politique ? Citons deux raisons fondamentales :

- Les économistes divergent d'opinion sur la validité des diverses théories économiques en présence.
- Les économistes ont des valeurs différentes et, par conséquent, une vision normative différente des objectifs que devrait poursuivre la politique économique.

Revenons sur chacune de ces raisons.

Des raisonnements scientifiques divergents

Il y a plusieurs siècles, les astronomes débattaient pour décider lequel, de la Terre ou du Soleil, se trouvait au centre du système solaire. Plus près de nous, les climatologues débattent de la possibilité d'un réchauffement de la planète et des raisons qui l'expliqueraient. La science cherche à comprendre le monde qui nous entoure. Dans cette quête incessante de la vérité, il n'est pas étonnant de voir apparaître de profonds désaccords entre chercheurs.

Les économistes ne font pas exception à cette règle. Il s'agit d'une science toute récente où il reste beaucoup à découvrir. Les querelles entre économistes proviennent souvent de leurs désaccords sur la validité des différentes théories, de même que sur l'importance à accorder aux nombreuses variables en jeu.

Par exemple, les économistes divergent d'opinion quant aux effets des impôts. Certains sont partisans de l'impôt sur le revenu, d'autres favorisent l'impôt sur la consommation (TPS, TVQ, etc.). Les tenants des taxes de vente affirment qu'elles encourageraient les familles à faire des économies, puisque leur épargne serait à l'abri du fisc. Cette hausse de l'épargne nourrirait l'investissement et ferait augmenter la productivité et le niveau de vie. Quant aux partisans de l'imposition sur le revenu, ils sont convaincus que l'épargne n'augmenterait guère à la suite d'une modification du régime fiscal. Ces deux groupes d'économistes possèdent donc des visions normatives de la fiscalité qui sont différentes, lesquelles visions reposent sur des conceptions positives différentes de l'effet des incitatifs fiscaux sur le comportement des gens.

Des valeurs différentes

Imaginons que Guillaume et Marc-André consomment la même quantité d'eau tirée du puits communal. Afin de payer l'entretien de ce dernier, la municipalité taxe tous les résidants. Guillaume, qui dispose d'un revenu de 100 000 $, paie un impôt de 10 000 $, soit 10 % de son revenu. Marc-André, qui ne gagne que 20 000 $, paie un impôt de 4 000 $, ce qui équivaut à 20 % de son revenu.

Un tel régime est-il équitable ? Quelqu'un paie-t-il trop d'impôt ? Quelqu'un n'en paie-t-il pas assez ? Le fait que les revenus de Guillaume proviennent d'un héritage ou encore des longues heures qu'il consacre à un emploi exigeant pèse-t-il dans la balance ? Le fait que les maigres revenus de Marc-André sont attribuables à sa santé fragile ou encore à sa décision de visiter le vaste monde importe-t-il ?

Il s'agit de questions difficiles sur lesquelles les gens se mettent rarement d'accord. Il n'y a donc rien d'étonnant à ce que deux experts engagés par la municipalité pour examiner le régime fiscal requis pour couvrir les frais d'entretien du puits en arrivent à des recommandations contradictoires.

Cet exemple fort simple illustre la raison pour laquelle les économistes ne s'entendent pas sur les politiques publiques à adopter. Comme nous l'avons vu précédemment dans l'analyse de la dichotomie *énoncé positif/énoncé normatif*, il est impossible d'évaluer les politiques économiques sous le seul angle de l'analyse scientifique. Les économistes formulent des recommandations contradictoires parce qu'ils ont des valeurs différentes. Et même l'étude la plus approfondie de l'économie ne nous dira pas qui, de Guillaume ou de Marc-André, paie trop pour son eau.

La perception et la réalité

En raison des différences entre les raisonnements scientifiques mis de l'avant et des divergences des systèmes de valeurs, les désaccords entre les économistes sont inévitables. Cela dit, il ne faudrait pas exagérer leur importance. Dans bien des cas, les économistes partagent le même avis.

Le tableau 2.1 présente 15 propositions concernant les politiques économiques. Lors d'enquêtes réalisées auprès d'économistes professionnels, la majorité des répondants a appuyé ces propositions. Un tel consensus serait hautement improbable au sein du grand public.

La première proposition porte sur la réglementation des loyers. Presque tous les économistes reconnaissent les effets néfastes de cette réglementation sur la disponibilité et la qualité des logements, de même que le caractère coûteux de cette mesure pour aider les plus démunis de la société. Néanmoins, plusieurs gouvernements provinciaux ont choisi de faire fi de cette recommandation en fixant des prix plafonds pour les loyers.

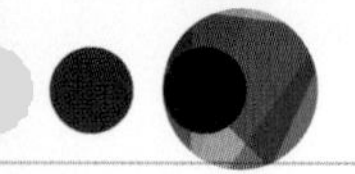

TABLEAU 2.1

Quinze propositions faisant presque l'unanimité chez les économistes

PROPOSITIONS	TAUX D'APPROBATION PARMI LES ÉCONOMISTES
1. Un plafonnement des loyers réduit la quantité et la qualité des logements disponibles.	93 %
2. Les droits de douane et les quotas d'importation réduisent le bien-être économique.	93 %
3. Des taux de change flexibles assurent un ordre monétaire international efficace.	90 %
4. Une politique budgétaire (réduction des impôts ou augmentation des dépenses publiques) a un effet stimulant considérable sur une économie en situation de sous-emploi.	90 %
5. On ne devrait pas restreindre l'impartition à l'étranger.	90 %
6. La croissance économique assure un meilleur bien-être économique.	88 %
7. Les pouvoirs publics devraient éliminer les subventions accordées aux agriculteurs.	85 %
8. Une politique fiscale adéquate tend à favoriser la formation de capital physique à long terme.	85 %
9. Les pouvoirs publics devraient éliminer les subventions aux équipes de sport professionnel.	85 %
10. Il est préférable d'équilibrer le budget de l'État sur la durée du cycle économique plutôt que sur une base annuelle.	85 %
11. Des versements en espèces augmentent davantage le bien-être des prestataires que des transferts en nature d'une valeur équivalente.	84 %
12. Un déficit budgétaire important a des effets négatifs sur l'économie.	83 %
13. La redistribution du revenu constitue un rôle légitime du gouvernement.	83 %
14. La cause première de l'inflation est la croissance de l'offre de monnaie.	83 %
15. Un salaire minimum accroît le taux de chômage chez les jeunes et les travailleurs non qualifiés.	79 %

Sources : Alston, Richard M., J.-R. Kearl et Michael B. Vaughn. (mai 1992). « Is there consensus among economists in the 1990's? ». *American Economic Review*, p. 203-209 ; Fuller, Dan et Doris Geide-Stevenson. (automne 2003). « Consensus among economists revisited ». *Journal of Economics Education*, p. 369-387 ; Whaples, Robert. (novembre 2006). « Do economists agree on anything? Yes ! ». *Economists' Voice*, p. 1-6 ; Whaples, Robert. (septembre 2009). « The policy views of American Economic Association members : The results of a new survey ». *Econ Journal Watch*, p. 337-348.

La deuxième proposition de ce tableau a trait aux droits de douane et aux quotas d'importation. Pour des raisons que nous aborderons plus loin, la grande majorité des économistes s'oppose à toute restriction au libre-échange. Malheureusement, cela n'a pas empêché nos gouvernements de restreindre l'importation de certains produits.

Si l'ensemble des experts s'y oppose, pourquoi les politiques de réglementation des loyers et les restrictions au commerce perdurent-elles ? Possiblement parce que nos dirigeants sont plus préoccupés par leurs succès électoraux que par la qualité de leurs politiques. Possiblement aussi parce que les économistes n'ont pas encore réussi à convaincre le grand public de leurs conséquences néfastes. Ce livre vise notamment à vous permettre de comprendre le point de vue des économistes sur les différentes questions économiques et, éventuellement, à vous convaincre de leur bien-fondé.

MINITEST

- Quelles raisons peuvent pousser les conseillers économiques d'un premier ministre à diverger d'opinion sur une question de politique économique ?

Mettons-nous au travail

Dans les deux premiers chapitres, nous vous avons présenté les principes ainsi que la méthodologie de la science économique. Nous sommes maintenant prêts à entrer dans le vif du sujet.

La progression dans cette lecture mettra à contribution vos cellules grises. Il vous sera probablement utile de garder à l'esprit certaines recommandations du célèbre économiste britannique John Maynard Keynes :

> L'étude de l'économie ne semble requérir aucun talent particulier, ni sortant de l'ordinaire. Ne s'agit-il pas [...] d'un sujet très facile en comparaison des secteurs hautement spécialisés de la philosophie ou des sciences pures ? Une discipline relativement simple, dans laquelle bien peu se distinguent ! Ce paradoxe s'explique, en partie, parce que l'expert dans le domaine doit démontrer une rare combinaison de talents. Il lui faut être, dans une certaine mesure, à la fois mathématicien, historien, homme d'État et philosophe. Il se doit de comprendre les symboles mais de s'exprimer avec des mots simples. Il doit pouvoir s'intéresser aux détails sans oublier la vue d'ensemble, et dans un même raisonnement passer de l'abstraction aux éléments concrets. Il doit étudier le présent en fonction du passé tout en se souciant de l'avenir. Rien de ce qui concerne la nature humaine ou les institutions ne doit lui échapper. Il saura se montrer simultanément résolu et désintéressé ; aussi incorruptible et détaché qu'un artiste, mais parfois aussi pragmatique qu'un homme politique.

Tout un programme ! Mais, avec un peu d'entraînement et de persévérance, vous vous accoutumerez progressivement à penser comme un économiste.

Résumé

- Les économistes tentent d'aborder leur objet d'étude avec l'objectivité des scientifiques. Comme eux, ils formulent des hypothèses appropriées et construisent des modèles simples pour comprendre le monde. Le diagramme des flux circulaires et la courbe des possibilités de production comptent au nombre de ces modèles.
- L'économie se divise en deux domaines : la microéconomie et la macroéconomie. Les microéconomistes étudient les décisions des ménages et des entreprises, ainsi que leurs interactions sur les marchés. Les macroéconomistes se concentrent sur les forces et les tendances qui influent sur l'économie dans son ensemble.
- Un énoncé positif constitue une description du monde tel qu'il *est*. Un énoncé normatif dépeint le monde tel qu'il *devrait être*. Lorsqu'un économiste formule des propositions normatives, il se comporte en conseiller politique plutôt qu'en scientifique.
- Les économistes formulent souvent des recommandations contradictoires aux dirigeants, soit parce que leurs raisonnements scientifiques sont divergents, soit parce qu'ils ne partagent pas les mêmes valeurs. Parfois, les économistes sont unanimes, mais les décideurs ont tout le loisir de ne pas tenir compte de leurs recommandations.

Concepts clés

Courbe des possibilités de production (CPP), p. 26

Diagramme des flux circulaires, p. 25

Énoncé normatif, p. 31

Énoncé positif, p. 31

Macroéconomie, p. 30

Microéconomie, p. 30

Questions de révision

1. En quoi l'économie est-elle une science ?
2. Pourquoi les économistes utilisent-ils des postulats ?
3. Un modèle économique doit-il décrire la réalité avec exactitude ?
4. Nommez une manière dont votre famille interagit, d'une part, sur le marché des facteurs de production et, d'autre part, sur le marché des biens et des services.
5. Donnez l'exemple d'une transaction économique qui n'est pas représentée dans le diagramme des flux circulaires.
6. Tracez une courbe des possibilités de production d'une économie qui produit du lait et des biscuits. Si une épidémie extermine la moitié des vaches, comment cette courbe sera-t-elle modifiée ?
7. Servez-vous d'une courbe des possibilités de production pour expliquer le concept d'efficacité.
8. Quels sont les deux grands domaines de l'économie ? Décrivez leur contenu respectif.
9. Quelle est la différence entre un énoncé positif et un énoncé normatif ? Illustrez chacun par un exemple.
10. Pourquoi les économistes formulent-ils quelquefois des recommandations contradictoires aux décideurs ?

ANNEXE

Un tour d'horizon des graphiques

La plupart des concepts étudiés par les économistes s'expriment sous une forme chiffrée — le prix des bananes, la quantité de bananes vendues, le coût de production des bananes, etc. Ces variables économiques sont très souvent liées les unes aux autres. Ainsi, la hausse du prix des bananes provoque une baisse de leur consommation. Pour illustrer les relations entre ces variables, on a recours à des graphiques.

Ces graphiques servent deux fins. Premièrement, lors de l'élaboration des théories, ils permettent aux économistes de présenter leurs idées plus clairement que le feraient des équations ou des mots. Deuxièmement, lors de l'analyse des données empiriques, les graphiques offrent un moyen de visualiser le lien qui pourrait exister entre les phénomènes observés. En somme, les graphiques permettent d'organiser l'information de manière condensée.

L'information numérique s'exprime de diverses manières, tout comme la pensée se formule de bien des façons. Un auteur de talent choisit ses mots pour simplifier l'argumentation ou pour agrémenter une description. Un bon économiste sélectionnera le type de graphique qui convient le mieux à ce qu'il cherche à démontrer.

Dans cette annexe, nous examinerons comment les économistes utilisent les graphiques pour faire ressortir les relations mathématiques entre les diverses variables. Nous traiterons également des pièges que comporte le recours aux graphiques.

Les graphiques à une variable

La figure 2A.1 présente trois types de graphiques classiques. Le *diagramme circulaire,* en a), représente la répartition des revenus canadiens selon les différentes sources, dont les traitements et les salaires, les bénéfices des sociétés, etc. Chaque pointe du diagramme représente la proportion de chacune des sources de revenus par rapport au total. L'*histogramme,* en b), compare le niveau de vie de trois pays. La taille de chaque bâtonnet représente le PIB par habitant de chaque pays. Le graphique de *série chronologique,* en c), illustre l'évolution du taux de chômage canadien dans le temps. Le tracé, fait de sommets et de creux, représente le taux de chômage mensuel. Ces trois types de graphiques sont fréquemment utilisés dans les journaux et les magazines.

Les graphiques à deux variables : le système de coordonnées cartésien

Bien que les trois graphiques de la figure 2A.1 soient utiles pour illustrer comment une variable évolue dans le temps, ou entre différents pays, ces types de graphiques s'avèrent insuffisants puisqu'ils ne prennent en compte qu'une seule variable. Or, les économistes se préoccupent souvent des relations entre plusieurs variables. Dans cette optique, ils ont besoin d'illustrer au moins deux variables sur un seul graphique et recourent alors au *système de coordonnées cartésien.*

Imaginons que vous voulez examiner la relation entre le nombre d'heures d'étude et les résultats scolaires obtenus. Vous enregistrez ainsi deux données pour

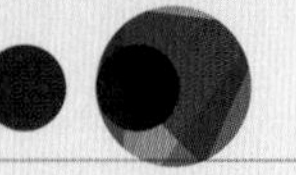

FIGURE 2A.1

Des types de graphiques

Le diagramme circulaire, en a), montre la répartition des revenus canadiens entre les différentes sources. L'histogramme, en b), établit une comparaison entre le PIB par habitant de trois pays. Le graphique de série chronologique, en c), représente l'évolution dans le temps du taux de chômage canadien.

a) Diagramme circulaire

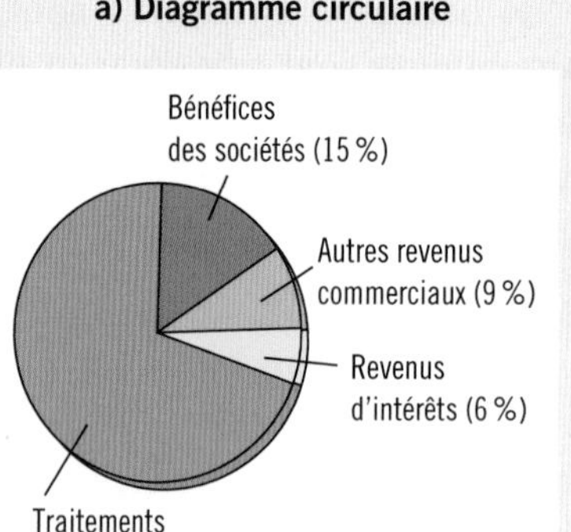

b) Histogramme

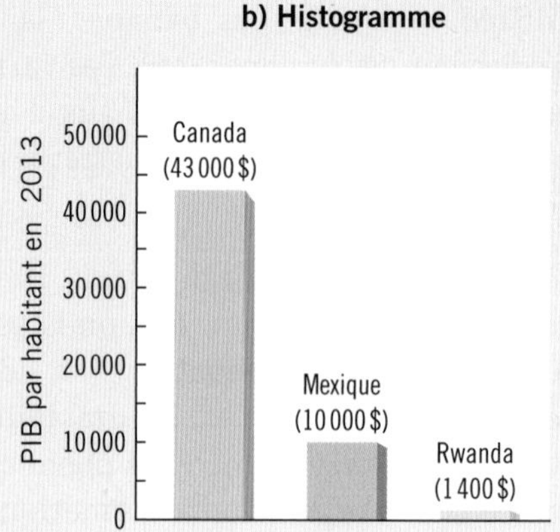

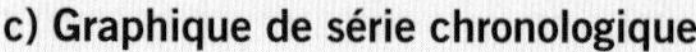

c) Graphique de série chronologique

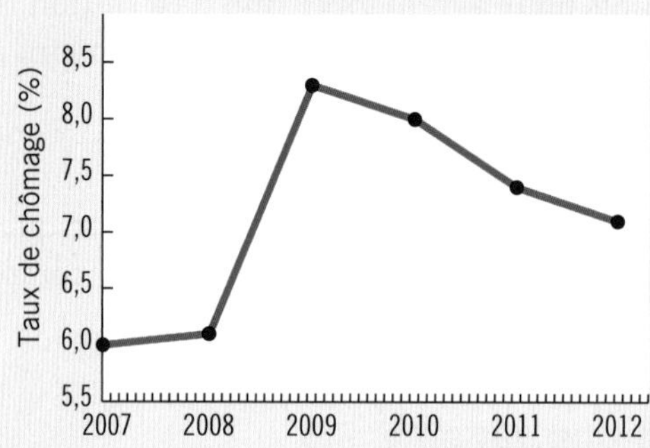

chaque étudiant : le nombre d'heures hebdomadaires passées à étudier et la note moyenne obtenue. Ces deux nombres sont mis entre parenthèses sous la forme d'une *paire ordonnée* et apparaissent sur le graphique sous la forme d'un point. Maxime est représentée par la paire ordonnée (25 heures/semaine, Moyenne de 80 %), alors que son frère Thomas sera représenté par la paire (5 heures/semaine, Moyenne de 50 %).

Il est possible de représenter ces deux paires ordonnées sur un graphique à deux dimensions. Le premier nombre de la paire, appelé *coordonnée en x*, indique la position horizontale du point. Le deuxième nombre, appelé *coordonnée en y*, donne la position verticale de ce même point. Le point d'origine correspond à la position où les coordonnées en x et en y sont égales à 0. Les deux coordonnées de la paire ordonnée indiquent où se trouve le point par rapport à l'origine : x unités à la droite de l'origine et y unités au-dessus d'elle.

Le graphique de la figure 2A.2 représente les notes obtenues en relation avec le nombre d'heures d'étude de Maxime, de Thomas et de leurs camarades de classe. Ce type de graphique porte le nom de *diagramme de dispersion* en raison du caractère éparpillé des données. Un examen rapide de ce graphique montre que les points situés le plus à droite (qui correspondent à un temps d'étude plus long) tendent également à se situer plus haut (indiquant une note plus élevée). Comme les données concernant le temps d'étude et la note moyenne tendent à évoluer

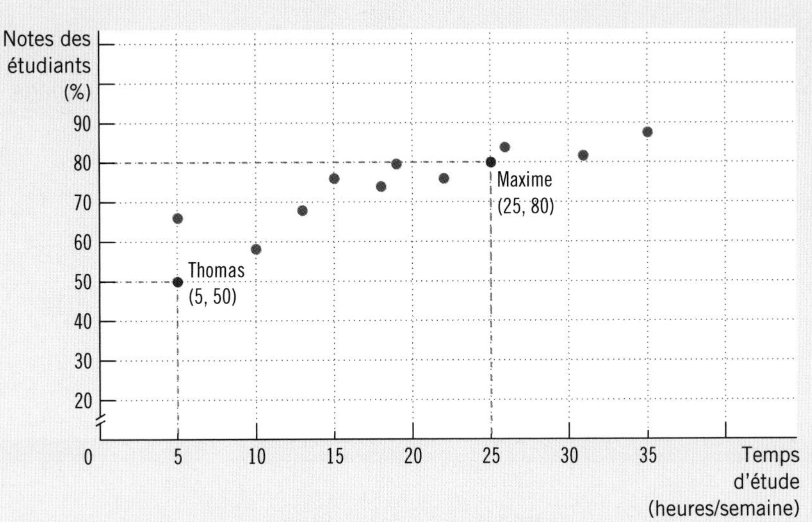

FIGURE 2A.2

Le système de coordonnées cartésien

La note moyenne se situe sur l'axe vertical (l'ordonnée), tandis que le temps d'étude se situe sur l'axe horizontal (l'abscisse). Maxime, Thomas et leurs camarades de classe sont représentés par des points. Le graphique montre clairement que les étudiants qui étudient le plus obtiennent les meilleures notes.

dans la même direction, on dit que ces deux variables sont en *corrélation positive.* En revanche, si l'on représentait le temps passé à s'amuser et la moyenne des notes, il y aurait fort à parier que leur évolution serait inverse. Ces deux variables allant dans des sens opposés, elles seraient en *corrélation négative.* Dans tous les cas, le système de coordonnées fait clairement ressortir la corrélation, positive ou négative, entre les deux variables.

Les courbes et le système de coordonnées

Les étudiants qui passent plus de temps à étudier ont tendance à obtenir de meilleures notes, mais d'autres facteurs entrent également en ligne de compte : une solide préparation, le talent, la qualité de l'enseignement et même un petit-déjeuner nutritif. Le diagramme de dispersion de la figure 2A.2 ne permet pas d'isoler l'effet du temps d'étude sur les notes de l'effet des autres variables sur les notes. Or, très souvent, les économistes préfèrent observer l'influence d'une variable sur une autre, les autres variables étant tenues constantes.

Pour mieux comprendre cette démarche, considérons l'un des graphiques les plus utiles en économie — la *courbe de demande.* Cette courbe représente l'effet du prix d'un bien sur la quantité demandée par les consommateurs. Avant d'examiner cette courbe, considérons le tableau 2A.1 indiquant le nombre de livres achetés par Geneviève en fonction de l'évolution de son revenu et du prix des romans. Lorsque ces derniers sont bon marché, elle en achète à profusion, mais dès que leur prix augmente, elle préfère les emprunter à la bibliothèque ou aller au cinéma plutôt que de lire. De la même manière, quand elle dispose d'un revenu plus élevé, elle achète plus de romans. Ce qui revient à dire que, lorsque son revenu augmente, elle consacre une part de ses revenus additionnels à l'achat de livres, et le reste à l'achat d'autres biens.

Nous sommes ici en présence de trois variables : le prix des romans, le revenu de Geneviève et le nombre de livres achetés. Il y a donc une variable de trop pour

TABLEAU 2A.1

Les romans achetés par Geneviève

Ce tableau indique le nombre de romans achetés par Geneviève en fonction de leur prix et de ses revenus. Pour un niveau de revenu donné, il est possible de représenter le prix et la quantité afin de tracer la courbe de demande de romans de Geneviève, comme sur la figure 2A.3.

	REVENU		
	20000 $	**30000 $**	**40000 $**
Prix ($)	**Quantité de romans achetés**		
20	2	5	8
18	6	9	12
16	10	13	16
14	14	17	20
12	18	21	24
10	22	25	28
	Courbe de demande D_3	Courbe de demande D_1	Courbe de demande D_2

une représentation en deux dimensions. Pour illustrer graphiquement l'information du tableau 2A.1, il faut que l'une des trois variables demeure constante afin que nous puissions illustrer la relation entre les deux autres. Parce que la courbe de demande représente la relation entre le prix et la quantité demandée, nous considérerons d'emblée que le revenu de Geneviève est constant et nous montrerons que le nombre de romans qu'elle achète varie en fonction de leur prix.

Supposons que le revenu annuel de Geneviève soit de 30000 $. Si l'on place le nombre de romans achetés sur l'axe des *x* et le prix des romans sur l'axe des *y*, il est possible de représenter graphiquement la troisième colonne du tableau 2A.1. En reliant les points représentant les données de ce tableau — (5 romans, 20 $), (9 romans, 18 $), etc. —, on obtient une droite. Cette droite, tracée dans la figure 2A.3, correspond à la courbe de demande de romans de Geneviève ; elle indique le nombre de romans achetés par Geneviève en fonction des différents prix. Cette courbe a une pente négative, indiquant ainsi que l'augmentation des prix réduit la quantité demandée. Comme la quantité de romans achetés et le prix vont dans des sens opposés, on dit que ces deux variables sont en *corrélation négative*. À l'inverse, lorsque les deux variables se déplacent dans le même sens, la courbe a une pente positive et les deux variables sont alors en *corrélation positive*.

Imaginons maintenant que les revenus de Geneviève augmentent pour atteindre 40000 $ par année. Geneviève achètera plus de romans, à un prix donné, qu'elle ne le faisait avec un revenu inférieur. Comme nous l'avons fait pour la courbe de demande précédente correspondant à la troisième colonne du tableau 2A.1, nous pouvons maintenant tracer une nouvelle courbe de demande correspondant aux données de la quatrième colonne de ce même tableau. Cette nouvelle courbe (D_2) se situe à droite de la précédente (D_1) sur la figure 2A.4. En conséquence, nous dirons que la courbe de demande de Geneviève se déplace vers la droite lorsque

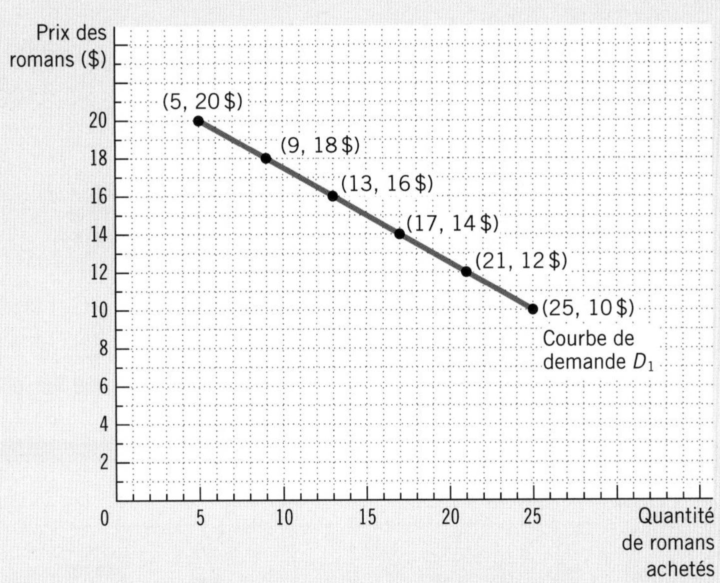

FIGURE 2A.3

La courbe de demande

La droite D_1 indique que, son revenu étant considéré comme constant, la consommation de romans de Geneviève est en fonction de leur prix. Puisqu'il existe une relation négative entre le prix et la quantité demandée, la courbe de demande a donc une pente négative.

ses revenus augmentent. De manière identique, si le revenu de Geneviève diminuait à 20 000 $ par année, elle achèterait moins de romans à un prix donné et la courbe de demande se déplacerait vers la gauche (D_3).

En économie, il faut bien faire la différence entre *déplacement le long d'une courbe* et *déplacement d'une courbe.* Comme le montre la figure 2A.3, si Geneviève gagne 30 000 $ par année et que les romans coûtent 16 $ l'unité, elle en achètera 13 par année. Si le prix des romans tombe à 14 $, elle en achètera 17 par année. Cependant, la courbe de demande ne se déplace pas. Geneviève n'achète pas plus de livres pour chaque prix donné, mais chaque fois que le prix diminue, il y a un déplacement de gauche à droite le long de la courbe de demande. En revanche, si les romans restent au même prix (16 $), mais que les revenus de Geneviève augmentent à 40 000 $, sa consommation de romans passe alors de 13 à 16 livres par année. Parce qu'elle achète plus de livres pour chaque prix donné, c'est la courbe de demande qui, cette fois, se déplace vers la droite, comme le montre la figure 2A.4.

Il est facile de savoir si l'on se déplace sur la courbe ou si c'est la courbe qui se déplace. *Chaque fois qu'une variable ne figurant sur aucun des deux axes est touchée, la courbe se déplace.* Comme le revenu n'apparaît ni sur l'axe des *x* ni sur l'axe des *y*, la courbe de demande doit se déplacer chaque fois que ce revenu varie. Toute modification des variables affectant la consommation de Geneviève, à l'exception du prix des romans, occasionnera un déplacement de la courbe de demande. Si la bibliothèque publique ferme ses portes, Geneviève devra acheter tous les titres qu'elle se propose de lire et augmentera du même coup sa consommation de livres pour chaque prix donné ; la courbe de demande se déplacera alors vers la droite. Si le prix du billet de cinéma diminue et que Geneviève passe plus de temps dans les salles obscures qu'à côté de sa lampe de chevet, la courbe de demande se déplacera vers la gauche. En revanche, lorsqu'une variable représentée sur l'un des axes du graphique est touchée, la courbe de demande ne bouge pas, et on parlera alors d'un déplacement le long de cette courbe.

FIGURE 2A.4

Les déplacements de la courbe de demande

La position de la courbe de demande de Geneviève dépend de ses revenus. Plus elle gagne d'argent, plus elle achète de romans à un prix donné et plus la courbe de demande se déplace vers la droite. La courbe D_1 représente la demande de Geneviève pour un revenu annuel de 30 000 $. Si son revenu passe à 40 000 $ par année, la courbe se déplace en D_2. S'il tombe à 20 000 $ par année, cette courbe se déplace en D_3.

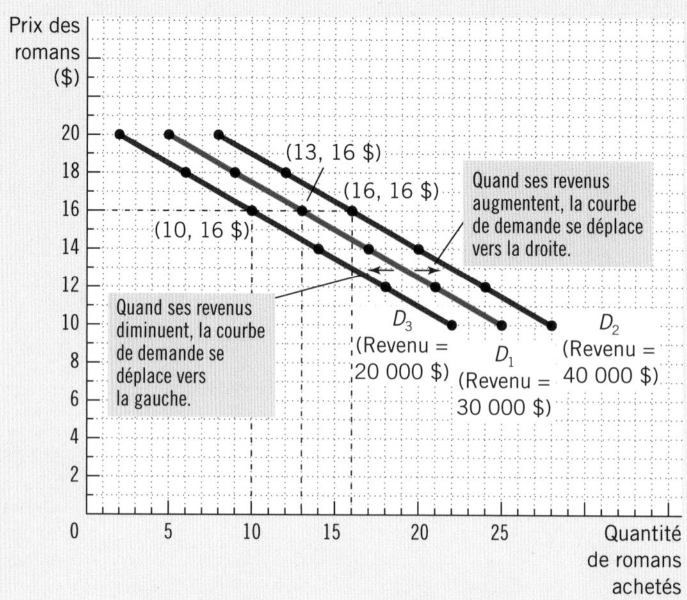

La pente

Examinons un peu l'influence du prix des livres sur les habitudes de consommation de Geneviève. Si la courbe de demande de la figure 2A.5 est très abrupte (plutôt verticale), cela signifie que Geneviève achète pratiquement le même nombre de livres sans égard à leur prix. Si, à l'inverse, cette courbe s'aplatit (plutôt horizontale), c'est que Geneviève achète beaucoup moins de romans lorsque leur prix monte. Par conséquent, si nous voulons connaître l'influence du prix sur la quantité demandée, il faut aborder le concept de *pente*.

La pente d'une droite correspond au ratio entre la distance verticale parcourue et la distance horizontale parcourue lorsqu'on se déplace le long de cette droite. On exprime cette définition par l'équation suivante :

$$\text{Pente} = \frac{\Delta y}{\Delta x}$$

où la lettre grecque Δ (delta) représente le changement de la variable. Autrement dit, la pente d'une droite est égale à la variation verticale (changement en *y*) divisée par la variation horizontale (changement en *x*). Une droite ascendante aura une pente positive forte ou faible, selon qu'elle sera fortement ou faiblement inclinée. Une droite descendante aura quant à elle une pente négative. Une droite horizontale présente une pente nulle, car la variable en *y* ne change jamais ; une droite verticale a pour sa part une pente infinie, *y* pouvant prendre n'importe quelle valeur sans que la valeur de *x* change.

Quelle est la valeur de la pente de la courbe de demande de Geneviève ? Tout d'abord, comme la droite est inclinée vers le bas, nous savons qu'elle a une valeur négative. Pour calculer cette valeur, choisissons deux points situés sur la courbe.

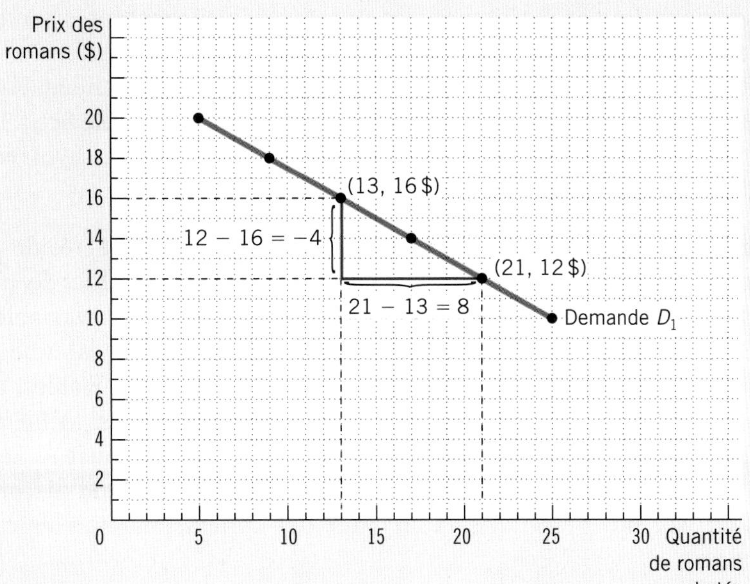

FIGURE 2A.5

Le calcul de la pente d'une droite

Pour calculer la pente d'une courbe de demande, il faut considérer les variations de x et de y lorsqu'on passe du point (21 romans, 12 $) au point (13 romans, 16 $). La pente correspond au ratio entre la variation de y (−4) et la variation de x (+8), soit −1/2.

Lorsque le revenu de Geneviève est de 30 000 $, celle-ci désire acheter 21 romans à 12 $, ou 13 romans à 16 $. Nous cherchons donc à mesurer la distance séparant ces deux points. En appliquant la formule de la pente, nous prenons en compte la distance verticale ainsi que la distance horizontale. Nous procédons comme suit :

$$\text{Pente} = \frac{\Delta y}{\Delta x} = \frac{\text{Première coordonnée en } y - \text{Seconde coordonnée en } y}{\text{Première coordonnée en } x - \text{Seconde coordonnée en } x} = \frac{12 - 16}{21 - 13} = \frac{-4}{8} = \frac{-1}{2}$$

La figure 2A.5 illustre bien ce calcul. Si vous essayez de refaire le calcul de la pente pour deux autres points, vous devriez obtenir exactement le même résultat, soit $-\frac{1}{2}$. L'une des propriétés fondamentales d'une droite est de présenter une pente identique en tous points. Cela n'est pas vrai des autres types de courbes, dont l'inclinaison varie selon les points.

La pente de la courbe de demande de Geneviève nous informe sur la sensibilité de sa demande de livres aux variations de prix. Une faible pente (un chiffre près de zéro) signifie que la courbe de demande est relativement horizontale. Dans ce cas, Geneviève modifie grandement sa consommation en réponse aux changements de prix. Une courbe plus abrupte indique que la pente est relativement forte (un chiffre loin de zéro), ce qui signifie que la variation du prix des romans a peu d'impact sur sa consommation.

Les causes et les effets

Les économistes utilisent souvent des graphiques pour étayer un raisonnement sur le fonctionnement de l'économie. Ces graphiques leur permettent d'illustrer

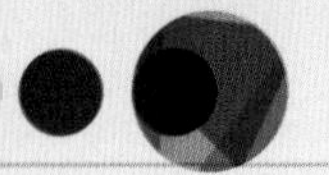

comment une variable peut être la *cause* d'une autre variable. Dans le cas d'une courbe de demande, la cause et l'effet ne font aucun doute. En faisant varier le prix des romans, tout en maintenant les autres variables constantes, on remarque un changement dans la quantité de livres demandée par Geneviève. C'est donc la variation du prix qui cause la variation de la quantité demandée. N'oublions pas cependant que cette courbe de demande concerne un exemple fictif. Lorsqu'il s'agit de données réelles, il est souvent beaucoup plus difficile de savoir comment une variable influe sur une autre.

La première difficulté dans la recherche de cette causalité réside dans la nécessité de maintenir tous les autres facteurs constants. À défaut d'y parvenir, nous risquons de conclure que la variable A est la cause de la variable B sans nous rendre compte que la véritable cause, la variable C, est une *variable omise*. Dans le cas où nous avons correctement identifié les variables, un autre problème risque de se poser, celui de la *causalité inverse*. Cela signifie que nous pouvons penser que A cause B, alors qu'en réalité c'est B qui cause A. Les pièges de la variable omise ou de la causalité inverse exigent un grand discernement avant d'utiliser des graphiques pour tirer des conclusions sur les causes et les effets.

Les variables omises

Prenons un exemple afin d'illustrer comment une variable omise peut conduire à un graphique trompeur. Poussé par la préoccupation publique concernant le nombre élevé des décès attribuables au cancer, le gouvernement confie une étude exhaustive à la société Services Statistiques Big Brother inc. Cette dernière analyse les nombreux éléments de preuve trouvés au domicile des individus pour déterminer la présence de facteurs cancérigènes. Elle arrive à établir une relation entre les briquets trouvés au domicile et la propension d'un des membres de la famille à développer une tumeur cancéreuse. La figure 2A.6 montre cette relation.

FIGURE 2A.6

Un graphique comportant une variable omise

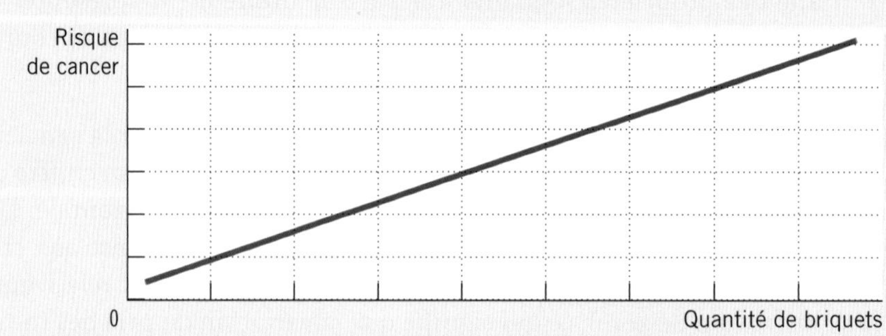

La courbe ayant une pente positive indique que les membres des ménages possédant de nombreux briquets sont les plus susceptibles de développer un cancer. On ne doit cependant pas en conclure que la possession d'un briquet cause le cancer, puisque ce graphique ne tient pas compte de la consommation de cigarettes.

Que faire d'un tel résultat ? Big Brother recommande une intervention publique rapide : le gouvernement doit taxer la vente des briquets pour décourager leur consommation. La firme recommande également de faire figurer l'étiquette suivante sur tous les briquets : « Big Brother considère que ce briquet présente un danger pour la santé. »

Pour juger de la validité de l'analyse de Big Brother, il est nécessaire de poser une question primordiale : outre les variables sélectionnées, Big Brother a-t-elle maintenu les autres variables constantes ? Si la réponse est négative, les résultats peuvent alors être mis en doute. Un raisonnement simple consisterait à dire que les propriétaires de briquets sont également les plus susceptibles de fumer et que ce sont les cigarettes, et non les briquets, qui provoquent le cancer. Si la figure 2A.6 ne tient pas constante la variable « fumer des cigarettes », alors elle ne nous renseigne pas vraiment sur l'effet réel de la possession d'un briquet.

Cette histoire met en évidence un principe : en examinant un graphique qui appuie un raisonnement sur les causes et les effets, il faut se demander si les résultats observés ne dépendent pas plutôt d'une variable omise.

La causalité inverse

Les économistes peuvent également se tromper en intervertissant les causes et les effets. À titre d'exemple, supposons que l'Association canadienne des anarchistes commande une enquête sur les actes criminels au Canada et que cette enquête établisse une relation entre le nombre de crimes violents et le nombre de policiers pour 1 000 habitants. La figure 2A.7 illustre ses résultats. Faisant remarquer que cette courbe a une pente positive, les anarchistes réclament la suppression des forces de l'ordre, en prétextant que la présence policière ne fait qu'aggraver la criminalité urbaine.

Pour éviter le piège de la causalité inverse, il faudrait mener des expériences. Pour ce faire, le nombre de policiers dans différentes villes serait choisi au hasard, de façon à pouvoir examiner la relation entre le nombre d'actes criminels et l'effectif policier. Or, la figure 2A.7 ne se fonde pas sur une telle expérience. Nous pouvons simplement observer que les villes les plus dangereuses disposent des corps de police les plus importants. L'explication peut tenir au fait que ces agglomérations engagent un plus grand nombre de policiers. Autrement dit, plutôt que de causer la criminalité, la présence des forces de police pourrait, à l'inverse, en découler. Rien sur le graphique ne permet de préciser le sens de la causalité.

On pourrait croire qu'une façon simple de déterminer le sens de la causalité consisterait à repérer quelle variable change en premier. Si l'on constate qu'une augmentation de la criminalité est antérieure à une augmentation de l'effectif policier, on arrive à une conclusion. Si, au contraire, l'accroissement des forces de maintien de l'ordre précède une vague de violence, on aboutit à une autre conclusion. Toutefois, cette approche est trompeuse : bien souvent, les individus modifient leur comportement non pas en réponse à une modification des conditions présentes, mais plutôt par *anticipation* d'un changement futur. Pour se préparer à une vague de violence éventuelle, une municipalité pourra ainsi décider de renforcer le jour même son effectif policier. Ce problème se démontre encore plus facilement dans le cas des bébés et des minifourgonnettes. Les couples achètent ce type de véhicule en prévision de l'arrivée d'un enfant. Bien que la

FIGURE 2A.7

Un graphique suggérant une causalité inverse

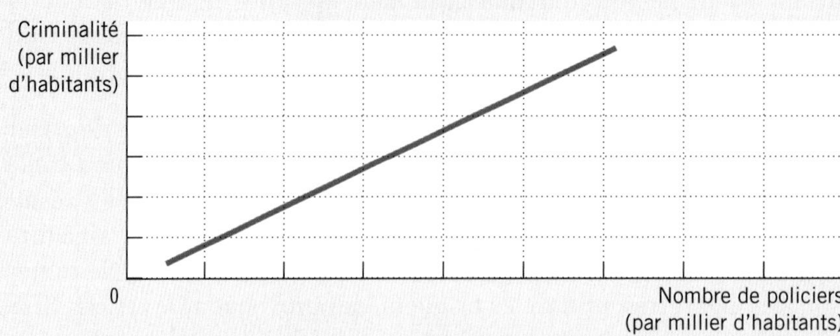

La courbe ayant une pente positive montre que les villes où il y a une forte présence policière sont aussi plus dangereuses. Toutefois, ce graphique ne nous dit pas si la police est la cause de la criminalité ou si les villes où sévit la délinquance doivent renforcer leurs corps policiers.

minifourgonnette précède le nouveau-né, on ne doit pas pour autant en conclure que la vente de ce véhicule stimule la croissance démographique !

Il n'existe aucune règle précise permettant de conclure à une relation de causalité à partir d'un graphique. Ainsi, afin d'éviter les raisonnements économiques erronés, on se souviendra seulement que les briquets ne provoquent pas le cancer (variable omise) et que les minifourgonnettes ne favorisent pas la natalité (causalité inverse).

L'interdépendance et les gains tirés de l'échange

Prenez une journée semblable à toutes les autres. Vous vous levez le matin, vous vous versez un jus d'orange de la Floride et vous buvez un café du Brésil. Tout en déjeunant, vous regardez les nouvelles diffusées à partir de Montréal sur un téléviseur fabriqué au Japon. Vous enfilez des vêtements confectionnés en Thaïlande, faits d'un coton récolté en Géorgie. Vous vous rendez en classe dans une voiture dont les pièces viennent d'une douzaine de pays. Vous ouvrez votre manuel d'économie, écrit par des auteurs résidant au Massachusetts et au Québec, et publié par une entreprise canadienne sur du papier fabriqué au Nouveau-Brunswick.

Tous les jours, vous comptez sur de nombreuses personnes dans le monde, dont vous ignorez la plupart du temps l'existence, pour vous fournir des biens et des services. Une telle interdépendance est possible grâce aux échanges commerciaux. Les personnes qui vous fournissent ces biens et ces services n'agissent pas par simple générosité. Aucun organisme gouvernemental ne leur enjoint de vous

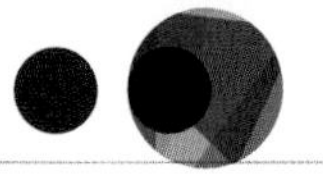

fournir ce dont vous avez besoin. En fait, les gens qui vous approvisionnent, vous et les autres consommateurs, produisent ces biens et ces services pour obtenir quelque chose en retour.

Dans les chapitres suivants, nous verrons comment notre économie coordonne les activités de millions de gens aux compétences et aux goûts variés. Pour entamer cette analyse, voyons d'abord les raisons de cette interdépendance économique. Selon l'un des **dix principes d'économie** étudiés au chapitre 1, les échanges améliorent le bien-être de tous. Dans ce chapitre, nous nous pencherons sur ce principe. Que gagne-t-on à échanger avec les autres ? Qu'est-ce qui pousse les individus vers cette interdépendance ?

Les réponses à ces questions sont fondamentales pour comprendre l'économie globale dans laquelle nous vivons. Dans la plupart des pays, beaucoup de biens et de services consommés aujourd'hui sont importés ou exportés. Le présent chapitre analyse l'interdépendance non seulement des individus, mais aussi des pays. Comme nous le verrons, les gains tirés des échanges relèvent des mêmes principes, que vous payiez pour une coupe de cheveux chez un coiffeur de votre quartier ou que vous achetiez un t-shirt confectionné par un travailleur à l'autre bout de la planète.

Une allégorie pour une économie moderne

Afin de comprendre pourquoi les individus choisissent de dépendre les uns des autres pour leurs biens et leurs services et de voir comment ce choix facilite leur existence, imaginons une économie simplifiée. Dans ce monde imaginaire, il n'existe que deux produits, la viande et les pommes de terre, et deux personnes, un éleveur de bovins et un fermier qui cultive des pommes de terre.

Les avantages de l'échange seront plus évidents si l'éleveur ne produit que de la viande et si le fermier ne cultive que des pommes de terre. Selon l'un des scénarios, l'éleveur et le fermier peuvent s'ignorer l'un l'autre. Après plusieurs mois passés à manger du bœuf rôti, bouilli, grillé ou frit, il y a fort à parier que l'éleveur changera d'opinion relativement à l'autosuffisance. Le fermier, lassé de consommer des pommes de terre frites, en purée, au four ou au gratin, acceptera sans doute d'échanger son produit avec celui de l'éleveur. On voit facilement que les échanges permettront de varier les menus, chacun pouvant désormais savourer un succulent steak frites.

Ce scénario illustre de façon simple les avantages liés aux échanges. La démonstration serait tout aussi convaincante si chacun des protagonistes pouvait également produire l'autre bien. Supposons donc que le fermier puisse lui aussi élever du bétail et produire de la viande, mais que comme ce n'est pas son métier, il le ferait nécessairement avec plus de difficultés que le fait l'éleveur. De la même manière, l'éleveur peut cultiver des pommes de terre, mais avec moins de facilité que le fait le fermier. Nous voyons facilement que ces deux personnes ont tout avantage à se spécialiser dans le domaine où elles réussissent le mieux, puis à échanger leurs produits.

Les avantages de l'échange paraissent toutefois moins évidents dans le cas où l'un des deux individus est plus efficace dans la production des deux biens. Supposons, par exemple, que l'éleveur soit plus efficace que le fermier dans la production bovine de même que dans la culture de la pomme de terre. Si tel était le cas, n'aurait-il pas avantage à vivre en autarcie? Existe-t-il encore à ses yeux une raison d'échanger avec le fermier? Pour répondre à ces questions, nous devons nous pencher sur les facteurs motivant une telle décision.

Les possibilités de production

Supposons que l'éleveur et le fermier travaillent tous deux 8 heures par jour et consacrent leur temps à la culture des pommes de terre, à l'élevage des bovins, ou à une combinaison des deux. La figure 3.1 présente les quantités par heure que produit chacune des personnes. Le fermier peut produire 1 kg de pommes de terre en 15 minutes et 1 kg de viande en 60 minutes. L'éleveur, qui a une productivité supérieure, arrive à produire 1 kg de pommes de terre en 10 minutes et 1 kg de viande en 20 minutes. Les deux dernières colonnes du tableau indiquent la quantité de pommes de terre ou de viande que le fermier et l'éleveur peuvent produire dans une journée de 8 heures, s'ils consacrent tout leur temps à l'une des deux productions.

Le graphique b) de la figure 3.1 montre les quantités de viande et de pommes de terre que peut produire le fermier. S'il consacre 8 heures par jour à la culture des pommes de terre, il en récolte 32 kg (mesuré sur l'axe horizontal), mais il ne produit pas de viande. À l'inverse, s'il se consacre intégralement à l'élevage, il produit alors 8 kg de viande (mesuré sur l'axe vertical), mais aucune pomme de terre. En répartissant son temps également entre les deux activités (4 heures pour chacune), il obtient 16 kg de pommes de terre et 4 kg de viande. Ces trois possibilités, et toutes celles qui sont intermédiaires, sont illustrées sur ce graphique.

La droite ainsi tracée représente la courbe des possibilités de production du fermier. Comme nous l'avons expliqué au chapitre 2, cette courbe montre toutes les combinaisons des biens qui peuvent être produits par le fermier. Elle illustre l'un des **dix principes d'économie**: les gens sont soumis à des arbitrages. Dans ce cas, l'arbitrage concerne la production de viande et la production de pommes de terre.

Vous vous souvenez sans doute de la courbe des possibilités de production vue au chapitre 2 et de sa forme arquée. Cette forme illustre le fait que le coût de renonciation dépend de la quantité produite de chaque bien. Or, dans la situation présente, la technologie de production du fermier pour les deux biens en question lui permet de passer d'un bien à un autre, à un taux constant. Lorsque le fermier prend une heure de moins à produire de la viande et une heure de plus à produire des pommes de terre, il réduit sa production de viande de 1 kg et augmente sa production de pommes de terre de 4 kg, et ce, indépendamment de la quantité initialement produite. Voilà pourquoi la courbe des possibilités de production est une droite.

Le graphique c) de la figure 3.1 illustre la courbe des possibilités de production de l'éleveur. S'il consacre toute sa journée à cultiver des pommes de terre, il en récoltera 48 kg, sans produire de viande. À l'inverse, s'il passe tout son temps à l'élevage, il produira 24 kg de viande, sans récolter de pommes de terre. S'il répartit son temps également entre ces deux activités (4 heures pour chacune), il obtiendra 24 kg de pommes de terre et 12 kg de viande. La courbe des possibilités de production de l'éleveur illustre, cette fois encore, tous les résultats possibles.

Si le fermier et l'éleveur décidaient de vivre en autarcie au lieu de commercer, chacun consommerait ce qu'il a produit. Dans ces conditions, la courbe des

FIGURE 3.1

La courbe des possibilités de production

a) Possibilités de production du fermier et de l'éleveur

	MINUTES REQUISES POUR PRODUIRE 1 KG		QUANTITÉ PRODUITE EN 8 HEURES	
	Viande	**Pommes de terre**	**Viande**	**Pommes de terre**
Fermier	60 min	15 min	8 kg	32 kg
Éleveur	20 min	10 min	24 kg	48 kg

b) Courbe des possibilités de production du fermier

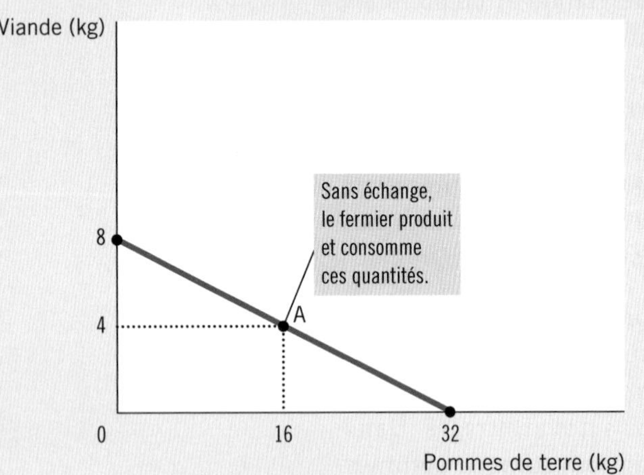

c) Courbe des possibilités de production de l'éleveur

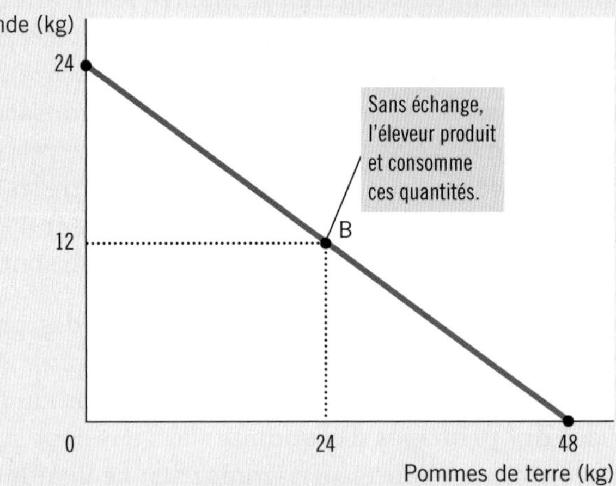

Le tableau a) indique les possibilités de production du fermier et de l'éleveur. Le graphique b) illustre les combinaisons de viande et de pommes de terre que peut produire le fermier. Le graphique c) illustre les combinaisons de viande et de pommes de terre que peut produire l'éleveur. Les deux courbes des possibilités de production respectent l'hypothèse selon laquelle le fermier et l'éleveur travaillent tous deux 8 heures par jour. Sans échange, les courbes des possibilités de production du fermier et de l'éleveur représentent également leurs courbes de possibilités de consommation.

possibilités de production représenterait également la courbe des possibilités de consommation. La figure 3.1 montre les différentes combinaisons de bœuf et de pommes de terre qui peuvent être produites et consommées par le fermier et par l'éleveur en l'absence d'échanges.

La courbe des possibilités de production a le mérite de décrire les arbitrages que doit faire chacun de ces agriculteurs. Toutefois, elle ne nous indique nullement ce qu'ils décideront effectivement de faire. Pour comprendre leur choix, nous devons connaître leurs goûts. Supposons qu'ils choisissent respectivement les combinaisons représentées par les points A et B de la figure 3.1 : le fermier produit et consomme 16 kg de pommes de terre et 4 kg de viande, tandis que l'éleveur produit et consomme 24 kg de pommes de terre et 12 kg de viande.

La spécialisation et les échanges

Après plusieurs années passées à se nourrir selon la combinaison B, l'éleveur a une idée et décide d'en discuter avec le fermier.

ÉLEVEUR : Salut, voisin ! J'ai un marché à te proposer ! J'ai trouvé le moyen de nous faciliter la vie. Je crois que tu devrais cesser de faire de l'élevage pour te consacrer entièrement à la culture des pommes de terre. D'après mes calculs, si tu travailles 8 heures par jour, tu peux en produire 32 kg. Tu me donnes 15 de ces 32 kg et je te donne 5 kg de viande en retour. Au bout du compte, tu mangeras 17 kg de pommes de terre et 5 kg de viande au lieu des 16 kg de pommes de terre et des 4 kg de viande que tu as maintenant. Si tout marche comme prévu, tu pourras consommer ces deux produits en quantité plus grande que maintenant (pour prouver son argumentation, il lui montre le graphique a) de la figure 3.2).

FERMIER : (*quelque peu sceptique*) Intéressant. Mais je ne comprends pas vraiment pourquoi tu me fais cette offre. Si ce marché est si avantageux pour moi, il ne peut pas être intéressant pour toi aussi.

ÉLEVEUR : Mais bien sûr ! Imagine que je consacre 6 heures de mon temps à élever du bétail et 2 heures à cultiver des pommes de terre. Je produirai alors 18 kg de viande et 12 kg de pommes de terre. Mais comme tu me donneras 15 kg de pommes de terre en échange de mes 5 kg de viande, je disposerai de 13 kg de viande et de 27 kg de pommes de terre, au lieu des 12 kg de viande et des 24 kg de pommes de terre que j'ai maintenant. Résultat : je pourrai consommer ces deux produits en quantité plus grande que maintenant (il lui montre le graphique b) de la figure 3.2).

FERMIER : Je ne sais pas… Cela me semble trop beau pour être vrai.

ÉLEVEUR : Ce n'est pas aussi compliqué que ça en a l'air. Tiens, j'ai résumé mon offre dans un tableau simple (il lui tend le tableau de la figure 3.2).

FERMIER : (*après avoir pris le temps de l'étudier*) Ces calculs m'ont l'air corrects, mais il y a quelque chose qui m'intrigue. Pourquoi cet arrangement améliorerait-il ma situation et la tienne ?

ÉLEVEUR : Parce que les échanges nous permettent de nous spécialiser dans ce en quoi nous excellons. Tu vas passer plus de temps à faire pousser des pommes de terre et moins de temps à élever du bétail. Je consacrerai plus de temps à l'élevage, et moins à la culture des pommes de terre. En fin de compte, la spécialisation et les échanges nous permettront de manger plus de viande et de pommes de terre, sans pour autant travailler davantage.

MINITEST

- Dessinez la courbe des possibilités de production de Robinson Crusoé, un naufragé qui passe son temps à ramasser des noix de coco et à pêcher du poisson. À quelles limites de consommation de noix de coco et de poissons fait-il face s'il vit en autarcie dans son île ? Se heurterait-il aux mêmes limites s'il pouvait commercer avec les autochtones de l'île ?

FIGURE 3.2

Les échanges augmentent les possibilités de consommation

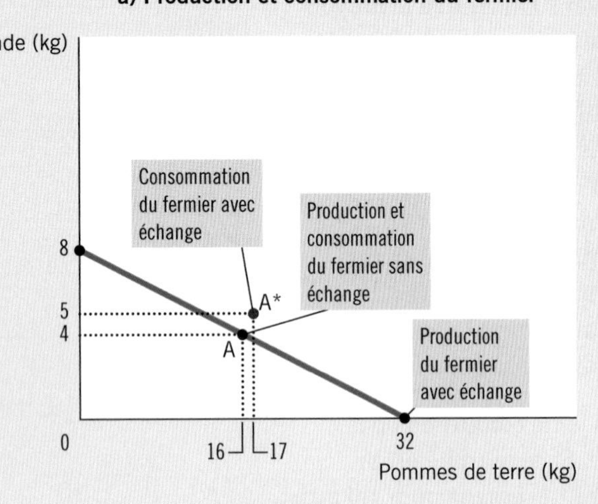

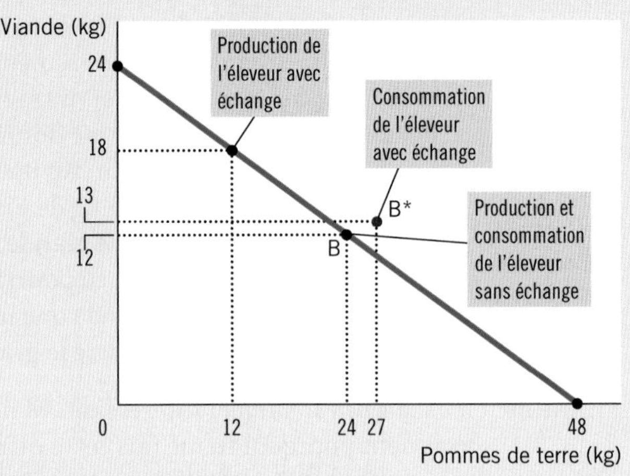

c) Gains tirés de l'échange

	FERMIER		ÉLEVEUR	
	Viande	Pommes de terre	Viande	Pommes de terre
Sans échange : Production et consommation	4 kg	16 kg	12 kg	24 kg
Avec échange : Production	0 kg	32 kg	18 kg	12 kg
Échange	Reçoit 5 kg	Donne 15 kg	Donne 5 kg	Reçoit 15 kg
Consommation	5 kg	17 kg	13 kg	27 kg
Gains : Augmentation de la consommation	+ 1 kg	+ 1 kg	+ 1 kg	+ 3 kg

La proposition de l'éleveur offre à chacun une combinaison de viande et de pommes de terre qui est impossible à réaliser sans échange. Sur le graphique a), la consommation du fermier passe du point A au point A*. Sur le graphique b), la consommation de l'éleveur passe du point B au point B*. Cet échange permet à chacun de consommer plus de viande et plus de pommes de terre.

Le moteur de la spécialisation : l'avantage comparatif

L'explication des gains tirés de l'échange qu'a avancée l'éleveur, bien que correcte, soulève une question : si l'éleveur est meilleur que le fermier dans l'élevage du bétail comme dans la culture de pommes de terre, dans quelle activité le fermier pourra-t-il se spécialiser puisqu'il n'est le meilleur dans aucune des deux ? Pour résoudre ce problème, il faut aborder le principe de l'*avantage comparatif*.

Pour ce faire, demandons-nous qui, dans l'exemple donné, est en mesure de produire les pommes de terre au coût le plus faible : le fermier ou l'éleveur ? Il existe deux réponses possibles à cette question, lesquelles nous permettront de résoudre l'énigme et de comprendre les gains tirés de l'échange.

L'avantage absolu

Une première réponse concernant le coût de production des pommes de terre consiste à comparer les intrants nécessaires aux deux agriculteurs. Les économistes emploient le terme **avantage absolu** lorsqu'ils comparent la productivité d'une personne, d'une entreprise ou d'une nation à celle d'une autre. On considère que le producteur qui utilise le moins d'intrants pour produire une même quantité d'un bien dispose d'un avantage absolu dans la production de ce bien par rapport aux autres producteurs.

Avantage absolu
Capacité de produire un bien en utilisant moins d'intrants qu'un autre producteur.

Dans notre exemple, le temps est le seul intrant utilisé. Par conséquent, le détenteur de l'avantage absolu est celui qui prendra le moins de temps pour produire le bien. Ainsi, l'éleveur dispose de l'avantage absolu pour les pommes de terre comme pour la viande, parce qu'il va plus vite que le fermier pour ces deux types de production. L'éleveur ne prend que 20 minutes pour produire 1 kg de viande, tandis que le fermier doit besogner pendant 60 minutes pour arriver au même résultat. De plus, l'éleveur n'a besoin que de 10 minutes pour produire 1 kg de pommes de terre, alors que le fermier requiert 15 minutes. Si nous mesurons le coût par la quantité d'intrants requise, nous pouvons alors conclure que l'éleveur a le plus faible coût de production des pommes de terre.

Le coût de renonciation et l'avantage comparatif

Il existe une autre façon de calculer le coût de production des pommes de terre. Au lieu de comparer les intrants nécessaires, on peut comparer les coûts de renonciation. Dans le chapitre 1, nous avons vu que le **coût de renonciation** d'un bien équivaut à ce à quoi il faut renoncer pour l'obtenir. Dans notre exemple, nous avons supposé que le fermier et l'éleveur passaient tous les deux 8 heures par jour à travailler. Le temps consacré à la culture des pommes de terre réduit donc d'autant le temps consacré à l'élevage du bétail. Lorsque l'éleveur ou le fermier modifient la répartition de leur temps entre les deux productions, ils se déplacent le long de leur courbe des possibilités de production : ils renoncent à des unités d'un bien pour produire des unités de l'autre bien. Le coût de renonciation correspond donc à l'arbitrage que chacun d'eux doit faire.

Coût de renonciation
Ce à quoi il faut renoncer pour obtenir quelque chose.

Examinons d'abord le coût de renonciation de l'éleveur. D'après le tableau a) de la figure 3.1, il a besoin de 10 minutes de travail pour produire 1 kg de pommes de terre. Lorsqu'il alloue 10 minutes de son temps à produire des pommes de terre, il n'utilise pas ces 10 minutes pour produire de la viande. Puisque l'éleveur a besoin de 20 minutes pour produire 1 kg de viande, 10 minutes de travail lui permettraient de produire 0,5 kg de viande. Par conséquent, pour l'éleveur, le coût de renonciation de 1 kg de pommes de terre est de 0,5 kg de viande.

Examinons maintenant le coût de renonciation du fermier. Il a besoin de 15 minutes pour produire 1 kg de pommes de terre. Puisqu'il a besoin de 60 minutes pour produire 1 kg de viande, 15 minutes de travail lui permettraient de produire 0,25 kg de viande. Par conséquent, pour le fermier, le coût de renonciation de 1 kg de pommes de terre est de 0,25 kg de viande.

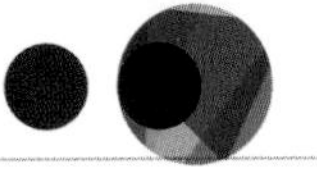

Le tableau 3.1 indique les coûts de renonciation de la viande et des pommes de terre pour les deux producteurs. Notez que le coût de renonciation de la viande est l'inverse du coût de renonciation des pommes de terre. Parce que 1 kg de pommes de terre coûte à l'éleveur 0,5 kg de viande, 1 kg de viande lui coûte 2 kg de pommes de terre. De la même manière, parce que 1 kg de pommes de terre coûte au fermier 0,25 kg de viande, 1 kg de viande lui coûte 4 kg de pommes de terre.

TABLEAU 3.1

Les coûts de renonciation de la viande et des pommes de terre

	COÛT DE RENONCIATION	
	De 1 kg de viande	**De 1 kg de pommes de terre**
Fermier	4 kg de pommes de terre	0,25 kg de viande
Éleveur	2 kg de pommes de terre	0,50 kg de viande

Avantage comparatif
Capacité de produire un bien à un coût de renonciation moindre qu'un autre producteur.

Les économistes emploient le terme **avantage comparatif** pour comparer le coût de renonciation de ces deux producteurs. Celui qui a le coût de renonciation le plus faible dispose d'un avantage comparatif dans la production de ce bien. Dans notre exemple, le coût de renonciation du fermier est inférieur à celui de l'éleveur pour les pommes de terre : produire 1 kg de pommes de terre coûte au fermier 0,25 kg de viande alors qu'il coûte à l'éleveur 0,5 kg de viande. En revanche, le coût de renonciation de l'éleveur est plus faible que celui du fermier pour la production de la viande : produire 1 kg de viande coûte à l'éleveur 2 kg de pommes de terre alors qu'il coûte au fermier 4 kg de pommes de terre. Ainsi, le fermier détient l'avantage comparatif dans la production de pommes de terre, alors que l'éleveur détient l'avantage comparatif dans la production de viande.

Bien qu'il soit possible de détenir l'avantage absolu dans les deux productions (c'est le cas de l'éleveur), il est impossible pour une seule et même personne de disposer d'un avantage comparatif pour les deux produits. Comme le coût de renonciation d'un bien est l'inverse du coût de renonciation de l'autre, un coût de renonciation élevé pour un produit implique un coût de renonciation faible pour l'autre. L'avantage comparatif reflète le coût de renonciation relatif. À moins que deux producteurs n'aient exactement les mêmes coûts de renonciation, l'un des deux aura toujours un avantage comparatif dans la production d'un bien, tandis que l'autre aura un avantage comparatif dans la production de l'autre bien.

L'avantage comparatif et les échanges

Les bénéfices tirés de l'échange découlent des avantages comparatifs, et non des avantages absolus. Lorsque chacun se spécialise dans la production de biens pour lesquels il dispose d'un avantage comparatif, la production totale augmente, et cette augmentation de la production totale permet d'améliorer le bien-être de tous.

Dans notre exemple, le fermier consacre plus de temps à cultiver des pommes de terre, et l'éleveur, plus de temps à l'élevage du bétail. Cela permet d'accroître la production totale de pommes de terre de 4 kg (elle passe de 40 à 44 kg) et la production totale de viande de 2 kg (elle passe de 16 à 18 kg). Le fermier et l'éleveur se partageront ces gains de production.

Nous pouvons voir les choses d'un autre angle si nous considérons le prix que chacun paie à l'autre. Puisque le fermier et l'éleveur ont des coûts de renonciation différents, chacun fait une bonne affaire. En effet, chacun obtient de l'autre un bien à un prix inférieur à son propre coût de renonciation.

Revenons sur la proposition précédente en adoptant le point de vue du fermier. Celui-ci reçoit 5 kg de viande en échange de 15 kg de pommes de terre. En d'autres mots, il paie chaque kilogramme de viande au prix de 3 kg de pommes de terre. Le prix qu'il paie pour la viande est donc inférieur à son propre coût de renonciation, lequel est de 4 kg de pommes de terre par kilogramme de viande. Par conséquent, il a tout intérêt à procéder à cet échange qui lui procure de la viande à meilleur marché.

Mettons-nous maintenant à la place de l'éleveur. Il reçoit 15 kg de pommes de terre en échange de 5 kg de viande. Il achète chaque kilogramme de pommes de terre au prix de 0,33 kg de viande, soit un prix inférieur à son coût de renonciation, lequel est égal à 0,5 kg de viande par kilogramme de pommes de terre. Par conséquent, ce dernier a également tout intérêt à acheter des pommes de terre à ce prix alléchant.

La morale de l'histoire de l'éleveur et du fermier est on ne peut plus claire: *les échanges améliorent le bien-être de tous, parce qu'ils permettent une spécialisation dans les activités où chacun dispose d'un avantage comparatif.*

BON À SAVOIR

Le legs d'Adam Smith et de David Ricardo

Les économistes ont compris depuis longtemps les avantages du commerce. Le texte ci-dessous, du grand économiste Adam Smith, illustre à merveille cette idée.

> Tout père de famille sage a pour maxime de ne jamais produire dans son foyer les choses qui lui coûtent plus cher à produire qu'à acheter. Le tailleur ne se met pas à faire des chaussures, il les achète du bottier. Et le bottier ne prend pas le soin de faire ses vêtements mais il emploie le tailleur. Le fermier n'essaie ni de faire des chaussures ni de faire des vêtements, mais il emploie le bottier et le tailleur. Tous recherchent leur propre intérêt, et utilisent leur propre industrie d'une manière à disposer d'un avantage sur leur voisin et à pouvoir acheter de celui-ci une part de ses productions, ou ce qui revient au même, avec le prix d'une part de celles-ci, tous les autres biens dont ils ont l'usage.

Cette citation de Smith est tirée de son livre *Recherches sur la nature et les causes de la richesse des nations* publié en 1776, lequel constitue un point tournant dans l'analyse du commerce et de l'interdépendance entre nations.

Cet ouvrage a incité David Ricardo, un courtier millionnaire, à se convertir à l'économie. En effet, en 1817, dans son ouvrage intitulé *Des principes de l'économie politique et de l'impôt*, il a élaboré le principe de l'avantage comparatif tel que nous le connaissons aujourd'hui. Sa défense du libre-échange ne s'est pas limitée à un pur exercice théorique. Il a mis ses concepts en pratique en tant que membre du Parlement anglais, en s'opposant notamment aux lois qui restreignaient l'importation de céréales.

David Ricardo

Les conclusions d'Adam Smith et de David Ricardo sur les avantages du commerce restent encore de mise. Même si les économistes s'affrontent souvent sur les questions de politique économique, ils restent unis dans leur approbation du libre-échange. Du reste, l'argument essentiel du libre-échange n'a guère été modifié au cours des deux derniers siècles. L'économie a sans doute élargi son champ d'études et raffiné ses théories depuis Smith et Ricardo, mais l'opposition que manifestent les économistes à l'endroit des barrières commerciales se fonde toujours en grande partie sur le principe de l'avantage comparatif.

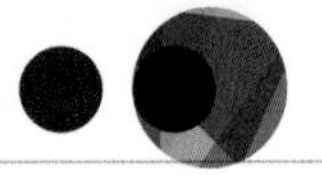

Le prix de l'échange

Le principe de l'avantage comparatif établit que chaque partenaire peut gagner en se spécialisant et en procédant à des échanges. Cependant, il ne répond pas aux questions suivantes : Comment fixe-t-on le prix auquel on échangera de la viande contre des pommes de terre ? Comment les gains liés aux échanges seront-ils partagés entre les partenaires ? Une réponse précise à ces questions n'entre pas dans le cadre de ce chapitre, mais nous pouvons tout de même avancer une règle générale : *pour que les deux partenaires bénéficient de la spécialisation et de l'échange, il faut que le prix soit situé entre les deux coûts de renonciation.*

Dans notre exemple, le fermier et l'éleveur sont d'accord pour échanger 3 kg de pommes de terre contre 1 kg de viande. Ce prix se situe entre le coût de renonciation du fermier (2 kg de pommes de terre par kilogramme de viande) et celui de l'éleveur (4 kg de pommes de terre par kilogramme de viande). Aussi longtemps que le prix se situera à l'intérieur de cet intervalle (sans nécessairement se situer au milieu), le fermier et l'éleveur pourront acheter un bien à un prix inférieur à leur coût de renonciation.

Pour comprendre pourquoi le prix doit être situé à l'intérieur de cet intervalle, voyez ce qui se passe lorsqu'il ne l'est pas. Si le prix de la viande était inférieur à 2 kg de pommes de terre, le fermier et l'éleveur voudraient acheter de la viande parce que le prix serait en deçà de leur coût de renonciation. De même, si le prix de la viande dépassait 4 kg de pommes de terre, les deux voudraient vendre de la viande, parce que le prix serait supérieur à leur coût de renonciation. Toutefois, il n'y a que deux partenaires dans cette économie, et les deux ne peuvent pas être que des vendeurs ou des acheteurs de viande. L'un des deux doit jouer l'autre rôle.

Si le prix s'établit entre 2 et 4 kg de pommes de terre, l'échange profitera aux deux partenaires. Dans cet intervalle de prix, l'éleveur voudra vendre de la viande pour acheter des pommes de terre et le fermier voudra lui vendre des pommes de terre pour acheter de la viande. Ainsi, chacun se procurera un produit à un prix inférieur à son coût de renonciation. En fin de compte, chacun se spécialisera dans la production pour laquelle il possède un avantage comparatif ; par conséquent, le bien-être des deux s'améliorera.

MINITEST

- Robinson Crusoé ramasse 10 noix de coco ou pêche 1 poisson par heure. Son ami Vendredi ramasse 30 noix de coco ou pêche 2 poissons par heure. Quel est le coût de renonciation d'un poisson pour Robinson ? pour Vendredi ? Qui dispose d'un avantage absolu dans la pêche ? Qui dispose d'un avantage comparatif dans la pêche ?

Les applications de l'avantage comparatif

Le principe de l'avantage comparatif explique l'interdépendance et les bénéfices tirés des échanges. Puisque cette interdépendance est omniprésente dans le monde moderne, il n'est pas étonnant que le principe de l'avantage comparatif ait de multiples applications. En voici deux exemples, l'un plutôt fantaisiste, et l'autre, tout à fait pratique.

P. K. Subban devrait-il déneiger son entrée lui-même ?

Pernell Karl Subban est un athlète hors pair. Gagnant du trophée James Norris en 2013 et considéré par plusieurs comme l'un des meilleurs défenseurs de la LNH, il fabrique des jeux et lance mieux que quiconque. Il excelle probablement dans une foule d'autres activités. Il y a fort à parier qu'il est capable de déneiger son entrée plus rapidement que n'importe qui. Toutefois, même s'il est capable de le faire, cela veut-il dire qu'il devrait le faire ?

« Ouf ! Je n'ai pas à déneiger mon entrée ce soir. »

Pour répondre à cette question, reprenons les concepts de coût de renonciation et d'avantage comparatif. Supposons que Subban prend 2 heures pour déneiger son entrée. Durant ces mêmes 2 heures, il pourrait tourner une publicité et gagner 10 000 $. En revanche, sa jeune voisine Amélie peut déneiger son entrée en 4 heures. Durant cette période, si elle avait travaillé au restaurant du coin, elle aurait gagné 40 $.

Dans cet exemple, parce qu'il est le plus rapide des deux, Subban dispose d'un avantage absolu dans le déneigement. Or, le coût de renonciation d'un déneigement pour Subban s'élève à 10 000 $, alors que celui d'Amélie s'élève à 40 $. Par conséquent, Amélie détient un avantage comparatif dans le déneigement, parce que son coût de renonciation est nettement inférieur à celui du hockeyeur.

Dans cet exemple, les gains tirés de l'échange sont énormes. Subban a tout intérêt à tourner cette annonce publicitaire et à engager Amélie pour déneiger son entrée. Aussi longtemps qu'il lui donne plus de 40 $ et moins de 10 000 $, les deux tirent profit de l'échange.

Le Canada devrait-il commercer avec d'autres pays ?

Les avantages de la spécialisation et des échanges valent non seulement pour les individus, comme le fermier et l'éleveur, mais également pour les peuples des différents pays. Une foule de produits appréciés des Canadiens sont fabriqués à l'étranger, et de nombreux produits fabriqués au Canada sont vendus à l'extérieur. Les biens et les services produits à l'extérieur et consommés sur le marché intérieur sont des **importations**, tandis que ceux produits dans le pays et vendus à l'étranger sont des **exportations**.

Importations
Biens et services produits à l'étranger et achetés dans le pays.

Exportations
Biens et services produits dans le pays et vendus à l'étranger.

Afin de voir les bénéfices que les pays retirent du commerce, prenons l'exemple de deux pays, le Canada et le Japon, et de deux produits : la nourriture et les voitures. Imaginons que ces deux pays fabriquent des automobiles tout aussi efficacement l'un que l'autre : un travailleur canadien et un travailleur japonais fabriquent tous deux une voiture par mois. En revanche, comme le territoire du Canada est plus vaste et son sol plus riche, sa productivité agricole est meilleure : un agriculteur canadien produit 2 tonnes de nourriture par mois, alors que son homologue japonais n'en produit que 1 tonne par mois.

Selon le principe de l'avantage comparatif, chacun des produits devrait être fabriqué par le pays pour lequel le coût de renonciation est le plus faible. Comme le coût de renonciation d'une voiture équivaut à 2 tonnes de nourriture au Canada et à seulement 1 tonne au Japon, le Japon dispose donc d'un avantage comparatif dans la production d'automobiles. Ce pays devrait produire plus de voitures qu'il lui en faut pour son propre marché intérieur et en exporter au Canada. Réciproquement, comme le coût de renonciation de 1 tonne de nourriture équivaut à une voiture au Japon, mais seulement à 0,5 voiture au Canada, le Canada possède un avantage comparatif dans la production de nourriture.

Une manifestation de l'avantage comparatif

Il devrait donc produire une quantité de nourriture supérieure à ses propres besoins de consommation afin d'exporter le surplus au Japon. La spécialisation et le commerce permettent à ces deux pays de disposer de plus de nourriture et de plus de véhicules.

En réalité, bien entendu, le commerce entre les nations est infiniment plus complexe. Notons simplement que la complexité provient de la multitude des intérêts divergents des habitants de chaque pays. Le commerce international peut détériorer la situation de certains résidants, même s'il améliore la situation globale du pays. Lorsque le Canada exporte de la nourriture en important des voitures, les conséquences pour le fermier canadien sont tout à fait différentes de celles que subissent les travailleurs de l'industrie de l'automobile. Toutefois, contrairement aux opinions fréquemment avancées par la classe politique et les journalistes, le commerce international n'a rien d'une guerre où il y a des vainqueurs et des vaincus. Les échanges permettent à tous les pays d'atteindre une plus grande prospérité.

DANS L'ACTUALITÉ

Le libre-échange crée-t-il des emplois ?

Le Canada a négocié de nombreux accords de libre-échange au fil des ans — dont le plus important avec nos partenaires de l'ALÉNA, les États-Unis et le Mexique — et participe actuellement à des discussions qui pourraient mener à de nouveaux accords. Si les politiciens parlent des avantages de ces accords en termes d'emplois, le chroniqueur William Watson (qui enseigne l'économie à l'Université McGill) souligne que l'avantage comparatif n'est pas tant une promesse d'emplois qu'une promesse de meilleurs emplois.

Les accords de libre-échange ne génèrent pas d'emplois, mais ils demeurent bons pour le Canada

William Watson

Combien de Canadiens n'ont pas d'emploi actuellement parce que nous n'avons pas d'accord de libre-échange avec le Japon? Sûrement pas beaucoup. Je parie d'ailleurs que si nous parvenons à un tel accord, ce que je souhaite, la nouvelle demande japonaise pour nos produits ne changera pas grand-chose à notre taux de chômage. On ne peut donc que déplorer de voir le premier ministre insister à ce point sur les emplois lorsqu'il annonce la tenue de négociations de libre-échange avec le Japon. « Il s'agit là d'une étape historique, a dit le premier ministre au moment d'annoncer le début des négociations, qui contribuera à la création d'emplois et à la croissance dans les deux pays. »

Aux dires des politiciens, les accords commerciaux sont créateurs d'emplois. Brian Mulroney n'avait qu'un mot à la bouche pour décrire l'accord de libre-échange entre le Canada et les États-Unis : « Jobs, jobs, jobs. » Ça n'avait pourtant rien à voir. Les accords de libre-échange concernent rarement les emplois.

Pensons-y. Supposons que nous cessons brusquement tout échange commercial. Le taux de chômage bondira-t-il alors à 32 % (puisque les exportations représentent 32 % de notre PIB) ? Si nous rendions les échanges commerciaux illégaux du jour au lendemain, le chômage ferait un bond prodigieux. Nous ne pourrions certainement pas manger tout le blé que produisent les agriculteurs des Prairies. Ceux-ci devraient donc trouver autre chose à faire. Mais, au fait, l'interdiction du commerce international signifie l'interdiction des importations. Nous créerions donc une foule de nouveaux emplois pour produire les biens et services que nous avions l'habitude d'importer.

Sans vouloir offusquer les producteurs de blé, ils ne seraient probablement pas très habiles, du moins à leurs débuts, à produire des iPod. Les nouveaux « CanPod » auxquels nous devrions tous nous habituer risqueraient de ne pas être tout à fait au point, en plus de peser 2 kg et de coûter 2 000 $ pièce. Or, si nous souhaitions continuer à consommer comme le commerce international nous y a habitués, alors l'interdiction d'importer créerait de nombreux emplois dans ce type de « substitut d'importation ».

Bien que la plupart d'entre nous auraient un emploi, nous serions également plus pauvres. Au lieu de faire ce à quoi nous excellons, nous tenterions de faire ce à quoi excellent des étrangers. Le commerce international nous permet de nous spécialiser dans des activités pour lesquelles nous détenons un « avantage comparatif », c'est-à-dire des activités que nous accomplissons de façon plus productive.

Le commerce ne nous procure pas plus d'emplois. Il nous en procure de meilleurs, mieux rémunérés, parce que nous y excellons. La plupart des politiciens ne sont pas des économistes, si bien que nous pouvons leur pardonner de dire que les accords commerciaux créent des emplois. Le premier ministre, lui, est économiste et sait de quoi il parle. Peut-être croit-il que parler d'emplois est le seul langage que comprennent les électeurs.

Bien que les économistes aient une prédisposition professionnelle au libre-échange, cela ne veut pas dire que les accords binationaux ou régionaux soient une bonne chose. S'ils favorisent le commerce, ce qui est bon, ils le détournent aussi, et ça, ce n'est pas bon.

Supposons que nous arrivons effectivement à un accord avec le Japon. Les voitures japonaises, qui font l'objet d'un tarif douanier de 6 %, entreront désormais librement au pays. Cela favorisera le commerce puisque certains d'entre nous préféreront acheter une voiture japonaise à meilleur prix (importée du Japon) qu'une voiture fabriquée au Canada, qu'elle soit d'une marque nord-américaine ou de marque Honda, Toyota ou Suzuki. Tant mieux. Si nous, consommateurs canadiens, décidons qu'à traitement fiscal égal, nous préférons les importations pures, nous aurons exprimé notre volonté. Les fabricants de voitures canadiens n'auront d'autre choix que de rehausser leur offre ou de se recycler.

Or, le libre-échange entre le Canada et le Japon peut aussi provoquer un « détournement des échanges. » Supposons que la Corée fabrique les meilleures voitures qui soient. Après la signature d'un accord de libre-échange avec le Japon, les voitures japonaises seront libérées de tarifs douaniers à leur entrée au Canada, contrairement aux voitures coréennes (à moins que le Canada conclue enfin une entente avec la Corée, après 17 ans de négociations... mais c'est une autre histoire). Certains acheteurs canadiens réagiront en renonçant à acheter une voiture coréenne au profit d'une voiture japonaise, ce qui constitue une mauvaise nouvelle : nous nous trouverons à détourner une partie de nos échanges commerciaux avec le meilleur producteur de voitures au monde, la Corée, vers notre nouvel ami le Japon.

Pour savoir si un accord de libre-échange est bon ou mauvais, il faut tenir compte de toutes les industries et déterminer si l'accord crée plus d'échanges commerciaux qu'il en détourne. L'exercice n'est pas facile à faire.

La solution évidente est d'établir des règles du jeu équitables et de tenter de conclure des accords de libre-échange avec tout le monde, ce qui est précisément le rôle de l'OMC. Considéré comme le point de départ du libre-échange mondial, le libre-échange avec les amis se défend, bien que le message soit difficile à faire passer durant la période de questions. ■

Source : Watson, William. (27 mars 2012). « Free-trade deals don't create jobs, but they're still good for Canada ». *Ottawa Citizen*. (Traduction libre). Repéré à www2.canada.com/ottawacitizen/news/archives

MINITEST

- Imaginez qu'une neurochirurgienne est également la nettoyeuse la plus rapide du monde. Devrait-elle continuer à faire le ménage de son bureau ou engager un préposé à l'entretien ? Expliquez votre réponse.

Conclusion

Vous êtes maintenant en mesure de mieux comprendre les avantages liés à l'interdépendance économique. Lorsque des Québécois achètent des chaussettes de la Chine, que des résidants de Trois-Rivières boivent du jus d'orange de Floride et qu'un propriétaire embauche le jeune voisin pour tondre son gazon, les

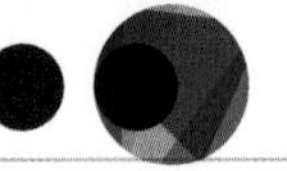

mêmes forces économiques sont à l'œuvre. Le principe de l'avantage comparatif démontre que les échanges permettent d'améliorer le bien-être de tout le monde.

Connaissant les raisons qui rendent cette interdépendance désirable, vous vous demandez certainement comment elle est possible. Comment des sociétés libres arrivent-elles à coordonner les activités de tous les citoyens ? Qui s'assure que les biens et les services passeront de ceux qui les produisent à ceux qui les consomment ? Dans un monde composé uniquement de deux individus, comme l'éleveur et le fermier, la réponse est simple : ils s'entendent directement pour répartir les ressources d'un commun accord. Dans le monde réel, avec ses milliards d'individus, la réponse semble moins évidente. Nous reviendrons sur cette question dans le prochain chapitre, où nous verrons que la plupart des sociétés allouent leurs ressources par l'entremise des marchés.

Résumé

- Chaque individu consomme des biens et des services produits par une multitude d'autres personnes, au Canada et ailleurs dans le monde. L'interdépendance et les échanges sont souhaitables parce qu'ils permettent à chacun de disposer d'une plus grande quantité et d'une plus grande variété de biens et de services.
- Il existe deux façons de comparer la capacité de deux personnes à produire un bien. On considère que la personne qui produit ce bien avec la plus faible quantité d'intrants dispose d'un *avantage absolu,* alors que celle qui peut le produire avec le plus faible coût de renonciation bénéficie d'un *avantage comparatif.* Les gains tirés de l'échange proviennent de l'avantage comparatif, et non de l'avantage absolu.
- Les échanges améliorent le bien-être de tous, car ils permettent à chacun de se spécialiser dans les activités où il détient un avantage comparatif.
- Ce principe de l'avantage comparatif s'applique aux nations comme aux individus. C'est en fonction de ce principe que les économistes réclament la liberté de commercer entre les pays.

Concepts clés

Avantage absolu, p. 55

Avantage comparatif, p. 56

Coût de renonciation, p. 55

Exportations, p. 59

Importations, p. 59

Questions de révision

1. À quelles conditions la courbe des possibilités de production est-elle linéaire plutôt que de forme arquée ?
2. Expliquez la différence entre un avantage absolu et un avantage comparatif.
3. Donnez un exemple dans lequel une personne dispose d'un avantage absolu tandis qu'une autre détient un avantage comparatif.
4. Qu'est-ce qui importe le plus pour les échanges : l'avantage comparatif ou l'avantage absolu ? Expliquez votre raisonnement en vous fondant sur l'exemple fourni à la question 3.
5. Si deux partenaires échangent en fonction de leur avantage comparatif et que les deux y gagnent, dans quel intervalle le prix de l'échange devrait-il se situer ?
6. Un pays qui détient un avantage comparatif pour un bien doit-il l'exporter ou l'importer ? Expliquez.
7. Pourquoi les économistes s'opposent-ils au protectionnisme en matière de commerce international ?

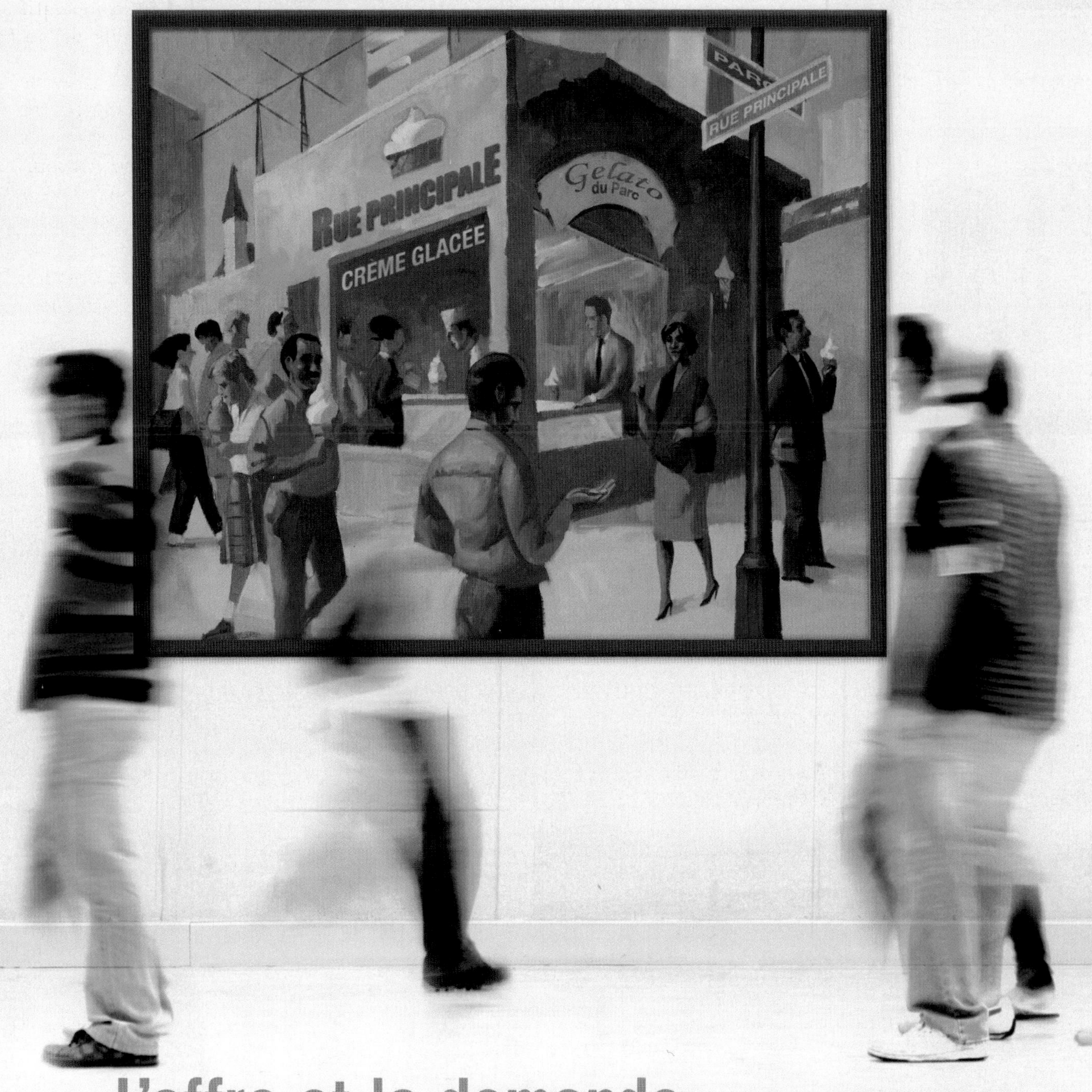

L'offre et la demande : le fonctionnement des marchés

2

PARTIE

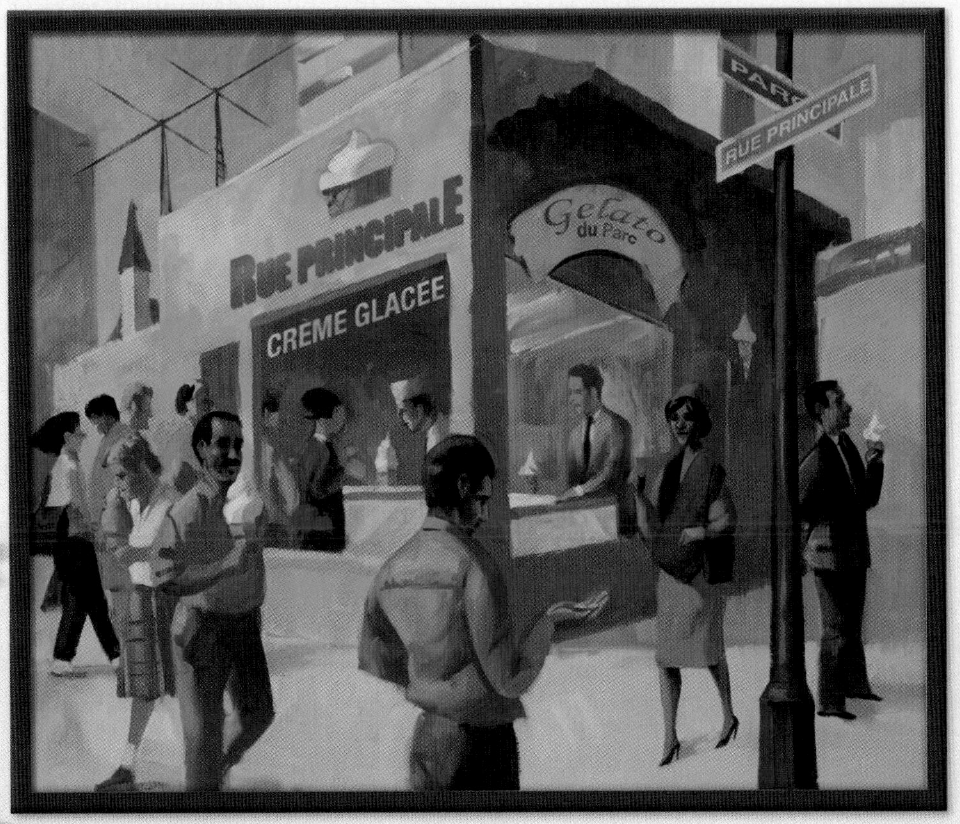

Les forces du marché : l'offre et la demande

Lorsqu'une vague de froid frappe la Floride, le prix du jus d'orange augmente dans tous les supermarchés canadiens. Quand la chaleur revient chaque été au Québec, le prix des chambres d'hôtel aux Caraïbes diminue. Un conflit armé au Moyen-Orient provoque une hausse des prix de l'essence à la pompe, ce qui entraîne une baisse du prix des véhicules utilitaires sport d'occasion. Qu'ont en commun tous ces événements ? Ils illustrent tous le fonctionnement de l'offre et de la demande.

Les termes *offre* et *demande* reviennent invariablement sous la plume des économistes. Il n'y a rien d'étonnant à cela puisque ces deux facteurs assurent le fonctionnement des économies de marché. Ils déterminent la quantité des biens produits et leur prix de vente. Pour mesurer l'influence qu'un événement ou qu'une politique aura sur l'économie, il faut avant tout penser en termes d'offre et de demande.

Dans ce chapitre, nous présenterons la théorie de l'offre et de la demande. Nous étudierons les comportements des acheteurs et des vendeurs ainsi que leurs

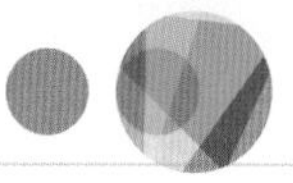

interactions. Nous verrons comment le jeu de l'offre et de la demande détermine les prix dans une économie de marché et comment ces prix assurent l'allocation des ressources rares de l'économie.

Les marchés et la concurrence

Lorsqu'il parle d'*offre* et de *demande*, l'économiste fait référence au comportement des agents et à leur interdépendance sur les marchés concurrentiels. Toutefois, avant d'aborder le comportement des acheteurs et des vendeurs, approfondissons notre connaissance des notions de *marché* et de *concurrence*.

Qu'est-ce qu'un marché ?

Marché
Lieu où se rencontrent les acheteurs et les vendeurs d'un bien ou d'un service particuliers.

Un **marché** se compose d'acheteurs et de vendeurs pour un certain type de biens ou de services. En tant que groupe, les acheteurs déterminent la demande d'un produit, tandis que les vendeurs en déterminent l'offre.

Il existe plusieurs catégories de marchés. Certains marchés, comme ceux des produits agricoles, sont très organisés. Sur ces marchés, les acheteurs et les vendeurs se rencontrent dans des enchères publiques et conviennent ensemble des prix et des ventes.

La plupart du temps, les marchés ne sont pas aussi organisés. Prenons, à titre d'exemple, celui de la crème glacée dans une ville donnée. Les acheteurs n'achètent pas tous au même moment ni au même endroit et les vendeurs ne proposent pas tous exactement les mêmes produits. Aucun commissaire-priseur n'annonce le prix de la crème glacée. Chaque vendeur décide des prix à afficher et chaque acheteur décide de la quantité à acheter. Pourtant, ces acheteurs et ces vendeurs sont liés les uns aux autres. Chaque acheteur sait que de nombreux vendeurs sont disposés à satisfaire sa fringale, et chaque vendeur sollicite les mêmes acheteurs afin de rentabiliser son entreprise. Les acheteurs et les vendeurs de crème glacée forment bel et bien un marché, même s'il n'est pas très organisé.

Qu'est-ce que la concurrence ?

À l'instar de la majorité des autres marchés, celui de la crème glacée est fortement concurrentiel. Chaque acheteur sait qu'il existe plusieurs vendeurs, et chaque vendeur est conscient qu'il offre, aux mêmes acheteurs, un produit comparable à celui des autres. La fixation du prix et de la quantité de crème glacée vendue ne dépend donc pas d'un seul acheteur ni d'un unique vendeur ; elle dépend plutôt de l'interaction de plusieurs acheteurs et de plusieurs vendeurs présents sur le marché.

Marché concurrentiel
Marché sur lequel les acheteurs et les vendeurs sont trop nombreux pour que l'un d'entre eux puisse influer sur le prix du marché.

Un **marché concurrentiel** comporte tellement d'acheteurs et de vendeurs qu'aucun d'eux ne peut exercer à lui seul une influence décisive sur les prix du marché. Aucun vendeur de crème glacée n'est en mesure d'influer sur le prix, puisque les autres vendeurs offrent des produits comparables. Un vendeur ne gagnerait pas d'argent, voire en perdrait, s'il tentait de vendre son produit à un prix inférieur à celui qui a cours sur le marché, et il perdrait tous ses clients s'il tentait de le vendre à un prix plus élevé. Et il en va de même pour les acheteurs. En raison de la faible quantité de crème glacée que chacun des acheteurs consomme, aucun d'eux ne peut influer sur le prix.

Dans ce chapitre, nous partons de l'hypothèse selon laquelle les marchés sont *parfaitement concurrentiels*. Deux caractéristiques essentielles définissent un tel type de marché : d'abord, les biens mis en vente sont identiques ; ensuite, les acheteurs et les vendeurs sont trop nombreux pour que l'un d'entre eux puisse influer sur le prix du marché. Par conséquent, dans un marché parfaitement concurrentiel, les acheteurs et les vendeurs doivent accepter le prix du marché et sont alors qualifiés de *preneurs de prix*. Au prix du marché, les acheteurs achètent les quantités qu'ils désirent et les vendeurs vendent les quantités qui les satisfont.

L'hypothèse de la concurrence parfaite s'applique fort bien à certains marchés. C'est le cas du marché mondial du blé, où des milliers de fermiers vendent leur récolte à des milliers de grossistes et de consommateurs. Comme aucun acheteur ni aucun vendeur n'est en mesure de modifier à lui seul le prix du blé, tous se conforment au prix déterminé sur le marché.

Cela dit, les biens et les services ne s'échangent pas tous sur des marchés parfaitement concurrentiels. Sur certains marchés, il n'y a qu'un offreur qui détermine à lui seul le prix de vente. On parle alors d'un *monopole*. Votre compagnie de câblodistribution est probablement un monopole. Dès lors qu'elle est la seule à offrir la câblodistribution dans une ville, les résidants n'ont d'autre possibilité que de recourir à ses services. Du reste, nous verrons plus loin que certains marchés se situent entre la concurrence parfaite et le monopole.

En dépit de la diversité des marchés existants dans la réalité, nous partirons de l'hypothèse que les marchés sont parfaitement concurrentiels. Cette hypothèse simplificatrice facilitera nos analyses, car elle suppose qu'acheteurs et vendeurs considèrent le prix du marché comme une donnée fournie par le marché. En outre, comme il existe une certaine concurrence dans la plupart des marchés, bon nombre des principes de l'offre et de la demande s'appliqueront également aux marchés plus complexes.

MINITEST

- Qu'est-ce qu'un marché ?
- Quelles sont les caractéristiques d'un marché concurrentiel ?

La demande

Nous amorcerons notre étude des marchés par l'observation du comportement des acheteurs. Pour mieux centrer notre raisonnement, nous reprendrons l'exemple d'un produit spécifique : la crème glacée.

La courbe de demande : la relation entre le prix et la quantité demandée

La **quantité demandée** d'un produit correspond à la quantité que les consommateurs désirent acheter. Comme nous le verrons, plusieurs variables influent sur la quantité demandée d'un produit, mais l'une d'entre elles joue un rôle déterminant : le prix du produit lui-même. Si le prix de la crème glacée atteint 20,00 $ le cornet, vous en consommerez moins. Vous achèterez plutôt du yogourt glacé. Si, en revanche, le prix passe à 0,20 $ le cornet, vous en consommerez davantage. Cette relation inverse entre le prix et la quantité demandée se vérifie pour la plupart des biens et s'avère de fait si répandue que les économistes la désignent par le terme de **loi de la demande** : toutes choses étant égales par

Quantité demandée
Quantité d'un bien que les acheteurs désirent acheter à un prix donné.

Loi de la demande
Toutes choses étant égales par ailleurs, la quantité demandée d'un bien diminue quand le prix du bien augmente.

ailleurs, lorsque le prix d'un bien augmente, la quantité demandée diminue, et lorsque le prix diminue, la quantité demandée augmente.

Le tableau de la figure 4.1 indique la consommation de cornets de crème glacée d'Hélène en fonction du prix. Lorsque le cornet de crème glacée est gratuit, elle mange 12 cornets. Lorsque le prix du cornet passe à 0,50 $, elle en achète 10. À mesure que le prix augmente, elle réduit sa consommation. Lorsque le cornet de crème glacée coûte 3,00 $, elle cesse complètement d'en acheter. Ce tableau constitue un **barème de demande** ; il indique la relation entre le prix d'un bien et la quantité demandée, toutes les autres variables étant tenues constantes.

Barème de demande
Tableau indiquant la relation entre le prix d'un bien et la quantité demandée.

Courbe de demande
Courbe qui montre la relation entre le prix d'un bien et la quantité demandée.

Le graphique de la figure 4.1 représente les données contenues dans le tableau. Par convention, le prix du cornet de crème glacée se trouve sur l'axe des ordonnées et la quantité de cornets de crème glacée demandée, sur l'axe des abscisses. La droite de pente négative, appelée **courbe de demande**, exprime le rapport entre le prix et la quantité demandée.

FIGURE 4.1

Le barème et la courbe de demande d'Hélène

Le barème de demande est un tableau indiquant la quantité demandée pour chaque prix. La courbe de demande, qui représente le barème de demande, illustre comment la quantité demandée d'un bien varie en fonction du prix. Cette courbe présente une pente négative, parce qu'une baisse du prix entraîne une augmentation de la quantité demandée.

PRIX D'UN CORNET	QUANTITÉ DEMANDÉE
0,00 $	12
0,50 $	10
1,00 $	8
1,50 $	6
2,00 $	4
2,50 $	2
3,00 $	0

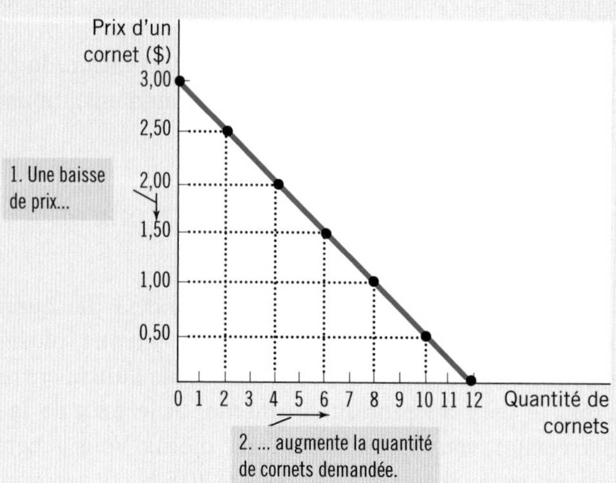

La demande de marché et la demande individuelle

La courbe de demande de la figure 4.1 illustre la demande individuelle pour un produit. Pour analyser le fonctionnement des marchés, il faut examiner la demande de marché, c'est-à-dire la somme des demandes individuelles pour un bien ou un service particuliers.

Le tableau de la figure 4.2 affiche les barèmes de demande de crème glacée de deux personnes : Hélène et Diane. Ces deux barèmes nous renseignent sur la quantité de cornets de crème glacée qu'Hélène et Diane seront disposées à acheter pour chaque prix donné. Pour tout niveau de prix, la quantité demandée sur le marché correspond à la somme des quantités demandées par ces deux personnes.

Les graphiques de la figure 4.2 illustrent les courbes de demande correspondant à ces barèmes de demande. Remarquez que pour chaque niveau de prix, on additionne les demandes individuelles afin de tracer la courbe de demande de marché.

FIGURE 4.2

La demande de marché en tant que somme des demandes individuelles

PRIX D'UN CORNET	HÉLÈNE +	DIANE =	MARCHÉ
0,00 $	12	7	19
0,50 $	10	6	16
1,00 $	8	5	13
1,50 $	6	4	10
2,00 $	4	3	7
2,50 $	2	2	4
3,00 $	0	1	1

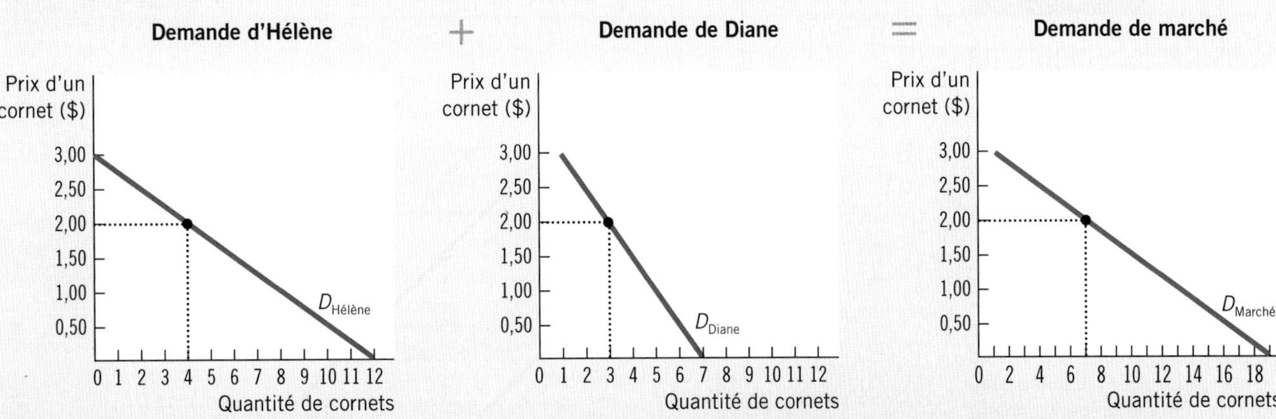

La quantité demandée sur un marché correspond à la somme des quantités demandées par chacun des acheteurs pour chaque niveau de prix. La courbe de demande de marché se calcule en additionnant horizontalement les courbes de demandes individuelles. Lorsque le cornet de crème glacée se vend 2,00 $, Hélène désire acheter 4 cornets et Diane désire en acheter 3. À un prix de 2,00 $, la quantité demandée sur le marché est donc égale à 7 cornets.

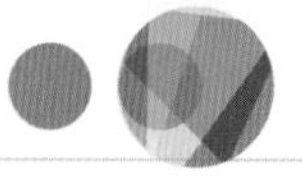

Pour obtenir la quantité totale demandée pour chaque niveau de prix, on additionne les quantités individuelles figurant sur l'axe des abscisses des courbes individuelles de demande. Puisque c'est avant tout le fonctionnement des marchés qui intéresse les économistes, ceux-ci travaillent la plupart du temps avec la courbe de demande de marché. Elle montre bien que la quantité totale demandée d'un bien varie en fonction du prix de ce même bien, toutes les autres variables étant tenues constantes.

Les déplacements de la courbe de demande

La courbe de demande de marché peut se déplacer avec le temps. Un phénomène peut se produire, qui influera sur la quantité de crème glacée que les consommateurs désirent acheter pour tout niveau de prix. Imaginons que des chercheurs annoncent soudainement une découverte : les consommateurs réguliers de crème glacée vivent plus longtemps et en meilleure santé. Comment cette découverte se répercutera-t-elle sur le marché de la crème glacée ? Elle fera augmenter la demande de crème glacée. Pour tout niveau de prix, les acheteurs voudront en manger davantage. La courbe de demande de crème glacée se déplacera donc vers la droite.

Comme le montre la figure 4.3, tout événement qui fait augmenter la quantité demandée pour chaque niveau de prix déplace la courbe de demande vers la droite. On parle alors d'une *augmentation de la demande*. En revanche, tout événement qui réduit la quantité demandée pour chaque niveau de prix déplace la courbe de demande vers la gauche. On parle alors d'une *diminution de la demande*.

Plusieurs variables peuvent faire déplacer la courbe de demande. Examinons les plus importantes.

Le revenu

Bien normal
Bien pour lequel la demande augmente quand le revenu des acheteurs augmente.

Si vous perdez votre emploi, votre consommation de crème glacée s'en ressentira-t-elle ? Elle baissera fort probablement. Une diminution des revenus signifie une réduction des dépenses totales. Vous dépenserez donc moins d'argent pour certains produits — voire pour la plupart. Quand la demande pour un produit diminue avec la baisse des revenus, on dit qu'il s'agit d'un **bien normal**.

FIGURE 4.3

Les déplacements de la courbe de demande

Tout événement qui fait augmenter la quantité que les acheteurs sont prêts à consommer pour chaque niveau de prix entraîne un déplacement de la courbe vers la droite. Tout événement qui réduit la quantité que les acheteurs sont prêts à consommer pour chaque niveau de prix entraîne un déplacement de la courbe vers la gauche.

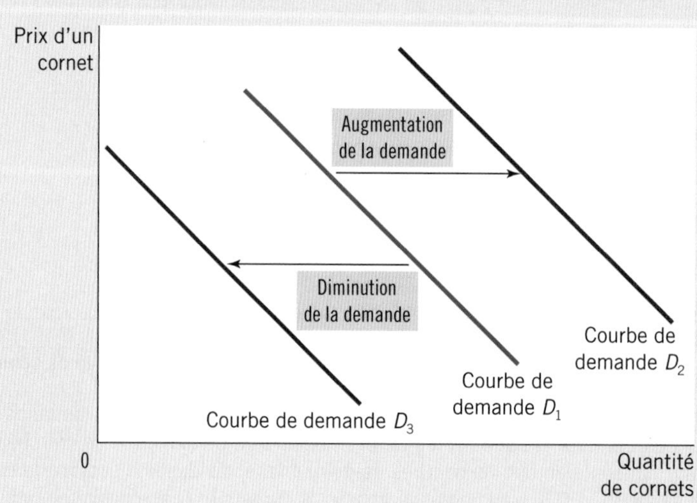

Les biens ne sont pas tous des biens normaux. Lorsque la demande d'un bien augmente avec la baisse des revenus, on considère ce bien comme un **bien inférieur**. Le transport en commun peut être considéré comme un bien inférieur. Si votre revenu diminue, il est peu probable que vous achetiez une voiture ou que vous preniez un taxi. Vous prendrez sans doute davantage l'autobus.

Bien inférieur
Bien pour lequel la demande diminue quand le revenu des acheteurs augmente.

Le prix des produits connexes

Imaginez que le prix du yogourt glacé baisse. La loi de la demande indique que vous achèterez plus de yogourt glacé. Par conséquent, vous consommerez sans doute moins de crème glacée. La crème glacée et le yogourt glacé, deux desserts lactés, glacés et sucrés, répondent aux mêmes besoins. Lorsqu'une diminution du prix d'un bien réduit la demande pour un autre, les deux sont appelés **biens substituts**. Les produits de substitution représentent un choix de consommation de rechange, par exemple entre les hot-dogs et les hamburgers, les chandails et les chemises, les entrées de cinéma et les locations de DVD.

Biens substituts
Biens pour lesquels une augmentation du prix de l'un conduit à une augmentation de la demande de l'autre.

Supposons maintenant que le prix du sirop de chocolat baisse. D'après la loi de la demande, vous en achèterez plus. Mais, cette fois-ci, vous achèterez également plus de crème glacée, puisqu'on en mange souvent avec du sirop de chocolat. Lorsque la diminution du prix d'un bien suscite une augmentation de la demande pour un autre, ces deux produits sont dits **biens complémentaires**. Ces biens se consomment souvent conjointement : l'essence et les automobiles, les ordinateurs et les logiciels, les skis et les billets de remonte-pente.

Biens complémentaires
Biens pour lesquels une augmentation du prix de l'un conduit à une diminution de la demande de l'autre.

Les goûts

Le déterminant le plus important de votre demande est sans doute vos goûts. Si vous aimez la crème glacée, vous en achèterez régulièrement. Les économistes cherchent très rarement à comprendre les goûts, car ceux-ci dépendent de circonstances historiques, sociales et psychologiques, bref de considérations indépendantes de l'économie. Cela dit, les économistes observent les conséquences économiques de l'évolution des goûts.

Les anticipations

Vos attentes en ce qui concerne l'avenir modifieront sans doute votre demande actuelle. Par exemple, si vous prévoyez une augmentation de votre salaire le mois prochain, vous serez enclin à moins épargner aujourd'hui et à dépenser davantage pour vous payer une crème glacée. En revanche, si vous pensez que le prix de la crème glacée va baisser demain, vous aurez moins tendance à vous précipiter pour l'acheter aujourd'hui.

Le nombre d'acheteurs

Outre les facteurs qui influencent le comportement de chaque acheteur, la demande de marché dépend également du nombre d'acheteurs présents sur le marché. Si Jean-Pierre, un consommateur de crème glacée, se joint à Hélène et à Diane, alors la quantité demandée de crème glacée sera plus élevée pour tout niveau de prix. La courbe de demande se déplacera alors vers la droite.

La courbe de demande montre ce qui arrive à la quantité demandée d'un bien lorsque le prix de ce bien varie, toutes les autres variables étant tenues constantes. Cependant, lorsqu'une de ces variables bouge, c'est toute la courbe de demande qui se déplace. Le tableau 4.1 établit la liste des variables influençant le comportement des consommateurs.

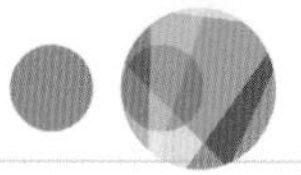

Si vous éprouvez de la difficulté à départager les situations où il y a un déplacement le long de la courbe et celles où la courbe se déplace, rappelez-vous les leçons de l'annexe du chapitre 2. Une courbe se déplace lorsqu'un changement touche une variable qui n'est représentée sur aucun des axes du graphique. Parce que le prix du bien est représenté sur l'axe vertical, une variation du prix provoquera un mouvement le long de la courbe de demande. À l'inverse, puisque le revenu, le prix des produits connexes, les goûts, les anticipations et le nombre d'acheteurs n'apparaissent sur aucun des deux axes du graphique, alors toute modification d'une de ces variables entraînera un déplacement de la courbe de demande.

TABLEAU 4.1

Les déterminants de la demande

Voici une liste des variables influant sur la demande de marché. Remarquez le rôle particulier du prix : un changement de prix implique un mouvement le long de la courbe de demande, alors qu'un changement des autres variables se traduit par un déplacement de cette courbe.

VARIABLES INFLUANT SUR LA DEMANDE	UNE MODIFICATION DE CETTE VARIABLE SE TRADUIT PAR...
Prix du bien lui-même	un mouvement le long de la courbe de demande.
Revenu	un déplacement de la courbe de demande.
Prix des biens connexes	un déplacement de la courbe de demande.
Goûts	un déplacement de la courbe de demande.
Anticipations	un déplacement de la courbe de demande.
Nombre d'acheteurs	un déplacement de la courbe de demande.

ÉTUDE DE CAS

Deux moyens de lutter contre le tabagisme

Depuis de nombreuses années, les gouvernements tentent, par toutes sortes de moyens, de réduire le nombre de fumeurs. Pour ce faire, deux types de politiques s'offrent à eux.

Une façon de réduire le tabagisme consiste à déplacer la courbe de demande des cigarettes. Les messages d'intérêt public (à la télé, dans les journaux), l'obligation d'imprimer des mises en garde sur les paquets de cigarettes, de même que l'interdiction faite aux manufacturiers de tabac de faire de la publicité sont autant de politiques visant à réduire la quantité demandée de cigarettes pour tout niveau de prix. Comme le montre le graphique a) de la figure 4.4, ces politiques peuvent faire déplacer la courbe de demande des cigarettes vers la gauche.

L'autre option consiste à augmenter le prix du paquet de cigarettes. À titre d'exemple, les taxes imposées par le gouvernement aux manufacturiers de tabac se répercutent sur les fumeurs par une augmentation du prix du paquet.

Quelle est la meilleure façon de réduire le tabagisme ?

Une telle augmentation incite les consommateurs à réduire le nombre de cigarettes qu'ils fument. Dans ce cas, la réduction du tabagisme ne se reflète pas par un déplacement de la courbe de demande, mais plutôt par un mouvement le long de cette même courbe, pour atteindre un point où la quantité est inférieure et le prix est plus élevé, comme on le voit sur le graphique b) de la figure 4.4.

▶

FIGURE 4.4

Les déplacements de la courbe de demande et les mouvements le long de la courbe de demande

a) Déplacement de la courbe de demande

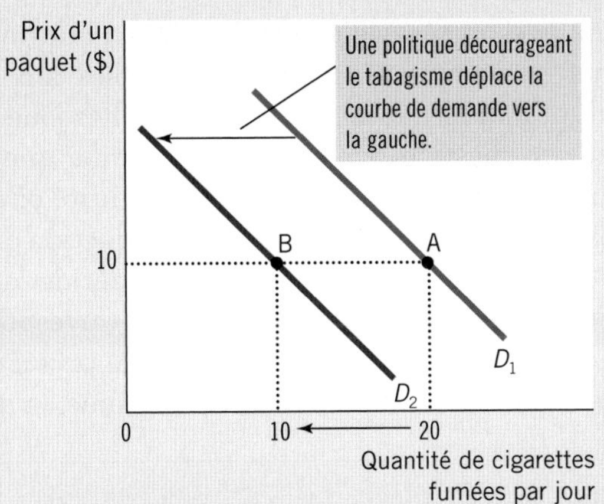

b) Mouvement le long de la courbe de demande

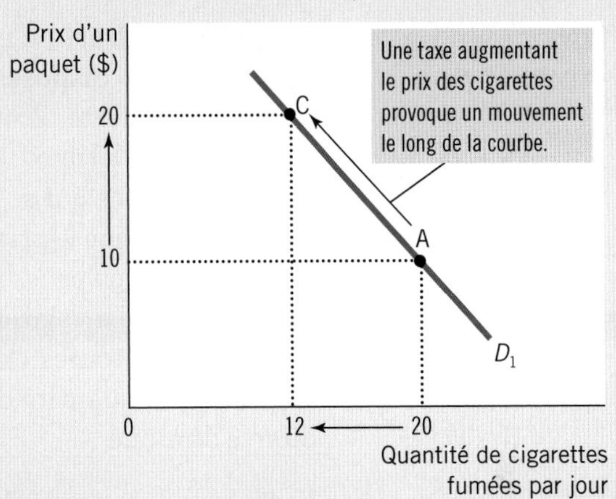

Si les messages relatifs à la santé qui sont inscrits sur les paquets de cigarettes arrivent à convaincre les fumeurs de restreindre leur consommation, la courbe de demande des cigarettes se déplacera vers la gauche. Sur le graphique a), la courbe de demande passe de D_1 à D_2. Lorsque le paquet coûte 10,00 $, la quantité demandée passe de 20 à 10 cigarettes par jour, comme l'illustre le déplacement du point A vers le point B. En revanche, si la taxation fait augmenter le prix des cigarettes, la courbe de demande ne bouge pas et nous observons à la place un mouvement le long de cette courbe. D'après le graphique b), l'augmentation du prix de 10,00 $ à 20,00 $ fait chuter la quantité demandée de 20 à 12 cigarettes par jour, comme le démontre le mouvement du point A vers le point C.

À quel point une augmentation de prix influe-t-elle sur la consommation de cigarettes ? Pour répondre à cette question, les économistes ont tenté de mesurer les effets d'une augmentation des taxes sur le tabac. Ils en ont conclu qu'une augmentation de 10 % du prix entraîne une réduction de 4 % de la quantité demandée. Les adolescents semblent être encore plus sensibles aux variations de prix : une augmentation de 10 % du prix provoque une diminution de 12 % de leur consommation.

Une question subsidiaire concerne la répercussion de l'augmentation du prix des cigarettes sur la demande de drogues douces, comme la marijuana. Les opposants à la taxation des cigarettes allèguent souvent que le tabac et la marijuana représentent des biens substituts, une hausse du prix du tabac encourageant dès lors la consommation de marijuana. En revanche, nombre d'experts en toxicomanie considèrent le tabac comme une « drogue d'introduction » qui pousse les jeunes à découvrir d'autres substances néfastes : ils ont découvert que le tabac bon marché coïncide avec une consommation accrue de marijuana. Autrement dit, pour ces experts, le tabac et la marijuana seraient des biens complémentaires plutôt que des biens substituts.

MINITEST

- Élaborez votre barème de demande mensuelle pour la pizza et tracez la courbe de demande correspondante.
- Fournissez un exemple d'événement qui provoquerait un déplacement de la courbe de demande.
- La variation du prix de la pizza entraînerait-elle un déplacement de la courbe de demande ?

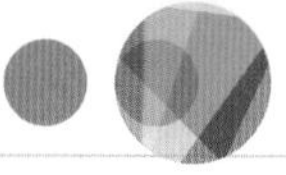

L'offre

Tournons-nous maintenant de l'autre côté du marché et observons le comportement des vendeurs. Reprenons l'exemple du cornet de crème glacée et analysons les facteurs déterminant la quantité offerte.

La courbe d'offre : la relation entre le prix et la quantité offerte

Quantité offerte
Quantité d'un bien que les vendeurs désirent vendre à un prix donné.

La **quantité offerte** d'un bien ou d'un service correspond à la quantité que les vendeurs sont disposés à mettre en marché. Plusieurs variables influent sur la quantité offerte d'un produit, mais ici aussi, l'une d'entre elles joue un rôle déterminant : le prix du bien en question. Un prix élevé signifie une hausse des bénéfices, ce qui se traduit par une augmentation de la quantité offerte. En revanche, lorsque le prix baisse, les profits se font rares et la production diminue. Si cette baisse de prix s'accentue, le producteur risque même de décider de cesser ses activités. La relation entre le prix et la quantité offerte correspond à la **loi de l'offre** : toutes choses étant égales par ailleurs, lorsque le prix d'un bien augmente, la quantité offerte augmente, et lorsque le prix diminue, la quantité offerte diminue.

Loi de l'offre
Toutes choses étant égales par ailleurs, la quantité offerte d'un bien augmente quand le prix du bien augmente.

Le tableau de la figure 4.5 indique les quantités offertes par Jean, un vendeur de cornets de crème glacée, en fonction du prix de vente. Lorsque le prix du cornet de crème glacée est inférieur à 1,00 $, il se retire complètement du marché. Sa quantité offerte est fonction du prix : plus le prix monte, plus la quantité qu'il désire offrir augmente. Ce tableau correspond au **barème d'offre**, lequel indique la relation entre le prix d'un bien et la quantité offerte, toutes les autres variables étant tenues constantes.

Barème d'offre
Tableau indiquant la relation entre le prix d'un bien et la quantité offerte.

Le graphique de la figure 4.5 illustre la relation entre la quantité de cornets de crème glacée offerte et son prix, sous forme d'une courbe appelée **courbe d'offre**. La pente positive qui la caractérise signifie qu'une augmentation du prix, les autres variables étant tenues constantes, entraîne une augmentation de la quantité offerte.

Courbe d'offre
Courbe qui montre la relation entre le prix d'un bien et la quantité offerte.

FIGURE 4.5

Le barème et la courbe d'offre de Jean

Le barème d'offre de Jean indique la quantité offerte en fonction du prix. La courbe d'offre, qui illustre ce barème d'offre, montre comment la quantité offerte est touchée par les variations du prix. Puisque la hausse du prix se traduit par une augmentation de la quantité offerte, cette courbe a une pente positive.

PRIX D'UN CORNET	QUANTITÉ OFFERTE
0,00 $	0
0,50 $	0
1,00 $	1
1,50 $	2
2,00 $	3
2,50 $	4
3,00 $	5

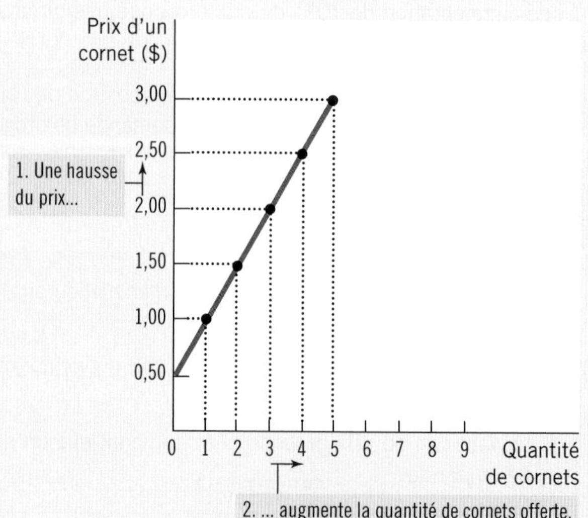

L'offre de marché et l'offre individuelle

Tout comme la demande de marché représente la somme des demandes de tous les acheteurs, l'offre de marché équivaut à la somme des offres de tous les vendeurs. Le tableau de la figure 4.6 représente les barèmes d'offre de deux producteurs de crème glacée — Jean et Benoît. Les barèmes respectifs de Jean et de Benoît nous indiquent la quantité de cornets de crème glacée que chacun veut offrir pour chaque niveau de prix. L'offre de marché correspond simplement à l'addition de ces deux offres individuelles.

Les courbes d'offre de la figure 4.6 illustrent les barèmes d'offre. Comme pour les courbes de demande, pour chaque niveau de prix, on additionne *horizontalement* les courbes d'offre individuelles pour obtenir la courbe d'offre de marché. Pour calculer la quantité totale offerte à chaque prix, il s'agit de faire la somme des quantités individuelles sur l'axe horizontal des courbes d'offre individuelles. La courbe d'offre de marché illustre la relation entre la quantité totale offerte et le niveau de prix.

Les déplacements de la courbe d'offre

La courbe d'offre de crème glacée indique la quantité que les offreurs sont disposés à vendre pour chaque niveau de prix, les autres variables étant tenues constantes. Toutefois, cette courbe d'offre peut se déplacer. Supposons par exemple que le prix

FIGURE 4.6

L'offre de marché en tant que somme des offres individuelles

La quantité offerte sur le marché correspond à la somme des quantités offertes par tous les vendeurs. La courbe d'offre de marché s'obtient en additionnant horizontalement les courbes d'offre individuelles. Lorsque la crème glacée coûte 2,00 $, Jean offre 3 cornets et Benoît en offre 4 ; la quantité offerte sur le marché équivaut donc à 7.

PRIX D'UN CORNET	JEAN +	BENOÎT =	MARCHÉ
0,00 $	0	0	0
0,50 $	0	0	0
1,00 $	1	0	1
1,50 $	2	2	4
2,00 $	3	4	7
2,50 $	4	6	10
3,00 $	5	8	13

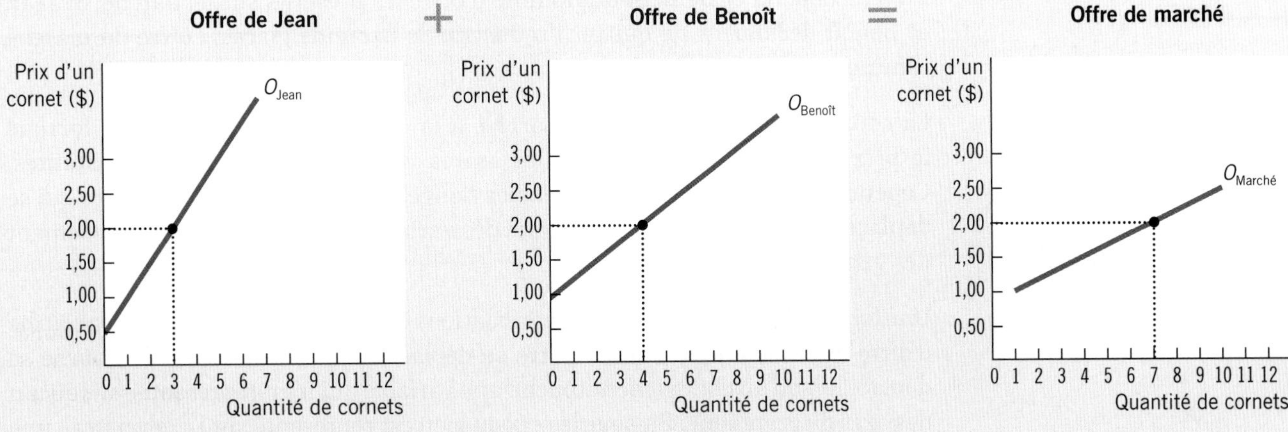

du sucre s'effondre. Comme le sucre entre dans la fabrication de la crème glacée, une baisse de son prix fera augmenter la rentabilité de la vente de crème glacée. Par conséquent, il en résultera un accroissement de l'offre de cornets : pour tout niveau de prix donné, les vendeurs accepteront d'augmenter les quantités produites. La courbe d'offre de cornets se déplacera donc vers la droite.

Chaque fois que l'un des déterminants de l'offre change, à l'exception du prix du bien, la courbe d'offre se déplace. Comme le montre la figure 4.7, tout facteur provoquant une augmentation de la quantité offerte pour chaque niveau de prix entraîne un déplacement de la courbe d'offre vers la droite. On parle alors d'une *augmentation de l'offre*. À l'inverse, tout facteur réduisant la quantité offerte pour chaque niveau de prix entraîne un déplacement de la courbe vers la gauche. On parle alors d'une *diminution de l'offre*.

Plusieurs variables peuvent entraîner un déplacement de la courbe d'offre. Examinons les plus importantes.

Les prix des intrants

La production de la crème glacée nécessite plusieurs intrants : la crème, le sucre, les aromatisants, la machinerie, l'immeuble pour abriter les installations, de même que le travail des employés qui mélangent les ingrédients et font fonctionner les machines. La hausse du prix de l'un de ces intrants réduit le bénéfice de la fabrication et, par conséquent, incite les producteurs à réduire leur offre. Si les prix des intrants explosent, la firme risque même de fermer boutique et de cesser toute production. Ainsi, l'offre d'un bien est inversement liée aux prix des intrants nécessaires à sa production.

La technologie

Il s'agit d'un autre facteur déterminant de l'offre. À titre d'exemple, l'invention des machines à crème glacée a réduit le temps de travail nécessaire pour sa production. En faisant diminuer les coûts de l'entreprise pour un niveau de production donné, le progrès technologique favorise une augmentation de l'offre de crème glacée.

Les anticipations

La quantité de crème glacée qu'une entreprise désire produire dépend également de ses anticipations. Si, par exemple, elle prévoit une hausse future du prix de la crème glacée, elle stockera éventuellement une partie de sa production, ce qui réduira son offre sur le marché actuel.

Le nombre de vendeurs

Outre les facteurs qui influencent le comportement de chaque vendeur, l'offre de marché dépend également du nombre d'offreurs présents sur le marché. Si Jean et Benoît décidaient de quitter l'industrie de la crème glacée, l'offre du marché diminuerait.

La courbe d'offre montre ce qui arrive à la quantité offerte d'un bien lorsque le prix de ce bien varie, toutes les autres variables étant tenues constantes. Cependant, lorsqu'une de ces variables bouge, c'est toute la courbe d'offre qui se déplace. Le tableau 4.2 établit la liste des variables influençant le comportement des vendeurs.

Une fois de plus, pour départager les situations où l'on se déplace le long de la courbe d'offre et celles où la courbe d'offre se déplace, rappelez-vous qu'une courbe se déplace lorsqu'un changement touche une variable qui n'est représentée sur aucun des axes du graphique. Puisque le prix du bien est représenté sur l'axe vertical, une

variation du prix provoquera un mouvement le long de la courbe d'offre. À l'inverse, puisque le prix des intrants, la technologie, les anticipations et le nombre de vendeurs n'apparaissent sur aucun des deux axes du graphique, alors toute modification d'une de ces variables entraînera un déplacement de la courbe d'offre.

FIGURE 4.7

Les déplacements de la courbe d'offre

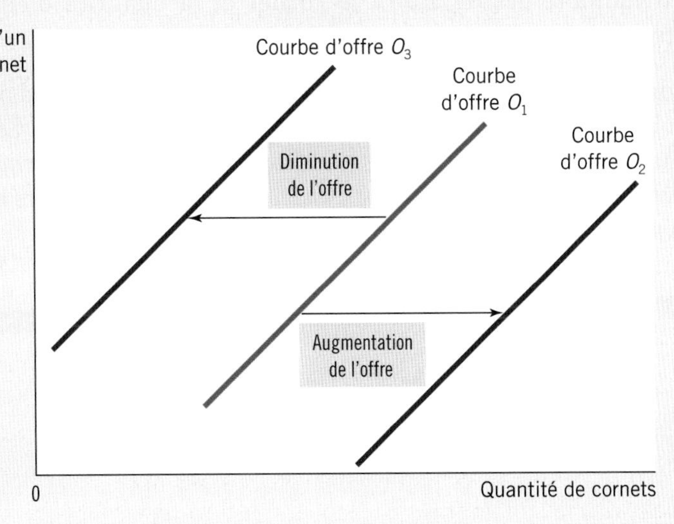

Tout changement incitant les vendeurs à augmenter la quantité offerte pour chaque niveau de prix se traduit par un déplacement de la courbe d'offre vers la droite. Tout changement réduisant la quantité offerte pour chaque niveau de prix entraîne un déplacement de la courbe d'offre vers la gauche.

TABLEAU 4.2

Les déterminants de l'offre

Voici une liste des variables influant sur l'offre de marché. Remarquez le rôle particulier du prix : un changement de prix se traduit par un mouvement le long de la courbe d'offre, tandis qu'un changement des autres variables se traduit par un déplacement de cette courbe.

VARIABLES INFLUANT SUR L'OFFRE	UNE MODIFICATION DE CETTE VARIABLE SE TRADUIT PAR…
Prix du bien lui-même	un mouvement le long de la courbe d'offre.
Prix des intrants	un déplacement de la courbe d'offre.
Technologie	un déplacement de la courbe d'offre.
Anticipations	un déplacement de la courbe d'offre.
Nombre de vendeurs	un déplacement de la courbe d'offre.

MINITEST

- Élaborez un barème d'offre mensuelle pour la pizza et tracez la courbe d'offre correspondante.
- Fournissez un exemple d'événement qui provoquerait un déplacement de la courbe d'offre.
- La variation du prix de la pizza entraînerait-elle un déplacement de la courbe d'offre ?

L'offre et la demande

Après avoir analysé séparément l'offre et la demande, nous les combinerons maintenant pour voir comment elles permettent de déterminer simultanément le prix et la quantité échangée d'un bien sur le marché.

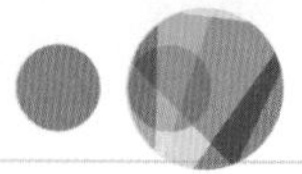

L'équilibre

La figure 4.8 illustre la courbe d'offre et la courbe de demande sur un même graphique. On remarque que ces deux courbes se rencontrent en un point : il s'agit de l'**équilibre de marché**. Le prix correspondant au point d'intersection des deux courbes se nomme **prix d'équilibre** et la quantité correspondante s'appelle **quantité d'équilibre**. Dans cet exemple du marché de la crème glacée, le prix d'équilibre est de 2,00 $ le cornet et la quantité d'équilibre est de 7 cornets.

Équilibre de marché
Situation dans laquelle la quantité offerte est égale à la quantité demandée.

Prix d'équilibre
Prix qui assure l'égalité de la quantité offerte et de la quantité demandée.

Quantité d'équilibre
Quantité offerte et quantité demandée au prix d'équilibre.

Le dictionnaire définit le mot *équilibre* comme une situation dans laquelle les diverses forces en présence s'égalisent et se contrebalancent. Cette définition s'applique fort bien à l'équilibre de marché. *Au prix d'équilibre, la quantité de biens que les acheteurs veulent acquérir est exactement égale à la quantité de biens que les vendeurs sont prêts à vendre.* À ce prix, tous les agents qui étaient prêts à échanger sont satisfaits : les acheteurs ont pu se procurer tout ce qu'ils désiraient et les vendeurs se sont départis de tout ce qu'ils souhaitaient vendre.

FIGURE 4.8

L'équilibre de l'offre et de la demande

L'équilibre correspond à l'intersection des courbes d'offre et de demande. Au prix d'équilibre, la quantité offerte est égale à la quantité demandée. Dans ce cas précis, le prix d'équilibre se fixe à 2,00 $; à ce prix, la quantité offerte est égale à la quantité demandée, soit 7 cornets de crème glacée.

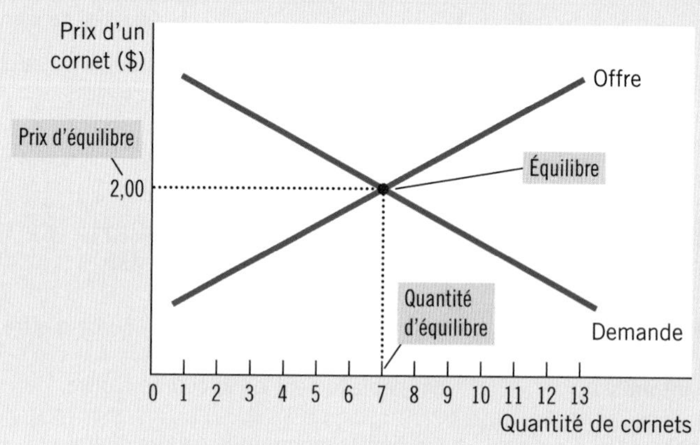

Les actions des vendeurs et des acheteurs font naturellement évoluer les marchés vers l'équilibre de l'offre et de la demande. Pour mieux comprendre le phénomène, observons ce qui se produit lorsque le prix de marché ne correspond pas au prix d'équilibre.

Imaginons d'abord que le prix de marché est supérieur au prix d'équilibre, comme sur le graphique a) de la figure 4.9. À un prix de 2,50 $ le cornet de crème glacée, la quantité offerte (10 cornets) excède la quantité demandée (4 cornets). Cette différence crée un **surplus** : les producteurs ne sont pas en mesure de vendre tout ce qu'ils veulent au prix courant. Un surplus correspond donc à une *offre excédentaire*. Leurs congélateurs sont remplis à craquer de crème glacée qu'ils ne peuvent écouler. Ils réagissent alors à ce surplus en réduisant les prix, ce qui provoque une augmentation de la quantité demandée et une diminution de la quantité offerte. Notez qu'il s'agit ici de mouvements le long des courbes d'offre et de demande, et non de déplacements des courbes. Le prix continuera de diminuer jusqu'à ce que le marché atteigne l'équilibre.

Surplus
Situation où la quantité offerte est supérieure à la quantité demandée.

FIGURE 4.9

Des marchés en déséquilibre

a) Offre excédentaire

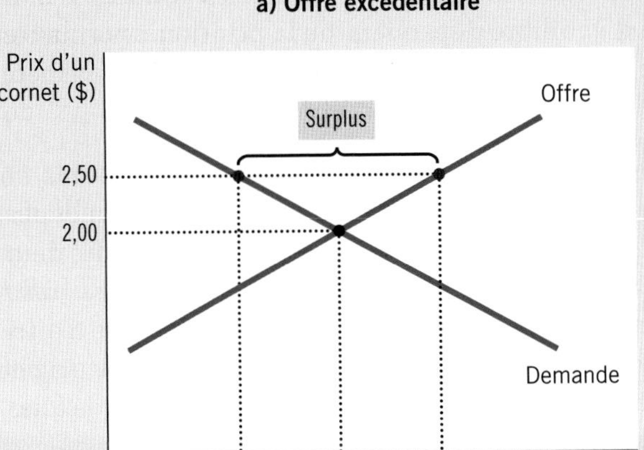

b) Demande excédentaire

Prix d'un cornet ($)
Offre
2,00
1,50
Pénurie
Demande
0
4
7
10
Quantité de cornets
Quantité offerte
Quantité demandée

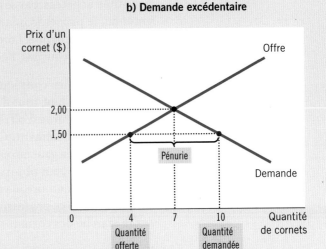

Le graphique a) illustre un surplus. Le prix de marché, 2,50 $ le cornet de crème glacée, se situe au-dessus du prix d'équilibre ; la quantité offerte (10 cornets) excède donc la quantité demandée (4 cornets). Les offreurs essaient d'écouler les surplus en réduisant le prix afin d'atteindre le point d'équilibre. Le graphique b) illustre une pénurie. Le prix du marché, 1,50 $ le cornet, se situe au-dessous du prix d'équilibre ; la quantité demandée (10 cornets) excède ainsi la quantité offerte (4 cornets). Comme la demande dépasse nettement l'offre, les offreurs sont en position de tirer parti de cette pénurie en augmentant le prix. Dans les deux cas, l'ajustement du prix ramène le marché vers un équilibre de l'offre et de la demande.

Imaginons maintenant que le prix de marché est inférieur au prix d'équilibre, comme sur le graphique b) de la figure 4.9. Dans ce cas, le cornet de crème glacée se vend 1,50 $ et la quantité demandée excède la quantité offerte. On se trouve alors en présence d'une **pénurie** : les acheteurs ne sont pas en mesure de se procurer tout ce qu'ils désirent au prix courant. Une pénurie correspond donc à une *demande excédentaire*. En cas de pénurie sur le marché de la crème glacée, les acheteurs doivent faire la queue longtemps pour se procurer l'un des rares cornets en vente. Comme il y a trop d'acheteurs pour la quantité de biens offerts, les vendeurs auront tendance à réagir à cette pénurie en augmentant leur prix, ce qui provoque une diminution de la quantité demandée et une augmentation de la quantité offerte (un mouvement le long des courbes d'offre et de demande). Cette hausse du prix ramènera de nouveau le marché vers l'équilibre.

Pénurie
Situation où la quantité demandée est supérieure à la quantité offerte.

C'est ainsi que les actions conjointes des acheteurs et des vendeurs ramènent le prix de marché vers le prix d'équilibre. Lorsque cet équilibre est atteint, tous les acheteurs et les vendeurs qui étaient prêts à échanger à ce prix sont satisfaits et aucune pression sur les prix n'apparaît, que ce soit à la baisse ou à la hausse. Combien de temps faut-il pour atteindre cet équilibre ? Cela dépend de la rapidité d'ajustement des prix dans chacun des marchés. Dans la plupart des marchés, les surplus ou les pénuries restent temporaires, parce que les prix finissent par retrouver rapidement leur niveau d'équilibre. Ce mécanisme est d'ailleurs tellement répandu que les économistes l'appellent la **loi de l'offre et de la demande** : sur un marché, le prix d'un bien s'ajuste de façon à maintenir une égalité entre la quantité offerte et la quantité demandée.

Loi de l'offre et de la demande
Le prix d'un bien s'ajuste de façon à maintenir une égalité entre la quantité offerte et la quantité demandée.

Les trois étapes d'une analyse des variations de l'équilibre

Jusqu'à présent, nous avons vu comment l'offre et la demande déterminent conjointement l'équilibre de marché, c'est-à-dire le prix d'un bien ainsi que les quantités achetées par les consommateurs et produites par les vendeurs. Bien entendu, le prix et la quantité d'équilibre dépendent de la position des courbes d'offre et de demande. Lorsque certains événements provoquent un déplacement de l'une de ces courbes, l'équilibre de marché est modifié.

Pour analyser les conséquences d'un événement sur le marché, on procède en trois étapes. Il faut tout d'abord déterminer si l'événement provoque un déplacement de la courbe d'offre, de la courbe de demande ou, possiblement, des deux courbes simultanément. On doit ensuite établir si le déplacement de la courbe s'effectue vers la gauche ou vers la droite. Enfin, on a recours au graphique d'offre et de demande pour observer comment ce déplacement se répercute sur le prix et la quantité d'équilibre. Le tableau 4.3 résume ces trois étapes. Pour saisir le fonctionnement de ce processus, examinons les conséquences de divers événements sur le marché des cornets de crème glacée.

Exemple : une variation de la demande

Imaginons que l'été est marqué par une vague de chaleur prolongée. Comment cela se répercutera-t-il sur le marché de la crème glacée ? Pour répondre à cette question, reprenons nos trois étapes.

1. En modifiant les goûts des consommateurs, la vague de chaleur influe sur la courbe de demande, c'est-à-dire qu'elle incite les acheteurs à consommer davantage de crème glacée pour chaque niveau de prix. La courbe d'offre, elle, demeure inchangée, puisque la chaleur n'influe pas directement sur les entreprises produisant la crème glacée.

2. Comme les acheteurs veulent plus de crème glacée, la courbe de demande se déplace vers la droite. La figure 4.10 illustre cette augmentation de la demande, alors que la courbe passe de D_1 à D_2. Ce déplacement signifie que pour chaque niveau de prix, la quantité demandée de crème glacée est plus importante.

3. Au prix de 2,00 $, il y a maintenant une demande excédentaire, ce qui incite les vendeurs à hausser leur prix. Comme le montre la figure 4.10, une augmentation de la demande fait passer le prix d'équilibre de 2,00 $ à 2,50 $, alors que la quantité d'équilibre passe de 7 à 10 cornets. Cela revient à dire que la vague

TABLEAU 4.3

L'analyse des modifications de l'équilibre en trois étapes

NUMÉRO	ÉTAPE
1	Déterminer si l'événement provoque un déplacement de la courbe d'offre ou de la courbe de demande (ou des deux courbes à la fois).
2	Déterminer la direction du déplacement de la courbe.
3	Avoir recours au graphique d'offre et de demande afin de voir comment l'événement influe sur le prix et la quantité d'équilibre.

de chaleur fait augmenter à la fois le prix de la crème glacée et la quantité vendue à l'équilibre.

Le déplacement des courbes et le mouvement le long des courbes On remarquera que la canicule a fait monter le prix de la crème glacée, de même que la quantité de crème glacée offerte par les vendeurs. Toutefois, la courbe d'offre ne s'est pas déplacée. En pareil cas, les économistes disent qu'il s'agit d'une augmentation de la « quantité offerte », et non d'une augmentation de l'« offre ».

L'« offre » fait référence à la position de la courbe d'offre, alors que la « quantité offerte » désigne la quantité que les détaillants se proposent de vendre à un prix donné. Dans notre exemple, l'offre reste invariable parce que la chaleur n'amène pas les offreurs à vouloir vendre davantage à chaque prix donné. Cependant, la canicule modifie le comportement des consommateurs. Ceux-ci désirent acheter plus de crème glacée pour chaque niveau de prix, ce qui se traduit par un déplacement de la courbe de demande, lequel fait augmenter le prix d'équilibre. Lorsque ce prix augmente, la quantité offerte augmente également ; cette augmentation se traduit par un mouvement le long de la courbe d'offre.

En résumé, un déplacement de la courbe d'offre s'appelle *variation de l'offre* et un déplacement de la courbe de demande s'appelle *variation de la demande*. Un mouvement le long d'une courbe d'offre fixe se nomme *variation de la quantité offerte* et un mouvement le long d'une courbe de demande fixe se nomme *variation de la quantité demandée*.

Exemple : une variation de l'offre

Supposons qu'au cours de l'été, un ouragan dans les Caraïbes détruise des plantations de canne à sucre, poussant ainsi à la hausse le prix du sucre. Quelles

FIGURE 4.10

L'augmentation de la demande et la modification de l'équilibre

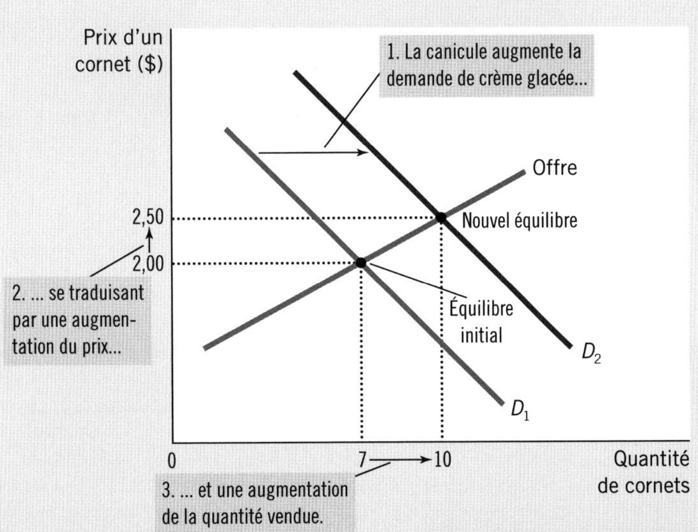

Un événement qui fait augmenter la quantité demandée pour chaque niveau de prix entraîne un déplacement de la courbe de demande vers la droite. Le prix et la quantité d'équilibre augmentent tous deux. Dans le cas présent, une vague de chaleur incite les acheteurs à consommer davantage de crème glacée. La courbe de demande se déplace de D_1 à D_2, faisant passer le prix d'équilibre de 2,00 $ à 2,50 $, alors que la quantité d'équilibre passe de 7 à 10 cornets.

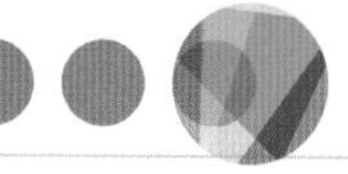

seront les conséquences de cet événement sur le marché de la crème glacée ? Pour répondre à cette question, reprenons nos trois étapes.

1. L'augmentation du prix du sucre, un intrant de la fabrication de la crème glacée, influe sur la courbe d'offre de crème glacée. Faisant augmenter le coût de fabrication, la hausse du prix du sucre réduit la quantité de crème glacée que les vendeurs voudront offrir pour chaque niveau de prix. Par contre, la courbe de demande reste invariable, puisque l'augmentation du prix du sucre ne modifie pas directement la quantité de crème glacée que les gens entendent consommer.
2. La courbe d'offre se déplace vers la gauche parce que, pour chaque niveau de prix, les quantités que les entreprises veulent vendre diminuent. La figure 4.11 illustre cette baisse de l'offre par un déplacement de la courbe d'offre, qui passe de O_1 à O_2.
3. Au prix de 2,00 $, il y a maintenant une demande excédentaire, ce qui incite les vendeurs à hausser leur prix. Ce déplacement de la courbe d'offre fait passer le prix d'équilibre de 2,00 $ à 2,50 $ le cornet, alors que la quantité d'équilibre passe de 7 à 4 cornets. La hausse du prix du sucre entraîne donc une augmentation du prix de la crème glacée et une diminution des ventes.

Exemple : une variation de l'offre et de la demande

Imaginons un scénario où la canicule et l'ouragan se produisent tous les deux durant le même été. Pour analyser la conjonction de ces événements, nous suivrons encore une fois nos trois étapes.

1. Nous concluons que les deux courbes doivent se déplacer. Les conséquences de la canicule s'observent sur la courbe de demande, car les acheteurs désirent davantage de crème glacée à chaque niveau de prix. Simultanément, l'ouragan

FIGURE 4.11

La diminution de l'offre et la modification de l'équilibre

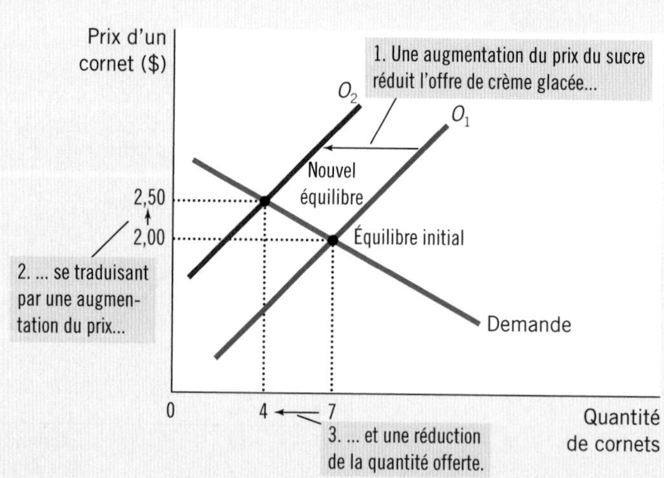

Un événement qui réduit la quantité offerte, pour chaque niveau de prix, produit un déplacement de la courbe d'offre vers la gauche. Le prix d'équilibre augmente, alors que la quantité d'équilibre diminue. Dans le cas présent, la hausse du prix du sucre réduit l'offre des vendeurs. La courbe d'offre passe donc de O_1 à O_2, ce qui fait augmenter le prix d'équilibre de 2,00 $ à 2,50 $ le cornet, alors que la quantité d'équilibre passe de 7 à 4 cornets.

fait grimper le prix du sucre et influe sur la courbe d'offre en réduisant la quantité de crème glacée que les vendeurs désirent offrir pour chaque niveau de prix.

2. Ces courbes se déplacent dans la même direction que dans les analyses précédentes : la courbe de demande se déplace vers la droite et la courbe d'offre, vers la gauche, comme le montre la figure 4.12.

3. Sur cette même figure, deux résultats sont possibles, selon l'importance relative du déplacement des courbes de demande et d'offre. Dans les deux cas, on assiste à une augmentation du prix d'équilibre. Le graphique a) montre une augmentation importante de la demande, alors que l'offre baisse légèrement, ce qui entraîne une hausse de la quantité d'équilibre. En revanche, le graphique b) illustre une chute prononcée de l'offre, accompagnée d'une légère augmentation de la demande, ce qui se traduit par une diminution de la quantité d'équilibre. Ainsi, ces deux événements provoquent nécessairement une augmentation du prix de la crème glacée, mais leurs conséquences sur la quantité échangée demeurent incertaines.

Nous nous sommes limités à trois exemples afin d'illustrer l'utilisation des courbes d'offre et de demande dans l'analyse des modifications de l'équilibre. Vous pouvez utiliser ces outils toutes les fois qu'un événement provoque un déplacement de la courbe d'offre, de la courbe de demande ou des deux, pour prévoir les conséquences sur le prix et la quantité d'équilibre. Le tableau 4.4 montre les résultats prévus pour toutes les combinaisons possibles de déplacement des deux courbes. Pour être sûr de bien comprendre, sélectionnez certaines combinaisons dans ce tableau et vérifiez si vous pouvez expliquer les raisons de ces prédictions.

FIGURE 4.12

Les déplacements simultanés des courbes d'offre et de demande

a) Augmentation des prix – Augmentation des quantités

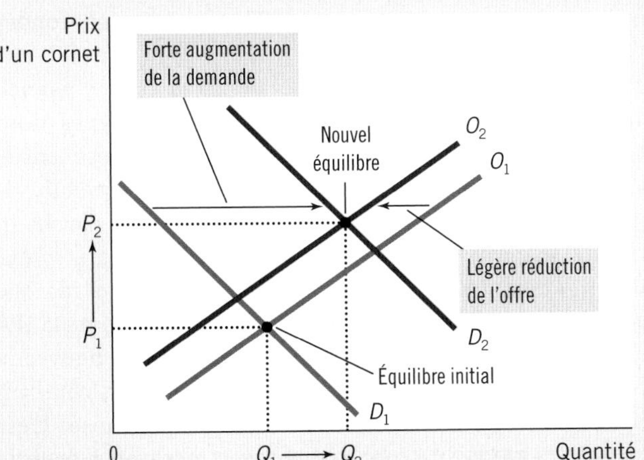

b) Augmentation des prix – Baisse des quantités

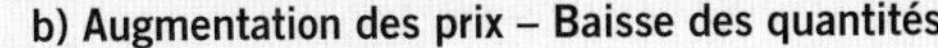

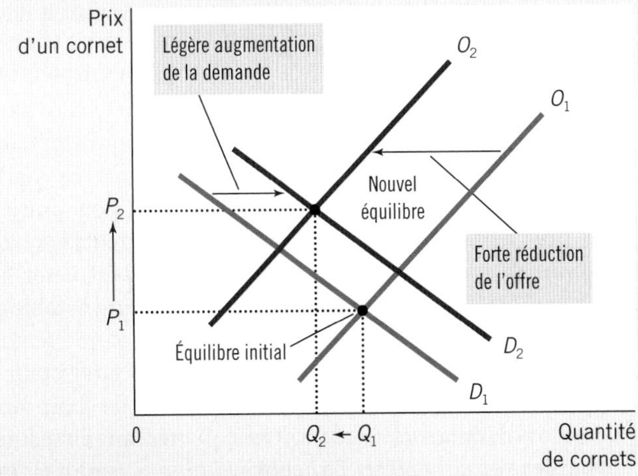

Ce graphique illustre une augmentation de la demande accompagnée d'une diminution de l'offre. Deux résultats sont possibles. Sur le graphique a), le prix d'équilibre augmente de P_1 à P_2, pendant que la quantité d'équilibre augmente de Q_1 à Q_2. Sur le graphique b), le prix d'équilibre passe également de P_1 à P_2, alors que la quantité d'équilibre diminue cette fois-ci, passant de Q_1 à Q_2.

TABLEAU 4.4

Le déplacement de l'offre et de la demande et les conséquences sur le prix et la quantité d'équilibre

	OFFRE INVARIABLE	AUGMENTATION DE L'OFFRE	DIMINUTION DE L'OFFRE
DEMANDE INVARIABLE	*P* inchangé *Q* inchangée	*P* diminue *Q* augmente	*P* augmente *Q* diminue
AUGMENTATION DE LA DEMANDE	*P* augmente *Q* augmente	*P* incertain *Q* augmente	*P* augmente *Q* incertaine
DIMINUTION DE LA DEMANDE	*P* diminue *Q* diminue	*P* diminue *Q* incertaine	P incertain *Q* diminue

MINITEST

- Analysez les conséquences de l'augmentation du prix des tomates sur le marché de la pizza.
- Analysez les conséquences d'une chute du prix des hamburgers sur le marché de la pizza.

DANS L'ACTUALITÉ

Le marché de la bière en pleine mutation

L'article ci-dessous montre comment, depuis 25 ans, les petits fabricants de bières artisanales ont ébranlé le marché de la bière, forçant les grandes entreprises à être plus à l'écoute des besoins des consommateurs.

Un brasseur artisan montréalais prend sa retraite au moment où la concurrence s'accentue

Nicolas Van Praet

MONTRÉAL — Ce printemps, à peu près aucun média de la presse d'affaires n'a remarqué la manœuvre du géant brassicole Anheuser-Busch Inbev sous l'œil fasciné des brasseurs artisans et des blogueurs.

Alexander Keith's, sous-groupe néo-écossais de la société, a lancé trois nouvelles ales de houblon. Le houblon est la plante qui procure à la bière son goût et son arôme, et chacune de ces nouvelles bières présente une variété distincte d'ingrédients, produisant une saveur unique.

Keith's, dont le produit phare est la populaire India Pale Ale, désigne ses nouvelles ales comme une « œuvre d'amour » et compte profiter de sa tournée de marketing à l'échelle du pays pour initier les Canadiens aux différents houblons. Le brasseur indépendant Peter McAuslan y voit une rupture notable avec la stratégie brassicole : une tentative désespérée d'un gros producteur qui cherche à offrir plus de choix aux consommateurs en tentant de séduire les buveurs avertis sans perdre sa clientèle traditionnelle.

« On assiste à une démarche désespérée des gros joueurs, déclarait M. McAuslan lors d'une entrevue accordée la semaine dernière après la vente de son entreprise, fondée il y a 25 ans, aux Brasseurs RJ, une entreprise montréalaise à participation restreinte. Des types dont le modèle d'affaires repose entièrement sur un nombre réduit de produits, une efficience élevée et une rentabilité maximale s'emparent maintenant d'une marque relativement modeste comme la IPA de Keith's et créent de nouveaux produits pour courtiser les consommateurs. C'est quelque chose ! C'est un changement incroyable dans le marché. »

C'est aussi, dans une certaine mesure, la validation du type de

▶

technique brassicole qu'ont choisi, il y a plus de 20 ans, M. McAuslan, âgé de 67 ans, et sa femme Ellen Bounsall, maître brasseuse. Alors que chez Molson Coors, la division de bières de spécialité Six Pintes (une filiale comprenant les microbrasseries Creemore Springs, d'Ontario, et Granville Island, de Colombie-Britannique) entre aussi dans la danse, les gros brasseurs essaient de jouer dans la cour des petits. M. McAuslan tire sa révérence à ce moment hautement compétitif.

« L'industrie devient mouvementée, et même risquée », a déclaré le brasseur retraité depuis son verger des Cantons de l'Est. Il signale qu'alors que les gros joueurs augmentent leur offre, 1 250 brasseurs artisans espèrent lancer leur entreprise cette année aux États-Unis, ce qui n'est pas loin des quelque 1 600 microbrasseries existantes.

« À court terme, je vois beaucoup de confusion, et peut-être une surchauffe du marché. À plus long terme, je crois que les brasseries locales et régionales du Canada et des États-Unis ont un bel avenir devant elles. »

Dans son plus récent compte rendu de l'industrie nord-américaine, Alex Koustas, économiste chez BMO Marchés des capitaux, indique que les bières artisanales et les bières importées de spécialité occupent une plus grande part du marché des brasseries traditionnelles, et qu'elles ciblent des niches de goût et le désir grandissant des consommateurs pour la découverte. Leur volume de production a doublé depuis 2003.

Les joueurs plus petits n'ont pas la partie facile pour autant, rappelle l'économiste. Malgré leur pouvoir accru en matière de fixation des prix, leur marge de profit atteint à peine 10 % en moyenne, ce qui laisse peu de jeu pour manœuvrer, à une époque où le coût des intrants demeure élevé. « Ce qui a déjà été une bonne affaire ne l'est plus, déclarait M. Koustas dans une entrevue. La concurrence est beaucoup plus grande. » Selon lui, la part de marché continentale des microbrasseurs ne dépassera pas 6 %. Toujours optimiste, Peter McAuslan prétend pour sa part que les microbrasseries locales et régionales peuvent accaparer jusqu'à 30 % du marché d'ici 20 ans. « La plupart des gens diraient que McAuslan a bu et fumé plus que du houblon, dit le brasseur, mais la réalité, c'est que beaucoup de choses changent, et qu'en matière de préférences des consommateurs, on n'a encore qu'effleuré la surface. »

Lorsqu'il a fondé sa microbrasserie à 42 ans, en 1988, dans le quartier ouvrier de Saint-Henri, le marché québécois de la bière était très différent de ce qu'il est aujourd'hui. À l'époque, Molson préparait sa fusion avec Carling O'Keefe. Labatt introduisait sa première bière dite « dry », sans arrière-goût. Pendant ce temps, une poignée d'entrepreneurs locaux proposaient de petites productions de bière selon divers degrés de réussite, mais sans grande constance sur le plan commercial. « C'était une folle époque à plusieurs égards. Il y avait beaucoup de nouveaux joueurs et peu de connaissances, beaucoup d'essais et d'erreurs », se souvient Peter McAuslan.

À l'époque, les gros producteurs n'observaient pas de demande pour d'autres produits que leurs grandes marques de lager. Les autres non plus d'ailleurs. Les trois gros brasseurs dominaient à ce point le marché québécois qu'une firme de marketing avait recommandé à M. McAuslan de jouer de prudence en brassant une blonde comme la Stella Artois, que produisait O'Keefe. Ne voyant pas à quoi aurait rimé l'exercice, McAuslan n'en fit rien et lança plutôt la St-Ambroise, une pale-ale de teinte rougeâtre, qui trouva un public restreint mais fidèle. Pour parer au risque de faillite — une éventualité impossible à ignorer durant les premières années —, le microbrasseur avait alors transféré sa maison de Hudson au nom de sa femme. Le couple s'était fixé un premier objectif modeste : obtenir un quart de 1 % du marché de l'île de Montréal. S'ils y arrivaient, croyaient-ils, ils survivraient.

Ils y sont arrivés et ont réussi : la main-d'œuvre est passée à 53 employés, et la production, à quelque 100 000 hectolitres annuellement (l'équivalent de 1,2 million de caisses de 24). Au fil des ans, ils ont lancé plusieurs nouveaux types de bière, ont gagné de nombreux prix internationaux et attiré l'attention d'acheteurs potentiels, dont Molson et Sleeman.

Leur réflexion sur une stratégie de sortie a commencé il y a quelques années. Peter McAuslan et Ellen Bounsall ont deux fils, et bien que l'un d'eux travaille dans l'entreprise et s'occupe des commandites, les fondateurs n'étaient pas chauds à l'idée de lui remettre tout bonnement les clés de l'entreprise.

« Je crois que les gens aiment le concept de transmission des choses et des entreprises d'une génération à l'autre, dit M. McAuslan. C'est une perception très romantique et attrayante, je le comprends bien. Or, ce qu'on voit de ces entreprises familiales, dans l'industrie brassicole et ailleurs, laisse penser que ce n'est pas si facile qu'on le croit. » McAuslan ne vise personne, mais on présume sans peine à qui il pense : une querelle entourant la succession des Brasseries Moosehead du Nouveau-Brunswick, une entreprise contrôlée par la famille Oland, a causé des torts durables à ses membres. Le couple McAuslan-Bounsall a donc conclu que ses enfants devaient faire leur propre vie, sans tenir compte de ce qu'ont fait leurs parents.

L'indépendance était importante à un autre chapitre. Les brasseurs fondateurs souhaitaient vendre leur entreprise multimillionnaire à une autre brasserie indépendante plutôt

▶

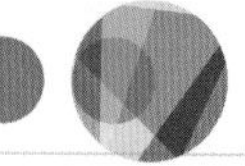

qu'à une grosse société publique. Les Brasseurs RJ, propriété de la famille Jaar et fabricante de la Belle Gueule, correspondait au profil recherché et devenait partenaire minoritaire de McAuslan en 2008.

Pour Peter McAuslan, c'était en quelque sorte un pari sur la longévité puisqu'il souhaitait voir durer les marques qu'il avait créées, ce que n'aurait pu garantir un gros producteur concentré sur les résultats trimestriels et dont les cadres dirigeants sont susceptibles d'être remplacés fréquemment. « La capacité d'attention d'un gros brasseur est à peu près équivalente à celle d'un enfant qui a besoin de Ritalin, dit McAuslan. La perspective d'appartenir à une entreprise familiale privée me procurait un horizon plus éloigné. »

Les pionniers de la bière artisanale à Montréal ont donc vendu leur entreprise et tiré leur révérence. Ce qui ne veut pas dire qu'ils ont renoncé à fabriquer de la bière. Peter McAuslan vient de doter sa ferme d'une modeste rallonge qui pourrait, selon lui, abriter une microbrasserie. Il cultive aussi du houblon. Pas question de se relancer en affaires pour autant. « La vie a cette incroyable capacité d'aller vite, dit-il. Ces dernières années nous ont procuré beaucoup de plaisir. Mais lorsqu'on réussit à accomplir ce qu'on avait entrepris de faire, franchement, il faut passer à autre chose. » ■

Source : Van Praet, Nicolas. (26 avril 2013). « Montreal craft brewer steps away as competition quickens ». *Financial Post*. (Traduction libre). Repéré à http://business.financialpost.com/2013/04/26/mcauslan-brewer/

Conclusion : comment les prix permettent-ils l'allocation des ressources ?

Dans ce chapitre, nous avons analysé l'offre et la demande sur un marché. Même si notre démonstration s'est limitée au marché de la crème glacée, les conclusions tirées ici s'appliquent à la plupart des autres marchés. Chaque fois que vous achetez un article dans un magasin, vous contribuez à la demande pour cet article. Toutes les fois que vous recherchez un emploi, vous participez à l'offre de main-d'œuvre. L'offre et la demande constituent des phénomènes économiques prépondérants. Voilà pourquoi le modèle de l'offre et de la demande se révèle être un outil d'analyse d'une utilité appréciable. Nous recourrons fréquemment à ce modèle dans cet ouvrage.

▲
« Dix dollars…
… et soixante-quinze cents. »

D'après l'un des **dix principes d'économie** présentés dans le chapitre 1, les marchés représentent en général une bonne façon d'organiser l'activité économique. Bien qu'il soit un peu prématuré de statuer sur le caractère souhaitable ou non des solutions de marché, nous nous sommes attardés, dans ce chapitre, à expliquer leur fonctionnement. Dans tout système économique, les ressources rares doivent être allouées à des usages multiples. L'économie de marché met à profit les forces de l'offre et de la demande pour y arriver. Ces forces conjuguées permettent de déterminer les prix des biens et des services ; ces prix, à leur tour, servent de signaux pour l'allocation des ressources.

Prenons, par exemple, l'allocation des terrains au bord de la mer. Puisque ces terrains existent en quantité limitée, le luxe de vivre près de la mer n'est pas donné à tout le monde. Qui jouira de cette ressource ? Ceux qui peuvent en payer le prix et qui sont disposés à le faire. Le prix du terrain en bord de mer s'ajuste jusqu'à ce que la quantité de terrains demandés soit égale à la quantité de terrains offerts. Dans une économie de marché, l'allocation des ressources rares s'effectue au moyen du mécanisme des prix.

Dans un même ordre d'idées, les prix déterminent le nombre de producteurs ainsi que les quantités produites. Prenons l'exemple de l'agriculture. La nourriture figurant au rang des biens de première nécessité, le travail des agriculteurs est essentiel à toute société. Comment décider qui sera fermier et qui ne le sera pas ? Dans une économie de marché, aucune agence de planification gouvernementale ne prend cette décision ni ne se charge de l'approvisionnement alimentaire. La répartition des travailleurs dans l'agriculture s'effectue à partir de la décision individuelle de millions de personnes. Un système aussi décentralisé fonctionne bien parce que les décisions dépendent des prix. Les prix des denrées et les salaires des travailleurs agricoles (le prix de leur travail) s'ajustent jusqu'à ce qu'une proportion suffisante d'individus se consacrent à l'agriculture.

Quelqu'un qui n'aurait jamais vu une économie de marché à l'œuvre pourrait penser qu'une telle idée est complètement grotesque. Les économies se composent de millions de personnes dont les activités sont interdépendantes. Qu'est-ce qui empêche alors la décentralisation des décisions de nous conduire au chaos ? Qui coordonne les actions de millions de personnes ayant chacune des goûts et des talents divers ? Qui s'assure de la réalisation des tâches ? La réponse tient en un mot : les *prix*. Si l'économie de marché est guidée par une main invisible, selon la célèbre métaphore d'Adam Smith, alors le système des prix représente la baguette dont se sert cette main invisible pour diriger l'orchestre économique.

Résumé

- Pour analyser les marchés concurrentiels, les économistes se servent du modèle de l'offre et de la demande. Dans un marché concurrentiel, les vendeurs et les acheteurs sont très nombreux. Ainsi, chacun d'eux n'a qu'une influence négligeable sur le prix du marché.
- La courbe de demande montre comment la quantité demandée d'un bien dépend de son prix. Selon la loi de la demande, lorsque le prix d'un bien diminue, la quantité demandée augmente. En conséquence, la courbe de demande présente une pente négative.
- Outre le prix du bien, les autres déterminants de la demande comprennent le revenu, le prix des biens substituts ou des biens complémentaires, les goûts, les anticipations et le nombre d'acheteurs. Lorsque l'un de ces facteurs change, la courbe de demande se déplace.
- La courbe d'offre montre comment la quantité offerte d'un bien dépend de son prix. Selon la loi de l'offre, lorsque le prix d'un bien augmente, la quantité offerte augmente également. En conséquence, la courbe d'offre présente une pente positive.
- Mis à part le prix du bien, d'autres facteurs déterminent l'offre : le prix des intrants, la technologie, les anticipations et le nombre de vendeurs. Si l'un de ces facteurs change, la courbe d'offre se déplace.
- L'équilibre de marché se situe à l'intersection des courbes d'offre et de demande. Au prix d'équilibre, la quantité demandée est égale à la quantité offerte.
- Le comportement des acheteurs et des vendeurs ramène le marché à son point d'équilibre. Lorsque le prix du marché est au-dessus du prix d'équilibre, un surplus se crée et provoque une diminution du prix. En revanche, lorsque le prix du marché se situe au-dessous du prix d'équilibre, une pénurie apparaît et entraîne une augmentation du prix.
- Afin d'analyser les conséquences d'un événement sur le prix et la quantité d'équilibre, on a

▶

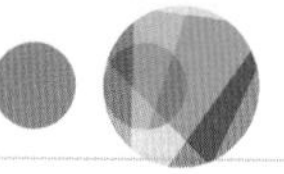

recours au graphique de l'offre et de la demande. Premièrement, on doit déterminer si cet événement déplace la courbe d'offre, la courbe de demande ou les deux courbes simultanément. Deuxièmement, il faut savoir dans quelle direction se fera le déplacement des courbes. Troisièmement, on compare le nouvel équilibre avec l'équilibre initial.

- Dans une économie de marché, les prix sont des signaux qui servent à guider les décisions économiques et, par conséquent, à allouer les ressources rares. Les prix garantissent l'égalité de l'offre et de la demande pour chaque bien mis en marché. Le prix d'équilibre détermine ensuite la quantité de biens que les acheteurs désirent acquérir et celle que les vendeurs décident de mettre en marché.

Concepts clés

Barème de demande, p. 68
Barème d'offre, p. 74
Bien inférieur, p. 71
Bien normal, p. 70
Biens complémentaires, p. 71
Biens substituts, p. 71
Courbe de demande, p. 68
Courbe d'offre, p. 74
Équilibre de marché, p. 78
Loi de la demande, p. 67
Loi de l'offre, p. 74
Loi de l'offre et de la demande, p. 79
Marché, p. 66
Marché concurrentiel, p. 66
Pénurie, p. 79
Prix d'équilibre, p. 78
Quantité demandée, p. 67
Quantité d'équilibre, p. 78
Quantité offerte, p. 74
Surplus, p. 78

Questions de révision

1. Qu'est-ce qu'un marché concurrentiel ? Décrivez brièvement d'autres types de marchés qui ne sont pas parfaitement concurrentiels.
2. Définissez le barème de demande et la courbe de demande, puis décrivez leur relation. Pourquoi une courbe de demande a-t-elle une pente négative ?
3. Un changement dans les goûts des consommateurs provoque-t-il un mouvement le long de la courbe de demande ou un déplacement de cette courbe ? Un changement de prix provoque-t-il un mouvement le long de la courbe de demande ou un déplacement de cette courbe ?
4. Les revenus de Jean-Félix diminuent et il utilise plus souvent le transport en commun. Dans ce cas, le transport en commun est-il un bien normal ou un bien inférieur ? Qu'advient-il de la courbe de demande de transport en commun de Jean-Félix ?
5. Définissez le barème d'offre et la courbe d'offre, puis décrivez leur relation. Pourquoi la courbe d'offre a-t-elle une pente positive ?
6. Une avancée technologique conduit-elle à un mouvement le long de la courbe d'offre ou à un déplacement de cette courbe ? Un changement de prix provoque-t-il un mouvement le long de la courbe d'offre ou un déplacement de cette même courbe ?
7. Définissez l'équilibre de marché. Décrivez les forces qui ramènent un marché à son point d'équilibre.
8. La bière et la pizza sont des biens complémentaires, car on a coutume de les consommer ensemble. Quand le prix de la bière augmente, qu'arrive-t-il à l'offre de pizza, à la demande de pizza, à la quantité offerte de pizza, à la quantité demandée de pizza et au prix de la pizza ?
9. Décrivez le rôle des prix dans une économie de marché.

ANNEXE

Les mathématiques de l'équilibre de marché

Dans l'annexe du chapitre 2, nous avons proposé un survol de l'utilisation des graphiques que font les économistes pour expliquer les relations mathématiques entre les variables. Nous avons déjà vu l'utilité de ces outils pour mieux comprendre les relations économiques.

Toutefois, il arrive que la nature de ces relations oblige à plus de précision et implique le recours aux mathématiques. Nous consacrons cette annexe à l'illustration de méthodes mathématiques simples permettant de déterminer le prix et la quantité d'équilibre d'un marché à l'aide des équations de l'offre et de la demande.

La figure 4.8 montre comment le croisement des courbes d'offre et de demande détermine le prix et la quantité d'équilibre. Bien que cela ne soit pas essentiel, nous traçons souvent ces courbes de façon linéaire pour plus de simplicité, si bien que nos « courbes » sont en fait des lignes droites !

Commençons par examiner la demande du marché. L'équation générale d'une courbe de demande linéaire est :

$$Q_D = a - bP$$

où Q_D est la quantité demandée, et P, le prix du produit. Les lettres a et b sont ce qu'on appelle des *paramètres de la demande*. Ces paramètres sont des nombres positifs qui représentent les divers éléments qui influent sur la demande. Les économistes utilisent parfois des lettres ou des symboles, plutôt que des nombres, pour préserver le caractère général de l'analyse.

Le paramètre a peut être considéré comme s'il intégrait toutes les variables qui, outre le prix du produit, influent sur la quantité demandée (le revenu, le prix d'autres produits, le nombre d'acheteurs, etc.). Puisqu'elles sont constantes le long de la courbe de demande, ces variables sont toutes incorporées dans le paramètre a, qui est constant. Une variation du paramètre a peut donc servir à représenter un déplacement de la courbe de demande, vers la droite (augmentation) ou vers la gauche (diminution).

Le paramètre b illustre la sensibilité de la quantité demandée aux variations de prix. Puisque b est un nombre positif et qu'un signe *moins* précède bP, la quantité demandée diminue à mesure que le prix du produit augmente. Cela s'explique bien sûr par la pente négative des courbes de demande.

Allons-y avec un exemple. Imaginons que la demande pour un produit est représentée par l'équation suivante :

$$Q_D = 20 - 2P$$

Dans cet exemple, le paramètre a prend la valeur 20, ce qui signifie que, quel que soit le prix du produit, les autres variables (le revenu, le prix d'autres produits, le nombre d'acheteurs, etc.) génèrent une quantité demandée de 20 unités. Quant au paramètre b, sa valeur de -2 signifie que toute augmentation du prix du produit de 1 $ entraîne une diminution de la quantité demandée de 2 unités.

Par convention, les économistes tracent les courbes de demande en plaçant le prix sur l'axe vertical (l'ordonnée ou l'axe des y) et la quantité demandée sur l'axe horizontal (l'abscisse ou l'axe des x). Pour déterminer le point d'intersection

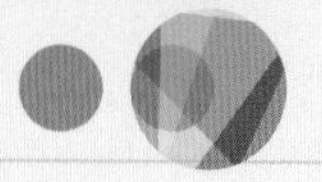

d'une courbe de demande linéaire avec l'axe du prix (l'axe des *y*), nous posons que $Q_D = 0$ et cherchons P à l'aide de l'équation de la demande. Le point d'intersection avec l'axe des *y* est donc déterminé par $0 = 20 - 2P$, ce qui nous donne $P = 10$ $. De même, pour déterminer l'intersection avec l'axe des quantités (l'axe des *x*), nous posons que $P = 0$ et cherchons Q_D, ce qui donne $Q_D = 20$. La figure 4A.1 présente la courbe de demande $Q_D = 20 - 2P$, en indiquant les points d'intersection avec l'axe des *x* et l'axe des *y* indiqués ci-dessus.

Examinons maintenant l'offre du marché. L'équation générale d'une courbe d'offre linéaire est :

$$Q_O = c + dP$$

où Q_O est la quantité offerte et P est encore le prix du produit. Les lettres c et d sont ce qu'on appelle les *paramètres de l'offre*. Le paramètre c représente tous les facteurs qui, hormis le prix du produit, influent sur l'offre (technologies, prix des intrants, nombre de vendeurs, etc.). Puisqu'ils sont constants le long de la courbe d'offre, ils sont tous incorporés dans le paramètre c, qui est constant. Une variation du paramètre c peut donc servir à représenter un déplacement de la courbe d'offre, vers la droite (augmentation) ou vers la gauche (diminution).

Le paramètre d reflète la sensibilité de la quantité offerte d'un bien aux variations de son prix. Puisque d est un nombre positif et qu'un signe + précède dP, la hausse du prix du produit entraîne une hausse de la quantité offerte. Cela s'explique bien sûr par la pente positive des courbes d'offre.

Allons-y avec un exemple. Imaginons que l'offre pour un produit est représentée par l'équation suivante :

$$Q_O = -10 + 4P$$

Dans cet exemple, le paramètre c prend la valeur –10. Quant au paramètre d, sa valeur de +4 signifie que toute augmentation du prix du produit de 1 $ entraîne une augmentation de la quantité offerte de 4 unités.

FIGURE 4A.1

La courbe de demande linéaire

Ce graphique illustre une courbe de demande linéaire de type $Q_D = a - bP$, où a et b, positifs, sont les paramètres de la demande. Plus précisément, l'équation de la demande est $Q_D = 20 - 2P$. L'égalité $Q_D = 20$ indique le point d'intersection avec l'axe des quantités (axe des *x*), et $P = 10$ $, le point d'intersection avec l'axe des prix (axe des *y*).

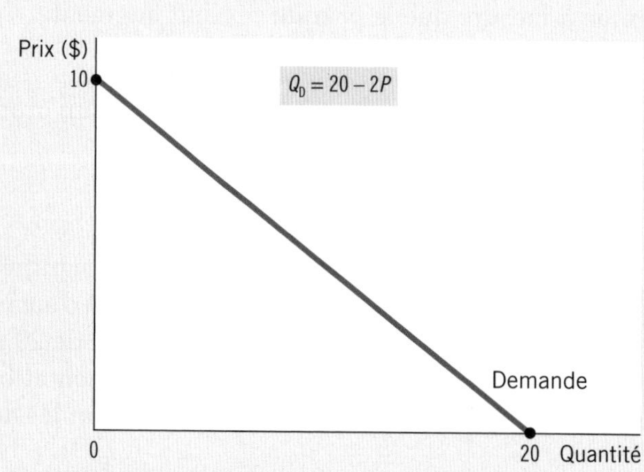

Comme pour la courbe de demande, afin de déterminer le point d'intersection de la courbe d'offre avec l'axe du prix (l'axe des *y*), nous posons que $Q_O = 0$ et cherchons *P* à l'aide de l'équation de l'offre. Le point d'intersection avec l'axe des *y* est donc déterminé par $0 = -10 + 4P$, ce qui nous donne $P = 2{,}50$ $. De même, pour déterminer l'intersection avec l'axe des quantités (l'axe des *x*), nous posons que $P = 0$ et cherchons Q_O, ce qui donne $Q_O = -10$.

Vous aurez remarqué que, puisqu'elles présentent une pente positive, les courbes d'offre peuvent croiser l'axe des *x* ou l'axe des *y* à une valeur positive ou négative, si bien que le paramètre d'offre *c* peut être positif ou négatif (bien que *d* soit toujours positif). La figure 4A.2 illustre une situation où *c* est négatif, ce qui est fréquent. Puisque les courbes d'offre n'ont de sens que pour les quantités et les prix positifs, nous illustrons en pointillés la « projection » de la courbe dans le quadrant négatif.

Nous avons vu que le prix et la quantité d'équilibre sont déterminés par le croisement des courbes d'offre et de demande. Le prix d'équilibre est celui où la quantité demandée est égale à la quantité offerte. À l'aide de nos équations de l'offre et de la demande, nous pouvons donc déterminer le prix d'équilibre en égalisant la quantité demandée et la quantité offerte ($Q_D = Q_O$) et en trouvant le prix *P* :

$$Q_D = Q_O$$

$$20 - 2P = -10 + 4P$$

$$30 = 6P$$

$$P = \frac{30}{6} = 5\,\$$$

Nous utilisons alors la courbe de demande pour obtenir la quantité d'équilibre :

$$Q_D = 20 - 2(5) = 10$$

que nous pouvons confirmer en utilisant la courbe d'offre pour obtenir la même quantité :

$$Q_O = -10 + 4(5) = 10$$

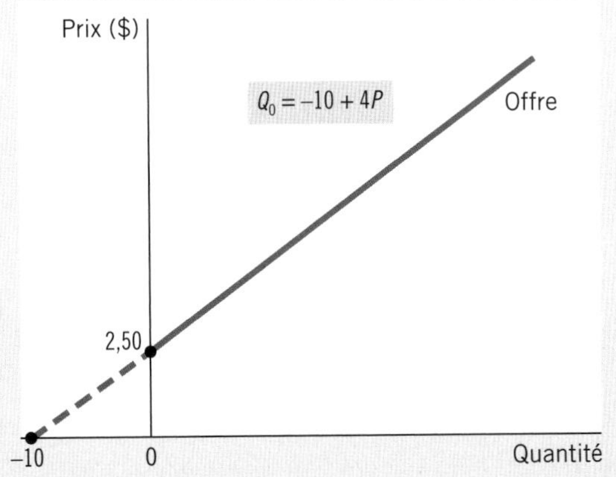

FIGURE 4A.2

La courbe d'offre linéaire

Ce graphique illustre une courbe d'offre linéaire de type $Q_O = c + dP$, où *c* et *d* sont les paramètres de l'offre, *d* étant positif, et *c*, négatif. Plus précisément, l'équation de l'offre est $Q_O = -10 + 4P$. L'égalité $Q_O = -10$ indique le point d'intersection avec l'axe des quantités (axe des *x*), et $P = 2{,}50$ $, le point d'intersection avec l'axe des prix (axe des *y*).

La figure 4A.3 illustre les courbes d'offre et de demande, ainsi que l'équilibre qu'elles génèrent.

Comme vous pouvez le constater, lorsque les équations de l'offre et de la demande sont linéaires, les mathématiques de l'équilibre de marché sont d'une grande simplicité.

FIGURE 4A.3

L'équilibre du marché

Ce graphique illustre l'équilibre du marché. On détermine le prix d'équilibre en égalisant $Q_D = Q_O$, ce qui nous donne $P = 5\$$. La quantité d'équilibre est ensuite obtenue en remplaçant le prix d'équilibre dans l'équation de la demande ou de l'offre. On obtient alors $Q = 10$.

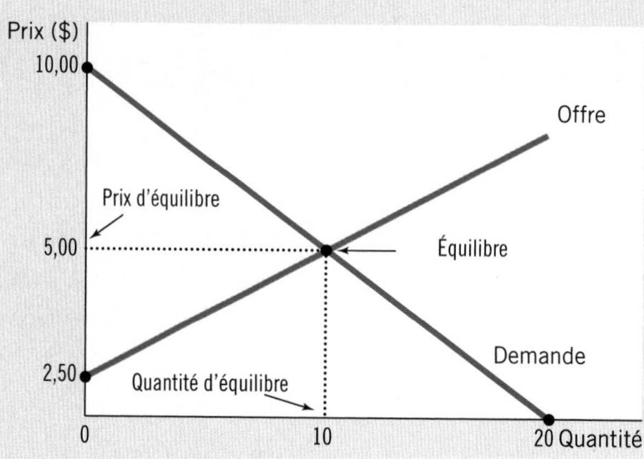

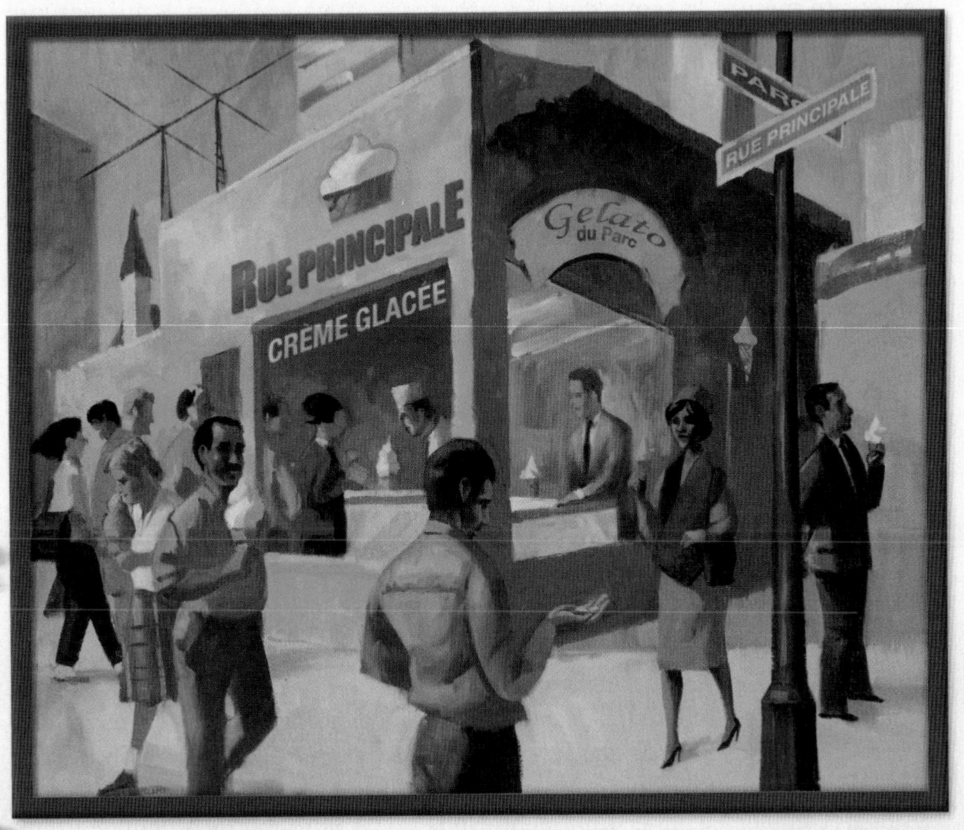

L'élasticité et ses applications

Supposons qu'un événement quelconque fasse bondir le prix de l'essence au Canada. Ce pourrait être une guerre au Moyen-Orient, qui perturberait l'approvisionnement mondial en pétrole, la croissance économique en Chine, qui doperait la demande mondiale de pétrole, ou une nouvelle taxe sur l'essence, qui serait votée par le Parlement afin de répondre aux demandes des groupes environnementaux. Comment les consommateurs canadiens réagiraient-ils à la hausse du prix de l'essence ?

La réponse facile serait la suivante : ils en achèteraient moins. On invoquerait ainsi tout simplement la loi de la demande, que nous avons abordée au chapitre 4. Or, la question appelle une réponse plus précise : quelle serait l'ampleur de la diminution de la consommation d'essence ? Le concept d'*élasticité*, expliqué dans le présent chapitre, nous permet de le déterminer.

L'élasticité mesure la façon dont les acheteurs et les vendeurs réagissent aux changements qui surviennent dans les conditions du marché. Lorsqu'on étudie certains événements ou certaines politiques ainsi que leurs effets sur un marché, on s'intéresse non seulement à la direction que prennent ces effets, mais aussi à leur ampleur. L'élasticité est ainsi une mesure utile dans plusieurs applications, comme nous le verrons vers la fin du chapitre.

Revenons d'abord sur la question de la hausse du prix de l'essence. Plusieurs études sur le sujet ont révélé que la quantité demandée diminue davantage à long terme qu'à court terme. Ainsi, une augmentation de 10 % du prix de l'essence réduit la consommation de quelque 2,5 % après un an, mais de près de 6 % après cinq ans. Environ la moitié de la réduction à long terme dans la quantité demandée est attribuable au fait que les gens utilisent moins leur véhicule ; l'autre moitié est attribuable au fait qu'ils décident d'acheter une voiture plus économique lorsque vient le temps de la changer. Ces deux réactions se reflètent dans la courbe de demande et dans son élasticité.

L'élasticité de la demande

Au chapitre 4, en analysant les déterminants de la demande, nous avons remarqué que les acheteurs désirent acheter davantage d'un bien lorsque le prix de ce dernier baisse, que leurs revenus sont plus élevés (dans le cas des biens normaux), que les prix des biens substituts augmentent ou que les prix des biens complémentaires diminuent. Nous avons alors abordé la demande d'un angle qualitatif, mais non quantitatif, en observant uniquement le sens du changement, sans toutefois évaluer son importance. Afin de mesurer l'ampleur de la réaction de la demande à ses nombreux déterminants, les économistes ont recours à la notion d'**élasticité**.

Élasticité
Mesure de la sensibilité de la quantité demandée ou de la quantité offerte à une variation de l'un de ses déterminants.

L'élasticité-prix de la demande et ses déterminants

Selon la loi de la demande, une baisse de prix provoque une augmentation de la quantité demandée. L'**élasticité-prix de la demande** mesure la sensibilité de la quantité demandée aux variations du prix du bien. La demande est dite *élastique* lorsque la quantité demandée réagit fortement aux changements de prix, et *inélastique*, lorsque la quantité demandée réagit faiblement aux changements de prix.

Élasticité-prix de la demande
Mesure de la sensibilité de la quantité demandée d'un bien aux variations du prix de ce bien ; c'est le pourcentage de variation de la quantité demandée divisé par le pourcentage de variation du prix.

Qu'est-ce qui explique que la demande d'un bien soit élastique ou inélastique ? Dans la mesure où la demande reflète les facteurs économiques, sociaux et psychologiques qui façonnent les préférences des consommateurs, il n'existe pas de règle d'or pour expliquer l'élasticité-prix de la demande d'un bien. Néanmoins, l'expérience permet de tirer quelques conclusions générales sur les déterminants de cette élasticité.

L'existence de biens substituts

La demande des biens pour lesquels il existe de très bons substituts aura tendance à être plus élastique, car les consommateurs n'éprouveront aucune difficulté à les remplacer. À titre d'exemple, le beurre et la margarine sont facilement substituables. Une augmentation du prix du beurre, alors que celui de la margarine reste invariable, se soldera par une chute importante des ventes de beurre. En revanche, la demande des œufs, pour lesquels il n'y a pas de très bons substituts, est beaucoup moins élastique aux changements de prix.

Les biens essentiels, par opposition aux articles de luxe

La demande des biens de première nécessité est généralement inélastique, tandis que celle des articles de luxe est plutôt élastique. L'augmentation du prix d'une visite chez le dentiste influera peu sur la fréquentation des cliniques dentaires. En revanche, l'augmentation du prix des voiliers fera chuter plus fortement les ventes de voiliers. Cela s'explique par le fait que pour la plupart des gens, une visite chez le dentiste représente une nécessité, tandis que l'achat d'un voilier reste un luxe. Évidemment, ce sont les préférences des consommateurs, et non les qualités intrinsèques du bien, qui le classent soit comme un bien essentiel, soit comme un article de luxe. Pour un fanatique de voile peu préoccupé par sa santé dentaire, un bateau sera un bien de première nécessité (demande inélastique), alors qu'une visite chez le dentiste sera un produit de luxe (demande élastique).

Les contours du marché

L'élasticité de la demande dépend également des contours du marché. Les marchés étroitement délimités présentent des demandes plus élastiques que les marchés relativement étendus, parce qu'il est plus facile de trouver des biens substituts pour des produits très précis. Dans le cas de la nourriture, qui constitue une vaste catégorie, la demande est passablement inélastique, parce qu'il n'existe pas de proches substituts de la nourriture. Toutefois, plus on précise la catégorie, plus la demande devient élastique. La demande de crème glacée est plus élastique que la demande de nourriture, parce qu'il est facile de la remplacer par d'autres desserts. La crème glacée à la vanille, une catégorie encore plus étroite, présente une demande très élastique, parce que les autres parfums de crème glacée sont des substituts presque parfaits de la crème glacée à la vanille.

L'horizon temporel

La demande d'un bien aura tendance à être plus élastique à long terme qu'à court terme. Une augmentation du prix de l'essence touchera fort peu la consommation dès les premiers mois. Cependant, au fil des ans, les gens achèteront des véhicules moins énergivores, emprunteront les transports en commun et déménageront plus près de leur lieu de travail. À long terme, la consommation d'essence diminuera donc de manière importante.

Le calcul de l'élasticité-prix de la demande

Maintenant que nous avons cerné le concept d'élasticité-prix de la demande, étudions son mode de calcul. Les économistes mesurent l'élasticité-prix de la demande en divisant le pourcentage de variation de la quantité demandée par le pourcentage de variation du prix, ce qui donne la formule suivante :

$$E_p = \frac{\text{Pourcentage de variation de la quantité demandée}}{\text{Pourcentage de variation du prix}}$$

Supposons, par exemple, qu'une augmentation de 10 % du prix de la crème glacée provoque une diminution de 20 % de la quantité demandée. Pour calculer l'élasticité-prix de la demande, on peut écrire :

$$E_p = \frac{-20\ \%}{10\ \%} = -2$$

Dans cet exemple, l'élasticité est égale à –2, ce qui signifie que la variation de la quantité demandée est proportionnellement deux fois plus importante que la variation du prix.

Puisque la quantité demandée d'un bien varie en sens inverse du prix, le pourcentage de variation de la quantité demandée sera toujours d'un signe opposé à celui du pourcentage de variation du prix. Dans notre exemple, le pourcentage de variation du prix est *positif* et s'élève à 10 % (car il y a augmentation), tandis que le pourcentage de variation de la quantité demandée est *négatif* et atteint −20 % (car il y a diminution). L'élasticité-prix de la demande devra donc être de signe négatif. Dans cet ouvrage, nous suivons la règle générale selon laquelle l'élasticité-prix de la demande s'exprime uniquement par des nombres positifs (ce que les mathématiciens appellent la *valeur absolue*). Selon cette convention, une élasticité-prix de la demande qui est élevée signifie que la quantité demandée est très sensible aux variations de prix.

La méthode du point milieu : une meilleure façon de calculer l'élasticité

En calculant l'élasticité-prix de la demande entre deux points sur une courbe de demande, on se heurte rapidement à un problème : l'élasticité entre le point A et le point B diffère de l'élasticité entre le point B et le point A. Pour le voir, prenons les chiffres suivants :

Point A : Prix = 4 $ Quantité = 120

Point B : Prix = 6 $ Quantité = 80

Lorsqu'on passe de A à B, le prix augmente de 50 % et la quantité diminue de 33 %, ce qui indique une élasticité-prix de la demande de 33/50, soit 0,66. En revanche, si l'on va de B à A, le prix chute de 33 % alors que la quantité augmente de 50 %. L'élasticité-prix de la demande est donc de 50/33, soit 1,5. Cette différence vient du fait que le calcul des pourcentages de variation s'effectue à partir d'un point de départ différent.

Pour éviter ce type de problème, on utilise la méthode du point milieu afin de calculer les élasticités. La façon habituelle de calculer un pourcentage de variation consiste à diviser la variation par le niveau initial. Avec la méthode du point milieu, on calcule plutôt le pourcentage de variation en divisant la variation par la valeur moyenne entre le niveau initial et le niveau final. Par exemple, le point milieu entre 4 $ et 6 $ est 5 $. Selon cette méthode de calcul, passer de 4 $ à 6 $ représente une hausse de 40 %, puisque (6 − 4) / 5 × 100 = 40. De même, passer de 6 $ à 4 $ correspond à une baisse de 40 %.

Comme on obtient la même réponse, quel que soit le sens du changement, on utilise souvent la méthode du point milieu pour calculer l'élasticité-prix de la demande entre deux points. Dans l'exemple précédent, le point milieu entre A et B était le suivant :

Point milieu : Prix = 5 $ Quantité = 100

Selon la méthode du point milieu, lorsqu'on passe du point A au point B, le prix augmente de 40 % et la quantité diminue de 40 %. De même, lorsqu'on passe du point B au point A, le prix diminue de 40 % et la quantité s'accroît de 40 %. Dans les deux sens, l'élasticité-prix de la demande est égale à 1.

Si l'on cherche à mesurer l'élasticité-prix de la demande entre deux points, (Q_0, P_0) et (Q_1, P_1), la méthode du point milieu peut se formuler ainsi :

$$E_p = \frac{(Q_1 - Q_0) / [(Q_1 + Q_0) / 2]}{(P_1 - P_0) / [(P_1 + P_0) / 2]}$$

Le numérateur correspond au pourcentage de variation de la quantité, calculé à l'aide de la méthode du point milieu, tandis que le dénominateur correspond au pourcentage de variation du prix, calculé selon la même méthode. Il est préférable d'employer cette formule lorsqu'on calcule l'élasticité-prix de la demande ou de l'offre.

Dans cet ouvrage, nous nous livrerons rarement à ce type de calcul. Pour nos besoins, ce que représente l'élasticité-prix, c'est-à-dire la sensibilité de la quantité demandée aux variations de prix, importe plus que son mode de calcul.

La diversité des courbes de demande

Les économistes classent les courbes de demande en fonction de leur élasticité. On dit que la demande est *élastique* lorsque l'élasticité est supérieure à 1, ce qui signifie que la quantité varie proportionnellement plus que le prix. On dit que la demande est *inélastique* lorsque l'élasticité est inférieure à 1, ce qui signifie que la quantité varie proportionnellement moins que le prix. Quand l'élasticité est de 1, la quantité varie proportionnellement au prix et la demande est dite *à élasticité unitaire.*

Parce que l'élasticité-prix de la demande mesure la sensibilité de la quantité demandée aux variations du prix, elle est étroitement liée à la pente de la courbe de demande. Voici un petit truc utile : plus la courbe de demande s'aplatit en un point donné (plutôt horizontale), plus l'élasticité-prix de la demande est grande ; plus la courbe de demande est inclinée en un point donné (plutôt verticale), moins l'élasticité-prix est forte.

La figure 5.1 illustre cinq possibilités. Dans le cas extrême où l'élasticité est nulle (graphique *a*), la demande est *parfaitement inélastique* ; la courbe de demande est alors verticale. Cela signifie que, quel que soit le prix, la quantité demandée demeure la même. Plus l'élasticité augmente, plus la courbe de demande s'aplatit (graphiques *b, c* et *d*) pour atteindre l'autre extrême, avec une demande *parfaitement élastique* (graphique *e*). Cela se produit lorsque l'élasticité-prix de la demande tend vers l'infini et que la courbe de demande devient parfaitement horizontale. Dans ce cas, de petits changements de prix provoquent d'énormes variations de la quantité demandée.

Si vous avez du mal à vous souvenir des termes *élastique* et *inélastique,* voici un bon truc : les courbes *I*nélastiques, comme celle du graphique a) de la figure 5.1, sont verticales, comme la lettre *I*. Même si l'idée n'est pas géniale, elle pourrait bien vous être utile lors du prochain examen !

La recette totale et l'élasticité-prix de la demande

Lorsqu'on examine les changements de l'offre et de la demande sur un marché, l'attention se porte rapidement sur une variable d'une grande pertinence. Il s'agit de la **recette totale**, laquelle correspond à la somme totale payée par les acheteurs et perçue par les vendeurs du bien. Sur tous les marchés, la recette totale est égale à $P \times Q$, le prix du bien multiplié par la quantité vendue. Cette formule s'illustre graphiquement, comme le montre la figure 5.2. La hauteur du rectangle qui se situe sous la courbe de demande est égale à P et sa largeur est égale à Q. La surface de ce rectangle, $P \times Q$, est égale à la recette totale sur ce marché. Dans la figure 5.2, $P = 4$ $ et $Q = 100$; la recette totale est donc de 4 $ × 100, soit 400 $.

Recette totale
Somme déboursée par les acheteurs et reçue par les vendeurs d'un bien, qui est égale au prix multiplié par la quantité vendue.

Comment cette recette varie-t-elle lorsqu'on se déplace le long de la courbe de demande ? La réponse dépend de l'élasticité-prix de la demande. Dans le cas d'une demande inélastique, comme celle représentée dans le graphique a) de la figure 5.3, l'augmentation du prix provoque une hausse de la recette totale. Dans cet exemple, le prix passe de 4 $ à 5 $, tandis que la quantité demandée diminue de 100 à 90 unités. La recette totale augmente alors, passant de 400 $ à 450 $. Une augmentation du prix fait agrandir la surface $P \times Q$ parce que la diminution de Q est proportionnellement moins forte que l'augmentation de P. En d'autres

FIGURE 5.1

L'élasticité-prix de la demande

C'est l'élasticité-prix de la demande qui détermine l'inclinaison de la courbe de demande. Remarquez que tous les pourcentages de variation sont calculés par la méthode du point milieu.

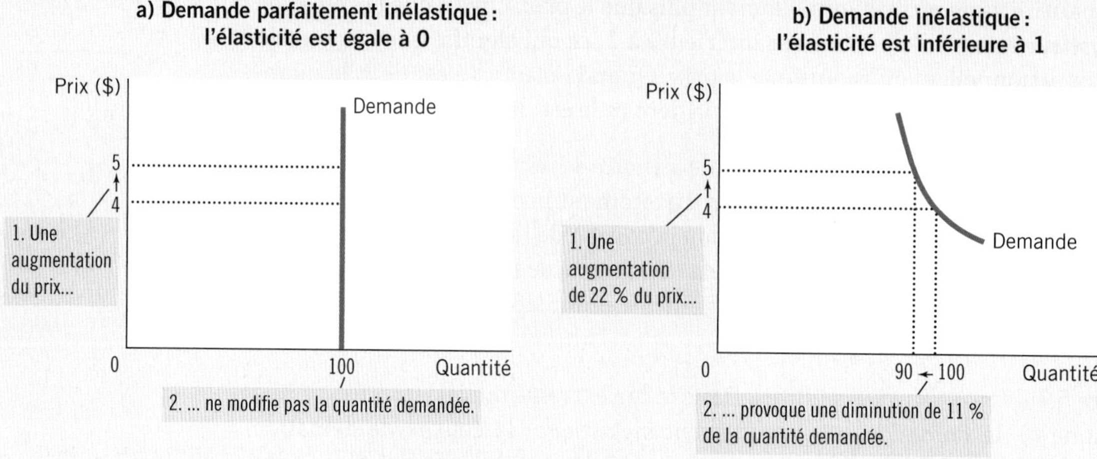
a) Demande parfaitement inélastique : l'élasticité est égale à 0
Prix ($)
Demande
5
4
1. Une augmentation du prix...
0
100
Quantité
2. ... ne modifie pas la quantité demandée.
b) Demande inélastique : l'élasticité est inférieure à 1
Prix ($)
5
4
Demande
1. Une augmentation de 22 % du prix...
0
90
100
Quantité
2. ... provoque une diminution de 11 % de la quantité demandée.

c) Élasticité unitaire : l'élasticité est égale à 1

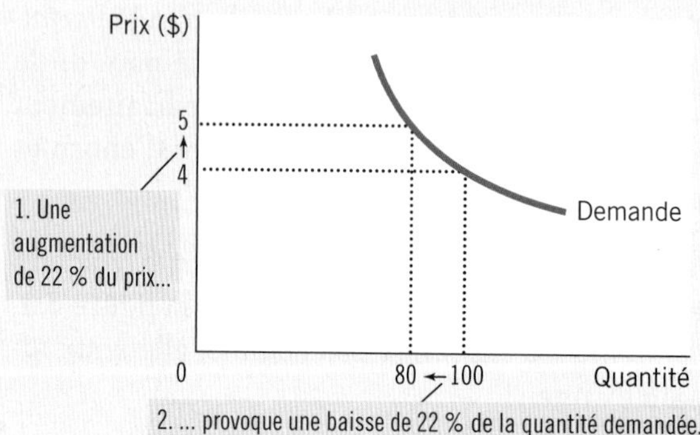
Prix ($)
5
4
1. Une augmentation de 22 % du prix...
Demande
0
80
100
Quantité

2. ... provoque une baisse de 22 % de la quantité demandée.

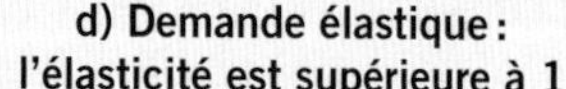
d) Demande élastique : l'élasticité est supérieure à 1

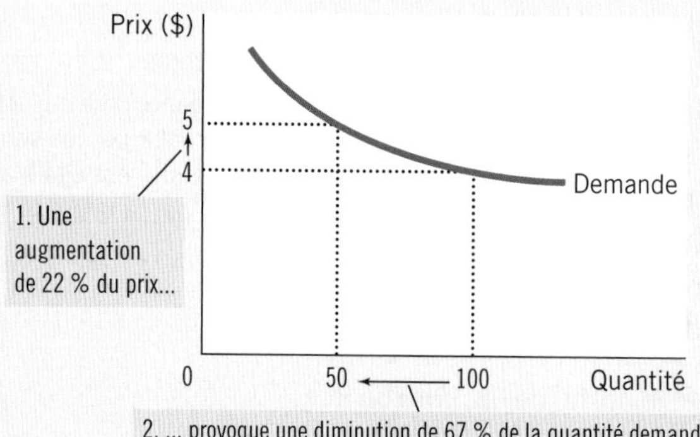
Prix ($)
5
4
Demande
1. Une augmentation de 22 % du prix...
0
50
100
Quantité
2. ... provoque une diminution de 67 % de la quantité demandée.

e) Demande parfaitement élastique : l'élasticité est infinie

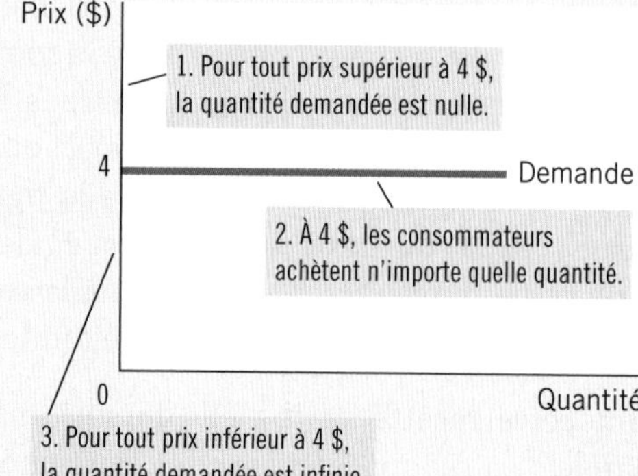
Prix ($)
1. Pour tout prix supérieur à 4 $, la quantité demandée est nulle.
4
Demande
2. À 4 $, les consommateurs achètent n'importe quelle quantité.
0
Quantité
3. Pour tout prix inférieur à 4 $, la quantité demandée est infinie.

mots, les recettes additionnelles attribuables à la hausse de prix (surface A) compensent largement la réduction de recettes que provoque la diminution des quantités (surface B).

On obtiendrait un résultat contraire si la demande était élastique : une hausse du prix se traduirait par une diminution de la recette totale. Dans le graphique b) de la figure 5.3, lorsque le prix passe de 4 $ à 5 $, la quantité demandée diminue de 100 à 70 unités et la recette totale baisse, passant de 400 $ à 350 $. Comme

FIGURE 5.2

La recette totale

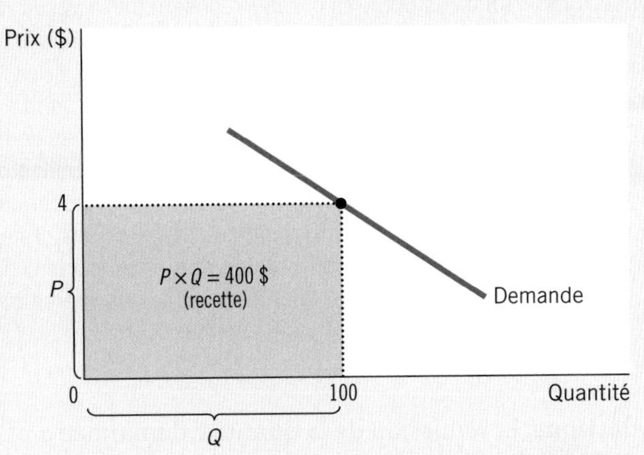

La recette totale, c'est la somme totale déboursée par les acheteurs et perçue par les vendeurs, laquelle est égale à la surface du rectangle situé sous la courbe de demande, soit $P \times Q$. Dans le cas illustré, le prix est de 4 $ et la quantité demandée est de 100 unités ; la recette totale s'élève donc à 400 $.

FIGURE 5.3

Les effets d'une variation de prix sur la recette totale

a) Demande inélastique

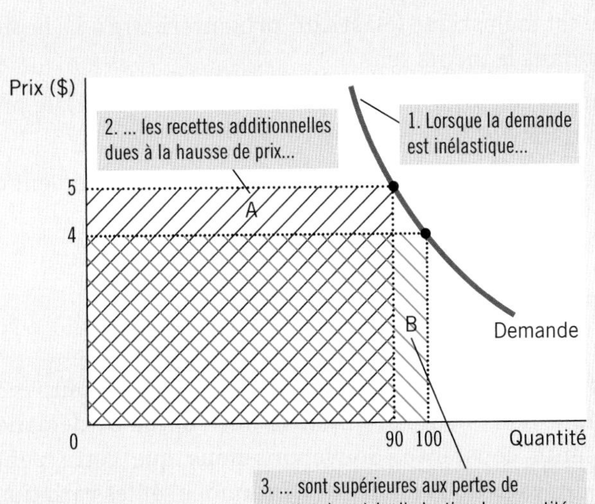

b) Demande élastique

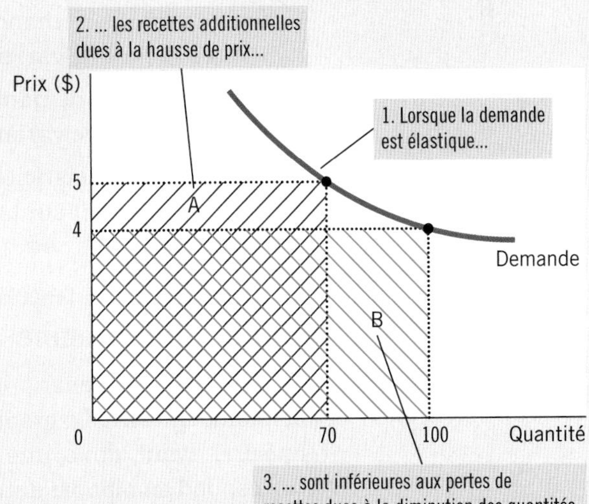

L'impact d'un changement de prix sur la recette totale dépend de l'élasticité de la demande. Dans le graphique a), la demande est inélastique. Une augmentation du prix provoque une baisse proportionnellement moins forte de la quantité demandée. Lorsque le prix passe de 4 $ à 5 $, la quantité demandée diminue de 100 à 90 et la recette totale augmente, passant de 400 $ à 450 $. Dans le graphique b), la demande est élastique. Une augmentation de prix provoque une diminution proportionnellement plus grande de la quantité demandée. Lorsque le prix passe de 4 $ à 5 $, la quantité demandée diminue de 100 à 70 et la recette totale diminue, passant de 400 $ à 350 $.

BON À SAVOIR

Quelques exemples d'élasticité tirés de la réalité

Nous avons parlé de la signification de l'élasticité, nous l'avons définie et nous avons même vu comment elle se calcule. Au-delà de ces concepts généraux, vous aimeriez peut-être considérer des exemples concrets. Dans quelle mesure, exactement, le prix d'un bien en particulier influence-t-il la quantité demandée ?

Pour répondre à cette question, les économistes recueillent des données issues de véritables marchés et appliquent des techniques statistiques pour estimer l'élasticité-prix de la demande. Voici des exemples d'élasticité-prix de la demande, obtenus de diverses études, pour un certain nombre de biens ou de services.

Œufs	0,1
Services de santé	0,2
Riz	0,5
Logement	0,7
Bœuf	1,6
Repas au restaurant	2,3
Boisson gazeuse	4,4

Ces nombres sont intéressants et ils se révèlent utiles lorsqu'on compare des marchés. Cela dit, il faut prendre ces estimations avec un grain de sel pour deux raisons principales. Premièrement, les techniques statistiques utilisées pour les obtenir reposent sur des hypothèses qui ne correspondent peut-être pas tout à fait à la réalité. (Les détails de ces techniques dépassent la portée de ce manuel, mais un cours d'économétrie vous permettra d'en apprendre davantage sur le sujet.) Deuxièmement, l'élasticité-prix de la demande n'est pas obligatoirement la même en tout point de la courbe de demande. C'est pourquoi, à la lumière de ces deux raisons, il ne faut pas se surprendre si différentes études rapportent diverses élasticités-prix de la demande pour un même bien.

la demande est élastique, la réduction de la quantité demandée a plus d'effet sur les recettes que la hausse du prix. Cela revient à dire qu'une augmentation du prix réduit la surface $P \times Q$, parce que la baisse de Q est proportionnellement plus importante que l'augmentation de P. En d'autres mots, les recettes additionnelles attribuables à la hausse de prix (surface A) sont inférieures à la réduction de recettes que provoque la diminution des quantités (surface B).

Les exemples de la figure 5.3 permettent d'illustrer une règle générale :

- Si une courbe de demande est inélastique (élasticité-prix inférieure à 1), le prix et la recette totale varient dans le même sens.
- Si une courbe de demande est élastique (élasticité-prix supérieure à 1), le prix et la recette totale varient dans des sens opposés.
- Dans le cas de l'élasticité unitaire (élasticité-prix égale à 1), un changement de prix n'a pas d'effet sur la recette totale.

L'élasticité et la recette totale le long d'une courbe de demande linéaire

Examinons maintenant comment l'élasticité varie le long d'une courbe de demande linéaire. Le graphique de la figure 5.4 montre une courbe de demande linéaire, ayant donc une pente constante. Souvenons-nous que cette pente correspond au rapport entre les variations du prix (en ordonnée) et les variations de la quantité (en abscisse). La pente de cette courbe de demande est constante parce que chaque augmentation de 1 $ du prix provoque une diminution de 2 unités de la quantité demandée.

Même si la pente de cette courbe de demande est constante, son élasticité ne l'est pas. En effet, la pente mesure le rapport entre les variations des deux variables, alors que l'élasticité mesure le rapport entre les *variations en pourcentage* de ces deux variables. Vous pouvez le constater en observant le tableau de la figure 5.4, qui illustre le barème de demande correspondant à la courbe de demande linéaire représentée sur le graphique. Ce tableau fait état de l'élasticité-prix de la demande au moyen de la méthode du point milieu. Aux points où les prix sont faibles et où les quantités sont élevées, la demande est inélastique, tandis qu'aux points où les prix sont élevés et où les quantités sont faibles, la demande est élastique.

Le tableau de la figure 5.4 présente également la recette totale pour chaque point de la courbe de demande. Ces chiffres indiquent la relation entre la recette totale et l'élasticité. Quand le prix est de 1 $ (demande inélastique) et qu'il passe à 2 $, la recette totale augmente. Lorsque le prix est de 5 $ (demande élastique) et qu'il passe à 6 $, la recette totale diminue. Entre 3 $ et 4 $, la demande présente une élasticité unitaire : les recettes totales sont identiques pour ces deux prix.

FIGURE 5.4

L'élasticité le long d'une courbe de demande linéaire

La pente d'une courbe de demande linéaire est constante, mais son élasticité ne l'est pas. Le tableau montre le barème de demande ayant servi au calcul de l'élasticité-prix de la demande par la méthode du point milieu. Aux points où les prix sont faibles et où les quantités sont élevées, la demande est inélastique. Aux points où les prix sont élevés et où les quantités sont faibles, la demande est élastique.

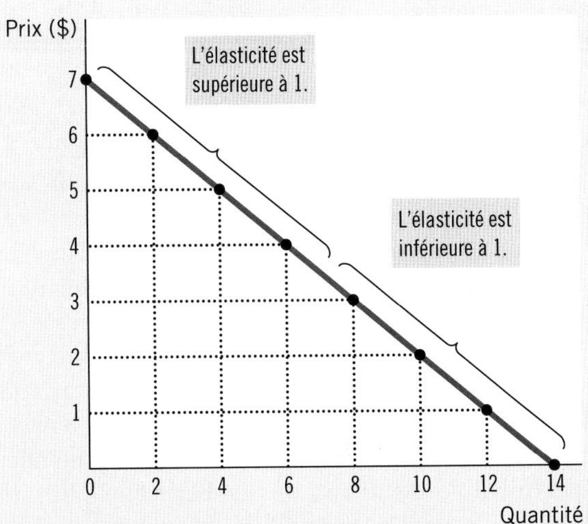

PRIX ($)	QUANTITÉ	RECETTE TOTALE (PRIX × QUANTITÉ) ($)	POURCENTAGE DE VARIATION DU PRIX	POURCENTAGE DE VARIATION DE LA QUANTITÉ	ÉLASTICITÉ	CARACTÉRISTIQUE
7	0	0				
			15	200	13,0	Élastique
6	2	12				
			18	67	3,7	Élastique
5	4	20				
			22	40	1,8	Élastique
4	6	24				
			29	29	1,0	Élastique unitaire
3	8	24				
			40	22	0,6	Inélastique
2	10	20				
			67	18	0,3	Inélastique
1	12	12				
			200	15	0,1	Inélastique
0	14	0				

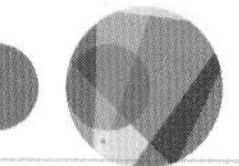

DANS L'ACTUALITÉ

L'élasticité de la demande de stationnement

Dans l'article qui suit, l'auteur met en lumière les résultats d'une étude montrant que la hausse du prix des parcomètres sur le Plateau a conduit à une chute marquée de l'achalandage. Quant à lui, le maire Ferrandez préfère nier la réalité.

Parcomètres répulsifs dans le Plateau-Mont-Royal

Karim Benessaieh

Aux prises avec une chute brutale de leurs ventes, des commerçants de l'avenue du Mont-Royal critiquent les politiques de l'administration Ferrandez, qui auraient eu un effet « désastreux ».

Faux, réplique le maire Luc Ferrandez, qui conteste la validité des chiffres. Il estime en outre que le bilan de santé de cette artère commerciale est loin d'être catastrophique.

Étude à l'appui, la Société de développement de l'avenue du Mont-Royal (SDAMR) a évalué que la hausse du prix des parcomètres a provoqué une baisse de fréquentation de 17 % entre 2010 et 2012. Pendant la même période, le chiffre d'affaires des commerçants a baissé de 11 %, tandis qu'il augmentait de 2,8 % ailleurs au Québec. Enfin, le taux d'inoccupation des locaux a presque doublé, passant de 4,9 % à 8,6 %, selon les données de la Ville.

Les constats sur les parcomètres ont été compilés par une firme indépendante, le Groupe Altus, à partir des données fournies par Stationnement de Montréal. « Si on avait 17 % de baisse d'achalandage dans n'importe quel centre commercial en banlieue, ça serait catastrophique », a commenté en point de presse hier Jean-François Grenier, directeur principal de Groupe Altus.

Une image malmenée

Après deux décennies de prospérité, qui ont vu les chiffres d'affaires augmenter jusqu'à 20 % par année, on estime que le déclin a commencé en 2011. Dans les documents explicatifs remis en conférence de presse, on reconnaît que le ralentissement économique global a pu être une des causes.

Mais voilà, l'avenue du Mont-Royal semble avoir été plus durement frappée que les autres artères commerciales, estime Bertrand Hubert, porte-parole de la Société de développement de l'avenue du Mont-Royal. Il met directement en cause les politiques du maire Ferrandez implantées depuis 2010, au premier chef la hausse des tarifs des parcomètres, qui sont passés de 2 $ à 3 $. Les problèmes d'accessibilité, notamment causés par les changements de sens de la circulation, auraient en outre donné une image négative du Plateau.

« Les écarts sont trop importants pour être anodins, dit M. Hubert. On parle aux clients, on est aux premières loges, on voit bien ce qui les embête. »

Son organisme profite de la campagne électorale pour demander aux candidats à la mairie de redresser la barre sur le Plateau. On exige notamment de « rétablir l'accessibilité » en remettant l'avenue Christophe-Colomb en direction sud, et en redorant l'image du Plateau, « malmenée depuis quatre ans ».

Pas de déclin

En entrevue à *La Presse*, le maire Luc Ferrandez a d'abord déploré cette nouvelle sortie de la SDAMR. « Il y a plein de beaux commerces qui viennent d'ouvrir, ils ne sont pas contents devant ce genre de conférence de presse. Ce n'est pas ça qui améliore l'image du Plateau. »

Sur les statistiques utilisées pour calculer la baisse d'achalandage, il apporte une nuance importante : beaucoup de parcomètres sont considérés comme inutilisés parce que des terrasses empiètent sur les stationnements. « Et il y a eu aussi des travaux qui peuvent expliquer qu'il y ait moins d'utilisation des parcomètres », estime-t-il.

Sur l'état de santé de l'avenue du Mont-Royal, il se montre nuancé. Est-elle en déclin ?

« Non. Le commerce de première nécessité, ça boume. Les restaurants vont très bien, les bars aussi. Il y a des commerces de destination qui vont bien, d'autres qui vont moins bien. » Il reconnaît que de nombreux locaux, surtout aux niveaux supérieurs des édifices, sont inoccupés. « C'est lié au coût terrible du loyer », estime-t-il. ■

Source : Benessaieh, Karim. (5 septembre 2013). « Parcomètres répulsifs dans le Plateau-Mont-Royal ». *La Presse*. Repéré à www.lapresse.ca

La courbe de demande linéaire illustre que l'élasticité-prix n'est pas obligatoirement la même en tout point de cette courbe. Une élasticité constante est possible, mais ce n'est pas toujours le cas.

D'autres élasticités de la demande

Outre l'élasticité-prix de la demande, les économistes emploient d'autres élasticités afin de décrire le comportement des acheteurs sur un marché.

L'élasticité-revenu de la demande

Pour mesurer la sensibilité de la quantité demandée d'un bien aux variations du revenu des consommateurs, les économistes emploient l'**élasticité-revenu de la demande**. On la calcule en divisant le pourcentage de variation de la quantité demandée par le pourcentage de variation du revenu, soit:

Élasticité-revenu de la demande
Mesure de la sensibilité de la quantité demandée aux variations du revenu des acheteurs; c'est le pourcentage de variation de la quantité demandée divisé par le pourcentage de variation du revenu.

$$E_R = \frac{\text{Pourcentage de variation de la quantité demandée}}{\text{Pourcentage de variation du revenu}}$$

Comme nous l'avons vu dans le chapitre 4, la plupart des biens sont des *biens normaux*: une augmentation du revenu entraîne une augmentation de la quantité demandée. Comme la quantité demandée et le revenu évoluent dans le même sens, les biens normaux présentent une élasticité-revenu positive. En revanche, certains biens, comme les tickets d'autobus, sont des *biens inférieurs*: une hausse du revenu entraîne une diminution de la quantité demandée. Comme le revenu et la quantité demandée évoluent dans des sens contraires, les biens inférieurs présentent une élasticité-revenu négative.

Même dans le cas des biens normaux, l'élasticité-revenu varie de manière importante. Les biens essentiels, comme l'alimentation et les vêtements, présentent en général une faible élasticité-revenu, car les consommateurs, quel que soit leur revenu, continuent de les acheter. Les articles de luxe, comme le caviar et les diamants, tendent à avoir une élasticité-revenu élevée, les consommateurs réussissant à s'en passer complètement lorsque leur revenu est trop faible pour qu'ils puissent en acheter.

L'élasticité croisée de la demande

Les économistes emploient le terme **élasticité croisée de la demande** pour mesurer la sensibilité de la quantité demandée d'un bien aux variations du prix d'un autre bien. Pour calculer cette élasticité, on divise le pourcentage de variation de la quantité demandée du premier bien par le pourcentage de variation du prix de l'autre bien, soit:

Élasticité croisée de la demande
Mesure de la sensibilité de la quantité demandée d'un bien aux variations du prix d'un autre bien, substitut ou complémentaire; c'est le pourcentage de variation de la quantité demandée d'un bien divisé par le pourcentage de variation du prix d'un autre bien.

$$E_{XY} = \frac{\text{Pourcentage de variation de la quantité demandée du bien X}}{\text{Pourcentage de variation du prix du bien Y}}$$

L'élasticité croisée de la demande est de signe positif ou négatif, suivant qu'il s'agit de deux biens substituts ou complémentaires. Comme nous l'avons déjà vu dans le chapitre 4, les biens substituts peuvent être remplacés les uns par les autres, par exemple les hamburgers et les hot-dogs. Une augmentation du prix des hot-dogs incite les gens à se rabattre sur les hamburgers, et inversement. Comme le prix des hot-dogs et la quantité demandée de hamburgers varient dans le même sens, l'élasticité croisée est positive. À l'inverse, les biens complémentaires se consomment conjointement, comme les ordinateurs et les logiciels. Dans ce cas, l'élasticité croisée est négative, ce qui indique qu'une augmentation du prix des ordinateurs réduit la quantité de logiciels demandée.

MINITEST

- Définissez l'élasticité-prix de la demande.
- Expliquez la relation entre la recette totale et l'élasticité-prix de la demande.

L'élasticité de l'offre

Au chapitre 4, en analysant la courbe d'offre, nous avons remarqué que les vendeurs désirent offrir davantage d'un bien lorsque le prix de ce dernier augmente. Afin de passer d'une approche qualitative à une approche quantitative, nous aurons encore une fois recours au concept d'élasticité.

L'élasticité-prix de l'offre et ses déterminants

Élasticité-prix de l'offre
Mesure de la sensibilité de la quantité offerte d'un bien aux variations du prix de ce bien ; c'est le pourcentage de variation de la quantité offerte divisé par le pourcentage de variation du prix.

Selon la loi de l'offre, une hausse des prix provoque une augmentation de la quantité offerte. L'**élasticité-prix de l'offre** mesure la sensibilité de la quantité offerte d'un bien aux variations du prix de ce bien. L'offre d'un bien est dite *élastique* si la quantité offerte réagit fortement aux variations du prix. L'offre est dite *inélastique* si la quantité offerte réagit très peu aux variations du prix.

L'élasticité-prix de l'offre dépend de la capacité des vendeurs à modifier la quantité offerte du bien. À titre d'exemple, l'offre des terrains en bord de mer est inélastique en raison de l'impossibilité d'en offrir davantage. En revanche, les produits manufacturés, comme les livres, les voitures et les téléviseurs, se caractérisent par une offre plus élastique, car il suffit aux fabricants d'augmenter la production de leurs usines en cas d'augmentation des prix.

Sur la plupart des marchés, le temps constitue un élément déterminant de l'élasticité-prix de l'offre. L'offre est habituellement plus élastique à long terme. À court terme, les entreprises ne sont pas en mesure de modifier la taille de leurs usines pour réduire ou augmenter leur production. Par conséquent, à court terme, la quantité offerte n'est guère sensible au prix. En revanche, à plus long terme, les entreprises peuvent modifier leur capacité de production en construisant de nouvelles usines ou en fermant d'autres installations plus anciennes. De plus, de nouvelles firmes peuvent entrer sur le marché. Par conséquent, la quantité offerte réagit davantage aux variations de prix ; elle est donc plus élastique à long terme.

Le calcul de l'élasticité-prix de l'offre

Maintenant que nous avons une idée de ce qu'est l'élasticité-prix de l'offre, soyons un peu plus précis. Les économistes calculent l'élasticité-prix de l'offre en divisant le pourcentage de variation de la quantité offerte par le pourcentage de variation du prix, c'est-à-dire :

$$E_P = \frac{\text{Pourcentage de variation de la quantité offerte}}{\text{Pourcentage de variation du prix}}$$

Prenons comme exemple une augmentation faisant passer le prix du lait de 1,90 $ à 2,10 $ le litre, ce qui incite les éleveurs à augmenter leur production mensuelle de 9000 à 11000 litres. Grâce à la méthode du point milieu, nous sommes en mesure de calculer le pourcentage de variation du prix :

$$\text{Pourcentage de variation du prix} = [(2{,}10\,\$ - 1{,}90\,\$) / 2{,}00] \times 100 = 10\,\%$$

De la même façon, nous calculons le pourcentage de variation de la quantité offerte.

$$\text{Pourcentage de variation de la quantité offerte} = [(11\,000 - 9\,000) / 10\,000] \times 100 = 20\,\%$$

Dans cet exemple, l'élasticité-prix de l'offre est égale à :

$$\text{Élasticité-prix de l'offre} = \frac{20\,\%}{10\,\%} = 2$$

Une élasticité de 2 signifie que la quantité offerte réagit proportionnellement deux fois plus que le prix.

La diversité des courbes d'offre

Puisque l'élasticité-prix de l'offre mesure la sensibilité de la quantité offerte aux variations du prix, elle se reflète dans l'allure de la courbe d'offre. La figure 5.5 illustre cinq cas. Dans le cas extrême d'une élasticité nulle, l'offre est parfaitement inélastique et la courbe d'offre est verticale (graphique *a*). Dans ce cas, la quantité offerte est toujours la même, quel que soit le prix. L'augmentation de l'élasticité aplatit la courbe d'offre, ce qui indique que la quantité offerte réagit de plus en plus aux variations de prix (graphiques *b*, *c* et *d*). À l'autre extrême, l'offre est parfaitement élastique. Cela se produit lorsque l'élasticité-prix de l'offre tend vers l'infini et que la courbe d'offre est horizontale (graphique *e*), ce qui indique que de légères modifications de prix entraînent d'énormes variations de la quantité offerte.

Sur certains marchés, l'élasticité de l'offre n'est pas constante et varie le long de la courbe d'offre. La figure 5.6 illustre le cas spécifique d'un secteur d'activité où la capacité de production des entreprises est limitée. Tant que la quantité offerte demeure faible, l'élasticité-prix de l'offre reste élevée, ce qui signifie que les firmes réagissent fortement aux variations de prix. Dans cette section de la courbe, une partie de la capacité de production est inutilisée, les usines et les équipements ne tournant pas à plein régime durant toute la journée. Une légère augmentation des prix rentabilise l'utilisation de cette capacité excédentaire. Or, au fur et à mesure que la production augmente, les firmes en arrivent à utiliser leur pleine capacité de production, mais une fois ce point atteint, toute augmentation de la production nécessite la construction de nouvelles usines. Cependant, avant que les firmes se lancent dans de tels investissements, les prix devront augmenter substantiellement. L'offre deviendra alors moins élastique.

La figure 5.6 illustre ce phénomène. Quand le prix passe de 3 $ à 4 $ (une augmentation de 29 %, d'après la méthode du point milieu), la quantité offerte passe de 100 à 200 unités (une augmentation de 67 %). La quantité offerte varie

FIGURE 5.5

L'élasticité-prix de l'offre

L'élasticité-prix de l'offre détermine si la courbe est aplatie ou inclinée. Remarquez que tous les pourcentages de variation ont été calculés selon la méthode du point milieu.

a) Offre parfaitement inélastique : l'élasticité est égale à 0

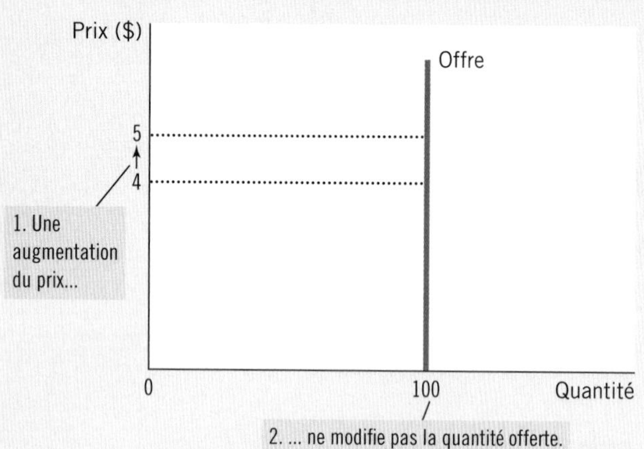
Prix ($)
Offre
5
4
1. Une augmentation du prix...
0
100
Quantité
2. ... ne modifie pas la quantité offerte.

b) Offre inélastique : l'élasticité est inférieure à 1

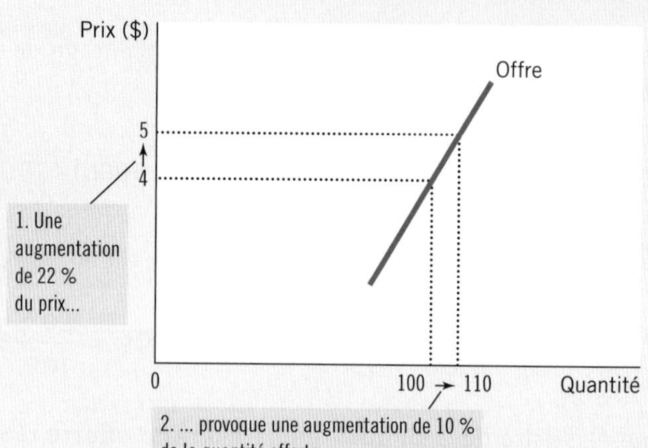
Prix ($)
Offre
5
4
1. Une augmentation de 22 % du prix...
0
100
110
Quantité
2. ... provoque une augmentation de 10 % de la quantité offerte.

c) Élasticité unitaire : l'élasticité est égale à 1

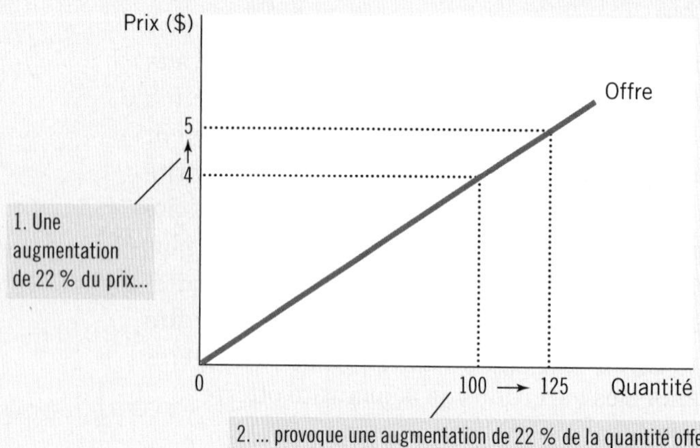
Prix ($)
Offre
5
4
1. Une augmentation de 22 % du prix...
0
100
125
Quantité

2. ... provoque une augmentation de 22 % de la quantité offerte.

d) Offre élastique : l'élasticité est supérieure à 1

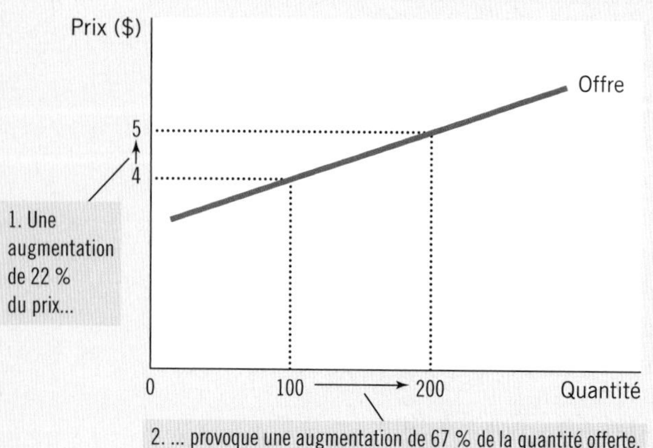
Prix ($)
Offre
5
4
1. Une augmentation de 22 % du prix...
0
100
200
Quantité
2. ... provoque une augmentation de 67 % de la quantité offerte.

e) Offre parfaitement élastique : l'élasticité est infinie

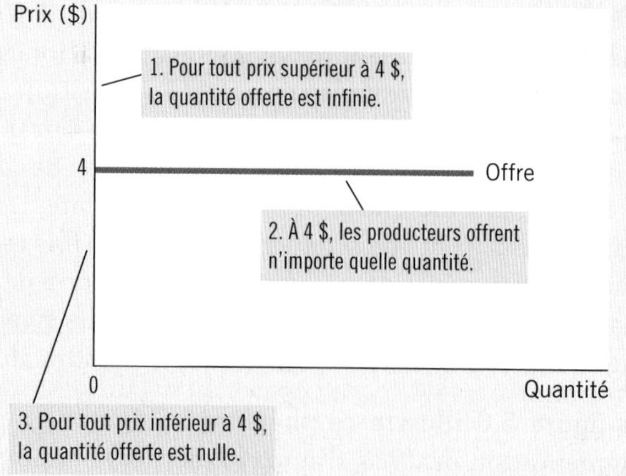
Prix ($)
1. Pour tout prix supérieur à 4 $, la quantité offerte est infinie.
4
Offre
2. À 4 $, les producteurs offrent n'importe quelle quantité.
0
Quantité
3. Pour tout prix inférieur à 4 $, la quantité offerte est nulle.

proportionnellement plus que le prix et l'élasticité de l'offre est supérieure à 1. En revanche, lorsque le prix passe de 12 $ à 15 $ (une augmentation de 22 %), la quantité offerte ne passe que de 500 à 525 unités (une augmentation de 5 %). Dans ce cas, la quantité offerte augmente proportionnellement moins que le prix et l'élasticité est inférieure à 1.

FIGURE 5.6

Les variations de l'élasticité-prix de l'offre

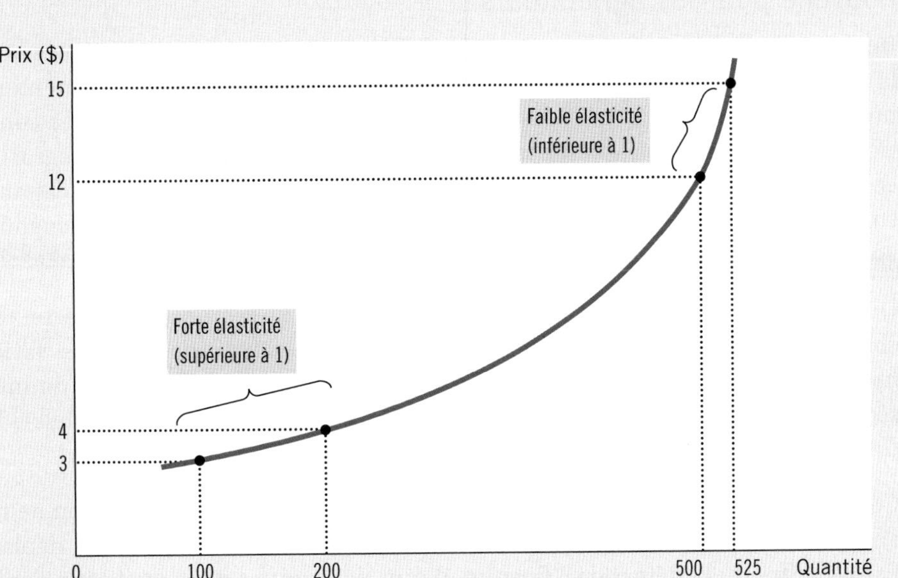

Comme les entreprises ont en général une capacité maximale de production à court terme, l'élasticité de l'offre peut être forte pour de petits volumes de production et faible pour de grands volumes de production. Dans cet exemple, nous voyons que lorsque le prix passe de 3 $ à 4 $, la quantité offerte passe de 100 à 200. À ce niveau, l'augmentation de la quantité offerte atteint 67 % (calculée à l'aide de la méthode du point milieu), tandis que l'augmentation du prix n'est que de 29 % ; la courbe d'offre est donc élastique. En revanche, lorsque le prix passe de 12 $ à 15 $, la quantité offerte n'augmente que de 25, passant de 500 à 525. À ce niveau, l'augmentation de la quantité n'est que de 5 %, tandis que celle du prix atteint 22 % ; la courbe d'offre est donc inélastique.

MINITEST

- Définissez l'élasticité-prix de l'offre.
- Dites pourquoi l'élasticité-prix de l'offre est différente selon qu'on la mesure à court ou à long terme.

Trois illustrations de l'offre, de la demande et de l'élasticité

Une bonne nouvelle pour l'agriculture peut-elle s'avérer mauvaise pour les agriculteurs ? Pourquoi l'Organisation des pays exportateurs de pétrole (OPEP) ne réussit-elle pas toujours à maintenir élevé le prix du brut ? L'interdiction des drogues favorise-t-elle ou limite-t-elle la criminalité liée à la consommation de drogues ? À première vue, ces trois questions n'ont rien à voir l'une avec l'autre. En fait, elles relèvent toutes trois des mécanismes de marché, lesquels sont soumis au jeu de l'offre et de la demande. À l'aide des concepts d'offre, de demande et d'élasticité, nous pouvons répondre à ces questions apparemment complexes.

Une bonne nouvelle pour l'agriculture, une mauvaise nouvelle pour les agriculteurs ?

Imaginez que vous êtes un producteur de blé. Tous vos revenus proviennent de la vente de votre récolte et vous mettez tout en œuvre pour faire augmenter la productivité de vos terres. Vous consultez la météo, vous surveillez les conditions du sol, vous vous assurez que vos champs ne sont pas infestés de parasites et vous restez à l'affût des dernières innovations dans le domaine de l'agriculture. Plus vous récolterez de blé, plus vous en vendrez et plus votre revenu et votre niveau de vie seront élevés.

Un beau jour, l'Université Laval annonce une importante découverte. Les chercheurs de la Faculté d'agronomie ont mis au point une nouvelle variété hybride de blé, qui fait augmenter la productivité de 20 % par hectare. Comment réagissez-vous à cette nouvelle ? Allez-vous utiliser cette nouvelle variété hybride ? Cette découverte améliore-t-elle votre sort ou l'empire-t-elle ?

Comme nous l'avons vu au chapitre 4, la réponse à ce type de question se fait en trois temps. D'abord, on doit établir laquelle des deux courbes se déplace. Est-ce l'offre ou la demande ? Ensuite, il faut déterminer dans quel sens s'opère ce déplacement. Enfin, on doit tracer un graphique d'offre et de demande afin de constater les modifications apportées à l'équilibre du marché.

Dans ce cas précis, la découverte d'un nouvel hybride influe sur la courbe d'offre. Cette nouvelle variété de blé fait augmenter la production à l'hectare, et les agriculteurs sont maintenant disposés à offrir davantage pour tout niveau de prix. En d'autres termes, la courbe d'offre se déplace vers la droite. La courbe de demande ne bouge pas, car la quantité demandée par les consommateurs, pour chaque niveau de prix, n'est pas touchée par l'introduction de ce nouvel hybride. La figure 5.7 illustre ces variations. Lorsque la courbe d'offre passe de O_1 à O_2, la quantité de blé vendue augmente, passant de 100 à 110, tandis que le prix du blé diminue de 3 $ à 2 $.

Cette découverte est-elle une bonne nouvelle pour les agriculteurs ? Pour répondre à cette question, examinons ce qu'il advient de leur recette totale. Cette recette totale correspond au produit du prix du blé par la quantité vendue, soit $P \times Q$. Cette innovation est à la fois une bonne et une mauvaise chose pour les fermiers. C'est une bonne chose, car elle fait augmenter la quantité de blé récolté, mais c'est une mauvaise chose, car le prix de chaque boisseau diminue.

La recette totale augmentera ou diminuera selon l'élasticité de la demande. Dans les faits, la demande des produits alimentaires de base est généralement inélastique, parce qu'il s'agit de produits peu coûteux pour lesquels il n'existe pas de bons substituts. Lorsque la courbe de demande est inélastique, comme le montre la figure 5.7, une baisse du prix provoque une diminution de la recette totale. Même si les quantités vendues augmentent légèrement, le prix du blé chute de

FIGURE 5.7

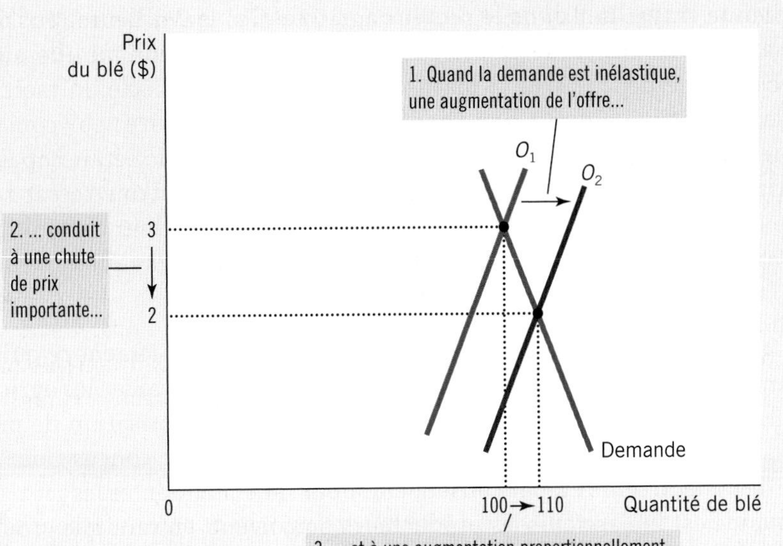

L'augmentation de l'offre sur le marché du blé

Quand une percée technologique en agronomie fait augmenter l'offre de blé de O_1 à O_2, le prix diminue. Puisque la demande est inélastique, l'augmentation de la quantité vendue (de 100 à 110) est proportionnellement plus faible que la diminution du prix (de 3 $ à 2 $). En conséquence, la recette totale des fermiers diminue, passant de 300 $ (soit 3 $ × 100) à 220 $ (soit 2 $ × 110).

façon importante. Par conséquent, la recette totale passe de 300 $ à 220 $. En résumé, la découverte d'une nouvelle variété de blé provoque une baisse des revenus des fermiers lorsqu'ils vendent leur récolte.

Si la découverte de cette nouvelle variété de blé ne fait pas leur affaire, pourquoi les fermiers l'adoptent-ils ? La réponse à cette question réside dans le fonctionnement des marchés concurrentiels. Chaque cultivateur ne représente qu'une infime partie du marché du blé et doit accepter le prix du blé comme une donnée. Quel que soit le niveau de ce prix, mieux vaut planter la nouvelle variété qui fait augmenter la productivité et les ventes. Cependant, lorsque tous les agriculteurs agissent de la même manière, l'offre de blé augmente, les prix tombent et les producteurs en font les frais.

Même si cet exemple semble hypothétique à première vue, il permet d'expliquer l'un des changements les plus fondamentaux que l'économie canadienne a connus au cours de son histoire. Il y a 200 ans, la majorité de la population canadienne vivait de l'agriculture. En raison des connaissances agronomiques rudimentaires à l'époque, la plus grande partie de la population était obligée de travailler dans les champs pour produire suffisamment de nourriture. Les progrès technologiques ont entraîné une augmentation de la capacité de production des agriculteurs. Cet accroissement de l'offre alimentaire, associé au caractère inélastique de la demande, a provoqué une chute des revenus agricoles qui, à son tour, s'est traduite par une importante diminution du nombre des cultivateurs.

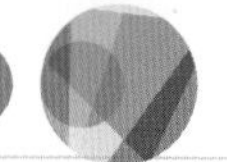

Quelques statistiques suffisent à faire comprendre l'ampleur de ces changements historiques. Il y a deux siècles, environ 75 % de la main-d'œuvre canadienne travaillait dans le secteur agricole. Ces travailleurs réussissaient alors à produire assez de nourriture pour alimenter leur famille ainsi que l'autre tranche de 25 % de la main-d'œuvre. Il y a un siècle, la moitié de la population active œuvrait dans le domaine de l'agriculture ; par conséquent, chaque travailleur agricole, en plus de nourrir sa famille, était capable d'en nourrir une autre. En 2014, moins de 3 % de la main-d'œuvre est toujours active dans ce secteur, ce qui signifie que chaque travailleur agricole produit suffisamment de nourriture pour alimenter environ 35 travailleurs en plus de leurs familles.

Cette analyse du marché des produits agricoles élucide également ce qui semble être un paradoxe : certains programmes agricoles visent à aider les agriculteurs en réduisant la quantité de lait et d'œufs qu'ils ont l'autorisation de produire. Quelle est la raison d'être de tels programmes ? Ils sont conçus pour limiter l'offre de lait et d'œufs et, par conséquent, pour faire augmenter les prix. Comme la demande est inélastique, les producteurs perçoivent, en tant que groupe, une recette totale supérieure s'ils produisent une quantité de lait et d'œufs inférieure. Aucun fermier seul n'accepterait de réduire son offre, car il serait perdant. Toutefois, comme tous les agriculteurs réduisent ensemble leur offre, le résultat est positif pour le groupe.

Au moment d'analyser les effets d'une nouvelle technologie agricole ou d'une nouvelle politique agricole, il importe de garder à l'esprit que ce qui est bon pour les agriculteurs ne l'est pas forcément pour l'ensemble de la société. Les nouvelles technologies agricoles peuvent s'avérer problématiques pour les fermiers, mais elles sont certainement très avantageuses pour les consommateurs, lesquels devront débourser moins pour leur alimentation. Par ailleurs, une politique visant à limiter l'offre de produits agricoles finit par faire augmenter le revenu des agriculteurs, mais cette fois aux dépens des consommateurs.

Pourquoi l'OPEP ne peut-elle pas toujours maintenir élevé le prix du pétrole ?

Au cours des dernières décennies, le marché du pétrole a provoqué de nombreux soubresauts dans l'économie internationale. Pour faire augmenter ses revenus, l'Organisation des pays exportateurs de pétrole (OPEP) a décidé, dans les années 1970, de faire augmenter le prix du baril. Les pays membres atteignirent cet objectif en réduisant collectivement leur production pétrolière. De 1973 à 1974, le prix du brut (ajusté selon l'inflation) a plus que doublé. Quelques années plus tard, l'OPEP a réitéré sa stratégie, de sorte que de 1979 à 1981, le prix du pétrole a presque doublé.

Toutefois, l'OPEP n'a pas pu maintenir très longtemps un prix aussi élevé. De 1982 à 1985, le prix du baril a baissé de 10 % chaque année. La désorganisation a fini par régner au sein des pays de l'OPEP. En 1986, ils ont cessé toute coopération, ce qui a fait plonger le prix du pétrole de 45 %. En 1990, le prix du baril (ajusté selon l'inflation) avait retrouvé son niveau de 1970 et n'allait pratiquement pas bouger durant plus d'une décennie.

Au cours de la première décennie du XXIe siècle, le prix du pétrole a recommencé à fluctuer grandement. Les forces à l'œuvre, cette fois, n'étaient plus des restrictions imposées par l'OPEP dans l'offre, mais bien des changements dans la demande mondiale. Au début des années 2000, la demande de pétrole et son prix ont monté en flèche, en partie en raison de l'importance de l'économie chinoise en forte croissance. Puis, le prix a plongé en 2008-2009, alors que l'économie mondiale traversait une profonde récession. Lorsque l'économie a commencé à se rétablir, en 2012, le prix a augmenté, une fois de plus.

Les chocs pétroliers montrent que l'offre et la demande se comportent différemment à court et à long terme. À court terme, ces dernières sont relativement inélastiques. L'offre est inélastique parce que la quantité des réserves pétrolières connues et la capacité d'extraction ne peuvent pas changer rapidement. La demande est inélastique parce que les habitudes de consommation ne réagissent pas immédiatement à un changement de prix. Le graphique a) de la figure 5.8 montre des courbes d'offre et de demande très inélastiques (plutôt verticales). Quand l'offre du pétrole est passée de O_1 à O_2, il en a résulté une augmentation de prix importante, de P_1 à P_2.

La situation est très différente à long terme. Au fil des années, les producteurs de pétrole n'appartenant pas à l'OPEP ont réagi à la hausse du prix du pétrole en augmentant leur recherche de nouveaux gisements ainsi que leur

FIGURE 5.8

Les réductions de l'offre sur le marché mondial du pétrole

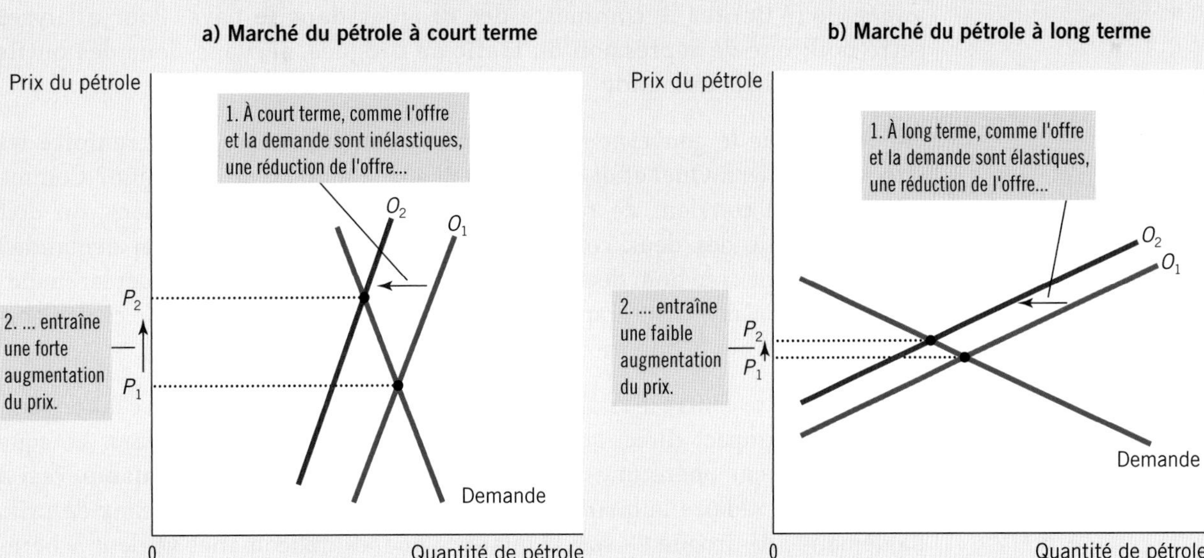
a) Marché du pétrole à court terme
Prix du pétrole
1. À court terme, comme l'offre et la demande sont inélastiques, une réduction de l'offre...
O_2
O_1
P_2
P_1
2. ... entraîne une forte augmentation du prix.
Demande
0
Quantité de pétrole
b) Marché du pétrole à long terme
Prix du pétrole
1. À long terme, comme l'offre et la demande sont élastiques, une réduction de l'offre...
O_2
O_1
2. ... entraîne une faible augmentation du prix.
P_2
P_1
Demande
0
Quantité de pétrole

En cas de réduction de la production pétrolière, la réaction varie selon l'horizon temporel. À court terme, l'offre et la demande sont relativement inélastiques, comme le montre le graphique a). Par conséquent, un déplacement de la courbe d'offre de O_1 à O_2 se traduit par une forte augmentation du prix. En revanche, à long terme, l'offre et la demande sont relativement élastiques, comme le montre le graphique b). Dans ce cas, un déplacement de même ampleur de la courbe d'offre (de O_1 à O_2) ne provoque qu'une faible augmentation du prix.

capacité d'extraction. Les consommateurs, soucieux d'économiser de l'essence, ont remplacé leur grosse voiture par un modèle moins énergivore. Sur le graphique b) de la figure 5.8, on voit que les courbes d'offre et de demande à long terme sont plus élastiques (plutôt horizontales). Un déplacement de la courbe d'offre de O_1 à O_2 ne provoque qu'une faible augmentation de prix.

Cette analyse démontre que l'OPEP a réussi seulement à court terme à maintenir élevé le prix du pétrole. Lorsque les pays membres se sont mis d'accord pour réduire leur production, la courbe d'offre s'est déplacée vers la gauche. Même si chaque pays a accepté de réduire ses ventes, l'augmentation du prix a été telle que les recettes de l'ensemble des membres de l'OPEP ont augmenté. Toutefois, à long terme, alors que l'offre et la demande sont plus élastiques, la même diminution de l'offre ne provoque qu'une faible augmentation du prix. La politique de réduction générale de l'offre de l'OPEP s'avère donc moins profitable à long terme. Le cartel a appris qu'il est plus facile d'augmenter les prix à court terme qu'à long terme.

La répression du trafic de drogues entraîne-t-elle une augmentation ou une diminution de la criminalité ?

Notre société se heurte aux problèmes découlant de l'utilisation des drogues illicites, comme l'héroïne, la cocaïne et la méthamphétamine. La consommation de ces produits a des effets destructeurs. Tout d'abord, la dépendance qu'ils induisent finit par détruire la vie des consommateurs et de leur famille. En outre, pour acheter de la drogue, les toxicomanes se livrent souvent à des activités criminelles. Afin de lutter contre ces drogues illicites, le gouvernement canadien dépense des millions de dollars chaque année pour limiter le commerce des drogues dans le pays. Pour analyser cette politique de répression du trafic de drogues, servons-nous des outils de l'offre et de la demande.

Supposons que le gouvernement accentue sa lutte antidrogue et renforce les effectifs policiers. Quel effet cela aurait-il sur le marché de la drogue ? Comme d'habitude, il convient de répondre en trois étapes. Premièrement, on doit établir laquelle des deux courbes se déplace. Est-ce l'offre ou la demande ? Deuxièmement, on doit déterminer dans quel sens s'opère ce déplacement. Finalement, à l'aide d'un graphique, on observe les conséquences de ce déplacement sur le prix et la quantité d'équilibre.

Même si la lutte contre le trafic des stupéfiants vise d'abord à réduire la consommation, son impact direct se fait davantage sentir sur les vendeurs. Lorsque le gouvernement opère une saisie de drogue et arrête des trafiquants, ceci a pour effet de réduire la quantité de drogue offerte à tous les niveaux de prix. La demande de drogue — soit la quantité que les toxicomanes veulent acheter pour chaque niveau de prix — reste inchangée. Comme le montre le graphique a) de la figure 5.9, cette répression provoque un déplacement de la courbe d'offre vers la gauche, de O_1 à O_2, sans modifier la courbe de demande. Le prix d'équilibre des drogues augmente alors de P_1 à P_2, et la quantité d'équilibre passe de Q_1 à Q_2. Cette diminution de la quantité d'équilibre démontre que la répression réduit la consommation de drogue.

Mais qu'en est-il de la criminalité liée à la drogue ? Considérons la somme totale que les toxicomanes déboursent pour alimenter leur dépendance. Comme bien peu d'entre eux sont prêts à réduire leur consommation même si le prix de la drogue augmente, leur demande est fort probablement inélastique, comme le montre cette figure. Dans le cas d'une demande inélastique, l'augmentation du prix s'accompagne d'une augmentation des recettes sur le marché de la drogue. En effet, parce que la lutte contre le trafic de stupéfiants fait augmenter le prix proportionnellement plus qu'elle ne réduit la quantité vendue, elle fait accroître la somme que les drogués consacrent à l'achat des stupéfiants. Les toxicomanes qui volent déjà pour se procurer de la drogue auront encore plus besoin d'argent qu'auparavant. En fin de compte, la répression du trafic de la drogue se traduira par une augmentation de la criminalité.

En raison de l'effet pervers de la lutte menée contre le trafic des stupéfiants, certains analystes proposent d'envisager le problème sous un angle différent. Au lieu de tenter de limiter l'offre de drogues, les autorités publiques pourraient essayer de faire réduire la demande par des campagnes de sensibilisation. Une démarche préventive efficace contre la drogue aurait les effets illustrés sur le graphique b) de la figure 5.9. La courbe de demande se déplacerait vers la

FIGURE 5.9

La politique de lutte contre les drogues

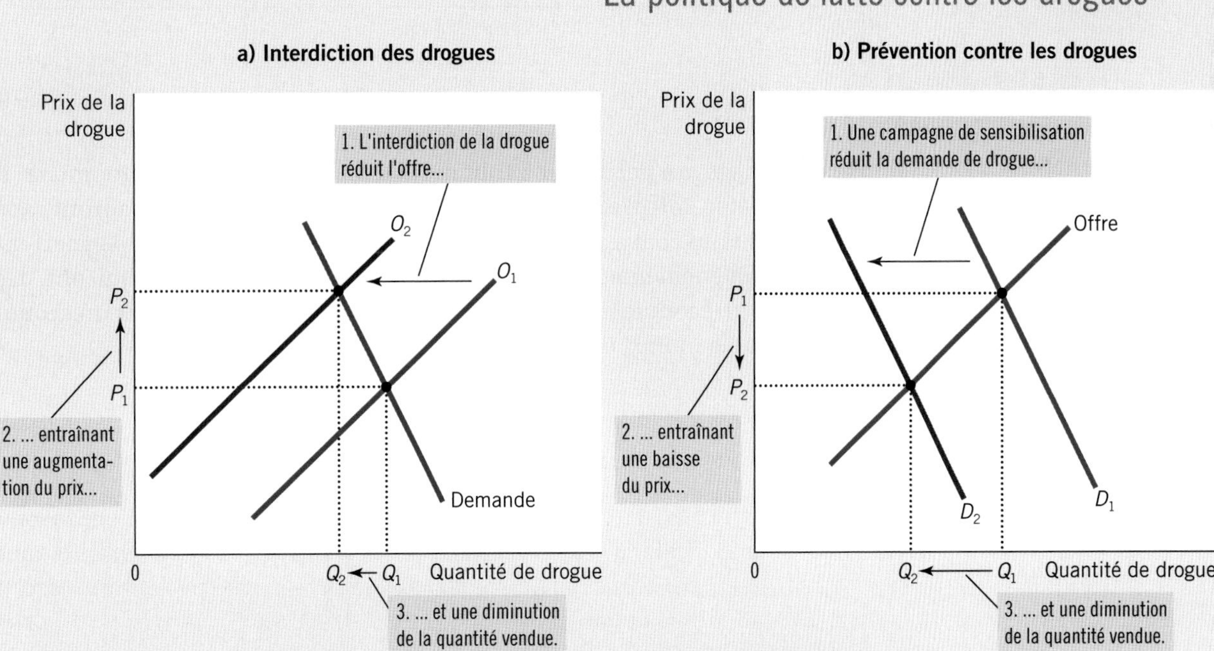
a) Interdiction des drogues
Prix de la drogue
1. L'interdiction de la drogue réduit l'offre...
O_2
O_1
P_2
P_1
2. ... entraînant une augmentation du prix...
Demande
0
Q_2 Q_1 Quantité de drogue
3. ... et une diminution de la quantité vendue.
b) Prévention contre les drogues
Prix de la drogue
1. Une campagne de sensibilisation réduit la demande de drogue...
Offre
P_1
P_2
2. ... entraînant une baisse du prix...
D_2
D_1
0
Q_2 Q_1 Quantité de drogue
3. ... et une diminution de la quantité vendue.

La répression du trafic de la drogue réduit l'offre, laquelle passe de O_1 à O_2, comme le montre le graphique a). Si la demande de drogue est inélastique, la somme totale payée par les toxicomanes augmente, même si la quantité vendue de drogue diminue. Au contraire, une campagne d'éducation antidrogue qui a du succès réduit la demande, la faisant passer de D_1 à D_2, comme l'illustre le graphique b). Une réduction simultanée des prix et de la quantité entraîne une diminution de la somme totale payée par les toxicomanes.

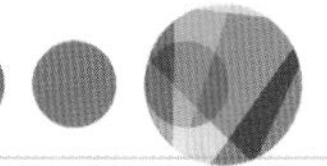

gauche, de D_1 à D_2. Cela entraînerait une diminution de la quantité d'équilibre, de Q_1 à Q_2, ainsi qu'une diminution du prix d'équilibre, de P_1 à P_2. La recette totale, qui correspond au produit de la quantité par le prix, chuterait également. Contrairement à la répression, une démarche antidrogue aurait le mérite de faire réduire à la fois la consommation et la criminalité liée à la drogue.

Les tenants de la répression feront valoir que la politique qu'ils privilégient peut avoir des conséquences à long terme différentes des conséquences à court terme. Leur argument repose sur le fait que l'élasticité de la demande dépend de l'horizon temporel. La demande de drogues est probablement inélastique à court terme, car l'augmentation du prix des drogues ne change pas radicalement le comportement des consommateurs. Toutefois, ils prétendent qu'il est possible que la demande soit plus élastique à long terme, car une augmentation des prix décourage les plus jeunes de prendre des drogues, ce qui limite le nombre de toxicomanes. Si tel était le cas, la répression du trafic de la drogue provoquerait une augmentation de la criminalité à court terme, mais elle finirait par la faire diminuer à long terme.

MINITEST

- Une sécheresse qui détruit la moitié de la récolte peut-elle être bénéfique pour les fermiers ? Si tel est le cas, pourquoi ces derniers ne détruisent-ils pas eux-mêmes leur récolte s'il n'y a pas de catastrophe météorologique ?

Conclusion

Selon le vieil adage, un perroquet a tout ce qu'il faut pour devenir économiste : il lui suffit de répéter « offre et demande ». Les deux derniers chapitres auront sans doute suffi à vous en convaincre. Les concepts d'offre et de demande permettent d'analyser les événements ainsi que les politiques économiques qui ont des impacts sur notre économie. Vous êtes sur la bonne voie pour devenir un économiste (ou, à tout le moins, un perroquet érudit !).

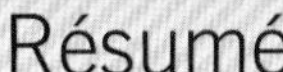

Résumé

- L'élasticité-prix de la demande mesure l'impact d'un changement de prix sur la quantité demandée. La demande aura tendance à être plus élastique dans le cas d'un article de luxe que dans le cas d'un bien de première nécessité, lorsqu'il existe de très bons substituts pour le bien, que le marché est étroitement délimité ou encore que les acheteurs disposent d'un temps suffisant pour réagir à la variation du prix.
- L'élasticité-prix de la demande correspond au pourcentage de variation de la quantité demandée divisé par le pourcentage de variation du prix. Si la quantité demandée varie proportionnellement moins que le prix, alors l'élasticité est inférieure à 1 et on dit que la demande est inélastique. Si la quantité demandée varie proportionnellement plus que le prix, alors l'élasticité est supérieure à 1 et on dit que la demande est élastique.
- La recette totale, correspondant à la somme totale payée par les consommateurs, est égale au prix multiplié par la quantité vendue. Dans le cas des courbes de demande inélastiques, la recette totale augmente lorsque le prix augmente. Dans le cas des courbes de demande élastiques, la recette totale diminue quand le prix augmente.
- L'élasticité-revenu de la demande mesure la sensibilité de la quantité demandée aux variations du revenu du consommateur. L'élasticité croisée de la demande mesure la sensibilité de la quantité demandée d'un bien aux variations du prix d'un autre bien.
- L'élasticité-prix de l'offre mesure la sensibilité de la quantité offerte d'un bien aux variations de prix de ce bien. Cette élasticité dépend entre autres de l'horizon temporel pris en compte. Sur la plupart des marchés, l'offre est plus élastique à long terme qu'à court terme.
- On calcule l'élasticité-prix de l'offre en divisant le pourcentage de variation de la quantité offerte par le pourcentage de variation du prix. Lorsque la quantité offerte varie proportionnellement moins que le prix, alors l'élasticité est inférieure à 1 et on dit que l'offre est inélastique. Si la quantité offerte varie proportionnellement plus que le prix, alors l'élasticité est supérieure à 1 et on dit que l'offre est élastique.
- On peut appliquer les concepts d'offre, de demande et d'élasticité à différents marchés. Dans ce chapitre, nous avons eu recours à ces concepts pour analyser les marchés du blé, du pétrole et des drogues illicites.

Concepts clés

Élasticité, p. 94

Élasticité croisée de la demande, p. 103

Élasticité-prix de la demande, p. 94

Élasticité-prix de l'offre, p. 104

Élasticité-revenu de la demande, p. 103

Recette totale, p. 97

Questions de révision

1. Donnez une définition de l'élasticité-prix de la demande et de l'élasticité-revenu de la demande.
2. Énumérez et expliquez les quatre facteurs déterminant l'élasticité-prix de la demande.
3. Lors du calcul de l'élasticité, quel est le principal avantage associé à l'utilisation de la méthode du point milieu ?
4. Lorsque l'élasticité-prix est supérieure à 1, la demande est-elle élastique ou inélastique ? Si l'élasticité-prix est égale à 0, la demande est-elle parfaitement élastique ou parfaitement inélastique ?
5. Sur un graphique d'offre et de demande, indiquez le prix d'équilibre, la quantité d'équilibre et la recette totale perçue par les producteurs.
6. Si la demande est élastique, quelles seront les conséquences d'une augmentation du prix sur la recette totale ? Expliquez.
7. Comment appelle-t-on un bien dont l'élasticité-revenu est négative ?
8. Comment peut-on calculer l'élasticité-prix de l'offre ? Que mesure cette notion ?
9. Quelle est l'élasticité-prix de l'offre des tableaux de Riopelle ?
10. L'élasticité-prix de l'offre est-elle plus élevée à court terme ou à long terme ? Pourquoi ?
11. Comment le concept d'élasticité nous aide-t-il à comprendre que la lutte antidrogue peut entraîner une hausse de la criminalité chez les toxicomanes ?

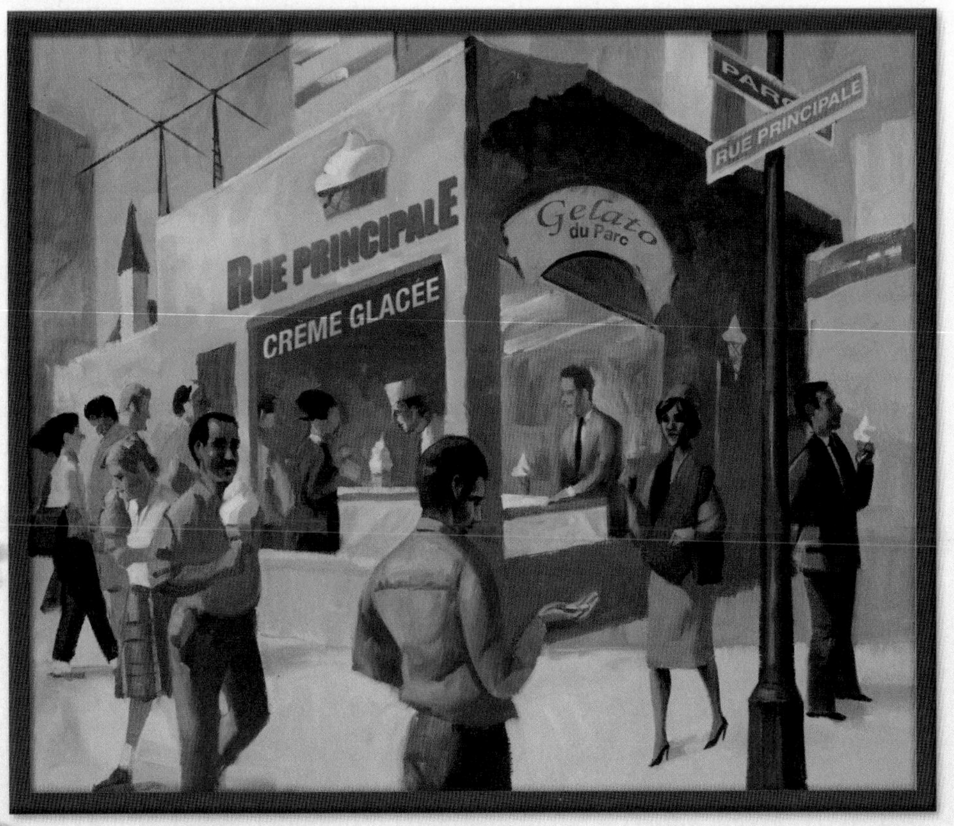

L'offre, la demande et les politiques publiques

Les économistes jouent un double rôle. En tant que scientifiques, ils élaborent et testent des théories pour expliquer le monde. En tant que conseillers économiques, ils mettent ces théories en pratique pour tenter d'améliorer ce monde. Les deux chapitres précédents portaient sur l'aspect scientifique de la discipline. Nous avons observé comment l'offre et la demande déterminent le prix d'un bien et la quantité vendue. Nous avons aussi étudié comment certains événements entraînent des déplacements de l'offre ou de la demande et, par conséquent, des modifications du prix et de la quantité d'équilibre.

Le présent chapitre constitue une première incursion du côté des politiques publiques. Nous analyserons divers types d'interventions gouvernementales à partir des concepts d'offre et de demande. Ce genre d'analyse réserve quelques surprises et, comme vous pourrez le constater, ces politiques ont souvent des conséquences que ceux qui les ont implantées ou demandées n'avaient ni voulues, ni anticipées.

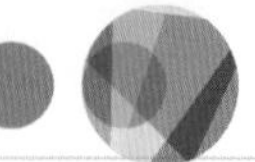

Nous examinerons d'abord les politiques de contrôle des prix. Par exemple, la réglementation des loyers, qui fixe la somme maximale que les propriétaires peuvent exiger de leurs locataires (prix plafond), en constitue un bon exemple, tout comme les lois sur le salaire minimum, qui empêchent les entreprises de payer les travailleurs en deçà d'un certain taux horaire (prix plancher). Les pouvoirs publics ont recours au contrôle des prix chaque fois qu'ils estiment que celui fixé par le marché est injuste pour les acheteurs ou pour les vendeurs. Toutefois, comme nous le verrons, ce type d'intervention engendre également ses propres injustices.

Après avoir abordé le contrôle des prix, nous étudierons les effets de la fiscalité. Nos gouvernements récoltent des impôts pour financer les politiques publiques et pour influer sur les marchés. Malgré l'omniprésence des impôts et des taxes dans notre économie, leurs conséquences sont loin d'être toujours évidentes. Lorsque le gouvernement prélève un impôt sur le salaire qu'une entreprise paie à ses employés, le fardeau fiscal est-il supporté par l'entreprise ou par les employés ? La réponse ne coule pas de source — du moins, jusqu'à ce que l'on ait recours aux précieux outils d'analyse de l'offre et de la demande.

Le contrôle des prix

Afin d'examiner les effets du contrôle des prix sur l'équilibre du marché, reprenons l'exemple de la crème glacée. Comme nous l'avons vu au chapitre 4, si la vente de ce produit s'effectue sur un marché concurrentiel, le prix assure l'équilibre entre l'offre et la demande. Au prix d'équilibre, la quantité de cornets de crème glacée que les acheteurs veulent consommer est égale à la quantité que les vendeurs se proposent de vendre.

Supposons que le prix d'équilibre s'établisse à 3 $ le cornet. Ce prix, résultat de la libre interaction des acheteurs et des vendeurs, peut ne pas convenir à tous. L'Association canadienne des consommateurs de crème glacée peut s'y opposer, alléguant qu'il est trop élevé pour que la clientèle puisse consommer son cornet quotidien (conformément à sa recommandation pour une saine alimentation). De son côté, l'Organisation canadienne des producteurs de crème glacée fera remarquer que ce prix trop faible — résultat d'une concurrence forcenée — met en péril le gagne-pain de ses membres. Chacun de ces groupes de pression milite en faveur de l'adoption de lois modifiant les résultats du marché par un contrôle des prix.

Puisque les acheteurs souhaitent payer le moins cher possible et que les vendeurs souhaitent vendre le plus cher possible, nous sommes en présence de deux groupes ayant des intérêts opposés. Si les consommateurs de crème glacée obtiennent gain de cause, le gouvernement imposera un prix maximal à la vente de la crème glacée. Comme ce prix ne peut dépasser ce maximum légal, il est nommé **prix plafond**. En revanche, si les producteurs de crème glacée l'emportent, les autorités fixeront un prix minimal, appelé **prix plancher**, en deçà duquel on ne pourra vendre ce produit. Analysons tour à tour les conséquences de ces politiques.

Prix plafond
Prix maximal auquel un bien peut être vendu.

Prix plancher
Prix minimal auquel un bien peut être vendu.

Les effets des prix plafonds sur les marchés

Lorsque les pouvoirs publics imposent un prix plafond, sous la pression des consommateurs de crème glacée, deux résultats sont possibles. Dans le cas du graphique a) de la figure 6.1, le gouvernement établit le prix plafond à 4 $

le cornet. Puisque le prix qui équilibre l'offre et la demande (3 $) est inférieur au prix plafond, ce dernier n'est pas contraignant. Par conséquent, les forces du marché ramènent naturellement le prix vers l'équilibre.

Le graphique b) de la figure 6.1 illustre l'autre possibilité, plus intéressante quant à l'analyse. Le gouvernement impose dans ce cas un prix plafond de 2 $ le cornet. Cette fois, comme le prix d'équilibre (3 $) est supérieur au prix plafond, ce dernier constitue une *contrainte effective* pour le marché. Le mécanisme de l'offre et de la demande pousse le prix du marché vers le prix d'équilibre mais, après avoir atteint le prix plafond, le prix du marché ne peut plus augmenter. Le prix du marché est alors égal au prix plafond, et la quantité de cornets de crème glacée demandée (125 cornets) dépasse la quantité offerte (75 cornets). Il en résulte une pénurie, ce qui signifie que 50 consommateurs ne pourront se procurer un cornet au prix du marché.

La pénurie que provoque un plafonnement des prix aboutit à certains types de rationnement. De longues files d'attente peuvent se former; les acheteurs les plus patients attendront longtemps avant d'obtenir leur cornet, pendant que les autres, moins patients, y renonceront. Les vendeurs ont également la possibilité de rationner la crème glacée, en approvisionnant leurs amis et leurs familles ou les membres de leur communauté ethnique. On remarquera que le prix plafond, initialement destiné à favoriser les acheteurs de crème glacée, en

FIGURE 6.1

Le marché et le prix plafond

a) Prix plafond non effectif

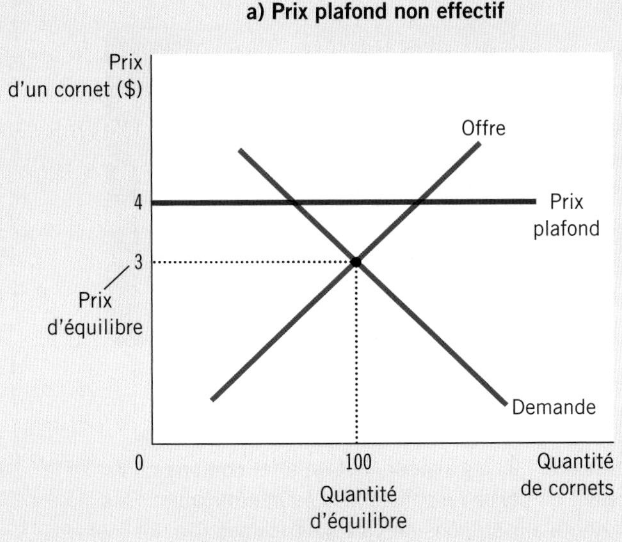

b) Prix plafond effectif

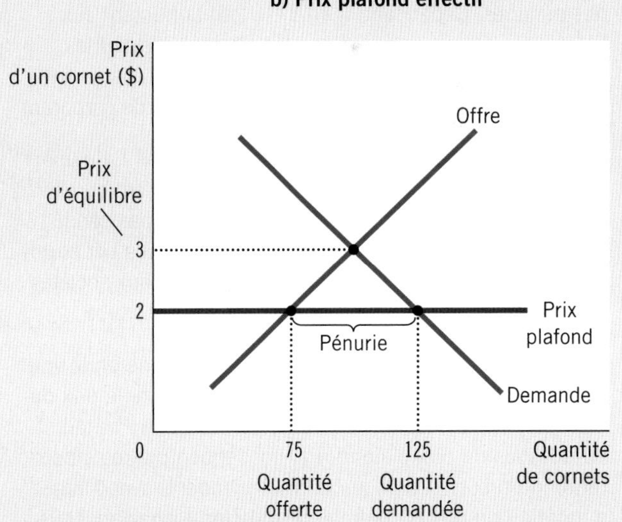

Sur le graphique a), le gouvernement impose un prix plafond de 4 $. Puisque ce plafond se situe au-dessus du prix d'équilibre de 3 $, il n'a aucune conséquence, et le marché peut atteindre l'équilibre. La quantité demandée et la quantité offerte s'élèvent toutes deux à 100 cornets. Sur le graphique b), le prix plafond de 2 $ imposé par le gouvernement se situe au-dessous du prix d'équilibre de 3 $; il a donc une influence, et le marché ne peut pas atteindre l'équilibre. À ce prix plafond, la quantité demandée est de 125 cornets, mais la quantité offerte n'est que de 75, ce qui entraîne une pénurie de 50 cornets.

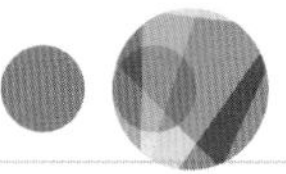

désavantage plusieurs. Certains obtiennent, il est vrai, de la crème glacée bon marché, même s'ils doivent faire la queue, mais d'autres ne sont tout simplement plus en mesure de s'en procurer au prix en vigueur.

Cet exemple illustre un mécanisme général : lorsque le gouvernement impose un prix plafond effectif dans un marché concurrentiel, il crée une pénurie et les vendeurs sont alors contraints de rationner les biens. Ces mécanismes de rationnement s'avèrent rarement désirables. Les consommateurs perdent un temps précieux dans les files d'attente, alors que la discrimination en fonction des préférences du vendeur est inefficace (car les biens ne vont pas nécessairement aux consommateurs qui leur accordent le plus de valeur) et potentiellement injuste. En revanche, les mécanismes de rationnement sur un marché libre et concurrentiel sont à la fois efficaces et impersonnels. Lorsque le marché atteint son équilibre, tous ceux qui acceptent de payer le prix du marché peuvent s'acheter un cornet. Les marchés libres rationnent les biens grâce au prix.

ÉTUDE DE CAS

Les files d'attente à la station-service

Comme nous l'avons vu au chapitre 5, durant les années 1970, l'Organisation des pays exportateurs de pétrole (OPEP) a réduit sa production de pétrole, ce qui a provoqué une augmentation du prix du brut sur les marchés mondiaux. Puisque le pétrole constitue un intrant dans la fabrication de l'essence, cette décision a provoqué une augmentation du prix du carburant. Au Canada, le prix du carburant a augmenté, mais cette augmentation a rarement provoqué des pénuries. Cependant, il en a été tout autrement aux États-Unis. On a vu s'étirer les files d'attente devant les pompes et les automobilistes américains ont dû patienter durant des heures pour acheter quelques litres de carburant.

Qui est responsable des longues files d'attente ? La plupart des Américains s'en sont pris à l'OPEP : si son action n'avait pas fait grimper le prix du pétrole, on n'aurait pas connu de pénurie d'essence. Toutefois, les économistes ont plutôt blâmé la réglementation américaine imposant aux sociétés pétrolières un prix plafond pour la vente de l'essence.

La figure 6.2 montre ce qui s'est passé. Comme on le voit sur le graphique a), avant que l'OPEP augmente le prix du baril de pétrole, le prix d'équilibre de l'essence P_1 était au-dessous du prix plafond. Par conséquent, la réglementation du prix n'a eu aucun effet. Cependant, avec l'augmentation du prix du pétrole, la situation a changé. Cette augmentation a accru le coût de production de l'essence, entraînant ainsi une réduction de l'offre d'essence. Le graphique b) illustre le déplacement de la courbe d'offre de O_1 à O_2. Dans un marché libre, ce déplacement aurait entraîné une hausse du prix d'équilibre de l'essence, le faisant passer de P_1 à P_2, et n'aurait pas provoqué de pénurie. Or, l'instauration d'un prix plafond a empêché le prix de rejoindre le prix d'équilibre. En effet, à ce prix plafond, les producteurs voulaient vendre une quantité Q_O et les consommateurs voulaient acheter une quantité Q_D. La diminution de l'offre a donc provoqué une grave pénurie.

Qui est responsable : l'OPEP ou les législateurs ?

On a fini par abolir les lois réglementant le prix de l'essence. Les législateurs ont en effet compris qu'ils étaient en partie responsables des interminables files d'attente aux stations-service américaines. De nos jours, lorsqu'il y a une variation du prix du baril de pétrole, le prix de l'essence s'ajuste de façon à maintenir l'équilibre entre l'offre et la demande. Au Canada, comme il n'y a pas eu de contrôle des prix sur l'essence dans les années 1970, il n'y a eu aucune file d'attente aux stations-service.

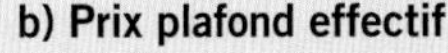

FIGURE 6.2

Le prix plafond pour le marché de l'essence

a) Prix plafond non effectif

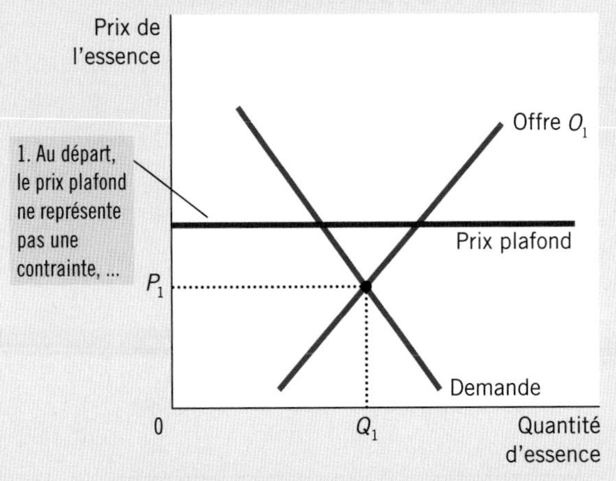

b) Prix plafond effectif

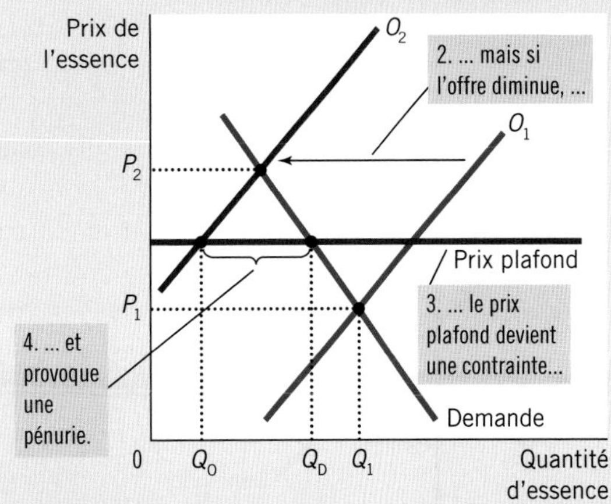

Le graphique a) montre le marché de l'essence avant que le prix plafond constitue une contrainte effective, le prix d'équilibre P_1 se situant au-dessous de ce plafond. Le graphique b) montre que l'augmentation du prix du pétrole (un intrant dans la production d'essence) entraîne un déplacement de la courbe d'offre d'essence vers la gauche, de O_1 à O_2. Dans un marché libre, le prix serait passé de P_1 à P_2. Or, un prix plafond empêche cet ajustement de se faire. En raison de cette contrainte, les consommateurs désirent acheter la quantité Q_D, mais les producteurs ne veulent vendre que Q_O. La pénurie est alors égale à la différence entre la quantité demandée et la quantité offerte, $Q_D - Q_O$.

ÉTUDE DE CAS

Le contrôle des loyers à court et à long terme

Le contrôle des loyers représente un autre exemple type d'un prix plafond. Les gouvernements de certaines provinces imposent un plafonnement sur le loyer que les propriétaires peuvent exiger de leurs locataires. En effet, le Québec, l'Ontario, le Manitoba, la Colombie-Britannique et l'Île-du-Prince-Édouard ont mis en place, à divers degrés, des mécanismes de contrôle des loyers. Ces politiques visent à aider les plus défavorisés à se loger à un prix abordable. Les économistes ont souvent critiqué le contrôle des loyers, affirmant qu'il s'agissait d'un moyen totalement inefficace d'améliorer le niveau de vie des plus démunis.

Le grand public ne se rend pas immédiatement compte des effets indésirables du contrôle des loyers, puisqu'ils ne se manifestent qu'après plusieurs années. À court terme, les propriétaires disposent d'un certain nombre d'appartements à louer et ne peuvent modifier leur stock assez rapidement pour s'adapter aux changements des conditions du marché. En outre, les locataires potentiels réagissent très faiblement aux loyers, car leurs besoins en matière de logement évoluent lentement. Pour ces raisons, l'offre et la demande de logements sont relativement inélastiques à court terme.

Le graphique a) de la figure 6.3 illustre les effets à court terme du contrôle des loyers sur le marché du logement. Comme bien d'autres plafonnements de prix, le contrôle des loyers crée une pénurie. Néanmoins, comme l'offre et la demande sont inélastiques à court terme, cette pénurie se fait peu sentir au départ. L'effet principal dans l'immédiat consiste en une baisse des loyers.

Les choses sont tout à fait différentes à long terme, car les acheteurs et les vendeurs modifient leur comportement

▶

FIGURE 6.3

Le contrôle des loyers à court et à long terme

a) Contrôle des loyers à court terme (L'offre et la demande sont inélastiques.)

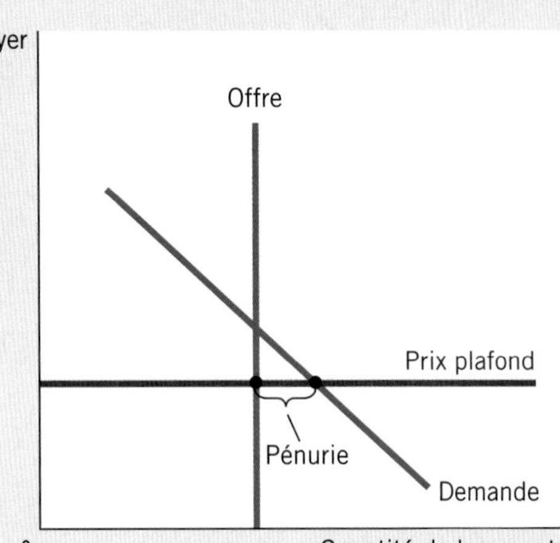

b) Contrôle des loyers à long terme (L'offre et la demande sont élastiques.)

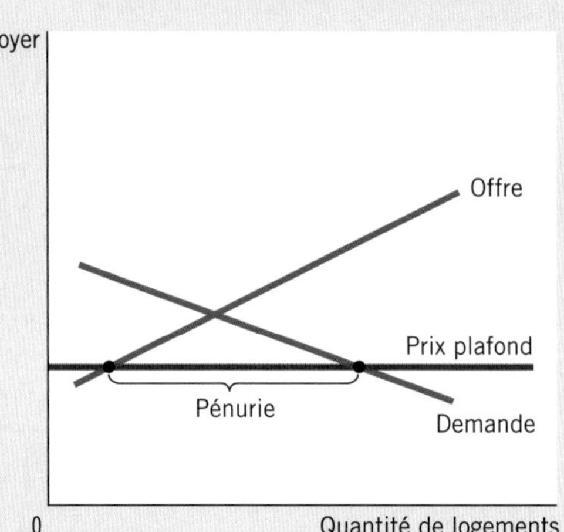

Le graphique a) montre les effets à court terme du contrôle des loyers : comme l'offre et la demande de logements sont relativement inélastiques, le prix plafond provoque une faible pénurie de logements. Toutefois, étant donné que la demande et l'offre de logements sont plus élastiques à long terme, le contrôle des loyers provoque une grave pénurie, comme le montre le graphique b).

respectif au fil du temps. Du côté de l'offre, à mesure que le temps passe, les propriétaires s'abstiennent de construire de nouvelles unités ou d'entretenir le parc locatif existant en raison de la baisse des loyers. Du côté de la demande, la faiblesse des loyers pousse les jeunes à se louer un appartement (au lieu de rester chez leurs parents ou de demeurer avec un colocataire) et incite plus de gens à déménager en ville. C'est pourquoi l'offre et la demande deviennent plus élastiques à long terme.

Le graphique b) de la figure 6.3 décrit l'évolution du marché à long terme. Lorsque le contrôle des loyers fait passer le loyer en deçà du niveau d'équilibre, le nombre d'appartements offerts diminue sensiblement, alors que la quantité demandée augmente substantiellement. Il en résulte une crise du logement.

Dans les provinces qui ont instauré un contrôle des loyers, et le Québec est un chef de file à cet égard, les propriétaires ont adopté divers moyens pour rationner l'offre de logements. Certains dressent une longue liste d'attente de locataires potentiels. D'autres accordent la préférence aux ménages sans enfants ou pratiquent carrément une discrimination raciale. Dans certains cas, le locataire potentiel verse au propriétaire une somme d'argent sous la table pour obtenir l'appartement convoité.

Pour bien comprendre les conséquences du contrôle des loyers, il suffit de se rappeler l'un des **dix principes d'économie** du chapitre 1 : les gens réagissent aux incitatifs. Sur un marché libre, les propriétaires essaient d'entretenir leurs bâtiments et s'assurent que ceux-ci restent en bon état, car un bon appartement leur permet de justifier un loyer élevé. Toutefois, ces mêmes propriétaires ne sont guère enclins à se préoccuper du bien-être de leurs locataires lorsque le contrôle des loyers crée une pénurie. Pourquoi dépenseraient-ils de l'argent pour entretenir et améliorer leurs immeubles lorsque les locataires se bousculent à leurs portes pour les louer tels qu'ils sont ? Certes, les locataires profitent de loyers plus bas, mais la qualité du logement s'en ressent.

Pour corriger les effets néfastes du contrôle des prix des logements, le gouvernement impose souvent de nouvelles réglementations. On a ainsi déclaré que la discrimination raciale dans l'accès au logement était illégale et on a obligé les propriétaires à offrir des conditions d'habitabilité minimales. C'est là un type de législation à la fois difficile et coûteuse à appliquer. Or, pareille législation serait beaucoup moins nécessaire si l'on supprimait le contrôle des loyers. Dans un marché libre, où les forces de la concurrence s'expriment, les loyers s'ajustent pour éliminer les pénuries qui incitent les propriétaires et les locataires à adopter des comportements indésirables.

Les effets des prix planchers sur les marchés

Pour étudier les conséquences d'un autre type de contrôle des prix, reprenons l'exemple du marché de la crème glacée. Supposons que le gouvernement, convaincu par les arguments de l'Organisation canadienne des producteurs de crème glacée, fixe un prix plancher. Les prix planchers, tout comme les prix plafonds, constituent une tentative de maintenir les prix à un niveau différent du prix d'équilibre. Tandis que les prix plafonds établissent un niveau maximal légal sur les prix, les prix planchers imposent un niveau minimal légal.

Quand le gouvernement impose un prix plancher sur le marché de la crème glacée, deux résultats sont possibles. Si le prix plancher est fixé à 2 $ lorsque le prix d'équilibre est de 3 $, on obtient le résultat représenté sur le graphique a) de la figure 6.4. Dans ce cas, le prix plancher ne constitue pas une contrainte effective puisqu'il se situe au-dessous du prix d'équilibre. Les forces du marché entrent en action et conduisent le marché vers l'équilibre, de sorte que le prix plancher n'a aucun effet.

Le graphique b) de la figure 6.4 montre ce qui arrive lorsque le prix plancher constitue une contrainte effective. Le jeu de l'offre et de la demande tend à faire baisser le prix du marché vers l'équilibre, mais lorsque celui-ci atteint le prix plancher, il ne peut pas descendre plus bas. À ce niveau de prix, la quantité de crème glacée offerte (120 cornets) dépasse la quantité demandée (80 cornets), ce

FIGURE 6.4

Le prix plancher sur un marché

a) Prix plancher non effectif

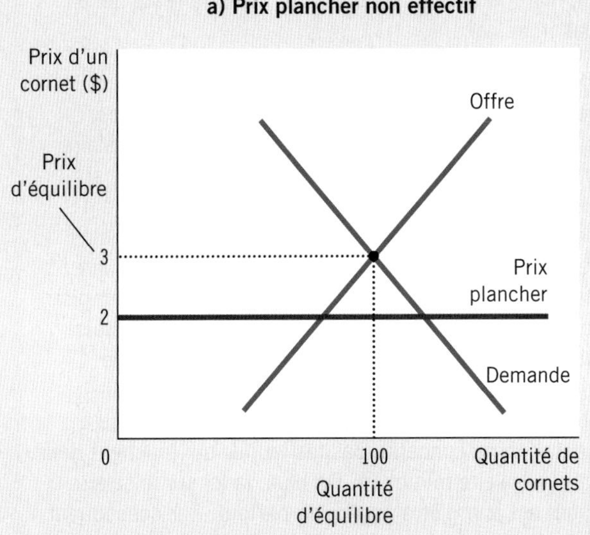

b) Prix plancher effectif

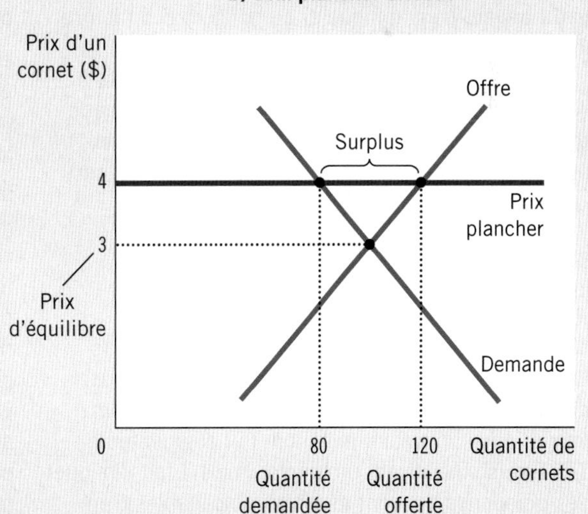

Sur le graphique a), le gouvernement impose un prix plancher de 2 $ n'ayant aucun effet puisqu'il se trouve au-dessous du prix d'équilibre de 3 $. Le prix du marché assure alors l'équilibre entre l'offre et la demande, toutes deux égales à 100 cornets. Sur le graphique b), le gouvernement impose un prix plancher de 4 $, se situant au-dessus du prix d'équilibre de 3 $. Le prix réglementé de 4 $ provoque un surplus de 40 cornets, la quantité demandée à ce prix étant de 80 cornets, par rapport à une quantité offerte, qui s'élève à 120.

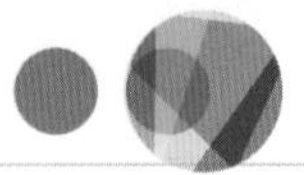

qui signifie que certains offreurs seront incapables d'écouler leur production au prix en vigueur. Par conséquent, *un prix plancher effectif provoque un surplus.*

Tout comme les prix plafonds et les pénuries qu'ils engendrent font naître des mécanismes de rationnement indésirables, les prix planchers et les surplus sont nuisibles. Dans le cas d'un prix plancher, les vendeurs seront incapables de vendre toutes leurs marchandises au prix du marché. Ceux qui en appelleront aux préjugés des acheteurs, en raison de leurs liens familiaux ou ethniques, seront sans doute en mesure de liquider leurs stocks plus facilement que les autres. En revanche, sur un marché libre, le prix joue le rôle d'un mécanisme de rationnement, et les vendeurs peuvent écouler les quantités qu'ils désirent au prix d'équilibre.

ÉTUDE DE CAS

Le salaire minimum

Le salaire minimum représente un bel exemple de prix plancher. La loi du salaire minimum dicte le salaire le plus bas qu'un employeur est autorisé à verser à un employé. Au Canada, en 2014, cette somme variait d'une province à l'autre, dans une fourchette de 10 $ à 11 $ l'heure. Des taux plus bas s'appliquent aux jeunes travailleurs et au personnel œuvrant dans le milieu de l'hôtellerie et de la restauration (qui complètent leurs salaires par les pourboires).

Pour étudier l'impact du salaire minimum, examinons le marché du travail. Le graphique a) de la figure 6.5 montre ce marché qui, comme tous les autres, est soumis au jeu de l'offre et de la demande. La main-d'œuvre prête à travailler constitue l'offre de travail, alors que la demande regroupe tous les employeurs. Sans intervention gouvernementale, les salaires s'ajustent de manière à équilibrer l'offre et la demande.

Le graphique b) de la figure 6.5 montre le marché du travail dans le contexte d'une législation sur le salaire minimum. Si ce salaire se situe au-dessus du niveau d'équilibre, comme dans le graphique b), la quantité de travail offerte excède la quantité demandée et un surplus apparaît. Sur le marché du travail, ce surplus a un nom : le chômage. Ainsi, le salaire minimum fait augmenter le revenu des personnes ayant un emploi, mais il fait diminuer celui des personnes qui sont désormais incapables d'en trouver un.

Pour comprendre l'impact du salaire minimum, il faut savoir que l'économie comprend non pas un seul marché de l'emploi, mais bien plusieurs, selon les diverses catégories de travailleurs. Les conséquences du salaire minimum varient selon la qualification et l'expérience des employés. Les personnes très qualifiées et disposant d'une grande expérience ne sont nullement touchées, car leur salaire dépasse nettement le salaire minimum. Dans leur cas, ce dernier ne constitue pas une contrainte effective.

C'est sur le marché de l'emploi des jeunes que les conséquences du salaire minimum sont les plus importantes. Les jeunes sont les employés les moins qualifiés sur le marché du travail et manquent d'expérience. En outre, ils sont les plus susceptibles d'accepter un salaire inférieur pour acquérir une formation pratique. Par conséquent, le salaire minimum représente davantage une contrainte effective pour le marché des jeunes que pour celui du reste de la population active.

Nombre d'économistes ont analysé l'impact de la loi du salaire minimum sur le marché de l'emploi des jeunes. Leurs études ont établi un lien entre l'évolution du salaire minimum et celle de l'emploi chez les jeunes. Même si le débat concernant l'effet du salaire minimum sur l'emploi se poursuit, les études arrivent toutes plus ou moins au même résultat : une augmentation de 10 % du salaire minimum entraîne une réduction de 1 % à 3 % de l'emploi des jeunes. Afin d'interpréter correctement ces résultats, notons que la hausse de 10 % du salaire minimum ne signifie pas automatiquement une augmentation équivalente du salaire moyen de tous les jeunes. Une telle augmentation ne concerne pas les jeunes qui touchent déjà plus que le salaire minimum. De plus, la loi sur le salaire minimum est loin d'être appliquée partout. Par conséquent, la prédiction d'une chute de l'emploi de 1 % à 3 % est très importante et doit être prise très au sérieux.

Non seulement le salaire minimum influence la quantité demandée de travail, mais il a également un impact sur la quantité offerte. Comme il entraîne une hausse du salaire horaire qu'un jeune peut espérer gagner, le salaire minimum incite de nombreux jeunes à chercher un emploi. Les études sur la question ont démontré qu'une

▶

FIGURE 6.5

L'effet du salaire minimum sur le marché du travail

a) Marché du travail non réglementé

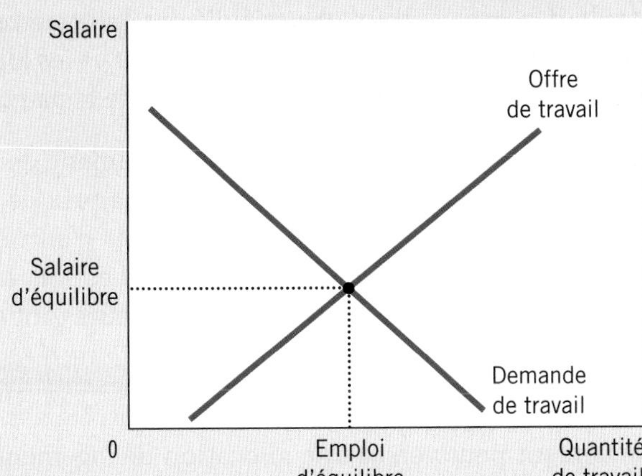

b) Marché du travail avec salaire minimum

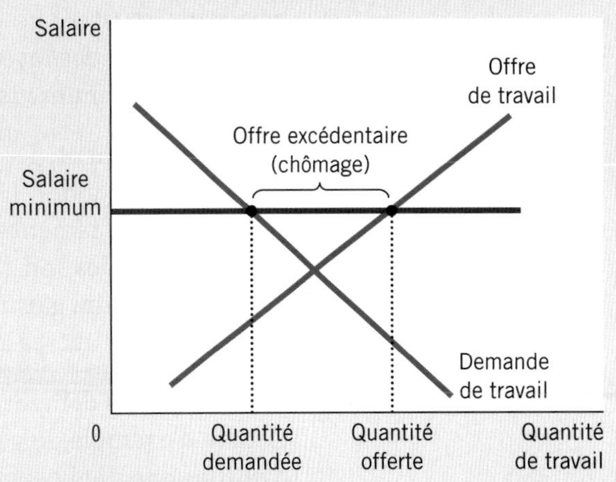

Le graphique a) montre un marché du travail où le salaire équilibre l'offre et la demande de travail. Le graphique b) illustre l'impact du salaire minimum. Ce salaire constitue un prix plancher et provoque un surplus : la quantité de travail offerte excède la quantité demandée, ce qui se traduit par du chômage.

augmentation du salaire minimum détermine quels jeunes travaillent. Lorsque le salaire minimum augmente, certains jeunes décident d'abandonner l'école pour aller gagner leur vie. Ces nouveaux décrocheurs prennent alors la place de ceux qui avaient quitté l'école avant eux et qui se retrouvent maintenant au chômage.

Le salaire minimum suscite constamment des polémiques, y compris parmi les économistes. Les tenants du salaire minimum considèrent qu'une telle politique permet une augmentation des revenus des travailleurs les plus défavorisés. Ils font valoir, avec raison, que deux adultes travaillant 35 heures par semaine à un salaire horaire de 10 $ ont un revenu annuel total de 36 400 $, ce qui est nettement inférieur au revenu familial moyen au Canada et ne leur garantit qu'un niveau de consommation précaire. Nombre de ces défenseurs du salaire minimum reconnaissent ses effets pervers, y compris le chômage, mais tout compte fait, ils les considèrent comme marginaux et sont convaincus que la hausse du salaire minimum améliore le sort des plus défavorisés.

Les détracteurs du salaire minimum soutiennent qu'il ne constitue pas la meilleure solution pour lutter contre la pauvreté. Ils insistent sur le fait qu'il crée du chômage, incite de nombreux adolescents à décrocher de l'école et empêche certains travailleurs non qualifiés d'obtenir la formation sur le terrain dont ils ont besoin. Pour ces raisons, ils estiment que la loi du salaire minimum n'atteint nullement son objectif. Ceux qui travaillent au salaire minimum ne sont pas tous des chefs de famille luttant pour sortir de la pauvreté. En fait, la majorité de ces salariés sont des adolescents appartenant à la classe moyenne et travaillant à temps partiel pour se faire de l'argent de poche.

L'évaluation des contrôles de prix

Au chapitre 1, nous avons vu que, selon l'un des **dix principes d'économie,** les marchés représentent en général une bonne façon d'organiser l'activité économique. Ce principe permet de comprendre pourquoi les économistes s'opposent généralement aux prix plafonds et aux prix planchers. Ils pensent que les prix ne sont pas le fruit du hasard, mais plutôt l'aboutissement des millions de décisions des entreprises et des consommateurs, illustrées par les courbes d'offre et de demande. Les prix jouent un rôle essentiel : ils assurent l'équilibre de l'offre et de la demande et coordonnent l'activité économique. Lorsque les pouvoirs

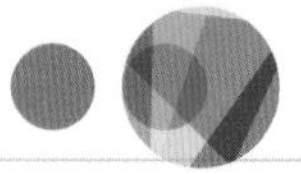

publics fixent les prix par décret, ils brouillent le signal qui, normalement, guide l'allocation des ressources d'une société.

Un autre des **dix principes d'économie** affirme que les gouvernements peuvent parfois améliorer les solutions de marché. Effectivement, les dirigeants adoptent un contrôle des prix lorsqu'ils considèrent que les marchés conduisent à des résultats injustes. Le contrôle des prix a pour objectif d'aider les pauvres : le plafonnement des loyers tente d'assurer l'accessibilité au logement et les lois sur le salaire minimum visent à permettre aux travailleurs de sortir de la pauvreté.

Malheureusement, le contrôle des prix s'exerce souvent au détriment de ceux qu'il est censé aider. Le contrôle des loyers empêche la hausse des prix de location des appartements, mais dissuade également les propriétaires d'entretenir leurs immeubles, en plus de créer une pénurie de logements. Les lois sur le salaire minimum garantissent le niveau de vie de certains travailleurs tout en en condamnant d'autres au chômage.

L'aide aux plus défavorisés ne requiert pas obligatoirement un contrôle des prix. À titre d'exemple, le gouvernement peut verser une allocation de logement aux familles dans le besoin pour leur permettre d'accéder à un logement décent. À l'inverse du contrôle des loyers, ces allocations ne limitent pas le parc de logements et n'aboutissent pas en fin de compte à une pénurie. De la même façon, un supplément de revenu ferait augmenter le niveau de vie des plus démunis sans dissuader les entreprises de les embaucher.

Même si de telles politiques sont préférables au contrôle des prix, elles ne représentent pas non plus une panacée. Les subventions au logement et au salaire coûtent cher au gouvernement et exigent des prélèvements fiscaux. Comme nous le verrons dans la section suivante, la fiscalité comporte elle aussi ses propres coûts.

DANS L'ACTUALITÉ

Des contrôles de prix sur la bière (et le lait) ?

Les gouvernements imposent parfois des politiques qui finissent par viser des objectifs contradictoires. Le contrôle des prix sur la bière et les produits laitiers au Canada en constitue un bon exemple.

Le contrôle des prix sur les boissons n'est rien d'autre que de l'aide sociale aux entreprises

Jesse Kline

Lors d'un voyage en Chine, il y a quelques années, j'ai constaté que dans plusieurs régions, il en coûtait moins cher de boire une bière que de l'eau en bouteille. Il en va de même au Royaume-Uni. Au Canada, cependant, le simple fait de mentionner que la bière pourrait coûter moins cher que le lait relève de l'hérésie.

L'Association des brasseurs du Québec — dont font partie Molson et Labatt, les plus importants producteurs du Canada avec environ 90 % du marché — fait pression auprès du gouvernement provincial afin que ce dernier modifie le calcul du prix plancher de la bière, ce qui aurait pour effet de rehausser le prix minimum au Québec.

La hausse du prix minimum présente l'avantage évident de fournir aux brasseurs une excuse pour augmenter le prix de leur produit, et donc d'accroître leur marge de profit. Or, le prix plancher qu'impose le gouvernement procure de

▶

nombreux autres avantages aux gros producteurs.

D'abord, il évite à Molson et à Labatt de se lancer dans une guerre de prix. Dans la plupart des cas, il est illégal pour deux entreprises de fixer les prix de concert. Cependant, si l'État le fait pour eux, les deux entreprises ne se rendent coupables de rien.

Le prix minimum tient aussi lieu de barrière à l'entrée pour d'éventuels concurrents. Puisque les deux entreprises jouissent déjà de la reconnaissance de leur marque et qu'elles vendent leur bière au plus bas prix que le leur permet la loi, une nouvelle entreprise peut difficilement intégrer le marché et se montrer concurrentielle par ses prix. La réglementation aide ces entreprises à conserver leur part de marché contre des concurrents potentiels.

Les brasseurs invoquent pour leur part des raisons plus altruistes à l'appui d'une augmentation des prix. Ils affirment que le prix devrait refléter davantage le coût d'autres articles vendus dans les épiceries du Québec. « Le prix plancher se justifie pour des raisons sociales, a déclaré Marie-Hélène Lagacé, porte-parole de Molson, dans une entrevue qu'elle accordait à *Financial Post*. Une hausse du prix de la bière plus lente que celle du prix du lait ou du beurre pourrait avoir des conséquences sociales. »

Les producteurs d'autres produits ont invoqué des arguments similaires. De nombreux aliments préparés coûtent moins cher que des fruits et légumes frais. Le gouvernement devrait donc imposer une taxe sur les aliments à faible teneur nutritive et subventionner les aliments qui sont bons pour la santé. Sauf que nous ne risquons pas de voir les gens manger leurs céréales avec de la bière plutôt qu'avec du lait.

De plus, le prix d'un produit n'est assorti d'aucun sens social profond. Il est fixé par le point d'intersection de l'offre et de la demande, en théorie du moins. Le problème, avec l'argument que soutiennent les brasseurs, est que le prix du lait et du beurre est aussi déterminé par le gouvernement et que, comme la bière, il est fixé bien au-dessus de sa valeur marchande.

Serez-vous surpris d'apprendre que selon le gouvernement fédéral, les produits laitiers canadiens sont « réputés mondialement pour leur excellence », et ce, grâce à la réglementation gouvernementale stricte dont fait l'objet l'industrie ?

Qu'adviendrait-il de nous sans les quotas gouvernementaux sur la production laitière ou les prix de soutien du beurre et de la poudre de lait écrémé ? sans l'imposition de tarifs d'importation de 300 % ? sans les régies des marchés agricoles qui établissent des cibles pour le prix de détail du lait ?

Une chose est sûre, le prix de nos produits laitiers ne compterait pas parmi les plus élevés au monde ; les coûts n'augmenteraient probablement pas presque deux fois plus vite que l'inflation et les gens les moins fortunés auraient les moyens de s'offrir de plus grandes quantités d'un produit bon pour leur santé.

N'espérez cependant pas que les politiques gouvernementales aident les Canadiens moyens qui tentent d'offrir à leurs enfants un bon petit-déjeuner et de relaxer avec une bonne bière froide au terme d'une dure journée. Tant et aussi longtemps que nous laisserons les gouvernements fixer le prix des boissons, leurs politiques auront pour effet de garnir les poches des producteurs laitiers et des gros producteurs d'alcool aux dépens de tout le monde. ■

Source : Kline, J. (12 janvier 2011). « Controlling beverage prices is nothing more than corporate welfare ». *National Post*. (Traduction libre). Repéré à http://fullcomment.nationalpost.com

MINITEST

- Définissez les notions de prix plafond et de prix plancher en donnant un exemple pour chacune. Dans quel cas a-t-on une pénurie sur le marché ? Dans quel cas a-t-on un surplus ? Expliquez pourquoi.

Les taxes

Toutes les instances gouvernementales — du gouvernement fédéral à Ottawa jusqu'aux petites municipalités — financent les dépenses publiques, comme les routes, les écoles et la défense nationale, en prélevant des taxes et des impôts. Parce que les taxes ont une telle importance en tant qu'instrument de politique économique et parce qu'elles touchent notre vie quotidienne, nous y reviendrons plus d'une fois dans cet ouvrage. Dans ce chapitre, nous commencerons par considérer les effets de la fiscalité sur l'économie.

« N'oublie pas, fiston, que ce sont tes années libres d'impôt. Profites-en au maximum. »

Pour replacer cette analyse dans un contexte concret, imaginons qu'une municipalité décide de tenir un festival annuel de la crème glacée, avec un défilé, des feux d'artifice et des spectacles. Pour financer cet événement, la municipalité décide de percevoir une taxe de 0,50 $ sur chaque cornet vendu. À l'annonce de ce projet, deux groupes de pression réagissent. L'Association canadienne des consommateurs de crème glacée se plaint de ce que ses membres n'arrivent pas à joindre les deux bouts et insiste pour que les *vendeurs* assument le fardeau de la taxe. L'Organisation canadienne des producteurs de crème glacée proclame que ses membres luttent pour survivre dans une concurrence forcenée et elle soutient que c'est aux *acheteurs* de crème glacée de payer cette taxe. Le maire, désireux d'arriver à un compromis, suggère de partager cette taxe pour que les deux groupes en payent chacun la moitié.

Pour analyser une telle proposition, il faut répondre à une question simple mais subtile : quand le gouvernement impose une taxe sur un produit, qui la paye, les acheteurs ou les vendeurs ? Et si les acheteurs et les vendeurs se partagent le fardeau de la taxe, comment la répartition se fait-elle ? Le gouvernement peut-il, à la suggestion du maire, légiférer sur ce partage ? Les forces du marché jouent-elles un rôle dans ce partage ? Lorsqu'ils évoquent la répartition du fardeau d'une taxe, les économistes parlent d'**incidence fiscale**. Comme nous allons le voir, l'application des concepts d'offre et de demande nous réserve ici quelques surprises.

Incidence fiscale
Manière suivant laquelle le fardeau d'une taxe est réparti entre les acheteurs et les vendeurs.

Les taxes sur l'offre

Nous envisagerons d'abord une taxe imposée aux offreurs d'un bien. À titre d'exemple, imaginons que la municipalité adopte un règlement exigeant que les vendeurs de cornets de crème glacée lui envoient 0,50 $ pour la vente de chaque cornet. Quelles sont les conséquences de cette mesure sur les acheteurs et sur les vendeurs ? Pour répondre à cette question, reprenons les trois étapes décrites au chapitre 4 pour l'analyse de l'offre et de la demande : 1) déterminer si cette loi influe sur l'offre ou la demande, 2) examiner dans quel sens se déplace la courbe touchée et 3) étudier l'impact de ce déplacement sur l'équilibre de marché.

La première étape

L'effet immédiat de cette taxe se fait sentir sur l'offre de crème glacée. Puisque les acheteurs ne sont pas visés par cette taxe, la quantité demandée, pour chaque niveau de prix, ne change pas ; par conséquent, la courbe de demande ne bouge pas. En revanche, les offreurs doivent payer une taxe chaque fois qu'ils vendent un cornet. Cette taxe entraîne donc un déplacement de la courbe d'offre.

La deuxième étape

Le sens de ce déplacement est facile à déterminer. Parce que la taxe sur l'offre fait monter les coûts supportés par les vendeurs, elle réduit la quantité qu'ils désirent offrir pour chaque niveau de prix. La courbe d'offre se déplace alors vers la gauche (ou, si l'on préfère, vers le haut).

Il est possible de préciser l'ampleur de ce déplacement. Pour chaque niveau de prix, la somme réelle touchée par les vendeurs — la somme qui leur reste hors taxe — est de 0,50 $ inférieure à ce qu'elle était auparavant. Par exemple, si un cornet se vend 2 $, le prix perçu par les vendeurs sera de 1,50 $. Quel que soit le prix du marché, les vendeurs offriront une quantité de crème glacée comme si ce prix était de 0,50 $ plus bas. En d'autres mots, pour inciter les vendeurs à offrir les mêmes quantités, il faut monter le prix du marché de 0,50 $ pour compenser l'effet de cette taxe. Comme on le voit sur la figure 6.6, la courbe d'offre se déplace vers *le haut*, de O_1 à O_2, d'une distance égale à la valeur de la taxe (0,50 $).

La troisième étape

Maintenant que nous savons quelle courbe se déplace et dans quel sens, nous pouvons évaluer l'impact de cette taxe en comparant l'ancien et le nouvel équilibre. Le graphique indique que le prix d'équilibre passe de 3 $ à 3,30 $ et que la quantité d'équilibre diminue de 10 cornets, passant de 100 à 90. Par conséquent, la taxe réduit la quantité de cornets de crème glacée échangée sur le marché.

FIGURE 6.6

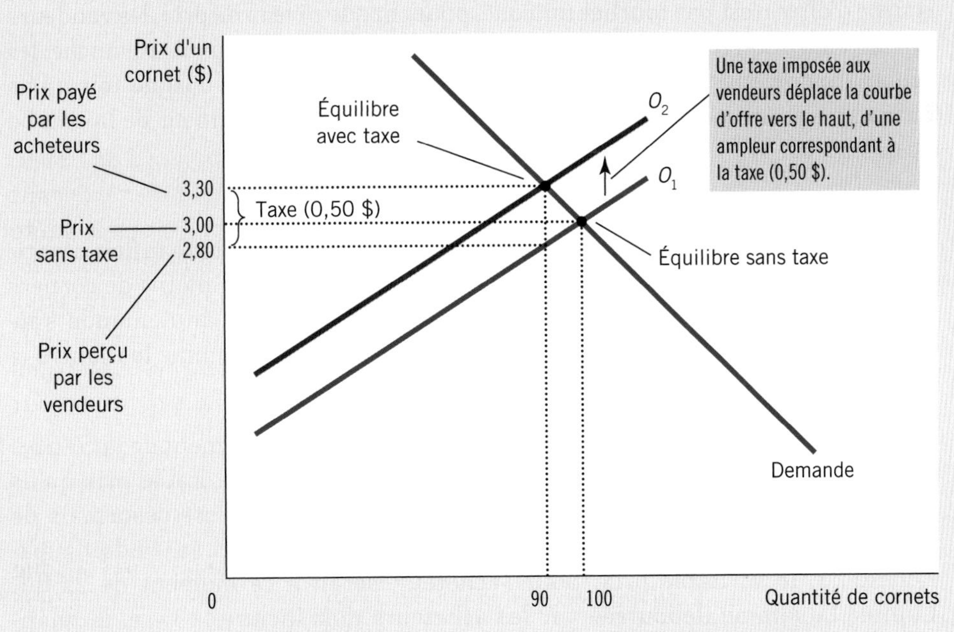

Une taxe sur l'offre

Lorsqu'on impose une taxe de 0,50 $ aux vendeurs, la courbe d'offre se déplace de 0,50 $ vers le haut pour passer de O_1 à O_2. Le prix payé par les acheteurs (taxe comprise) passe de 3 $ à 3,30 $. Le prix perçu par les vendeurs (une fois la taxe déduite) passe de 3 $ à 2,80 $. Même si la taxe s'applique aux vendeurs, ces derniers et les acheteurs supportent tous deux une partie du fardeau de cette taxe.

Les conséquences

Revenons maintenant à l'incidence fiscale : qui paye cette taxe ? Même si ce sont les vendeurs qui versent la taxe au gouvernement, les vendeurs et les acheteurs en assument conjointement la charge. Puisque l'introduction de cette taxe a fait augmenter le prix du marché de 3 $ à 3,30 $, les acheteurs paient 0,30 $ de plus qu'auparavant pour chaque cornet. Cette taxe détériore donc leur situation. Certes, les vendeurs perçoivent un prix plus élevé qu'avant l'imposition de la taxe, mais le prix qu'ils reçoivent réellement (après avoir rendu la taxe au gouvernement) passe de 3 $ à 2,80 $ (3,30 $ – 0,50 $ = 2,80 $). La taxe détériore donc également la situation des vendeurs.

La morale de cette histoire est double :

- Les taxes découragent les activités de marché. Dès qu'un produit est taxé, le nouvel équilibre correspond à une plus petite quantité échangée.
- Les acheteurs et les vendeurs supportent conjointement le fardeau de la taxe. Au nouvel équilibre, les acheteurs payent le produit plus cher et les vendeurs perçoivent moins d'argent.

Les taxes sur la demande

Prenons maintenant l'exemple d'une taxe imposée aux acheteurs d'un produit. Supposons que la municipalité adopte un règlement exigeant que les acheteurs de crème glacée envoient au gouvernement 0,50 $ à l'achat de chaque cornet. Quel sera l'effet de ce règlement ? Reprenons à nouveau nos trois étapes.

La première étape

L'effet immédiat de cette taxe se fait sentir sur la demande de crème glacée. La courbe d'offre n'est pas touchée puisque, pour chaque niveau de prix, les vendeurs ont le même intérêt à approvisionner le marché en crème glacée. En revanche, les acheteurs doivent payer une taxe (en plus du prix de vente) chaque fois qu'ils consomment un cornet. Cette taxe entraîne donc un déplacement de la courbe de demande.

La deuxième étape

Le sens de ce déplacement est facile à déterminer. Comme la taxe influe négativement sur la consommation, les acheteurs désirent acheter moins de cornets pour chaque niveau de prix. Le déplacement de la courbe de demande s'effectue donc vers la gauche (ou, si l'on préfère, vers le bas), comme le montre la figure 6.7.

Une fois de plus, nous pouvons préciser l'ampleur du déplacement de la courbe. En raison de cette taxe prélevée auprès des acheteurs, le véritable prix qu'ils paient, quelle que soit la quantité qu'ils désirent acheter, est désormais de 0,50 $ supérieur au prix du marché. Par exemple, si un cornet se vendait auparavant 2 $, le véritable prix, pour l'acheteur, serait à ce moment de 2,50 $. Comme la somme déboursée par les acheteurs doit inclure la taxe, la quantité de crème glacée demandée serait celle qui correspond à un prix de 0,50 $ supérieur au prix du marché. En d'autres mots, pour inciter les acheteurs à

FIGURE 6.7

Une taxe sur la demande

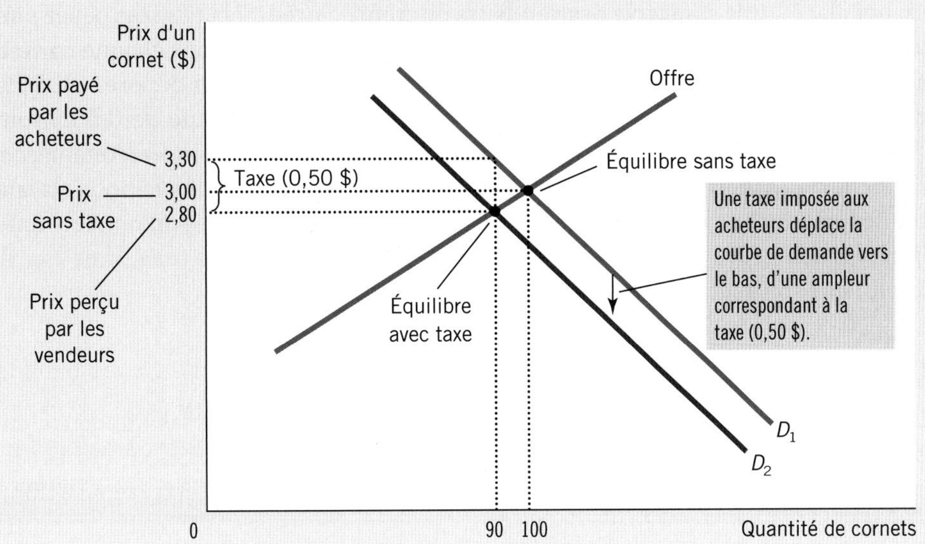

Lorsqu'on impose une taxe de 0,50 $ aux acheteurs, la courbe de demande se déplace de 0,50 $ vers le bas pour passer de D_1 à D_2. La quantité d'équilibre tombe de 100 à 90 cornets. Le prix perçu par les vendeurs passe de 3 $ à 2,80 $. Le prix payé par les acheteurs (taxe incluse) passe de 3 $ à 3,30 $. Même si la taxe s'applique aux acheteurs, ces derniers et les vendeurs supportent tous deux une partie du fardeau de la taxe.

consommer quelque quantité que ce soit, il faudrait baisser le prix du marché de 0,50 $ pour compenser cette taxe. Le déplacement de la courbe de demande s'effectue donc *vers le bas,* de D_1 à D_2. Cette baisse équivaut exactement à la taxe (0,50 $).

La troisième étape

Maintenant que nous savons que la courbe de demande diminue, nous pouvons mesurer l'impact de cette taxe en comparant l'ancien et le nouvel équilibre. Comme on peut le voir sur le graphique, le prix d'équilibre passe de 3 $ à 2,80 $ tandis que la quantité d'équilibre diminue de 10 cornets, passant de 100 à 90. Encore une fois, la taxe réduit la taille du marché. Et, une fois de plus, les acheteurs et les vendeurs se partagent le fardeau de la taxe. Les vendeurs perçoivent un prix plus faible et les acheteurs déboursent une somme plus élevée qu'auparavant, alors que le prix effectivement payé par les consommateurs, taxe comprise, passe de 3 $ à 3,30 $ le cornet.

Les conséquences

En comparant les figures 6.6 et 6.7, nous aboutissons à une conclusion surprenante : les taxes imposées aux vendeurs et celles perçues auprès des acheteurs sont équivalentes. Dans les deux cas, la taxe creuse un écart entre le prix payé par l'acheteur et le prix reçu par le vendeur. Et cet écart est exactement le même, peu importe que la taxe soit imposée aux acheteurs ou aux vendeurs. Dans les deux cas, la ponction fiscale change la position relative des courbes d'offre et de demande. Au nouvel équilibre, les acheteurs et les vendeurs se répartissent le fardeau de la taxe. La seule différence consiste donc à savoir qui, des acheteurs ou des vendeurs, transfère l'argent au gouvernement.

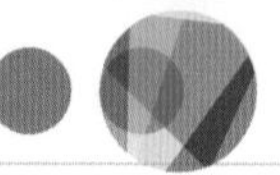

L'équivalence de ces deux modes de taxation est sans doute plus facile à comprendre si nous imaginons que la municipalité perçoit la taxe de 0,50 $ dans un bol placé sur le comptoir des vendeurs de crème glacée. Si la taxe est payée par les acheteurs, ces derniers doivent mettre 0,50 $ dans le bol pour chaque cornet acheté. Si elle incombe aux vendeurs, ce sont ces derniers qui déposent 0,50 $ dans le bol chaque fois qu'ils font une vente. Que cette somme de 0,50 $ soit déposée dans le bol directement par l'acheteur ou qu'elle passe indirectement de la poche de l'acheteur à la main du vendeur avant d'aboutir dans le bol, cela n'a finalement aucune importance. Une fois que le marché retrouve son nouvel équilibre, les acheteurs et les vendeurs se partagent le fardeau de la taxe, sans égard à celui qui doit mettre l'argent dans le bol.

L'élasticité et l'incidence fiscale

Lorsqu'une taxe est appliquée à un produit, les acheteurs et les vendeurs en partagent la charge, mais qu'est-ce qui détermine cette répartition, qui est la plupart du temps inégale ? Pour voir comment s'effectue cette répartition,

ÉTUDE DE CAS

Le Parlement peut-il répartir le fardeau des cotisations à l'assurance emploi ?

Si vous avez déjà reçu un chèque de paye, vous avez probablement remarqué que divers prélèvements y sont faits sur le salaire brut gagné. L'un de ces prélèvements correspond à l'assurance emploi. Le gouvernement destine ces sommes d'argent aux prestations d'assurance emploi, aux programmes de formation de la main-d'œuvre et à d'autres mesures sociales. L'assurance emploi constitue un exemple de taxe sur la masse salariale : une taxe prélevée sur les salaires que versent les entreprises aux travailleurs. En 2014, au Canada, la somme totale de l'assurance emploi prélevée atteignait environ 4 % du salaire de l'employé moyen.

D'après vous, qui supporte le fardeau de cette taxe sur la masse salariale : les travailleurs (l'offre) ou les employeurs (la demande) ? Quand le Parlement a approuvé cette législation, il pensait répartir le fardeau du programme. Selon la loi, 58 % de cette taxe serait payée par les entreprises et 42 % par les travailleurs, c'est-à-dire que 58 % de la somme totale visée serait prélevée à même les revenus de l'entreprise, alors que 42 % serait prélevée sur le chèque de paye des employés. La cotisation qui figure sur le talon de votre chèque de paye représente la contribution des travailleurs.

Notre analyse de l'incidence fiscale démontre cependant que les législateurs ne peuvent pas répartir le fardeau d'une taxe comme bon leur semble. Pour illustrer notre propos, nous analyserons cette taxe sur la masse salariale comme s'il s'agissait d'une taxe sur un produit : le produit est le travail et son prix correspond au salaire. Une taxe sur la masse salariale creuse un écart entre le salaire versé par l'entreprise et celui reçu par l'employé. La figure 6.8 illustre le résultat. Lorsque les cotisations à l'assurance emploi sont appliquées, la paye reçue par l'employé diminue, tandis que celle versée par l'entreprise augmente. En définitive, les employés et les entreprises se répartissent le poids de cette taxe, comme l'exige la législation. Toutefois, la répartition effective de la taxe entre employés et entreprises n'a rien à voir avec celle qu'a établie le gouvernement : la répartition du fardeau fiscal dans la figure 6.8 n'est pas forcément de 58 % pour les employeurs et de 42 % pour les employés. Et même si la législation reportait la totalité des charges sur les employeurs ou sur les employés, ceux-ci se partageraient tout de même le fardeau de la taxe.

Cet exemple illustre de manière éclatante que les enseignements de la théorie de l'incidence fiscale sont généralement absents du débat public. Certes, les législateurs sont en mesure de décider de quelle poche sortira la taxe, mais ils ne peuvent pas légiférer sur la répartition réelle du fardeau fiscal entre l'acheteur et le vendeur. En fait, ce sont les mécanismes de l'offre et de la demande qui déterminent cette répartition.

▶

FIGURE 6.8

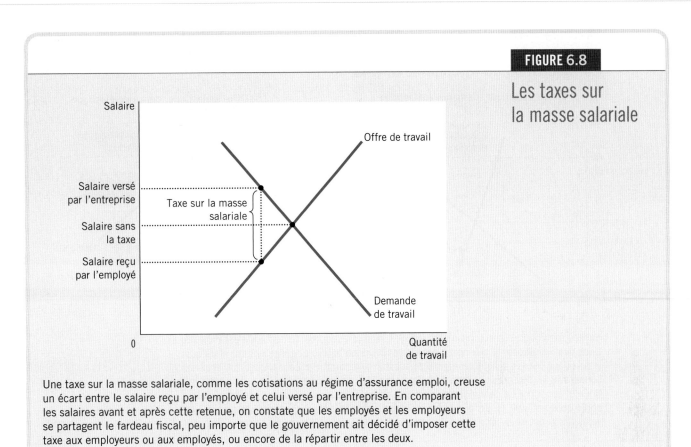

Les taxes sur la masse salariale

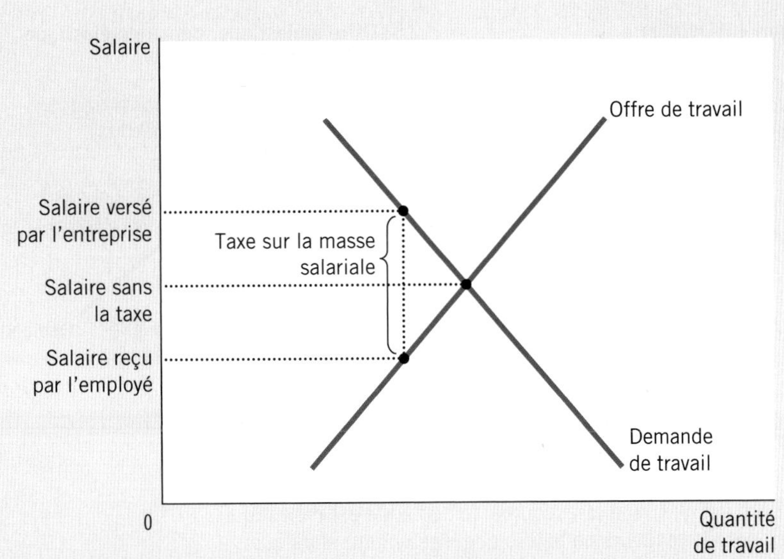

Une taxe sur la masse salariale, comme les cotisations au régime d'assurance emploi, creuse un écart entre le salaire reçu par l'employé et celui versé par l'entreprise. En comparant les salaires avant et après cette retenue, on constate que les employés et les employeurs se partagent le fardeau fiscal, peu importe que le gouvernement ait décidé d'imposer cette taxe aux employeurs ou aux employés, ou encore de la répartir entre les deux.

observons, à la figure 6.9, l'impact de la taxation sur deux marchés. Dans les deux cas, la figure montre la courbe de demande initiale, la courbe d'offre initiale et la taxe creusant un écart entre le prix payé par les acheteurs et celui reçu par les vendeurs. Les nouvelles courbes d'offre et de demande n'apparaissent pas sur le graphique. Suivant que la taxe est imposée aux acheteurs ou aux vendeurs, l'une de ces courbes subira un déplacement. Cependant, comme nous venons de le voir, cela ne change rien à l'incidence de la taxation. Les deux graphiques diffèrent en termes d'élasticité relative de l'offre et de la demande.

Le graphique a) de la figure 6.9 illustre l'imposition d'une taxe sur un marché où l'offre est plus élastique que la demande. Cela revient à dire que les vendeurs sont très sensibles aux variations de prix du bien (la courbe d'offre est plutôt horizontale), alors que les acheteurs y sont très peu sensibles (la courbe de demande est plutôt verticale). Lorsqu'on impose une taxe sur un marché caractérisé par ces types d'élasticité, le prix perçu par les vendeurs ne diminue pas beaucoup et ces derniers ne supportent qu'une faible portion de la taxe. En revanche, le prix payé par les acheteurs augmente substantiellement, ce qui indique qu'ils supportent l'essentiel de la taxe.

Le graphique b) de la figure 6.9 dépeint un marché où la demande est plus élastique que l'offre. Dans ces circonstances, les vendeurs sont peu sensibles aux variations de prix du bien (l'offre est plutôt verticale), tandis que les acheteurs y sont passablement sensibles (la demande est plutôt horizontale).

FIGURE 6.9

La répartition du fardeau de la taxe

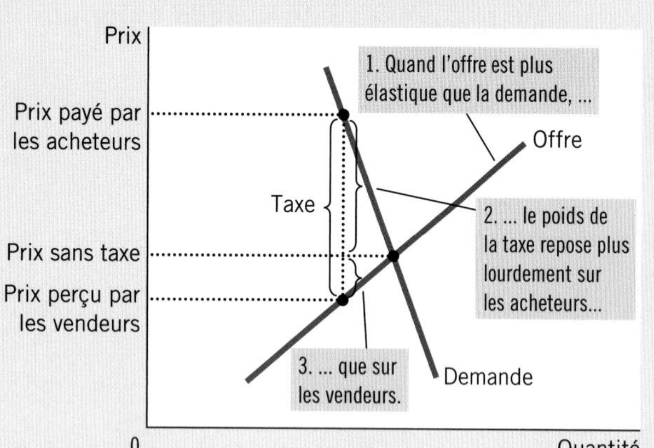

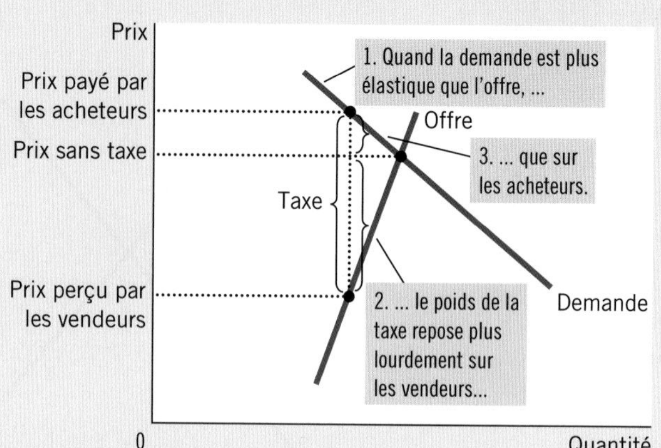

Sur le graphique a), la courbe d'offre est élastique et la courbe de demande est inélastique. Dans ces conditions, le prix perçu par les vendeurs ne baisse que légèrement, alors que le prix payé par les acheteurs augmente substantiellement. Par conséquent, les acheteurs supportent la plus grande partie de la taxe. Sur le graphique b), la courbe d'offre est inélastique et la courbe de demande est élastique. Dans ce cas, le prix perçu par les vendeurs chute abruptement, tandis que le prix payé par les acheteurs augmente légèrement. Les vendeurs supportent donc l'essentiel du poids de la taxe.

Comme on le voit sur ce graphique, l'imposition d'une taxe fait augmenter faiblement le prix payé par les acheteurs et ces derniers ne supportent qu'une faible portion de la taxe. En revanche, la taxe fait chuter substantiellement le prix perçu par les vendeurs, qui supportent dès lors la plus grande partie de la charge fiscale.

Les deux graphiques de la figure 6.9 illustrent le principe fondamental de la répartition de la taxe : le fardeau fiscal pèse plus lourdement sur le côté du marché le moins élastique. Pourquoi ? L'élasticité mesure essentiellement la propension des acheteurs ou des vendeurs à quitter le marché lorsque les conditions leur deviennent défavorables. Une faible élasticité de la demande signifie que les acheteurs sont un peu coincés. Ils peuvent difficilement remplacer le bien en question, même s'il coûte plus cher. Par ailleurs, une faible élasticité de l'offre signifie cette fois que les vendeurs sont un peu coincés. Ils peuvent difficilement offrir moins, ou autre chose, même s'ils reçoivent une somme plus faible. Si le bien en question est taxé, alors le côté du marché qui n'est pas en mesure de quitter le marché supportera l'essentiel du fardeau fiscal.

Il est possible d'appliquer le même raisonnement aux taxes sur la masse salariale que supportent les employeurs et les travailleurs, comme nous venons de le faire dans l'étude de cas précédente. La majorité des économistes pensent que l'offre de travail est beaucoup moins élastique que la demande de travail. Cela revient à dire que ce sont les travailleurs, et non les employeurs, qui supportent l'essentiel des coûts de l'assurance emploi, et ce, même si la loi prévoit que 58 % du fardeau de cette taxe devrait incomber aux entreprises.

MINITEST

- À l'aide d'un graphique d'offre et de demande, montrez l'effet d'une taxe de 1000$, imposée aux acheteurs d'automobiles, sur la quantité et sur le prix de vente des voitures. Sur un autre graphique, montrez l'effet de cette même taxe, imposée cette fois aux vendeurs, sur la quantité et sur le prix de vente des voitures. Sur ces deux graphiques, indiquez la variation du prix payé par les acheteurs et la variation du prix perçu par les vendeurs.

Conclusion

Deux types de lois régissent l'économie: les lois de l'offre et de la demande ainsi que les lois adoptées par les gouvernements. Dans ce chapitre, nous avons amorcé l'examen des interactions de ces deux types de lois. Le contrôle des prix et la taxation se retrouvent sur de nombreux marchés et leurs effets suscitent de vives polémiques, tant dans la presse que dans les milieux politiques. Il suffit toutefois de posséder des connaissances même sommaires en économie pour comprendre et évaluer ce genre de politiques.

Dans les chapitres suivants, nous analyserons plus en détail de nombreuses politiques publiques. Nous reviendrons sur les conséquences de la fiscalité et nous aborderons d'autres politiques gouvernementales. Toutefois, les leçons apprises dans ce chapitre demeureront valides: pour analyser une politique publique, l'offre et la demande constituent des outils fort précieux.

Résumé

- Un prix plafond est un prix maximal imposé pour la vente d'un bien ou d'un service, comme dans l'exemple du contrôle des loyers. Si le prix plafond se situe au-dessous du prix d'équilibre, la quantité demandée excède la quantité offerte. En raison de la pénurie qui en résulte, les vendeurs doivent, d'une façon ou d'une autre, rationner ce bien ou ce service en le répartissant entre les acheteurs.
- Un prix plancher est un prix minimal imposé pour la vente d'un bien ou d'un service, comme le salaire minimum. Si le prix plancher se situe au-dessus du prix d'équilibre, la quantité offerte excède la quantité demandée. En raison du surplus ainsi créé, la demande des acheteurs doit être rationnée, d'une manière ou d'une autre, entre les vendeurs.
- Lorsque le gouvernement impose une taxe sur un bien, la quantité d'équilibre de ce bien diminue. La mise en place d'une taxe sur un marché réduit donc la taille de ce dernier.
- La taxation d'un bien creuse un écart entre le prix payé par les acheteurs et le prix perçu par les vendeurs. Quand le marché atteint un nouvel équilibre, les acheteurs payent ce bien plus cher et les vendeurs reçoivent une somme moins importante. En ce sens, les acheteurs et les vendeurs se partagent le fardeau de la taxe. Que la taxe soit orientée vers les acheteurs ou les vendeurs, son incidence demeure la même.
- L'incidence fiscale dépend de l'élasticité de l'offre et de la demande. La charge fiscale tend à peser plus lourdement du côté du marché le plus inélastique, parce que celui-ci peut moins facilement réagir à la taxe en modifiant la quantité vendue ou achetée.

Concepts clés

Incidence fiscale, p. 128

Prix plafond, p. 118

Prix plancher, p. 118

Questions de révision

1. Donnez un exemple de prix plafond et un exemple de prix plancher.
2. Qu'est-ce qui provoque une pénurie : un prix plafond ou un prix plancher ? Lequel des deux entraîne un surplus ? Illustrez vos réponses à l'aide d'un graphique.
3. Lorsqu'on empêche le prix d'assurer l'équilibre de l'offre et de la demande, quels mécanismes se chargent de l'allocation des ressources ?
4. Expliquez pourquoi les économistes s'élèvent généralement contre le contrôle des prix.
5. Supposons que le gouvernement abolisse une taxe pour les acheteurs d'un bien et en impose une identique pour les vendeurs de ce même bien. Comment ce changement dans la politique fiscale se répercute-t-il sur le prix que les acheteurs paient, sur la somme que les acheteurs déboursent (taxe comprise), sur la somme que les vendeurs reçoivent (nette de taxe) et sur la quantité de biens vendus ?
6. Quel est l'effet d'une taxe a) sur le prix payé par les acheteurs, b) sur le prix perçu par les vendeurs et c) sur la quantité vendue ?
7. Comment la répartition de la charge fiscale entre les acheteurs et les vendeurs se fait-elle ? Expliquez.

ANNEXE

L'effet des taxes sur l'équilibre du marché

Nous avons vu à l'annexe du chapitre 4 comment déterminer, au moyen de mathématiques simples, le prix d'équilibre sur un marché concurrentiel caractérisé par des courbes d'offre et de demande linéaires. Le présent chapitre a montré que lorsqu'un produit est assujetti à une taxe, celle-ci creuse un écart entre le prix que paient les acheteurs et celui que reçoivent les vendeurs. Dans la présente annexe, nous expliquons comment adapter l'approche utilisée à l'annexe du chapitre 4 pour tenir compte des taxes.

À nouveau, nous commençons par une approche générale qui utilise des lettres pour représenter les paramètres d'offre et de demande. D'abord, considérons les équations pour les courbes de demande et d'offre linaires :

$$Q_D = a - bP$$

$$Q_O = c + dP$$

Imaginons que le gouvernement décide de faire payer une taxe aux acheteurs du produit. Disons que la taxe est égale à T $ par unité de produit acheté. Comme nous l'avons vu plus tôt dans ce chapitre, le prix réel du produit pour les acheteurs est maintenant $P + T$, puisque c'est maintenant le prix avec taxe qui détermine la demande. Cela signifie que la courbe de demande d'un produit assorti d'une taxe payée par les acheteurs devrait s'écrire de la façon suivante :

$$Q_D = a - b(P + T)$$

La taxe provoque un déplacement vers le bas de la courbe de demande. En effet, en sachant qu'ils auront à payer une taxe de T $, les consommateurs sont maintenant disposés à payer moins cher qu'avant, et ce, quelle que soit la quantité envisagée. C'est ce que montre la figure 6A.1, où est illustré un déplacement de la courbe de demande vers le bas, d'une ampleur égale à la taxe. Notez que, comme la taxe touche ici les consommateurs, la courbe d'offre demeure inchangée.

Reprenons l'exemple utilisé à l'annexe du chapitre 4 et imposons une taxe de 1 $ aux acheteurs du produit. Nous obtenons :

$$Q_D = 20 - 2(P + 1)$$

$$Q_O = -10 + 4P$$

Nous pouvons ensuite procéder exactement comme à l'annexe du chapitre 4 et déterminer le prix et la quantité d'équilibre en présence de la taxe :

$$Q_D = Q_O$$

$$20 - 2(P + 1) = -10 + 4P$$

$$20 - 2P - 2 = -10 + 4P$$

$$P = 4\tfrac{2}{3}$$

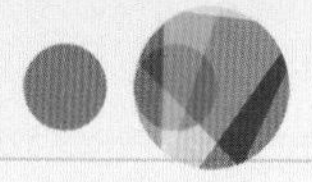

qui est le prix que reçoivent les vendeurs. Le prix que paient les acheteurs est donc $P + T = 4\frac{2}{3} + 1 = 5\frac{2}{3}$. Rappelons-nous qu'avant l'imposition d'une taxe, le prix d'équilibre était de 5 $. Nous voyons donc comment les acheteurs et les vendeurs se partagent le fardeau de la taxe : les acheteurs paient $\frac{2}{3}$ d'un dollar de plus qu'ils le faisaient sans la taxe, et les vendeurs reçoivent $\frac{1}{3}$ d'un dollar en moins.

Pour obtenir la nouvelle quantité d'équilibre avec taxe, il suffit de mettre le nouveau prix que reçoivent les vendeurs dans l'équation d'offre, $Q_O = -10 + 4(4\frac{2}{3})$. Nous obtenons alors $Q = 8\frac{2}{3}$.

Nous avons présumé jusqu'ici que la taxe est payée par les acheteurs. Si elle est payée par les vendeurs, la courbe d'offre est désormais :

$$Q_O = c + d(P - T)$$

où P est le prix que paient les acheteurs, et $P - T$, le prix réel que reçoivent les vendeurs. La taxe provoque un déplacement vers le haut de la courbe d'offre. En effet, en sachant qu'ils auront à payer une taxe de T $, les offreurs sont maintenant disposés à exiger un prix plus élevé qu'avant, et ce, quelle que soit la quantité offerte. C'est ce que montre la figure 6A.2, où est illustré un déplacement de la courbe d'offre vers le haut, d'une ampleur égale à la taxe. Notez que, puisque la taxe touche ici les offreurs, la courbe de demande demeure inchangée.

FIGURE 6A.1

Une taxe sur la demande

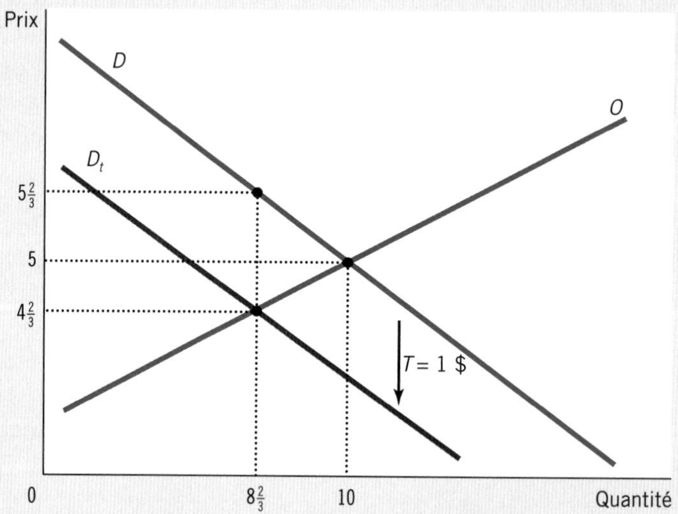

Ce graphique illustre l'équilibre de marché pour des courbes d'offre et de demande linéaires exprimées par les équations $Q_D = 20 - 2P$ et $Q_O = -10 + 4P$. Sans la taxe, le prix d'équilibre est $P = 5$ $ et la quantité d'équilibre est $Q = 10$. Lorsque les acheteurs d'un produit doivent payer une taxe de 1 $ par unité, la courbe de demande devient $Q_D = 20 - 2(P + 1)$ et se déplace de 1 $ vers le bas. Au nouvel équilibre avec taxe, le prix payé par les acheteurs est maintenant $P = 5\frac{2}{3}$, alors que le prix reçu par les offreurs est $P = 4\frac{2}{3}$. Les acheteurs supportent $\frac{2}{3}$ de la taxe alors que les vendeurs en supportent $\frac{1}{3}$.

Reprenons l'exemple utilisé plus haut et imposons une taxe de 1 $ aux offreurs du produit. Nous obtenons :

$$Q_D = 20 - 2P$$

$$Q_O = -10 + 4(P - 1)$$

Nous pouvons ensuite déterminer le prix et les quantités d'équilibre en présence de la taxe :

$$Q_D = Q_O$$

$$20 - 2P = -10 + 4(P - 1)$$

$$20 - 2P = -10 + 4P - 4$$

$$P = 5\tfrac{2}{3}$$

qui est le prix que paient les acheteurs. Le prix que reçoivent les vendeurs est donc $P - T = 5\frac{2}{3} - 1 = 4\frac{2}{3}$. Sans taxe, le prix d'équilibre est 5 $. Nous voyons

FIGURE 6A.2

Une taxe sur l'offre

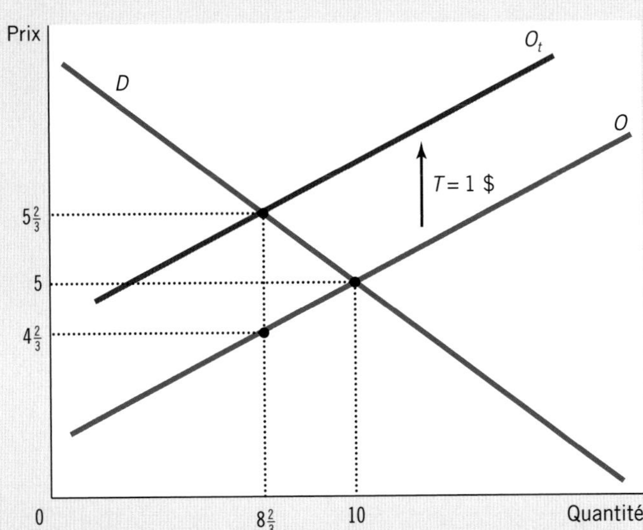

Ce graphique illustre l'équilibre de marché pour des courbes d'offre et de demande linéaires exprimées par les équations $Q_D = 20 - 2P$ et $Q_O = -10 + 4P$. Sans la taxe, le prix d'équilibre est $P = 5$ $ et la quantité d'équilibre est $Q = 10$. Lorsque les offreurs d'un produit doivent payer une taxe de 1 $ par unité, la courbe d'offre devient $Q_O = -10 + 4(P - 1)$ et se déplace de 1 $ vers le haut. Au nouvel équilibre avec taxe, le prix payé par les acheteurs est maintenant $P = 5\frac{2}{3}$, alors que le prix reçu par les offreurs est $P = 4\frac{2}{3}$. Les acheteurs et les vendeurs se partagent le fardeau de la taxe exactement de la même manière, que la taxe soit imposée aux acheteurs ou aux vendeurs.

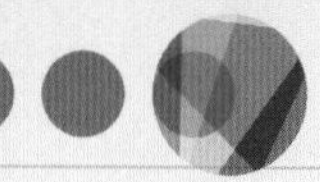

comment les acheteurs et les vendeurs se partagent le fardeau de la taxe : les acheteurs paient $\frac{2}{3}$ d'un dollar de plus qu'ils le faisaient sans la taxe, et les vendeurs reçoivent $\frac{1}{3}$ d'un dollar en moins.

Pour obtenir la nouvelle quantité d'équilibre, il suffit de mettre le nouveau prix que paient les acheteurs dans l'équation de demande, $Q_D = 20 - 2(5\frac{2}{3})$. Nous obtenons le même résultat, soit $Q = 8\frac{2}{3}$.

Vous aurez constaté que conformément à ce que prédit la théorie, le partage de la taxe est exactement le même, que celle-ci soit prélevée auprès des acheteurs ou des vendeurs. Ce n'est pas le gouvernement qui détermine comment se distribue le fardeau fiscal ; ce sont les élasticités de l'offre et de la demande.

L'offre et la demande : les marchés et le bien-être

3
PARTIE

Les consommateurs, les producteurs et l'efficience des marchés

7
CHAPITRE

Lorsque les consommateurs achètent leur dinde à l'épicerie pour le souper de Noël, ils sont parfois déçus par le prix élevé de la volaille. Pour leur part, les fermiers qui mettent sur le marché les dindes qu'ils ont engraissées souhaiteraient que leur prix soit encore plus élevé. Tout cela n'a rien d'étonnant. Les acheteurs veulent toujours payer moins cher et les vendeurs veulent toujours recevoir davantage. Du point de vue de la société, existe-t-il un prix idéal pour la dinde ?

Dans les chapitres précédents, nous avons vu qu'au sein d'une économie de marché, le jeu de l'offre et de la demande détermine le prix des biens et des services ainsi que les quantités vendues. Jusqu'à présent, nous nous sommes limités à décrire l'allocation des ressources rares qu'accomplissent les marchés, sans nous préoccuper de savoir si cette allocation était souhaitable. En d'autres termes, notre analyse était positive (ce qui est) plutôt que normative (ce qui devrait être). Nous savons que le prix d'équilibre de la dinde garantit que la quantité offerte correspondra à la quantité demandée mais, à ce niveau d'équilibre, la quantité produite et consommée est-elle trop élevée, trop faible ou juste suffisante ?

Économie du bien-être
Étude de l'impact de l'allocation des ressources sur le bien-être économique.

Dans ce chapitre, nous aborderons l'**économie du bien-être,** à savoir l'étude de l'impact de l'allocation des ressources sur le bien-être économique des agents. Nous verrons d'abord les bénéfices que les acheteurs et les vendeurs tirent de leur participation au marché. Ensuite, nous examinerons la manière dont la société peut s'y prendre afin de maximiser ces bénéfices. Cette analyse nous mènera à une conclusion fort importante : l'équilibre de l'offre et de la demande du marché maximise le bien-être total que retirent les acheteurs et les vendeurs.

Vous vous souvenez sans doute de l'un des **dix principes d'économie** du premier chapitre : les marchés représentent en général une bonne façon d'organiser l'activité économique. L'étude de l'économie du bien-être revient sur ce principe et l'approfondit. Elle répond également à la question précédente sur le prix idéal de la dinde : celui qui permet l'équilibre de l'offre et de la demande est en quelque sorte le meilleur, puisqu'il maximise le bien-être total des consommateurs et des producteurs de dindes.

Le surplus du consommateur

Nous amorcerons l'étude de l'économie du bien-être en examinant les bénéfices que les acheteurs retirent de leur participation au marché.

La volonté de payer

Imaginons que vous possédez un exemplaire en parfait état du premier album d'Elvis Presley. Comme vous n'êtes pas un grand admirateur de ce chanteur, vous décidez de le vendre aux enchères.

Volonté de payer
Prix maximal qu'un consommateur est disposé à payer pour acheter un bien.

Quatre amateurs d'Elvis se présentent alors : John, Paul, George et Ringo. Chacun d'eux veut acheter le disque, mais il y a une limite au prix que chacun est prêt à payer. Le tableau 7.1 présente la somme maximale que chacun est prêt à débourser. Ce maximum individuel représente la **volonté de payer** et correspond à la valeur que chacun attribue à ce bien. Chaque acheteur accepterait volontiers de payer un prix inférieur à sa volonté de payer et refuserait de payer un prix supérieur à celle-ci. À un prix égal à sa volonté de payer, chaque acheteur serait indifférent au fait d'acheter l'album : chacun serait tout aussi satisfait de l'acheter que de garder son argent.

TABLEAU 7.1

Les quatre acheteurs potentiels et leur volonté de payer

ACHETEURS	VOLONTÉ DE PAYER
John	100 $
Paul	80 $
George	70 $
Ringo	50 $

Pour vendre ce disque, vous commencez les enchères à un prix très bas, disons 10 $. Comme les quatre acheteurs sont prêts à dépenser beaucoup plus, les enchères montent rapidement. Toutefois, elles s'arrêtent dès que John offre 80 $ (ou légèrement plus). À cette étape de l'enchère, ni Paul, ni George, ni Ringo ne renchérissent, car aucun n'est disposé à débourser cette somme. John vous donne alors 80 $ en échange de l'album. Remarquez que ce disque est allé à celui qui lui accordait la valeur la plus élevée.

Quel bénéfice John retire-t-il de son achat? D'une certaine façon, il a fait une excellente affaire, car il a obtenu pour 80 $ un disque qu'il aurait accepté de payer 100 $. On dira qu'il a bénéficié d'un surplus de 20 $. Le **surplus du consommateur** (SC) correspond à la somme maximale que le consommateur est prêt à payer moins la somme qu'il débourse effectivement.

Surplus du consommateur
Différence entre la somme maximale que le consommateur est prêt à payer et la somme réellement déboursée.

Le surplus du consommateur mesure le bénéfice que l'acheteur tire de sa participation au marché. Dans cet exemple, John obtient un surplus de 20 $, puisqu'il paye 80 $ pour obtenir un bien auquel il accorde une valeur de 100 $. N'ayant rien acheté ni payé, Paul, George et Ringo ne bénéficient d'aucun surplus du consommateur à l'issue de cette vente aux enchères.

Modifions légèrement notre exemple. Supposons que vous avez deux albums identiques d'Elvis Presley à vendre. Vous organisez de nouveau une vente aux enchères avec les quatre mêmes acheteurs potentiels. Pour simplifier les choses, nous tenons pour acquis que les deux disques seront vendus au même prix et qu'aucun des acheteurs n'en voudra plus d'un. Par conséquent, les prix monteront jusqu'à ce qu'il ne reste plus que deux acheteurs en lice.

Dans ce cas, les enchères s'arrêtent lorsque John et Paul offrent tous deux 70 $ (ou légèrement plus). À ce prix, John et Paul sont ravis d'acheter cet album, tandis que George et Ringo ne désirent pas renchérir. John et Paul bénéficient chacun d'un surplus du consommateur égal à leur volonté de payer moins le prix d'achat effectif. John obtient un surplus du consommateur de 30 $ (100 $ – 70 $), alors que celui de Paul s'élève à 10 $ (80 $ – 70 $). Le surplus du consommateur de John est supérieur à celui dont il bénéficiait dans l'exemple précédent, car il obtient maintenant le même album à un prix inférieur. Le surplus total du consommateur sur le marché est donc de 40 $.

La mesure du surplus du consommateur à l'aide de la courbe de demande

Le surplus du consommateur est étroitement lié à la courbe de demande du bien. Pour étudier cette relation, reprenons notre exemple et examinons la courbe de demande pour ce disque rare d'Elvis Presley.

Pour établir le barème de demande de cet album, nous nous servirons de la volonté de payer des quatre acheteurs potentiels. Le tableau de la figure 7.1 montre le barème de demande correspondant au tableau 7.1. Si le prix excède 100 $, la quantité demandée est égale à 0, puisque aucun acheteur n'est prêt à payer autant. Si le prix se situe entre 80 $ et 100 $, la quantité demandée est égale à 1, car John est le seul à vouloir débourser une telle somme. Si le prix se situe entre 70 $ et 80 $, la quantité demandée est de 2, parce que John et Paul sont alors tous deux disposés à payer ce prix. Nous pouvons poursuivre cette analyse pour d'autres prix. Nous voyons ainsi que le barème de demande découle de la volonté de payer des quatre acheteurs potentiels.

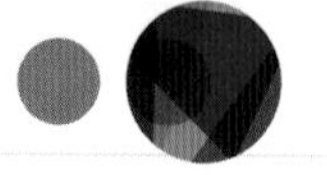

Le graphique de la figure 7.1 illustre la courbe de demande correspondant à ce barème de demande. Remarquez la relation entre la hauteur de la courbe de demande et la volonté de payer des acheteurs. Pour n'importe quelle quantité, le prix affiché sur la courbe de demande correspond à la volonté de payer de l'acheteur marginal, c'est-à-dire le premier acheteur à se retirer du marché si le prix grimpe. Pour une quantité de quatre disques, la courbe de demande atteint la hauteur de 50 $, le prix maximum que Ringo (l'acheteur marginal) accepte de payer pour un album. Pour une quantité de trois disques, la courbe de demande s'élève à 70 $, le prix maximum que George (à son tour, l'acheteur marginal) est prêt à payer.

Puisque la courbe de demande reflète la volonté de payer des acheteurs, nous pouvons l'utiliser pour mesurer le surplus du consommateur. La courbe de demande de la figure 7.2 nous permet de mesurer ce surplus. Sur le graphique a), le prix est de 80 $ (ou légèrement plus) et la quantité demandée est égale à 1. On remarque que la surface située au-dessus du prix et au-dessous de la courbe de demande est égale à 20 $, soit le surplus du consommateur que nous avions calculé plus haut lorsque John était le seul acheteur.

FIGURE 7.1

Le barème de demande et la courbe de demande

Le tableau illustre le barème de demande du tableau 7.1. Le graphique représente la courbe de demande correspondant à ce barème de demande. Il est à noter que la hauteur de la courbe de demande correspond à la volonté de payer des acheteurs.

PRIX	ACHETEURS	QUANTITÉ DEMANDÉE
Plus de 100 $	Aucun	0
De 80 $ à 100 $	John	1
De 70 $ à 80 $	John, Paul	2
De 50 $ à 70 $	John, Paul, George	3
50 $ ou moins	John, Paul, George, Ringo	4

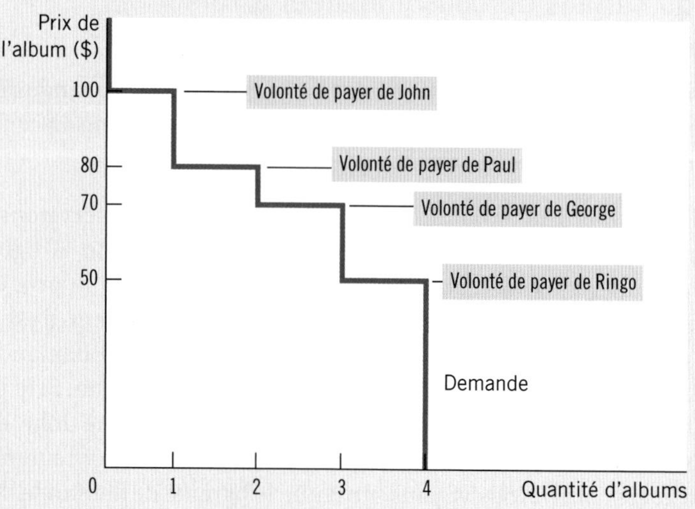

FIGURE 7.2

La mesure du surplus du consommateur à l'aide de la courbe de demande

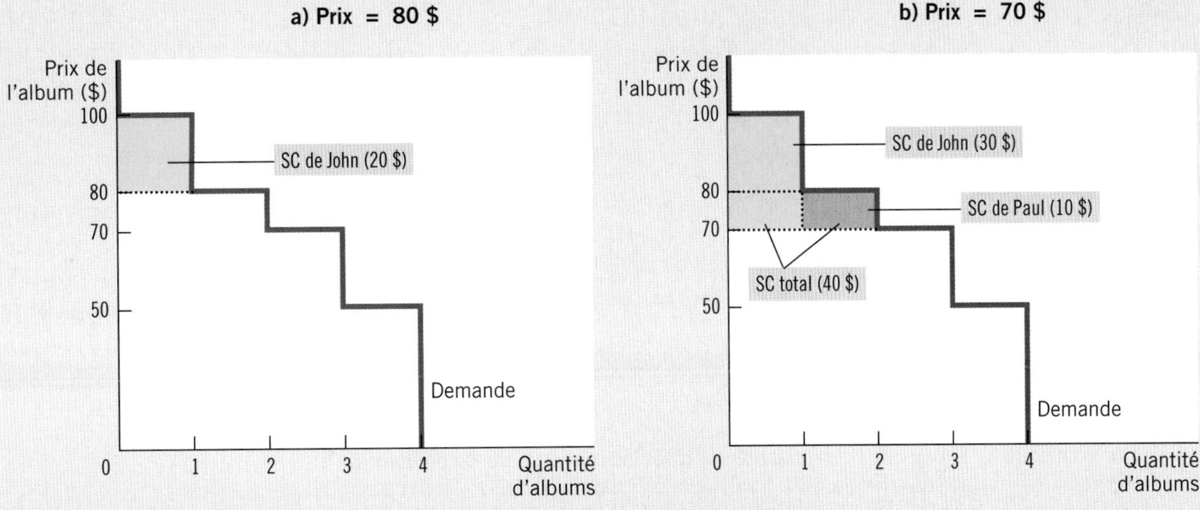

Le graphique a) montre que lorsque le prix est de 80 $, le surplus du consommateur (SC) est égal à 20 $. Sur le graphique b), le prix du bien est passé à 70 $ et le surplus du consommateur s'élève à 40 $, soit la somme des surplus de John et de Paul.

Le graphique b) de cette même figure illustre le surplus du consommateur lorsque le prix est de 70 $ (ou légèrement plus). Dans ce cas, la surface située au-dessus du prix et au-dessous de la courbe de demande est égale à la superficie de deux rectangles : le surplus du consommateur de John, qui se chiffre à 30 $, et celui de Paul, qui est de 10 $. Cette surface est égale à 40 $. Nous retrouvons une fois encore le surplus du consommateur que nous avions déjà calculé.

La leçon tirée de cet exemple s'applique à toutes les courbes de demande : la surface située au-dessus du prix et au-dessous de la courbe de demande correspond au surplus du consommateur sur un marché donné. La raison en est simple. La hauteur de cette courbe reflète la valeur que les acheteurs attribuent au produit, telle qu'elle est mesurée par leur volonté de payer. La différence entre cette volonté de payer et le prix du marché correspond au surplus du consommateur. Par conséquent, la surface totale au-dessus du prix et au-dessous de la courbe de demande correspond à la somme des surplus du consommateur de tous les acheteurs du marché pour ce bien ou ce service.

Une baisse de prix fait augmenter le surplus du consommateur

Comme les acheteurs désirent toujours payer leurs biens moins cher, toute baisse de prix leur convient. Mais comment cette diminution du prix se traduit-elle en matière de bien-être économique ? Le surplus du consommateur nous permet de répondre avec précision à cette question.

La figure 7.3 illustre la traditionnelle courbe de demande à pente négative. Remarquez que cette courbe ne ressemble pas à un escalier. En fait, lorsque les acheteurs sont très nombreux, l'escalier comporte tellement de toutes petites

FIGURE 7.3

L'effet du prix sur le surplus du consommateur

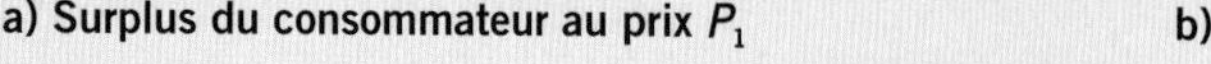

a) Surplus du consommateur au prix P_1

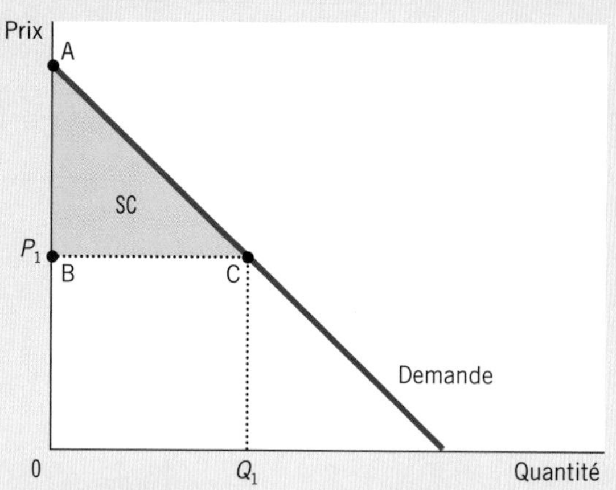

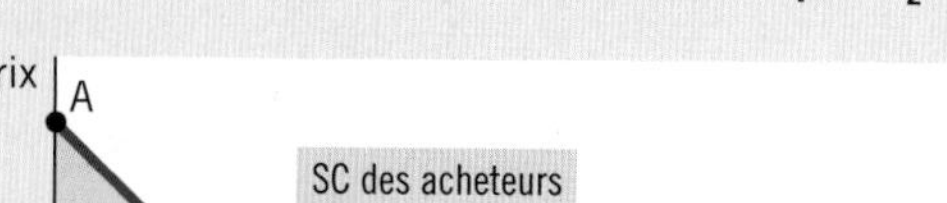

b) Surplus du consommateur au prix P_2

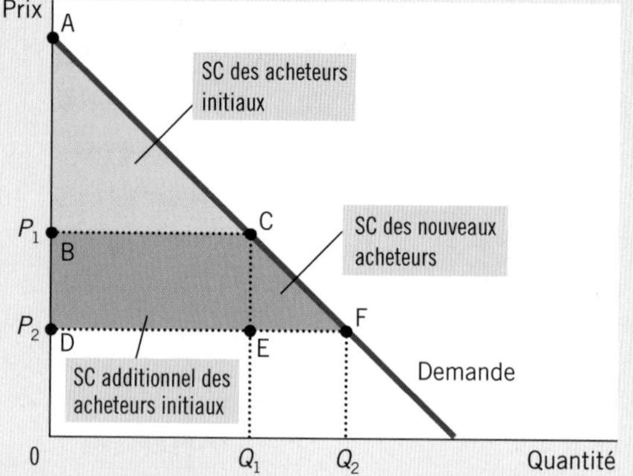

Sur le graphique a), le prix est P_1, la quantité est Q_1 et le surplus du consommateur (SC) correspond à la surface du triangle ABC. Lorsque le prix passe de P_1 à P_2, comme sur le graphique b), la quantité demandée passe de Q_1 à Q_2 et le surplus du consommateur correspond à la surface du triangle ADF. L'augmentation du surplus du consommateur (surface BCFD) tient en partie au fait que les acheteurs déjà présents paient moins cher (surface BCED), et aussi au fait que de nouveaux acheteurs entrent sur le marché en raison de la baisse du prix (surface CEF).

marches que la courbe de demande a un aspect lisse. Même si l'aspect de cette courbe est passablement différent de celui des courbes de demande en escalier des deux derniers exemples, les concepts élaborés jusqu'ici s'appliquent toujours : le surplus du consommateur correspond à la surface située au-dessus du prix et au-dessous de la courbe de demande. Sur le graphique a), au prix P_1, le surplus du consommateur est représenté par la surface du triangle ABC.

Imaginons maintenant que le prix baisse de P_1 à P_2, comme sur le graphique b). Le surplus du consommateur correspond maintenant à la surface du triangle ADF. L'augmentation du surplus du consommateur attribuable à cette baisse de prix est représentée par la surface BCFD.

Cette augmentation du surplus comprend deux composantes. Tout d'abord, il y a les acheteurs initiaux, qui achetaient déjà la quantité Q_1 au prix P_1 et qui se trouvent avantagés en payant maintenant moins cher. L'augmentation du surplus du consommateur pour ces acheteurs correspond à la baisse du prix payé, soit à la surface du rectangle BCED. Ensuite, de nouveaux acheteurs entrent sur le marché, attirés par la diminution de prix du bien en question. La quantité demandée sur le marché augmente donc de Q_1 à Q_2. Le surplus du consommateur pour ces nouveaux acheteurs est représenté par la surface du triangle CEF.

À quoi le surplus du consommateur correspond-il ?

L'élaboration du concept de surplus du consommateur vise la formulation d'énoncés normatifs quant à la désirabilité de la solution de marché. Maintenant que nous savons ce qu'est le surplus du consommateur, demandons-nous s'il s'agit d'une mesure adéquate du bien-être économique.

Imaginons que vous êtes un décideur public participant à la conception d'un système économique efficient. Quelle importance attachez-vous au surplus du consommateur? Ce surplus, c'est-à-dire la somme que les acheteurs sont disposés à payer moins la somme qu'ils déboursent effectivement, permet de mesurer les bénéfices que les acheteurs tirent de l'achat d'un bien *tels qu'ils les perçoivent eux-mêmes*. Par conséquent, ce surplus constitue une mesure adéquate du bien-être économique pour un décideur soucieux de respecter les préférences des acheteurs.

Dans certaines circonstances, il arrive que les décideurs publics fassent fi volontairement du surplus du consommateur parce qu'ils s'opposent aux préférences des acheteurs. Cela se produit, par exemple, quand des toxicomanes se montrent prêts à payer très cher pour obtenir de l'héroïne. On ne peut pas dire que ces personnes tirent un grand avantage du fait d'acheter leur drogue meilleur marché (même si elles affirment le contraire). Du point de vue de la société et des décideurs publics, la volonté de payer n'est pas ici une bonne indication des préférences des acheteurs et le surplus du consommateur ne constitue pas une bonne mesure du bien-être économique.

Cependant, le surplus du consommateur reflète le bien-être économique que retirent les acheteurs sur la plupart des marchés. Les économistes supposent que les acheteurs se comportent généralement de manière rationnelle au moment de prendre leurs décisions et que l'on doit respecter leurs préférences. La plupart du temps, les acheteurs sont en effet les mieux placés pour juger des bénéfices qu'ils retirent de leur consommation.

MINITEST

- Tracez une courbe de demande pour la dinde. Sur votre graphique, fixez un prix pour la dinde et indiquez le surplus du consommateur qui en découle. Expliquez en détail ce que signifie ce surplus.

Le surplus du producteur

Observons maintenant l'envers de la médaille et penchons-nous sur les bénéfices que les vendeurs tirent de leur participation au marché. Comme vous allez le constater, l'analyse du bien-être des vendeurs est analogue à celle du bien-être des acheteurs.

Le coût et la volonté de vendre

Imaginons que vous êtes propriétaire d'une maison et que vous décidez de la faire repeindre. Vous faites appel à quatre entrepreneures en peinture: Olga, Nancy, Any et Mémé. Chacune est prête à effectuer les travaux au prix qui lui convient. Vous demandez quatre devis afin d'accorder le contrat à celle qui réalisera les travaux au meilleur prix.

Chacune d'elles souhaite se charger de la peinture si le prix fixé dépasse le coût de réalisation des travaux. Ici, le **coût** doit être interprété comme le coût de renonciation de l'entrepreneure, comprenant les frais de réalisation (peinture, pinceaux, etc.) ainsi que la valeur qu'elle attribue à son temps. Le tableau 7.2 résume ces coûts. Comme le coût de renonciation correspond au prix le plus bas que la peintre est prête à accepter pour son travail, ce coût équivaut à sa volonté

Coût
Valeur du coût de renonciation associé à la production.

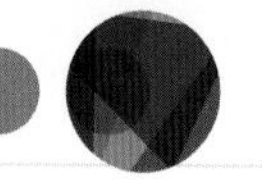

TABLEAU 7.2

Les coûts des quatre entrepreneures potentielles

ENTREPRENEURES	COÛT
Olga	900 $
Nancy	800 $
Any	600 $
Mémé	500 $

de vendre ses services. Chaque entrepreneure accepterait volontiers de recevoir un prix supérieur à son coût et refuserait de recevoir un prix qui lui est inférieur. À un prix exactement égal à son coût, elle serait indifférente au fait de vendre ses services : elle serait tout aussi satisfaite de décrocher le contrat que d'utiliser son temps et son énergie à faire autre chose.

En examinant les soumissions des entrepreneures, vous constatez que, placées en situation de concurrence, elles diminuent leur prix pour obtenir le contrat. Lorsque le prix atteint 600 $ (ou légèrement moins), Mémé reste la seule en lice. Elle est ravie d'obtenir le contrat, car son coût n'est que de 500 $. Olga, Nancy et Any refusent de réaliser les travaux pour moins de 600 $. Remarquez que le contrat est attribué à celle qui est prête à effectuer les travaux au coût le plus faible.

Surplus du producteur
Différence entre la somme reçue par un offreur et les coûts engagés.

Quel bénéfice Mémé retire-t-elle si elle accepte ce contrat ? Comme elle est prête à l'exécuter pour 500 $ mais qu'elle en obtient 600 $, nous pouvons conclure qu'elle réalise un surplus du producteur de 100 $. Le **surplus du producteur** (SP) correspond à la somme perçue par l'offreur moins son coût de production. Ce surplus mesure le bénéfice que le vendeur retire de sa participation au marché.

Modifions légèrement cet exemple. Imaginons que vous avez deux maisons identiques à faire repeindre. Vous sollicitez de nouveau les quatre entrepreneures. Pour simplifier les choses, convenons qu'aucune n'est en mesure d'exécuter les deux contrats et que vous payez la même somme à chacune pour repeindre chaque maison. Par conséquent, le prix baisse jusqu'à ce qu'il ne reste que deux concurrentes dans la course.

Dans ce cas, vous octroyez le contrat à Any et à Mémé pour 800 $ (ou légèrement moins). À ce prix, elles sont disposées à effectuer les travaux, tandis qu'Olga et Nancy refusent de les faire, car elles seraient incapables de couvrir leurs coûts. Le prix de 800 $ procure alors un surplus du producteur de 300 $ à Mémé et de 200 $ à Any. Le surplus total du producteur sur le marché atteint donc 500 $.

La mesure du surplus du producteur à l'aide de la courbe d'offre

Le surplus du producteur est étroitement lié à la courbe d'offre, tout comme le surplus du consommateur est lié à la courbe de demande. Afin de saisir ce lien, poursuivons notre exemple.

À partir des coûts des quatre entrepreneures, nous établissons le barème d'offre des services de peinture. Le tableau de la figure 7.4 correspond aux coûts du tableau 7.2. Pour un prix inférieur à 500 $, personne n'accepte d'effectuer les travaux; la quantité offerte est donc égale à zéro. Lorsque le prix se situe entre 500 $ et 600 $, Mémé est la seule à accepter; la quantité offerte est alors égale à 1. Lorsque le prix est compris entre 600 $ et 800 $, Mémé et Any acceptent toutes deux de faire le travail; la quantité offerte passe donc à 2, et ainsi de suite. Le barème d'offre représente donc les coûts des quatre peintres.

Le graphique de la figure 7.4 illustre la courbe d'offre qui correspond à ce barème d'offre. Remarquez que la hauteur de cette courbe reflète les coûts des entrepreneures. Pour n'importe quelle quantité, le prix indiqué par la courbe d'offre correspond au coût de l'entrepreneure marginale, c'est-à-dire la première entrepreneure à quitter le marché si le prix baisse. Pour une quantité de 4 maisons, la courbe d'offre a une hauteur de 900 $, soit le coût que supporte Olga (l'entrepreneure marginale) pour effectuer les travaux. Pour une quantité de 3 maisons, la courbe d'offre a une hauteur de 800 $, soit le coût que supporte Nancy (qui est maintenant l'entrepreneure marginale).

Puisque la courbe d'offre représente les coûts de chacune des entrepreneures, elle nous sera utile pour calculer le surplus du producteur. La courbe d'offre de la

FIGURE 7.4

Le barème d'offre et la courbe d'offre

Le tableau illustre le barème d'offre. Le graphique représente la courbe d'offre correspondant à ce barème d'offre. Il est à noter que la hauteur de la courbe d'offre reflète les coûts des entrepreneures.

PRIX	ENTREPRENEURES	QUANTITÉ OFFERTE
Plus de 900 $	Olga, Nancy, Any, Mémé	4
De 800 $ à 900 $	Nancy, Any, Mémé	3
De 600 $ à 800 $	Any, Mémé	2
De 500 $ à 600 $	Mémé	1
Moins de 500 $	Aucune	0

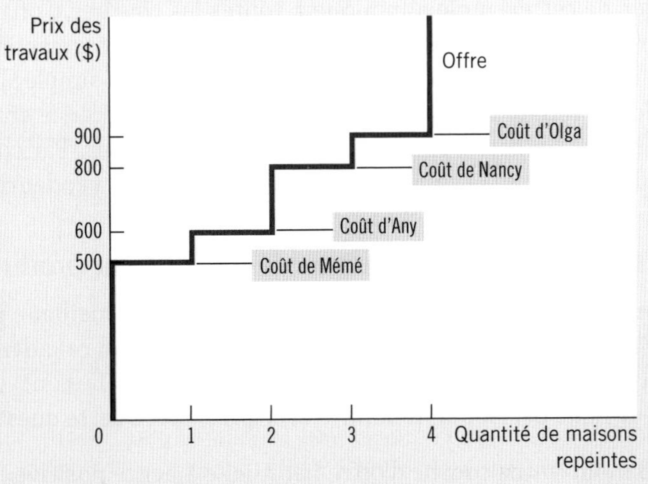

FIGURE 7.5

La mesure du surplus du producteur à l'aide de la courbe d'offre

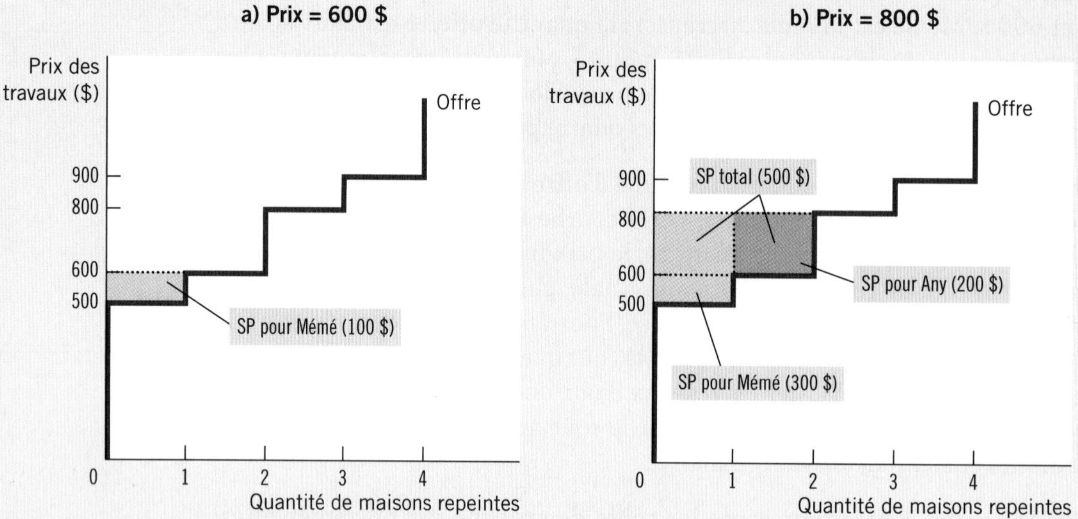

Sur le graphique a), le prix des travaux est de 600 $ et le surplus du producteur (SP) est de 100 $. Sur le graphique b), le prix des travaux est de 800 $ et le surplus du producteur atteint 500 $.

figure 7.5 nous permet de calculer ce surplus. Sur le graphique a), nous supposons que le prix des travaux est de 600 $ (ou légèrement moins). Dans ce cas, la quantité offerte est égale à 1. Remarquez que la surface qui se trouve au-dessous du prix et au-dessus de la courbe d'offre est égale à 100 $, soit la somme correspondant exactement au surplus du producteur calculé précédemment pour Mémé.

Sur le graphique b) de la figure 7.5, on montre le surplus du producteur lorsque le prix est fixé à 800 $ (ou légèrement moins). Dans ce cas, la surface au-dessous du prix et au-dessus de la courbe d'offre équivaut à la superficie des deux rectangles et correspond à 500 $, soit le surplus du producteur que nous avons déjà calculé pour Any et Mémé lorsque nous voulions faire repeindre deux maisons.

La leçon tirée de cet exemple s'applique à toutes les courbes d'offre : la surface située au-dessous du prix et au-dessus de la courbe d'offre correspond au surplus du producteur sur un marché donné. Le raisonnement est simple : la hauteur de la courbe d'offre reflète les coûts des vendeurs, et la différence entre le prix et le coût de production correspond au surplus du producteur. Par conséquent, la surface totale représente la somme des surplus de tous les vendeurs.

Une hausse de prix fait augmenter le surplus du producteur

Naturellement, les vendeurs veulent toujours obtenir le meilleur prix pour les produits qu'ils mettent en marché, mais comment peut-on calculer l'augmentation du bien-être des vendeurs en cas de hausse des prix ? Le concept de surplus du producteur nous permet de répondre avec précision à cette question.

La figure 7.6 montre une courbe d'offre habituelle à pente positive. Même si elle n'a pas l'aspect des courbes d'offre en escalier des exemples précédents, il est néanmoins possible de calculer le surplus du producteur de la même façon : ce

FIGURE 7.6

L'effet du prix sur le surplus du producteur

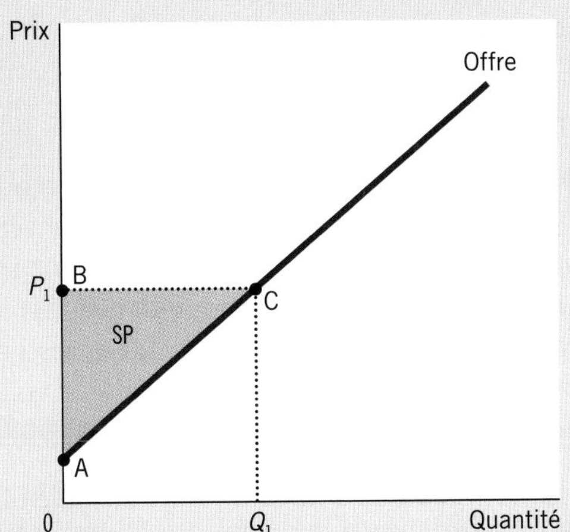

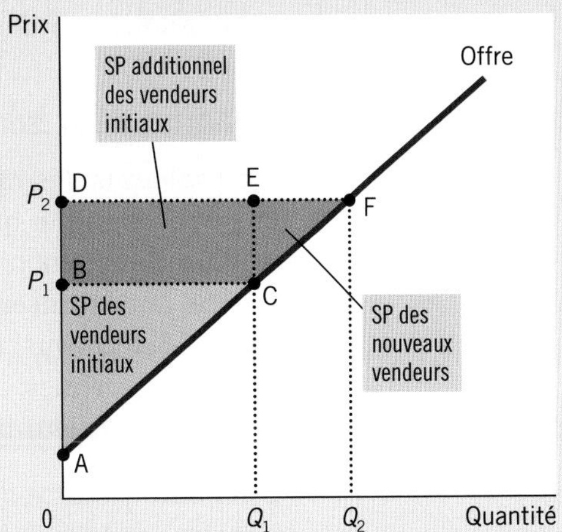

Sur le graphique a), le prix est P_1, la quantité demandée est Q_1 et le surplus du producteur (SP) correspond à la surface du triangle ABC. Quand le prix augmente de P_1 à P_2, comme sur le graphique b), la quantité offerte passe de Q_1 à Q_2 et le surplus du producteur devient la surface du triangle ADF. L'augmentation de ce surplus (surface BCFD) tient en partie au fait que les vendeurs initiaux reçoivent un prix plus élevé (surface du rectangle BCED), mais aussi au fait que de nouveaux vendeurs entrent sur le marché lorsque le prix de vente augmente (surface du triangle CEF).

surplus correspond à la surface qui se trouve au-dessous du prix et au-dessus de la courbe d'offre. Sur le graphique a), au prix P_1, le surplus du producteur est représenté par la surface du triangle ABC.

Le graphique b) indique ce qui arrive lorsque le prix augmente de P_1 à P_2. Le surplus du producteur correspond maintenant à la surface ADF. Cette augmentation du surplus du producteur comprend deux composantes. D'une part, les vendeurs qui acceptaient de vendre la quantité Q_1 au prix plus bas, P_1, voient leur situation s'améliorer, car ils obtiennent à présent un prix supérieur pour leur produit. L'augmentation du surplus du producteur pour ces vendeurs initiaux correspond à la surface du rectangle BCED. D'autre part, de nouveaux vendeurs, acceptant alors de produire le bien pour le vendre à un prix supérieur, entrent sur le marché, ce qui provoque ainsi une augmentation de la quantité offerte, qui passe de Q_1 à Q_2. Le surplus du producteur pour ces nouveaux venus correspond à la surface du triangle CEF.

Comme le démontre cette analyse, le surplus du producteur mesure le bien-être économique des vendeurs, tout comme le surplus du consommateur mesure celui des acheteurs. La similarité de ces deux mesures du bien-être est telle qu'il est naturel d'utiliser ces deux concepts simultanément. C'est précisément ce que nous allons faire dans la section suivante.

MINITEST

- Tracez une courbe d'offre pour la dinde. Sur votre graphique, fixez un prix pour la dinde et indiquez le surplus du producteur qui en découle. Expliquez en détail ce que mesure ce surplus.

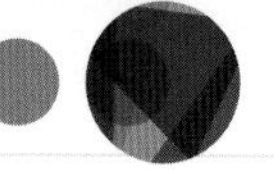

L'efficience des marchés

Pour étudier le bien-être des acheteurs et des vendeurs sur un marché, les économistes ont recours aux concepts de surplus du consommateur et de surplus du producteur. Ces concepts aident à répondre à une question fondamentale : les marchés allouent-ils les ressources rares de manière efficiente ?

Le planificateur social bienveillant

Afin d'évaluer la désirabilité des résultats du marché, nous aurons recours à un acteur hypothétique que nous appellerons le *planificateur social bienveillant*. Il s'agit d'un dictateur bien intentionné, tout-puissant et parfaitement informé. Il cherche à maximiser le bien-être économique de l'ensemble des membres de la société. Selon vous, que devrait-il faire : laisser les acheteurs et les vendeurs atteindre eux-mêmes un équilibre de marché ou intervenir sur le marché pour tenter d'accroître leur bien-être d'une façon ou d'une autre ?

Pour répondre à cette question, le planificateur doit d'abord mesurer le bien-être économique de la société. L'une des mesures envisageables consiste à additionner les surplus du consommateur et du producteur pour obtenir ce que nous appelons le *surplus total*. Le surplus du consommateur correspond aux bénéfices que les acheteurs retirent de leur participation au marché et le surplus du producteur correspond aux bénéfices qu'obtiennent les vendeurs. Par conséquent, il est normal de recourir au surplus total pour mesurer le bien-être économique d'une société dans son ensemble.

Pour mieux comprendre cette mesure, revenons sur la façon de calculer les surplus du consommateur et du producteur. Ces surplus peuvent se définir ainsi :

Surplus du consommateur = Valeur pour les acheteurs – Prix payé

Surplus du producteur = Prix reçu – Coûts pour les vendeurs

En additionnant ces deux surplus, nous obtenons la formule suivante :

Surplus total = (Valeur pour les acheteurs – Prix payé)
+ (Prix reçu – Coûts pour les vendeurs)

Le prix payé par les acheteurs est égal au prix reçu par les vendeurs. Ces deux termes s'annulent donc et on peut alors simplifier ainsi :

Surplus total = Valeur pour les acheteurs – Coûts pour les vendeurs

Le surplus total sur un marché est donc égal à la différence entre la valeur totale que les acheteurs accordent au bien, telle que mesurée par leur volonté de payer, et le coût total supporté par les vendeurs pour produire ce bien.

Efficience
Propriété d'une allocation des ressources qui maximise le surplus total de l'ensemble des membres d'une société.

Lorsque l'allocation des ressources maximise le surplus total, on la qualifie d'**efficiente**. Dans le cas contraire, certains des gains provenant de l'échange entre acheteurs et vendeurs ne sont pas réalisés. Cette situation se présente lorsque les vendeurs ne sont pas ceux qui produisent le bien au meilleur coût. En déplaçant la production des producteurs inefficaces vers des producteurs efficaces, on pourra réduire le coût total supporté par les vendeurs et ainsi augmenter le surplus total. De la même façon, l'allocation n'est pas efficiente lorsque le bien n'est pas consommé par les acheteurs qui lui accordent le plus de valeur. Dans ce cas, en transférant ce bien d'un acheteur qui le valorise peu à un acheteur qui le valorise davantage, on augmentera le surplus total.

Après avoir considéré la question de l'efficience, notre planificateur social pourrait se préoccuper de l'**équité** — la juste répartition du bien-être entre les acheteurs et les vendeurs. Les gains tirés des échanges peuvent être comparés à un gâteau à répartir entre les participants au marché. Quand on s'en tient à l'efficience, on recherche le gâteau le plus gros possible. Si l'on pense à l'équité, on cherche à le partager de la manière la plus juste possible. Dans ce chapitre, nous partons de l'hypothèse que notre planificateur social vise avant tout l'efficience. Toutefois, il ne faut pas oublier que les décideurs publics se préoccupent très souvent d'équité.

Équité
Propriété d'une allocation des ressources qui répartit d'une façon juste le bien-être entre les membres d'une société.

L'évaluation de l'équilibre de marché

La figure 7.7 représente les surplus du consommateur et du producteur lorsque le marché atteint l'équilibre. Souvenez-vous que le surplus du consommateur correspond à la surface qui se trouve au-dessus du prix et au-dessous de la courbe de demande et que le surplus du producteur correspond à la surface qui se trouve au-dessous du prix et au-dessus de la courbe d'offre. Par conséquent, la surface totale comprise entre les courbes d'offre et de demande, jusqu'au point d'équilibre, représente le surplus total du marché.

Cette allocation des ressources par les mécanismes de marché est-elle efficiente? Maximise-t-elle le surplus total? Pour répondre à ces questions, souvenez-vous que, dans un marché en équilibre, le prix détermine quels acheteurs et quels vendeurs participent au marché. Les acheteurs qui accordent au bien une valeur supérieure ou égale à son prix (représentés par le segment AE sur la courbe de demande) décident de l'acheter, tandis que les acheteurs qui accordent au bien une valeur inférieure à son prix (représentés par le segment EB) n'en achètent

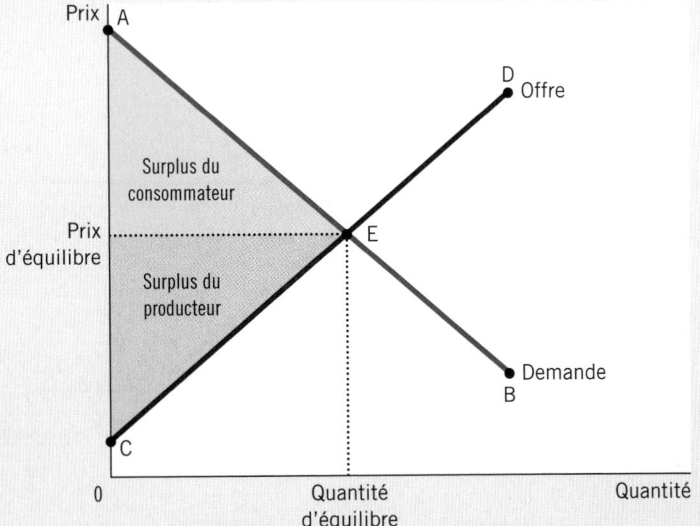

FIGURE 7.7

Les surplus du consommateur et du producteur à l'équilibre

Le surplus total, c'est-à-dire la somme des surplus du consommateur et du producteur, correspond à la surface entre les courbes d'offre et de demande jusqu'à la quantité d'équilibre.

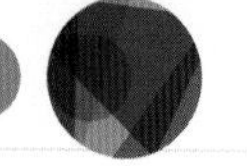

pas. De la même manière, les vendeurs dont les coûts sont inférieurs ou égaux au prix (représentés par le segment CE sur la courbe d'offre) décident de produire ce bien pour le vendre, alors que les vendeurs dont les coûts sont supérieurs au prix (représentés par le segment ED) se retirent simplement du marché.

Ces observations sur les équilibres de marché nous permettent de tirer les conclusions suivantes :

1. Un marché libre alloue les biens à consommer aux acheteurs qui leur accordent la valeur la plus élevée, telle qu'elle est mesurée par leur volonté de payer.
2. Un marché libre alloue la production aux vendeurs qui sont en mesure de les produire au meilleur coût.

   Étant donné la quantité échangée à l'équilibre, le planificateur social n'est pas en mesure d'augmenter le bien-être économique en modifiant l'allocation de la consommation entre les acheteurs ou l'allocation de la production entre les vendeurs.

   Toutefois, le planificateur social peut-il augmenter le bien-être économique total en augmentant ou en diminuant la quantité des biens échangés ? La réponse est négative, comme en fait foi la troisième conclusion sur les équilibres de marché.
3. Les marchés libres produisent une quantité de biens qui maximise la somme des surplus du consommateur et du producteur.

Pour vérifier cette assertion, observons la figure 7.8, en nous rappelant que la courbe de demande reflète la valeur que les acheteurs accordent au bien et que la courbe d'offre reflète les coûts de production supportés par les vendeurs. Pour les

FIGURE 7.8

L'efficience de la quantité d'équilibre

Pour les quantités inférieures à la quantité d'équilibre, la valeur que les acheteurs attribuent au bien excède les coûts supportés par les vendeurs. Pour des quantités supérieures à la quantité d'équilibre, les coûts supportés par les vendeurs dépassent la valeur attribuée par les acheteurs. L'équilibre de marché maximise donc la somme des surplus du producteur et du consommateur.

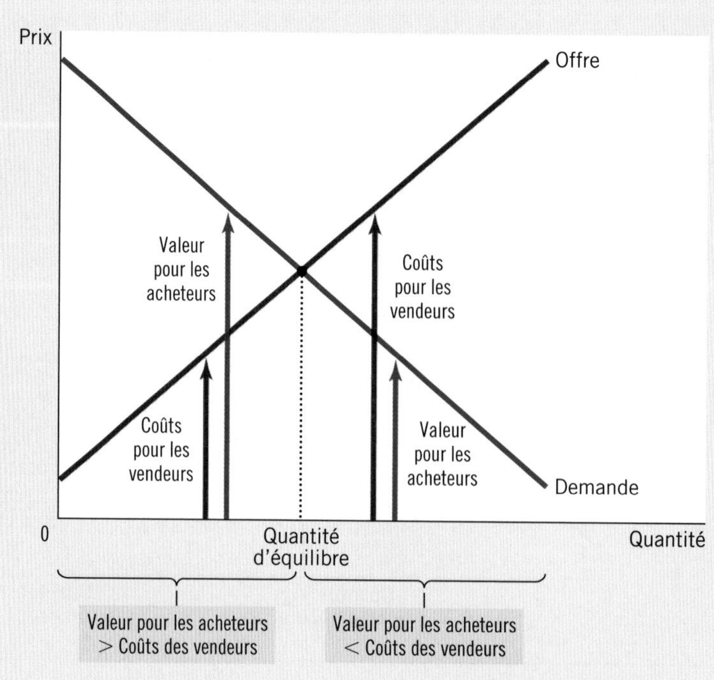

quantités inférieures à la quantité d'équilibre, la valeur accordée par l'acheteur marginal excède les coûts supportés par le vendeur marginal. Dans cette zone, une augmentation de la quantité entraîne un accroissement du surplus total, et ce, tant que la quantité n'atteint pas le niveau d'équilibre. Par ailleurs, pour les quantités supérieures à la quantité d'équilibre, la valeur accordée par l'acheteur marginal est inférieure aux coûts supportés par le vendeur marginal. Dans ces cas, une diminution de la quantité entraîne un accroissement du surplus total, et ce, tant que la quantité est supérieure au niveau d'équilibre. Afin de maximiser le bien-être total, le planificateur social doit donc choisir la quantité où l'offre croise la demande.

Ces trois observations sur les équilibres de marché soulignent le fait que l'équilibre de l'offre et de la demande maximise la somme des surplus du consommateur et du producteur. En d'autres mots, l'équilibre de marché correspond à une allocation efficiente des ressources. Cela simplifie grandement le travail de notre planificateur social bienveillant : il lui suffit de laisser le marché fonctionner sans intervenir.

C'est une chance pour la société que le planificateur n'ait pas à intervenir. Imaginer ce qu'un dictateur omniscient, tout-puissant et bien intentionné ferait peut s'avérer un exercice utile, certes, mais il faut se rendre à l'évidence : pareils personnages ne courent pas les rues. Les dictateurs sont rarement bienveillants et, même si l'un d'eux l'était, il lui manquerait de l'information critique.

Supposons qu'un planificateur social bienveillant essaie de choisir lui-même une façon efficiente d'allouer les ressources au lieu de s'en remettre aux forces du marché. Pour ce faire, il faudrait que pour chaque marché, il connaisse la valeur que le bien représente aux yeux de chaque acheteur potentiel, ainsi que les coûts que supporte chaque vendeur potentiel. Il aurait besoin de cette information non seulement pour ce marché, mais également pour chacun des milliers d'autres qui constituent l'économie. La tâche est impossible. C'est d'ailleurs la raison pour laquelle les économies planifiées ne fonctionnent jamais très bien.

Le travail du planificateur se simplifie toutefois lorsqu'il s'adjoint un collaborateur : la main invisible du marché, telle que décrite par Adam Smith. La main invisible prend en compte toute l'information sur les acheteurs et les vendeurs et guide chaque individu sur le marché vers une allocation efficiente des ressources. Il s'agit en fait d'un exploit remarquable. C'est pourquoi les économistes affirment si souvent que le marché libre constitue la façon la plus appropriée d'organiser l'activité économique.

ÉTUDE DE CAS

Devrait-il y avoir un marché d'organes ?

Il y a quelques années, la une du *Boston Globe* titrait « L'amour d'une mère sauve deux vies ». Le quotidien racontait l'histoire de Susan Stephens, dont le fils avait besoin d'une transplantation de rein. Lorsque le médecin a appris que le rein de la mère n'était pas compatible, il a proposé une solution originale : si madame Stephens donnait l'un de ses reins à un étranger, le nom de son fils passerait en tête de la liste d'attente pour un don d'organe. La mère a accepté le marché et, bientôt, deux patients ont reçu l'organe qu'ils attendaient.

On ne saurait douter de l'ingénuité de la proposition du médecin ni de la noblesse de l'acte de la mère. Toutefois, l'histoire a suscité d'épineuses questions. La mère a pu

▶

troquer un rein contre un autre rein, certes, mais l'hôpital aurait-il pu lui permettre de donner cet organe pour obtenir un traitement expérimental et cher contre le cancer, qu'elle n'aurait pas eu les moyens de s'offrir autrement ? Aurait-elle pu échanger son rein contre des droits de scolarité pour que son fils puisse étudier à l'université rattachée à cet hôpital ? Aurait-elle pu vendre son rein et remplacer sa vieille Chevrolet par une Lexus flambant neuve ?

Selon les lois en vigueur, il est illégal dans notre société de vendre des organes. Le gouvernement a donc imposé un prix plafond de zéro dollar dans un marché d'organes. Ainsi, comme c'est le cas de tout prix plafond, il y a une pénurie du bien. Dans l'histoire de madame Stephens, la transaction n'était pas soumise à la loi puisqu'il n'a jamais été question d'argent.

Beaucoup d'économistes sont d'avis que la société tirerait des avantages considérables d'un libre marché d'organes. L'être humain naît avec deux reins, mais il n'en a besoin que d'un, en définitive. Un certain nombre de personnes souffrent de maladies qui entravent le fonctionnement de leurs reins. Malgré les gains évidents de l'échange, la situation actuelle est tragique : le patient typique doit attendre plusieurs années pour obtenir une transplantation rénale et, chaque année, des milliers d'individus meurent parce qu'on ne trouve aucun rein compatible. Si les personnes en attente d'un rein étaient autorisées à en acheter un d'un individu qui en possède deux, le prix augmenterait pour équilibrer l'offre et la demande. La somme d'argent reçue permettrait aux vendeurs d'améliorer leur sort et le bien-être des acheteurs s'accroîtrait grâce à un organe qui leur sauverait la vie. La pénurie de reins se résorberait.

Un marché d'organes permettrait donc une allocation efficiente des ressources, mais des voix critiques se questionnent sur le caractère équitable d'un tel marché. À leur avis, celui-ci profiterait aux riches aux dépens des pauvres ; les organes seraient répartis entre ceux qui ont la volonté et la capacité de payer la plus élevée. Cependant, on peut aussi se demander si le système actuel est plus équitable. La plupart des gens vivent avec un organe supplémentaire dont ils n'ont pas vraiment besoin pendant que d'autres meurent dans l'attente d'une transplantation. Est-ce juste ?

DANS L'ACTUALITÉ

Revente de billets et efficience

Dans l'article ci-dessous, l'auteur montre que contrairement à une idée préconçue, la revente de billets augmente le bien-être sur le marché.

La revente est-elle un scandale ?

Alain Dubuc

Méfions-nous des lois que les politiciens décident d'adopter en regardant la télévision. Encore plus quand ce sont des artistes qui les poussent à le faire. Ça risque fort de donner de mauvais résultats.

C'est certainement le cas du projet de loi 25 qui vise à interdire à un commerçant de revendre un billet de spectacle, d'événement sportif ou même d'exposition au-dessus de son prix initial, sous peine d'amendes salées.

Sur papier, c'est impeccable. Il est choquant de voir des gens payer le double du prix initial pour voir un spectacle. C'était l'argument, fort légitime, de Louis-José Houde dans une sortie remarquée au gala de l'ADISQ. Le ministre de la Justice, Jean-Marc Fournier, l'a écouté. En déposant un projet de loi musclé, il donne l'impression d'agir.

Mais la sagesse voudrait qu'on analyse et qu'on réfléchisse avant d'agir. Et, dans ce cas-ci, qu'on fasse un peu moins de politique et un peu plus d'économie. D'abord parce que le « scalping » est un phénomène mondial, difficile à contrôler, et que les lois pour le combattre ont tendance à être inapplicables.

Mais surtout, parce que l'indignation populaire et l'intervention gouvernementale reposent sur une prémisse fausse. Quand on dénonce le fait que le prix d'un billet est supérieur à sa valeur initiale, c'est qu'on suppose que les choses ont une valeur intrinsèque et invariable. Il y a des tonnes d'exemples pour prouver le contraire.

Le même objet ou le même service, même culturel, verra sa valeur

►

varier en fonction du moment où il est vendu, du lieu où il est vendu, de sa rareté, de la demande, des effets de la mode.

Une peinture que l'on revend plus cher. Un maillot de bain moins cher en juin qu'en avril. Un hot-dog plus cher au Grand Prix que sur la Main. Ou encore les billets pour le spectacle d'Adele, il y a quelques semaines, vendus à 32 $, parce qu'ils ont été mis en vente avant l'explosion de sa popularité.

Cette prémisse fausse a un corollaire, lui aussi faux, que la revente est une activité parasitaire qui n'apporte aucune valeur. Ce n'est pas toujours le cas. Il y a des gens qui veulent se départir de leurs billets, encore plus s'ils peuvent faire de l'argent. Et il y a plein de monde qui cherchent des billets. Des touristes, ou des gens qui viennent de décider d'aller voir U2, quitte à payer plus cher.

En soi, la revente n'est pas un scandale. Elle offre même un service utile et elle reflète des mécanismes de marché naturels. Le fait que le prix d'un spectacle populaire augmentera à mesure qu'on s'approche du moment où il aura lieu. Et surtout, que la revente n'est possible que si la demande pour un spectacle est supérieure au nombre de places disponibles. Et comme elle ne s'exerce que pour les événements populaires, qui relèvent du divertissement, qui ne sont pas des biens essentiels, si les billets sont trop chers, on n'a qu'à ne pas en acheter.

Il est vrai que le phénomène est en explosion, à cause de l'internet qui facilite la revente et qui, surtout, permet à des sociétés d'acheter davantage de billets. Il y a danger d'abus si ces sociétés pervertissent les mécanismes normaux, empêchent des consommateurs d'acheter des billets par les voies normales et créent une rareté artificielle.

C'est là qu'il faut intervenir, pour d'abord mesurer l'ampleur du phénomène, ensuite pour encadrer l'industrie et empêcher les abus. Pas avec une loi « mur à mur ». On pourrait en profiter pour se demander pourquoi les artistes, en principe épris de liberté, quand ils se sentent menacés poussent les gouvernements dans des interventions contrôlantes aux accents bulgares. ■

Source : Dubuc, Alain. (20 juin 2011). « La revente est-elle un scandale ? ». *La Presse*. Repéré à www.lapresse.ca

MINITEST

- Tracez les courbes d'offre et de demande pour la dinde. Au point d'équilibre, indiquez le surplus du producteur et celui du consommateur. Dites pourquoi une augmentation de la production ferait diminuer le surplus total.

Conclusion : l'efficience et les défaillances du marché

Dans ce chapitre, nous avons abordé les concepts de base de l'économie du bien-être : le surplus du consommateur et le surplus du producteur — et nous nous en sommes servis pour évaluer l'efficience des marchés. Nous avons démontré que le jeu de l'offre et de la demande aboutit à une allocation efficiente des ressources. Alors même que chaque acheteur ou chaque vendeur ne pense qu'à son propre intérêt, la main invisible guide chacun d'eux vers un équilibre qui avantage les uns et les autres.

Toutefois, une mise en garde s'impose. Pour en arriver à conclure que les marchés sont efficients, nous avons dû recourir à certaines présuppositions quant à leur fonctionnement. Dans les situations où ces dernières ne se vérifient pas, nos conclusions concernant l'équilibre de marché et son efficience peuvent être remises en question. Avant de clore ce chapitre, abordons rapidement deux des postulats les plus importants.

Premièrement, notre analyse part du principe que les marchés sont parfaitement concurrentiels. En réalité, toutefois, la concurrence est loin d'être aussi parfaite. Sur certains marchés, un acheteur unique ou un seul vendeur (ou un petit nombre d'entre eux) peuvent exercer un certain contrôle sur les prix. C'est ce que l'on appelle le *pouvoir de marché.* Ce pouvoir de marché réduit l'efficience des marchés, car il maintient le prix et la quantité échangée à des niveaux différents de ceux de l'équilibre entre l'offre et la demande.

Deuxièmement, notre analyse suppose que l'équilibre de marché ne touche que les acheteurs et les vendeurs en présence. Cependant, dans la vraie vie, les décisions des acheteurs et des vendeurs influent parfois sur des agents qui ne participent pas au marché. La pollution représente l'exemple classique des conséquences d'un marché sur des agents qui ne participent pas au marché en question. Par exemple, les pesticides utilisés par les agriculteurs peuvent contaminer l'eau potable consommée par les résidants de la municipalité d'à côté. De telles conséquences, appelées *externalités,* montrent que le bien-être dépend de facteurs autres que la valeur attribuée par les acheteurs et que le coût supporté par les vendeurs. Comme les acheteurs et les vendeurs ne tiennent pas compte des effets externes en prenant la décision de consommer ou de produire, l'équilibre de marché peut s'avérer inefficient du point de vue de la société dans son ensemble.

Le pouvoir de marché et les externalités illustrent tous deux un phénomène général appelé *défaillance du marché* — l'incapacité de certains marchés à allouer les ressources de manière efficiente. En cas de défaillance du marché, l'intervention publique peut éventuellement remédier au problème et améliorer l'efficience économique. Les microéconomistes s'évertuent à analyser ce genre de défaillances et les meilleurs correctifs qu'il convient d'y apporter. En poursuivant vos études en économie, vous constaterez que les concepts de l'économie du bien-être élaborés dans ce manuel s'adaptent très bien à ce genre de démarche.

En dépit des défaillances du marché, la main invisible est extraordinairement importante. Sur bien des marchés, les postulats que nous formulons se vérifient tout à fait et les conclusions concernant l'efficience des marchés s'appliquent parfaitement. En outre, cette analyse du bien-être économique et de l'efficience des marchés offre une perspective sur les effets des diverses politiques publiques. Dans les deux prochains chapitres, nous appliquerons ces nouveaux concepts à l'étude de deux enjeux économiques importants : les conséquences de la taxation et le commerce international.

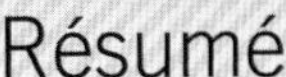

Résumé

- Le surplus du consommateur est égal à la volonté de payer des acheteurs moins le prix qu'ils payent effectivement. Il correspond au bénéfice que l'acheteur retire de sa participation au marché. Pour calculer le surplus du consommateur, on mesure la surface qui se trouve au-dessus du prix et au-dessous de la courbe de demande.
- Le surplus du producteur est égal à la somme que les vendeurs reçoivent pour les biens vendus moins leurs coûts de production. Il correspond au bénéfice que le vendeur retire de sa participation au marché. Pour calculer le surplus du producteur, on mesure la surface qui se trouve au-dessous du prix et au-dessus de la courbe d'offre.
- Une allocation des ressources qui maximise la somme des surplus du consommateur et du producteur est qualifiée d'*efficiente*. Les décideurs publics se préoccupent à la fois de l'efficience et de l'équité des équilibres de marché.
- L'équilibre de l'offre et de la demande maximise la somme des surplus du consommateur et du producteur. La main invisible du marché conduit ainsi les acheteurs et les vendeurs à une allocation efficiente des ressources.
- En cas de défaillances, comme les externalités ou le pouvoir de marché, les marchés n'arrivent pas toujours à allouer les ressources de manière efficiente.

Concepts clés

Coût, p. 149

Économie du bien-être, p. 144

Efficience, p. 154

Équité, p. 155

Surplus du consommateur, p. 145

Surplus du producteur, p. 150

Volonté de payer, p. 144

Questions de révision

1. Décrivez la relation entre la volonté de payer, la courbe de demande et le surplus du consommateur.
2. Décrivez la relation entre les coûts du producteur, la courbe d'offre et le surplus du producteur.
3. À l'aide d'un graphique d'offre et de demande, montrez les surplus du producteur et du consommateur sur un marché en équilibre.
4. Définissez l'efficience. Est-ce l'unique objectif des décideurs publics ?
5. Quel est le rôle de la main invisible ?
6. Donnez deux exemples de défaillance du marché et expliquez pourquoi ces deux défaillances peuvent être responsables de l'inefficience des marchés.

ANNEXE

La mesure du surplus du consommateur et du surplus du producteur

Nous avons vu, à l'annexe du chapitre 4, comment utiliser des notions simples de mathématiques pour déterminer les prix et les quantités d'équilibre pour des courbes d'offre et de demande linéaires. Voyons maintenant comment calculer le surplus du consommateur et le surplus du producteur avec les mêmes courbes d'offre et de demande.

La figure 7A.1 illustre la courbe de demande utilisée à l'annexe du chapitre 4, laquelle est représentée par l'équation $Q_D = 20 - 2P$. Lorsque le prix est de 6 $ et que la quantité demandée est de 8 unités, le surplus du consommateur (SC) mesure la surface du triangle ABC. Puisqu'il s'agit d'un triangle, on multiplie la base par la hauteur et on divise le produit par 2.

$$SC = \frac{(Base) \times (Hauteur)}{2}$$

$$SC = \frac{(8 - 0) \times (10\,\$ - 6\,\$)}{2}$$

$$SC = 16\,\$$$

En fait, on se concentre sur les *variations* des surplus du consommateur et du producteur selon les variations du prix, car c'est ce qui intéresse généralement les économistes. On peut simplement appliquer la même méthode pour calculer ce surplus additionnel.

La figure 7A.1 montre la variation du surplus du consommateur associée à une baisse du prix d'un bien, de 6 $ à 4 $, comme la somme de deux surfaces : celle du rectangle BCED, qui est le surplus du consommateur additionnel que reçoivent les acheteurs initiaux, et la surface du triangle CEF, qui est le surplus du consommateur des nouveaux acheteurs.

La surface du rectangle BCED est égale à sa hauteur multipliée par sa largeur. La hauteur est simplement la variation du prix, soit 2 $, et la largeur est la quantité demandée au prix de départ, soit 8 unités. La surface du rectangle est donc :

$$\text{Surface BCED} = 8 \times (6\,\$ - 4\,\$)$$

$$\text{Surface BCED} = 16\,\$$$

La surface du triangle CEF est égale au produit de la base multipliée par la hauteur, divisé par 2. À nouveau, la hauteur est la variation du prix, 6 $ – 4 $, et la base est la variation de la quantité demandée à la suite de la baisse du prix, soit 12 – 8. La surface du triangle est donc :

$$\text{Surface CEF} = \frac{(12 - 8) \times (6\,\$ - 4\,\$)}{2}$$

$$\text{Surface CEF} = 4\,\$$$

L'addition de ces deux surfaces donne la variation du surplus du consommateur associée à une baisse du prix de 6 $ à 4 $, soit un total de 20 $ (16 $ + 4 $). Le surplus du consommateur des nouveaux acheteurs est donc égal à 36 $ (20 $,

FIGURE 7A.1

L'effet du prix sur le surplus du consommateur

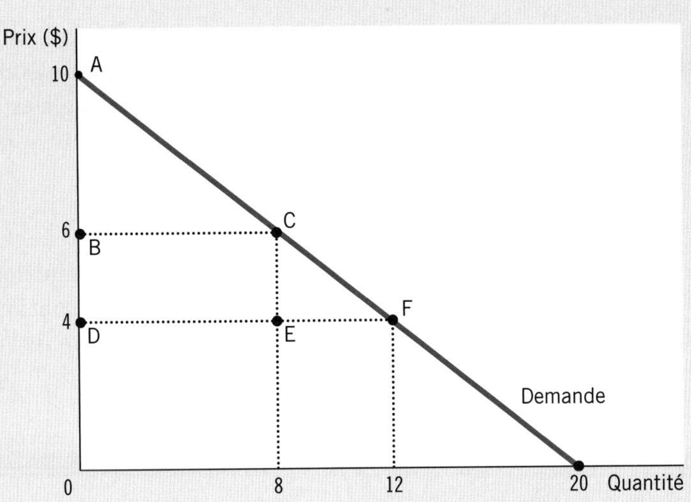

À un prix de 6 $, le surplus du consommateur correspond à la surface du triangle ABC, soit 16 $. Lorsque le prix passe à 4 $, la quantité demandée passe de 8 à 12 unités et le surplus du consommateur correspond à la surface du triangle ADF, soit 36 $. L'augmentation du surplus du consommateur (surface BCFD) tient en partie au fait que les acheteurs déjà présents paient moins cher (surface BCED = 16 $), mais aussi au fait que de nouveaux acheteurs entrent sur le marché en raison de la baisse du prix (surface CEF = 4 $).

additionnés aux 16 $ du début). On peut vérifier ce calcul en mesurant directement le surplus du consommateur à 4 $:

$$\text{Surface ADF} = \frac{(12 - 0) \times (10\,\$ - 4\,\$)}{2}$$

$$\text{Surface ADF} = 36\,\$$$

On peut recourir à une approche similaire pour calculer le surplus du producteur ainsi que la variation de ce surplus du producteur associée à une hausse du prix.

La figure 7A.2 illustre la courbe d'offre utilisée à l'annexe du chapitre 4, laquelle est représentée par l'équation $Q_O = -10 + 4P$. Lorsque le prix est de 4 $ et que la quantité offerte est de 6 unités, le surplus du producteur (SP) mesure la surface du triangle ABC. Puisqu'il s'agit d'un triangle, on multiplie la base par la hauteur et on divise le produit par 2.

$$SP = \frac{(Base) \times (Hauteur)}{2}$$

$$SP = \frac{(6 - 0) \times (4\,\$ - 2{,}50\,\$)}{2}$$

$$SP = 4{,}50\,\$$$

La figure 7A.2 montre également la variation du surplus du producteur associée à une hausse du prix du bien, de 4 $ à 6 $, comme la somme de deux surfaces : celle du rectangle BCED, qui est le surplus du producteur additionnel que reçoivent les vendeurs initiaux, et la surface du triangle CEF, qui est le surplus du producteur des nouveaux vendeurs.

La surface du rectangle BCED est égale à sa hauteur multipliée par sa largeur. La hauteur est simplement la variation du prix, soit 2 $, et la largeur est la quantité demandée au prix de départ, soit 6 unités. La surface du rectangle est donc :

$$\text{Surface BCED} = 6 \times (6\,\$ - 4\,\$)$$

$$\text{Surface BCED} = 12\,\$$$

La surface du triangle CEF est égale au produit de la base multipliée par la hauteur, divisé par 2. Encore une fois, la hauteur est la variation du prix, 6 $ – 4 $, et la base est la variation de la quantité offerte à la suite de l'augmentation du prix, soit 14 – 6. La surface du triangle est donc :

$$\text{Surface CEF} = \frac{(14 - 6) \times (6\,\$ - 4\,\$)}{2}$$

$$\text{Surface CEF} = 8\,\$$$

L'addition de ces deux surfaces donne la variation du surplus du producteur associée à une hausse du prix de 4 $ à 6 $, soit un total de 20 $. Le surplus du producteur des nouveaux vendeurs est donc égal à 24,50 $ (20 $ plus les 4,50 $ du début). On peut vérifier ce calcul en mesurant directement le surplus du producteur à 4 $:

$$\text{Surface ADF} = \frac{(14 - 0) \times (6\,\$ - 2{,}50\,\$)}{2}$$

$$\text{Surface ADF} = 24{,}50\,\$$$

FIGURE 7A.2

L'effet du prix sur le surplus du producteur

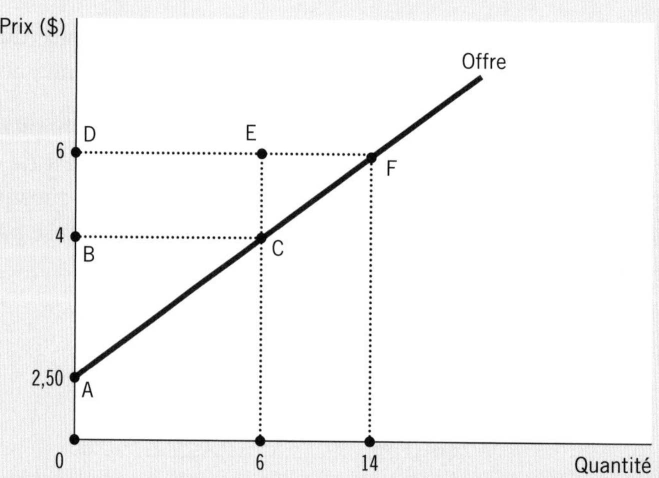

À un prix de 4 $, le surplus du producteur correspond à la surface du triangle ABC, soit 4,50 $. Lorsque le prix passe à 6 $, la quantité offerte passe de 6 à 14 unités et le surplus du producteur correspond à la surface du triangle ADF, soit 24,50 $. L'augmentation du surplus du producteur (surface BCFD) tient en partie au fait que les vendeurs déjà présents reçoivent un prix plus élevé (surface BCED = 12 $), mais aussi au fait que de nouveaux vendeurs entrent sur le marché en raison de la hausse du prix (surface CEF = 8 $).

Application : les coûts de la taxation

Sur la scène politique, la fiscalité fait souvent l'objet de vives controverses. Lors de l'élection fédérale de 2006, Stephen Harper a promis de réduire la TPS s'il devenait premier ministre. L'élection d'un gouvernement conservateur a permis à Harper de réaliser cette promesse. Ainsi, la TPS est passée de 7 % à 6 % à l'été 2006, puis à 5 % en janvier 2008. Sur la scène provinciale, le gouvernement de Jean Charest a pour sa part haussé la taxe de vente du Québec (TVQ), celle-ci passant de 7,5 % à 8,5 % en janvier 2011, puis à 9,5 % en janvier 2012. En janvier 2013, c'était au tour du gouvernement de Pauline Marois de hausser l'impôt sur le revenu des particuliers en établissant un taux additionnel de 25,75 % pour les contribuables les plus nantis.

Comme la fiscalité joue un rôle important dans une économie moderne, nous revenons sur le sujet à plusieurs reprises dans ce manuel, à mesure que nous présentons de nouveaux outils. Nous avons déjà abordé l'étude des taxes au chapitre 6 et nous avons constaté qu'une taxe sur un bien modifie le prix et la quantité vendue, alors que le jeu de l'offre et de la demande répartit le fardeau fiscal entre les acheteurs

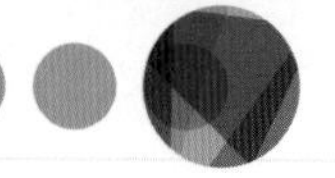

et les vendeurs. Dans le présent chapitre, nous poursuivrons cette analyse et nous observerons les effets des taxes sur le bien-être économique des agents concernés.

À première vue, ces effets sur le bien-être paraissent évidents. Le gouvernement lève des impôts qui, de toute évidence, doivent sortir de la poche de quelqu'un. Comme nous l'avons constaté au chapitre 6, toute taxe pénalise à la fois les vendeurs et les acheteurs. Une taxe augmente le prix payé par les acheteurs et réduit la somme reçue par les vendeurs. Toutefois, pour vraiment comprendre dans quelle mesure une taxe influe sur le bien-être, il nous faut comparer la perte de bien-être subie par les acheteurs et les vendeurs avec les recettes fiscales prélevées par le gouvernement. Les concepts de surplus du consommateur et de surplus du producteur permettent d'établir cette comparaison. Notre analyse montrera que les pertes qu'une taxe entraîne pour les acheteurs et les vendeurs excèdent les recettes perçues par le gouvernement.

La perte sèche associée à une taxe

Revenons sur l'une des conclusions surprenantes du chapitre 6 : il importe peu que la taxe soit prélevée auprès des acheteurs ou des vendeurs. Lorsque la taxe est prélevée auprès des acheteurs, la courbe de demande se déplace vers le bas, d'une ampleur correspondant à cette taxe ; si la taxe est prélevée auprès des vendeurs, la courbe d'offre se déplace vers le haut, avec la même ampleur. Dans les deux cas, le prix payé par l'acheteur augmente et le prix reçu par le vendeur diminue. En outre, dans les deux cas, l'incidence fiscale est déterminée par les élasticités de l'offre et de la demande. La distribution du fardeau de la taxe est exactement la même, quelle que soit la façon dont la taxe est perçue.

La figure 8.1 résume ce phénomène. Aux fins de la démonstration, les déplacements des courbes d'offre ou de demande ne sont pas illustrés. Si les vendeurs sont responsables du paiement de la taxe, on assiste à un déplacement de la courbe d'offre ; si les acheteurs sont imposés, c'est la courbe de demande qui se déplace. Afin de simplifier les graphiques, nous omettrons dans ce chapitre de représenter ces déplacements, puisque le nœud de l'analyse réside dans l'écart créé par une taxe entre le prix payé par les acheteurs et le prix reçu par les vendeurs. En raison de cet écart entre le prix payé et le prix reçu, la quantité vendue est inférieure à ce qu'elle aurait été s'il n'y avait pas eu de taxe. Autrement dit, la taxe réduit les quantités échangées sur le marché de ce bien. Cette analyse devrait vous être familière depuis la lecture du chapitre 6.

Les effets d'une taxe sur le bien-être

Pour mesurer les pertes et les gains associés à une taxe, reprenons les outils de l'économie du bien-être vus au chapitre 7. Pour ce faire, nous devons étudier les effets de la taxe sur les acheteurs, les vendeurs et le gouvernement. Les bénéfices que les acheteurs retirent de leur participation au marché se mesurent par le surplus du consommateur — la somme maximale qu'ils sont disposés à débourser pour un bien, moins la somme réellement payée. Les bénéfices que les vendeurs retirent de leur participation au marché se mesurent par le surplus du producteur — la somme que les vendeurs reçoivent, moins leurs coûts.

Qu'en est-il de la troisième partie intéressée, le gouvernement ? Si T représente la taxe par unité, et Q, la quantité vendue d'un bien, la somme totale perçue par le gouvernement est donc égale à $T \times Q$. Ces recettes fiscales serviront à financer les services publics — comme la voirie, les services de police et l'éducation — ou à aider les plus démunis. Par conséquent, pour analyser les effets d'une taxe sur le bien-être économique, nous nous servons des recettes fiscales afin de mesurer les bénéfices qu'en retire le gouvernement. Gardons cependant à l'esprit que ces bénéfices ne profitent pas au gouvernement en tant que tel, mais bien à ceux pour qui sont faites ces dépenses publiques.

Sur la figure 8.2, on constate que les recettes fiscales sont représentées par le rectangle situé entre les courbes d'offre et de demande. La hauteur de ce rectangle correspond au montant de la taxe par unité, T, tandis que sa largeur correspond à la quantité vendue, Q. La surface de ce rectangle est égale au produit de sa hauteur par sa largeur, $T \times Q$, lequel représente les recettes fiscales.

Le bien-être en l'absence d'une taxe

Pour observer l'impact d'une taxe sur le bien-être, nous commençons par évaluer le bien-être sans taxe. La figure 8.3 présente un graphique d'offre et de demande sur lequel les différentes surfaces sont désignées par les lettres A à F.

Avant l'imposition d'une taxe, le prix (P_1) et la quantité (Q_1) d'équilibre correspondent à l'intersection des courbes d'offre et de demande. Puisque la courbe de

FIGURE 8.1

L'effet d'une taxe

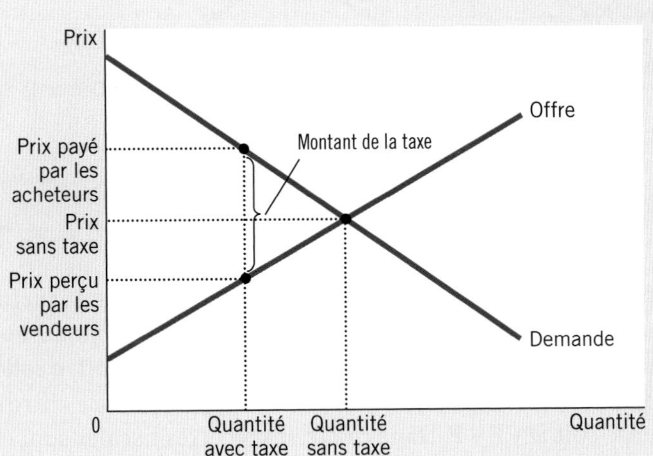

L'imposition d'une taxe sur un bien crée un écart entre le prix payé par les acheteurs et le prix reçu par les vendeurs. En conséquence, la quantité vendue diminue.

FIGURE 8.2

Les recettes fiscales

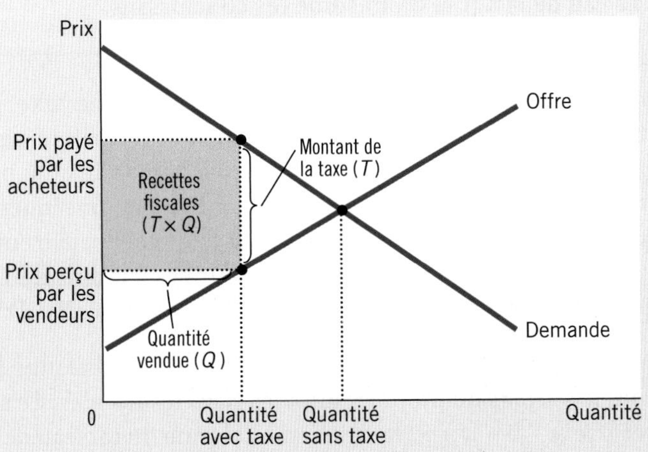

Les recettes fiscales perçues par l'État sont égales à $T \times Q$, soit le montant de la taxe, T, multiplié par la quantité vendue, Q. Elles correspondent à la surface du rectangle situé entre les courbes d'offre et de demande.

FIGURE 8.3

Les effets d'une taxe sur le bien-être

En imposant une taxe sur un bien, on réduit le surplus du consommateur (de la surface B + C) et le surplus du producteur (de la surface D + E). Cette diminution des surplus du consommateur et du producteur excède les recettes fiscales (la surface B + D). La taxe engendre donc une perte sèche (surface C + E).

	SANS TAXE	AVEC TAXE	VARIATION
Surplus du consommateur	A + B + C	A	−(B + C)
Surplus du producteur	D + E + F	F	−(D + E)
Recettes fiscales	Nulles	B + D	+(B + D)
Surplus total	A + B + C + D + E + F	A + B + D + F	−(C + E)

La superficie C + E correspond à la diminution du surplus total et équivaut à la perte sèche associée à la taxe.

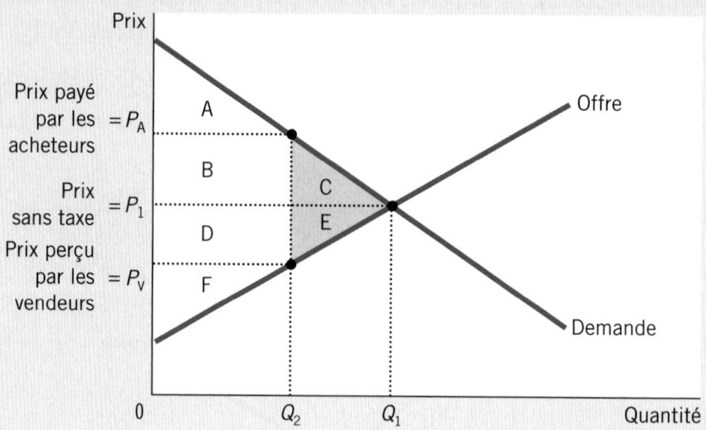

demande représente la volonté de payer des consommateurs, la surface comprise entre la courbe de demande et le prix, A + B + C, correspond au surplus du consommateur. De la même manière, puisque la courbe d'offre reflète les coûts des vendeurs, le surplus du producteur correspond à la surface entre cette courbe d'offre et le prix, soit D + E + F. Dans ce cas, les recettes fiscales sont égales à zéro.

Le surplus total, c'est-à-dire la somme des surplus du consommateur et du producteur, correspond à la surface A + B + C + D + E + F. Autrement dit, comme nous l'avons vu au chapitre 7, ce surplus total est égal à la surface comprise entre les courbes d'offre et de demande jusqu'à la quantité d'équilibre. La première colonne du tableau de la figure 8.3 résume ces conclusions.

Le bien-être en présence d'une taxe

Voyons maintenant ce qui se passe après l'imposition d'une taxe. Le prix payé par les acheteurs passe de P_1 à P_A ; le surplus du consommateur se réduit donc à la surface A (celle qui se situe entre la courbe de demande et le prix payé). Le prix reçu par le vendeur diminue, passant de P_1 à P_V ; par conséquent, le surplus du producteur se limite maintenant à la surface F (qui se trouve entre la courbe d'offre et le prix reçu). La quantité vendue diminue, passant de Q_1 à Q_2, et le gouvernement obtient des recettes fiscales égales à la surface B + D.

Pour calculer le surplus total en présence d'une taxe, on additionne le surplus du consommateur, le surplus du producteur et les recettes fiscales. Ce surplus équivaut à la superficie A + B + D + F ; la deuxième colonne du tableau de la figure 8.3 résume le tout.

Les modifications au bien-être

Nous sommes maintenant en mesure d'évaluer les effets de la taxe en comparant le bien-être avant et après son imposition. Ces variations se trouvent dans la troisième colonne du tableau. En raison de la taxe, la surface B + C est retranchée du surplus du consommateur, tandis que le surplus du producteur est amputé de la surface D + E. Les recettes fiscales augmentent quant à elles par l'ajout de la surface B + D. C'est sans surprise que nous constatons que la taxe détériore le sort des acheteurs et des vendeurs, et qu'elle améliore celui du gouvernement.

La variation du bien-être total comprend à la fois la variation du surplus du consommateur (qui est négative), la variation du surplus du producteur (qui est également négative) et la variation des recettes fiscales (qui est positive). En additionnant ces trois composantes, nous constatons que le surplus total se trouve diminué de la surface C + E. Ainsi, à la suite de l'introduction de la taxe, les pertes subies par les acheteurs et les vendeurs excèdent les recettes perçues par le gouvernement. Cette réduction de surplus total, associée à la distorsion qu'introduit une taxe (ou toute autre politique publique), se nomme **perte sèche.** La surface C + E mesure cette perte sèche.

Perte sèche
Diminution du surplus total résultant d'une distorsion (par exemple, une taxe) sur un marché.

Pour comprendre ce phénomène, il faut se rappeler l'un des **dix principes d'économie** du chapitre 1 : les gens réagissent aux incitatifs. Au chapitre 7, nous avons vu que les marchés allouent les ressources rares de manière efficiente. Autrement dit, l'équilibre de l'offre et de la demande permet de maximiser le surplus total des acheteurs et des vendeurs sur un marché. Or, lorsqu'une taxe fait augmenter le prix payé par les acheteurs, tout en réduisant le prix reçu par les vendeurs, elle incite les acheteurs à consommer moins et les vendeurs à produire moins qu'ils le feraient normalement. Comme les vendeurs et les acheteurs réagissent à ces incitatifs, la taille du marché se rétrécit et n'atteint pas son niveau optimal. Dans la mesure où les taxes perturbent les incitatifs, elles entraînent une allocation inefficiente des ressources.

La perte sèche et les gains tirés de l'échange

Pour saisir intuitivement la raison de ces pertes sèches, considérons un exemple. Imaginons que Hugues fait le ménage chez Brigitte toutes les semaines pour un salaire de 100 $. Supposons que le coût de renonciation de Hugues soit de 80 $, alors que la volonté de payer de Brigitte pour son appartement propre est de 120 $. Chacun d'eux retire de cet échange un bénéfice de 20 $. Le surplus total atteint donc 40 $ et mesure les gains tirés de l'échange lors de cette transaction.

Imaginons maintenant que le gouvernement prélève une taxe de 50 $ sur les services de nettoyage. Aucun prix comprenant la taxe n'est susceptible de satisfaire à la fois Hugues et Brigitte. Brigitte refuserait de payer plus de 120 $. Or, à ce prix, Hugues ne recevrait que 70 $ après avoir payé la taxe, soit une somme inférieure à son coût de renonciation. À l'inverse, pour que Hugues puisse percevoir son coût de renonciation de 80 $, Brigitte devrait payer 130 $, une somme qui excède sa volonté de payer. En fin de compte, Hugues et Brigitte renoncent à conclure une entente. Hugues perd ce revenu et Brigitte vit dans un appartement plus sale.

Cette taxe provoque une perte de bien-être de 40 $ pour Hugues et Brigitte, puisque ni l'un ni l'autre ne bénéficient du surplus que généraient leurs transactions. De son côté, le gouvernement ne perçoit pas non plus de recettes fiscales de leurs échanges, puisqu'ils y ont mis fin. Cette somme de 40 $ est une pure perte sèche : c'est une perte supportée à la fois par le vendeur et par l'acheteuse, sans que l'augmentation des recettes gouvernementales vienne contrebalancer cette diminution de bien-être. Cet exemple permet de voir l'origine fondamentale des pertes sèches : les taxes provoquent des pertes sèches, car elles empêchent les acheteurs et les vendeurs de réaliser certains des gains tirés de l'échange.

Le triangle situé entre les courbes d'offre et de demande (C + E sur la figure 8.3) correspond à cette perte. Celle-ci est encore plus évidente sur la figure 8.4, si l'on se rappelle que la courbe de demande reflète la valeur du bien pour les consommateurs et que la courbe d'offre en reflète le coût pour les producteurs. Lorsque cette taxe accroît le prix payé par les acheteurs à P_A et réduit le prix reçu par les vendeurs à P_V, les acheteurs et les vendeurs marginaux se retirent du marché, ce qui entraîne un recul de la quantité vendue, de Q_1 à Q_2. Or, comme le montre cette figure, la valeur du bien pour ces acheteurs excède toujours le coût pour ces vendeurs. Comme dans l'exemple de Hugues et de Brigitte, les gains tirés de l'échange — la différence entre la valeur pour les acheteurs et le coût pour les vendeurs — sont moindres que le montant de la taxe. Par conséquent, ces échanges cessent après la mise en place de cette taxe. La perte sèche correspond donc à la perte de surplus liée au fait que la taxe élimine une partie des échanges mutuellement avantageux.

FIGURE 8.4

La perte sèche

L'imposition d'une taxe sur un bien fait passer la quantité vendue de Q_1 à Q_2. Une partie des gains potentiels résultant de l'échange entre les vendeurs et les acheteurs est donc éliminée. Ces gains perdus correspondent à la perte sèche.

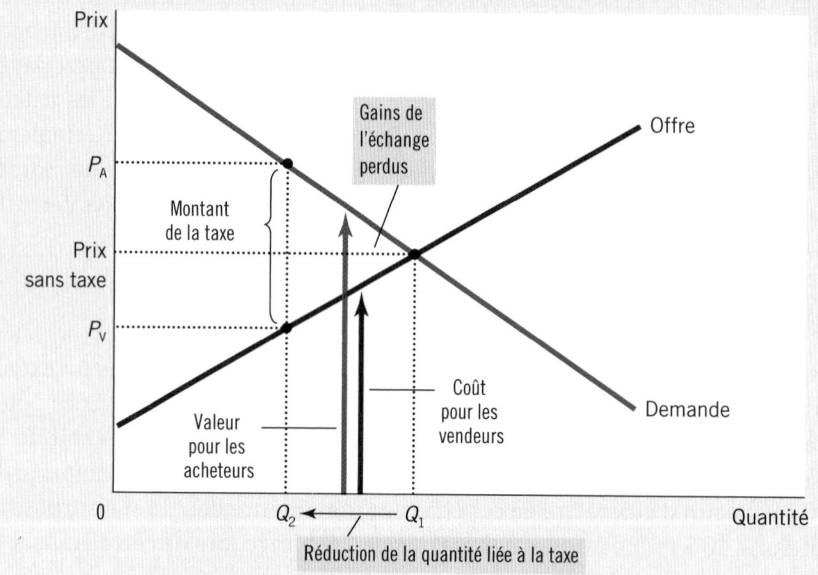

MINITEST

- Tracez les courbes d'offre et de demande du marché des biscuits. Si le gouvernement impose une taxe sur la vente de ces biscuits, montrez ce qui arrive à la quantité vendue, au prix payé par les acheteurs et au prix reçu par les vendeurs. Sur votre graphique, illustrez la perte sèche imputable à la taxe.
- Expliquez ce qu'on veut dire par « perte sèche ».

Les déterminants des pertes sèches

Qu'est-ce qui influe sur l'ampleur de la perte sèche engendrée par une taxe ? La réponse réside dans les élasticités de l'offre et de la demande, lesquelles mesurent la sensibilité de la quantité offerte et de la quantité demandée aux variations de prix du bien.

Voyons d'abord en quoi l'élasticité de l'offre influe sur l'ampleur de la perte sèche. Sur les deux graphiques du haut de la figure 8.5, la courbe de demande et le montant de la taxe sont constants. La seule différence entre ces deux graphiques se limite à la variation de l'élasticité de l'offre. Sur le graphique a), la courbe d'offre est relativement inélastique : la quantité offerte répond faiblement aux changements de prix. Sur le graphique b), la courbe d'offre est relativement élastique : la quantité offerte réagit fortement aux changements de prix. On remarque que la perte sèche — la surface du triangle compris entre les courbes d'offre et de demande — est d'autant plus grande que la courbe d'offre est élastique.

De la même façon, les deux graphiques au bas de la figure 8.5 illustrent l'effet de l'élasticité de la demande sur la perte sèche. Dans ce cas, la courbe d'offre et

FIGURE 8.5

La taxe et les élasticités

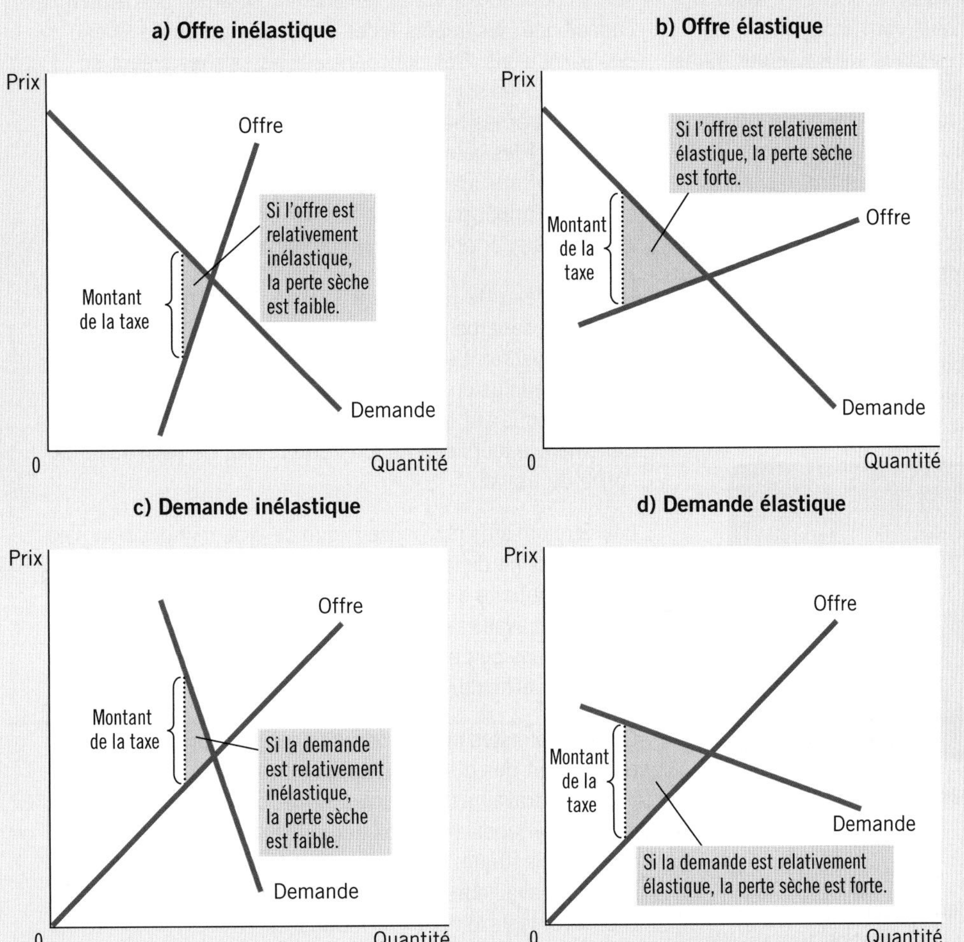

Sur les graphiques a) et b), la courbe de demande et le montant de la taxe sont constants, mais l'élasticité-prix de l'offre varie. On remarque que plus l'offre est élastique, plus la perte sèche est forte. Sur les graphiques c) et d), la courbe d'offre et le montant de la taxe sont constants, mais l'élasticité-prix de la demande varie. On observe que plus la demande est élastique, plus la perte sèche est forte.

le montant de la taxe sont maintenus constants. Sur le graphique c), la courbe de demande est relativement inélastique et la perte sèche est faible. Sur le graphique d), la courbe de demande est plus élastique et la perte sèche est plus forte.

Il est facile de comprendre ce qui se passe. Une taxe crée une perte sèche, parce qu'elle incite les acheteurs et les vendeurs à modifier leur comportement. Comme la taxe fait augmenter le prix payé par les acheteurs, ces derniers réduisent leur consommation. Étant donné qu'elle fait diminuer le prix reçu par les vendeurs, ces derniers réduisent leur production. Ces changements de comportement réduisent la taille du marché, lequel n'atteint plus son niveau optimal. Les élasticités de l'offre et de la demande mesurent la réaction des acheteurs et des vendeurs à cette modification de prix et, par conséquent, déterminent l'ampleur de la distorsion créée par la taxe. Dès lors, plus l'offre et la demande sont élastiques, plus la perte sèche provoquée par la taxe sera importante.

ÉTUDE DE CAS

Une controverse sur la perte sèche

L'offre, la demande, l'élasticité, la perte sèche — toute cette théorie économique a de quoi vous étourdir. Cependant, croyez-le ou non, ces idées sont au cœur d'une question politique majeure : quelle devrait être la taille du gouvernement ? La raison pour laquelle le débat repose sur ces concepts est simple : plus la perte sèche provoquée par les taxes est importante, plus les programmes gouvernementaux seront coûteux en matière de bien-être perdu. Si les taxes entraînent de fortes pertes sèches, ces pertes constituent alors un argument de poids pour les réduire au minimum et, par conséquent, réduire l'intervention gouvernementale. En revanche, si les taxes n'entraînent qu'une faible perte sèche, alors les programmes gouvernementaux seront moins coûteux en matière de bien-être perdu.

« Saviez-vous que les impôts génèrent une perte sèche ? »

Quelle est donc l'ampleur des pertes sèches provoquées par les ponctions fiscales ? Voilà une question sur laquelle les économistes n'arrivent pas à se mettre d'accord. Pour comprendre la raison de cette controverse, penchons-nous sur les ponctions fiscales les plus importantes de l'économie canadienne : les impôts fédéral et provincial sur le revenu des particuliers. Ces ponctions sur les salaires créent un écart entre les sommes versées par les entreprises et celles touchées par les travailleurs. Si l'on additionne l'impôt prélevé par les gouvernements fédéral et provincial, on obtient un taux marginal d'imposition — c'est-à-dire le pourcentage d'impôt payé sur le dernier dollar gagné —, avoisinant 50 % pour un grand nombre de travailleurs canadiens.

La taille de cette ponction est facile à déterminer, mais l'ampleur de la perte sèche qu'elle provoque s'avère plus ardue à évaluer. Les économistes n'arrivent pas tous aux mêmes conclusions quant à l'importance de la perte sèche que provoque cet impôt de 50 %. Le désaccord tient essentiellement à leurs estimations différentes de l'élasticité de l'offre de travail.

Les économistes qui pensent que ce type d'imposition n'engendre pas de distorsion importante sont convaincus de la forte inélasticité de l'offre de travail. D'après eux, la plupart des gens travailleraient à plein temps, quel que soit le salaire. Dans ce cas, la courbe d'offre de travail serait pratiquement verticale, et la perte sèche, relativement minime.

Les économistes convaincus que ces ponctions fiscales engendrent des distorsions importantes sont d'avis que l'offre de travail est élastique. Ils reconnaissent que certains groupes de travailleurs présentent une offre de travail inélastique, mais ils croient que dans de nombreux cas, les travailleurs réagissent davantage aux incitatifs. À preuve, les exemples suivants :

- Bien des travailleurs sont en mesure d'ajuster le nombre d'heures travaillées — en faisant des heures

►

supplémentaires ou en acceptant des contrats additionnels. Plus le salaire est élevé, plus ces personnes désirent augmenter leur nombre d'heures de travail.

- Dans de nombreuses familles, il existe un autre travailleur potentiel — souvent la mère de famille —, qui doit choisir entre travailler au foyer sans être payé ou prendre un emploi rémunéré. Cette décision dépend des avantages liés au fait de rester à la maison (dont les économies en matière de garderie) et des bénéfices associés au travail, c'est-à-dire le salaire potentiel.
- Les travailleurs plus âgés peuvent décider du moment où ils prendront leur retraite, et cette décision est souvent fonction de leur salaire. Une fois à la retraite, ce même salaire les amène à considérer la possibilité de travailler ou non à temps partiel.
- Certaines personnes, travaillant au noir ou participant à des activités illégales (comme le trafic de drogue), échappent au fisc. C'est ce que l'on appelle l'*économie souterraine.* Avant d'opter pour le travail au noir aux dépens d'un travail légitime, ces contrevenants potentiels comparent la somme qu'ils peuvent gagner en travaillant et en payant des impôts à celle qu'ils récoltent en travaillant au noir.

Dans tous ces cas, la quantité de travail offerte réagit à la variation du salaire (le prix du travail), c'est-à-dire que l'offre de travail est relativement élastique. Par conséquent, l'impôt sur le revenu influe sur les décisions de ces travailleurs. Il les incite à travailler moins d'heures, à rester à la maison pour s'occuper des enfants, à prendre une retraite anticipée et, dans le cas des individus ayant moins de scrupules, à participer à l'économie souterraine.

Ces deux visions de l'impôt sur le revenu sont au coeur des débats politiques contemporains. Lorsque, à la faveur d'une élection, deux candidats politiques s'affrontent sur l'utilité d'accroître les services publics ou de réduire le fardeau fiscal, il faut se souvenir que cette controverse se fonde sur leurs opinions divergentes concernant l'élasticité de l'offre de travail et la perte sèche que provoquent les impôts.

DANS L'ACTUALITÉ

L'une des taxes les plus efficientes

Dans l'article qui suit, l'auteur met en lumière la double vertu de l'impôt foncier : il serait efficient et équitable. En effet, puisque l'offre est parfaitement inélastique, ce sont les propriétaires terriens qui en assument entièrement le fardeau.

L'impôt sur le territoire

L'impôt foncier existe depuis fort longtemps. Des civilisations anciennes, telles celles de la Grèce et de la Chine, levaient déjà des impôts sur la propriété foncière. Dans l'Angleterre du XIe siècle, Guillaume le Conquérant commanda la constitution du *Domesday Book,* un registre de tous les propriétaires du pays et de la valeur de leurs terrains, pour lever des impôts. À la fin du XVIIe siècle, la Grande-Bretagne s'était dotée d'un impôt sur les fenêtres, bien avant qu'elle n'ait introduit un impôt sur le revenu. Aux États-Unis, les gouvernements locaux prélèvent des impôts fonciers depuis l'époque coloniale alors que l'impôt fédéral sur le revenu n'y existe que depuis 1913.

Or, l'impôt foncier représente une part beaucoup moins importante des recettes fiscales qu'il l'a déjà fait. Pour financer leurs dépenses, les gouvernements recueillent beaucoup plus d'argent d'autres sources, particulièrement de l'impôt sur le revenu, de l'impôt sur la masse salariale et des taxes sur la valeur ajoutée (*voir le graphique* a). Par ailleurs, une nouvelle étude de John Norregaard, du Fonds monétaire international, montre qu'en moyenne, et pour tous les paliers de gouvernement, les pays riches tirent moins de 5 % de leurs recettes fiscales des taxes foncières, que ce soit sur les terrains ou sur les bâtiments qui y sont construits. La norme est encore plus faible dans les économies émergentes à revenu intermédiaire, soit autour de 2 % de l'ensemble des recettes fiscales (*voir le graphique* b). L'inclusion des droits de mutation immobilière, tel le droit de timbre, hausse quelque peu ce pourcentage, mais pas de façon significative.

Ces moyennes masquent des écarts importants. Les économies anglo-saxonnes sont celles qui recourent le plus à l'impôt foncier. Aux États-Unis, ce dernier représente toujours 17 % des recettes fiscales ;

►

il tourne plutôt autour de 12 % en Grande-Bretagne et au Canada. Seulement 2 % des recettes fiscales de l'Allemagne et de l'Italie proviennent des taxes foncières annuelles ; en Suisse, c'est à peine 0,4 %. Cette faible proportion des recettes fiscales nationales que représente l'impôt foncier peut donner une fausse représentation de son importance pour les administrations locales qui, généralement, en assurent le prélèvement. En Australie et en Grande-Bretagne, l'impôt foncier constitue la seule source de recettes fiscales pour les administrations municipales. Aux États-Unis, les villes tirent environ 70 % de leurs revenus des taxes foncières. Sur le plan national, cependant, la taxe foncière joue un rôle relativement mineur.

Ce constat est navrant puisque l'impôt foncier est l'une des façons les plus efficaces pour le gouvernement de générer des revenus de façon équitable. L'impôt sur le sol, c'est-à-dire qui ne tient pas compte de son utilisation ou du type de bâtiment qui y est construit, est la meilleure formule qui soit. Puisque la superficie du terrain est fixe, l'impôt foncier ne peut perturber l'offre, contrairement à l'impôt sur le salaire ou celui sur l'épargne, qui peuvent décourager l'effort ou la prévoyance. En fait, l'impôt sur le sol encourage l'utilisation optimale des terrains. Ainsi, les promoteurs immobiliers seraient moins portés à accumuler des terrains sans les exploiter s'ils devaient, pour ce faire, verser une contribution annuelle à l'État. L'impôt foncier qui tient compte de la valeur des bâtiments occupant les terrains est moins efficace, puisqu'il constitue en fait un impôt sur l'investissement. Même dans ce cas, il risque moins d'influencer le comportement des gens que l'impôt sur le revenu ou sur la masse salariale. Selon une étude de l'OCDE, l'impôt sur les biens immeubles est celui qui supporte le mieux les augmentations. Cela s'applique encore plus aux économies émergentes en voie d'urbanisation, qui comptent d'importants secteurs non structurés.

En cette époque de mondialisation propice aux déplacements des entreprises et des personnes, l'impôt foncier est une source de revenu stable. Il est également moins sensible aux perturbations cycliques. Au cours de la dernière crise financière, les administrations municipales et régionales des États-Unis ont enregistré une baisse moins marquée des taxes foncières que de leurs autres sources de revenus, principalement parce que les évaluations foncières ont été ajustées plus lentement et de façon moins abrupte que les prix réels. Les taxes foncières peuvent même contrer les bulles immobilières en rendant plus coûteux l'achat de biens immeubles à des fins purement spéculatives.

Compte tenu de ces avantages, pourquoi les gouvernements n'augmentent-ils pas les taxes foncières pour grossir leurs recettes ? Quelques-uns tentent de le faire. L'étude de Norregaard nomme près de 20 pays qui ont récemment introduit de nouvelles taxes foncières ou qui envisagent de le faire. La Namibie a récemment introduit un impôt foncier sur les terres agricoles ; l'Irlande réintroduit un impôt sur la propriété résidentielle qui avait été aboli en 1997. Dans l'opposition britannique, le parti travailliste a

L'accaparement des terres

a) Proportion des divers types de recettes fiscales, selon l'OCDE

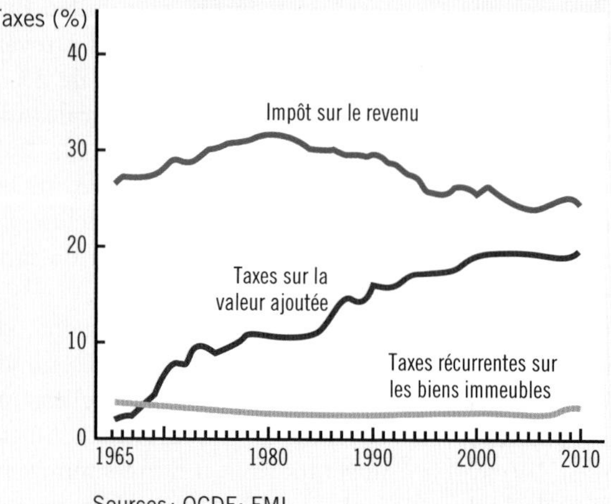

b) Proportion du PIB des taxes récurrentes sur les biens immeubles

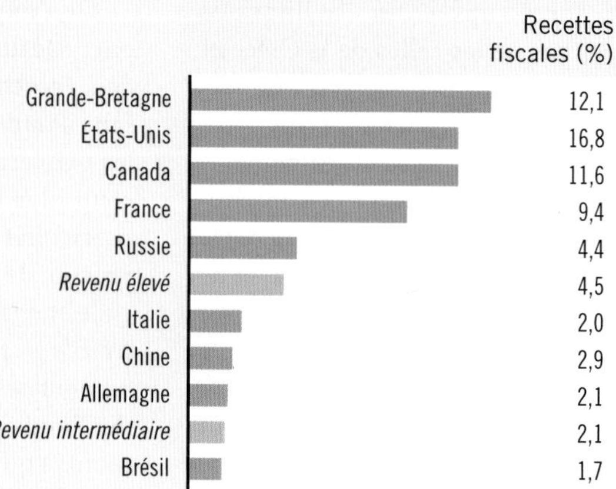

Sources : OCDE ; FMI.

proposé d'imposer les promoteurs immobiliers qui achètent des terrains inoccupés et n'en font rien. En vertu de l'ampleur de la crise financière, cependant, les gouvernements sont étonnamment peu nombreux à avoir emprunté cette avenue.

De gré ou de force

On peut penser que de nombreux gouvernements ne savent pas comment exploiter ce type d'impôt. De nombreuses économies émergentes (et d'autres, censées avoir émergé, comme la Grèce) ne disposent pas d'un équivalent moderne du *Domesday Book,* c'est-à-dire un cadastre en bonne et due forme. La principale raison, en revanche, réside dans la très grande impopularité de ces taxes, qui engendrent souvent une opposition disproportionnée. Plus tôt cette année, l'ex-premier ministre de l'Italie, le technocrate Mario Monti, a perdu l'élection pour diverses raisons, mais surtout à cause de sa décision largement décriée d'augmenter l'impôt foncier. Dans les sondages, lorsqu'on leur demande quelle est la pire forme d'impôt, ou la plus injuste, les Américains nomment toujours les taxes foncières municipales.

Les économistes sont plus partagés sur le caractère « équitable » des taxes foncières qu'ils le sont à l'égard de leur efficacité. Pendant longtemps, le consensus dominant voulait que les taxes foncières soient régressives parce que le fardeau était refilé aux locataires et aux travailleurs. Plus populaire aujourd'hui, une autre école de pensée affirme que dans un marché financier efficient, le fardeau des taxes foncières est assumé par les détenteurs de capitaux de toute l'économie. Et puisque les détenteurs de capitaux sont généralement plus riches, l'impôt foncier risque d'être progressif.

Les détracteurs politiques des taxes foncières ne versent pas dans la nuance lorsqu'ils en dénoncent le caractère progressif. Les électeurs détestent la taxe foncière en raison de son caractère incontournable : le fardeau est évident, facile à calculer et difficile à éviter. Un fascinant article de Marika Cabral et Caroline Hoxby, de Stanford University, en a récemment fait la démonstration. La plupart des propriétaires américains paient leur impôt foncier en une ou deux sommes forfaitaires annuelles. Le tiers d'entre eux (surtout ceux qui remboursent une hypothèque) paient leur taxe foncière sous forme de versements amalgamés aux versements hypothécaires mensuels. Les deux économistes constatent que la formule de règlement de la taxe foncière influe sur la tolérance qu'en ont les contribuables. Plus la proportion de contribuables qui payent en un ou deux versements est grande, moins la taxe foncière est susceptible d'être élevée. Les gouvernements qui souhaitent augmenter leurs recettes provenant de l'impôt foncier doivent apparemment veiller à ce que leurs contribuables n'aient pas une conscience trop aigüe de ce qu'ils paient. ■

Source : (29 juin 2013). « Levying the land ». *The Economist.* (Traduction libre). Repéré à www.economist.com

MINITEST

- La demande de bière est plus élastique que la demande de lait. Quelle taxe provoquerait la perte sèche la plus importante : une taxe sur la bière ou une taxe sur le lait ? Pourquoi ?

La perte sèche, les recettes fiscales et le taux de taxation

Les taxes ne cessent de changer au fil du temps. Nos décideurs publics des paliers municipal, provincial et fédéral sont toujours prêts à modifier les taxes. Voyons ce qui arrive à la perte sèche et aux recettes fiscales si l'on modifie la taille d'une taxe.

La figure 8.6 illustre les effets d'une taxe faible, modérée et élevée lorsque les élasticités des courbes d'offre et de demande sont maintenues constantes sur le marché. La perte sèche — la diminution du surplus total attribuable à une taxe qui réduit la taille du marché — correspond à la superficie du triangle situé entre

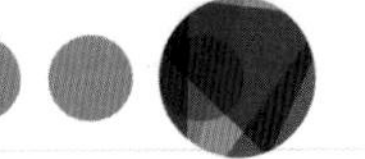

FIGURE 8.6

La perte sèche et les recettes fiscales selon la taille de la taxe

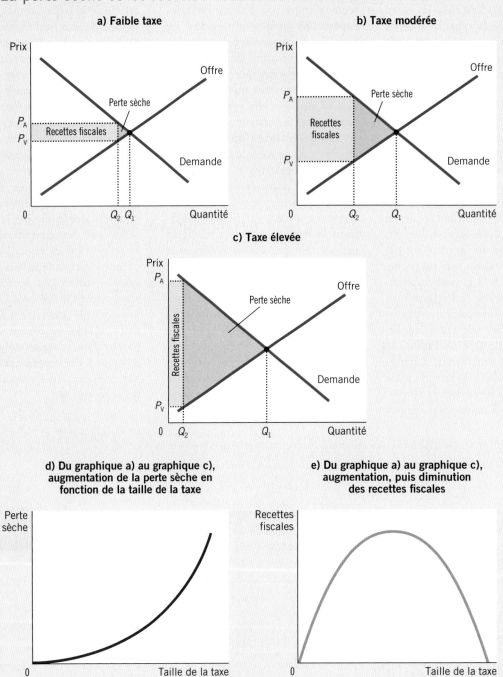

La perte sèche correspond à la réduction du surplus total attribuable à la taxe. Les recettes fiscales sont égales au produit de la taxe par la quantité vendue. Sur le graphique a), une faible taxe n'occasionne qu'une petite perte sèche ainsi que de faibles recettes fiscales. Sur le graphique b), une taxe plus importante entraîne une perte sèche et des recettes fiscales plus importantes. Sur le graphique c), une taxe élevée entraîne une forte perte sèche mais, comme le marché s'est considérablement réduit, des recettes fiscales à la baisse. Les graphiques d) et e) résument ces conclusions. Le graphique d) montre que l'augmentation d'une taxe se traduit par une augmentation de la perte sèche. Le graphique e) illustre tout d'abord une hausse des recettes fiscales, suivie d'une baisse. Cette relation se nomme *courbe de Laffer*.

les courbes d'offre et de demande. Sur le graphique a), montrant une faible taxe, la surface de ce triangle est toute petite. Cependant, la perte sèche augmente en importance sur les graphiques b) et c) à mesure que la taxe s'alourdit.

En effet, la perte sèche croît plus rapidement que la taille de la taxe, parce que la perte sèche correspond à l'aire d'un triangle. Si l'on double la taxe, la base et la hauteur de ce triangle doublent et la perte sèche est alors multipliée par 4. Si l'on triple la taxe, la base et la hauteur triplent et la perte sèche se multiplie par 9.

Pour ce qui est des recettes fiscales, elles correspondent au produit de la taxe par la quantité vendue. On constate, sur la figure 8.6, que ces recettes sont égales à la superficie du rectangle entre les courbes d'offre et de demande. Dans le cas d'une faible taxe (graphique *a*), les recettes fiscales sont petites. Au fur et à mesure que la taxe augmente (du graphique *a* au graphique *b*), les recettes fiscales sont en progression. Toutefois, lorsque cette taxe augmente encore (du graphique *b* au graphique *c*), les recettes fiscales diminuent, car la taxe réduit considérablement la taille du marché. Si la taxe s'élevait au point d'éliminer tout échange entre acheteurs et vendeurs, les recettes fiscales seraient alors égales à zéro.

Les deux derniers graphiques de la figure 8.6 synthétisent ces conclusions. Sur le graphique d), nous voyons que l'augmentation de la taille de la taxe entraîne une hausse accélérée de la perte sèche. En revanche, sur le graphique e), les recettes fiscales progressent d'abord en fonction de la taille de la taxe. Toutefois, lorsque celle-ci atteint un certain niveau, le marché se contracte tellement que les recettes fiscales commencent à diminuer.

ÉTUDE DE CAS

La courbe de Laffer et l'économie de l'offre

En 1974, lors d'une rencontre organisée dans un restaurant de Washington avec des journalistes et des politiciens très en vue, l'économiste Arthur Laffer dessina un graphique sur une serviette en papier pour représenter les effets du taux d'imposition sur les recettes fiscales. Ce dessin présentait de grandes similarités avec le graphique e) de la figure 8.6. Laffer déclara que les États-Unis se trouvaient sur la partie descendante de cette courbe. Le fardeau fiscal était tel qu'une réduction des impôts entraînerait une augmentation des recettes fiscales.

La plupart des économistes ne cachèrent pas leur scepticisme. L'idée qu'une réduction d'impôts entraînerait une augmentation des recettes fiscales semblait se vérifier sur le papier, mais il restait à s'en assurer sur le plan pratique. Rien ne prouvait que Laffer avait raison en déclarant que les impôts aux États-Unis avaient atteint un niveau aussi extrême.

Pourtant, la *courbe de Laffer* (puisqu'elle porte son nom) suscita l'intérêt de Ronald Reagan. David Stockman, directeur du budget du premier gouvernement Reagan, raconte l'histoire suivante :

> [Reagan] s'était lui-même trouvé sur la courbe de Laffer. « J'ai gagné beaucoup d'argent en tournant des films durant la Seconde Guerre mondiale. » En temps de guerre, le taux marginal d'imposition atteignait 90 %. « Il suffisait de tourner quatre films pour se retrouver dans la tranche d'imposition maximale, déclarait-il. On arrêtait alors de travailler et on s'installait à la campagne. » Des taux d'imposition aussi élevés incitaient les gens à ne pas trop travailler. Des taux plus bas les auraient davantage motivés. Son expérience personnelle le prouvait.

Lors de la course à la présidence de 1980, Reagan fit de la baisse des impôts son cheval de bataille électoral. Il prétendait que des impôts aussi lourds dissuadaient les gens de travailler. En allégeant la fiscalité, on les inciterait à travailler davantage, ce qui ferait augmenter le bien-être économique et, par la suite, les recettes fiscales. Comme ces réductions d'impôts avaient pour objectif de faire augmenter l'offre de travail, les idées de Laffer et de Reagan furent baptisées *économie de l'offre.*

Les événements ne donnèrent pas raison à Laffer, qui affirmait que la diminution des impôts aurait un impact à

▶

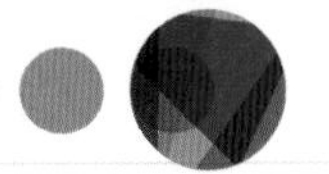

la hausse sur les recettes fiscales. La mise en application de cette théorie après l'accession au pouvoir de Reagan se solda par une baisse des recettes fiscales au lieu de l'augmentation prévue. Néanmoins, les arguments de Laffer ne sont pas complètement dénués d'intérêt. Même si une réduction généralisée des impôts exerce en général un effet négatif sur les recettes fiscales, certains contribuables se situent du mauvais côté de la courbe de Laffer. L'idée qu'une réduction d'impôt permette d'accroître les recettes fiscales semble bien fonctionner pour des tranches de revenus élevés fortement imposées. Cela dit, l'argument de Laffer semble plus approprié aux pays ayant un fardeau fiscal bien supérieur à celui des États-Unis, ce qui était le cas de la Suède au début des années 1980, où le taux marginal d'imposition d'un travailleur pouvait dépasser 80 %. Un tel taux constitue une forte incitation à moins travailler. Certaines études ont démontré que la Suède aurait pu augmenter ses recettes fiscales en abaissant son taux d'imposition.

Dans le débat entourant la courbe de Laffer, le Québec n'est pas en reste. En effet, à l'automne 2012, une controverse sur la fiscalité a fait rage lorsque le gouvernement nouvellement élu de Pauline Marois a annoncé son intention de mettre en place deux nouveaux taux d'imposition sur le revenu, soit 28 % et 31 %, lesquels devaient s'ajouter aux trois déjà existants (16 %, 20 %, 24 %). Les très nombreuses levées de boucliers l'ont finalement amené à reculer.

Les économistes divergent d'opinion sur l'opportunité d'une augmentation ou d'une diminution des ponctions fiscales, car ils n'ont pas tous la même perception des élasticités de l'offre et de la demande. Plus l'offre et la demande sont élastiques, plus une taxe aura un impact important sur le comportement des agents et plus il est probable qu'un allégement fiscal se soldera par un accroissement des recettes fiscales. Tout le monde s'entend néanmoins sur une chose : il est impossible de savoir à l'avance l'effet d'un changement de taxation sur les recettes fiscales en se fiant uniquement aux taux de taxation. Il faut également prendre en compte l'effet de ce changement de taux sur le comportement des individus.

MINITEST

- Si le gouvernement double la taxe sur l'essence, les recettes fiscales augmenteront-elles nécessairement ? Êtes-vous sûr que la perte sèche attribuable à cette taxe sur le carburant augmentera ? Expliquez.

Conclusion

Oliver Wendell Holmes, un médecin et écrivain américain du XIXe siècle, a déclaré un jour que les taxes étaient le prix à payer pour vivre dans une société civilisée. Il est en effet impossible de vivre en société sans payer de taxes. Tout le monde attend du gouvernement qu'il fournisse un certain nombre de services publics, qui exigent un financement collectif.

Ce chapitre illustre bien ce qu'il en coûte pour vivre dans une société civilisée. Selon l'un des **dix principes d'économie** du chapitre 1, les marchés représentent, en général, une bonne façon d'organiser l'activité économique. Or, la levée d'une taxe réduit les bienfaits que procurent les marchés. Les taxes coûtent cher aux acheteurs et aux vendeurs, non seulement parce qu'elles transfèrent certaines de leurs ressources au gouvernement, mais aussi parce qu'elles modifient les incitatifs et brouillent les mécanismes du marché.

L'analyse présentée ici et au chapitre 6 constitue une bonne base pour comprendre l'impact économique de la fiscalité, mais il y a plus. Les microéconomistes se concentrent sur la meilleure façon de concevoir un système fiscal, y compris sur la manière de trouver un équilibre entre l'équité et l'efficacité. Quant aux macroéconomistes, ils étudient l'influence de la fiscalité sur l'économie en général et la façon dont les pouvoirs publics recourent au système fiscal pour stabiliser l'activité économique et assurer une meilleure croissance. Ne vous étonnez donc pas si le sujet de la fiscalité refait surface lors de vos études en économie !

Résumé

- La taxation d'un bien réduit le bien-être des acheteurs et des vendeurs. Cette réduction du surplus du consommateur et du surplus du producteur excède généralement les recettes fiscales perçues par le gouvernement. La diminution du surplus total — la somme du surplus du consommateur, du surplus du producteur et des recettes fiscales — représente la perte sèche engendrée par une taxe.
- Les taxes engendrent une perte sèche parce qu'elles réduisent la consommation et la production de biens. Cette modification des comportements des agents se traduit par une contraction du marché, le ramenant sous le niveau qui maximiserait le surplus total. Puisque les élasticités de l'offre et de la demande mesurent la réaction des agents aux conditions du marché, plus ces élasticités sont élevées, plus la perte sèche est forte.
- Une hausse des taxes entraîne une augmentation de la perte sèche. Avec l'augmentation de la taxe, les recettes fiscales commencent par augmenter puis, en raison du rétrécissement de la taille du marché, finissent ensuite par diminuer.

Concept clé

Perte sèche, p. 169

Questions de révision

1. Lorsqu'un bien est taxé, qu'arrive-t-il au surplus du consommateur et au surplus du producteur ? Établissez une comparaison entre la variation de ces surplus et la variation des recettes fiscales. Justifiez-la.
2. Tracez un graphique d'offre et de demande d'un bien après la levée d'une taxe. Indiquez la perte sèche ainsi que les recettes fiscales.
3. De quelle manière les élasticités de l'offre et de la demande influent-elles sur la perte sèche provoquée par une taxe ? Comment expliquer cet effet ?
4. Pourquoi les économistes n'arrivent-ils pas à s'entendre sur l'importance des pertes sèches que provoquent les taxes sur le travail ?
5. Lorsque l'impôt sur le revenu augmente, qu'arrive-t-il à la perte sèche et aux recettes fiscales ?

ANNEXE

La mesure de la perte sèche

Dans les annexes précédentes, les mathématiques et les courbes d'offre et de demande linéaires nous ont permis de montrer certaines relations économiques avec plus de précision. Dans le même but, nous adoptons ici la même approche pour illustrer la notion de perte sèche.

La figure 8.3 montre comment les diverses surfaces entre les courbes d'offre et de demande peuvent servir à déterminer les effets d'une taxe sur le bien-être. Nous avons montré que la surface C + E, dans la figure 8.3, correspond à la perte sèche qu'entraîne la taxe. En ce qui a trait aux courbes d'offre et de demande, c'est la surface d'un triangle qui, selon une technique similaire à celle utilisée dans l'annexe du chapitre 7, peut se calculer comme le produit de la base par la hauteur divisé par 2. Ici, la hauteur du triangle est le montant de la taxe, *T* par unité, et la base est la variation de la quantité demandée à la suite de l'augmentation du prix en raison de la taxe, $Q_1 - Q_2$. La perte sèche (PS) qu'entraîne l'imposition d'une taxe de *T* par unité est simplement :

$$PS = \frac{(Q_1 - Q_2) \times T}{2}$$

Illustrons la chose à l'aide d'un exemple. La figure 8A.1 représente un marché sur lequel le gouvernement prélève une taxe de 3 $. Avant l'imposition de la taxe, la quantité échangée était égale à 100 unités. L'imposition de la taxe réduit la quantité échangée à 80 unités, ce qui engendre une perte sèche. Calculons cette perte sèche :

$$PS = \frac{(100 - 80) \times (7\ \$ - 4\ \$)}{2}$$

$$PS = 30\ \$$$

Une fois de plus, on constate qu'un peu de mathématique simple permet d'éclairer un concept abstrait.

FIGURE 8A.1

La perte sèche

En imposant une taxe de 3 $ sur un bien, on réduit la quantité échangée, qui passe de 100 à 80 unités. Le consommateur paie désormais 7 $ et le producteur ne reçoit plus que 4 $. La perte sèche que génère cette taxe correspond au triangle ABC, soit 30 $.

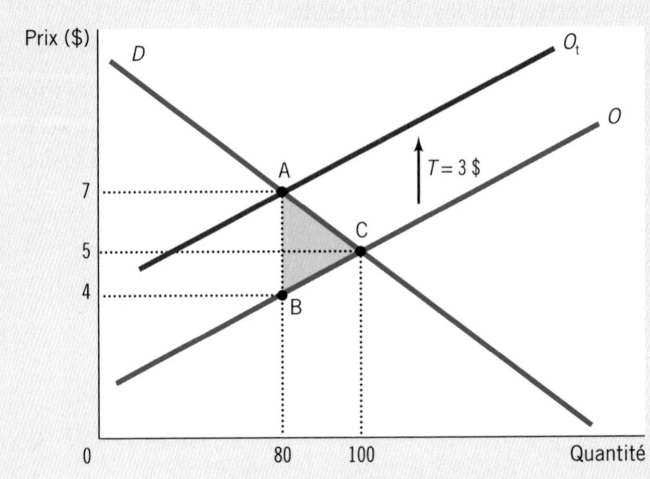

Application : le commerce international

Il vous suffit de vérifier les étiquettes des vêtements que vous portez pour vous rendre compte que la plupart d'entre eux ont été fabriqués à l'étranger. Il y a un siècle, le textile et le vêtement représentaient une activité économique majeure de l'économie canadienne, mais ce n'est plus le cas aujourd'hui. Devant la concurrence étrangère, capable de produire une marchandise de qualité à un prix inférieur, la plupart des entreprises canadiennes ont bien du mal à tirer leur épingle du jeu dans la production textile et la confection de vêtements. Elles se voient donc forcées de licencier leurs employés et de fermer leurs usines. De nos jours, la plupart des vêtements et des tissus achetés au Canada proviennent d'autres pays.

L'évolution de l'industrie du textile nous amène à nous poser des questions importantes concernant la politique économique : quels sont les effets du commerce international sur le bien-être économique des Canadiens ? Qui sont

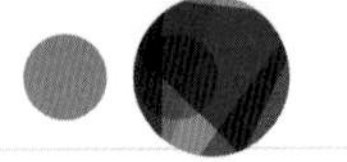

les gagnants et les perdants du commerce international ? Les gains des gagnants sont-ils supérieurs aux pertes des perdants ?

En étudiant le principe des avantages comparatifs dans le chapitre 3, nous avons abordé le commerce international. D'après ce principe, tous les pays gagnent à faire des échanges, puisque le commerce leur permet de se spécialiser dans les secteurs où ils réussissent le mieux. Toutefois, cette analyse reste incomplète et il faut maintenant expliquer l'origine des gains tirés du commerce international ainsi que la façon dont ceux-ci sont répartis entre les divers agents économiques.

Poursuivons donc l'étude du commerce international afin de répondre à ces questions. Les chapitres précédents nous ont fourni les concepts nécessaires à l'analyse du fonctionnement des marchés : l'offre, la demande, l'équilibre, le surplus du consommateur, le surplus du producteur, etc. Grâce à ces concepts, nous sommes maintenant en mesure d'analyser les conséquences du commerce international sur le bien-être économique.

Les déterminants du commerce international

Le marché du textile convient tout à fait à l'examen des gains et des pertes associés au commerce international : plusieurs pays produisent du textile, et son commerce représente un volume d'échange important à l'échelle mondiale. De plus, les gouvernements envisagent souvent (et appliquent parfois) des mesures protectionnistes pour le textile afin de protéger l'industrie nationale des concurrents étrangers. L'exemple choisi concerne un pays imaginaire : l'Isolande.

L'équilibre sans commerce international

Au début de notre histoire, le marché du textile de l'Isolande est complètement coupé du reste du monde. En vertu d'une décision gouvernementale, personne n'a le droit d'importer ni d'exporter du textile du pays, et les sanctions encourues par les contrevenants découragent toute tentative de commerce.

En l'absence de tout échange international, le marché du textile en Isolande comprend uniquement les acheteurs et les vendeurs locaux. Comme le montre la figure 9.1, le prix intérieur équilibre la demande des consommateurs et l'offre des producteurs isolandais. Le graphique montre également les surplus du consommateur et du producteur en l'absence de commerce extérieur. La somme de ces surplus, le surplus total, représente les gains que les acheteurs et les vendeurs isolandais retirent du marché du textile.

Imaginons maintenant qu'à la suite d'un revirement électoral, la nouvelle présidente élue, Mme Bleau, promet aux électeurs un programme de réformes après avoir fait une campagne axée sur le changement. Sa première mesure en tant que présidente consiste à réunir une équipe d'économistes pour étudier la politique commerciale isolandaise et leur demander de répondre aux trois questions suivantes :

- Si le gouvernement autorise les importations et les exportations de textile, comment le prix et les quantités vendues sur le marché intérieur évolueront-ils ?
- Qui sortira gagnant de ce libre-échange et qui en fera les frais ? Les gains excéderont-ils les pertes ?

FIGURE 9.1

L'équilibre sans commerce international

Lorsqu'un pays ne fait pas d'échanges avec le reste du monde, le prix assure l'équilibre entre l'offre et la demande intérieures. Cette figure montre les surplus du consommateur et du producteur en l'absence d'échanges internationaux sur le marché du textile dans un pays imaginaire : l'Isolande.

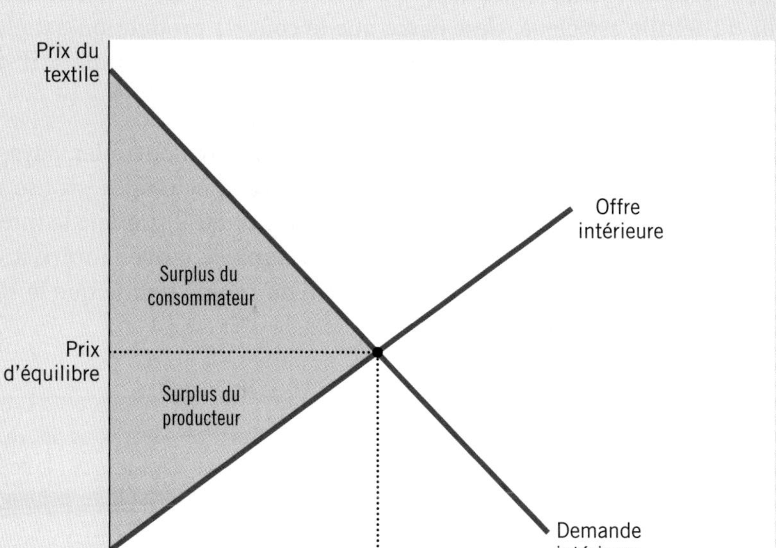

- Serait-il judicieux d'imposer un tarif douanier (une taxe sur les importations de textile) ou des quotas d'importation (une limitation des entrées de textile) dans le cadre de cette nouvelle politique commerciale ?

Après avoir révisé les lois de l'offre et de la demande dans leur ouvrage fétiche (le présent manuel, cela va de soi !), les économistes isolandais entament leur analyse.

Le prix mondial et les avantages comparatifs

La première tâche des économistes consiste à déterminer si l'Isolande deviendra un pays importateur ou un pays exportateur de textile. Autrement dit, en cas de libéralisation des échanges, les Isolandais deviendront-ils acheteurs ou vendeurs de textile sur les marchés internationaux ?

Pour répondre à cette question, il leur faut comparer le prix actuel du textile en Isolande avec celui en vigueur dans les autres pays. Le prix en vigueur sur les marchés internationaux s'appelle **prix mondial**. Si le prix mondial est supérieur à celui du marché intérieur, l'Isolande deviendra un pays exportateur de textile après son ouverture au commerce. Les manufacturiers du pays se feront une joie de toucher un prix supérieur au prix intérieur et commenceront à vendre leur production à l'étranger. À l'inverse, si le prix mondial est inférieur au prix intérieur, l'Isolande deviendra un pays importateur de textile. Comme les producteurs étrangers offrent leur textile à meilleur prix, les consommateurs isolandais n'hésiteront pas à acheter leur textile des autres pays.

Prix mondial
Prix d'un bien en vigueur sur le marché mondial.

La comparaison entre le prix mondial et le prix intérieur sans échanges internationaux permet de vérifier si l'Isolande dispose d'un avantage comparatif dans la production du textile. Le prix intérieur reflète le coût de renonciation du textile. Il indique ce à quoi doit renoncer un Isolandais pour obtenir une unité de textile. Si le prix intérieur est bas, c'est parce que le coût de production est faible. On peut alors penser que l'Isolande jouit d'un avantage comparatif par rapport au reste du monde dans la production du textile. Si, au contraire, le prix intérieur du textile est élevé, c'est parce que le coût de production est élevé. Ce sont alors les pays étrangers qui disposent d'un avantage comparatif dans la production du textile.

Comme nous l'avons vu dans le chapitre 3, le commerce entre les pays repose ultimement sur les avantages comparatifs. Ce type d'échanges profite à tous, car il permet à chaque pays de se spécialiser dans ce qu'il produit le mieux. En comparant le prix mondial et le prix intérieur sans échanges internationaux, nous pouvons savoir si l'Isolande est meilleure ou moins bonne que le reste du monde pour produire du textile.

MINITEST

- En Autarcie, les échanges internationaux sont interdits. Dans ce pays, vous pouvez acheter un complet pour 150 grammes d'or, alors que dans les pays voisins, le même complet vous coûtera 100 grammes d'or. Si l'Autarcie se convertit au libre-échange, le pays deviendra-t-il un importateur ou un exportateur de complets ?

Les gagnants et les perdants du commerce international

Pour évaluer les effets du commerce international sur le bien-être, les économistes isolandais partent du postulat suivant lequel la petite taille de l'économie de leur pays rend négligeables les conséquences de leurs actions sur les marchés internationaux. Autrement dit, aucune modification de la politique commerciale isolandaise n'influera sur le prix mondial du textile. Dans ce cas, les Isolandais sont des *preneurs de prix* sur le marché mondial du textile, c'est-à-dire qu'ils considèrent le prix international comme une donnée. Ils peuvent vendre du textile à ce prix et devenir des exportateurs, ou acheter du textile à ce prix et être des importateurs.

La supposition selon laquelle l'Isolande est une petite économie n'est pas absolument nécessaire pour l'analyse des gains et des pertes du commerce international. Toutefois, les économistes isolandais savent par expérience que de simplifier la réalité rend l'analyse moins compliquée. Les leçons qu'ils tireront de leur analyse auraient été les mêmes s'ils avaient supposé que l'Isolande est une grande économie.

Les gains et les pertes d'un pays exportateur

La figure 9.2 représente le marché du textile en Isolande. Sans commerce international, le prix d'équilibre est inférieur au prix mondial. L'adoption du libre-échange entraîne une augmentation du prix intérieur jusqu'à ce qu'il atteigne le niveau mondial. Aucun producteur de textile isolandais n'accepterait un prix inférieur au prix mondial et aucun consommateur isolandais ne voudrait payer un prix qui lui est supérieur.

Puisque le prix intérieur est maintenant égal au prix mondial, la quantité intérieure offerte diffère de la quantité intérieure demandée. La courbe d'offre représente la quantité de textile offerte par les manufacturiers isolandais. La courbe de demande représente la quantité demandée par les acheteurs isolandais. Comme la quantité intérieure offerte est supérieure à la quantité intérieure demandée, le pays produit trop pour ses propres besoins et devient donc un pays exportateur.

Bien que la quantité intérieure offerte et la quantité intérieure demandée diffèrent, le marché du textile est toujours en équilibre puisqu'il y a maintenant un autre participant sur ce marché : le reste du monde. En fait, la ligne horizontale située au niveau du prix mondial représente la demande de textile du reste du monde. Cette courbe de demande est parfaitement élastique, car l'Isolande, en tant que petite économie, peut vendre autant de textile au prix mondial qu'elle le désire.

Abordons maintenant la question des gains et des pertes résultant de l'ouverture de l'économie isolandaise aux échanges. De toute évidence, il n'y a pas que des gagnants. Le commerce fait grimper le prix intérieur jusqu'au niveau mondial. Les producteurs nationaux s'en trouvent avantagés, parce qu'ils vendent maintenant

FIGURE 9.2

Le commerce international : un pays exportateur

L'ouverture au commerce international fait grimper le prix intérieur jusqu'au prix mondial. La courbe d'offre montre la quantité intérieure de textile produite et la courbe de demande représente la quantité intérieure consommée. Les exportations de l'Isolande sont égales à la différence entre la quantité intérieure offerte et la quantité intérieure demandée, au prix mondial. Les vendeurs s'en trouvent avantagés (le surplus du producteur passe de C à B + C + D), mais les acheteurs sont pénalisés (le surplus du consommateur passe de A + B à A). Le surplus total augmente donc d'une somme égale à la surface D, ce qui démontre que le commerce améliore le bien-être économique du pays pris dans son ensemble.

	SANS COMMERCE	AVEC COMMERCE	CHANGEMENT
Surplus du consommateur	A + B	A	−B
Surplus du producteur	C	B + C + D	+(B + D)
Surplus total	A + B + C	A + B + C + D	+D

La surface D montre l'augmentation du surplus total et représente les gains tirés du commerce international.

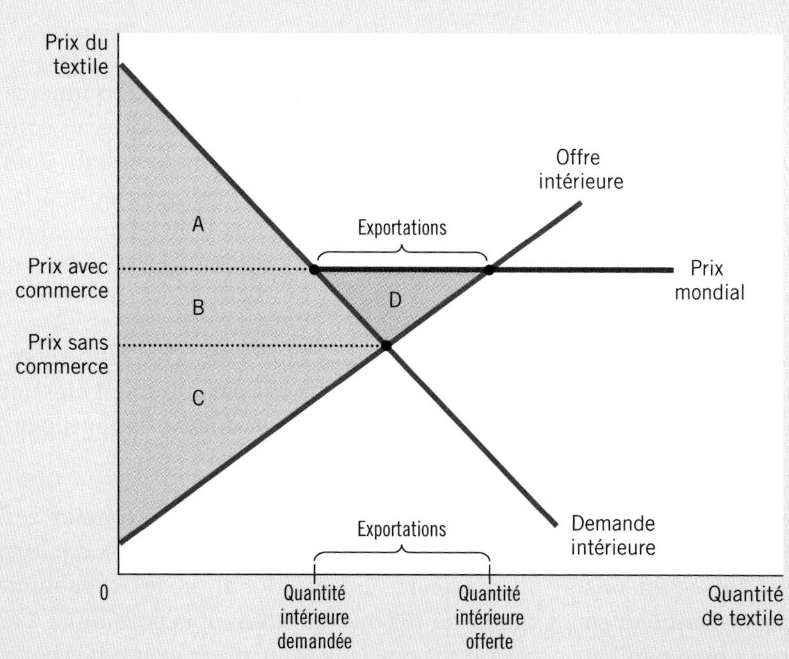

leur production à un prix plus élevé. En revanche, les consommateurs isolandais y perdent, puisqu'ils payent leur textile plus cher.

Pour mesurer ces gains et ces pertes, observons les variations des surplus du consommateur et du producteur illustrées à la figure 9.2. Avant l'ouverture au commerce international, le prix intérieur du textile assurait l'équilibre entre l'offre et la demande intérieures. Le surplus du consommateur correspondait à la surface comprise entre la courbe de demande et le prix sans commerce, soit A + B. Le surplus du producteur était représenté par la surface comprise entre la courbe d'offre et le prix sans commerce, c'est-à-dire C. Le surplus total sans commerce — la somme des surplus du producteur et du consommateur — correspondait à la surface A + B + C.

L'ouverture au commerce élève le prix intérieur au niveau du prix mondial. Le surplus du consommateur diminue et est maintenant représenté par la surface A (située entre la courbe de demande et le prix mondial). Le surplus du producteur augmente et correspond maintenant à la surface B + C + D (située entre la courbe d'offre et le prix mondial). Par conséquent, le surplus total avec commerce international est égal à A + B + C + D.

On voit maintenant clairement qui gagne et qui perd dans un pays exportateur. Les vendeurs profitent d'une augmentation du surplus du producteur qui est égale à B + D. Les acheteurs sont pénalisés, puisque le surplus du consommateur est réduit de B. Comme les gains des vendeurs excèdent les pertes des acheteurs d'une somme égale à la surface D, le surplus total en Isolande augmente.

Cette analyse d'un pays exportateur nous amène à tirer deux conclusions :

- Lorsqu'un pays s'ouvre au commerce international et devient exportateur d'un bien, les producteurs nationaux de ce bien s'en trouvent avantagés, tandis que les consommateurs nationaux de ce même bien s'en trouvent pénalisés.
- Le commerce international accroît le bien-être économique d'un pays, car les gains des gagnants excèdent les pertes des perdants.

Les gains et les pertes d'un pays importateur

Supposons maintenant que le prix intérieur avant l'ouverture au commerce international dépasse le prix mondial. De nouveau, après l'ouverture au commerce international, le prix intérieur devra être égal au prix mondial. Comme le démontre la figure 9.3, la quantité intérieure offerte est inférieure à la quantité intérieure demandée. La différence entre la quantité intérieure offerte et la quantité intérieure demandée est achetée à l'étranger et l'Isolande devient alors un pays importateur de textile.

Cette fois, la ligne horizontale située au niveau du prix mondial représente l'offre de textile du reste du monde. Cette courbe d'offre est parfaitement élastique, car l'Isolande, en tant que petite économie, peut acheter autant de textile qu'elle le désire au prix mondial.

Examinons maintenant les gains et les pertes résultant de ce commerce. Encore une fois, tout le monde ne sort pas gagnant de la situation. Le prix sur le marché intérieur baisse en raison du commerce international, et les consommateurs isolandais voient leur sort s'améliorer (ils ont maintenant la possibilité d'acheter du textile à bien meilleur prix), tandis que les producteurs isolandais voient leur situation se détériorer (ils doivent vendre leur production à un prix plus faible). Les variations des surplus du producteur et du consommateur illustrées dans le tableau de la figure 9.3 mesurent ces gains et ces pertes. Avant l'ouverture au commerce, le surplus du consommateur correspondait à la surface A, le surplus du producteur, à la surface B + C, et le surplus total, à la surface A + B + C. Les échanges commerciaux ont fait passer le surplus du consommateur à A + B + D, le surplus du producteur, à C, et le surplus total, à A + B + C + D.

On voit alors clairement qui sont les gagnants et qui sont les perdants dans un pays importateur. La situation des acheteurs s'améliore, car le surplus du consommateur augmente de la surface B + D. En revanche, le sort des vendeurs se détériore, car le surplus du producteur diminue de la surface B. Comme les gains des acheteurs excèdent les pertes des vendeurs d'une somme égale à la surface D, le surplus total en Isolande augmente.

FIGURE 9.3

Le commerce international : un pays importateur

L'ouverture au commerce international fait diminuer le prix intérieur jusqu'au prix mondial. La courbe d'offre montre la quantité intérieure produite et la courbe de demande représente la quantité intérieure consommée. Les importations de l'Isolande sont égales à la différence entre la quantité intérieure demandée et la quantité intérieure offerte, au prix mondial. Les acheteurs s'en trouvent avantagés (car le surplus du consommateur passe de A à A + B + D), mais les vendeurs sont pénalisés (car le surplus du producteur passe de B + C à C). Le surplus total augmente donc d'une somme égale à la surface D, ce qui démontre que le commerce améliore le bien-être économique du pays pris dans son ensemble.

	SANS COMMERCE	AVEC COMMERCE	CHANGEMENT
Surplus du consommateur	A	A + B + D	+(B + D)
Surplus du producteur	B + C	C	−B
Surplus total	A + B + C	A + B + C + D	+D

La surface D montre l'augmentation du surplus total et représente les gains tirés du commerce international.

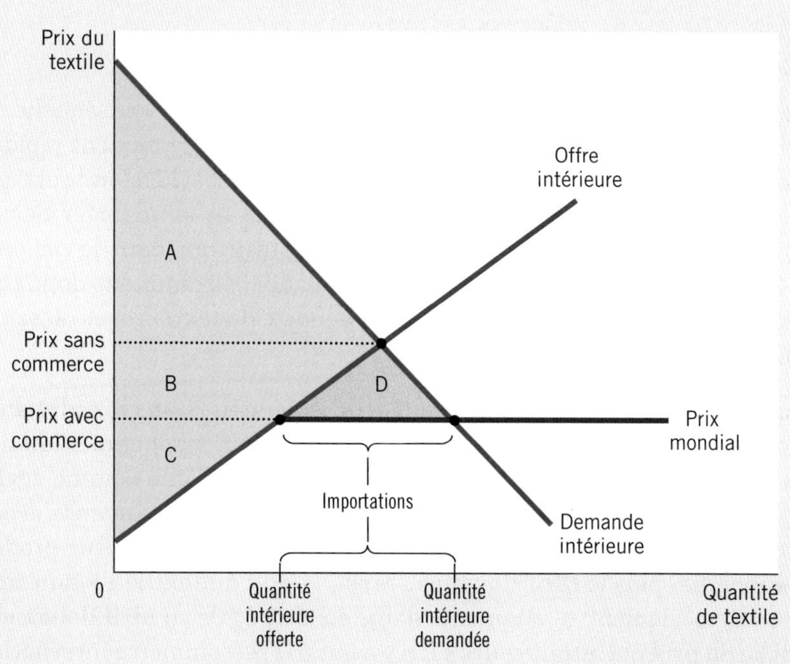

Cette analyse d'un pays importateur nous amène à tirer deux conclusions analogues à celles ayant déjà été formulées pour un pays exportateur :

- Lorsqu'un pays s'ouvre au commerce international et devient importateur d'un bien, les consommateurs nationaux de ce bien s'en trouvent avantagés, tandis que les producteurs nationaux de ce même bien sont pénalisés.
- Le commerce international accroît le bien-être économique d'un pays, car les gains des gagnants excèdent les pertes des perdants.

Cette analyse du commerce international nous permet de mieux comprendre l'un des **dix principes d'économie** présentés au chapitre 1 : les échanges améliorent le bien-être de tous. Si l'Isolande ouvre son marché du textile aux échanges internationaux, il en résultera à la fois des gagnants et des perdants, que le pays importe ou exporte du textile. Dans tous les cas, les gains des gagnants excèdent les pertes des perdants, de sorte que les gagnants pourraient indemniser les perdants et voir quand même leur bien-être augmenter. En ce sens, le commerce peut profiter à tout le monde, mais est-ce qu'il profitera effectivement à tout le monde ? Probablement pas. En pratique, il est plutôt rare que l'on indemnise les perdants du commerce international. En l'absence d'une telle indemnisation, l'ouverture au marché international accroît certes la taille du gâteau, mais certains risquent de voir leur part rétrécir.

Vous comprenez peut-être mieux pourquoi les débats entourant la politique commerciale canadienne sont si enflammés. Dès qu'une politique économique crée des gagnants et des perdants, la table est mise pour une bataille rangée de premier ordre. D'ailleurs, nous nous privons parfois des bienfaits du commerce international simplement parce que les perdants ont plus d'influence politique que les gagnants. Dans le cas des importations, les perdants (les producteurs nationaux) font tout ce qui leur est possible pour obtenir des gouvernements une restriction du commerce international. Tarifs douaniers et quotas d'importation constituent leurs outils de prédilection.

Les conséquences d'un tarif douanier

Tarif douanier
Taxe imposée sur les biens importés, c'est-à-dire sur les produits fabriqués à l'étranger et vendus dans le pays.

Les économistes isolandais cherchent ensuite à évaluer les conséquences d'un **tarif douanier** — une taxe sur les produits importés. Ils se rendent rapidement compte qu'un tarif douanier sur le textile n'a aucun effet si l'Isolande est un pays exportateur de textile. Si l'Isolande n'a pas l'intention d'importer de textile, cette taxe s'avère parfaitement inutile ; elle n'est utile que dans le cas où l'Isolande importe du textile. Les économistes isolandais examinent donc toute la question du bien-être dans le cas où le pays importe du textile, avec ou sans tarif douanier.

La figure 9.4 représente le marché du textile isolandais. Dans le cadre du libre-échange, le prix intérieur est égal au prix mondial. Un tarif douanier fait monter le prix du textile importé au-dessus du prix mondial, d'une somme égale à ce tarif. Les producteurs de textile isolandais, qui sont en concurrence avec ceux qui produisent le textile importé, peuvent maintenant vendre leur production au prix mondial plus le tarif douanier. Ainsi, le prix du textile — tant importé que produit localement — augmente d'une somme égale au tarif douanier et se rapproche du prix qui aurait cours s'il n'y avait pas de commerce international.

Cette variation de prix modifie le comportement des acheteurs et des vendeurs. L'augmentation du prix que provoque le tarif douanier réduit la quantité intérieure demandée de Q_1^D à Q_2^D et fait augmenter la quantité intérieure offerte de Q_1^O à Q_2^O. Par conséquent, le tarif douanier réduit les importations et rapproche le marché intérieur de l'équilibre qui aurait été atteint s'il n'y avait pas eu de commerce international.

Examinons maintenant les gains et les pertes de bien-être que génère ce tarif douanier. Puisque le tarif fait monter le prix sur le marché intérieur, les producteurs isolandais voient leur sort s'améliorer, tandis que les acheteurs isolandais voient le leur se détériorer. De plus, le gouvernement touche les recettes que procure le tarif douanier. Afin de mesurer les gains et les pertes de bien-être, examinons les changements que le tarif douanier entraîne pour le surplus du consommateur, le surplus du producteur et les recettes gouvernementales. Ces changements sont résumés dans le tableau de la figure 9.4.

FIGURE 9.4

Les conséquences d'un tarif douanier

Un tarif douanier réduit les importations et rapproche le marché de l'équilibre qui existerait s'il n'y avait pas de commerce international. Le surplus total diminue d'une somme égale à la surface D + F. Ces deux triangles représentent la perte sèche résultant du tarif douanier.

	SANS TARIF DOUANIER	AVEC TARIF DOUANIER	CHANGEMENT
Surplus du consommateur	A + B + C + D + E + F	A + B	−(C + D + E + F)
Surplus du producteur	G	C + G	+C
Recettes gouvernementales	Nulles	E	+E
Surplus total	A + B + C + D + E + F + G	A + B + C + E + G	−(D + F)

La surface D + F représente la diminution du surplus total et la perte sèche attribuables au tarif douanier.

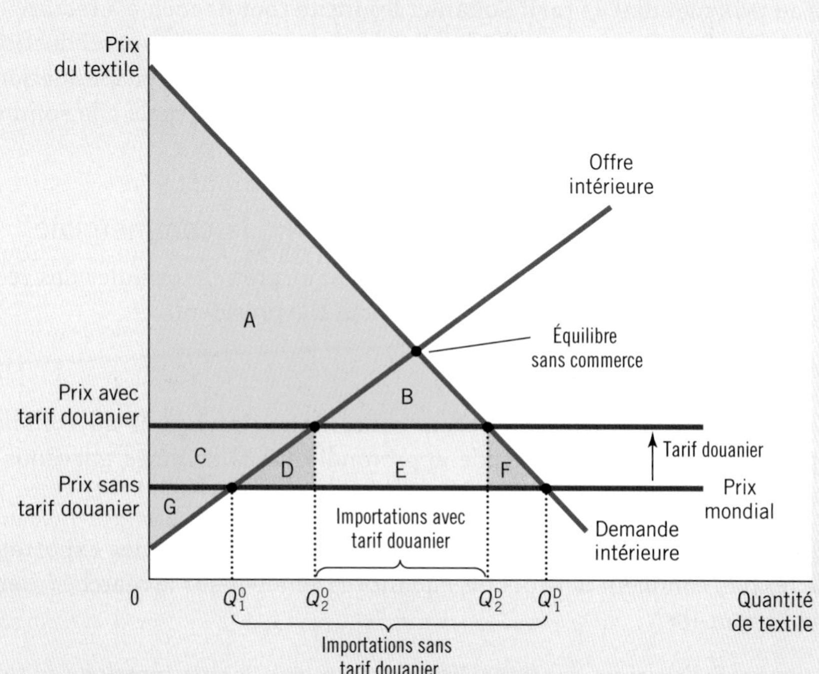

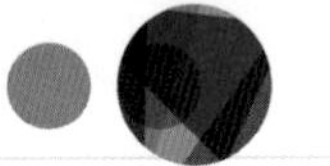

En l'absence de tarif douanier, le prix intérieur est égal au prix mondial. Le surplus du consommateur, compris entre la courbe de demande et le prix mondial, correspond à la surface A + B + C + D + E + F. Le surplus du producteur, compris entre la courbe d'offre et le prix mondial, est représenté par la surface G. Les recettes gouvernementales sont nulles. Le surplus total, c'est-à-dire la somme du surplus du consommateur, du surplus du producteur et des recettes gouvernementales, est égal à la surface A + B + C + D + E + F + G.

Après l'imposition d'un tarif douanier, le prix intérieur dépasse le prix mondial d'une somme égale à ce tarif. Le surplus du consommateur correspond maintenant à la surface A + B. Le surplus du producteur est représenté par la surface C + G. Les recettes gouvernementales sont égales au produit de la nouvelle quantité importée et de ce tarif, soit la surface E. Ainsi, lorsqu'il y a un tarif douanier, le surplus total équivaut à la surface A + B + C + E + G.

Afin d'évaluer les effets du tarif douanier sur le bien-être, nous additionnons la variation du surplus du consommateur (négative), la variation du surplus du producteur (positive) et la variation des recettes gouvernementales (positive). Nous constatons alors que le surplus total a diminué d'une somme correspondant à la surface D + F. Cette diminution du surplus total est la perte sèche du tarif douanier.

L'apparition d'une perte sèche ne surprend guère, puisque le tarif douanier n'est rien d'autre qu'une taxe. Comme n'importe quelle taxe, le tarif douanier brouille les incitatifs et éloigne l'allocation des ressources de l'optimum. Dans cet exemple, deux effets se produisent. Premièrement, le tarif douanier permet aux producteurs locaux de vendre leur textile au-dessus du prix mondial, ce qui les encourage à augmenter leur production (laquelle passe de Q_1^O à Q_2^O). Même s'il est plus coûteux de produire ces unités additionnelles que de les acheter au prix mondial, le tarif douanier incite les producteurs isolandais à les produire tout de même. Deuxièmement, cette taxe à l'importation accroît le prix payé par les acheteurs isolandais et les incite à réduire leur consommation (de Q_1^D à Q_2^D). Même si les consommateurs isolandais accordent à ces unités une valeur supérieure au prix mondial, le tarif douanier les incite tout de même à réduire leurs achats. La surface D correspond à la perte sèche associée à la surproduction de textile et la surface F représente la perte sèche liée à la sous-consommation. La perte sèche totale que provoque le tarif douanier est donc égale à la somme de ces deux triangles.

Les recommandations en matière de politique commerciale

L'équipe d'économistes isolandais est maintenant prête à formuler des recommandations de politique commerciale à la nouvelle présidente.

> Madame la présidente,
>
> En réponse à vos trois questions concernant l'ouverture au commerce, et après avoir mené une étude approfondie, nous sommes parvenus aux conclusions suivantes :
>
> *Question :* Si le gouvernement autorise les importations et les exportations de textile, comment le prix et les quantités vendues sur le marché intérieur évolueront-ils ?
>
> *Réponse :* Si l'on ouvre les frontières au commerce, le prix intérieur du textile tendra à égaler le prix mondial.

BON À SAVOIR

Les quotas d'importation : un autre moyen de limiter les échanges commerciaux

Outre les tarifs douaniers, et bien que ce soit interdit par les accords de l'OMC, les pays recourent parfois à un autre moyen pour limiter les échanges internationaux : ils imposent des limites à la quantité de biens pouvant être importés. Dans le présent ouvrage, nous n'analysons pas cette politique, si ce n'est pour souligner une conclusion : les **quotas d'importation** sont semblables à des tarifs douaniers. Les deux ont pour but de réduire la quantité d'importations, d'augmenter le prix intérieur des biens, de diminuer le bien-être des consommateurs au pays, de hausser celui des producteurs nationaux et de générer des pertes sèches.

En fait, il n'y a qu'une différence entre ces deux types de restrictions commerciales : un tarif douanier accroît le revenu du gouvernement, tandis qu'un quota d'importation génère un surplus pour ceux qui ont obtenu des permis d'importation.

Le profit pour le détenteur de ces permis correspond à la différence entre le prix intérieur (celui auquel il vend le bien importé) et le prix mondial (celui qu'il paie pour l'acheter), soit la surface E de la figure 9.4.

Par contre, les tarifs et les quotas sont encore plus semblables si le gouvernement impose des frais pour l'obtention de permis d'importation. Supposons que le gouvernement établit ces frais de manière qu'ils équivalent à la différence entre le prix intérieur et le prix mondial. Dans ce cas, tous les profits économiques des détenteurs de permis seraient versés au gouvernement et le quota d'importation fonctionnerait alors exactement comme un tarif douanier. Le surplus des consommateurs, celui des producteurs, le revenu du gouvernement et la perte sèche seraient ainsi identiques selon les deux politiques.

Quota d'importation
Quantité maximale de produits fabriqués à l'étranger qui peut être vendue dans le pays.

Si le prix mondial est supérieur au prix isolandais, notre prix augmentera. Cela entraînera une réduction de la consommation isolandaise et une augmentation de la production isolandaise. Par conséquent, l'Isolande deviendra un exportateur de textile. Cela se produira car, dans ce cas, l'Isolande détiendra un avantage comparatif dans la production de textile.

Inversement, si le prix mondial est inférieur au prix isolandais, notre prix aura tendance à baisser. Cela entraînera une augmentation de la consommation isolandaise ainsi qu'une diminution de la production isolandaise. L'Isolande deviendra alors un importateur de textile. Cela se produira car, dans ce cas, ce sont les autres pays qui détiendront un avantage comparatif dans la production de textile.

Question : Qui sortira gagnant de ce libre-échange et qui en fera les frais ? Les gains excéderont-ils les pertes ?

Réponse : La réponse varie selon que le prix augmente ou diminue avec l'ouverture des frontières. S'il augmente, les producteurs de textile y gagneront et les consommateurs y perdront, tandis que s'il diminue, les consommateurs y gagneront et les producteurs y perdront. Dans tous les cas, les gains excéderont les pertes et le bien-être économique des Isolandais s'en trouvera accru.

Question : Serait-il judicieux d'imposer un tarif douanier ou des quotas d'importation dans le cadre de cette nouvelle politique commerciale ?

Réponse : Un tarif douanier, à l'instar de la plupart des taxes, génère une perte sèche : les recettes gouvernementales et les gains des vendeurs seront inférieurs aux pertes subies par les acheteurs. Dans ce cas, la perte sèche survient parce que le tarif douanier ramène l'économie de plus en plus près de l'équilibre qui existerait s'il n'y avait pas d'échanges internationaux. Un quota d'importation aura du reste le même effet qu'un tarif douanier et entraînera une perte sèche similaire. Sur le plan de l'efficience, la meilleure politique consiste à permettre aux échanges de se développer sans barrières commerciales.

En espérant que ces réponses vous permettront de prendre une décision éclairée, nous vous prions de recevoir, Madame la présidente, l'expression de notre considération respectueuse.

L'équipe d'économistes isolandais

MINITEST

- Tracez les courbes d'offre et de demande pour les complets en Autarcie. L'ouverture au commerce international fait baisser le prix des complets de 150 à 100 grammes d'or. Indiquez sur votre graphique les variations du surplus du consommateur, du surplus du producteur et du surplus total. En quoi l'imposition d'un tarif douanier influerait-elle sur le bien-être des Autarciens?

Les autres avantages du commerce international

Les conclusions auxquelles aboutissent les économistes isolandais reposent sur une analyse traditionnelle du commerce international, où sont tour à tour mobilisés les concepts d'offre et de demande, et de surplus du consommateur et du producteur. Cette analyse montre que l'ouverture au commerce international fait des gagnants et des perdants, mais souligne que les gains des gagnants excèdent les pertes des perdants.

Toutefois, nous pouvons aller au-delà de cette analyse et repérer d'autres avantages économiques qui constitueraient autant d'arguments en faveur des échanges internationaux.

Voici ces autres avantages:

- *Une plus grande variété de produits:* Les biens produits dans les divers pays ne sont pas parfaitement identiques. La bière belge diffère de la bière canadienne. Par conséquent, les échanges commerciaux offrent un choix plus varié aux consommateurs, tant canadiens que belges.
- *Une réduction des coûts grâce aux économies d'échelle:* Seule la production à grande échelle permet de réduire les coûts — un phénomène appelé *économies d'échelle*. Une entreprise située dans un petit pays n'est pas en mesure de réaliser des économies d'échelle si elle se limite à vendre sur le marché intérieur. Le libre-échange lui permet d'avoir accès à un marché plus vaste et de réaliser ces économies d'échelle.
- *Un accroissement de la concurrence:* Une entreprise protégée de la concurrence étrangère aura tendance à avoir un plus grand pouvoir de marché et, conséquemment, à fixer des prix supérieurs à ce qu'ils auraient été dans un contexte concurrentiel. Voilà un exemple de ce que nous appelons les *défaillances du marché*. L'ouverture au commerce international favorise la concurrence et permet ainsi à la main invisible de jouer pleinement son rôle.
- *Une meilleure circulation des idées:* On considère souvent que les transferts technologiques à l'échelle mondiale sont directement liés au commerce

international. Pour un pays pauvre, la meilleure façon de vivre la révolution informatique consiste à acheter des ordinateurs de l'étranger plutôt qu'à essayer de les fabriquer lui-même.

En résumé, le libre-échange international élargit la variété des produits accessibles aux consommateurs, permet aux entreprises de réaliser des économies d'échelle, rend les marchés plus concurrentiels et facilite les transferts technologiques. Si les économistes isolandais considèrent que ces effets sont importants, ils auront alors plus d'arguments pour convaincre la présidente de l'opportunité du libre-échange.

DANS L'ACTUALITÉ

Le Canada, un Hong Kong du Nord ?

Dans l'article qui suit, Andrew Coyne examine l'évolution récente du commerce international canadien et montre comment le Canada est fort bien positionné pour l'avenir.

Le Canada à un carrefour commercial

Andrew Coyne

Au cours des prochaines années, le Canada pourrait bien devenir le pays ayant les coudées les plus franches sur la planète en matière de commerce international. Déjà, environ 75 % de nos échanges commerciaux reposent sur le libre-échange grâce à l'Accord de libre-échange canado-américain et à son successeur, l'ALÉNA. Et ce n'est que le début.

Au sommet de la liste figure l'entente entre le Canada et l'Union européenne — appelée Accord économique et commercial global (AECG) — dont les négociations devraient se conclure d'ici la fin de l'année. Quelque 10 % de nos échanges commerciaux se font déjà avec l'Europe ; cette proportion ne peut que croître avec la signature d'un accord de libre-échange. Nous rejoindrions alors un club sélect de pays — nommément le Chili, la Colombie, Israël, la Jordanie, le Mexique, le Maroc et le Pérou — jouissant d'un accès garanti aux deux plus importants marchés du monde, peut-être même la première des grandes puissances économiques mondiales à jouir de ce statut. Je dis bien *peut-être*. La Corée du Sud a officiellement convenu d'un accord de libre-échange avec les États-Unis cette semaine et attend la ratification d'un accord semblable avec l'Union européenne, si bien qu'elle pourrait nous battre de vitesse.

À lui seul, l'AECG procurerait de nombreux avantages, à commencer par mettre un frein à la discrimination qu'exercent les provinces envers les entrepreneurs étrangers : avec un peu de chance, elles pourraient même cesser de l'exercer entre elles. La combinaison des deux accords — ALÉNA ET AECG — est extraordinaire. La capacité à servir les deux marchés sans barrières tarifaires est un indéniable incitatif à l'établissement d'une usine au Canada, qui devient un véritable pôle commercial.

Cela ne risque pas de durer très longtemps : l'intérêt de l'Europe à parapher l'entente tient probablement à son désir d'inciter les États-Unis à signer un accord transatlantique, et à fusionner par le fait même l'ALÉNA et l'AECG. Fort bien. L'avantage géographique que nous perdrions serait largement compensé par les possibilités de rationalisation de la production dans ce qui deviendrait un vaste marché de près d'un milliard d'habitants.

Entretemps, nos négociations en vue d'un accord de libre-échange avec l'Inde avancent bien. Si nos échanges commerciaux avec ce pays ne dépassent pas, pour l'instant, 2 milliards de dollars par année, ils risqueraient de s'accélérer rapidement dans un contexte de libre-échange. Et à nouveau, seuls les Coréens, qui ont déjà signé un traité avec l'Inde, pourraient se mesurer à

►

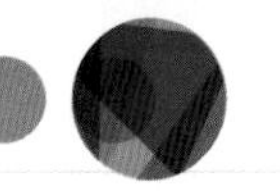

nous ; comme eux, nous aurions un accès garanti aux quatre marchés les plus riches du monde. (Un accord de libre-échange entre le Canada et la Corée du Sud serait également sur le point de voir le jour.)

Il reste donc la Chine, dernière des quatre grandes économies. Le premier ministre Harper a accepté de participer à une étude conjointe qui pourrait « mener à des discussions pour examiner la faisabilité d'un accord de libre-échange ». Les discussions entre la Chine et la Corée du Sud sont plutôt avancées. Contrairement à cette dernière, cependant, le Canada a demandé à faire partie du Partenariat transpacifique (PTP), un groupe émergent de 10 pays dont font partie, entre autres, les États-Unis, l'Australie, la Nouvelle-Zélande et le Japon, avec qui le Canada a également entrepris des discussions préliminaires. Pour peu qu'il y voie, le Canada a donc toutes les chances de prendre la Corée de vitesse : maintenant qu'ils ont confirmé leurs relations bilatérales, les Américains moussent déjà la candidature de la Corée du Sud au PTP. Il serait particulièrement insensé de laisser la régulation de l'offre nous barrer la route vers le PTP.

Deux autres pays seulement ont négocié des accords commerciaux d'une envergure et d'une portée comparables à ceux qu'a négociés le Canada. Le Chili a signé des accords commerciaux avec les États-Unis, l'Union européenne, le Japon, la Chine et le Mexique, mais pas avec l'Inde ou la Corée. Singapour en a signé avec les États-Unis, le Japon, l'Inde, la Chine et la Corée, mais pas avec l'Union européenne. Les jeux ne sont pas faits, cependant : au moment d'écrire ces lignes, des négociations sont en cours entre Singapour et l'UE.

Les joueurs en présence ne sont cependant pas de tout repos : en matière de libre-échange, la Corée du Sud, le Chili et Singapour sont des flibustiers notoires. Et le Canada ? Il n'y a pas si longtemps, notre pays acceptait que le protectionnisme — incarné par la Politique nationale — fasse partie de son identité. Les choses ont cependant changé depuis l'élection tumultueuse de 1988, qui a scellé l'accord de libre-échange avec les États-Unis. Après ce tournant fondamental, chaque pas supplémentaire vers la libéralisation du commerce s'est avéré de moins en moins difficile à franchir. En plus de ceux mentionnés plus haut, le Canada a signé des accords avec le Honduras, le Panama, la Jordanie, la Colombie, le Pérou, le Costa Rica et Israël, en plus d'en négocier plusieurs autres.

En fait, puisqu'une si grande part de notre commerce est déjà libérée — 90 % à 95 % si les négociations en cours réussissent — il y a de moins en moins de raisons de ne pas abolir tout simplement les barrières commerciales restantes, comme nous l'avons fait récemment pour les tarifs sur les biens intermédiaires. Celles-ci ont toujours relevé davantage du châtiment volontaire que d'autre chose : tous les économistes vous diront que le libre-échange permet d'obtenir des importations à moindre coût, pas d'augmenter les exportations, et qu'il n'est pas conditionnel à un retour d'ascenseur des autres pays. Or, puisque leur ultime utilité — servir de monnaie d'échange — n'a plus sa raison d'être, quelle raison aurions-nous encore de les conserver ?

Il fut une époque où les économistes avaient tendance à voir ces ententes bilatérales ou régionales d'un œil réprobateur. On craignait qu'elles détournent les échanges commerciaux au lieu d'en créer en favorisant le commerce entre pays liés par des arrangements préférentiels plutôt qu'en vertu de l'avantage comparatif. Cette façon de voir ne tenait pas compte du fait que la dynamique de la libéralisation concurrentielle ainsi mise en place a vu les pays se bousculer aux tables de négociations des accords commerciaux pour éviter de se retrouver seuls, et les zones de libre-échange fusionner entre elles et créer des accords plus globaux. À en juger par le triste état dans lequel se trouve le Cycle de Doha, que mène l'Organisation mondiale du commerce, on peut difficilement contester les mérites du multilatéralisme.

On ne peut que se réjouir du positionnement du Canada sur cet échiquier, soit au carrefour du commerce international, tel un grand Hong Kong du Nord. ■

Source : Coyne, Andrew. (16 mars 2012). « Canada at the crossroad of trade ». *National Post.* (Traduction libre). Repéré à http ://fullcomment.nationalpost.com

La justification des barrières commerciales

La nouvelle présidente de l'Isolande, convaincue par la lettre des économistes, décide d'ouvrir le pays au commerce international du textile. Elle constate alors que le prix intérieur du textile est supérieur au prix mondial. Le libre-échange aura donc pour effet d'abaisser le prix du textile, ce qui nuira certainement aux producteurs locaux. Avant d'adopter cette nouvelle politique, elle demande donc aux manufacturiers isolandais de donner leur avis sur les recommandations des économistes.

Comme on pouvait s'y attendre, les manufacturiers du pays s'opposent au libre-échange et considèrent que le gouvernement devrait protéger l'industrie nationale contre la concurrence étrangère. Analysons, d'une part, les arguments invoqués par les producteurs isolandais pour défendre leur position et, d'autre part, la réponse que pourraient formuler les économistes en retour.

L'argument de la perte d'emplois

Les opposants au libre-échange font souvent valoir que celui-ci conduit à la disparition de nombreux emplois au pays. Dans l'exemple précité, le libre-échange dans le domaine du textile provoquerait une chute du prix de ce produit, réduirait ainsi la production de textile en Isolande et, par conséquent, causerait une perte d'emplois dans les manufactures locales.

Cependant, la libéralisation des échanges crée des emplois en même temps qu'elle en supprime. Lorsque les Isolandais achètent du textile à l'étranger, les autres pays acquièrent ainsi les ressources pour acheter d'autres biens en provenance de l'Isolande. Les travailleurs des manufactures isolandaises peuvent alors se reconvertir dans des secteurs industriels pour lesquels l'Isolande dispose d'un avantage comparatif. Bien qu'une telle transition soit douloureuse à court terme pour les travailleurs, elle permet à l'ensemble des Isolandais d'améliorer leur niveau de vie.

« Le protectionnisme vous convient en tant que travailleur, mais qu'en pensez-vous comme consommateur ? »

Les détracteurs du commerce international se montrent sceptiques à l'égard de cette création d'emplois. Ils ont tendance à répliquer que *tous les biens* peuvent être produits à moindre coût à l'étranger. Dans ce cas, aucune industrie isolandaise ne sera en mesure d'absorber la perte d'emplois provoquée par le libre-échange. Comme nous l'avons vu dans l'exemple du fermier et de l'éleveur présenté au chapitre 3, les gains tirés de l'échange dépendent des avantages comparatifs, et non des avantages absolus. Même si un pays est meilleur qu'un autre pour la production de tous les biens, aucun pays ne peut détenir tous les avantages comparatifs. Chaque pays gagne donc à commercer avec les autres. Les travailleurs de chacun des pays finiront par trouver un emploi dans le secteur industriel où leur pays détient un avantage comparatif.

L'argument de la sécurité nationale

Lorsque la concurrence étrangère menace une industrie locale, les opposants au libre-échange recourent souvent à l'argument de la sécurité nationale. Par exemple, si l'Isolande produisait de l'acier, l'industrie sidérurgique isolandaise pourrait se targuer de produire ce qui est à la base de la fabrication des canons et des chars d'assaut. L'ouverture des frontières rendrait l'Isolande dépendante en matière de production d'acier et, par le fait même, incapable de produire assez d'acier et d'armement pour se défendre en cas de conflit armé.

Les économistes reconnaissent pour leur part que certains secteurs peuvent être protégés quand la sécurité nationale est menacée. Toutefois, ils considèrent aussi que cet argument est trop rapidement invoqué par les industriels désireux de faire des profits aux dépens des consommateurs. On doit se méfier de l'argument de la sécurité nationale lorsqu'il émane des industriels nationaux plutôt que de l'état-major militaire. En effet, les généraux seraient sans doute très heureux de pouvoir importer du matériel à plus faible coût. En fait, il est bien tentant d'exagérer le rôle que joue l'industrie d'un pays dans la défense nationale afin qu'elle obtienne une protection contre la concurrence étrangère.

L'argument des industries naissantes

Certains représentants d'industries naissantes plaident parfois pour une protection tarifaire temporaire afin de pouvoir s'implanter, alléguant que, une fois cette période protectionniste terminée, elles seront parvenues à établir solidement leur position par rapport aux concurrents étrangers.

De la même façon, certains représentants d'industries vieillissantes réclament parfois une protection temporaire afin de s'adapter à de nouvelles conditions économiques. La politique nationale lancée en 1878 par le tout premier premier ministre canadien, Sir John A. MacDonald, est un bon exemple de politique commerciale visant à protéger le jeune secteur manufacturier canadien contre la concurrence américaine. Cette protection durera 110 ans, soit jusqu'à l'entrée en vigueur de l'Accord de libre-échange canado-américain, en 1989...

De tels arguments sont souvent accueillis avec scepticisme par les économistes. La principale raison tient au fait que le concept de protection d'une industrie naissante s'applique difficilement dans la pratique. Pour réaliser cette protection, le gouvernement doit choisir, selon des critères de rentabilité à long terme, les industries à protéger, tout comme il doit déterminer si les gains que procureront ces industries excéderont les coûts de protection que devront subir les consommateurs. Cela dit, il est bien difficile de sélectionner à l'avance les industries qui ont une chance de briller. En outre, la chose est rendue encore plus difficile si l'on prend en compte le processus politique par lequel les industries exerçant un lobby très efficace sont plus susceptibles d'obtenir la protection recherchée. Il faut aussi penser que l'adoption de ce protectionnisme « temporaire » a tendance à devenir permanente.

Du reste, les économistes se montrent par principe assez réticents devant ce type d'argument. Imaginons par exemple qu'une jeune industrie est incapable, pour le moment, de soutenir la concurrence étrangère. Imaginons de plus qu'elle sera très rentable à plus long terme. Dans ces conditions, les propriétaires de ces entreprises devraient accepter de subir des pertes temporaires en vue d'obtenir des profits à plus long terme. Il n'y a donc pas lieu d'offrir une protection particulière afin de favoriser la croissance de cette industrie. De nombreuses entreprises — en particulier dans le secteur des nouvelles technologies — enregistrent aujourd'hui des pertes temporaires dans l'espoir de se développer et de devenir rentables, et plusieurs d'entre elles y parviennent sans la moindre protection contre la concurrence étrangère.

L'argument de la concurrence déloyale

Selon un argument sans cesse répété, le libre-échange se justifie uniquement si tous les pays adoptent les mêmes règles. Les partisans de cet argument affirment que lorsque les entreprises de différents pays ne sont pas soumises aux mêmes lois et aux mêmes règlements nationaux, la concurrence est faussée parce que les firmes ne sont pas en mesure de lutter à armes égales sur le marché international. Supposons, par exemple, que le gouvernement de la Voisinlande subventionne son industrie textile par le biais d'allégements fiscaux substantiels. Les manufacturiers isolandais feront alors valoir leur besoin de protection contre cette concurrence déloyale de la Voisinlande.

Mais l'Isolande serait-elle véritablement lésée si elle achetait du textile subventionné en provenance d'un autre pays ? Certes, les producteurs isolandais en souffriraient, mais les consommateurs isolandais y trouveraient leur compte. En fait, le libre-échange repose exactement sur cet argument : le bien-être additionnel que les consommateurs retirent de l'achat d'un bien importé moins cher excède la perte de bien-être des producteurs. Le fait de subventionner les manufacturiers de la Voisinlande est certainement une mauvaise politique, mais ce sont les contribuables de ce pays qui en font les frais. L'Isolande, quant à elle, peut profiter de cette occasion pour acheter du textile très bon marché.

L'argument du protectionnisme en tant que monnaie d'échange

Un autre argument en faveur des barrières commerciales concerne la stratégie de négociation. Beaucoup de dirigeants politiques se disent partisans du libre-échange, tout en étant des défenseurs du protectionnisme en tant que stratégie de négociation avec les partenaires étrangers. Selon eux, la menace d'une barrière commerciale aurait le mérite de convaincre un gouvernement étranger de lever une barrière commerciale déjà imposée. Par exemple, l'Isolande pourrait recourir à la menace d'imposer un tarif douanier sur le textile jusqu'à ce que la Voisinlande élimine ses tarifs douaniers sur le blé. Si la Voisinlande répond à cette menace et élimine ses tarifs douaniers sur le blé, le commerce entre les deux pays deviendra alors plus libre.

Le problème inhérent à cette stratégie de négociation réside dans son risque d'échec, lequel laisserait le pays concerné devant un choix difficile. Le gouvernement pourrait mettre sa menace à exécution en imposant un tarif douanier, mais il diminuerait ainsi le bien-être des citoyens de son pays (dans ce cas, les consommateurs). Il pourrait également battre en retraite, ce qui aurait pour conséquence une diminution de son prestige sur la scène internationale. Placé devant cette alternative, le gouvernement regretterait sans doute d'avoir proféré une telle menace.

MINITEST

- L'industrie textile de l'Autarcie réclame une interdiction totale des importations de complets. Formulez cinq arguments que le lobby du complet pourrait invoquer. Prévoyez une réplique pour chacun d'eux.

ÉTUDE DE CAS

Les accords commerciaux

Pour accéder au libre-échange, un pays doit choisir entre deux options : adopter une démarche unilatérale et décider lui-même d'éliminer les barrières commerciales — comme l'ont fait la Grande-Bretagne au XIXe siècle, de même que le Chili et la Corée du Sud dans les dernières années — ou choisir une démarche multilatérale et éliminer les barrières commerciales en même temps que d'autres pays, autrement dit, négocier avec ses partenaires l'élimination mondiale des barrières commerciales.

L'Accord de libre-échange nord-américain (ALÉNA) constitue un bon exemple de démarche multilatérale. En 1994, le Canada, les États-Unis et le Mexique ont décidé d'abolir progressivement les barrières commerciales entre ces trois pays. L'Accord général sur les tarifs douaniers et le commerce (GATT) constitue un autre exemple de négociations permanentes entre les divers pays pour la promotion du libre-échange. Le Canada a participé à la fondation du GATT, après la Seconde Guerre mondiale, pour éliminer les droits de douane élevés imposés durant la crise des années 1930. De nombreux économistes sont convaincus que ces tarifs douaniers ont contribué aux difficultés économiques de cette période. Le GATT a favorisé la réduction des tarifs douaniers des pays membres, les faisant passer de 40 % en moyenne après la fin de la Seconde Guerre mondiale à environ 5 % aujourd'hui.

Un organisme international, l'Organisation mondiale du commerce (OMC), se charge depuis 1995 de l'application des règles établies durant ces négociations multilatérales. En 2013, 159 pays, représentant 97 % du commerce mondial, s'étaient joints à l'OMC. Le rôle de l'OMC consiste à veiller à la mise en place et à la gestion des accords commerciaux, à encadrer les discussions sur les nouvelles ententes et à fournir un cadre pour le règlement des différends commerciaux.

Quels sont les avantages et les inconvénients de la démarche multilatérale en matière de libre-échange ? D'abord, une négociation multilatérale présente l'avantage potentiel de promouvoir une plus grande libéralisation des échanges que le ferait une démarche unilatérale, puisqu'elle contribue à supprimer les barrières commerciales à la fois nationales et internationales. Cependant, un échec des négociations multilatérales pourrait conduire à un protectionnisme plus important, ce qui est moins probable avec la démarche unilatérale.

« La perte sèche, on s'en balance ! »

En outre, la démarche multilatérale présente un intérêt politique. Sur la plupart des marchés, les producteurs sont moins nombreux et mieux organisés que les consommateurs et ils disposent par conséquent d'une plus grande influence politique. Par exemple, la réduction des droits de douane isolandais sur le textile risque d'être politiquement difficile à obtenir si on la considère isolément. L'industrie nationale s'opposera au libre-échange tandis que les principaux bénéficiaires, les consommateurs de textile — lesquels sont nombreux et mal organisés — auront de la difficulté à faire valoir leur point de vue. Or, dans l'hypothèse où la Voisinlande promet de réduire ses tarifs douaniers sur le blé en contrepartie de la diminution des tarifs de l'Isolande sur le textile, les fermiers isolandais, qui exercent une influence politique prépondérante, appuieront cet accord. La démarche multilatérale en matière de libre-échange permet parfois d'obtenir un soutien politique là où la démarche unilatérale n'a aucune chance.

Conclusion

Les économistes et le grand public sont souvent en désaccord sur la question du libre-échange. En 1988, par exemple, alors que le Canada se demandait s'il devait signer l'accord de libre-échange prévu par les gouvernements du Canada et des États-Unis, les sondages indiquaient une forte division de l'opinion publique sur le sujet. Le premier ministre de l'époque, Brian Mulroney, a fait campagne en faveur du libre-échange et a été réélu, mais avec une plus faible majorité qu'à l'issue des élections précédentes. Les opposants voyaient dans le libre-échange une menace à la sécurité des emplois et au niveau de vie des Canadiens. En revanche, la majorité des économistes se montraient partisans de cet accord et voyaient le libre-échange comme un moyen d'allouer les ressources de façon efficiente et de hausser le niveau de vie des deux pays.

Aux yeux des économistes, qu'il s'agisse d'échanges entre deux pays, entre deux provinces, entre deux villes ou encore entre deux personnes, les avantages que l'on tire des échanges sont similaires. Les individus auraient un niveau de vie nettement inférieur s'ils devaient vivre en autarcie. Les États-Unis ont toujours autorisé une grande liberté de commerce entre les divers États, et le pays dans son ensemble a largement bénéficié de la spécialisation que ce commerce permet dans un si grand marché. À quelques exceptions près, le libre-échange existe également entre les provinces canadiennes : l'Ontario fabrique des automobiles, l'Alberta extrait du pétrole, la Colombie-Britannique produit du bois d'œuvre et le Québec se spécialise dans l'aéronautique. La libéralisation des échanges à l'échelle mondiale peut être tout aussi profitable pour l'ensemble des pays.

Pour mieux comprendre le point de vue des économistes, poursuivons notre parabole en supposant que l'Isolande refuse les recommandations de son équipe d'économistes et décide de rejeter le libre-échange concernant le textile. Le marché du textile isolandais atteint donc un équilibre entre l'offre intérieure et la demande intérieure.

Un jour, un chercheur isolandais découvre une nouvelle méthode de fabrication du textile à très faible coût. Il s'agit d'un procédé passablement mystérieux pour lequel l'inventeur exige le secret absolu. Phénomène encore plus étrange, il n'a besoin d'aucune main-d'œuvre pour produire du textile ; le seul intrant nécessaire est le blé.

L'inventeur est acclamé comme un génie, car son invention abaisse le coût de production des vêtements et contribue ainsi à améliorer le niveau de vie de tous les Isolandais. Certes, les travailleurs isolandais du textile sont touchés par la fermeture de leurs manufactures, mais ils finissent par trouver du travail dans d'autres secteurs d'activité. Certains se reconvertissent dans l'agriculture et font pousser le blé nécessaire pour produire le textile selon le procédé de l'inventeur. D'autres sont engagés dans de nouvelles industries apparues à la suite de l'amélioration du niveau de vie des Isolandais. Les citoyens se rendent compte que la reconversion de ces travailleurs fait inéluctablement partie du progrès technologique, source de croissance économique.

Quelques années plus tard, une journaliste décide d'enquêter sur ce mystérieux procédé de fabrication du textile. Elle parvient à se faufiler dans l'usine de l'inventeur et découvre la supercherie : ce dernier n'a jamais produit un centimètre carré de textile ! Il faisait la contrebande du blé en échange de textile provenant de pays étrangers. Sa seule véritable découverte a été de comprendre les gains que l'on peut tirer du commerce international.

Quand le pot aux roses a été dévoilé, le gouvernement a fermé les installations de l'inventeur. Le prix du textile a augmenté et les travailleurs ont retrouvé un emploi dans l'industrie textile et le même niveau de vie qu'auparavant, soit un niveau de vie plus bas. L'inventeur a été jeté en prison et tourné en ridicule. Après tout, il n'était pas un inventeur, mais un simple économiste.

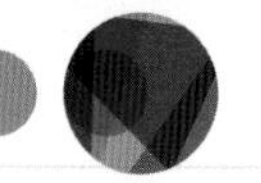

Résumé

- Pour comprendre les effets du libre-échange, il faut comparer le prix intérieur s'il n'y avait pas de commerce international, avec le prix mondial. Un prix intérieur faible indique que le pays dispose d'un avantage comparatif pour produire ce bien et qu'il deviendra exportateur. Un prix intérieur élevé indique que le reste du monde détient un avantage comparatif dans la production de ce bien et que le pays deviendra importateur.
- Lorsqu'un pays ouvre ses frontières au commerce international et se met à exporter, les producteurs locaux voient leur sort s'améliorer, tandis que les consommateurs voient leur situation se détériorer. Si, au contraire, le pays devient importateur, les consommateurs en tirent profit, tandis que les producteurs sont pénalisés. Dans les deux cas, les gains générés par le commerce excèdent les pertes.
- Un tarif douanier — une taxe sur les importations — rapproche le marché de l'équilibre qui avait cours avant le commerce international et, par conséquent, réduit les gains tirés des échanges. Les pertes subies par les consommateurs dépassent la somme des gains des producteurs et des recettes gouvernementales.
- Un quota d'importation a des effets similaires à ceux d'un tarif douanier. Cependant, en présence d'un quota, ce sont les détenteurs d'une licence d'importation qui perçoivent les recettes en lieu et place du gouvernement.
- Plusieurs arguments sont invoqués en faveur des barrières commerciales : la protection des emplois, la menace à la sécurité nationale, la protection des industries naissantes, la protection contre la concurrence déloyale et le protectionnisme comme monnaie d'échange. Malgré que certains de ces arguments semblent plausibles, les économistes restent convaincus que la libéralisation des échanges est habituellement préférable.

Concepts clés

Prix mondial, p. 183 | Quota d'importation, p. 191 | Tarif douanier, p. 188

Questions de révision

1. Que nous indique le prix intérieur sans commerce international au sujet des avantages comparatifs que détient un pays ?
2. Dans quelles circonstances un pays devient-il exportateur d'un bien ? Dans quelles circonstances devient-il importateur ?
3. Tracez un graphique d'offre et de demande d'un pays importateur. Indiquez le surplus du consommateur et le surplus du producteur avant l'ouverture des frontières. Indiquez les surplus du consommateur et du producteur dans le cas du libre-échange. Quelle est la variation du surplus total ?
4. Donnez la définition d'un tarif douanier et décrivez ses conséquences économiques.
5. Donnez la définition d'un quota d'importation. Comparez ses conséquences économiques avec celles d'un tarif douanier.
6. Énumérez cinq arguments fréquemment avancés pour justifier le protectionnisme. Comment les économistes répondent-ils à ces arguments ?
7. Quelle différence y a-t-il entre la démarche unilatérale et la démarche multilatérale en matière de libre-échange ? Illustrez chacune de ces démarches par un exemple.

L'économie du secteur public

4 PARTIE

LIMONADE GLACÉE

Les externalités

10
CHAPITRE

Lorsqu'elles transforment les arbres en papier, les entreprises papetières produisent également un composé chimique, la dioxine. Au dire des scientifiques, la dioxine rejetée dans l'environnement accentue les risques de cancers et de malformations congénitales et peut avoir d'autres effets néfastes sur la santé des populations qui y sont exposées.

L'émission de dioxine représente-t-elle un problème pour la société? Aux chapitres 4 à 9, nous avons montré que les forces du marché se chargent de l'allocation des ressources rares et que le jeu de l'offre et de la demande nous assure de l'efficience de cette allocation. Pour reprendre la célèbre métaphore d'Adam Smith, la main invisible du marché conduit les acheteurs et les vendeurs, poussés par leurs propres intérêts, à maximiser les bénéfices totaux que la société tire du marché. L'un des **dix principes d'économie** du chapitre 1 repose sur cette conception : les marchés représentent en général une bonne façon d'organiser

l'activité économique. Doit-on en conclure que cette main invisible empêche les papetières d'émettre trop de dioxine?

Les marchés arrivent à faire bien des choses, mais ils ne règlent pas tout. Ce chapitre commence par un autre des **dix principes d'économie**: le gouvernement peut parfois améliorer les solutions de marché. Nous verrons pourquoi les marchés n'arrivent pas toujours à allouer les ressources de manière efficiente. Nous examinerons aussi la manière dont les politiques gouvernementales peuvent réussir à améliorer cette allocation, ainsi que le type de politique qui est susceptible de donner les meilleurs résultats.

Externalité
Effet du comportement d'un agent sur le bien-être d'un tiers.

Les défaillances du marché que nous aborderons dans ce chapitre se rangent dans la catégorie générale des externalités. Une **externalité** survient lorsque le comportement d'un agent a un effet sur le bien-être d'un autre agent, et ce, sans qu'aucun des deux agents en cause ne paie ni ne reçoive de compensation pour cet effet. Si les effets sur le bien-être sont négatifs, on la qualifie d'*externalité négative*; en revanche, si les effets s'avèrent positifs, il s'agit d'une *externalité positive*. En présence d'externalités, le bien-être total de la société dépasse le simple bien-être des acheteurs et des vendeurs dans un marché donné, pour prendre également en compte celui des autres agents qui, bien qu'absents de ce marché, sont tout de même touchés par ce dernier. En présence d'externalités, comme les acheteurs et les vendeurs négligent les effets externes de leurs actions, l'équilibre de marché qu'ils atteignent n'est pas efficient. Cet équilibre ne parvient donc pas à maximiser le bien-être total de la société. L'émission de dioxine dans l'environnement constitue un exemple d'externalité négative. Les papetières, motivées par leurs seuls intérêts, ne se préoccupent pas du coût de la pollution qu'elles font subir à la société; les consommateurs de papier ne prennent pas plus en compte les effets environnementaux de leurs décisions. Par conséquent, sans l'intervention du gouvernement pour les en dissuader, les papetières continuent à trop polluer l'environnement.

Les externalités prennent de nombreux visages, tout comme, du reste, les politiques publiques visant à y remédier. En voici quelques exemples:

- Les gaz d'échappement des automobiles constituent une externalité négative, puisqu'ils sont responsables du smog que les citoyens doivent respirer. Comme ils ne supportent pas la totalité des coûts de cette nuisance, les automobilistes ont tendance à trop polluer. Les gouvernements tentent de régler ce problème en promulguant des normes d'émission pour les véhicules. Ils prélèvent également des taxes sur l'essence afin de réduire l'usage de l'automobile.
- Les édifices historiques restaurés sont une source d'externalité positive puisque la communauté tout entière profite de leur beauté et de leur caractère patrimonial. Comme les propriétaires de ces édifices n'obtiennent pas l'intégralité des bénéfices associés à leur restauration, ils les laissent parfois subir l'assaut du temps. Les gouvernements réagissent alors en réglementant la démolition des édifices historiques et en accordant des avantages fiscaux à ceux qui désirent en faire la restauration.
- Les chiens qui jappent dérangent les voisins et créent une externalité négative. Les propriétaires de ces chiens ne supportent pas la totalité des coûts de cette nuisance et ne se soucient donc pas de restreindre les aboiements de leurs animaux. Les municipalités règlent le problème en interdisant que l'on trouble la paix.

- La recherche de nouvelles technologies est une source d'externalité positive, puisqu'elle débouche sur la production de connaissances qui bénéficient à tous. Comme les chercheurs n'obtiennent pas l'intégralité des bénéfices associés à leurs découvertes, ils ont tendance à y consacrer trop peu de ressources. Afin de les encourager, le gouvernement a mis au point un système de brevets leur laissant l'exclusivité de la commercialisation de leurs inventions durant un certain nombre d'années.
- Des études scientifiques tendent à établir un lien entre l'émission de gaz à effets de serre, comme le CO_2, et le réchauffement climatique. Notre utilisation d'énergies fossiles (charbon, gaz, pétrole) serait possiblement la cause de cette externalité négative. Puisque les individus ne prennent pas en compte ces effets externes lorsqu'ils consomment des énergies fossiles, les gouvernements tentent d'intervenir en imposant des taxes sur le carbone ou en instaurant un marché des droits de pollution.

Dans tous ces exemples, l'agent en cause ne tient pas compte des effets externes de son action. L'État intervient donc pour modifier ce comportement et protéger ainsi l'intérêt du public.

Les externalités et l'inefficience du marché

Dans cette section, nous reprendrons les outils de l'économie du bien-être élaborés au chapitre 7 pour étudier l'effet des externalités sur le bien-être économique. Notre analyse montrera en quoi les externalités conduisent les marchés vers une allocation inefficiente des ressources. Un peu plus loin dans ce chapitre, nous examinerons les divers moyens qui peuvent être mis en œuvre par les agents et les pouvoirs publics pour remédier à ce type de défaillance du marché.

L'économie du bien-être : récapitulation

Revoyons d'abord quelques principes clés de l'économie du bien-être. Pour concrétiser cette analyse, nous prendrons un marché spécifique — celui de l'aluminium. La figure 10.1 illustre les courbes d'offre et de demande de ce marché.

Comme nous l'avons vu au chapitre 7, les courbes d'offre et de demande fournissent des renseignements importants sur les coûts et les bénéfices associés à un bien. La courbe de demande d'aluminium reflète la valeur que les consommateurs accordent à l'aluminium ; cette valeur est mesurée par le prix qu'ils sont disposés à payer. Pour n'importe quelle quantité, la hauteur de cette courbe traduit la volonté de payer de l'acheteur marginal. Autrement dit, elle indique la valeur que le consommateur accorde à la dernière unité d'aluminium achetée. De la même manière, la courbe d'offre reflète les coûts de production de l'aluminium. Pour n'importe quelle quantité, la hauteur de la courbe d'offre indique le coût pour le producteur marginal. En d'autres mots, elle indique le coût pour le producteur de la dernière unité d'aluminium vendue.

En l'absence d'intervention gouvernementale, le prix du marché équilibre l'offre et la demande d'aluminium. La quantité produite et consommée à l'équilibre, nommée $Q_{marché}$ à la figure 10.1, est efficiente dans la mesure où elle maximise la somme des surplus du producteur et du consommateur. Cela revient à dire

FIGURE 10.1

Le marché de l'aluminium

La courbe de demande reflète la valeur que les acheteurs accordent au bien, alors que la courbe d'offre reflète les coûts pour les vendeurs. La quantité d'équilibre $Q_{marché}$ maximise la différence entre la valeur totale pour les acheteurs et les coûts totaux pour les vendeurs. En l'absence d'externalités, l'équilibre de marché est efficient.

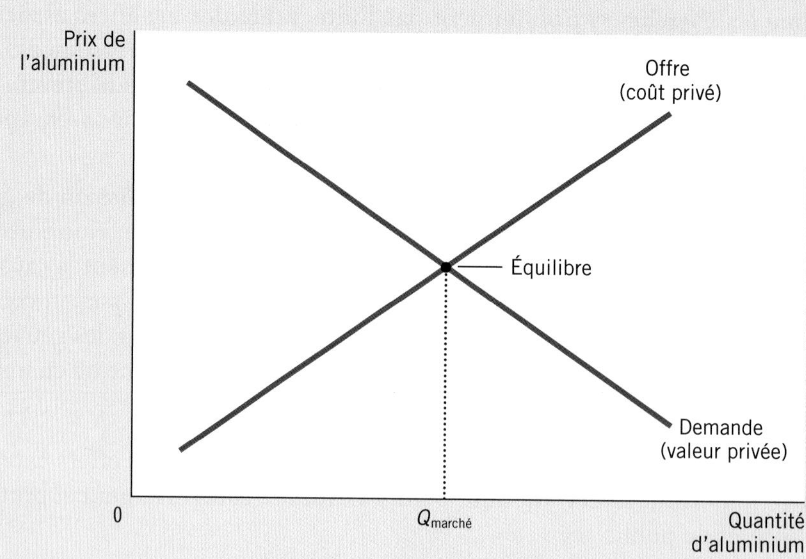

que le marché alloue les ressources de manière à maximiser la différence entre, d'une part, la valeur totale pour les consommateurs qui achètent l'aluminium et, d'autre part, les coûts totaux pour les producteurs qui le fabriquent.

Les externalités négatives

Nous supposerons maintenant que les usines d'aluminium polluent : pour chaque unité d'aluminium produite, une certaine quantité de fumée se dissipe dans l'atmosphère. Comme cette fumée représente un risque pour la santé de ceux qui la respirent, elle constitue une externalité négative. En quoi cette externalité influe-t-elle sur l'efficience du marché ?

▲
« Si être un leader en fabrication signifie être un leader en pollution, alors je crois que nous devrons nous y résoudre. »

En raison de cette externalité, le coût de production de l'aluminium pour la société est supérieur à celui que supportent les producteurs. Pour chaque unité produite, le coût social comprend à la fois les coûts privés des producteurs d'aluminium et les coûts externes que subissent les individus touchés par la pollution. La figure 10.2 illustre le coût social de la production d'aluminium. La courbe de coût social se situe au-dessus de la courbe d'offre du marché, car elle comprend les coûts externes imposés à la société par les producteurs d'aluminium. La différence entre ces deux courbes représente le coût de la pollution.

Quelle quantité d'aluminium faut-il donc produire? Pour répondre à cette question, nous considérons ce que ferait un planificateur social bienveillant. Ce dernier chercherait à maximiser le surplus total — la valeur de l'aluminium pour les consommateurs moins le coût de production de l'aluminium. Ce planificateur sait toutefois que le coût de production de l'aluminium doit comprendre les coûts externes de la pollution.

Le planificateur fixerait ainsi le niveau de production d'aluminium à l'intersection de la courbe de demande d'aluminium et de la courbe de coût social. Cette intersection correspond à la quantité d'aluminium optimale du point de vue de la société. Pour un niveau de production plus petit, la valeur de l'aluminium pour les consommateurs (représentée par la hauteur de la courbe de demande) excède le coût social de sa production (illustrée par la hauteur de la courbe de coût social). Pour un niveau de production plus élevé, le coût social de la production d'une unité additionnelle excède la valeur que lui accordent les consommateurs. La quantité $Q_{optimum}$ constitue bel et bien la quantité d'aluminium optimale du point de vue de la société.

On remarquera que la quantité d'équilibre du marché, $Q_{marché}$, est supérieure à la quantité socialement optimale, $Q_{optimum}$. La raison de cette inefficience tient au fait que l'équilibre de marché prend uniquement en compte les coûts de production privés. À l'équilibre de marché, l'acheteur marginal accorde à l'aluminium une valeur inférieure à son coût social de production. En effet, au point $Q_{marché}$, la courbe de demande se situe au-dessous de la courbe de coût social. Par conséquent, en réduisant la production et la consommation d'aluminium à un volume inférieur au volume d'équilibre de marché, on augmente le bien-être économique total.

Puisque le bien-être à $Q_{marché}$ est inférieur au bien-être à $Q_{optimum}$, nous pouvons conclure qu'en présence d'une externalité négative, les mécanismes de marché, laissés à eux-mêmes, engendrent une perte sèche. En effet, pour toutes les unités comprises entre $Q_{optimum}$ et $Q_{marché}$, la valeur que les acheteurs accordent à l'aluminium est inférieure au coût social de production de l'aluminium. Produire chacune de ces unités revient à réduire le bien-être total. La perte de bien-être attribuable au fait d'avoir produit $Q_{marché}$ plutôt que $Q_{optimum}$ est égale à la surface du triangle formé par les courbes de coût social et de demande entre $Q_{optimum}$ et $Q_{marché}$, soit le triangle ombré de la figure 10.2. Il s'agit de la perte sèche, conséquence de l'externalité négative.

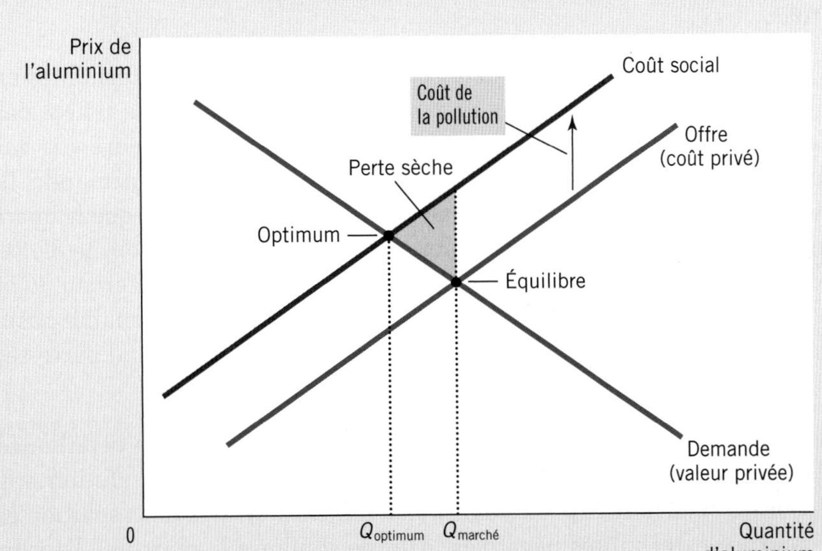

FIGURE 10.2

La pollution et l'optimum social

Lorsque la production engendre des externalités négatives, comme la pollution, le coût social de la production d'aluminium excède le coût privé. La quantité d'aluminium optimale, $Q_{optimum}$, est donc inférieure à la quantité d'équilibre, $Q_{marché}$. La perte sèche est représentée par le triangle ombré.

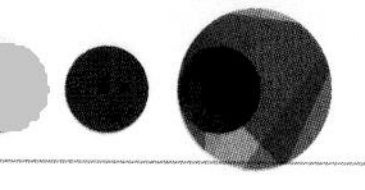

Comment un planificateur social peut-il obtenir l'optimum social de production d'aluminium et ainsi éliminer la perte sèche associée à l'externalité? L'une des solutions consisterait à imposer une taxe aux producteurs pour chaque tonne d'aluminium vendue. Pareille taxe entraînerait un déplacement de la courbe d'offre vers le haut, d'une distance égale au montant de la taxe. Si cette taxe correspond exactement au coût que la pollution représente pour la société, la nouvelle courbe d'offre coïncidera alors avec la courbe de coût social. Ainsi, au nouvel équilibre, les producteurs produiraient une quantité optimale d'aluminium.

Internaliser une externalité
Modifier les incitatifs de sorte que les agents tiennent compte des effets externes de leurs actions.

On dit de ce genre de taxe qu'elle **internalise l'externalité** parce qu'elle incite les acheteurs et les vendeurs à tenir compte des effets externes de leurs actions. L'imposition d'une taxe oblige les producteurs d'aluminium à tenir compte de l'ensemble des coûts sociaux, au lieu de se limiter aux seuls coûts privés, au moment de déterminer la quantité d'aluminium à offrir. Cette taxe les oblige dorénavant à payer l'équivalent des coûts externes, lesquels s'additionnent à leurs coûts privés. De plus, puisque le prix du marché inclut cette taxe, les consommateurs sont désormais incités à réduire leur consommation d'aluminium. Cette politique est basée sur l'un des **dix principes d'économie**: les gens réagissent aux incitatifs. Un peu plus loin dans ce chapitre, nous reviendrons sur les multiples façons de tenir compte des externalités.

Les externalités positives

Si certaines activités sont source de coûts externes, d'autres activités engendrent en revanche des bénéfices pour la société. Prenons l'exemple de l'éducation postsecondaire. Dans une large mesure, les bénéfices de l'éducation postsecondaire sont privés: parce que sa formation collégiale et universitaire le rend plus productif, l'étudiant diplômé pourra compter tout au long de sa carrière sur un revenu supérieur à la moyenne. Par ailleurs, l'éducation postsecondaire génère également des bénéfices pour l'ensemble de la société. Tout d'abord, une société plus éduquée est une société mieux informée, dont découle souvent un meilleur gouvernement, lequel profite à tous. Ensuite, une société plus éduquée est également une société où le taux de criminalité est plus faible. Enfin, une société plus éduquée encourage le développement et la dissémination du progrès technologique, ce qui engendre une plus grande productivité et de meilleurs revenus pour tous.

L'analyse des externalités positives est comparable à celle des externalités négatives. Comme le montre la figure 10.3, la courbe de demande ne reflète pas ici la valeur sociale du bien. Parce que la valeur sociale est supérieure à la valeur privée, la courbe de valeur sociale est au-dessus de la courbe de demande. Dans ce cas, la quantité socialement optimale, $Q_{optimum}$, est plus petite que la quantité d'équilibre du marché, $Q_{marché}$, et se situe à l'intersection de la courbe d'offre et de la courbe de valeur sociale. Puisque le bien-être à $Q_{marché}$ est inférieur au bien-être à $Q_{optimum}$, nous pouvons conclure qu'en présence d'une externalité positive, les mécanismes de marché, laissés à eux-mêmes, engendrent une perte sèche, représentée sur le graphique par le triangle ombré.

Le gouvernement a la possibilité, une fois encore, de corriger la défaillance du marché en incitant les agents à internaliser l'externalité. La solution appropriée pour les externalités positives est exactement l'inverse de la solution envisagée pour les externalités négatives. Afin de conduire le marché à l'optimum social, il faut, dans le cas d'une externalité positive, offrir une subvention.

Et c'est effectivement la politique adoptée par le gouvernement : au Canada, les études postsecondaires sont fortement subventionnées (faibles droits de scolarité, bourses d'études, etc.).

Nous pouvons maintenant tirer une conclusion générale : les externalités négatives conduisent le marché à produire une quantité supérieure à celle qui est socialement désirable. Les externalités positives conduisent le marché à produire une quantité inférieure à celle qui est socialement désirable. Le gouvernement peut résoudre le problème et internaliser les externalités en taxant le bien qui génère des externalités négatives et en subventionnant le bien qui génère des externalités positives.

FIGURE 10.3

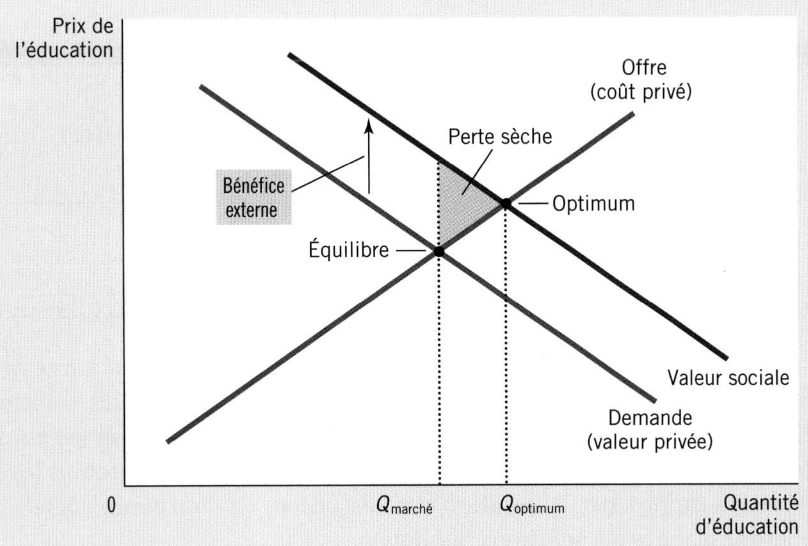

L'éducation et l'optimum social

Prix de l'éducation
Offre (coût privé)
Perte sèche
Bénéfice externe
Optimum
Équilibre
Valeur sociale
Demande (valeur privée)
0
$Q_{marché}$
$Q_{optimum}$
Quantité d'éducation

En présence d'une externalité positive, la courbe de valeur sociale se situe au-dessus de la courbe de demande, et l'optimum social, $Q_{optimum}$, est supérieur à la quantité d'équilibre, $Q_{marché}$. La perte sèche est représentée par le triangle ombré.

ÉTUDE DE CAS

Débat sur la politique technologique

Quelle est l'ampleur des retombées technologiques et que signifient-elles sur le plan des politiques publiques ? La question est importante, car l'augmentation constante du niveau de vie de génération en génération repose sur le progrès technologique. C'est également une question difficile, qui soulève la controverse chez les économistes.

Certains pensent que les retombées technologiques ont des effets profonds et que le gouvernement devrait encourager les industries à l'origine de ces fortes retombées. À titre d'exemple, ces économistes font valoir que la production aéronautique canadienne engendre des retombées technologiques nettement plus importantes que la production de légumes. Selon eux, le gouvernement devrait donc offrir des avantages fiscaux à Bombardier ou à Bell Helicopter plutôt qu'aux producteurs maraîchers. L'intervention gouvernementale visant à promouvoir certaines industries porteuses de progrès technologique s'appelle la *politique industrielle*.

D'autres économistes se montrent sceptiques à l'égard des politiques industrielles. Même si les retombées technologiques sont parfois réelles, le gouvernement doit, avant d'adopter une politique cohérente, pouvoir en évaluer l'ampleur sur les différents marchés, ce qui s'avère extrêmement difficile, voire impossible. De plus, sans une mesure précise de ces retombées, le gouvernement pourrait finir par subventionner les industries qui ont un grand poids politique au détriment de celles qui produisent les plus fortes externalités positives.

▶

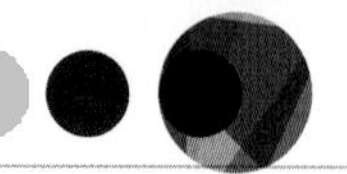

Cela dit, les gouvernements peuvent intervenir d'une autre façon, en s'impliquant plus directement dans la recherche. Au Canada, le Conseil national de recherches, qui comprend des instituts et des programmes de recherche dans diverses disciplines, en est un bon exemple. Les gouvernements accordent en outre un financement direct à la recherche gouvernementale par le truchement de divers programmes de subvention, comme le Programme d'aide à la recherche industrielle (PARI). Ce dernier procure un financement direct aux recherches que mènent les PME. Bien sûr, le soutien gouvernemental à la formation postsecondaire permet également de former les chercheurs et de financer la recherche dans les universités.

Les brevets constituent un autre moyen d'encourager les retombées technologiques. La législation sur les brevets protège les droits des inventeurs en leur conférant l'usage exclusif de leur innovation durant une certaine période de temps. Lorsqu'une entreprise fait une découverte technologique, elle brevette l'idée et en retire la majorité des bénéfices économiques. Le brevet internalise l'externalité en accordant à l'entreprise un *droit de propriété* sur son invention. Si d'autres firmes veulent employer la même technologie, elles doivent obtenir la permission de l'inventeur et lui verser des redevances. Ainsi, ce système incite les entreprises à s'engager dans la recherche et le développement de nouvelles technologies.

MINITEST

- Donnez un exemple d'externalité négative et un exemple d'externalité positive.
- Expliquez pourquoi les externalités conduisent les marchés vers des équilibres inefficients.

Les solutions publiques aux externalités

Nous avons vu pourquoi les externalités conduisent les marchés à une allocation des ressources inefficiente, mais nous n'avons qu'effleuré les solutions à ces défaillances du marché. En pratique, les agents économiques et les pouvoirs publics réagissent aux externalités de différentes manières, mais toutes les solutions visent à rapprocher l'allocation des ressources de l'optimum social. Nous examinerons d'abord les solutions publiques.

Lorsqu'une externalité mène un marché à une allocation inefficiente des ressources, le gouvernement peut intervenir de deux manières. Il peut modifier directement le comportement des agents en adoptant des mesures coercitives. Il peut également conduire les agents à résoudre eux-mêmes le problème en adoptant une politique axée sur les mécanismes de marché.

Les mesures coercitives : la réglementation

Le gouvernement peut remédier à une externalité soit en interdisant certains comportements, soit en les rendant obligatoires. Par exemple, le déversement de produits chimiques toxiques dans la nappe phréatique est un acte criminel. Dans ce cas précis, les coûts externes pour la collectivité dépassent nettement les bénéfices pour le pollueur. Le gouvernement adopte donc des mesures coercitives pour bannir cette activité.

Cela dit, dans la plupart des cas de pollution, la situation est loin d'être aussi simple. Contrairement à ce que souhaitent certains écologistes, il est impossible d'interdire toutes les activités polluantes. Presque tous les moyens de transport — y compris le cheval — produisent une forme ou une autre de pollution. De toute évidence, il serait déraisonnable que le gouvernement bannisse tous les modes de transport. Plutôt que d'essayer d'éliminer toute forme de pollution, la société doit plutôt en évaluer les coûts et les bénéfices afin de déterminer les types et les quantités de pollution acceptables. Au Canada, les gouvernements fédéral et provinciaux se partagent les responsabilités en matière d'environnement. Au fédéral, Environnement Canada se charge de la formulation et de l'application des lois sur la protection de l'environnement. Au Québec, le Bureau d'audiences publiques sur l'environnement (BAPE) est l'organisme voué à la consultation publique au sujet des projets susceptibles d'avoir un impact majeur sur l'environnement. Il fait des rapports au gouvernement afin que celui-ci établisse une réglementation appropriée.

Il existe de nombreuses réglementations concernant l'environnement. Le gouvernement édicte parfois la quantité maximale de rejets polluants qu'une entreprise peut émettre. Il arrive également qu'il oblige les entreprises à adopter une technologie particulière pour réduire les émissions toxiques. En 2011, par exemple, le gouvernement fédéral annonçait l'instauration de règles obligeant les centrales électriques alimentées au charbon qui seront construites après 2015 à se conformer aux mêmes règles en matière d'émission de gaz à effet de serre que les centrales alimentées au gaz naturel. Dans tous les cas, afin d'instaurer une législation adéquate, les organismes de réglementation doivent connaître en détail les industries spécifiques ainsi que les technologies de remplacement existantes. Or, ces organismes gouvernementaux ont souvent de la difficulté à obtenir ce type d'information.

Premier recours aux marchés : les subventions et les taxes pigouviennes

En présence d'une externalité, au lieu de recourir à la réglementation, le gouvernement peut utiliser une politique axée sur les mécanismes de marché et ainsi tenter d'aligner les incitatifs privés sur l'efficience sociale. En effet, comme nous l'avons vu précédemment, le gouvernement peut internaliser une externalité en taxant les activités qui sont une source d'externalités négatives et en subventionnant celles qui sont une source d'externalités positives. Ces taxes qui internalisent les externalités négatives s'appellent des **taxes pigouviennes**, ainsi nommées d'après l'économiste anglais Arthur C. Pigou (1877-1949).

Taxes pigouviennes
Taxes mises en place afin de corriger les effets des externalités négatives.

En matière de réduction de la pollution, les économistes préfèrent habituellement les taxes pigouviennes à une réglementation, car elles permettent de réduire la pollution à moindre coût pour la société. C'est ce que nous constaterons dans l'exemple suivant.

▲ Arthur Pigou

Prenons deux entreprises : une usine de papier et une aciérie, qui toutes deux rejettent annuellement 500 tonnes de déchets dans une rivière. Le gouvernement décide de réduire la contamination et envisage deux solutions.

- *Réglementation :* Le gouvernement exige que chaque entreprise réduise la pollution à 300 tonnes de déchets par année.
- *Taxe pigouvienne :* Le gouvernement décide d'imposer à chaque usine une taxe de 50 000 $ pour chaque tonne de déchets déversée.

La réglementation fixe un taux de pollution maximal, alors que la taxation offre des incitatifs aux propriétaires pour réduire la contamination. À votre avis, laquelle des deux solutions est préférable ?

La plupart des économistes choisiront la taxe. Ils feront remarquer qu'une taxe est aussi efficace qu'une réglementation pour réduire le niveau général de la pollution. Le gouvernement peut obtenir le degré de contamination souhaitable en fixant adéquatement le montant de la taxe. Plus cette dernière sera lourde, plus la pollution sera réduite. En effet, si la taxe est suffisamment élevée, elle peut mener à la fermeture des deux usines et entraîner ainsi l'élimination complète de la pollution.

ÉTUDE DE CAS

Pourquoi l'essence est-elle si taxée ?

Dans bon nombre de pays, l'essence figure parmi les biens les plus lourdement taxés de l'économie. Au Canada, outre les taxes de vente habituelles, les automobilistes doivent payer les taxes d'accise fédérale et provinciale et, dans certains cas, une taxe municipale. À Montréal, par exemple, l'automobiliste doit payer une taxe d'accise fédérale de 10 cents le litre, une taxe provinciale de 19,2 cents le litre, une taxe municipale de 3 cents le litre, la TPS de 5 % et la TVQ de 9,975 %. Dans la plupart des pays européens, les taxes sur l'essence sont encore plus élevées et le prix à la pompe équivaut à deux ou trois fois le prix payé au Canada.

Pourquoi ces taxes sont-elles si répandues? La réponse est simple : les taxes sur l'essence sont des taxes pigouviennes destinées à corriger les externalités négatives liées à l'utilisation de l'automobile.

- *L'encombrement :* Il suffit d'avoir été prisonnier d'un bouchon de circulation pour souhaiter une réduction du nombre de voitures sur les routes. Les taxes sur l'essence permettent de réduire la congestion en incitant les gens à prendre les transports en commun, à recourir au covoiturage ou à vivre plus près de leur lieu de travail.
- *Les accidents :* Lorsqu'ils achètent un gros véhicule utilitaire, les gens rehaussent leur sécurité, mais accentuent les risques qu'ils font courir aux autres automobilistes. En effet, ceux-ci risquent bien plus de mourir s'ils sont impliqués dans une collision avec un véhicule utilitaire qu'avec une autre automobile. Les taxes sur l'essence constituent un moyen indirect de faire payer les gens qui, avec leur gros véhicule utilitaire, mettent en danger la vie des autres automobilistes.
- *La pollution :* Le réchauffement de la planète résulte possiblement de l'utilisation de combustibles fossiles tels que l'essence. Les experts divergent d'opinion sur le danger d'une telle menace, mais il ne fait aucun doute que les taxes sur l'essence, en réduisant la consommation, limitent ce risque.

« Si l'essence était plus taxée, je prendrais l'autobus. »

Par conséquent, les taxes sur l'essence, au lieu de provoquer une perte sèche comme la plupart des taxes, améliorent le fonctionnement de l'économie. Elles réduisent la circulation routière, améliorent la sécurité sur les routes et favorisent un environnement plus propre.

À combien devraient s'élever les taxes sur l'essence ? Ces taxes varient partout dans le monde. Dans la plupart des pays européens, le carburant est bien plus taxé qu'au Canada, tandis que c'est le contraire aux États-Unis. Une étude réalisée en 2007 et publiée dans le *Journal of Economic Literature* résume la recherche sur l'ampleur des diverses externalités associées à la conduite automobile. Elle conclut que la taxe pigouvienne optimale sur l'essence se situe autour de 0,55 $ le litre. Il semblerait que les automobilistes québécois, plus encore que leurs concitoyens des autres provinces, se dirigent allègrement vers cette cible.

Cela dit, une hausse des taxes sur l'essence permettrait de diminuer d'autres impôts qui, eux, nuisent à l'économie, par exemple l'impôt sur les bénéfices des sociétés ou l'impôt sur le revenu des particuliers. Malheureusement, cette idée n'a jamais eu la faveur populaire.

Par ailleurs, même si la réglementation oblige les deux usines à réduire d'une même quantité leurs émissions toxiques, ceci ne correspond pas nécessairement à la solution la moins coûteuse pour la société. Il se peut, par exemple, que la papetière puisse réduire ses émissions toxiques à un coût moindre que celui qui incomberait à l'aciérie. Si tel était le cas, l'usine de papier réduirait considérablement ses émissions pour éviter la taxe, alors qu'il serait avantageux pour l'aciérie de déployer un moindre effort de décontamination et de payer la taxe.

Fondamentalement, la taxe pigouvienne fixe un prix pour le droit de polluer. Tout comme les marchés allouent les biens aux acheteurs qui leur accordent la valeur la plus élevée, une taxe pigouvienne alloue la pollution aux usines qui ont les coûts de réduction de la pollution les plus élevés. Quel que soit le degré de pollution fixé par le gouvernement, cette taxe lui permettra de l'atteindre au meilleur coût pour la société.

Certains économistes affirment également que les taxes pigouviennes sont préférables pour l'environnement. Dans le contexte d'une politique de réglementation, les usines n'ont aucune raison de réduire davantage leurs émissions une fois qu'elles ont atteint l'objectif de 300 tonnes de déchets. En revanche, la taxe les incite à mettre au point de nouvelles technologies, parce que les moyens de production plus propres leur permettront de réduire la somme des taxes qu'elles ont à payer.

Les taxes pigouviennes diffèrent des autres taxes. Au chapitre 8, nous avons vu que les taxes ordinaires brouillent les incitatifs, ce qui conduit la société à une allocation des ressources inefficiente. La réduction du bien-être économique — c'est-à-dire le surplus du consommateur et le surplus du producteur — dépasse le montant des recettes fiscales obtenues et provoque ainsi une perte sèche. En revanche, en présence d'externalités, la société se soucie également du bien-être des individus qui, bien qu'absents du marché, sont touchés par celui-ci. Les taxes pigouviennes permettent alors de corriger les incitatifs et redirigent l'allocation des ressources vers l'optimum social. Tout en faisant augmenter les revenus gouvernementaux, les taxes pigouviennes renforcent l'efficience économique.

Deuxième recours aux marchés : les droits de pollution négociables

Reprenons l'exemple de l'usine de papier et de l'aciérie et imaginons qu'en dépit des recommandations des économistes, le gouvernement adopte une réglementation obligeant les deux entreprises à réduire leurs émissions toxiques annuelles à 300 tonnes. Un beau jour, lorsque la réglementation est appliquée et que les deux firmes s'y sont conformées, celles-ci présentent une proposition au gouvernement. L'aciérie compte augmenter ses émissions toxiques de 100 tonnes. La papetière accepte de réduire sa pollution de la même quantité si l'aciérie accepte de lui verser cinq millions de dollars. Le gouvernement doit-il laisser les deux usines signer une telle entente ?

Sur le plan de l'efficience économique, cette opération constitue une saine décision. L'accord convient certainement aux propriétaires des deux entreprises, car ils s'engagent volontairement à le respecter ; c'est donc dire que leur bien-être respectif augmentera. En outre, l'entente n'a aucun effet externe, puisque la pollution totale demeure inchangée. Le bien-être total est donc amélioré par la vente des droits de pollution de la papetière à l'aciérie.

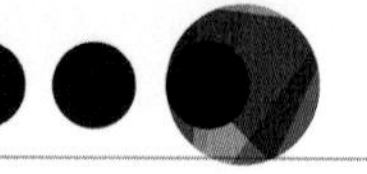

La même logique s'applique à tout transfert des droits de pollution d'une entreprise à une autre. Si le gouvernement autorise ce genre de transaction, il créera en fait une nouvelle ressource rare : les droits de pollution. On assistera en fin de compte à la création d'un marché, régulé comme toujours par les mécanismes de l'offre et de la demande. La main invisible assurera une allocation efficiente des droits de polluer dans ce nouveau marché. Se heurtant à des coûts élevés de réduction de la pollution, certaines entreprises seront prêtes à payer cher pour ces droits, tandis que les entreprises capables de réduire à faible coût leur production de contaminants choisiront de vendre leurs droits de pollution.

L'avantage d'instaurer un marché des droits de pollution vient de ce que la distribution initiale de ces droits n'a aucune conséquence sur l'efficience économique. Les entreprises capables de réduire facilement la pollution vendront volontiers leurs droits et celles qui affrontent un coût élevé de dépollution achèteront tous les droits nécessaires. À condition qu'il y ait un marché libre des droits de pollution, l'allocation finale sera efficiente, quelle que soit l'allocation initiale.

Les droits de pollution semblent être très distincts des taxes pigouviennes ; pourtant, ces deux moyens ont beaucoup en commun. Dans les deux cas, les entreprises payent pour pouvoir polluer. Soit elles paient des taxes — pigouviennes — à l'État, soit elles paient un droit de pollution (même les entreprises possédant déjà des droits payent un prix pour polluer : ce prix correspond au coût de renonciation à la vente de leurs droits sur le marché libre). Les taxes pigouviennes et les droits de pollution internalisent tous deux l'externalité de la pollution en rendant la pollution plus coûteuse.

La similitude de ces deux moyens s'observe lorsqu'on considère le marché de la pollution. Les deux graphiques de la figure 10.4 illustrent la courbe de demande des droits de pollution. Cette courbe montre que plus le prix de la pollution est faible, plus les entreprises auront tendance à polluer. Le graphique a) montre une situation où le gouvernement fixe le prix de la pollution par une taxe pigouvienne. Dans ce cas, la courbe d'offre pour les droits de pollution est parfaitement élastique (puisque les entreprises peuvent polluer autant qu'elles le veulent à condition de payer la taxe) et la position de la courbe de demande détermine la quantité de pollution. Dans la situation illustrée par le graphique b), le gouvernement fixe la quantité de pollution en émettant des droits. Cette fois-ci, la courbe d'offre des droits de pollution est parfaitement inélastique (le nombre des droits détermine la quantité de pollution) et la position de la courbe de demande détermine le prix de la pollution. Ainsi, pour n'importe quelle courbe de demande des droits de pollution, le gouvernement conserve la possibilité de choisir un point sur cette courbe, soit en fixant le prix au moyen d'une taxe pigouvienne, soit en fixant la quantité par l'émission du nombre de droits de pollution qu'il juge approprié.

Dans certains cas, il est préférable d'émettre des droits de pollution plutôt que d'imposer une taxe pigouvienne. Supposons que le gouvernement refuse que les effluents toxiques déversés dans la rivière dépassent 600 tonnes par année. Comme le gouvernement ignore quelle est la courbe de demande pour la pollution, il n'est pas sûr du montant de la taxe qui permettrait l'atteinte de cet objectif. Dans un tel contexte, il est plus facile de mettre aux enchères 600 droits de pollution. Le prix qui ressortira de ces enchères laissera entrevoir le montant auquel aurait pu être fixée la taxe pigouvienne.

À première vue, la vente aux enchères des droits de pollution par le gouvernement peut sembler issue directement de l'imagination d'un économiste. C'est exact,

FIGURE 10.4

L'équivalence des taxes pigouviennes et des droits de pollution

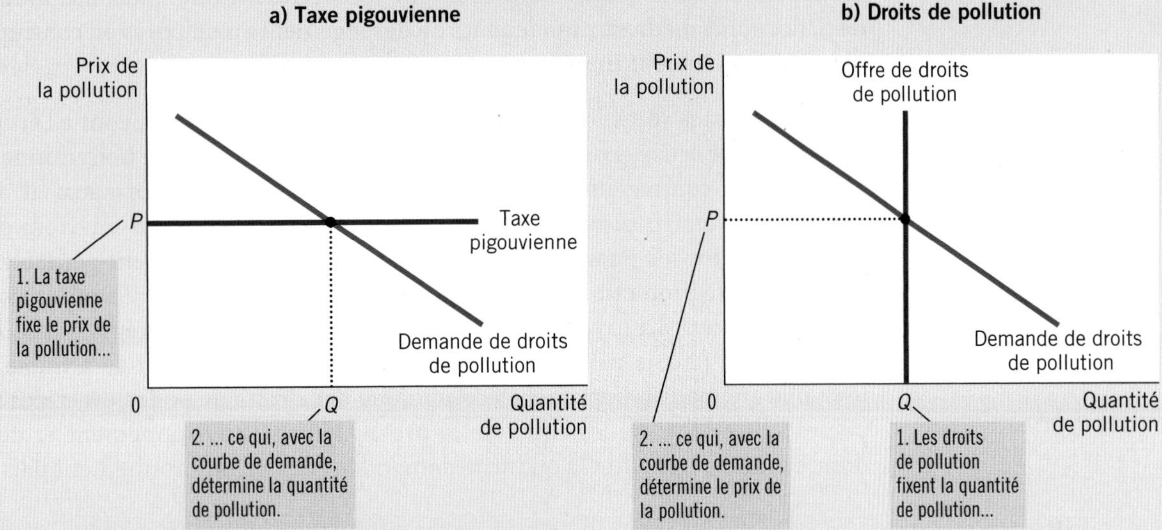

Le graphique a) montre une situation où le gouvernement fixe un prix pour la pollution en imposant une taxe pigouvienne, et où la courbe de demande détermine la quantité de pollution. Dans la situation illustrée par le graphique b), le gouvernement limite la quantité de pollution en émettant un nombre restreint de droits de pollution, et la courbe de demande détermine le prix de la pollution. Dans les deux cas, le résultat est identique.

mais les droits de pollution négociables apparaissent de plus en plus comme des moyens de préserver l'environnement. Un cas célèbre est celui du dioxyde de soufre (SO_2), la cause principale des pluies acides au Canada et aux États-Unis. En 1990, des amendements à la *Clean Air Act* ont contraint les centrales électriques à réduire considérablement leurs émissions de SO_2. Les amendements ont également donné lieu à la mise en place d'un système permettant aux centrales d'échanger leurs quotas de SO_2. Au départ, les représentants industriels et les environnementalistes se sont montrés sceptiques quant à l'efficacité du système, mais avec le temps, la pollution a diminué sans causer de grandes perturbations. Les droits de pollution, tout comme les taxes pigouviennes, sont aujourd'hui considérés comme des moyens efficaces de protéger l'environnement.

Les objections à l'analyse économique de la pollution

Plusieurs écologistes s'opposent aux droits de pollution et aux autres solutions axées sur les mécanismes de marché, arguant qu'on a tort de permettre à des entreprises de payer pour avoir le droit de polluer l'environnement. D'après eux, l'air pur et l'eau propre n'ont pas de prix, car il s'agit de droits fondamentaux impossibles à évaluer en termes économiques. Comment mettre un prix sur l'air pur ou sur l'eau propre ? L'environnement est si important qu'il est de notre devoir de le protéger, quel qu'en soit le coût.

Les économistes n'adhèrent nullement à ce genre de raisonnement. D'après eux, une politique sensée en matière d'environnement doit se fonder sur le premier des **dix principes d'économie** vus au chapitre 1 : les gens sont soumis à des arbitrages. L'air pur et l'eau propre ont, de toute évidence, une grande valeur.

Toutefois, cette valeur doit être comparée à leur coût de renonciation : ce à quoi il faut renoncer pour les obtenir. Il est impossible d'éliminer toute la pollution, car pour cela il faudrait renoncer à de nombreuses technologies, contribuant à notre niveau de vie élevé. Rares sont ceux qui accepteraient une mauvaise alimentation, des soins médicaux inadéquats ou des logements insalubres en contrepartie d'un environnement immaculé.

Les économistes considèrent que certains militants écologistes vont à l'encontre de leur propre cause en faisant fi du raisonnement économique. L'environnement est un bien comme un autre et, comme tous les biens normaux, il a une élasticité-revenu positive : les pays riches peuvent s'offrir un environnement plus propre que les pays pauvres et, par conséquent, ils adoptent généralement des normes de protection de l'environnement plus rigoureuses. En outre, comme c'est le cas pour d'autres biens, l'air pur et l'eau propre sont régis par la loi de la demande : plus le prix de la protection de l'environnement sera faible, plus le public en voudra. L'approche économique des droits de pollution et des taxes pigouviennes abaisse les coûts de la protection de l'environnement et devrait donc en faire augmenter la quantité demandée pour un environnement plus sain.

DANS L'ACTUALITÉ

Une taxe carbone en Suède

Dans l'article qui suit, l'auteure examine les bienfaits économiques et environnementaux de la taxe carbone en vigueur en Suède.

En Suède, la taxe carbone favorise la prospérité de l'économie

Amélie Mougay

En Suède, la taxe sur les émissions de gaz carbonique existe depuis 1991. Et s'est enracinée comme un outil essentiel de la bonne santé du pays. « L'esprit du système fiscal suédois, explique le chercheur Luis Mundaca, c'est de taxer ce qui est négatif, c'est-à-dire les émissions de gaz à effet de serre, plutôt que ce qui est positif, comme les petites économies ou le travail. »

Fini les débats sur la taxe carbone, place désormais à la « contribution énergie climat ». Jeudi 22 août, le ministre de l'Écologie Philippe Martin a annoncé un impôt environnemental rebaptisé. Ses contours sont encore flous et de nombreux débats seront menés sur son application concrète.

En Europe, neuf pays et régions ont déjà adopté ce type de fiscalité. La Suède, elle, a franchi le pas dès 1991. Les prix des combustibles fossiles dans l'industrie, pour le chauffage résidentiel et les transports, se sont alors alourdis proportionnellement à leur implication dans la pollution atmosphérique.

Quinze ans plus tard, la ministre des Finances suédoise se félicitait du résultat. « Les émissions de CO_2 ont diminué de 9 % alors que la Suède a connu une croissance économique de 48 % », rapportait en 2009 *Actu-environnement*. Les années suivantes, la taxe — à sa création, fixée à 27 euros la tonne — a encore grimpé, mais l'enthousiasme n'est pas retombé. Le chercheur suédois Luis Mundaca, chef du département énergie et climat de l'université de Lund, détaille les raisons du succès.

Terra eco — La taxe carbone a-t-elle fait baisser les émissions de gaz à effet de serre ?

Luis Mundaca — C'est évident. Pour le seul CO_2 provenant de la combustion de carburant, les émissions ont diminué de plus de 15 % entre 1990 et 2010. Bien sûr, l'intégralité de cette baisse ne peut pas être attribuée à la taxe carbone, d'autres mesures prises par le gouvernement suédois pour lutter contre les émissions de gaz à effet de serre ont joué. Mais le procédé a pesé.

►

D'une part, il a eu un effet dissuasif. Par exemple, aujourd'hui, quasiment plus personne ne se chauffe au fioul, ce qui a un impact considérable dans un pays nordique. Dans ce secteur, les bioénergies ont remplacé le gasoil et le charbon. Et puis même si le transport en général a été peu affecté par cette taxe, les ventes de voitures roulant à l'éthanol — non taxé — ont explosé.

D'autre part, cette taxe a contribué à l'émergence d'un système incitatif pour améliorer l'efficacité énergétique. En 2011, la taxe carbone a rapporté à l'État 70 milliards de couronnes suédoises (8 milliards d'euros), c'est 10 % des recettes de l'État. Cette somme alimente le budget général mais est aussi reversée sous forme de subventions. Par exemple, quand un particulier réalise des travaux d'isolation, 50 % du coût de la main-d'œuvre est pris en charge par l'État. Un vaste plan de rénovation des fenêtres a également été lancé. Lui aussi est largement subventionné.

La mesure a-t-elle ralenti l'économie du pays ?

Au contraire. Certaines industries, comme celle des énergies renouvelables, ont été stimulées. Dans le secteur des bioénergies, l'activité a plus que triplé. Le solaire et l'éolien ont aussi été développés, mais on peut encore progresser. Quant à l'ensemble de l'industrie suédoise, elle a finalement été peu touchée par la taxe. Jusqu'en janvier 2011, les entreprises déjà concernées par le marché des quotas carbone européens étaient épargnées par la taxe suédoise. Les autres ne paient que 30 % (contrairement aux ménages qui la paient à 100 %. Ainsi, en 2010, pour une tonne de CO_2 émis, un ménage payait 109 euros, une entreprise 32,7, NDLR).

Les ménages subissent donc la quasi-totalité de cette taxe ?

C'est vrai. Mais il faut garder à l'esprit que cette taxe est soumise au principe de neutralité fiscale : la quasi-totalité de la somme récoltée est réinjectée dans l'économie. Et finalement sur le budget des ménages, son impact est très faible. Je m'explique.

En parallèle à l'augmentation continue de la taxe, le gouvernement suédois a baissé d'autres impôts : ceux sur le revenu ou le capital. L'esprit de ce système fiscal, c'est de taxer ce qui est négatif, c'est-à-dire les émissions de gaz à effet de serre, plutôt que ce qui est positif, comme les petites économies ou le travail. Et puis, en Suède, les gens font plutôt confiance au gouvernement pour réinvestir et redistribuer cet argent à bon escient. Selon moi, cela explique le consensus autour de cette taxe.

Pensez-vous que la Suède puisse aller encore plus loin ?

Oui. L'écart entre la fiscalité carbone de l'industrie et celle des ménages doit diminuer. La tâche est compliquée car en Suède comme partout, le lobbying industriel est puissant. Mais ce rééquilibrage avance. Les entreprises des secteurs non concernés par le marché carbone européen vont, à l'horizon 2015, payer 60 % de la taxe carbone suédoise, contre 30 % actuellement. Mais il ne faut pas voir dans cet impôt la recette miracle de la lutte contre les émissions de gaz à effet de serre. D'autres instruments politiques doivent l'accompagner.

En Suède, les industries paient déjà des impôts en fonction de leur consommation d'énergie. En se tournant vers les bioénergies, elles bénéficient de déductions fiscales. Il ne s'agit pas tout à fait d'une taxe carbone mais c'est aussi une solution. L'important, c'est d'aboutir à une fiscalité écologique équilibrée. ■

Source : Mougay, Amélie. (29 août 2013). « En Suède, la taxe carbone favorise la prospérité de l'économie ». *Terra Eco*. Repéré à www.terraeco.net/En-Suede-la-taxe-carbone-fait,50947.html

MINITEST

- Une usine de colle et une aciérie rejettent des fumées dont l'inhalation en grande quantité est toxique. Exposez trois politiques qui pourraient être adoptées par les autorités municipales afin d'internaliser cette externalité. Quels sont les avantages et les inconvénients de chacune d'elles ?

Les solutions privées aux externalités

Bien que les externalités mènent à une allocation inefficiente des ressources, l'intervention du gouvernement n'est pas toujours requise pour résoudre le problème. Dans certaines circonstances, les agents économiques peuvent mettre au point eux-mêmes des solutions privées.

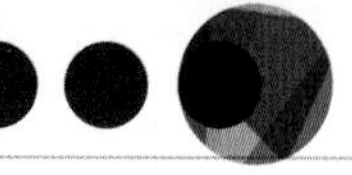

Les types de solutions privées

Le problème des externalités est parfois résolu par l'adoption de codes moraux et de sanctions sociales. Le cas des ordures sur la voie publique en est un exemple. Même s'il existe des lois interdisant de jeter des immondices, leur application n'est guère rigoureuse. La plupart des gens évitent de jeter des ordures simplement parce que cela ne se fait pas. « Ne fais pas à autrui ce que tu ne voudrais pas qu'on te fasse », stipule la règle d'or enseignée aux enfants. Cette injonction rappelle à chacun les conséquences de ses actions sur les autres. En langage économique, cette règle nous enjoint d'internaliser les externalités.

Les œuvres de bienfaisance représentent une autre solution privée aux externalités, et nombre d'entre elles sont constituées à cette fin. Greenpeace, qui a pour mission de protéger l'environnement, est un exemple d'organisation à but non lucratif qui est financée par les dons des particuliers. De la même manière, les universités reçoivent les dons de leurs anciens étudiants, des entreprises et des fondations, en partie parce que la scolarisation crée une externalité positive pour la société. En accordant une déduction fiscale pour les dons de charité, le gouvernement encourage ce type de solution privée.

Le marché privé peut souvent compter sur les intérêts des parties concernées pour la résolution du problème des externalités. Il arrive que la solution consiste à intégrer différents types d'activité industrielle. Prenons le cas d'un pomiculteur et de son voisin, un apiculteur. Chaque activité est une source d'externalité positive pour l'autre : la pollinisation des fleurs par les abeilles contribue à la production des pommes ; par ailleurs, les abeilles font leur miel à partir du nectar récolté dans les pommiers. Cependant, lorsque le producteur de pommes décide du nombre de pommiers à planter et que l'apiculteur décide du nombre d'abeilles à élever, ils ont tendance à négliger ces externalités positives. Résultat : le producteur de pommes ne plante pas suffisamment d'arbres et l'apiculteur n'élève pas assez d'abeilles. Ces externalités seraient internalisées si l'apiculteur achetait la pommeraie ou si le producteur de pommes acquérait les ruches : la même entreprise s'occuperait des deux activités et pourrait déterminer ainsi le nombre optimal d'arbres et d'abeilles. L'internalisation des externalités est l'une des raisons qui conduisent les entreprises à diversifier leurs activités.

Afin de corriger les externalités, une autre solution privée réside dans la conclusion d'une entente entre les parties intéressées. Dans notre exemple, un contrat entre l'apiculteur et le producteur de pommes résoudrait le problème du manque d'arbres et d'abeilles, assorti éventuellement du versement d'une somme de l'une des parties à l'autre. En fixant le nombre d'arbres et d'abeilles approprié, le contrat pourrait ainsi régler le problème habituel provoqué par ces externalités et améliorer la situation de chacune des parties.

Le théorème de Coase

Dans quelle mesure le marché peut-il régler de façon optimale le problème des externalités ? Le célèbre **théorème de Coase**, énoncé par l'économiste Ronald Coase, indique que dans certaines circonstances, le marché peut être extrêmement efficace. D'après ce théorème, si les parties en présence peuvent négocier sans coût l'allocation des ressources, alors le marché pourra toujours résoudre le problème des externalités et ainsi allouer les ressources de manière efficiente.

Théorème de Coase
Proposition selon laquelle, si les parties peuvent négocier sans coût l'allocation des ressources, elles sont alors en mesure de régler elles-mêmes le problème des externalités.

Illustrons l'application de ce théorème par un exemple. Jean possède un chien nommé Boris, dont les jappements dérangent Anne, sa voisine. Jean apprécie la présence de son chien, mais Boris génère une externalité négative pour Anne. Jean doit-il envoyer Boris à la fourrière ou Anne doit-elle passer des nuits blanches à cause des aboiements du chien ?

Tout d'abord, il faut se demander quelle est la solution optimale. Un planificateur social qui désire maximiser les surplus totaux, conscient des deux options, comparera les bénéfices que Jean retire de son chien aux coûts supportés par Anne. Si les bénéfices excèdent les coûts, alors Jean pourra garder son chien et Anne devra apprendre à vivre avec les aboiements. Toutefois, si les coûts dépassent les bénéfices, alors Jean devra se départir de son chien.

D'après le théorème de Coase, le marché privé trouvera lui-même une solution efficiente. De quelle façon ? Anne pourra offrir de payer Jean pour qu'il se débarrasse du chien. Ce dernier acceptera la proposition si la somme offerte dépasse les bénéfices que lui procure l'animal.

En négociant le prix, Jean et Anne pourront obtenir un résultat efficient. Supposons que Jean évalue le bénéfice de posséder un chien à 500 $, alors qu'Anne subit un coût s'élevant à 800 $. Elle lui offrira alors 600 $ pour qu'il se débarrasse de son chien, une somme que Jean acceptera avec plaisir. Les deux parties estimeront qu'elles ont conclu une bonne affaire et elles seront parvenues à un résultat efficient.

Il est certes possible qu'Anne ne soit nullement prête à offrir un prix acceptable pour Jean. Imaginons cette fois que Jean évalue le bénéfice que lui procure son chien à 1 000 $ et qu'Anne subisse un coût s'élevant à 800 $. Dans ces conditions, Jean refusera toute offre inférieure à 1 000 $ et Anne n'offrira jamais plus de 800 $. Jean gardera donc son chien et, compte tenu des coûts et des bénéfices, le résultat s'avérera encore une fois efficient.

Nous avons supposé jusqu'à maintenant que Jean avait le droit de conserver un chien qui aboie. En d'autres termes, nous avons supposé qu'il pouvait garder Boris sauf si Anne lui offrait une somme suffisante pour l'inciter à se débarrasser de son chien. Le résultat serait-il différent si Anne disposait du droit au calme et à la tranquillité ?

D'après le théorème de Coase, la répartition initiale des droits ne change rien à la capacité du marché à trouver une solution efficiente. Supposons par exemple qu'Anne peut légalement contraindre Jean à se débarrasser de l'animal. Même si ce droit joue en faveur d'Anne, il ne changera probablement pas le résultat. Cependant, dans ce cas, c'est Jean qui pourra lui offrir de la dédommager pour qu'elle le laisse garder son chien. Si Jean considère que les bénéfices liés au chien (disons 1 000 $) excèdent le coût des aboiements pour Anne (disons 800 $), ils finiront par convenir d'une entente et Jean paiera Anne pour garder le chien.

Cela dit, la répartition initiale des droits — même si les deux parties parviennent à un résultat efficient — a tout de même son importance : elle détermine la répartition du bien-être économique. Le droit de Jean de posséder un chien qui jappe ou celui d'Anne de dormir paisiblement détermine qui devra verser une indemnisation à l'autre. Toutefois, dans les deux cas, les deux parties sont libres de s'entendre et de régler le problème de l'externalité. Jean ne gardera son chien

que si les bénéfices que celui-ci lui procure excèdent l'ensemble des coûts qui lui sont rattachés.

En résumé : le théorème de Coase stipule que les agents économiques sont potentiellement capables de résoudre eux-mêmes le problème des externalités. Quelle que soit la répartition initiale des droits, les deux parties peuvent s'entendre pour parvenir à un résultat efficient.

Pourquoi les solutions privées ne règlent-elles pas toujours le problème des externalités ?

Malgré la séduisante logique du théorème de Coase, les agents économiques, laissés à eux-mêmes, ne parviennent pas toujours à résoudre le problème des externalités. Le théorème de Coase s'applique uniquement quand les parties concernées arrivent sans difficulté à négocier et à mettre en application une entente. Dans la réalité, même si un accord mutuellement avantageux est envisageable, les négociations n'aboutissent pas forcément à un tel accord.

Coûts de transaction
Coûts de négociation et de mise en application d'une entente.

Il se peut que les parties ne réussissent pas à régler le problème en raison des **coûts de transaction**, soit les coûts de la négociation et de la mise en application de l'entente. Imaginons que Jean et Anne ne parlent pas la même langue et que, pour conclure une entente, ils doivent recourir aux services d'un traducteur. Si les honoraires de ce dernier dépassent les bénéfices associés à la résolution du problème des aboiements, Jean et Anne sont susceptibles d'abandonner leur cause. En pratique, les coûts de transaction seront constitués des honoraires des avocats pour la rédaction et l'exécution des contrats, et non pas des honoraires des traducteurs.

Il arrive également que les négociations échouent tout simplement. Les conflits de travail qui aboutissent à une longue grève témoignent amplement de la difficulté à parvenir à une entente et du coût élevé à payer dans de telles circonstances. La difficulté résulte souvent de la volonté de chaque partie de tirer un profit maximal de la négociation. Supposons que Jean évalue à 500 $ le bénéfice que lui donne son chien et qu'Anne estime à 800 $ le coût des aboiements. Même s'il est efficient pour Anne de payer afin que Jean se débarrasse de l'animal, l'issue des négociations n'est pas évidente. Jean peut exiger 750 $ et Anne peut réduire son offre à 550 $. Or, pendant qu'ils marchandent, l'inefficience associée aux aboiements persiste.

Il est particulièrement difficile d'en arriver à une entente acceptable lorsque les parties sont très nombreuses, en raison des coûts élevés de coordination. Considérons l'exemple d'une usine qui contamine l'eau d'un lac situé à proximité. Cette pollution engendre une externalité négative pour les pêcheurs locaux. Selon le théorème de Coase, si la pollution crée une inefficience, l'entreprise et les pêcheurs devraient en arriver à un accord selon lequel les pêcheurs paient l'usine pour qu'elle ne contamine pas le lac. Or, si les pêcheurs sont nombreux, il sera presque impossible qu'ils coordonnent leur action afin d'en venir à une entente avec l'usine.

Lorsque les négociations privées échouent, le gouvernement peut parfois intervenir pour améliorer le bien-être collectif. Dans le cas présent, il peut agir au nom des pêcheurs s'il leur est impossible de le faire en leur propre nom.

MINITEST

- Donnez un exemple de solution privée pour régler un problème d'externalité.
- En quoi consiste le théorème de Coase ?
- Pourquoi les agents économiques sont-ils parfois incapables de résoudre eux-mêmes les problèmes posés par une externalité ?

Conclusion

La main invisible arrive à faire bien des choses, mais elle n'est pas omnipotente. L'équilibre de marché maximise la somme des surplus des producteurs et des consommateurs. Lorsque ces derniers sont les seules parties en cause dans le marché, le résultat est efficient pour toute la collectivité. Toutefois, en présence d'externalités comme la pollution, l'évaluation de la solution de marché exige de prendre en compte le bien-être de tierces personnes. Dans ce cas, la main invisible du marché n'arrive pas toujours à allouer les ressources de manière efficiente.

Dans certaines circonstances, les agents sont en mesure de régler eux-mêmes le problème. Le théorème de Coase montre que les parties intéressées peuvent négocier et s'entendre pour aboutir à une solution efficiente. Il n'en est cependant pas toujours ainsi, et la négociation échoue parfois en raison du grand nombre des parties en cause.

Lorsque les solutions privées ne règlent pas le problème, le gouvernement peut intervenir. Toutefois, même dans cette éventualité, la société ne doit pas rejeter complètement les mécanismes de marché. Le gouvernement doit plutôt aborder le problème en exigeant que les responsables paient entièrement le coût de leurs actions. Les taxes pigouviennes sur les émissions polluantes ainsi que les droits de pollution visent à internaliser les externalités de la pollution et ils correspondent de plus en plus aux politiques adoptées par les gouvernements soucieux de l'environnement. Les mécanismes de marché, une fois judicieusement redirigés, constituent souvent la meilleure solution aux défaillances du marché.

Résumé

- Lorsqu'une transaction entre un acheteur et un vendeur a un effet direct sur une tierce personne, nous sommes en présence d'une externalité. Les externalités négatives, telle la pollution, conduisent le marché au-delà de la quantité socialement optimale. Les externalités positives, comme l'éducation postsecondaire, conduisent le marché en deçà de la quantité socialement optimale.
- Le gouvernement peut intervenir de diverses manières afin d'éliminer les inefficiences causées par les externalités. Il arrive qu'il interdise les activités socialement inefficientes par la réglementation. En d'autres occasions, il internalise les externalités à l'aide des taxes pigouviennes. Une autre façon de protéger l'environnement consiste à émettre des permis, par exemple, un nombre limité de droits de pollution. Le résultat

final sera fondamentalement le même que si l'on impose des taxes pigouviennes aux pollueurs.

- Les individus touchés par les externalités peuvent parfois résoudre le problème eux-mêmes. Si une entreprise impose une externalité à une autre, les deux entreprises peuvent internaliser cette externalité en fusionnant. Les deux parties concernées pourront aussi régler le problème au moyen d'un contrat. D'après le théorème de Coase, si les parties peuvent négocier sans coût, elles peuvent toujours parvenir à une entente pour allouer les ressources de manière efficiente. Très souvent, il s'avère difficile d'obtenir un accord en raison du nombre élevé des parties concernées. Dans ce cas, le théorème de Coase ne s'applique pas.

Concepts clés

Coûts de transaction, p. 220

Externalité, p. 204

Internaliser une externalité, p. 208

Taxes pigouviennes, p. 211

Théorème de Coase, p. 218

Questions de révision

1. Présentez un exemple d'externalité négative et un exemple d'externalité positive.
2. À l'aide d'un graphique d'offre et de demande, expliquez les effets d'une externalité négative.
3. De quelle façon un système de brevets permet-il à la société de résoudre un problème d'externalité ?
4. Qu'est-ce qu'une taxe pigouvienne ? Pourquoi les économistes la préfèrent-ils à une réglementation pour protéger l'environnement contre la pollution ?
5. Énoncez différentes façons de résoudre le problème des externalités sans intervention gouvernementale.
6. Imaginez que vous êtes un non-fumeur et que vous devez partager un appartement avec un fumeur. Selon le théorème de Coase, qu'est-ce qui déterminera si votre colocataire fumera ou non ? Ce résultat est-il efficient ? Comment arriverez-vous à cette solution avec votre colocataire ?

Les biens publics et les ressources communes

On entend souvent dire que « dans la vie, les meilleures choses sont gratuites ». Si l'on y réfléchit un instant, on peut trouver toute une liste de biens qui correspondent à cet énoncé. La nature en offre assurément : rivières, montagnes, plages, lacs et océans. Le gouvernement en fournit également : terrains de jeu, parcs et défilés. Dans chaque cas, personne ne doit payer directement pour profiter de ces biens.

La gratuité de certains biens demeure un problème difficile pour l'analyse économique. La plupart des biens s'échangent sur les marchés, où les acheteurs payent pour ce qu'ils reçoivent et les vendeurs sont rétribués pour ce qu'ils offrent. Les prix de ces biens représentent autant de signaux qui orientent les décisions des acheteurs et des vendeurs. Cependant, lorsque des biens sont gratuits, les forces du marché, qui allouent habituellement les ressources de l'économie, n'entrent pas en jeu.

Dans ce chapitre, nous nous pencherons sur les problèmes que posent les biens n'ayant pas de prix. Notre analyse éclaircira l'un des **dix principes d'économie** abordés au chapitre 1 : le gouvernement peut parfois améliorer les solutions de marché. Lorsqu'un bien n'a pas de prix, les marchés peuvent difficilement en assurer la production et la consommation adéquates : l'offre sera-t-elle insuffisante ? La demande sera-t-elle trop importante ? En pareilles circonstances, l'intervention gouvernementale peut éventuellement remédier à la défaillance du marché et accroître le bien-être économique.

Les différents types de bien

Dans quelle mesure les marchés sont-ils aptes à offrir aux gens les biens qu'ils désirent ? La réponse à cette question dépend du bien considéré. Comme nous l'avons vu au chapitre 4, on peut s'en remettre au marché pour fournir une quantité efficiente de cornets de crème glacée : le prix des cornets s'ajuste pour équilibrer l'offre et la demande, et cet équilibre maximise la somme des surplus du producteur et du consommateur. Or, comme nous l'avons vu au chapitre 10, on ne peut se fier au marché pour empêcher les producteurs d'aluminium de polluer l'air : dans un marché, les acheteurs et les vendeurs ne tiennent habituellement pas compte des effets externes de leurs décisions. Par conséquent, les marchés fonctionnent bien lorsqu'il s'agit de crème glacée, mais ils connaissent des ratés lorsqu'il s'agit d'air pur.

Quand il est question des différents types de biens dans notre économie, il peut être utile de les classer selon deux principes essentiels :

Exclusion d'usage
Propriété d'un bien par laquelle on peut priver quelqu'un de son utilisation.

Rivalité d'usage
Propriété d'un bien par laquelle l'utilisation de ce bien par une personne réduit l'utilisation que peuvent en faire d'autres personnes.

- Le principe d'**exclusion d'usage.** Peut-on empêcher certains individus d'utiliser ou de consommer ce bien ?
- Le principe de **rivalité d'usage.** Le fait qu'un individu utilise un bien entraîne-t-il une réduction de son utilisation pour autrui ?

La figure 11.1 répartit les biens en quatre catégories, selon ces deux principes.

Biens privés
Biens qui satisfont aux principes d'exclusion et de rivalité d'usage.

1. Les **biens privés** satisfont à la fois aux principes d'exclusion et de rivalité d'usage. Prenons l'exemple d'un cornet de crème glacée. Le principe d'exclusion s'applique dans ce cas, car il est possible d'empêcher quelqu'un de le manger — simplement en le lui refusant. Le principe de rivalité se vérifie également, car si une personne mange un cornet, une autre ne peut pas manger le même cornet. La plupart des biens de l'économie sont des biens privés comme les cornets de crème glacée : il faut payer pour les obtenir et l'acheteur est le seul à pouvoir en bénéficier. Lorsque nous avons fait l'analyse de l'offre et de la demande aux chapitres 4, 5 et 6 et que nous avons étudié l'efficience des marchés aux chapitres 7, 8 et 9, nous avons implicitement supposé que les biens considérés satisfaisaient aux principes d'exclusion et de rivalité d'usage.

Biens publics
Biens qui ne satisfont ni au principe d'exclusion, ni au principe de rivalité d'usage.

2. Les **biens publics** ne satisfont ni au principe d'exclusion, ni au principe de rivalité d'usage. En effet, on ne peut empêcher une personne de profiter d'un bien public, et le fait qu'une personne l'utilise n'en diminue nullement l'utilisation par les autres. La défense nationale constitue un bon exemple de bien public. Lorsqu'un pays se défend contre un envahisseur, il est impossible

d'empêcher quiconque de profiter de cette protection. Qui plus est, lorsqu'un individu en bénéficie, il n'enlève rien à la protection offerte aux autres.

3. Les **ressources communes** satisfont au principe de rivalité, mais pas au principe d'exclusion d'usage. Par exemple, les poissons en pleine mer constituent un bien pour lequel il existe une rivalité d'usage : toute capture d'un poisson fait diminuer les ressources disponibles pour le prochain pêcheur. Toutefois, ces poissons ne satisfont pas au principe d'exclusion d'usage, car il est difficile d'empêcher les chalutiers de pêcher dans les eaux internationales.

Ressources communes
Biens qui satisfont au principe de rivalité d'usage, mais non au principe d'exclusion d'usage.

4. Lorsque des biens répondent au principe d'exclusion d'usage sans satisfaire à celui de rivalité d'usage, il s'agit alors de **biens de club.** Prenons le cas de la protection contre les incendies dans une petite ville. Il est facile d'empêcher les gens de profiter de ce bien : il suffit que le service de lutte contre les incendies laisse leur maison brûler. Or, il n'existe pas de rivalité d'usage pour la protection contre les incendies : une fois qu'une ville assume le coût d'une caserne de pompiers, le coût additionnel qu'entraîne la protection d'une maison supplémentaire est minime. Nous reviendrons à nouveau sur les biens de club au chapitre 15, alors que nous verrons qu'il s'agit d'un type de monopole naturel.

Biens de club
Biens qui satisfont au principe d'exclusion d'usage, mais non au principe de rivalité d'usage.

Même si la figure 11.1 offre une démarcation bien nette entre les biens des quatre catégories, il arrive que celles-ci se chevauchent. Que les biens satisfassent au principe d'exclusion ou au principe de rivalité d'usage est souvent une question de degré. Les poissons dans les océans ne sont pas soumis au principe d'exclusion parce qu'il est très difficile de contrôler la pêche, mais une garde côtière qui disposerait de suffisamment de navires pourrait faire en sorte que les poissons soient en partie soumis au principe d'exclusion. De la même façon, bien que le poisson relève du principe de rivalité d'usage, on ne pourrait en dire autant si la population de pêcheurs était toute petite par rapport à celle des poissons (pensez aux zones de pêche nord-américaines avant l'arrivée des premiers Européens). Pour les besoins de notre analyse, cependant, il sera utile de classer les biens selon ces quatre catégories.

FIGURE 11.1

Les quatre types de biens

		Rivalité d'usage? Oui	Rivalité d'usage? Non
Exclusion d'usage?	Oui	Biens privés • Cornets de crème glacée • Vêtements • Autoroutes à péage congestionnées	Biens de club • Protection contre les incendies • Câblodistribution • Autoroutes à péage non congestionnées
	Non	Ressources communes • Poissons de mer • Environnement • Autoroutes sans péage congestionnées	Biens publics • Défense nationale • Savoir scientifique • Autoroutes sans péage non congestionnées

On peut classer les biens en quatre catégories, selon deux questions. 1) Le principe d'exclusion d'usage s'applique-t-il à ce bien, ou, en d'autres termes, peut-on empêcher les gens d'utiliser ce bien ? 2) Le principe de rivalité d'usage s'applique-t-il à ce bien, ou, en d'autres termes, l'utilisation de ce bien par quelqu'un en réduit-elle l'utilisation par autrui ? Le schéma illustre chacune des catégories par des exemples.

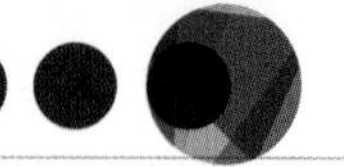

Dans ce chapitre, nous étudierons les biens qui ne sont pas soumis au principe d'exclusion et qui sont donc offerts à tous gratuitement : les biens publics et les ressources communes. Comme nous le verrons, ce sujet est étroitement lié à l'étude des externalités. Pour les biens publics et les ressources communes, les externalités surviennent dès lors qu'aucun prix n'est attribué à un bien ayant une valeur. Si une personne pouvait offrir à elle seule un bien public, comme la défense nationale, les autres citoyens en profiteraient sans que celle qui l'offre puisse exiger un paiement. De la même façon, lorsqu'une personne utilise une ressource commune, comme les poissons de mer, les autres subissent une perte de bien-être sans recevoir aucune compensation. À cause de ces effets externes, les décisions privées concernant la consommation et la production de ces biens peuvent conduire à une allocation inefficiente des ressources. C'est dans un tel cas que l'intervention gouvernementale peut améliorer le bien-être économique.

MINITEST

- Donnez une définition des biens publics et des ressources communes, avec des exemples à l'appui.

Les biens publics

Pour comprendre la différence entre les biens publics et les autres types de biens et pouvoir ainsi cerner les problèmes qu'ils posent à la société, nous prendrons l'exemple d'un feu d'artifice. Le principe d'exclusion d'usage ne s'applique pas à ce bien — il est impossible d'empêcher quelqu'un de le regarder — pas plus que s'y applique le principe de rivalité d'usage, parce que le plaisir qu'une personne en retire n'enlève rien au plaisir des autres.

Le problème du resquilleur

Les citoyens de Petitbourg, au Québec, aiment avoir un feu d'artifice à l'occasion de la Saint-Jean. Chacun des 500 résidants de la ville attribue une valeur de 10 $ à cette expérience. Le feu d'artifice coûte 1000 $. Comme les recettes (5000 $) dépassent les coûts (1000 $), il serait efficient que les habitants de Petitbourg voient un feu d'artifice à cette occasion.

Le marché privé de Petitbourg pourrait-il parvenir à ce résultat efficient ? Il y a fort à parier que non. Imaginez que Geneviève, une entrepreneure de Petitbourg, décide de produire un feu d'artifice. Elle aurait sans doute de la difficulté à vendre ses billets pour l'événement parce que ses clients potentiels comprendraient rapidement qu'ils peuvent profiter du feu d'artifice sans même acheter un billet. Les feux d'artifice ne satisfont pas au principe d'exclusion d'usage : chaque citoyen a donc intérêt à devenir un resquilleur. Un **resquilleur** est une personne qui profite des bénéfices d'un bien sans en payer le prix.

Resquilleur
Personne qui profite des bénéfices d'un bien sans en payer le prix.

Cette défaillance du marché survient en raison de la présence d'une externalité. Si Geneviève avait présenté son feu d'artifice, elle aurait conféré un bénéfice externe à tous ceux qui y auraient assisté sans payer. Au moment de décider de présenter son feu d'artifice, Geneviève n'a pas tenu compte de ces effets externes. Bien qu'un feu d'artifice soit socialement désirable, il n'est pas rentable sur le plan privé. Geneviève a donc pris la décision, inefficiente pour la société, de ne pas offrir de feu d'artifice.

Puisque le marché privé n'a pu satisfaire la demande de feu d'artifice des résidants de Petitbourg, la solution paraît évidente : l'administration municipale peut parrainer la fête de la Saint-Jean. Le conseil municipal peut augmenter de 2 $ les taxes de tous les contribuables et utiliser les recettes fiscales ainsi obtenues pour engager Geneviève. Tous les habitants de Petitbourg voient ainsi leur bien-être s'accroître d'une valeur de 8 $: le bénéfice de 10 $ qu'ils retirent du feu d'artifice moins le 2 $ de la nouvelle taxe. Si elle est incapable d'aider la municipalité de Petitbourg à atteindre le résultat efficient visé en tant qu'entrepreneure privée, Geneviève peut néanmoins l'aider en se faisant embaucher par elle.

L'histoire de Petitbourg est simpliste, mais réaliste. En effet, de nombreuses administrations locales financent un feu d'artifice le 24 juin. Du reste, nous pouvons tirer une leçon fort générale de cette histoire : puisque les biens publics échappent au principe d'exclusion d'usage, la présence de resquilleurs empêche le marché privé de les offrir. Le gouvernement peut régler le problème. S'il estime que le total des bénéfices excède les coûts, il offre le bien public en question et le finance grâce aux taxes, ce qui améliore le sort de tous les citoyens.

Quelques biens publics importants

Il existe de nombreux exemples de biens publics. En voici trois parmi les plus importants.

La défense nationale

La défense d'un pays contre les agressions extérieures constitue un exemple classique de bien public. Lorsque l'armée canadienne défend l'intégrité territoriale du pays, il lui est impossible d'empêcher quiconque de profiter de cette protection. Le bien est donc soumis au principe de non-exclusion d'usage. De plus, lorsqu'un Canadien en bénéficie, il n'enlève rien à la protection offerte aux autres. La défense nationale est donc aussi caractérisée par la non-rivalité d'usage.

Au Canada, la défense nationale relève du gouvernement fédéral. En 2014, l'enveloppe budgétaire consacrée à la défense avoisine les 22 milliards de dollars, soit environ 635 $ par Canadien. Bien qu'il s'agisse de sommes considérables, le Canada est très loin derrière les États-Unis en cette matière. En effet, les Américains consacrent chaque année plus de 650 milliards de dollars à la défense, soit environ 2 100 $ par personne. Même les économistes les plus farouchement partisans de la réduction de la taille de l'État s'accordent à dire que la défense est un bien public que le gouvernement doit produire, mais ils ne sont pas tous d'accord sur les sommes qu'on devrait y consacrer.

« J'aime bien le concept à condition qu'il ne nécessite pas de nouvelles taxes. »

DANS L'ACTUALITÉ

Le péage sur le pont Champlain, une bonne idée?

Introduire un péage sur le nouveau pont Champlain revient à soumettre cet ouvrage au principe d'exclusion d'usage. Or, certains s'inquiètent des conséquences que pourrait provoquer cette nouvelle tarification.

Nouveau pont Champlain : un péage aux effets « catastrophiques »

Martin Croteau

OTTAWA — Le gouvernement Harper et Québec sont engagés dans un bras de fer sur le financement du futur pont Champlain. Le gouvernement Marois et plusieurs élus municipaux craignent que l'imposition d'un péage se traduise par des tarifs prohibitifs pour les automobilistes. La réplique d'Ottawa : « Pas de péage, pas de pont. » Or, des données obtenues par *La Presse* montrent que le péage risque de provoquer une congestion monstre sur les autres ponts de la Rive-Sud.

L'imposition d'un péage sur le nouveau pont Champlain provoquera un exode de 30 000 voitures vers les autres ponts qui enjambent le Saint-Laurent, selon des projections préliminaires obtenues par *La Presse*. Un scénario qui risque de provoquer un engorgement « catastrophique » du réseau routier de la métropole.

La firme Steer Davies Gleave (SDG) a été mandatée par Transports Canada pour estimer l'achalandage du futur pont en tenant compte de l'imposition d'un péage et de la présence d'un nouveau mode de transport collectif, par exemple un système léger sur rail (SLR). Pour ce faire, elle a mené un sondage Internet auprès des usagers du pont Champlain.

En avril, l'entreprise a présenté ses résultats préliminaires aux représentants du ministère fédéral, du gouvernement du Québec et de l'Agence métropolitaine de transport (AMT). Une rencontre qui a semé la consternation chez certains fonctionnaires.

SDG estime que 30 000 voitures migreront vers d'autres ponts chaque jour si le péage est imposé sur le futur pont Champlain en 2021. À cet exode s'ajoute celui de 2 500 camions qui se tourneront vers d'autres traversées pour gagner l'île de Montréal et en revenir.

Au total, 22 % des véhicules qui circulent normalement sur le pont Champlain se dirigeraient ainsi vers les autres ponts. L'engorgement créé par cette situation serait « catastrophique », selon une source bien au courant du dossier.

« Tous les ponts de la Rive-Sud sont saturés, a-t-on indiqué. On n'est pas dans une situation où on a de la réserve de capacité. Ils sont tous saturés, du pont Mercier jusqu'au pont-tunnel La Fontaine. »

Transports Canada a refusé de confirmer les chiffres de SDG, affirmant que la firme n'a pas encore terminé ses travaux.

« Les études de SDG sont encore en cours et les résultats feront partie du dossier d'affaires qui devrait être complété avant la fin de l'automne, a indiqué la porte-parole du Ministère, Maryse Durette. Des études supplémentaires sur la gestion de la circulation sont aussi prévues lors d'étapes subséquentes du projet. »

Le ministre fédéral chargé du dossier, Denis Lebel, a toujours maintenu que le péage est une condition *sine qua non* du remplacement du pont Champlain, un projet en partenariat public-privé.

Québec calcule que si le pont est entièrement financé par le péage, comme le souhaite le gouvernement conservateur, le péage coûtera de 5 $ à 7 $ par passage, si l'on se fie aux statistiques d'achalandage actuelles.

Transport collectif

Par ailleurs, SDG avance qu'à peine 1 500 personnes se tourneront vers les transports collectifs advenant l'imposition d'un péage sur le futur pont. Un résultat qui en a fait sourciller plusieurs, puisque la mise en place de péages à Londres, Stockholm et Milan a provoqué une hausse importante des déplacements en transports en commun.

Ces résultats tombent à pic pour le gouvernement Harper, actuellement dans un bras de fer avec Québec sur le financement du SLR sur le futur pont Champlain. Le gouvernement Harper refuse de créer une enveloppe budgétaire exclusivement pour ce projet de 2 milliards, arguant que le transport collectif est une compétence provinciale.

Québec pourrait ainsi se prévaloir de programmes d'infrastructures existants pour obtenir des fonds fédéraux dans le cadre du projet. Mais la province devrait alors renoncer à d'autres projets de transports.

***

▶

Les gens d'affaires inquiets

Les données obtenues par *La Presse* confirment les pires craintes du milieu des affaires de la Rive-Sud, qui s'oppose bec et ongles à l'imposition d'un péage sur le futur pont Champlain.

Selon un sondage mené en 2011 pour le compte de la Coalition Champlain, 26 % des résidants de Montréal et 36 % des résidants de la Rive-Sud comptent modifier leur trajet pour éviter le péage sur le futur pont Champlain. Ces données soulevaient déjà des craintes sur les risques de congestion dans le reste du réseau routier.

« Une évidence »

« C'est bien beau, mener des études, mais c'est une évidence, dit le président de la chambre de commerce et d'industrie de la Rive-Sud, Martin Fortier. Certaines personnes vont accepter de payer pour traverser le futur pont, mais la majorité des gens vont tout faire pour l'éviter. »

M. Fortier affirme que les entreprises seront frappées de plein fouet par un tel scénario. Personnel en retard, délais pour l'approvisionnement, la Rive-Sud deviendrait une destination beaucoup moins attrayante pour les entrepreneurs, soutient-il. ■

Source : Croteau, Martin. (30 septembre 2013). « Nouveau pont Champlain : un péage aux effets "catastrophiques" ». *La Presse*. Repéré à www.lapresse.ca

La recherche fondamentale

La connaissance est le fruit de la recherche. Pour évaluer la pertinence et le contenu d'une politique nationale de recherche, il est important de distinguer les connaissances scientifiques de celles permettant des avancées technologiques. Ces dernières, par exemple l'invention d'une meilleure pile, peuvent être brevetées. En obtenant l'exclusivité de commercialisation de son produit, l'inventeur profite des bénéfices associés à son invention. En d'autres mots, le système des brevets assujettit les connaissances permettant des avancées technologiques au principe d'exclusion d'usage.

À l'inverse, la production du savoir scientifique représente un bien public. Si un mathématicien démontre un nouveau théorème, celui-ci ne peut pas être breveté et ainsi satisfaire au principe d'exclusion d'usage. Le théorème entre plutôt dans le fonds des connaissances générales accessibles à tous. De plus, le théorème n'est pas non plus soumis au principe de rivalité d'usage : le fait qu'une personne l'utilise ne diminue en rien l'utilisation que peuvent en faire d'autres chercheurs.

Les entreprises privées investissent beaucoup en recherche afin de développer de nouveaux produits qu'ils peuvent breveter et vendre. Par contre, elles s'adonnent très peu à la recherche fondamentale. Elles ont plutôt tendance à utiliser le savoir d'autrui, c'est-à-dire à devenir des resquilleurs, et à consacrer fort peu de ressources à sa production. Par conséquent, s'il n'y avait pas de politique gouvernementale en matière de recherche, la société consacrerait trop peu de ressources à la création de nouveaux savoirs scientifiques.

Les gouvernements tentent de mettre les connaissances fondamentales à la disposition de tous par l'intermédiaire de divers organismes : le Conseil de recherches en sciences naturelles et en génie du Canada (CRSNG) de même que le Conseil de recherches en sciences humaines du Canada (CRSH), qui subventionnent la recherche fondamentale en médecine, en mathématique, en physique, en biologie, en sociologie et même en économie. Le niveau du financement gouvernemental approprié pour ces activités est ardu à déterminer en raison de la difficulté d'en évaluer les retombées. De plus, les parlementaires qui doivent décider des enveloppes budgétaires appropriées ont peu d'expertise en science.

Il leur est donc difficile de juger du potentiel des divers champs de recherche scientifique. Par conséquent, bien que la recherche fondamentale constitue un bien public, il ne faudrait pas s'étonner du fait que les sommes que nos gouvernements y consacrent soient inadéquates.

La lutte contre la pauvreté

L'aide aux personnes défavorisées fait l'objet .e nombreux programmes gouvernementaux. Le programme d'aide sociale, géré par les provinces, assure des ressources aux individus à faible revenu. Bien des municipalités mettent des logements subventionnés à la disposition des familles défavorisées. Ces familles bénéficient également d'autres avantages fiscaux, comme les crédits d'impôt remboursables dont le montant est inversement proportionnel au revenu des particuliers.

Les économistes divergent d'opinion sur le rôle du gouvernement dans cette lutte contre la pauvreté. Nous reviendrons sur cette question au chapitre 20, mais examinons ici un argument important mis de l'avant par les activistes : la lutte à la pauvreté est, selon eux, un bien public. Même si tout le monde préfère vivre dans une société où il n'y a pas de pauvreté, la lutte contre ce problème n'est pas un « bien » dont les initiatives privées peuvent s'occuper de manière adéquate.

ÉTUDE DE CAS

Les phares sont-ils des biens publics ?

Certains biens peuvent passer, selon les circonstances, du statut de bien public à celui de bien privé. Par exemple, un feu d'artifice est un bien public pour les résidants d'un quartier s'il est présenté dans un square accessible à tous, mais il devient un bien privé s'il est offert dans un petit parc clôturé où les visiteurs payent tous un droit d'entrée.

Étudions l'exemple du phare. Les économistes l'ont longtemps considéré comme un bien public. Un phare indique aux navires l'emplacement précis des écueils à éviter. Il n'existe aucune rivalité ni aucune exclusion pour l'usage du phare, de sorte que tous les capitaines de bateau se comportent comme des resquilleurs, puisqu'ils ne payent pas le coût de ce service. Pour cette raison, les marchés privés ne fournissent généralement pas les phares nécessaires à la navigation. En conséquence, la plupart des phares sont aujourd'hui gérés par le gouvernement.

Dans certains cas, toutefois, les phares sont pratiquement des biens privés. Au XIXe siècle, sur les côtes de l'Angleterre, certains phares appartenaient à des individus et étaient gérés comme des biens privés. Le propriétaire du phare local ne cherchait pas à faire payer les capitaines de bateau, mais il mettait à contribution le propriétaire du port le plus proche. Si ce dernier ne payait pas, le propriétaire du phare éteignait sa lumière et les bateaux évitaient ce port.

L'utilisation des phares est gratuite pour les propriétaires de bateaux. Cela en fait-il des biens publics ?

Avant de décider du caractère public d'un bien, on doit connaître le nombre de bénéficiaires, tout comme on doit savoir si l'on peut empêcher ces derniers d'en profiter. Le problème du resquilleur survient si le nombre de bénéficiaires est très grand et qu'il est impossible d'exclure ne serait-ce qu'un seul d'entre eux. Si un phare profite à un très grand nombre de capitaines de bateau, il s'agit d'un bien public. S'il bénéficie essentiellement au propriétaire du port, il s'agit plutôt d'un bien privé.

Supposons qu'un individu tente de mettre sur pied un groupe de personnes riches dans le but d'éradiquer la pauvreté. Ces gens fourniraient un bien public qui ne satisferait pas le principe de rivalité d'usage : le plaisir que retirerait un citoyen de vivre dans une société sans pauvreté ne réduirait en rien le plaisir des autres. Le bien ne satisferait pas non plus au principe d'exclusion d'usage : une fois la pauvreté enrayée, on ne pourrait empêcher une personne de s'en réjouir. Par conséquent, on verrait une tendance se dessiner : les gens profiteraient de la générosité des autres et recueilleraient les bienfaits de l'élimination de la pauvreté sans avoir contribué à la cause.

En raison du resquillage, l'éradication de la pauvreté par des organisations caritatives privées ne fonctionnerait probablement pas. Des mesures gouvernementales peuvent toutefois atténuer ce problème. Imposer les riches pour augmenter le niveau de vie des pauvres peut faire en sorte que tout le monde y gagne. Les moins nantis s'en tirent mieux parce que leur niveau de vie s'améliore tandis que les contribuables qui ont versé ces impôts vivent dans une société où il y a moins de pauvreté.

La difficile tâche de l'analyse avantages-coûts

Jusqu'ici, nous avons vu que le gouvernement s'occupe des biens publics, parce que le marché ne parvient pas à en produire une quantité optimale. Or, décider d'une intervention publique en la matière ne constitue qu'une première étape. Il appartient également au gouvernement de déterminer les types et les quantités de biens publics à offrir aux citoyens.

Supposons que le gouvernement envisage de faire construire une nouvelle autoroute. Avant de prendre cette décision, il doit procéder à une comparaison entre la somme des bénéfices retirés par l'ensemble des utilisateurs potentiels et les coûts de construction et d'entretien de cet ouvrage. À cette fin, le gouvernement engagera une équipe d'économistes et d'ingénieurs pour réaliser une **analyse avantages-coûts** et évaluer ainsi la totalité des coûts et des bénéfices du projet pour toute la collectivité.

Analyse avantages-coûts
Analyse des bénéfices et des coûts associés aux biens publics pour la société.

L'analyse avantages-coûts se révèle fort complexe. Comme chacun utilisera l'autoroute gratuitement, aucun prix ne permet d'en évaluer la valeur. Interroger les gens sur la valeur qu'ils lui attribuent ne constitue pas une démarche fiable. D'abord, toute mesure des bénéfices effectuée à partir des résultats d'un questionnaire est très ardue. Ensuite, rien n'incite les personnes interrogées à dire la vérité. Les usagers potentiels auront tendance à exagérer les bénéfices d'une construction dont ils profiteraient. En revanche, ceux qui se croient lésés par la présence d'une autoroute en exagéreront les coûts afin de bloquer le projet.

La quantité optimale de biens publics à offrir est intrinsèquement plus difficile à atteindre que celle des biens privés. Comme les biens privés sont offerts sur un marché, les acheteurs révèlent la valeur qu'ils lui attribuent par le prix qu'ils sont prêts à payer pour l'obtenir. Les vendeurs, pour leur part, font connaître leurs coûts par le prix qu'ils sont prêts à exiger pour produire ce même bien. En revanche, lorsqu'il s'agit de décider de la pertinence de l'offre d'un bien public, les analystes ne disposent d'aucun signal de prix. Par conséquent, leur évaluation des coûts et des bénéfices des projets publics ne sera au mieux qu'une approximation.

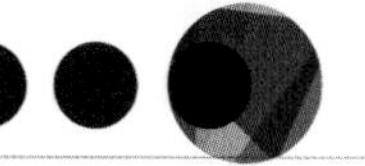

ÉTUDE DE CAS

Que vaut une vie humaine ?

Supposons que vous avez été élu membre du conseil municipal de votre petite ville. Un ingénieur vous présente alors un projet : la Ville peut dépenser 10 000 $ pour installer et faire fonctionner un feu de circulation à l'une des intersections de la ville, en remplacement des panneaux d'arrêt. Ce feu de circulation améliorera certainement la sécurité des citoyens. S'appuyant sur les données recueillies au sujet d'intersections similaires, l'ingénieur estime que pendant sa durée de vie, le feu devrait faire passer les risques d'accident mortel de 1,6 % à 1,1 %. Devriez-vous donner le « feu vert » aux dépenses d'installation ?

Pour répondre à cette question, vous vous en remettez à l'analyse avantages-coûts. Toutefois, vous vous heurtez rapidement à un obstacle de taille : pour que votre comparaison soit valable, les coûts et les bénéfices doivent être exprimés selon la même unité de mesure. Le coût se mesure en dollars, mais le bénéfice — la possibilité de sauver une vie humaine — ne s'exprime pas directement en dollars. Pour prendre votre décision, vous devez déterminer la valeur pécuniaire d'une vie humaine.

De prime abord, vous pouvez être tenté de conclure qu'une vie humaine n'a pas de prix. Après tout, il n'existe aucune somme d'argent contre laquelle vous accepteriez volontairement de donner votre vie ou celle d'un proche. Cela laisse supposer que la vie humaine a une valeur pécuniaire infinie.

Cependant, dans le cadre de l'analyse avantages-coûts, cette réponse conduit à des résultats absurdes. Si l'on attribuait vraiment une valeur infinie à la vie humaine, il y aurait des feux de circulation à toutes les intersections et chacun conduirait une grosse voiture équipée des derniers dispositifs de sécurité. Et, tant qu'à y être, on pourrait tout simplement interdire l'usage de l'automobile. Pourtant, les automobiles roulent sur les routes, il n'y a pas de feu de circulation à toutes les intersections et les gens optent parfois pour des voitures plus petites, sans sacs gonflables ni freins antiblocage. Dans notre vie publique comme dans notre vie privée, nous sommes parfois prêts à risquer notre vie pour économiser de l'argent.

Si l'on reconnaît qu'une vie humaine possède une valeur pécuniaire implicite, sur quoi faut-il se baser pour déterminer cette valeur ? L'une des options parfois privilégiées par les tribunaux pour l'attribution de dommages et intérêts en cas d'accident mortel consiste à évaluer le total de l'argent que la personne aurait gagné si elle avait survécu. Les économistes critiquent souvent cette solution parce qu'elle débouche sur une conclusion bizarre : la vie d'un retraité ou d'une personne lourdement handicapée n'a aucune valeur.

Une meilleure façon de déterminer la valeur économique d'une vie humaine consiste à évaluer les risques qu'une personne se montre prête à prendre en échange de la somme qu'elle s'attend à en recevoir. Le risque de mortalité varie selon les professions. Les travailleurs qui construisent des gratte-ciel courent davantage de risques de mourir à la suite d'un accident du travail que les employés de bureau. En comparant les salaires versés pour les métiers à risque avec les salaires accordés pour les métiers moins dangereux et en tenant compte à la fois de l'éducation, de l'expérience et d'autres facteurs déterminants des salaires, les économistes peuvent se faire une idée de la valeur que les gens attribuent à leur vie.

Les économistes de la santé ont estimé la « valeur d'une vie statistique » (VVS) au Canada. Conscient que ces valeurs sont très incertaines, Santé Canada présente une fourchette d'estimations fondées sur la recherche dans ce domaine : estimation faible de 3,5 millions, estimation médiane de 5,8 millions et estimation élevée de 11,7 millions (toutes mesurées en dollars canadiens de 2012).

Munis de ces chiffres, nous pouvons reprendre notre exemple original et répondre à l'ingénieur. Le feu de circulation réduit le risque d'accident mortel de 0,5 point de pourcentage. Le bénéfice anticipé de doter l'intersection d'un feu varie donc de 17 500 $ (soit 0,005 × 3,5 M $), selon l'estimation faible de la VVS, à un maximum de 58 500 $, selon l'estimation élevée. Notez que même l'estimation la plus faible est supérieure aux 10 000 $ que coûte le feu de circulation ; vous devriez donc approuver le projet.

MINITEST

- En quoi consiste le problème du resquilleur ?
- Dans quelle mesure ce problème incite-t-il le gouvernement à offrir des biens publics ?
- Sur quoi le gouvernement devrait-il se fonder pour décider de fournir ou non un bien public ?

Les ressources communes

Les ressources communes, comme les biens publics, ne satisfont pas au principe d'exclusion d'usage : elles sont à la disposition de tous gratuitement. Toutefois, les ressources communes répondent au principe de rivalité d'usage : l'utilisation d'une ressource commune par une personne restreint celle que peut en faire autrui. Les ressources communes posent donc un nouveau problème. Une fois la ressource offerte, les pouvoirs publics doivent se préoccuper de l'ampleur de son utilisation. Il est plus aisé de comprendre ce problème à l'aide de la célèbre parabole de la **tragédie des communaux.**

Tragédie des communaux
Parabole qui illustre pourquoi les ressources communes sont surutilisées par la société.

La tragédie des communaux

L'élevage des moutons représentait l'une des activités économiques les plus importantes des petites villes médiévales. Plusieurs familles citadines possédaient un troupeau et assuraient leur subsistance grâce à la vente de la laine servant à la confection des vêtements.

Au moment où commence notre histoire, les moutons passent le plus clair de leur temps à brouter l'herbe des pâturages situés aux abords de la ville : les prés communaux. Ces terres n'appartiennent à personne en particulier. En effet, les résidants se partagent les prés en copropriété et y font paître leur troupeau. L'abondance des pâturages est telle que cette copropriété fonctionne à merveille. Tant et aussi longtemps que tous peuvent y faire paître leurs moutons comme bon leur semble, le pré communal n'est pas un bien soumis à la rivalité d'usage et sa gratuité ne soulève aucun problème. Tous les villageois sont comblés.

À la longue, la population de la ville augmente, tout comme le nombre des moutons broutant dans les prés communaux. La multiplication des animaux sur une surface de pâturage fixe altère la capacité des terres à se régénérer. L'utilisation intensive des terres les rend stériles. Sans herbe dans le pré commun, l'élevage de moutons n'est plus possible et l'industrie de la laine, autrefois si prospère, disparaît. De nombreuses familles perdent alors leur moyen de subsistance.

Comment expliquer cette tragédie ? Pourquoi les bergers ont-ils laissé leurs bêtes se reproduire jusqu'à détruire les prés communaux ? La raison est simple : les incitatifs sociaux diffèrent des incitatifs privés. Pour éviter l'anéantissement des pâturages, les bergers auraient dû agir collectivement. S'ils avaient agi de concert, ils auraient limité la population de moutons afin que les prés communs demeurent en état de les faire vivre. Or, aucune famille n'est incitée d'elle-même à réduire la taille de son cheptel, parce que chaque cheptel pris séparément ne représente qu'une petite partie du problème.

La tragédie des communaux découle essentiellement d'une externalité. Lorsqu'une famille fait paître ses animaux sur les terres communes, elle réduit la qualité des terres pour les autres. Au moment de décider du nombre de moutons à élever, chacune néglige cette externalité négative, ce qui aboutit à un trop grand nombre de moutons.

Si elle avait prévu cette tragédie, la ville aurait pu résoudre le problème de diverses manières : limiter le nombre de moutons de chaque famille, internaliser l'externalité par le prélèvement d'une taxe sur les moutons ou mettre aux enchères des droits de pacage. Ce faisant, la ville médiévale aurait réglé le problème du surpâturage à l'instar des sociétés modernes qui sont aux prises avec la pollution.

Cependant, dans le cas de terres, il existe une solution plus simple. La ville peut répartir les prés entre les familles. Chaque famille clôture sa parcelle et la protège d'un pacage excessif. De cette façon, la ressource commune devient un bien privé. C'est ce qui s'est passé en Angleterre, au XVIIe siècle, avec le mouvement des enclos.

La tragédie des communaux illustre un principe général : lorsqu'une personne utilise une ressource commune, elle en réduit l'utilisation pour les autres. À cause de cette externalité négative, on peut noter une tendance à utiliser les ressources communes de façon excessive. Le gouvernement peut résoudre le problème en limitant leur utilisation, soit par une réglementation, soit par une taxe. Il peut aussi transformer la ressource commune en un bien privé.

Ce phénomène est connu depuis l'Antiquité. Le philosophe grec Aristote a déjà soulevé le problème des ressources communes : « On prend moins soin de ce que l'on partage avec plusieurs personnes, les hommes se préoccupant davantage de ce qui est leur que de ce qu'ils possèdent en commun avec d'autres. »

Quelques ressources communes importantes

Il existe de nombreux exemples de ressources communes. Dans la plupart des cas, le problème de la tragédie des communaux revient : les individus surutilisent les ressources communes. C'est pourquoi les gouvernements réglementent les comportements ou imposent des frais d'utilisation pour limiter les abus.

L'air pur et l'eau propre

Comme nous l'avons vu au chapitre 10, les marchés ne protègent pas l'environnement d'une façon convenable. La pollution constitue une externalité négative à laquelle on peut remédier par une réglementation ou des taxes pigouviennes sur les activités contaminantes. Cette défaillance du marché est un exemple d'un problème concernant les ressources communes. L'air pur et l'eau propre sont des ressources communes au même titre que l'herbe des pâturages, et la pollution excessive se compare au pacage excessif. La dégradation de l'environnement constitue la tragédie des communaux propre aux temps modernes.

Les routes congestionnées

Les routes peuvent faire office soit de biens publics, soit de ressources communes. Lorsqu'une route n'est pas congestionnée, la circulation d'un automobiliste n'influe en rien sur celle des autres. Dans ce cas, la route n'est pas caractérisée par la rivalité d'usage et elle est considérée comme un bien public. Or, aux heures de pointe, lorsque la route devient congestionnée, son utilisation par un automobiliste engendre une externalité négative. Chaque fois qu'une personne supplémentaire emprunte cette route, elle aggrave les embouteillages et la circulation ralentit. Dans ce cas, la route devient une ressource commune.

L'une des solutions dont dispose le gouvernement pour résoudre le problème des embouteillages consiste à installer des péages. Un péage, par sa nature même, est une taxe pigouvienne sur l'externalité de l'embouteillage. Il est souvent impossible d'envisager cette solution, parce que la collecte des recettes serait trop coûteuse, en particulier dans le cas des routes secondaires. Les innovations technologiques ont cependant réduit les coûts associés au péage. Par exemple, la route 407 express à péage, une autoroute en gestion privée située au nord de Toronto, utilise un système de caméras et de transpondeurs pour imposer les véhicules automatiquement, sans poste de péage.

Parfois, les bouchons ne posent problème qu'à certains moments de la journée. Si la circulation sur un pont n'est difficile qu'aux heures de pointe, l'externalité augmente au cours de ces heures. La solution efficiente, en un tel cas, serait d'augmenter le prix du péage durant les heures de pointe, ce qui inciterait les usagers du pont à modifier leur horaire afin de réduire la circulation sur le pont aux heures les plus achalandées.

Comme nous l'avons vu au chapitre 10, une autre politique qui vise à résoudre le problème des embouteillages consiste à taxer l'essence. L'essence constitue un bien complémentaire de la conduite automobile: une augmentation du prix de l'essence tend à réduire le nombre des automobilistes en circulation et, par conséquent, les embouteillages. Toutefois, cette taxe influe sur des décisions autres que celle de conduire sur des routes congestionnées. Elle décourage aussi la conduite sur des routes dégagées, même si aucune externalité ne se produit dans ce cas.

Les poissons, les baleines et d'autres espèces sauvages

De nombreuses espèces animales font partie des ressources communes. Les poissons et les baleines ont une valeur commerciale et chacun a la possibilité de les pêcher en mer. Personne n'est vraiment incité, à titre individuel, à assurer la survie de l'espèce pour l'année suivante. Tout comme le pacage excessif détruit les prés communaux, la pêche et la chasse à la baleine excessives risquent de faire disparaître la précieuse faune marine.

L'océan reste l'une des ressources communes les moins réglementées. Deux problèmes empêchent l'adoption d'une solution facilement applicable. D'abord, un grand nombre de pays ont accès aux océans, de sorte qu'une solution nécessiterait une concertation internationale de nombreux pays ayant des systèmes de valeurs fort différents. Ensuite, en raison de la taille des océans, il serait difficile de faire respecter une entente. Par conséquent, les droits de pêche ont fait l'objet de fréquentes tensions internationales entre des pays habituellement alliés.

Au Canada, différentes lois visent à protéger les poissons et les espèces sauvages. Par exemple, le gouvernement perçoit des droits par le biais de permis de pêche et de chasse et fixe des périodes durant lesquelles ces activités sont permises. On exige souvent des pêcheurs qu'ils rejettent les poissons n'ayant pas la taille requise et on impose des restrictions aux chasseurs. Toutes ces lois limitent l'usage d'une ressource commune pour assurer la survie des populations animales.

ÉTUDE DE CAS

L'effondrement de la pêche à la morue dans l'Atlantique

En 1497, la morue était tellement abondante au large des côtes de Terre-Neuve que l'explorateur John Cabot a pu s'exclamer qu'elle empêchait son bateau d'avancer ! Au cours des siècles suivants, des bateaux provenant de divers pays se sont rués vers la côte est du Canada pour tirer parti d'une telle abondance. Aujourd'hui, la morue a presque complètement disparu. Que s'est-il passé ?

Des années 1850 jusqu'au milieu des années 1950, le volume des prises de morue du Nord s'est maintenu autour de 250 000 tonnes par année. Jusque-là, la pêche à la morue se pratiquait surtout au moyen de petites embarcations qui demeuraient relativement près des côtes. Elle faisait appel à des techniques traditionnelles s'appuyant sur l'utilisation de petits bateaux.

Au milieu des années 1950, les petits bateaux de Terre-Neuve ont été graduellement remplacés par un nouveau type de navire-usine. Ces chalutiers-usines, ou dragueurs, provenaient de l'Allemagne, de la Grande-Bretagne, de l'Espagne, du Portugal, de la Pologne, de l'Union soviétique, de Cuba, et même de l'Asie de l'Est, et ils pouvaient s'approcher légalement jusqu'à 20 km de la côte est du Canada. Ils étendaient et tiraient d'énormes filets qui raclaient le fond de l'océan, puis les pêcheurs transformaient et surgelaient rapidement les poissons ramenés à bord. Le volume des prises de morue du Nord a fortement crû à la fin des années 1950 et au début des années 1960, période pendant laquelle les chalutiers du monde entier ont pu accéder sans entraves aux bancs de poissons de l'Atlantique Nord, au large de la côte est du Canada. En l'absence d'une réglementation internationale de la pêche à la morue, le volume des prises a atteint le sommet de 800 000 tonnes à la fin des années 1960.

La présence de flottes de pêche étrangères, l'emploi de nouveaux équipements et le maintien d'un accès presque illimité à la ressource collective ont exercé sur la morue du Nord une pression de prédation telle qu'en 1975, le volume annuel des prises n'était déjà plus que de 300 000 tonnes. Préoccupé par la quasi-disparition des stocks de poissons, le Canada a adopté en 1976 une loi étendant jusqu'à 370 km des côtes sa juridiction nationale sur les ressources marines et interdisant aux bateaux étrangers la pêche dans cette zone.

Après avoir pris acte de la surpêche qu'avait engendrée un accès non réglementé aux stocks de poissons, le Canada a également mis sur pied un régime de quotas de prises de morue du Nord, en vertu duquel le volume total des prises autorisées était établi en fonction du rendement durable maximal, soit la quantité maximale de poissons qui pouvait être prélevée dans les stocks sans les épuiser. Malheureusement, le gouvernement a fixé le volume total des prises autorisées en ne tenant compte que de facteurs politiques, économiques et biologiques à court terme, si bien que le volume fixé s'est avéré trop élevé.

Alors que la limite des 370 km et la nouvelle réglementation adoptée visaient le maintien puis l'accroissement des stocks de poissons, elles ont plutôt eu pour effet que la flotte de pêche canadienne a pris de l'expansion et s'est substituée aux bateaux de pêche étrangers, parce que le gouvernement canadien a encouragé une hausse constante des investissements dans les pêcheries de l'Atlantique tout au long des années 1980. Toutefois, dès le milieu de cette dernière décennie, des scientifiques ont commencé à signaler le déclin des stocks et ont recommandé que le volume total des prises autorisées soit réduit de moitié. Au lieu d'agir immédiatement et d'abaisser les quotas de prises dès les premiers signes de surpêche, le gouvernement fédéral a remis à plus tard toute mesure de conservation et n'a imposé qu'une diminution modérée du volume total des prises autorisées, par crainte des conséquences du chômage massif qui aurait résulté de l'arrêt complet de la pêche à la morue.

En 1992, l'évaluation de la biomasse de la morue du Nord a atteint son plus bas niveau jamais mesuré, de sorte que le ministre canadien des Pêches et des Océans s'est vu obligé d'interdire la pêche à la morue du Nord. Plus de 40 000 personnes ont alors perdu leur emploi, et l'écosystème marin ne s'est pas encore remis de la catastrophe qui l'a frappé.

L'effondrement de la pêche à la morue est un exemple représentatif du sort funeste que connaît parfois une ressource commune, même lorsque l'État tente d'en favoriser la conservation. Si le Canada a fini par prendre des mesures qui, en principe, auraient pu assurer le maintien des stocks de poissons et mettre ceux-ci à l'abri de la catastrophe, il n'en demeure pas moins que le gouvernement a agi trop lentement et a établi des quotas fondés sur des considérations politiques et économiques à court terme. Voilà une bonne illustration du fait qu'une intervention gouvernementale mal conçue ne remédie pas aux lacunes du marché et n'en améliore pas le fonctionnement.

MINITEST

- Pourquoi les gouvernements tentent-ils de limiter l'utilisation des ressources communes ?

Conclusion : l'importance des droits de propriété

Dans ce chapitre et le chapitre 10, nous avons vu qu'il existe certains « biens » que le marché n'est pas en mesure d'offrir : l'air pur et la protection du pays contre les agressions extérieures. Les sociétés s'en remettent donc tout naturellement au gouvernement pour la protection de l'environnement et la défense nationale.

Même si les problèmes abordés dans ces chapitres surgissent au sein de marchés différents, ils se regroupent tous sous un même thème. Dans tous ces exemples, le marché n'a pu allouer les ressources de manière efficiente en raison d'une attribution défectueuse ou inexistante des *droits de propriété*. C'est donc dire qu'aucun propriétaire ne disposait de l'autorité juridique pour contrôler l'utilisation de certains biens. Par exemple, bien que personne ne remette en cause la valeur de biens tels que l'air pur ou la défense nationale, personne n'a le droit d'en fixer le prix ni de tirer profit de son utilisation. Une usine pollue trop parce que personne ne l'oblige à payer pour la contamination qu'elle provoque. Le marché ne peut se charger de la défense nationale, car personne ne peut faire payer les citoyens pour le bénéfice qu'ils en retirent.

Quand l'absence des droits de propriété provoque une défaillance de marché, le gouvernement a potentiellement les moyens de résoudre le problème. Parfois, comme pour la vente des permis de pollution, la solution consiste à attribuer des droits de propriété et à laisser ensuite les forces du marché faire leur travail. Dans d'autres cas, comme celui de la saison de la chasse, le gouvernement adopte une réglementation et des contrôles. Dans d'autres cas encore, comme celui de la défense nationale, la solution consiste pour le gouvernement à offrir un bien que le marché ne peut fournir. Dans tous les cas, une politique bien élaborée et correctement menée a des chances d'accroître l'efficience de l'allocation des ressources et de rehausser ainsi le bien-être économique.

Résumé

- Les biens diffèrent selon qu'ils satisfont aux principes d'exclusion ou de rivalité d'usage. Un bien est caractérisé par l'exclusion d'usage lorsqu'il est possible d'empêcher quelqu'un de l'utiliser. Un bien répond au principe de rivalité d'usage lorsque l'utilisation qu'en fait un individu réduit celle que peut en faire un autre. Les marchés fonctionnent correctement dans le cas des biens privés pour lesquels les principes d'exclusion et de rivalité d'usage s'appliquent. Les marchés fonctionnent moins bien dans le cas des autres types de biens.

►

- Ni le principe d'exclusion ni le principe de rivalité d'usage ne s'appliquent dans le cas des biens publics. Parmi les exemples de biens publics, citons les feux d'artifice, la défense nationale et la recherche fondamentale. Comme les gens peuvent en profiter gratuitement, ils sont incités à se comporter en resquilleurs lorsqu'un bien public est offert de façon privée. Par conséquent, les gouvernements se chargent d'offrir les biens publics en se fondant sur l'analyse avantages-coûts pour en déterminer la quantité.
- Les principes de rivalité et de non-exclusion d'usage caractérisent les ressources communes. Parmi les exemples de ressources communes, citons les prés communaux, l'air pur et les routes congestionnées. Comme les gens utilisent gratuitement ces ressources communes, ils ont tendance à en faire une consommation excessive. Par conséquent, les gouvernements tentent de limiter leur utilisation.

Concepts clés

Analyse avantages-coûts, p. 231
Biens de club, p. 225
Biens privés, p. 224
Biens publics, p. 224
Exclusion d'usage, p. 224
Resquilleur, p. 226
Ressources communes, p. 225
Rivalité d'usage, p. 224
Tragédie des communaux, p. 233

Questions de révision

1. Expliquez ce qu'on entend par « exclusion d'usage » et par « rivalité d'usage ». Une pizza satisfait-elle au principe d'exclusion d'usage ? au principe de rivalité d'usage ?
2. Définissez ce qu'on entend par « bien public ». Donnez-en un exemple. Le marché privé peut-il offrir ce type de bien ? Expliquez votre réponse.
3. En quoi consiste l'analyse avantages-coûts des biens publics ? Pourquoi est-elle importante ? Dans quelle mesure est-elle difficile à mener ?
4. Définissez ce qu'on entend par « ressource commune ». Donnez-en un exemple. Sans l'intervention du gouvernement, les gens auraient-ils tendance à faire une utilisation trop importante ou trop faible de ce type de biens ? Pour quelles raisons ?

L'élaboration d'un régime fiscal

Le célèbre gangster américain et parrain de la mafia de Chicago dans les années 1920, Al Capone, n'a jamais été reconnu coupable des nombreux crimes violents qu'il a commis. Il a néanmoins fini par aboutir en prison, mais pour fraude fiscale. Il n'avait pas tenu compte de l'observation de Benjamin Franklin: « En ce bas monde, rien n'est certain, à part la mort et les impôts ».

Les impôts sont inévitables puisque chacun d'entre nous, en tant que citoyen, s'attend à ce que l'État lui fournisse certains biens et services. Les deux chapitres précédents ont mis en lumière l'un des **dix principes d'économie** présentés dans le chapitre 1: le gouvernement peut parfois améliorer les solutions de marché. Lorsque le gouvernement remédie à une externalité (telle que la pollution atmosphérique), qu'il fournit un bien public (comme la défense nationale) ou qu'il réglemente l'utilisation des ressources communes (comme la pêche dans un lac public), il contribue à améliorer le bien-être économique. Toutefois, cette intervention est coûteuse. Pour la financer, comme pour assurer ses autres fonctions, l'État prélève des impôts.

Dans les chapitres précédents, nous avons abordé la fiscalité en montrant l'impact de la taxation sur l'offre et sur la demande d'un bien. Au chapitre 6, nous avons vu que l'imposition d'une taxe réduit la quantité de biens échangés sur un marché et que les vendeurs et les acheteurs se partagent ce fardeau fiscal selon les élasticités de l'offre et de la demande. Au chapitre 8, nous avons présenté les conséquences de la taxation sur le bien-être économique et nous avons expliqué qu'une taxe entraîne une *perte sèche*. En effet, la réduction du surplus des consommateurs et du surplus des producteurs excède les recettes fiscales prélevées par le gouvernement.

Ces connaissances nous serviront de base pour traiter de l'élaboration d'un régime fiscal. Nous commencerons par effectuer un survol de la situation financière des gouvernements canadiens, tant fédéral que provinciaux. Pour comprendre la fiscalité, il convient de se familiariser avec les éléments de base concernant les recettes et les dépenses publiques. Nous aborderons ensuite les principes fondamentaux de la fiscalité. La plupart des gens s'accordent à dire que le coût social des impôts doit être aussi faible que possible et que le fardeau fiscal doit être réparti de la façon la plus équitable. Le régime fiscal doit donc être à la fois *efficient* et *équitable*. Toutefois, comme nous le verrons, ces objectifs sont plus faciles à formuler qu'à atteindre.

Un aperçu du secteur public canadien

Quelle proportion du revenu national les gouvernements prélèvent-ils sous forme de taxes et d'impôts ? La figure 12.1 représente les recettes globales des gouvernements fédéral, provinciaux, territoriaux et municipaux, en pourcentage du produit intérieur brut (PIB) du Canada, lequel mesure le revenu total de l'économie nationale. Au fil du temps, les gouvernements ont accaparé une portion sans cesse croissante de ce revenu total. En 1961, les gouvernements prélevaient 28 % du PIB ; en 2012, ils en absorbaient environ 40 %. Autrement dit, le secteur public a connu une croissance plus rapide que le reste de l'économie.

Le tableau 12.1 établit une comparaison entre le fardeau fiscal de plusieurs pays industrialisés, mesuré par les recettes fiscales des gouvernements (fédéral, provinciaux et locaux) en pourcentage du revenu total du pays. Le Canada se situe au milieu du peloton. Le fardeau fiscal canadien est faible comparativement à celui d'autres pays européens, mais relativement élevé par rapport à celui des États-Unis.

Le poids total de l'appareil gouvernemental ne reflète toutefois qu'une partie de la réalité et masque les milliers de décisions individuelles concernant les taxes et les dépenses. Pour mieux comprendre les finances publiques, il faut examiner la répartition en grandes catégories budgétaires. Avant même que nous abordions cette question, un bref rappel de la structure gouvernementale canadienne s'impose.

L'État canadien a une structure dite *fédérale*, caractérisée par une répartition des pouvoirs entre le gouvernement fédéral et les gouvernements provinciaux et territoriaux, et par la prédominance du gouvernement fédéral. Les gouvernements provinciaux et territoriaux accordent à leur tour certains pouvoirs au troisième ordre de gouvernement : le gouvernement local ou municipal. Selon l'Acte de l'Amérique du Nord britannique de 1867, la Constitution canadienne établit les responsabilités propres aux gouvernements fédéral, provinciaux et

FIGURE 12.1

Les recettes gouvernementales en pourcentage du PIB

Cette figure montre les recettes du gouvernement fédéral et des gouvernements provinciaux, territoriaux et municipaux, en pourcentage du produit intérieur brut (PIB), lequel représente le revenu total de l'économie canadienne. On voit l'importance du rôle des gouvernements au Canada et son ampleur grandissante au cours des années.

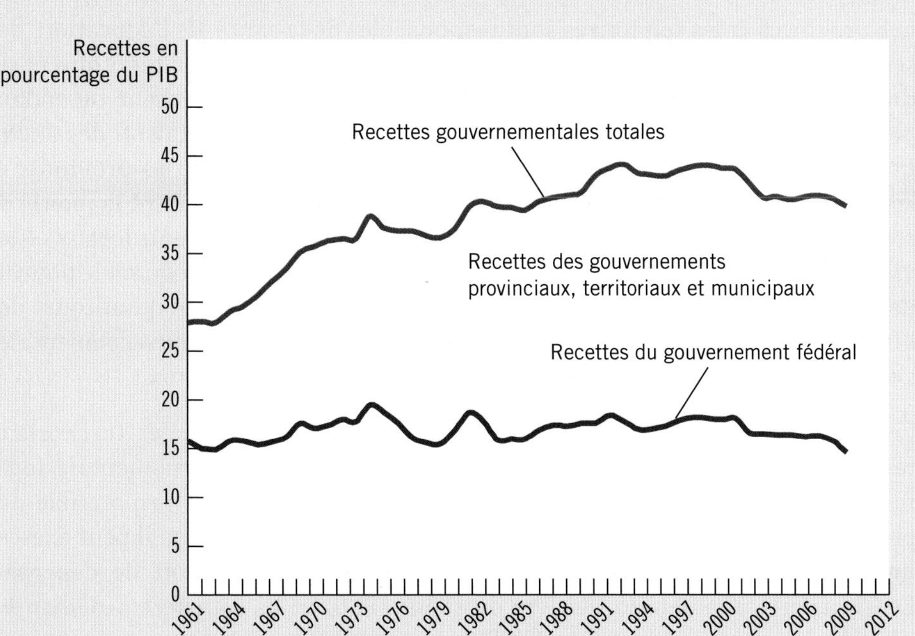

Note : Le Régime de pension du Canada ainsi que le Régime des rentes du Québec y sont inclus.

Source : Statistique Canada. *Comptes économiques et financiers nationaux.*

TABLEAU 12.1

Les recettes fiscales en pourcentage du PIB

PAYS	POURCENTAGE	PAYS	POURCENTAGE
Danemark	56 %	**Grande-Bretagne**	41 %
Suède	52 %	**Canada**	40 %
France	51 %	**Japon**	33 %
Allemagne	44 %	**États-Unis**	32 %

Source : OCDE. (2012). *OCDE Factbook 2012.*

territoriaux. Ce document a fait l'objet de nombreuses modifications, dont les dernières remontent à 1982 ; néanmoins, la structure fédérale reste intacte. Il s'agit en fait de la caractéristique déterminante du pays.

Le gouvernement fédéral se charge des questions d'intérêt national, notamment la défense nationale, la politique extérieure, le commerce international, le droit criminel, la monnaie et les banques. Il est également responsable de certains programmes sociaux nationaux, comme l'assurance emploi et le Régime de pensions du Canada (RPC). Les pouvoirs fiscaux du fédéral sont pour ainsi dire illimités.

Les provinces et les territoires sont responsables de la santé, de l'éducation, des services sociaux, des ressources naturelles à l'intérieur de leur territoire et du droit civil. Ils disposent de vastes pouvoirs fiscaux, qui demeurent cependant plus restreints que ceux du gouvernement fédéral. En comparaison des autres États de la plupart des fédérations, y compris les États-Unis, les provinces et les territoires canadiens jouissent de pouvoirs étendus. Ils assurent la moitié de toutes les activités du secteur public au Canada. Les gouvernements locaux — les villes et les municipalités — émanent des provinces qui leur délèguent le pouvoir de gérer leurs recettes et leurs dépenses. La figure 12.1 montre qu'au cours des 40 dernières années, l'essentiel de la croissance des recettes gouvernementales s'est effectué aux niveaux provinciaux, territoriaux et municipaux.

Les transferts fédéraux vers les gouvernements provinciaux et territoriaux représentent un aspect important de notre structure gouvernementale fédérale. Même si le gouvernement fédéral n'est pas directement responsable des programmes liés à l'éducation, à la santé et aux services sociaux, il peut exercer une grande influence dans ces domaines grâce à son pouvoir de dépenser. Le Transfert canadien en matière de santé (TCS) et le Transfert canadien en matière de programmes sociaux (TCPS) représentent les principaux programmes de transfert. Conçus pour financer les programmes dans les domaines de la santé, de l'éducation et des affaires sociales, ces transferts sont en fait des subventions versées aux provinces qui comportent très peu de conditions et que les provinces utilisent comme bon leur semble.

La fédération canadienne se caractérise également par des paiements de *péréquation*. Selon ce régime, le gouvernement fédéral fait des transferts de nature générale vers les provinces pauvres, afin que celles-ci soient en mesure de fournir des services d'une qualité équivalant à celle des services qu'offrent les provinces riches. Ces dernières — qui ne reçoivent aucun paiement de péréquation — sont la Colombie-Britannique, l'Alberta, la Saskatchewan et Terre-Neuve. Toutes les autres provinces reçoivent des paiements de péréquation en fonction de leurs besoins. Avec près de 8 milliards de dollars en 2013, le Québec reçoit quant à lui la part du lion, soit 49 % du total. Des versements équivalents, mais qui respectent un système différent, sont effectués au Yukon, aux Territoires du Nord-Ouest de même qu'au Nunavut.

Le gouvernement fédéral

Le gouvernement fédéral récolte un peu plus de 40 % de toutes les taxes et de tous les impôts acquittés au pays. Il les prélève de différentes manières et il les dépense de mille et une façons.

Les recettes

Le tableau 12.2 indique les recettes totales du gouvernement fédéral durant l'année 2013. Les recettes totales s'élèvent à 264 milliards de dollars. Pour ramener une telle somme à une réalité intelligible, on la divise par la population canadienne, soit environ 35 millions de personnes. On voit ainsi que cette même année, le Canadien moyen a versé environ 7543 $ au fisc fédéral.

TABLEAU 12.2

Les recettes du gouvernement fédéral en 2013

SOURCE DE RECETTES	MONTANT (MILLIARDS DE $)	MONTANT PAR PERSONNE ($)	% DES RECETTES
Impôt sur le revenu des particuliers	132	3771	50
Impôt sur le revenu des sociétés	35	1000	13
Taxe sur les produits et services	30	857	11
Taxes d'accise/droits de douane	15	429	6
Cotisations à l'assurance emploi	22	629	8
Autres	30	857	11
Total	264	7543	100

Note : Les données sont arrondies; par conséquent, le total ne correspond pas toujours à la somme des parties.

Source : Ministère des Finances du Canada. (2013).

L'impôt sur le revenu des particuliers constitue la principale source de recettes fédérales, puisqu'il représente la moitié du total. En 2013, plus de 16 millions de contribuables canadiens ont rempli une déclaration de revenus afin de calculer la somme qu'ils devaient au gouvernement. Les contribuables doivent déclarer l'intégralité de leurs revenus, quelle qu'en soit la source : revenus d'emploi, intérêts sur les placements, dividendes, etc. L'impôt que chaque contribuable doit payer se calcule à partir de son revenu total.

L'impôt à payer n'est pas simplement proportionnel au revenu. La loi exige un mode de calcul plus compliqué. Pour obtenir le revenu imposable, on soustrait du revenu total un certain nombre de déductions, comme les cotisations à un régime de pension agréé et à un régime enregistré d'épargne-retraite (REER) — sur lesquels nous reviendrons plus tard — les frais de garde d'enfants, etc. On calcule alors l'impôt à payer à l'aide de la table d'impôt présentée au tableau 12.3.

Ce tableau montre le taux marginal d'imposition, c'est-à-dire le taux qui s'applique au dernier dollar gagné. Il existe quatre tranches d'imposition au Canada (cinq, si l'on compte la tranche des revenus trop faibles pour être imposables). Le taux marginal d'imposition augmente progressivement selon les tranches de revenu. Le taux d'imposition des personnes qui ont un revenu supérieur est donc proportionnellement plus élevé (nous reviendrons, plus loin dans ce

TABLEAU 12.3

L'impôt sur le revenu des particuliers, gouvernement fédéral, 2013

REVENU IMPOSABLE	TAUX D'IMPOSITION
Jusqu'à 43 561 $	15 %
De 43 561 $ à 87 123 $	22 %
De 87 123 $ à 135 054 $	26 %
Au-dessus de 135 054 $	29 %

Sources : Ministère des Finances du Canada et Statistique Canada. (2013).

chapitre, sur le concept de taux marginal d'imposition). Il importe de rappeler que les taux d'imposition du tableau 12.3 ne représentent que les taux fédéraux ; les provinces prélèvent également un impôt sur le revenu, comme nous le verrons par la suite. De cet impôt de base, on déduit plusieurs crédits d'impôt de façon à calculer l'assujettissement final à l'impôt. Il existe plusieurs types de crédits d'impôt, notamment le crédit de base dont chacun bénéficie (11 038 $ en 2013), la prestation pour le conjoint, le crédit d'impôt pour les enfants à charge, les crédits pour les dons de charité et les autres crédits pour les personnes à faible revenu.

L'impôt sur le revenu des sociétés constitue la seconde source de recettes fiscales du gouvernement fédéral, soit 13 % du total. Une société est une entité juridique autonome (aussi appelée *personne morale*). L'État impose chaque entreprise en fonction de ses profits, c'est-à-dire la différence entre les recettes de ses ventes et ses coûts de production.

La taxe sur les produits et services (TPS) compte également pour 11 % des recettes du gouvernement fédéral. Elle consiste en un prélèvement représentant 5 % du prix de vente de la plupart des produits au Canada, à l'exception notable des aliments. En 2013, chaque Canadien a payé en moyenne 857 $ de TPS. Les taxes d'accise et les droits de douane ont rapporté 429 $ par habitant, soit 6 % des recettes fédérales. Les taxes d'accise correspondent à une taxe de vente prélevée sur des produits spécifiques : l'essence, les cigarettes et l'alcool. Les droits de douane s'appliquent aux marchandises importées. L'ensemble des taxes sur la vente des produits et des services, comprenant à la fois la TPS, les taxes d'accise et les droits de douane, constitue 17 % des rentrées du fédéral et totalise environ 1 286 $ par habitant.

Au Canada, les charges sociales représentent une importante source de recettes et servent, entre autres, à financer le programme d'assurance emploi. Les charges sociales sont des sommes d'argent prélevées par les entreprises sur les salaires de leurs employés. Au Canada, les cotisations à l'assurance emploi sont payées à la fois par les employés et par les employeurs. Les employés versent 1,88 % de leur salaire, jusqu'à un plafond de 47 400 $. Les revenus excédant ce plafond ne sont pas imposables. La contribution des employeurs est

égale à 1,4 fois celle que versent leurs employés, soit un taux de 2,63 %. Le taux de cotisation à l'assurance emploi, soit l'ensemble des contributions de l'employeur et de l'employé, s'élève donc à 4,51 % sur des gains ne dépassant pas 47 400 $. Le tableau 12.2 montre qu'en 2013, la cotisation moyenne des Canadiens à l'assurance emploi a été d'environ 629 $. Le Régime de pensions du Canada (RPC), qui vise à assurer une retraite à tous les citoyens, est également financé par une ponction sur les salaires. Les charges sociales du RPC ne sont pas incluses dans le tableau 12.2, car ce programme dispose d'une allocation budgétaire distincte.

Les dépenses

Le tableau 12.4 indique les dépenses du gouvernement fédéral en 2013. Celles-ci ont atteint 283 milliards de dollars, soit environ 8 086 $ par habitant. Le paiement des intérêts de la dette fédérale absorbe approximativement 11 % de cette somme. Les 89 % restants, soit 7 229 $ par habitant, représentent les dépenses de programmes, c'est-à-dire l'ensemble des dépenses du gouvernement qui ne sont pas consacrées à la dette.

L'un des postes budgétaires les plus importants est celui des transferts aux personnes âgées, soit les prestations de la Sécurité de la vieillesse, qui représentent 15 % des dépenses totales. Selon toute vraisemblance, ce poste budgétaire s'accroîtra en raison de l'augmentation de la longévité et de la baisse de la natalité. En outre, cette classe d'âge connaît une croissance plus

TABLEAU 12.4

Les dépenses du gouvernement fédéral en 2013

CATÉGORIE	MONTANT (MILLIARDS DE $)	MONTANT PAR PERSONNE ($)	% DES DÉPENSES
Prestations aux aînés	42	1 200	15
Transfert canadien en matière de santé et de services sociaux	43	1 229	15
Péréquation	16	457	6
Prestations d'assurance emploi	18	514	6
Défense nationale	22	629	8
Autres	112	3 200	40
Total des programmes	253	7 229	89
Service de la dette	30	857	11
Total	283	8 086	100

Note : Les données sont arrondies; par conséquent, le total ne correspond pas toujours à la somme des parties.

Sources : Ministère des Finances du Canada et Statistique Canada. (2013).

rapide que celle de l'ensemble de la population. Le Régime de pensions du Canada représente une autre aide publique importante pour les personnes âgées. Comme il a été mentionné précédemment, les prestations de ces régimes sont comptabilisées dans une catégorie budgétaire distincte.

Les transferts aux provinces en matière de santé et de programmes sociaux (TCS et TCPS) totalisent 15 % des dépenses ; s'y ajoutent les paiements de péréquation, qui représentent 6 %. Le total des transferts aux provinces et aux territoires équivaut donc à 21 % des dépenses du gouvernement fédéral.

En 2013, les versements effectués dans le cadre du programme d'assurance emploi se sont élevés à 18 milliards de dollars, soit environ 6 % des dépenses totales du gouvernement fédéral. Il faut souligner que ce même gouvernement a perçu 22 milliards de dollars en cotisations à l'assurance emploi durant le même exercice (*voir le tableau 12.2*). En ce qui a trait à l'assurance emploi, les recettes excèdent donc les dépenses de 4 milliards de dollars. En réalité, ce programme a accumulé des surplus au cours des dernières années, ce qui a conduit bien des gens à réclamer une réduction des cotisations versées. En 2008, le ministre des Finances a répondu à ces demandes.

En 2013, la défense nationale représentait 8 % des dépenses totales du gouvernement fédéral. À cet égard, le Canada dépense beaucoup moins que les États-Unis, qui consacrent pour leur part 20 % des dépenses fédérales à ce poste.

Déficit budgétaire
Excédent des dépenses par rapport aux recettes gouvernementales.

Surplus budgétaire
Excédent des recettes par rapport aux dépenses gouvernementales.

Vous aurez certainement remarqué que les recettes fédérales totales, présentées dans le tableau 12.2, sont inférieures aux dépenses totales du tableau 12.4. Un tel excédent des dépenses sur les recettes constitue un **déficit budgétaire**. À l'inverse, lorsque les recettes excèdent les dépenses, on parle d'un **surplus budgétaire**. En 2013, le déficit budgétaire a atteint 19 milliards de dollars.

Les gouvernements provinciaux et territoriaux

Les gouvernements provinciaux et territoriaux perçoivent plus de 60 % de toutes les taxes et de tous les impôts au pays. D'où tirent-ils leurs recettes fiscales et comment les dépensent-ils ?

Les recettes

Le tableau 12.5 indique les recettes totales des gouvernements provinciaux et territoriaux pour l'année 2009 : 342 milliards de dollars, soit 10 118 $ par habitant. Les transferts du gouvernement fédéral comptent pour 64 milliards de dollars dans ces recettes, soit 19 % du total. Les recettes fiscales prélevées par les provinces et les territoires eux-mêmes s'élèvent donc à 278 milliards de dollars, ou 8 225 $ par habitant.

Tout comme pour le gouvernement fédéral, la plus grande part des recettes provinciales et territoriales proviennent de l'impôt sur le revenu des particuliers. En 2009, cet impôt comptait pour 22 % des recettes totales, soit environ 2 219 $ par habitant. Les provinces et les territoires ont le même type d'assiette fiscale que celle du gouvernement fédéral. Ils fixent eux-mêmes leurs taux d'imposition et décident des tranches de revenu imposable. Certaines provinces ont plusieurs tranches d'imposition : le Québec en a quatre (16 %, 20 %, 24 % et 25,5 %), alors que le Manitoba en a trois. L'Alberta fait bande à part avec un seul taux (10 %). Cela dit, les impôts des provinces et des territoires s'ajoutent aux impôts fédéraux. Par exemple, le taux marginal d'imposition maximum auquel un Albertain pourrait être assujetti est de 39 % (29 % au fédéral plus 10 % au provincial).

La seconde source de recettes des provinces et des territoires provient des taxes de vente qui, en 2009, ont représenté 11 % de leurs recettes. À l'exception de l'Alberta et des Territoires, les autres provinces prélèvent des taxes sur la vente au détail. Comme l'illustre le tableau 12.6, les taux oscillent entre 5 % et 10 %. Notez que depuis 2013, la Nouvelle-Écosse, le Nouveau-Brunswick, Terre-Neuve-et-Labrador, l'Île-du-Prince-Édouard, le Québec et l'Ontario ont harmonisé leur taxe de vente avec la TPS. Les taxes d'accise sur les biens tels que l'essence, les cigarettes et l'alcool représentent quant à elles 9 % des recettes totales. L'ensemble des taxes à la consommation — les taxes de vente et les taxes d'accise — totalise 20 % des recettes des provinces et des territoires.

Les provinces et les territoires perçoivent également des impôts sur le revenu des entreprises. Le plus important d'entre eux est l'impôt sur le revenu des sociétés, qui équivaut à 6 % des recettes.

Les cotisations au régime de santé provincial et les charges sociales prélevées sur les salaires représentent ensemble 4 % du revenu provincial. La plupart des provinces prélèvent une contribution santé, versée par les employeurs, pour aider à financer les programmes de santé. La Saskatchewan, pour sa part, n'en

TABLEAU 12.5

Les recettes des gouvernements provinciaux et territoriaux en 2009

CATÉGORIE	MONTANT (MILLIARDS DE $)	MONTANT PAR HABITANT ($)	% DES RECETTES
Impôt sur le revenu des particuliers	75	2 219	22
Impôt sur le revenu des sociétés	19	562	6
Taxes générales de vente	38	1 124	11
Taxes d'accise	30	888	9
Impôt foncier	9	266	3
Impôt sur la masse salariale	10	296	3
Primes d'assurance maladie	3	89	1
Transfert du fédéral	64	1 893	19
Autres	94	2 781	27
Total	342	10 118	100

Note : Les données sont arrondies; par conséquent, le total ne correspond pas toujours à la somme des parties.

Source : Statistique Canada. *Recettes et dépenses consolidées des administrations publiques provinciales et territoriales.*

TABLEAU 12.6

Les taxes de vente au Canada

PROVINCE OU TERRITOIRE	TAUX
Colombie-Britannique	7 %
Alberta	Pas de taxe de vente
Saskatchewan	5 %
Manitoba	8 %
Ontario	8 %
Québec	9,975 %
Terre-Neuve-et-Labrador	8 %
Nouvelle-Écosse	10 %
Nouveau-Brunswick	8 %
Île-du-Prince-Édouard	10 %
Territoires du Nord-Ouest	Pas de taxe de vente
Nunavut	Pas de taxe de vente
Yukon	Pas de taxe de vente

Sources : Ministère des Finances du Canada et Statistique Canada. (2013).

perçoit pas. Quant à l'Alberta et à la Colombie-Britannique, elles exigent des primes forfaitaires destinées au régime de santé que les employés paient annuellement.

Les dépenses

Le tableau 12.7 indique le total et la répartition des dépenses des provinces et des territoires en 2009. La part du lion revient aux trois grands postes budgétaires : la santé, l'éducation et les services sociaux — 74 % des dépenses totales en 2009, soit 7 662 $ par habitant. La santé arrive en tête, suivie de l'éducation et des services sociaux. Les dépenses en santé comprennent les soins hospitaliers, médicaux et préventifs. L'éducation englobe les dépenses scolaires pour le primaire, le secondaire et le postsecondaire. Les dépenses liées aux services sociaux, quant à elles, sont surtout constituées des prestations d'aide sociale.

Les gouvernements provinciaux et territoriaux financent également les services de police et de protection, les transports et les télécommunications, lesquels totalisent 11 % des dépenses provinciales. Le service de la dette compte quant à lui pour 7 % des dépenses.

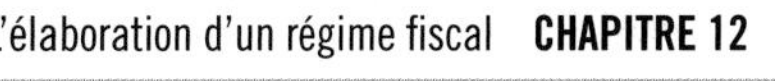

Il est à noter que les dépenses provinciales et territoriales totales (*voir le tableau 12.7*) sont supérieures aux recettes totales (*voir le tableau 12.5*), c'est-à-dire que le budget provincial et territorial agrégé de 2009 présentait un déficit.

TABLEAU 12.7

Les dépenses des gouvernements provinciaux et territoriaux en 2009

CATÉGORIE	MONTANT (MILLIARDS DE $)	MONTANT PAR HABITANT ($)	% DES DÉPENSES
Santé	115	3402	33
Éducation	82	2426	23
Services sociaux	62	1834	18
Transports et communications	17	503	5
Conservation des ressources et développement de l'industrie	12	355	3
Protection de la personne et de la propriété	12	355	3
Service de la dette	24	710	7
Autres	26	769	7
Total	350	10355	100

Note : Les données sont arrondies; par conséquent, le total ne correspond pas toujours à la somme des parties.

Source : Statistique Canada. (2009). *Recettes et dépenses consolidées des administrations publiques provinciales et territoriales.*

MINITEST

- Quelles sont les deux principales sources de recettes fiscales du gouvernement fédéral ? Quelles sont les deux principales sources de recettes des gouvernements provinciaux et territoriaux ?

Le régime fiscal et l'efficience

Après avoir examiné comment Ottawa et les provinces prélèvent et dépensent l'argent des contribuables, nous étudierons maintenant la politique fiscale. Tout régime fiscal a pour objectif premier de récolter les recettes que nécessitent les administrations publiques. Toutefois, il existe de nombreuses façons d'y parvenir, et les pouvoirs publics, au moment de l'élaboration du régime fiscal, tiennent généralement compte de deux objectifs : l'efficience et l'équité.

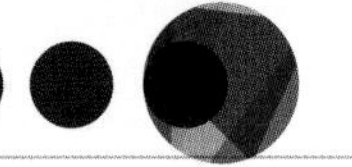

Un régime fiscal s'avère plus efficient qu'un autre s'il permet de percevoir les mêmes recettes à un coût moindre pour les contribuables, en particulier, et pour la société, en général. En quoi consistent donc ces coûts pour les contribuables ? Le premier coût, et sans doute le plus évident, est le montant de l'impôt lui-même. Ce transfert d'argent des contribuables au gouvernement caractérise toute fiscalité. Cependant, il existe deux autres coûts qu'une politique fiscale bien conçue peut parvenir à éliminer ou, du moins, à réduire :

- Les pertes sèches que les taxes entraînent en modifiant les décisions des gens.
- Le fardeau administratif supporté par les contribuables qui se conforment à la réglementation fiscale.

Un régime fiscal efficient réduira au minimum les pertes sèches et les complications administratives.

Les pertes sèches

Les taxes influent sur les décisions des personnes. Si l'État décide de prélever une taxe sur la crème glacée, les gens en mangeront moins et consommeront plus de yogourt glacé ; s'il prélève un impôt sur l'habitation, les gens occuperont des maisons plus petites et dépenseront plus pour autre chose. Si le gouvernement impose lourdement les salaires, les gens travailleront moins et se consacreront davantage à leurs loisirs.

Parce qu'elles brouillent les incitatifs, les taxes entraînent des pertes sèches. Comme nous avons pu le voir au chapitre 8, la perte sèche d'une taxe correspond à une réduction du bien-être économique des contribuables qui n'est pas compensée par les recettes du gouvernement. Cette perte sèche est attribuable au fait que les gens allouent leurs ressources en fonction des incitatifs fiscaux, et non selon les coûts et les bénéfices réels des biens et des services achetés et vendus.

Pour illustrer la perte sèche liée aux taxes, prenons l'exemple de Laurent et de Marie-Anne, qui accordent respectivement une valeur de 13 $ et de 11 $ à la même pizza. Tant que cette pizza n'est pas taxée, son prix reflète son coût de production. Admettons que la pizza coûte 10 $ et que Laurent et Marie-Anne décident d'en acheter chacun une. Les deux obtiennent alors un surplus du consommateur sur la somme payée, soit 3 $ pour Laurent et 1 $ pour Marie-Anne, un surplus totalisant 4 $.

Imaginons maintenant que le gouvernement perçoit une taxe de 2 $ sur chaque pizza vendue, ce qui fait ainsi monter le prix à 12 $. Laurent achète quand même une pizza, mais son surplus se réduit à 1 $. Marie-Anne décide de ne pas en acheter, parce qu'elle la trouve trop chère. Le gouvernement perçoit une taxe de 2 $ sur la pizza de Laurent. Le surplus total des consommateurs a diminué de 3 $, passant de 4 $ à 1 $. Dans ce cas-ci, comme le surplus total a diminué davantage que la recette fiscale, il y a une perte sèche de 1 $.

Cette perte sèche n'est pas attribuable à Laurent, qui a payé la taxe, mais à Marie-Anne, qui ne la paie pas. La diminution de 2 $ du surplus de Laurent annule la recette gouvernementale. Toutefois, en faisant augmenter le prix de la pizza, l'imposition d'une taxe modifie le comportement de Marie-Anne et entraîne chez elle une perte de bien-être non compensée par les recettes fiscales. La perte de bien-être de Marie-Anne (1 $) représente la perte sèche que provoque la taxe.

ÉTUDE DE CAS

Faut-il imposer le revenu ou la consommation ?

Lorsque les taxes incitent les gens à changer leur comportement — comme dans le cas de Marie-Anne —, elles provoquent des pertes sèches et réduisent l'efficience de l'allocation des ressources. Comme nous l'avons vu précédemment, l'essentiel des recettes gouvernementales provient de l'impôt sur le revenu des particuliers. Dans une étude de cas figurant au chapitre 8, nous avons constaté que l'impôt sur le revenu dissuade les gens de travailler autant qu'ils le pourraient. Toutefois, l'impôt sur le revenu a aussi un effet dissuasif sur les épargnants.

Prenons l'exemple d'un contribuable âgé de 25 ans, qui envisage d'économiser 100 $. S'il dépose cette somme dans un compte d'épargne et qu'il l'y laisse, celle-ci lui rapportera 8 % par année. À 65 ans, l'âge de la retraite, il disposera alors de 2 172 $. Cependant, si le gouvernement prélève le quart de ses intérêts annuels en impôt, le taux d'intérêt effectif tombera à 6 %. Cette somme de 100 $, quatre décennies plus tard, ne représentera plus que 1 029 $, soit moins de la moitié de la somme exempte d'impôt. L'imposition des revenus d'intérêt réduit donc l'attrait que présente l'épargne.

Certains économistes militent pour l'élimination des impôts qui dissuadent les contribuables d'épargner et proposent un changement de la base d'imposition. Plutôt que d'imposer le revenu gagné, le gouvernement pourrait imposer les sommes dépensées. Selon cette hypothèse, on n'imposerait l'épargne qu'au moment où, plus tard, elle serait dépensée. Ce type de régime fiscal, correspondant à une taxe à la consommation, n'influerait pas sur la décision d'épargner.

Il existe plusieurs formes de taxes à la consommation. La forme la plus connue des consommateurs est la taxe de vente, comprenant à la fois les taxes provinciales (la TVQ au Québec) et la taxe fédérale (la TPS).

D'autres économistes proposent une démarche différente en matière de taxation de la consommation. Les gens peuvent essentiellement faire deux choses avec leur revenu : le dépenser (consommation) ou l'épargner. Cela donne le modèle suivant : Revenu = Consommation + Épargne (ou encore R = C + E). D'après ce modèle, la consommation d'une personne peut s'obtenir simplement si l'on soustrait l'épargne du revenu (C = R – E). On en déduit que le régime fiscal pourrait s'appliquer à la consommation de la manière suivante. L'épargne (E) pourrait être considérée comme une déduction du revenu total de la personne (R). Les intérêts (ou dividendes, ou gains en capital)

« Je pensais rénover ma maison mais mes taxes municipales risquent d'augmenter ! »

obtenus de l'épargne pourraient alors s'accumuler à l'abri de l'impôt. Plus tard, lorsque le contribuable retirerait ses épargnes pour consommer, la somme retirée serait pleinement imposable.

Dans les faits, le système d'imposition du revenu des particuliers au Canada fonctionne selon un modèle très similaire. Toutes les contributions aux REER et aux régimes de pension agréés (RPA), jusqu'à concurrence de 23 820 $ par année, sont entièrement déductibles d'impôt. De plus, les intérêts qui s'accumulent dans ces régimes ne sont pas imposés ; on peut les retirer à volonté, et c'est alors qu'ils deviennent imposables. Pour les gens qui investissent dans les REER et les RPA — et les statistiques montrent que bien peu de Canadiens y contribuent à hauteur du maximum alloué — l'impôt sur le revenu fonctionne un peu comme une taxe à la consommation.

La combinaison du traitement fiscal des cotisations versées aux REER et aux RPA et des taxes de vente fédérale et provinciales donne à penser que le fisc canadien tire l'essentiel de ses recettes en taxant la consommation plutôt que le revenu.

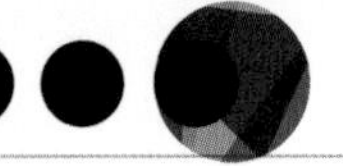

La lourdeur administrative

Lors de l'élaboration d'un régime fiscal, il importe de prendre en compte deux autres types de coûts: les coûts liés à l'administration du régime et les coûts supportés par les contribuables pour s'y conformer. Ces coûts font partie de l'inefficience que tout régime fiscal engendre.

Les coûts administratifs représentent les frais engagés par le gouvernement lors du recouvrement, de l'administration et de la mise en application du régime fiscal. Au fédéral, cette responsabilité est confiée à l'Agence du revenu du Canada (ARC). Au Québec, elle relève du ministère du Revenu.

Les coûts engagés par les contribuables pour se conformer au régime fiscal sont loin d'être négligeables et ils ne se limitent pas à la saison des impôts. Les contribuables et les entreprises doivent conserver et informatiser leurs dossiers (factures, relevés de tous ordres, etc.) et s'informer constamment des modifications apportées aux règles fiscales. Nombre de contribuables — en particulier ceux qui sont assujettis aux tranches d'imposition les plus élevées — font appel à des fiscalistes et à des comptables pour s'occuper de leurs impôts. Ces experts en fiscalité remplissent les formulaires de leurs clients et les aident à présenter leur situation de manière à réduire l'impôt à payer.

Les coûts administratifs du régime fiscal de même que les frais supportés par les contribuables pour s'y conformer représentent, d'une certaine façon, une perte sèche. Le gouvernement perçoit les impôts, mais il doit engager des frais pour les recouvrer. Les contribuables et les entreprises perdent non seulement le montant des impôts payés, mais également le temps et l'argent associés au paiement des impôts.

De nombreux économistes considèrent que ces coûts pourraient être sensiblement réduits grâce à la simplification de la fiscalité. Or, la simplification de la fiscalité s'avère souvent difficile à faire accepter politiquement. Une grande partie de cette complexité fiscale, c'est-à-dire le labyrinthe des exceptions, des exclusions, des déductions et des crédits, découle des politiques adoptées à la suite des pressions politiques exercées par des groupes de contribuables qui défendent leurs propres intérêts. Ces derniers ne sont pas prêts à renoncer à leurs avantages au nom d'une simplification du régime fiscal, pas plus que les politiciens, qui gagnent des votes en mettant ces politiques en place.

Le taux moyen d'imposition et le taux marginal d'imposition

Pour analyser l'efficience et l'équité d'un régime fiscal, les économistes distinguent deux notions liées à l'imposition: le taux moyen d'imposition et le taux marginal d'imposition. Le **taux moyen d'imposition** est simplement l'impôt total payé divisé par le revenu total. Le **taux marginal d'imposition** représente l'impôt payé sur le dernier dollar gagné.

Taux moyen d'imposition
Impôt total payé divisé par le revenu total.

Taux marginal d'imposition
Impôt payé sur le dernier dollar de revenu.

Supposons, par exemple, que le gouvernement impose à 20 % les 50 000 premiers dollars de revenu, et à 50 % les revenus supérieurs à 50 000 $. Une personne qui gagne 60 000 $ devrait alors payer un impôt de 15 000 $: 20 % des premiers 50 000 $ (0,20 × 50 000 $ = 10 000 $), plus 50 % des 10 000 $

restants (0,50 × 10 000 $ = 5 000 $). Le taux moyen d'imposition de ce particulier est de 25 % (15 000 $/60 000 $). Le taux marginal d'imposition atteint 50 %, car le contribuable devrait payer un impôt additionnel de 0,50 $ s'il gagnait un revenu additionnel de 1,00 $.

Le taux marginal d'imposition et le taux moyen d'imposition fournissent une information précieuse. Si l'on veut évaluer le sacrifice consenti par un contribuable, le taux moyen est plus utile, car il mesure la portion du revenu consacrée à l'impôt. En revanche, si l'on veut savoir jusqu'où le régime fiscal brouille les incitatifs, on se concentrera alors sur le taux marginal. Selon l'un des **dix principes d'économie** du chapitre 1, les gens rationnels raisonnent à la marge. Le corollaire de ce principe indique que le taux marginal d'imposition donne la mesure du caractère dissuasif de l'impôt sur le travail : plus le taux marginal d'imposition sera élevé, moins les contribuables seront incités à travailler. C'est donc le taux marginal qui détermine la perte sèche engendrée par l'impôt sur le revenu.

Les impôts forfaitaires

Imaginons que le gouvernement décide d'exiger de tous les contribuables un impôt de 4 000 $, chacun devant payer la même somme, quels que soient ses revenus. Un tel prélèvement porte le nom d'**impôt forfaitaire**.

Impôt forfaitaire
Impôt dont la somme est la même pour tous.

Ce type d'impôt met clairement en évidence ce qui différencie le taux marginal d'imposition et le taux moyen d'imposition. Dans le cas d'un contribuable dont le revenu est de 20 000 $, le taux moyen d'imposition d'un impôt forfaitaire de 4 000 $ équivaut à 20 % ; dans le cas d'un particulier qui dispose d'un revenu de 40 000 $, ce taux moyen passe à 10 %. Dans les deux cas, le taux marginal est égal à 0, puisque tout revenu additionnel d'un dollar ne modifie pas le montant de l'impôt à payer.

L'impôt forfaitaire constitue le régime fiscal le plus efficient qui soit. En effet, dans la mesure où les décisions de la personne ne modifient nullement le montant de l'impôt à payer, l'impôt forfaitaire ne brouille pas les incitatifs et ne génère donc aucune perte sèche. De plus, ce type d'impôt réduit au minimum le fardeau administratif des contribuables, chacun pouvant facilement calculer le montant à payer sans l'aide de fiscalistes et de comptables.

Compte tenu de l'efficience d'un tel régime fiscal, pourquoi n'est-il pas plus souvent appliqué ? La raison tient au fait que l'efficience n'est pas le seul objectif de la fiscalité. Un impôt forfaitaire exige une même contribution des riches et des pauvres, ce que la majorité des gens trouve injuste. Pour comprendre le régime fiscal existant, il faut donc prendre en compte le deuxième objectif essentiel de la fiscalité : l'équité.

MINITEST

- Qu'entend-on par efficience du régime fiscal ? Qu'est-ce qui est susceptible d'entraver cette efficience ?

Les impôts et l'équité

Même si les économistes ont tendance à se pencher surtout sur l'efficience du régime fiscal, au Canada, les débats entourant la fiscalité tournent davantage autour des questions d'équité — et en particulier autour de la question de la répartition du fardeau fiscal. Dès lors que le gouvernement fournit certains biens et services, il apparaît évident que des taxes et des impôts doivent être payés. Dans cette partie, nous aborderons l'équité du régime fiscal. Comment répartir le fardeau fiscal entre les contribuables ? Comment juger de l'équité de la fiscalité ? Tout le monde s'accorde à dire que le régime fiscal doit être juste, mais il y a beaucoup de désaccords sur la signification même de cette équité et sur la manière de l'évaluer.

Le principe du bénéfice reçu

Principe du bénéfice reçu
Principe selon lequel les contribuables devraient payer des impôts en fonction des bénéfices qu'ils reçoivent des services gouvernementaux.

Un principe d'imposition, appelé **principe du bénéfice reçu**, stipule que les citoyens devraient contribuer au régime fiscal selon les bénéfices qu'ils reçoivent des services gouvernementaux. Selon ce principe, les biens publics sont plutôt considérés comme des biens privés. Il apparaît normal qu'une personne qui va souvent au cinéma y consacre une plus grande part de son budget qu'une autre qui n'y va presque jamais. De la même façon, une personne qui tire de grands bénéfices d'un bien public devrait payer plus que celui qui en profite peu.

On invoque parfois le principe du bénéfice reçu pour justifier l'application d'une taxe sur l'essence. En effet, dans certaines provinces, le produit de cette taxe permet de financer la construction et l'entretien des routes. Comme ceux qui achètent du carburant sont ceux qui utilisent le réseau routier, la taxe sur l'essence peut être considérée comme une bonne façon de financer ce service public.

Le principe du bénéfice reçu permet également de justifier un taux d'imposition plus élevé pour les riches que pour les pauvres. Pourquoi ? Tout simplement parce que les riches profitent plus que les pauvres des services publics. Prenons l'exemple de la protection qu'offre la police contre les vols par effraction. Les riches contribuables qui ont beaucoup à perdre bénéficient davantage des services de la police que ceux qui ont moins de biens à protéger. C'est pourquoi, en vertu du principe du bénéfice reçu, les riches devraient contribuer plus que les pauvres au financement des forces policières. Le même argument vaut pour nombre de services publics, comme la protection contre les incendies, la défense nationale et l'appareil judiciaire.

Il est même possible de justifier, par le principe du bénéfice reçu, le financement par les riches des programmes de lutte contre la pauvreté. Comme nous l'avons vu au chapitre 11, si les citoyens préfèrent vivre dans une société sans pauvreté, les programmes visant à éliminer celle-ci constituent un bien public. Et si les nantis accordent plus de valeur à ce bien public que le fait la classe moyenne, ne serait-ce qu'en raison de leur capacité de dépenser, ils devraient, selon le principe du bénéfice reçu, être davantage imposés pour financer de tels programmes.

Le principe de la capacité de payer

En postulant que les impôts devraient être perçus en fonction des moyens de chacun, le **principe de la capacité de payer** constitue une autre façon d'évaluer l'équité du régime fiscal. Ce principe se justifie parfois par l'idée que les contribuables devraient faire un sacrifice égal pour contribuer à remplir les coffres de l'État. L'ampleur de ce sacrifice dépend ainsi non seulement du montant des prélèvements fiscaux, mais aussi des revenus du contribuable. Un impôt de 1 000 $ est susceptible de représenter un plus grand sacrifice pour une personne à faible revenu qu'un impôt de 10 000 $ pour une personne à haut revenu.

Principe de la capacité de payer
Principe selon lequel les impôts devraient être perçus en fonction de la capacité des contribuables de supporter le poids de ces impôts.

Le principe de la capacité de payer débouche sur deux notions d'équité apparentées : l'**équité verticale** et l'**équité horizontale**. L'équité verticale signifie que les contribuables disposant d'une plus grande capacité de payer contribuent davantage à remplir les coffres de l'État. L'équité horizontale signifie que les contribuables ayant des capacités de payer similaires devraient payer le même impôt. Même si ces notions d'équité sont largement acceptées, la complexité de leur application rend difficile l'appréciation de l'équité d'un régime fiscal.

Équité verticale
Principe selon lequel les contribuables ayant une plus grande capacité de supporter la charge fiscale devraient payer plus d'impôt.

Équité horizontale
Principe selon lequel les contribuables ayant des capacités de payer similaires devraient payer le même montant d'impôt.

L'équité verticale

Si l'impôt exigé dépend de la capacité de payer, les nantis devront donc payer plus que les pauvres. Mais dans quelle proportion devront-ils en payer plus ? C'est là l'essentiel du débat.

En considérant les trois régimes fiscaux illustrés au tableau 12.8, on observe que les contribuables ayant les revenus les plus élevés paient plus d'impôt. Néanmoins, ces régimes diffèrent selon le rythme d'accroissement de l'impôt payé. Le premier régime est dit **proportionnel**, parce que tous les contribuables paient la même proportion d'impôt sur leurs revenus ; en d'autres mots, le taux moyen d'imposition reste constant, quel que soit le revenu du contribuable. Le deuxième régime est dit **régressif**, car le taux moyen d'imposition décroît avec l'augmentation du revenu. Le troisième est qualifié de **progressif**, car le taux moyen d'imposition croît avec l'augmentation du revenu.

Impôt proportionnel
Impôt dont le taux moyen reste constant, quel que soit le revenu du contribuable.

Impôt régressif
Impôt dont le taux moyen décroît avec l'augmentation du revenu.

Impôt progressif
Impôt dont le taux moyen croît avec l'augmentation du revenu.

Lequel de ces trois régimes est le plus équitable ? La réponse à cette question n'est pas évidente et la théorie économique n'est ici d'aucun secours. L'équité, comme la beauté, semble une notion fort subjective.

TABLEAU 12.8

Les trois régimes d'imposition

IMPÔT PROPORTIONNEL			IMPÔT RÉGRESSIF		IMPÔT PROGRESSIF	
Revenu ($)	Montant de l'impôt ($)	% du revenu	Montant de l'impôt ($)	% du revenu	Montant de l'impôt ($)	% du revenu
50000	12500	25	15000	30	10000	20
100000	25000	25	25000	25	25000	25
200000	50000	25	40000	20	60000	30

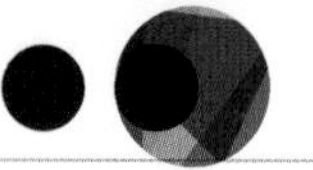

ÉTUDE DE CAS

La répartition du fardeau fiscal

Une bonne partie du débat sur la fiscalité s'articule autour d'une question : les riches paient-ils leur juste part d'impôt ? Il n'y a pas de façon objective d'aborder cette question, mais il est utile de commencer par un examen de la façon dont le fardeau fiscal actuel est réparti entre les familles ayant des revenus différents. Il faut aussi garder à l'esprit que ceux qui supportent le fardeau fiscal ne sont peut-être pas ceux qui, en fait, versent des impôts.

Le tableau 12.9 présente des données sur la manière dont les impôts fédéraux sur le revenu sont répartis entre les différentes catégories de revenus. Dans ce tableau, les familles sont classées selon leur revenu et réparties entre cinq groupes de même taille appelés *quintiles*.

La deuxième colonne du tableau donne le revenu moyen pour chaque groupe. Le quintile qui regroupe les plus pauvres correspond aux familles dont le revenu moyen est de 6700 $ par année ; pour le quintile des plus riches, le revenu moyen est de 164900 $ par année.

La colonne suivante indique l'impôt sur le revenu payé en pourcentage du revenu. Le système d'imposition canadien est progressif. Dans le quintile inférieur, les familles consacrent 13 % de leur revenu à l'impôt, tandis que dans le quintile supérieur, la proportion est de 22 %.

Les quatrième et cinquième colonnes comparent la répartition du revenu et celle des impôts. Dans le quintile inférieur, les familles gagnent 2 % de tous les revenus et versent 2 % de tous les impôts. Dans le quintile supérieur, les familles gagnent 52 % de tous les revenus et versent 62 % de tous les impôts.

Les sixième et septième colonnes révèlent que le système de transferts est encore plus progressif. Dans le quintile inférieur, les familles pauvres reçoivent plus de 100 % de leur revenu en transferts ; quant aux familles riches (quintile supérieur), à peine 4 % de leur revenu provient des transferts. En fait, dans les trois quintiles inférieurs, tous obtiennent plus en transferts que ce qu'ils paient en impôt sur le revenu. Cette analyse se concentre uniquement sur l'impôt sur le revenu. Une étude plus complète devrait inclure d'autres taxes, comme la TPS, les taxes provinciales, les taxes d'accise, l'impôt sur le revenu des sociétés et l'impôt foncier.

Bien que la plupart des observateurs soient d'avis que le régime fiscal canadien est plutôt progressif, certains économistes pensent qu'il pourrait l'être encore plus. Ils suggèrent d'allonger vers le haut la table d'impôt et de faire passer de 4 à 10 le nombre de tranches de revenu. En revanche, d'autres économistes soulignent le fait que l'offre de travail est plutôt élastique et que cet alourdissement du fardeau fiscal risque de rapporter fort peu au fisc canadien.

TABLEAU 12.9

Le fardeau des impôts sur le revenu et des transferts, 2010

GROUPE	REVENU FAMILIAL MOYEN DU MARCHÉ ($)	L'IMPÔT SUR LE REVENU EN TANT QUE % DU REVENU	% DE TOUS LES REVENUS	% DE TOUS LES IMPÔTS SUR LE REVENU	TRANSFERTS EN TANT QUE % DU REVENU	% DES TRANSFERTS
Quintile inférieur	6700	13	2	2	133	19
Deuxième quintile	23100	10	7	4	52	26
Quintile médian	45400	14	14	12	23	22
Quatrième quintile	77000	16	24	22	12	19
Quintile supérieur	164900	22	52	62	4	14

Note : Les données sont arrondies ; par conséquent, le total ne correspond pas toujours à la somme des parties.

Source : Statistique Canada. (juin 2010). *Le revenu au Canada.*

L'équité horizontale

Si l'impôt est basé sur la capacité de payer, alors, à capacité de payer égale, impôt égal. Mais comment juger si deux personnes ont une même capacité de payer ? Toutes les familles sont différentes. Au moment de déterminer la capacité de payer des familles en vue d'atteindre l'équité horizontale, il faut décider des éléments de comparaison qui seront pris en compte.

Prenons l'exemple des familles Liccioni et Lortie, qui disposent toutes deux d'un revenu de 50 000 $. Les Liccioni n'ont pas d'enfants, mais le mari souffre d'une maladie entraînant des frais médicaux de 20 000 $. Les Lortie sont en parfaite santé, mais ils ont deux enfants qui vont à l'université. Ils acquittent des droits de scolarité de 20 000 $. Est-il équitable que ces deux familles payent un impôt égal parce qu'elles ont des revenus égaux ? Serait-il plus juste d'accorder un allégement fiscal aux Liccioni pour leur permettre d'absorber leurs frais médicaux ? Serait-il préférable d'accorder cet allégement aux Lortie pour les aider à payer les droits de scolarité ?

Il n'existe aucune réponse évidente à ces questions. Dans la pratique, les déclarations de revenus du Canada prévoient des dispositions spéciales qui tiennent compte de ces circonstances familiales.

L'incidence fiscale et l'équité

L'incidence fiscale — la détermination de celui qui doit supporter la charge fiscale — est essentielle pour juger de l'équité fiscale. Comme nous l'avons vu au chapitre 6, le contribuable qui supporte la charge fiscale n'est pas toujours celui qui reçoit la facture du gouvernement. Comme les taxes influent sur l'offre et la demande, elles modifient le prix d'équilibre et elles touchent bien d'autres personnes que celles qui, obligées par la loi, sont tenues de payer cette charge fiscale. Au moment d'évaluer l'équité horizontale et verticale d'une taxe ou d'un impôt, il importe de tenir compte de ces effets indirects.

De nombreuses analyses de l'équité fiscale font fi des effets indirects des taxes et de l'impôt et se fondent essentiellement sur ce que les économistes appellent la *théorie simpliste de l'incidence fiscale* (en anglais, *flypaper theory*). D'après cette théorie, le fardeau de la taxation, telle une mouche sur du papier tue-mouches, s'accroche au premier endroit où il se pose. Cette hypothèse se vérifie toutefois rarement.

Une personne sans aucune formation économique pourra penser qu'une taxe sur les manteaux de fourrure est équitable sur le plan vertical simplement parce que les acheteurs de ces manteaux ont des revenus élevés. Néanmoins, si ces acheteurs sont en mesure de remplacer facilement la fourrure par d'autres articles de luxe, le seul effet de cette taxe sera de réduire le prix de vente de ces manteaux. Le fardeau de cette taxe reposera finalement beaucoup plus sur les fabricants et les vendeurs de fourrure que sur leur clientèle. Comme bien des gens qui travaillent dans ce secteur ne roulent pas sur l'or, l'équité de la taxe sur la fourrure pourrait bien être assez différente de celle qu'indiquait la théorie simpliste de l'incidence fiscale.

ÉTUDE DE CAS

Qui paie l'impôt sur le revenu des sociétés ?

L'impôt sur le revenu des sociétés est un bel exemple de l'importance de l'incidence fiscale pour la politique fiscale. Il s'agit d'un impôt particulièrement populaire chez l'électorat. Après tout, les sociétés ne sont pas des personnes, et les électeurs se montrent très enclins à payer moins d'impôt en laissant la facture aux sociétés impersonnelles.

Ces travailleurs paient une partie de l'impôt sur le revenu des sociétés.

Toutefois, avant de décider que l'impôt sur le revenu des sociétés est un bon moyen de produire des recettes fiscales, il importe de savoir qui va payer la note. C'est une question difficile sur laquelle les économistes ne s'entendent pas. Un point cependant fait l'unanimité : *ce sont les personnes qui paient tous les impôts.* Lorsque le gouvernement prélève un impôt sur le revenu d'une entreprise, celle-ci joue plutôt le rôle de collectrice d'impôt que de contribuable. La charge fiscale repose finalement sur des personnes : les propriétaires, les clients ou les employés.

De nombreux économistes considèrent que les employés et les clients de l'entreprise payent l'essentiel de cet impôt sur le revenu des sociétés. Pour comprendre pourquoi, il suffit d'examiner l'exemple suivant : le gouvernement décide d'augmenter l'impôt sur le revenu des constructeurs d'automobiles. Les propriétaires de ces entreprises sont certainement les premiers touchés, puisqu'ils perdent alors des profits. Toutefois, à la longue, comme la production est moins rentable, ils investissent moins dans la construction de nouvelles usines et dirigent leurs capitaux ailleurs : achat de grandes propriétés foncières, construction d'usines dans d'autres secteurs, voire dans d'autres pays. La fermeture des usines d'automobiles entraînera une baisse de l'offre de voitures et de la demande de travailleurs. Ainsi, l'impôt sur le revenu des sociétés provoquera une augmentation du prix des automobiles, combinée à une baisse des salaires des employés du secteur de l'automobile.

L'impôt sur le revenu des sociétés traduit bien le danger de la théorie simpliste de l'incidence fiscale. Le public opte pour cet impôt qui donne l'impression de faire payer les riches entreprises. Pourtant, ce sont les clients et les employés de ces mêmes entreprises qui sont réellement pénalisés, eux qui ne sont généralement pas fortunés. Si la population était plus consciente de la véritable incidence de l'impôt sur le revenu des sociétés, celui-ci perdrait en popularité auprès des électeurs.

MINITEST

- Expliquez le principe du bénéfice reçu et le principe de la capacité de payer.
- Donnez une définition de l'équité verticale et de l'équité horizontale.
- Pourquoi est-il important d'analyser l'incidence fiscale pour connaître l'équité du régime fiscal ?

Conclusion : l'arbitrage entre l'efficience et l'équité

La majorité des gens considèrent que l'efficience et l'équité constituent les deux objectifs principaux du régime fiscal, mais ces deux objectifs sont souvent en contradiction. Les nombreuses modifications des lois fiscales réduisent l'efficience au profit de l'équité ou accroissent l'efficience au détriment de l'équité. Les désaccords sur la politique fiscale sont liés au fait que les gens ne donnent pas la même importance à ces deux objectifs. Par conséquent, la question du régime fiscal est souvent l'enjeu de débats politiques fort animés. Au Canada, un parti politique peut perdre ou gagner une élection sur cette seule question.

La science économique ne peut, à elle seule, établir l'équilibre entre l'efficience et l'équité. Cette question relève à la fois de la philosophie politique et de l'économie. Cependant, les économistes ont un rôle important à jouer dans le débat sur la politique fiscale : ils peuvent préciser les arbitrages à faire et éviter les politiques qui sacrifient l'efficience et n'améliorent pas l'équité.

Résumé

- Le gouvernement canadien remplit ses coffres grâce aux taxes et aux impôts. L'impôt sur le revenu des particuliers constitue l'essentiel des recettes des gouvernements fédéral, provinciaux et territoriaux.
- L'efficience d'un régime fiscal est liée aux coûts imposés aux contribuables. Outre le transfert de ressources des particuliers au gouvernement, deux types de coûts sont supportés par la société : d'une part, la distorsion de l'allocation des ressources attribuable aux modifications des incitatifs, et donc des comportements ; d'autre part, le fardeau administratif lié à la mise en application et au respect des lois fiscales.
- Pour juger de l'équité d'un régime fiscal, on vérifie si le fardeau fiscal est justement réparti au sein de la population. Selon le principe du bénéfice reçu, il est normal que les gens paient des impôts en fonction des bénéfices qu'ils reçoivent du gouvernement. Selon le principe de la capacité de payer, il est juste que les contribuables soient imposés selon leurs ressources économiques. Pour évaluer l'équité d'un régime fiscal, il faut se rappeler la leçon concernant l'incidence fiscale : le fardeau fiscal pèse parfois sur des personnes autres que celles que l'on croyait visées à l'origine par l'application d'une taxe.
- Avant d'envisager des modifications aux lois fiscales, les pouvoirs publics sont soumis à un arbitrage entre efficience et équité. L'essentiel de la controverse réside dans le fait que personne n'accorde la même importance à ces deux objectifs.

Concepts clés

Déficit budgétaire, p. 246

Équité horizontale, p. 255

Équité verticale, p. 255

Impôt forfaitaire, p. 253

Impôt progressif, p. 255

Impôt proportionnel, p. 255

Impôt régressif, p. 255

Principe de la capacité de payer, p. 255

Principe du bénéfice reçu, p. 254

Surplus budgétaire, p. 246

Taux marginal d'imposition, p. 252

Taux moyen d'imposition, p. 252

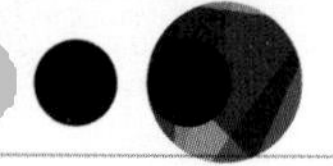

Questions de révision

1. Au cours des dernières décennies, les recettes et les dépenses du gouvernement ont-elles connu une croissance plus rapide ou plus lente que le reste de l'économie ?
2. Quelles sont les deux principales sources de recettes du gouvernement fédéral canadien ?
3. Pourquoi le fardeau fiscal des contribuables excède-t-il souvent les recettes perçues par le gouvernement ?
4. Pourquoi certains économistes sont-ils partisans de l'option de taxer la consommation plutôt que de celle d'imposer le revenu ?
5. Donnez deux arguments pour justifier le fait que les gens dont les revenus sont élevés payent plus d'impôt que les autres.
6. Définissez le concept d'équité horizontale et expliquez pourquoi il est difficile à mettre en application.

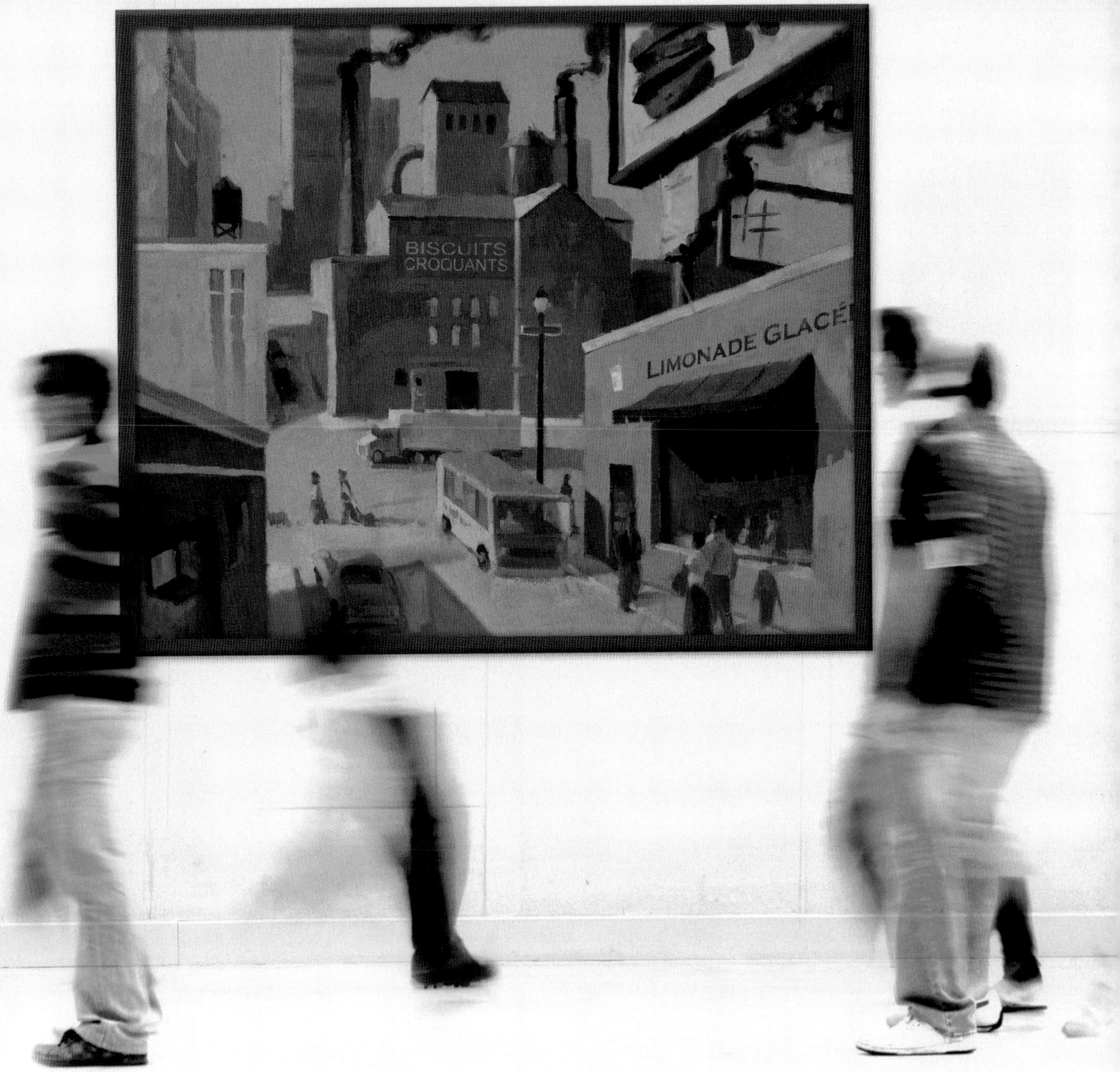

La firme et l'organisation industrielle

IIV

Les coûts de production

13
CHAPITRE

L'économie se compose de milliers d'entreprises qui produisent les biens et les services dont vous vous servez chaque jour. Honda fabrique des automobiles, General Electric, des ampoules électriques, et Kellogg's, des céréales. Certaines entreprises, à l'instar des trois précédentes, sont gigantesques : des milliers d'actionnaires en sont propriétaires et elles emploient des milliers de salariés. D'autres, comme les coiffeurs ou les dépanneurs de quartier, constituent de petites entreprises qui sont la propriété d'une seule personne ou d'une famille, et qui comptent quelques employés.

Dans les chapitres précédents, nous nous sommes servis de la courbe d'offre pour résumer les décisions de production des firmes. En vertu de la loi de l'offre, les entreprises sont prêtes à accroître leur production et leurs ventes lorsque le prix du bien en question augmente. La courbe d'offre présente donc une pente positive. Dans de nombreuses circonstances, la loi de l'offre est tout ce dont nous avons besoin pour analyser le comportement d'une firme.

Dans ce chapitre et dans ceux qui suivent, nous étudierons plus en détail le comportement des firmes afin de mieux comprendre les décisions qui conditionnent la courbe d'offre. De plus, nous aborderons ce qu'on appelle en économie l'*organisation industrielle,* c'est-à-dire l'étude des décisions des firmes concernant les prix et les quantités, compte tenu des conditions du marché. Dans la ville où vous vivez, il y a sans doute plusieurs pizzerias, mais un seul câblodistributeur. Quelles conséquences cette situation risque-t-elle d'avoir sur les prix et l'efficience de ces marchés ? C'est précisément ce qu'étudie l'organisation industrielle.

Nous examinerons d'abord les coûts de production. La production de biens et de services entraîne des dépenses pour toutes les entreprises, depuis Hydro-Québec jusqu'à la charcuterie du coin. Comme nous le verrons dans les chapitres suivants, les coûts déterminent fortement les décisions concernant la production et la fixation des prix. Dans ce chapitre, nous présenterons les concepts de coûts qu'utilisent les économistes.

Une petite mise en garde : cette matière est un peu plus aride et technique que celle des autres chapitres, mais elle est nécessaire, car elle constitue le fondement de l'analyse des diverses structures de marché que nous aborderons dans les chapitres suivants.

Qu'est-ce qu'un coût ?

Nous commencerons notre analyse des coûts en étudiant la firme Biscuits croquants. La propriétaire, Martine, achète de la farine, du sucre, des pépites de chocolat et bien d'autres ingrédients. Elle acquiert aussi des malaxeurs et des fours, puis elle engage des employés pour faire tourner les machines. Enfin, elle vend aux consommateurs les biscuits produits. En étudiant certains des problèmes auxquels Martine fait face, nous pourrons en tirer des leçons applicables à toutes les entreprises.

La recette totale, le coût total et le profit

Voyons d'abord les objectifs de la firme. Pour comprendre les décisions que prend la propriétaire, nous devons tenir compte de ses objectifs. Il est possible qu'elle ait mis ce commerce sur pied dans le but altruiste de distribuer des biscuits au monde entier ou encore, tout simplement, en raison de sa passion pour les biscuits. Il est cependant plus probable que Martine a lancé son entreprise pour gagner de l'argent. Les économistes partent du principe que l'objectif d'une firme est de maximiser ses profits et, la plupart du temps, cette hypothèse se vérifie.

Recette totale
Somme reçue par la firme pour la vente de ses produits.

Coût total
Valeur au marché des intrants utilisés par la firme.

Profit
Différence entre la recette totale et le coût total.

Qu'est-ce que le profit pour une firme ? La somme perçue sur les ventes de biscuits s'appelle **recette totale.** La valeur au marché des intrants utilisés par la firme (farine, sucre, employés, fours, etc.) correspond au **coût total.** Puisque Martine peut conserver toutes les recettes qui ne servent pas à acquitter les coûts, le **profit** se définit comme la différence entre la recette totale et le coût total :

$$\text{Profit} = \text{Recette totale} - \text{Coût total}$$

L'objectif de Martine consiste à faire le plus grand profit possible.

Pour voir comment une firme maximise ses profits, il faut mesurer sa recette totale et son coût total. La recette totale ne pose aucune difficulté particulière : elle équivaut à la quantité produite multipliée par le prix de vente. Si Martine fabrique 10000 biscuits qu'elle vend 2$ chacun, sa recette totale se chiffrera à 20000$. En revanche, l'estimation du coût total est beaucoup plus complexe.

Les coûts en tant que coûts de renonciation

Pour mesurer les coûts de la firme Biscuits croquants ou de toute autre firme, il importe de garder à l'esprit l'un des **dix principes d'économie** du chapitre 1: le coût d'un bien est ce à quoi on doit renoncer pour l'obtenir, c'est-à-dire le coût de renonciation. Dans leur définition des coûts de production d'une firme, les économistes incluent tous les coûts de renonciation inhérents à la production du bien en question.

Ces coûts de renonciation ne sont pas toujours faciles à mesurer. Les 1000$ que Martine a dépensés pour acheter de la farine représentent un coût de renonciation, dans la mesure où elle ne peut plus acheter autre chose avec la même somme. De la même façon, les salaires versés aux employés font partie des coûts de la firme. Parce que ces coûts se traduisent par des sorties de fonds, on les appelle **coûts explicites.** En revanche, certains **coûts** de renonciation sont **implicites,** en ceci qu'ils ne se traduisent pas par des sorties de fonds. Imaginons, par exemple, que grâce à ses connaissances en informatique, Martine peut gagner 100$ l'heure en faisant de la programmation. Toutes les heures consacrées à Biscuits croquants l'obligeraient dès lors à renoncer à un tel salaire horaire; le revenu auquel elle renonce figure donc au nombre de ses coûts.

Coûts explicites
Coûts des facteurs de production nécessitant une sortie de fonds.

Coûts implicites
Coûts des facteurs de production ne nécessitant aucune sortie de fonds.

Cette distinction entre les coûts explicites et les coûts implicites illustre clairement la démarche bien différente que suivent les économistes et les comptables dans l'analyse d'une entreprise. Les économistes s'intéressent aux décisions entourant la production et les prix. Puisque ces décisions reposent à la fois sur les coûts explicites et les coûts implicites, ils les incluent tous deux dans leur calcul des coûts de la firme. En revanche, les comptables, qui sont chargés d'enregistrer les flux financiers entrants et sortants de l'entreprise, mesurent les coûts explicites en faisant souvent fi des coûts implicites.

Cette différence entre l'approche des économistes et celle des comptables s'illustre facilement dans le cas de Biscuits croquants. Lorsque Martine renonce au revenu qu'elle gagnerait en travaillant comme programmeuse, son comptable ne fait pas figurer ce coût au chapitre des dépenses de Biscuits croquants. Ce coût ne correspond en effet à aucune sortie de fonds et n'apparaît jamais dans les états financiers. En revanche, un économiste tiendra compte du revenu auquel Martine renonce, car cette renonciation influe sur ses décisions concernant son entreprise. Si, par exemple, son salaire de programmeuse passait de 100 à 500$ l'heure, elle déciderait probablement que la firme Biscuits croquants lui coûte trop cher et fermerait boutique pour se consacrer à temps plein à l'informatique.

Le coût du capital en tant que coût de renonciation

Le coût de renonciation du capital financier investi constitue un coût implicite important pour toute entreprise. Imaginons que Martine utilise 300000$ de ses économies pour acheter la fabrique de biscuits de l'ancien propriétaire. Si elle avait déposé son argent dans un compte d'épargne à un taux d'intérêt de 5%, elle aurait gagné 15000$ par année. Pour acquérir sa fabrique, elle a donc renoncé à 15000$ d'intérêt par année. Cette somme correspond à l'un des coûts de renonciation implicites de son entreprise.

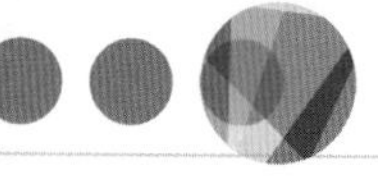

Comme nous venons de le voir, les économistes et les comptables mesurent les coûts de manière différente, et ces différences sont particulièrement évidentes dans le cas du coût du capital. Un économiste considérera que les 15 000 $ d'intérêt que Martine perd annuellement sont un coût implicite pour l'entreprise. Or, le comptable de Martine ne fera pas figurer ces 15 000 $ dans la colonne des coûts, car la somme en question ne correspond à aucune sortie de fonds.

Pour mieux voir la différence entre la perception des économistes et celle des comptables, modifions légèrement notre exemple. Imaginons que Martine ne dispose pas de la totalité des 300 000 $ nécessaires pour acheter l'entreprise ; elle investit plutôt 100 000 $ de ses économies et emprunte 200 000 $ à la banque, à un taux d'intérêt annuel de 5 %. Le comptable de Martine, qui ne se préoccupe que des coûts explicites, tiendra compte des 10 000 $ d'intérêt payés annuellement à la banque, puisque cette somme constitue une sortie de fonds pour l'entreprise. En revanche, pour un économiste, le coût de renonciation de Martine est toujours de 15 000 $. Ce coût de renonciation équivaut à l'intérêt payé sur le prêt bancaire (un coût explicite de 10 000 $) auquel s'ajoute l'intérêt non gagné sur l'épargne (un coût implicite de 5 000 $).

Le profit économique et le profit comptable

Revenons maintenant au principal objectif de la firme : le profit. Comme les économistes et les comptables ne calculent pas les coûts de la même façon, ils ne calculent pas non plus les profits de la même façon. Un économiste cherche à mesurer le **profit économique** : la différence entre la recette totale et les coûts totaux, explicites et implicites. Pour sa part, un comptable tiendra compte du **profit comptable** : la différence entre la recette totale et les coûts explicites totaux.

Profit économique
Différence entre la recette totale et les coûts totaux, explicites et implicites.

Profit comptable
Différence entre la recette totale et les coûts explicites totaux.

Cette différence est illustrée à la figure 13.1. Étant donné que le comptable ne tient pas compte des coûts implicites, le profit comptable est généralement supérieur au profit économique. Pour qu'une firme soit rentable du point de vue de

FIGURE 13.1

Les économistes et les comptables

Dans l'analyse d'une firme, les économistes tiennent compte de tous les coûts de renonciation, tandis que les comptables ne retiennent que les coûts explicites, de sorte que le profit économique est généralement inférieur au profit comptable.

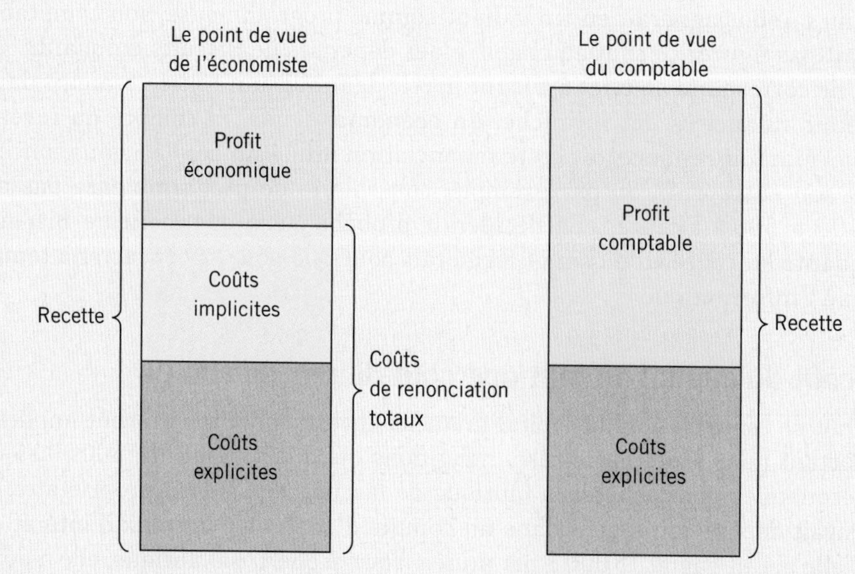

l'économiste, les recettes totales doivent couvrir tous les coûts de renonciation, qu'ils soient implicites ou explicites.

Le profit économique est un concept important, car c'est ce qui motive les entreprises à fournir des biens et des services. Comme nous le verrons, une firme qui réalise un profit économique positif poursuivra ses activités. Elle couvre ainsi tous ses coûts de renonciation et il lui reste des revenus pour récompenser ses propriétaires. Lorsqu'une firme enregistre des pertes économiques (c'est-à-dire quand les profits économiques sont négatifs), les propriétaires n'ont pas réussi à générer suffisamment de revenus pour couvrir tous les coûts. À moins que les conditions changent, ils devront éventuellement fermer boutique et se retirer de l'industrie. Pour comprendre les décisions d'affaires, il faut donc tenir compte du profit économique.

MINITEST

- Robert donne des leçons de banjo pour 20 $ l'heure. Un jour, il passe 10 heures sur ses terres à planter des semences valant 100 $. Quel est son coût de renonciation? De quels coûts son comptable tiendra-t-il compte? Si les semences lui donnent une récolte valant 200 $, Robert a-t-il réalisé un profit comptable? A-t-il réalisé un profit économique?

La production et les coûts à court terme

Les firmes font face à des coûts lorsqu'elles utilisent des intrants pour produire des biens et des services qu'elles envisagent de vendre. Nous examinerons ici la relation entre le processus de production d'une firme et l'ensemble de ses coûts à court terme. Pour ce faire, reprenons l'exemple de Biscuits croquants.

Nous simplifierons l'analyse en supposant que la taille de la fabrique de Martine demeure constante; seul le nombre d'employés peut changer pour faire varier la production de biscuits. Cette hypothèse est réaliste à **court terme**, mais pas à **long terme**, c'est-à-dire que Martine ne peut pas agrandir sa fabrique du jour au lendemain, mais qu'elle peut le faire sur une période d'un an ou deux. Il faut donc considérer cette analyse comme une description des décisions de production que Martine devra prendre à court terme. Nous reviendrons un peu plus loin sur la relation entre le coût et l'horizon temporel.

Court terme
Période suffisamment longue pour faire varier l'utilisation des capacités de production, lesquelles demeurent constantes.

Long terme
Période suffisamment longue pour faire varier les capacités de production.

La fonction de production

Le tableau 13.1 montre que la quantité de biscuits produits en une heure dans la fabrique de Martine varie selon le nombre de travailleurs. Si personne ne travaille, la firme ne produit aucun biscuit. Avec un employé, elle produit 50 biscuits. Quand il y en a deux, la production atteint 90 biscuits, etc. Le graphique a) de la figure 13.2 représente ces deux colonnes de chiffres. Le nombre de travailleurs se trouve sur l'axe des abscisses, et le nombre des biscuits fabriqués, sur l'axe des ordonnées. La relation entre la quantité d'intrants (travailleurs) et la quantité d'extrants (biscuits) est appelée **fonction de production.**

Fonction de production
Relation entre la production d'un bien et la quantité de facteurs de production utilisés.

▲
« Ajustons la productivité marginale. »

Selon l'un des **dix principes d'économie** du chapitre 1, les gens rationnels raisonnent à la marge. Comme nous le verrons dans les prochains chapitres, cette idée est essentielle pour comprendre les décisions des firmes concernant le nombre de travailleurs à engager et le niveau de production à offrir à court terme. Afin de mieux faire comprendre ces décisions, la troisième colonne du tableau 13.1 indique le produit marginal de chaque travailleur. Le **produit marginal** de tout intrant dans le processus de production correspond à l'augmentation de la production induite par unité additionnelle de cet intrant. Lorsque le nombre de travailleurs passe de 1 à 2, la production de biscuits passe de 50 à 90. Le produit marginal du second travailleur est donc de 40 biscuits. Si l'on augmente le nombre de travailleurs à 3, la production passe de 90 à 120 biscuits; le produit marginal de ce troisième travailleur est donc égal à 30 biscuits.

Produit marginal
Augmentation de la production induite par une unité additionnelle d'un facteur de production.

Vous remarquerez que lorsque le nombre de travailleurs augmente, le produit marginal diminue. Le produit marginal du deuxième employé est de 40 biscuits, celui du troisième atteint juste 30, tandis que le produit marginal du quatrième

TABLEAU 13.1

La fonction de production et le coût total à court terme chez Biscuits croquants

NOMBRE DE TRAVAILLEURS	PRODUCTION (NOMBRE DE BISCUITS À L'HEURE)	PRODUIT MARGINAL DU TRAVAIL ($)	COÛT DE LA FABRIQUE ($)	COÛT EN SALAIRES ($)	COÛT TOTAL ($)
0	0		30	0	30
		50			
1	50		30	10	40
		40			
2	90		30	20	50
		30			
3	120		30	30	60
		20			
4	140		30	40	70
		10			
5	150		30	50	80
		5			
6	155		30	60	90

se réduit à 20 biscuits. C'est ce qu'on appelle la **productivité marginale décroissante**. Au commencement, les quelques travailleurs disposent de tout l'espace nécessaire et ont facilement accès à l'équipement disponible. Or, l'augmentation du nombre de travailleurs impose le partage des équipements et de l'espace. Éventuellement, les employés finissent par se marcher sur les pieds. Par conséquent, au fur et à mesure que l'équipe grandit, la contribution à la production de chaque travailleur additionnel décroît.

Productivité marginale décroissante
Diminution du produit marginal d'un facteur au fur et à mesure que la quantité de ce facteur augmente.

La figure 13.2 illustre ce phénomène. La pente de la fonction de production du graphique a) indique la variation de la production de biscuits pour chaque travailleur additionnel, c'est-à-dire que la pente de la fonction de production mesure le produit marginal d'un travailleur. Lorsque le nombre de travailleurs augmente, le produit marginal diminue et la fonction de production devient de plus en plus horizontale.

De la fonction de production à la courbe de coût total

Les trois dernières colonnes du tableau 13.1 répertorient les coûts de production de Biscuits croquants. Dans cet exemple, le coût de la fabrique est de 30 $ l'heure,

FIGURE 13.2

La fonction de production et la courbe de coût total chez Biscuits croquants

a) Fonction de production

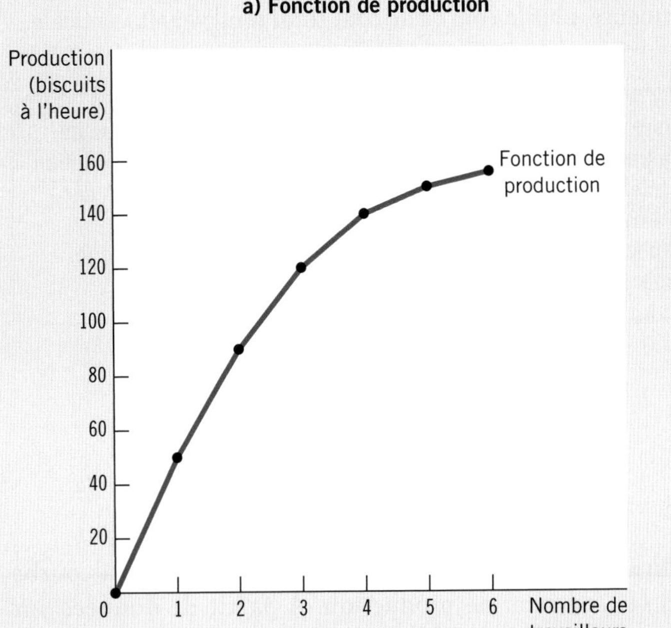

b) Courbe de coût total

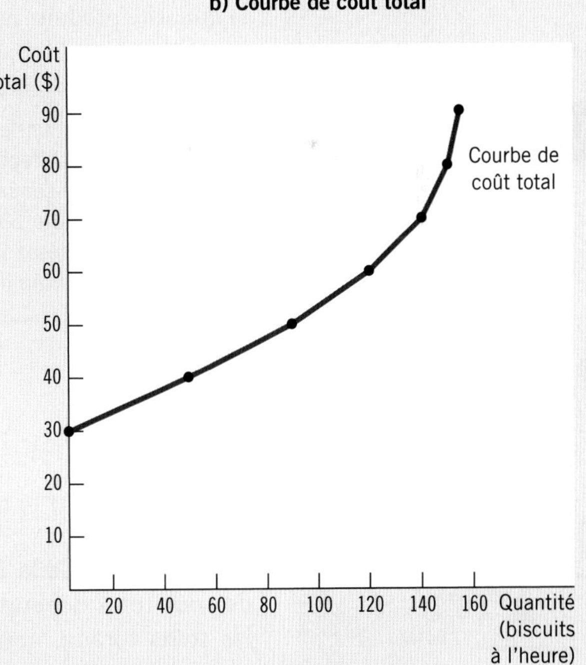

La fonction de production du graphique a) exprime la relation entre le nombre de travailleurs et la quantité produite. Dans ce cas, le nombre de travailleurs (en abscisse) correspond à la première colonne du tableau 13.1, tandis que la production (en ordonnée) correspond à la deuxième colonne. Plus le nombre d'employés augmente, plus la courbe s'aplatit, ce qui traduit une production marginale décroissante. La courbe de coût total du graphique b) illustre la relation entre la quantité produite et le coût de production total. Dans ce cas, la quantité produite (en abscisse) correspond à la deuxième colonne du tableau 13.1, tandis que le coût total (en ordonnée) correspond à la sixième colonne du tableau. Plus la production augmente, plus la courbe devient verticale, ce qui révèle une production marginale décroissante.

et le coût d'un employé, de 10 $ l'heure. Si Martine engage un seul employé, son coût total sera de 40 $. Si elle en engage deux, son coût total sera de 50 $, et ainsi de suite. À partir de ces données, le tableau montre que le nombre de travailleurs engagés influe directement sur la quantité de biscuits produits et sur le coût de production total.

Dans les prochains chapitres, nous étudierons les décisions de la firme en matière de production et de prix. À cette fin, la relation la plus importante du tableau 13.1 est celle établie entre la quantité produite (deuxième colonne) et le coût total (sixième colonne). Le graphique b) de la figure 13.2 illustre ces deux colonnes de données ; la quantité produite se trouve sur l'axe des abscisses, et le coût total, sur l'axe des ordonnées. Ce graphique représente la *courbe de coût total.*

Comparons maintenant les deux courbes illustrées dans la figure 13.2. Elles représentent en quelque sorte les deux faces d'une même médaille. Remarquez que la fonction de production devient de plus en plus horizontale à mesure que la production augmente, tandis que la courbe de coût total devient de plus en plus verticale à mesure que la production augmente. Une seule et même explication rend compte de ces changements de pente. On se souviendra que plus la fabrique de Martine embauche de travailleurs, plus la production de chaque travailleur additionnel est faible. Cette productivité marginale décroissante des travailleurs se reflète dans le fait que la fonction de production s'aplatit au fur et à mesure que le nombre de travailleurs augmente. Prenons maintenant ce raisonnement à l'envers : lorsque la fabrique compte beaucoup de travailleurs, produire un biscuit additionnel nécessite l'ajout de nombreux travailleurs, ce qui est très coûteux. Par conséquent, plus la quantité produite augmente, plus la courbe de coût total tend vers la verticale.

MINITEST

- Si Valérie ne plante rien sur ses terres, elle ne récoltera rien. Si elle plante un sac de semences, elle obtiendra trois boisseaux de blé. Si elle plante deux sacs, sa production sera de cinq boisseaux. Si elle plante trois sacs, elle obtiendra six boisseaux. Un sac de semences coûte 100 $ et représente l'unique coût à engager. À partir de ces données, construisez la fonction de production et la courbe de coût total de Valérie. Expliquez leur forme respective.

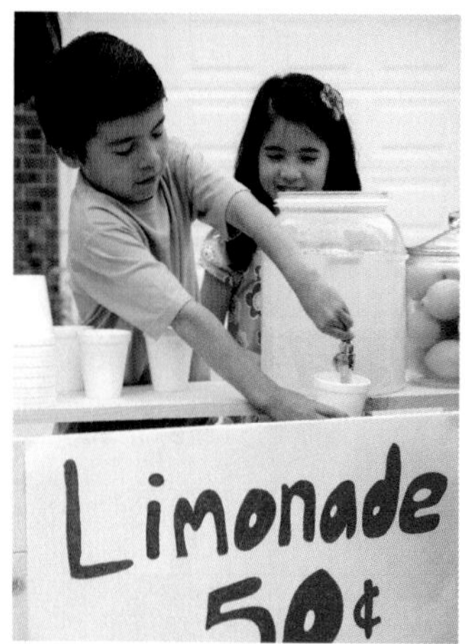

Attention à la productivité marginale décroissante, les enfants !

Les différentes mesures du coût à court terme

Notre analyse de la fabrique de biscuits de Martine a montré que la courbe de coût total dépend de la fonction de production. À partir de données sur les coûts totaux, nous pouvons déduire différentes mesures du coût à court terme qui seront très utiles dans les chapitres suivants, notamment pour l'analyse des décisions en matière de production et de prix. Afin d'illustrer comment sont obtenues ces mesures du coût, prenons l'exemple du tableau 13.2. Ce tableau illustre les coûts du kiosque Limonade glacée de Sylvie, une amie de Martine. Une fois de plus, nous supposerons que la taille de l'entreprise est fixe.

La première colonne du tableau indique le nombre de verres de limonade que Sylvie peut produire, soit de 0 à 10 verres à l'heure. La deuxième colonne montre le coût total de la production de limonade de Sylvie. La figure 13.3 représente graphiquement la courbe de coût total de Limonade glacée. La quantité de limonade (première colonne) se trouve sur l'axe des abscisses, tandis que le coût total (deuxième colonne) figure sur l'axe des ordonnées. La courbe de coût total de Limonade glacée a une allure comparable à celle de Biscuits croquants. On remarque qu'elle devient de plus en plus verticale à mesure que la production augmente, ce qui, nous l'avons déjà vu, reflète la productivité marginale décroissante des travailleurs.

TABLEAU 13.2

Les différentes mesures du coût : le kiosque Limonade glacée de Sylvie

QUANTITÉ DE LIMONADE (VERRES À L'HEURE)	COÛT TOTAL ($)	COÛT FIXE ($)	COÛT VARIABLE ($)	COÛT FIXE MOYEN ($)	COÛT VARIABLE MOYEN ($)	COÛT TOTAL MOYEN ($)	COÛT MARGINAL ($)
0	3,00	3,00	0,00	—	—	—	
							0,30
1	3,30	3,00	0,30	3,00	0,30	3,30	
							0,50
2	3,80	3,00	0,80	1,50	0,40	1,90	
							0,70
3	4,50	3,00	1,50	1,00	0,50	1,50	
							0,90
4	5,40	3,00	2,40	0,75	0,60	1,35	
							1,10
5	6,50	3,00	3,50	0,60	0,70	1,30	
							1,30
6	7,80	3,00	4,80	0,50	0,80	1,30	
							1,50
7	9,30	3,00	6,30	0,43	0,90	1,33	
							1,70
8	11,00	3,00	8,00	0,38	1,00	1,38	
							1,90
9	12,90	3,00	9,90	0,33	1,10	1,43	
							2,10
10	15,00	3,00	12,00	0,30	1,20	1,50	

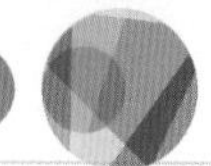

FIGURE 13.3

La courbe de coût total de Limonade glacée

La quantité produite (en abscisse) provient de la première colonne du tableau 13.2, et le coût total (en ordonnée), de la deuxième colonne. Comme sur le graphique b) de la figure 13.2, la courbe de coût total devient de plus en plus verticale au fur et à mesure qu'augmente la production, en raison de la productivité marginale décroissante des travailleurs.

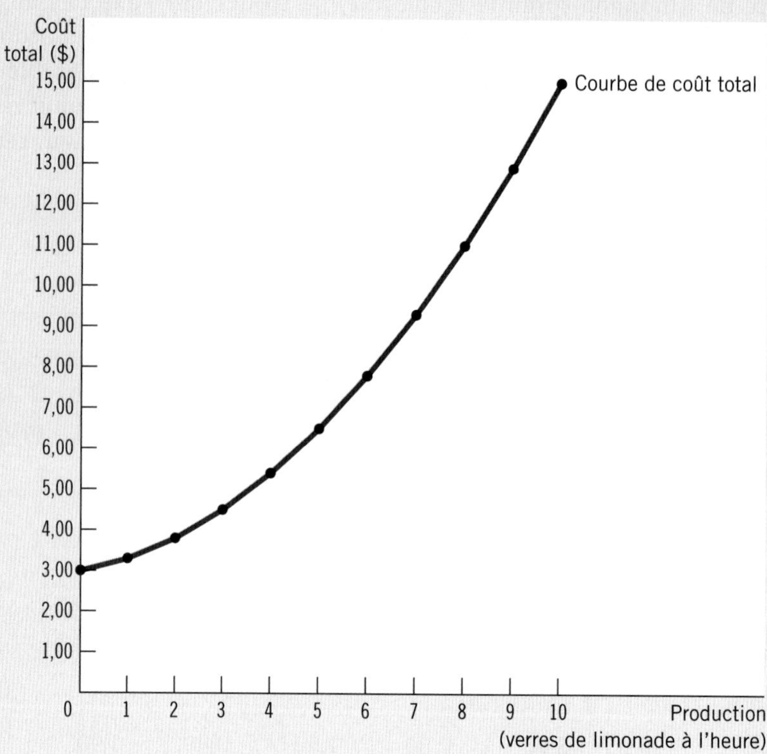

Les coûts fixes et les coûts variables

Coûts fixes
Coûts qui ne varient pas avec le niveau de production.

Les coûts de Sylvie sont de deux types. Certains coûts, appelés **coûts fixes**, sont invariables, peu importe la quantité produite à court terme. De plus, il faut les acquitter même si l'on ne produit rien. Au nombre de ces coûts figure le loyer, qui reste le même, quelle que soit la quantité de limonade produite. Si Sylvie engage un comptable à plein temps pour s'occuper des factures, ce salaire constituera un autre coût fixe, et il ne variera pas, quel que soit le nombre de verres de limonade vendus. La troisième colonne du tableau 13.2 indique que les coûts fixes de Sylvie s'élèvent à 3 $.

Coûts variables
Coûts qui varient avec le niveau de production.

En revanche, certains coûts, appelés **coûts variables**, changent selon la quantité produite. Les coûts variables de Sylvie comprennent le coût des citrons et du sucre. Plus elle fabrique de limonade, plus elle a besoin de sucre et de citrons. De la même manière, si Sylvie doit engager plus de travailleurs, les salaires de ces derniers feront partie des coûts variables. La quatrième colonne du tableau illustre ces coûts. Les coûts variables sont nuls si Sylvie ne produit rien ; ils passent à 0,30 $ si elle produit un verre de limonade, à 0,80 $ si elle en produit deux, et ainsi de suite.

Le coût total assumé par Limonade glacée est égal à la somme des coûts fixes et des coûts variables. Ce coût figure dans la deuxième colonne du tableau 13.2. Il représente la somme des coûts fixes de la troisième colonne et des coûts variables de la quatrième colonne.

Le coût moyen et le coût marginal

En tant que propriétaire de l'entreprise, Sylvie doit décider de la quantité à produire. Ses décisions reposeront en grande partie sur l'évolution des coûts en fonction du niveau de production. Au moment de faire un choix, Sylvie posera peut-être à son responsable de production les deux questions suivantes :

- Combien coûte la production d'un verre de limonade typique ?
- Combien coûte la production d'un verre de limonade additionnel ?

La réponse à ces deux questions semble être la même. Pourtant, il n'en est rien. Ces deux réponses se révéleront cruciales pour la compréhension de la prise de décisions des entreprises concernant la quantité à produire.

Pour connaître le coût d'un verre de limonade typique, il faut diviser le coût total de la firme par la quantité produite. Par exemple, si le kiosque de limonade produit deux verres à l'heure, leur coût total est de 3,80 $. Le coût d'un verre sera donc de 3,80 $/2, soit 1,90 $. Le coût total divisé par la quantité produite s'appelle **coût total moyen.** Comme le coût total est égal à la somme des coûts fixes et variables, le coût total moyen est alors égal à la somme du coût fixe moyen et du coût variable moyen. Le **coût fixe moyen** correspond au coût fixe divisé par la quantité produite ; le **coût variable moyen** correspond au coût variable divisé par la quantité produite.

Coût total moyen
Coût total divisé par la quantité produite.

Coût fixe moyen
Coût fixe total divisé par la quantité produite.

Coût variable moyen
Coût variable total divisé par la quantité produite.

Même si le coût total moyen nous renseigne sur le coût d'un verre de limonade typique, il ne nous dit rien sur l'évolution du coût total lorsque le niveau de production change. La dernière colonne du tableau 13.2 indique le montant de l'augmentation du coût total pour chaque unité de production additionnelle : c'est ce qu'on appelle le **coût marginal.** Si Sylvie fait passer la production de deux à trois verres, le coût total passe de 3,80 $ à 4,50 $, et le coût marginal du troisième verre de limonade est alors égal à 4,50 $ moins 3,80 $, soit 0,70 $.

Coût marginal
Augmentation du coût total résultant de la production d'une unité additionnelle.

Il peut être utile d'exprimer ces définitions sous forme mathématique. Si *Q* représente la quantité, *CT,* le coût total, *CTM,* le coût total moyen, et *Cm,* le coût marginal, on peut poser l'équation suivante :

Coût total moyen = Coût total/Quantité

$$CTM = CT/Q$$

et

Coût marginal = Variation du coût total/Variation de la quantité

$$Cm = \Delta CT/\Delta Q$$

où Δ, la lettre grecque *delta,* représente le changement d'une variable. Ces équations montrent que le coût total moyen et le coût marginal sont calculés à partir du coût total. Le coût total moyen indique le coût total d'une unité typique de production lorsqu'on divise le coût total par la quantité totale produite. Le coût marginal indique l'augmentation du coût total consécutive à la production d'une unité additionnelle. Comme nous le verrons dans le prochain chapitre, Sylvie constatera que les concepts de coût total moyen et de coût marginal deviennent très utiles au moment de décider des quantités de limonade à produire.

La forme des courbes de coût

Tout comme les courbes d'offre et de demande nous ont permis d'analyser la dynamique des marchés dans les chapitres précédents, les courbes de coût moyen et de coût marginal nous seront fort utiles pour analyser le comportement des firmes. La figure 13.4 illustre les coûts de Sylvie tels qu'ils sont calculés dans le tableau 13.2. L'axe des abscisses montre les quantités produites par la firme, l'axe des ordonnées, les coûts moyens et marginaux. Ce graphique présente quatre courbes : le coût total moyen (*CTM*), le coût fixe moyen (*CFM*), le coût variable moyen (*CVM*) et le coût marginal (*Cm*).

FIGURE 13.4

Les courbes de coût moyen et de coût marginal de Limonade glacée

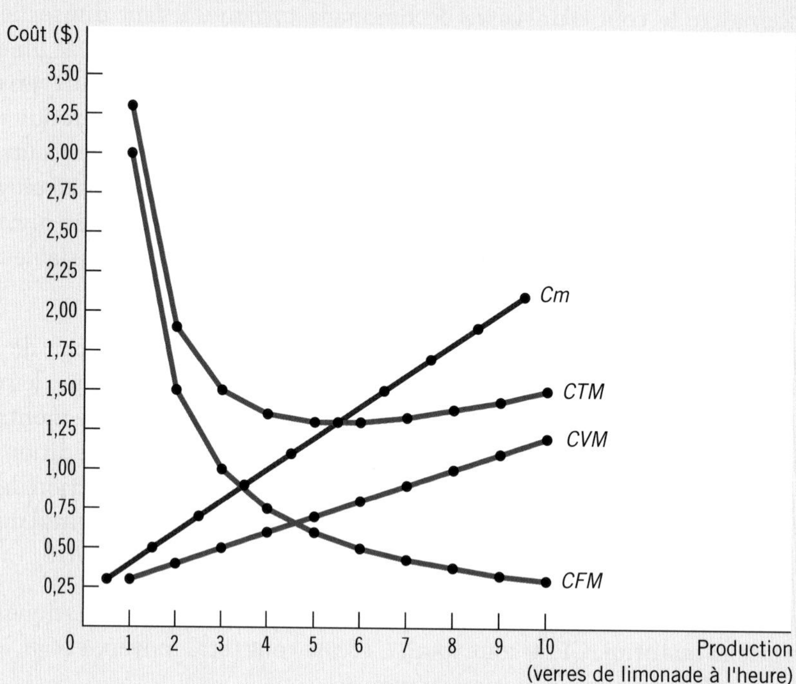

Ce graphique illustre le coût total moyen (*CTM*), le coût fixe moyen (*CFM*), le coût variable moyen (*CVM*) et le coût marginal (*Cm*) du kiosque de limonade de Sylvie. Toutes ces courbes illustrent les données du tableau 13.2. Ces courbes de coût présentent trois caractéristiques standard : 1) le coût marginal augmente avec le niveau de production ; 2) la courbe de coût total moyen a la forme d'un U ; 3) la courbe de coût marginal coupe la courbe de coût total moyen lorsque cette dernière est à son point le plus bas.

Les courbes de coût présentées ici pour le kiosque Limonade glacée de Sylvie ont certaines caractéristiques communes aux courbes de coût de nombreuses autres entreprises. Examinons trois éléments particuliers : la forme de la courbe de coût marginal, la forme de la courbe de coût total moyen et le lien entre le coût marginal et le coût total moyen.

Le coût marginal croissant

Le coût marginal de Limonade glacée augmente avec la quantité produite. Cela traduit le fait que la productivité marginale est décroissante. Lorsque Sylvie ne produit qu'une petite quantité de limonade avec quelques employés, une bonne partie de son équipement est inutilisée. Comme Sylvie peut facilement mettre à profit ces ressources inutilisées, le produit marginal d'un travailleur additionnel est important. Par conséquent, le coût marginal d'un verre de limonade additionnel reste relativement faible. En revanche, lorsque Sylvie produit une grande quantité de limonade, son kiosque emploie beaucoup de travailleurs et ses machines tournent sans arrêt. Sylvie peut augmenter sa production en engageant des travailleurs additionnels, mais ceux-ci devront travailler dans de moins bonnes conditions et attendre pour utiliser l'équipement. Par conséquent, lorsque la production de limonade est déjà élevée, le produit marginal d'un travailleur additionnel est faible et le coût marginal d'un verre de limonade additionnel est élevé.

La forme en U de la courbe de coût total moyen

Comme on le constate à la figure 13.4, la courbe de coût total moyen de Limonade glacée est en forme de U. Pour comprendre pourquoi, il faut se rappeler que le coût total moyen est égal à la somme du coût fixe moyen et du coût variable moyen. Le coût fixe moyen diminue toujours lorsque la production augmente parce que le coût fixe total, qui est constant, se répartit sur un nombre d'unités de plus en plus grand. De son côté, le coût variable moyen augmente avec le niveau de production en raison de la productivité marginale décroissante.

Le coût total moyen reflète à la fois la forme des courbes de coût fixe moyen et de coût variable moyen. Pour un niveau de production faible, disons un ou deux verres à l'heure, le coût total moyen est élevé parce que le coût fixe se répartit sur quelques unités seulement. Le coût total moyen diminue ensuite à mesure que la production augmente, et ce, jusqu'à ce que celle-ci atteigne le niveau de cinq verres de limonade à l'heure, le coût total moyen chutant alors à 1,30 $ le verre. Lorsque la firme produit plus de six verres, le coût variable moyen devient la force dominante et le coût total moyen se met à augmenter.

Le point le plus bas de la courbe en U indique la quantité correspondant au coût total moyen le plus faible. Cette quantité est souvent appelée **capacité efficace** de la firme. Dans le cas de Limonade glacée, la capacité efficace est de cinq ou six verres de limonade. Au-dessous ou au-dessus de cette quantité, le coût total moyen sera supérieur au minimum de 1,30 $. À un niveau de production inférieur, le coût total moyen est plus élevé que 1,30 $, parce que le coût fixe est réparti sur un nombre trop petit d'unités. À un niveau de production supérieur, le coût total moyen est plus élevé que 1,30 $ parce que la productivité marginale des facteurs a considérablement diminué. À la capacité efficace, ces deux forces se contrebalancent, ce qui explique que le coût total moyen soit à son minimum.

Capacité efficace
Volume de production qui minimise le coût total moyen.

La relation entre le coût marginal et le coût total moyen

Lorsqu'on observe la figure 13.4 (ou le tableau 13.2), une chose peut paraître étonnante à première vue : chaque fois que le coût marginal est inférieur au coût total moyen, le coût total moyen diminue. Chaque fois que le coût marginal est supérieur au coût total moyen, le coût total moyen augmente. Cette caractéristique des courbes de coût de Limonade glacée n'a rien d'une coïncidence : elle se vérifie pour toutes les firmes.

Pour la comprendre, faisons une analogie. Le coût total moyen se compare à votre moyenne générale. Le coût marginal se compare quant à lui à la note que vous obtiendrez au prochain cours. Si cette note est inférieure à votre moyenne générale actuelle, votre moyenne générale baissera. Si, au contraire, cette note dépasse votre moyenne générale actuelle, votre moyenne générale augmentera. L'arithmétique des coûts moyens et marginaux est la même que celle des notes moyennes et marginales.

Cette relation entre le coût total moyen et le coût marginal a un corollaire important: la courbe de coût marginal croise la courbe de coût total moyen lorsque cette dernière est à son minimum. Cela tient au fait que lorsque le niveau de production est faible, le coût marginal est inférieur au coût total moyen, ce qui entraîne une baisse du coût total moyen. Toutefois, après l'intersection des deux courbes, le coût marginal dépasse le coût total moyen. Pour la raison précédemment évoquée, le coût total moyen doit commencer à s'élever à partir de ce niveau de production. Par conséquent, ce point d'intersection est le minimum du coût total moyen. Comme nous le verrons dans le chapitre suivant, ce point minimal du coût total moyen joue un rôle crucial dans l'analyse du comportement concurrentiel des firmes.

Des courbes typiques de coût

Dans les exemples étudiés jusqu'à présent, les firmes ont une productivité marginale décroissante et, par conséquent, un coût marginal croissant pour tous les niveaux de production. Cependant, dans la réalité, les choses sont un peu plus complexes. Pour de nombreuses firmes, la productivité marginale décroissante n'intervient pas immédiatement après l'embauche du premier travailleur. Selon le processus de production, le deuxième ou le troisième travailleur pourrait avoir un produit marginal supérieur au premier, parce qu'une équipe de travail peut se répartir les tâches pour les réaliser de façon plus productive. Dans ce cas, la productivité marginale serait croissante avant de devenir décroissante.

La figure 13.5 illustre bien cette situation, alors que sont représentées les courbes de coût total moyen (*CTM*), de coût fixe moyen (*CFM*), de coût variable moyen (*CVM*) et de coût marginal (*Cm*). Pour des niveaux de production inférieurs à quatre unités, la productivité marginale est croissante, de sorte que le coût marginal est décroissant. Par contre, pour des niveaux de production supérieurs à quatre unités, la productivité marginale est décroissante, de sorte que le coût marginal est croissant. Cette combinaison d'une productivité marginale croissante puis décroissante explique la forme en U de la courbe de coût variable moyen.

En dépit de ces quelques différences avec nos exemples précédents, les courbes de coût présentées ici partagent essentiellement les mêmes caractéristiques:

- Le coût marginal finit par augmenter lorsque la production augmente.
- La courbe de coût total moyen est en forme de U.
- La courbe de coût marginal croise la courbe de coût total moyen au point le plus bas de cette dernière.

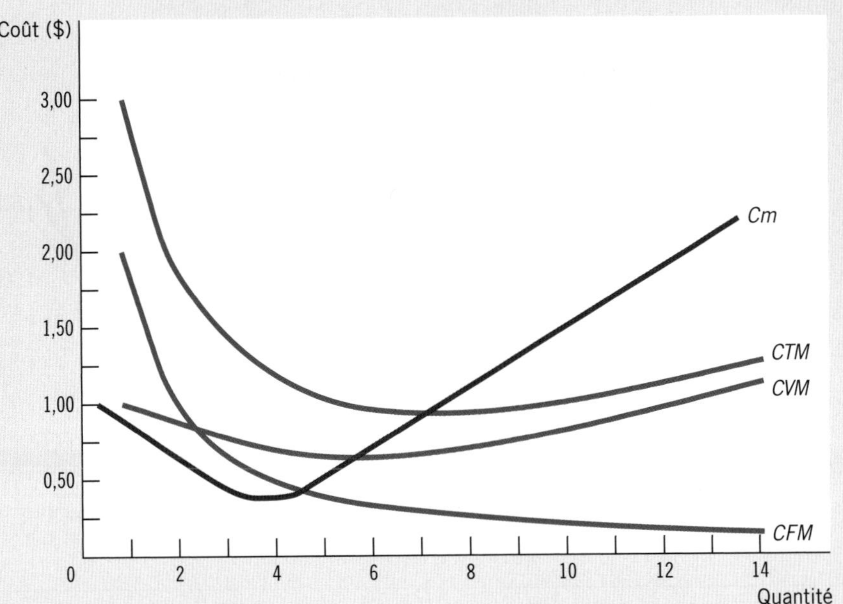

FIGURE 13.5

Les courbes typiques de coût d'une firme

Pour bon nombre d'entreprises, la productivité marginale augmente avant de diminuer. C'est pourquoi ces firmes présentent des courbes de coût identiques à celles représentées ici. On notera que le coût marginal et le coût variable moyen diminuent avant de commencer à augmenter.

MINITEST

- Imaginez que le coût de production de quatre automobiles est de 225 000 $, tandis que le coût de production de cinq automobiles revient à 250 000 $. Quel est le coût total moyen de production des cinq automobiles ? Quel est le coût marginal de la cinquième voiture ? Tracez les courbes de coût marginal et de coût total moyen pour une firme type et expliquez pourquoi ces deux courbes se croisent à un endroit précis.

Les coûts à court terme et à long terme

Au début de ce chapitre, nous vous avons fait remarquer que les coûts d'une firme sont fonction de l'horizon temporel considéré. Voyons plus précisément pourquoi et comment.

La relation entre le coût total moyen à court terme et le coût total moyen à long terme

Pour bien des entreprises, la répartition du coût total entre coûts fixes et coûts variables varie selon l'horizon temporel considéré. Prenons par exemple un fabricant d'automobiles comme Ford. Ford ne peut modifier la taille de ses usines en quelques mois. La seule façon d'augmenter la production consiste à embaucher plus de travailleurs dans les usines existantes. Le coût de ses usines est donc fixe à court terme. En revanche, Ford peut agrandir la taille de ses usines en quelques

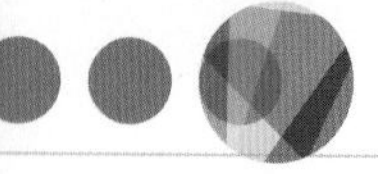

FIGURE 13.6

Le coût total moyen à court terme et à long terme

Parce que les coûts fixes sont variables à long terme, la courbe de coût total moyen à court terme diffère de la courbe de coût total moyen à long terme.

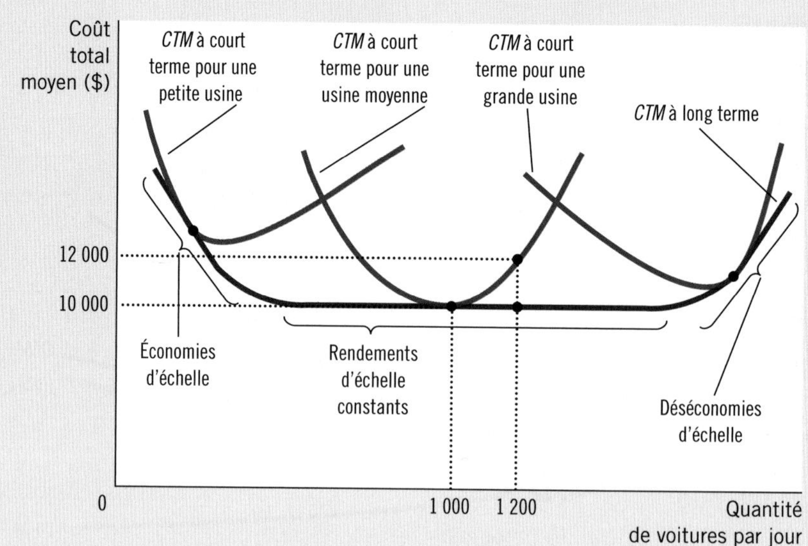

années, en construire de nouvelles ou fermer les plus anciennes. À long terme, le coût fixe des usines devient alors un coût variable.

Bien des décisions sont fixes à court terme, mais peuvent varier à long terme, ce qui explique pourquoi les courbes de coût à long terme d'une firme sont différentes des courbes de coût à court terme. La figure 13.6 illustre ce phénomène. Elle représente trois courbes de coût total moyen à court terme pour une petite, une moyenne et une grande usine ainsi que la courbe de coût total moyen à long terme. Quand la firme se déplace le long de la courbe à long terme, elle ajuste la taille de son usine au volume de production requis.

Ce graphique montre également la relation entre les coûts à long terme et les coûts à court terme. Le coût total moyen à long terme est représenté par une courbe ayant une forme en U beaucoup plus évasée que celle de la courbe de coût total moyen à court terme. En outre, toutes les courbes à court terme se situent vis-à-vis ou au-dessus de la courbe à long terme. Ces propriétés tiennent au fait que les firmes ont une plus grande flexibilité à long terme. En effet, à long terme, elles ont tout le loisir de choisir la courbe de coût à court terme qu'elles désirent. Toutefois, à court terme, elles se voient obligées de suivre la courbe à court terme pour laquelle elles avaient opté au départ.

La figure 13.6 illustre les effets d'un changement du niveau de production sur les coûts selon différents horizons temporels. Lorsque la firme Ford décide de faire passer sa production de 1000 à 1200 véhicules par jour, elle n'a d'autre possibilité, à court terme, que d'embaucher plus d'ouvriers dans son usine de taille moyenne. En raison de la productivité marginale décroissante, le coût total moyen augmente de 10000$ à 12000$ par voiture. À long terme, cependant,

Ford peut agrandir son usine tout en augmentant son effectif, de sorte que le coût total moyen redeviendra alors 10 000 $.

Combien de temps faut-il à une entreprise pour ajuster sa capacité de production à long terme ? Tout dépend de l'entreprise considérée. Dans le cas d'une grande firme, comme un constructeur d'automobiles, il faudra un an ou plus pour construire une nouvelle usine. Un kiosque de limonade n'aura besoin que d'une heure pour acheter un plus grand pichet. Il n'existe donc pas de réponse unique à cette question. Ajuster sa capacité de production à long terme est fonction du produit ou du service offert.

Les économies et les déséconomies d'échelle

La forme de la courbe de coût total moyen à long terme fournit une information importante sur les techniques de production disponibles. Elle nous renseigne notamment sur le lien qui existe entre l'échelle de production et les coûts de production. Lorsque le coût total moyen à long terme diminue alors que la production augmente, on parle d'**économies d'échelle.** Si le coût total moyen à long terme augmente en même temps que la production, on dit alors qu'il y a des **déséconomies d'échelle.** Lorsque le coût total moyen à long terme reste constant malgré l'augmentation de la production, on parle de **rendements d'échelle constants.** Dans l'exemple précédent, Ford enregistre des économies d'échelle pour un niveau de production faible, des rendements d'échelle constants pour une production moyenne et des déséconomies d'échelle pour un niveau de production élevé.

Économies d'échelle
Diminution du coût total moyen à long terme à mesure que le volume de production augmente.

Déséconomies d'échelle
Augmentation du coût total moyen à long terme à mesure que le volume de production augmente.

Rendements d'échelle constants
Maintien à un niveau constant du coût total moyen à long terme lorsque le volume de production augmente.

Quelles sont les raisons de ces économies ou de ces déséconomies d'échelle ? Les économies d'échelle surviennent le plus souvent à des échelles de production permettant une *spécialisation* des travailleurs, chacun d'eux pouvant s'améliorer dans la tâche spécifique qui lui est assignée. Parce qu'elle embauche de très nombreux travailleurs pour produire un volume très élevé de voitures, Ford peut avoir recours à la chaîne de montage et ainsi réduire ses coûts unitaires de production. Les déséconomies d'échelle peuvent quant à elles se produire en raison de problèmes de coordination inhérents aux grandes organisations. Plus Ford augmente sa production, plus l'équipe de gestion se voit débordée et moins elle est en mesure d'être efficace pour le contrôle des coûts.

Cette analyse explique pourquoi les courbes de coût total moyen à long terme prennent souvent la forme d'un U. À un volume de production restreint, la firme profite d'une augmentation de sa taille, car elle peut tirer avantage d'une meilleure spécialisation de ses travailleurs. Les problèmes de coordination n'entrent pas encore en jeu. En revanche, lorsque le niveau de la production devient très élevé, les avantages de la spécialisation se sont déjà fait sentir, mais les problèmes de coordination s'aggravent à mesure que l'entreprise prend de l'expansion. Par conséquent, le coût total moyen à long terme diminue pour les petites échelles de production, en raison de l'augmentation de la spécialisation, et il augmente pour les plus grandes échelles de production, en raison de l'augmentation des problèmes de coordination.

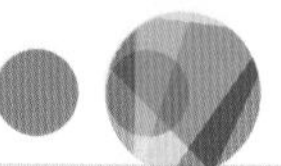

BON À SAVOIR

Les leçons d'une manufacture d'épingles

Les touche-à-tout n'excellent dans rien. Une personne qui essaie de tout faire finit généralement par tout faire mal. Si une entreprise veut obtenir de ses employés une productivité maximale, mieux vaut leur confier des tâches limitées qu'ils maîtrisent bien. Toutefois, cela n'est possible que dans une grande entreprise disposant d'un effectif considérable et produisant beaucoup.

Dans son célèbre ouvrage intitulé *Enquête sur la nature et les causes de la richesse des nations*, Adam Smith donne un exemple de ce principe à partir d'une visite effectuée dans une manufacture d'épingles. Impressionné par la spécialisation qu'il avait observée chez les travailleurs et par les économies d'échelle qui en découlaient, il écrivit :

> Un ouvrier tire sur le fil à la bobine, un autre le dresse, un troisième coupe la dressée, un quatrième empointe, un cinquième est employé à émoudre le bout qui doit recevoir la tête. Cette tête est elle-même l'objet de deux ou trois opérations séparées : la frapper est une besogne particulière ; blanchir les épingles en est une autre ; c'est même un métier distinct et séparé que de piquer les papiers et d'y bouter les épingles ; enfin l'important travail de faire une épingle est divisé en dix-huit opérations distinctes ou environ [...].

Smith faisait remarquer que la spécialisation permettait à chacun des ouvriers de cette manufacture de produire des milliers d'épingles par jour. Il se disait que si les ouvriers avaient choisi de travailler séparément plutôt qu'en équipe, « chacun d'eux assurément n'eût pas fait vingt épingles, peut-être pas une seule dans sa journée ». Autrement dit, grâce à la spécialisation d'une grande manufacture, on obtient une production par employé supérieure à celle d'une petite fabrique et un coût moyen inférieur à celui d'une petite fabrique.

Cette spécialisation observée par Smith existe partout dans le monde moderne. Si vous voulez construire une maison, vous pouvez vous lancer seul dans l'aventure. La plupart des gens préfèrent engager un entrepreneur, qui fait appel à des menuisiers, à des plombiers, à des électriciens, à des peintres et à beaucoup d'autres corps de métier. Ces travailleurs, spécialisés dans certaines tâches, ont acquis une dextérité qu'ils n'avaient pas en tant que généralistes. Il est donc vrai que la spécialisation permet des économies d'échelle et explique la prospérité de la société contemporaine.

DANS L'ACTUALITÉ

L'économie des gros porte-conteneurs

L'article ci-dessous illustre comment l'augmentation du commerce mondial permet aux compagnies maritimes de réaliser de formidables économies d'échelle dans le transport de marchandises.

Des économies d'échelle d'acier

À bord de l'un des plus gros porte-conteneurs du monde, avançant presque imperceptiblement au large du Viet Nam, on imagine sans peine les économies d'échelle qui permettent d'envoyer aux Pays-Bas un t-shirt fabriqué en Chine pour seulement 2,5 cents.

L'*Eleonora Maersk* et les 7 autres navires de sa classe comptent parmi les plus gros jamais construits : d'une longueur de près de 400 m, l'équivalent de 4 terrains de soccer, et d'un demi-terrain de largeur, le navire peut transporter quelque 7 500 conteneurs de 12 m, chacun pouvant contenir 70 000 t-shirts. Lors du voyage de notre correspondant,

▶

l'*Eleonora* transportait le matériel des célébrations européennes du Nouvel An: 1850 tonnes de feux d'artifice, dont 30 tonnes de poudre noire.

Pour transporter cette cargaison de la Chine à l'Europe en à peine plus de trois semaines, l'*Eleonora* jouit du plus gros moteur à combustion interne jamais construit, dont la puissance équivaut à celle combinée de 1000 voitures familiales. Ce moteur actionne un arbre porte-hélice d'une longueur record de 130 m au bout duquel tourne une gigantesque hélice de 130 tonnes. Le navire est à ce point automatisé qu'un équipage de 13 personnes suffit pour le mener à bon port. Qu'on se rassure, la plupart des capitaines préfèrent embarquer quelques hommes de plus.

La plus grande société de transport par conteneurs au monde et propriétaire de l'*Eleonora*, Maersk Lines, fait le pari que dans l'économie du commerce mondial, grossir est la clé de la survie. En février, la société annonçait une commande de 20 navires encore plus gros, d'une capacité de 18000 équivalents vingt pieds (EVP), l'unité de mesure correspondant à la taille d'un conteneur. (L'*Eleonora* ne peut en transporter que 15000.) Ces nouveaux mastodontes coûteront 200 millions de dollars chacun, et selon les livrets de commandes de cette année, d'autres compagnies suivront l'exemple de Maersk. La société singapourienne Neptune Orient Lines a commandé 10 porte-conteneurs de 14000 EVP; Orient Overseas Container Line en a commandé autant, de 13000 EVP. Les chantiers navals sud-coréens font des affaires d'or.

La plupart de ces navires seront conçus pour le circuit Europe-Asie, la route commerciale la plus achalandée au monde. Compte tenu des coûts croissants du carburant, de nombreux expéditeurs considèrent qu'ils ont besoin d'immenses navires pour dégager un profit. La crainte d'un autre ralentissement du commerce mondial accélère la recherche d'économies d'échelle.

Les prix du transport de marchandises ont dégringolé au cours des derniers mois en raison de l'affaiblissement de la demande et de l'offre excédentaire de porte-conteneurs, dont un grand nombre ont été commandés avant 2008, à une époque où régnait l'optimisme. Les tarifs sur le circuit Europe-Asie sont maintenant en deçà de 700$ par EVP, soit moins de la moitié du sommet observé avant 2008. «À ce prix, juge Janet Lewis, analyste à la société financière Macquarie, aucune société de transport par conteneurs ne fait d'argent.»

Les récents résultats financiers le confirment. Le 9 novembre dernier, Maersk annonçait des pertes de 297 millions de dollars pour le troisième trimestre de sa division de porte-conteneurs. Neptune affichait une perte de 91 millions de dollars pour son troisième trimestre, après avoir réalisé un profit de 282 millions de dollars l'année précédente. La Japonaise «K» Line, pour sa part, annonçait une perte de 239 millions de dollars de sa division de porte-conteneurs pour la première moitié de son exercice financier. Et la situation pourrait s'aggraver.

Les entreprises cherchent de nouvelles stratégies pour se distinguer de leurs concurrentes, à tout le moins pour survivre. Maersk a inauguré un service quotidien sur le circuit Chine-Europe, pour lequel elle déploie 70 navires garantissant des livraisons quotidiennes à Felixstowe, Bremerhaven et Rotterdam, les trois principaux terminaux portuaires à conteneurs d'Europe. L'entreprise espère livrer 95% de ces conteneurs à temps, soit 15% de plus que son propre service sur ce circuit. Ce rendement serait nettement supérieur à la moyenne de l'industrie, qui tourne autour de 65%. Maersk s'engage à dédommager ses clients pour toute livraison excédant une journée de retard. Orient Overseas mise plutôt sur la qualité de la manutention. L'entreprise exige des prix plus élevés, par exemple, pour l'expédition de marchandises périssables, comme du plasma sanguin.

Considérant la période tumultueuse que tout semble annoncer, il semble bien que les expéditeurs cherchent à faire d'autres économies d'échelle, non seulement grâce à de plus gros porte-conteneurs, mais aussi par des fusions. L'industrie compte trop de joueurs, selon plusieurs analystes. Les plus petits risquent d'être bientôt avalés comme les conteneurs dans le ventre de l'*Eleonora Maersk*. ■

Source: «Economies of scale made steel: The economics of very big ships». (12 novembre 2011). *The Economist*. (Traduction libre). Repéré à www.economist.com

MINITEST

- Si Bombardier construit neuf avions par mois, son coût total à long terme atteint 9 millions de dollars par mois. S'il en construit 10 par mois, son coût total à long terme passe à 9,5 millions par mois. Bombardier réalise-t-il des économies ou des déséconomies d'échelle?

Conclusion

Ce chapitre avait pour objet de définir quelques concepts permettant d'étudier les décisions des firmes en matière de production et de prix. Vous savez maintenant ce que les économistes entendent par *coûts* et comment ceux-ci varient selon le niveau de production. Le tableau 13.3 sert d'aide-mémoire en présentant quelques-unes des définitions données dans ce chapitre.

En elles-mêmes, les différentes courbes de coût d'une firme ne nous disent rien au sujet des décisions que celle-ci prendra, mais elles ont une importance capitale pour l'orientation de ces décisions, comme nous le verrons dans le prochain chapitre.

TABLEAU 13.3

Les différents types de coûts : un résumé

TERME	DÉFINITION	FORMULE MATHÉMATIQUE
Coûts explicites	Coûts des facteurs de production nécessitant une sortie de fonds	—
Coûts implicites	Coûts des facteurs de production ne nécessitant aucune sortie de fonds	—
Coûts fixes	Coûts qui ne varient pas avec le niveau de production	CFT
Coûts variables	Coûts qui varient avec le niveau de production	CVT
Coût total	Valeur au marché des intrants utilisés par la firme	$CT = CFT + CVT$
Coût fixe moyen	Coût fixe total divisé par la quantité produite	$CFM = CFT/Q$
Coût variable moyen	Coût variable total divisé par la quantité produite	$CVM = CVT/Q$
Coût total moyen	Coût total divisé par la quantité produite	$CTM = CT/Q$
Coût marginal	Augmentation du coût total résultant de la production d'une unité additionnelle	$Cm = \Delta CT/\Delta Q$

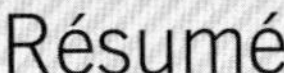

Résumé

- Une firme a pour objectif de maximiser son profit, lequel est égal à la recette totale moins le coût total.
- Lorsqu'on analyse le comportement d'une firme, il est nécessaire d'inclure tous les coûts de renonciation de la production. Certains de ces coûts, tels les salaires versés aux employés, sont explicites. D'autres, comme le salaire auquel renonce le propriétaire de la firme pour y travailler plutôt que d'avoir un autre emploi, figurent au nombre des coûts implicites. Alors que les profits comptables ne tiennent compte que des coûts explicites, les profits économiques tiennent compte à la fois des coûts explicites et implicites.
- Les coûts d'une firme reflètent son processus de production. La fonction de production d'une entreprise type s'aplatit lorsque la production augmente, en raison de la productivité marginale décroissante. Par conséquent, la courbe de coût total devient de plus en plus verticale avec l'augmentation de la production.
- Le coût total d'une firme se répartit entre les coûts fixes et les coûts variables. Les coûts fixes restent identiques, quel que soit le niveau de production. Les coûts variables varient selon le niveau de production.
- On peut déduire deux mesures à partir du coût total d'une firme : le coût total moyen, correspondant au coût total divisé par la production totale, et le coût marginal, correspondant à l'augmentation du coût total résultant de la production d'une unité additionnelle.
- Dans l'analyse du comportement d'une firme, il est souvent utile de représenter graphiquement le coût total moyen et le coût marginal. Pour une entreprise type, le coût marginal augmente avec le niveau de production. Le coût total moyen commence par diminuer pour croître ensuite avec le niveau de production. La courbe de coût marginal croise toujours la courbe de coût total moyen en son point le plus bas.
- Les coûts d'une firme varient également selon l'horizon temporel envisagé. Bon nombre de coûts sont fixes à court terme, mais variables à long terme. Par conséquent, lorsqu'une firme modifie son volume de production, le coût total moyen aura tendance à augmenter plus à court terme qu'à long terme.

Concepts clés

Capacité efficace, p. 275

Court terme, p. 267

Coût fixe moyen, p. 273

Coût marginal, p. 273

Coût total, p. 264

Coût total moyen, p. 273

Coût variable moyen, p. 273

Coûts explicites, p. 265

Coûts fixes, p. 272

Coûts implicites, p. 265

Coûts variables, p. 272

Déséconomies d'échelle, p. 279

Économies d'échelle, p. 279

Fonction de production, p. 267

Long terme, p. 267

Productivité marginale décroissante, p. 269

Produit marginal, p. 268

Profit, p. 264

Profit comptable, p. 266

Profit économique, p. 266

Recette totale, p. 264

Rendements d'échelle constants, p. 279

Questions de révision

1. Quelle relation y a-t-il entre la recette totale, le profit et le coût total d'une firme ?
2. Donnez un exemple de coût de renonciation qu'un comptable ne considérera pas comme un coût. Pourquoi ne tiendra-t-il pas compte de ce coût de renonciation ?
3. Qu'est-ce que le produit marginal ? Que veut-on dire par « productivité marginale décroissante » ?
4. Dessinez une fonction de production qui illustre la productivité marginale décroissante du travail. Dessinez la courbe de coût total correspondante (assurez-vous de nommer les axes sur les deux graphiques). Expliquez les formes des courbes que vous venez de dessiner.
5. Donnez les définitions du coût total, du coût total moyen et du coût marginal. Quelle relation y a-t-il entre ces concepts de coût ?
6. Tracez les courbes de coût total moyen et de coût marginal. Donnez les raisons expliquant les formes de ces courbes et leur intersection.
7. Pourquoi et comment la courbe de coût total moyen d'une firme diffère-t-elle à court terme et à long terme ?
8. Donnez une définition des économies d'échelle, puis des déséconomies d'échelle, en expliquant pourquoi elles surviennent.

Les firmes sur les marchés parfaitement concurrentiels

14
CHAPITRE

Si la station-service du coin augmente le prix de l'essence de 20 %, ses ventes chuteront sensiblement, car les clients iront s'approvisionner chez les concurrents. En revanche, si Hydro-Québec augmente ses tarifs de 20 %, elle ne notera qu'une faible diminution du volume de ses ventes. Les gens abaisseront légèrement la température de leur appartement et ils éteindront probablement les lumières en sortant, mais il leur sera difficile de diminuer radicalement leur consommation d'électricité. De plus, ils ne pourront pas changer de distributeur. La différence entre le marché de l'essence et celui de l'électricité est évidente : on trouve des stations-service un peu partout, mais il n'existe qu'une seule entreprise de distribution d'électricité au Québec. On peut penser que cette différence dans la structure du marché conditionnera les décisions en matière de prix et de production des entreprises œuvrant sur ces marchés.

Dans ce chapitre, nous nous intéresserons au comportement des firmes en situation de concurrence parfaite, comme c'est le cas de la station-service du coin.

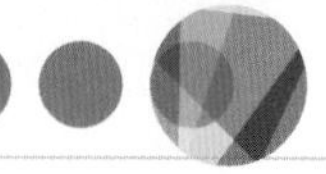

Vous vous rappelez sans doute qu'un marché est concurrentiel si les acheteurs et les vendeurs sont suffisamment nombreux pour qu'aucun d'eux ne puisse à lui seul influer sur les prix de ce marché. À l'inverse, si une entreprise, par son comportement, est en mesure d'influer sur le prix du marché, on dit qu'elle jouit d'un *pouvoir de marché*. Dans les trois prochains chapitres, nous analyserons le comportement des firmes qui détiennent un pouvoir de marché, comme l'entreprise de distribution d'électricité.

Le présent chapitre porte sur les décisions qui conditionnent la courbe d'offre d'un marché parfaitement concurrentiel. Vous ne serez pas étonné d'apprendre que la courbe d'offre est étroitement liée aux coûts de production des firmes. Mais, parmi ces coûts — fixes, variables, moyen et marginal —, quels sont ceux qui entrent en ligne de compte au moment de décider de la quantité à produire ? Nous verrons que ces diverses mesures du coût jouent chacune un rôle important et s'influencent réciproquement.

Qu'est-ce qu'un marché parfaitement concurrentiel ?

Ce chapitre a pour objet d'examiner la prise de décisions des firmes en situation de concurrence parfaite. Nous examinerons d'abord les principales caractéristiques de ce type de marché.

La signification de la concurrence parfaite

Marché parfaitement concurrentiel
Marché sur lequel les acheteurs et les vendeurs sont trop nombreux pour que l'un d'eux puisse influer sur le prix du marché.

Un marché concurrentiel, appelé parfois **marché parfaitement concurrentiel**, présente les caractéristiques suivantes :

- Les acheteurs et les vendeurs sont très nombreux sur ce marché.
- Les biens offerts par les divers vendeurs sont à peu près identiques.
- L'information, en matière de prix et de technologie, est parfaite.

Dans de telles conditions, les actions d'un acheteur ou d'un vendeur isolé ont une influence négligeable sur le prix du marché. Chacun d'eux accepte le prix du marché tel quel.

Le marché du lait en constitue un bon exemple. Aucun acheteur n'est en mesure d'influer sur le prix du produit en raison des faibles quantités consommées par rapport à la taille du marché. Aucun vendeur de lait ne peut lui non plus exercer de pression sur les prix parce que tous les autres vendeurs offrent un produit identique. Comme chaque vendeur peut vendre la quantité qu'il désire au prix du marché, aucune raison ne justifie qu'il baisse son prix ; en revanche, s'il augmente son prix, les acheteurs iront ailleurs. Dans un contexte de concurrence, les acheteurs et les vendeurs doivent accepter le prix dicté par le marché. On dit alors qu'ils sont des *preneurs de prix*.

Outre les trois conditions précédentes, il en est une quatrième qui est parfois considérée comme la caractéristique essentielle d'une industrie en concurrence parfaite :

- Les firmes peuvent librement entrer sur le marché et en sortir.

Dès que quiconque peut décider de se lancer dans la production laitière et que tout exploitant de ferme laitière peut choisir de vendre son entreprise, l'industrie laitière satisfait à cette condition. Remarquez que cette quatrième condition n'est pas essentielle à l'analyse des firmes parfaitement concurrentielles, car elle n'est pas nécessaire pour qu'une firme soit un preneur de prix. Toutefois, comme nous le verrons plus loin, cette condition jouera un rôle très important dans notre analyse de long terme des marchés parfaitement concurrentiels.

Les recettes d'une firme concurrentielle

La firme en situation de concurrence parfaite, comme la plupart des autres firmes dans l'économie, essaie de maximiser son profit, lequel est égal à sa recette totale moins son coût total. Voyons, au moyen d'un exemple, comment elle y parvient. Afin de rendre cet exposé plus concret, prenons le cas de la ferme laitière de la famille Gauthier.

La ferme des Gauthier produit une quantité Q de lait qu'elle vend au prix unitaire P. Sa recette totale est donc égale à $P \times Q$. Aux fins de cette démonstration, supposons qu'un litre de lait se vende 6 $ (le lait est particulièrement cher dans cette économie factice !). La vente de 1 000 L de lait permet donc d'obtenir une recette totale de 6 000 $.

La ferme des Gauthier a une taille insignifiante à l'échelle du marché du lait et accepte donc le prix tel qu'il est fixé par les conditions du marché. Cela signifie que le prix du lait n'est pas fonction de la production de la famille Gauthier. Si les Gauthier doublent la quantité produite, le prix ne bougera pas tandis que leurs recettes doubleront. Par conséquent, la recette totale est directement proportionnelle à la quantité produite.

Le tableau 14.1 illustre les recettes de la ferme laitière des Gauthier. Les deux premières colonnes indiquent la production et le prix de vente. La troisième indique la recette totale. Dans ce tableau, on suppose que le prix du litre est de 6 $; la recette totale correspond donc à 6 $, multiplié par le nombre de litres vendus.

Les concepts de *moyen* et de *marginal*, qui ont été fort utiles pour l'analyse des coûts au chapitre 13, seront encore très utiles pour l'analyse des recettes. Pour voir en quoi ces concepts sont utiles, posons-nous les deux questions suivantes :

- Quelle est la recette obtenue de la vente d'un litre de lait typique ?
- Quelle est la recette obtenue de la vente d'un litre de lait additionnel ?

Les dernières colonnes du tableau 14.1 apportent une réponse à ces questions.

La quatrième colonne du tableau présente la **recette moyenne,** soit la recette totale (troisième colonne) divisée par la quantité vendue (première colonne). La recette moyenne nous permet de connaître la recette que rapporte un litre de lait typique. Selon le tableau 14.1, cette recette moyenne est de 6 $, soit le prix d'un litre de lait. Cela illustre une règle générale applicable non seulement aux firmes parfaitement concurrentielles, mais aussi à toutes les autres firmes. La recette moyenne est égale à la recette totale ($P \times Q$) divisée par la quantité (Q). Par conséquent, *pour toutes les firmes, la recette moyenne est égale au prix de vente du bien.*

Recette moyenne
Recette totale divisée par le nombre d'unités vendues.

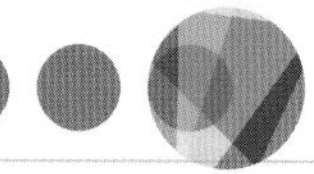

TABLEAU 14.1

Les recettes totale, moyenne et marginale d'une firme parfaitement concurrentielle

Uniquement en concurrence parfaite, le prix est égal à la fois à la recette moyenne et à la recette marginale : $P = RM = Rm$.

QUANTITÉ (LITRES)	PRIX ($)	RECETTE TOTALE ($)	RECETTE MOYENNE ($)	RECETTE MARGINALE ($)
(Q)	(P)	($RT = P \times Q$)	($RM = RT/Q$)	($Rm = \Delta RT/\Delta Q$)
1	6	6	6	
				6
2	6	12	6	
				6
3	6	18	6	
				6
4	6	24	6	
				6
5	6	30	6	
				6
6	6	36	6	
				6
7	6	42	6	
				6
8	6	48	6	

Recette marginale
Variation de la recette totale attribuable à la vente d'une unité additionnelle.

La **recette marginale**, c'est-à-dire la variation de la recette totale attribuable à la vente d'une unité additionnelle, se trouve dans la cinquième colonne. Dans ce tableau, la recette marginale est égale à 6 $, soit le prix d'un litre de lait. Ce résultat ne se vérifie que dans le cas des firmes parfaitement concurrentielles. La recette totale est égale à $P \times Q$, où P demeure constant sur un marché concurrentiel. Par conséquent, pour chaque augmentation de la quantité (Q) d'une unité, la recette totale augmente de P dollars. *Pour les firmes parfaitement concurrentielles, la recette marginale est égale au prix de vente du bien.*

MINITEST

- Lorsqu'une firme parfaitement concurrentielle double son volume de ventes, qu'advient-il du prix du produit et de sa recette totale ?

La maximisation du profit et la courbe d'offre de la firme

La firme parfaitement concurrentielle cherche à maximiser son profit, lequel est égal à la différence entre la recette totale et le coût total. Nous venons tout juste d'examiner les recettes de la firme, alors que les coûts ont été abordés dans le chapitre précédent. Nous pouvons maintenant étudier comment une firme maximise son profit et comment cette décision détermine sa courbe d'offre.

Un exemple simple de maximisation du profit

Commençons notre analyse des décisions de production de la firme avec l'exemple présenté dans le tableau 14.2. La première colonne du tableau indique le nombre de litres de lait produits par la famille Gauthier. Dans la deuxième colonne, on trouve la recette totale, soit la quantité produite multipliée par le prix de 6 $. La troisième colonne indique le coût total. Celui-ci comprend le coût fixe, égal dans cet exemple à 3 $, et le coût variable, lequel varie selon la quantité produite.

Le profit de la ferme figure dans la quatrième colonne et s'obtient en soustrayant le coût total de la recette totale. En l'absence de toute production, la ferme enregistre une perte de 3 $. En effet, sa recette est nulle et son coût total est égal

TABLEAU 14.2

La maximisation du profit : un exemple chiffré

QUANTITÉ (LITRES)	RECETTE TOTALE ($)	COÛT TOTAL ($)	PROFIT ($)	RECETTE MARGINALE ($)	COÛT MARGINAL ($)	VARIATION DU PROFIT ($)
(Q)	*(RT)*	*(CT)*	*(RT – CT)*	*(Rm = ΔRT/ΔQ)*	*(Cm = ΔCT/ΔQ)*	*(Rm – Cm)*
0	0	3	–3			
				6	2	4
1	6	5	1			
				6	3	3
2	12	8	4			
				6	4	2
3	18	12	6			
				6	5	1
4	24	17	7			
				6	6	0
5	30	23	7			
				6	7	–1
6	36	30	6			
				6	8	–2
7	42	38	4			
				6	9	–3
8	48	47	1			

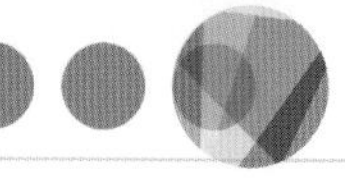

à son coût fixe. Pour une production de 1 L, son profit s'élève à 1 $; si elle en produit 2, son profit passe à 4 $, et ainsi de suite. Pour maximiser son profit, la ferme Gauthier choisit de produire la quantité la plus rentable. Dans cet exemple, pour obtenir le profit maximal, soit 7 $, la ferme doit produire 4 ou 5 L de lait.

On peut analyser cette décision des Gauthier sous un autre angle : ils peuvent déterminer la quantité optimale en comparant la recette marginale et le coût marginal de chaque unité produite. Les cinquième et sixième colonnes indiquent la recette marginale et le coût marginal, tandis que la dernière colonne fait état de la variation du profit associée à la production d'une unité additionnelle (le profit marginal). Le premier litre de lait produit par la ferme dégage une recette marginale de 6 $ et représente un coût marginal de 2 $; la production de ce litre de lait entraîne donc une augmentation du profit de 4 $ (celui-ci passant de –3 $ à 1 $). Le deuxième litre dégage une recette marginale de 6 $ et représente un coût marginal de 3 $, entraînant une augmentation du profit de 3 $ (celui-ci passant de 1 $ à 4 $). Tant et aussi longtemps que la recette marginale est supérieure au coût marginal, l'augmentation de la production entraîne une augmentation du profit. Toutefois, lorsque la production atteint 5 L, la situation change. Le sixième litre dégage une recette marginale de 6 $, mais il représente un coût marginal de 7 $, réduisant le profit de 1 $ (puisqu'il passe de 7 $ à 6 $). Les Gauthier ne produisent donc pas plus de 5 L de lait.

Suivant l'un des **dix principes d'économie** du chapitre 1, les gens rationnels raisonnent à la marge. Nous voyons maintenant comment la famille Gauthier peut appliquer ce principe. Tant que la recette marginale est supérieure au coût marginal — comme c'est le cas pour la production de 1, 2 ou 3 L de lait —, les Gauthier doivent accroître leur production. Dès lors que la recette marginale est inférieure au coût marginal — comme c'est le cas pour une production de 6, 7 ou 8 L —, les Gauthier doivent réduire leur production. En raisonnant à la marge, les Gauthier ajustent progressivement leur production, obtenant ainsi la quantité qui maximise leur profit.

La courbe de coût marginal et les décisions de production de la firme

Pour poursuivre cette analyse de la maximisation du profit, observons les courbes de coûts de la figure 14.1. Ces courbes présentent trois caractéristiques qui, comme nous l'avons vu au chapitre 13, décrivent assez fidèlement la plupart des firmes : la courbe de coût marginal (*Cm*) présente une pente positive, la courbe de coût total moyen (*CTM*) a la forme d'un U et la courbe de coût marginal croise la courbe de coût total moyen en son point le plus bas. Sur cette figure, le prix du marché (*P*) est représenté par une droite horizontale, qui est attribuable au fait que cette firme est un preneur de prix, c'est-à-dire que le prix de vente reste le même, quelle que soit la quantité que la firme décide de produire. Pour une firme parfaitement concurrentielle, on se souviendra que le prix est égal à la fois à la recette moyenne (*RM*) et à la recette marginale (*Rm*).

La figure 14.1 permet d'établir le niveau de production qui maximiserait le profit. Supposons que le niveau de production de la firme se situe en Q_1. À ce niveau, la recette marginale est supérieure au coût marginal. Cela revient à dire que, si la firme accroît sa production et ses ventes d'une unité, sa recette additionnelle (Rm_1) dépassera son coût additionnel (Cm_1). Par conséquent, le profit, égal à la

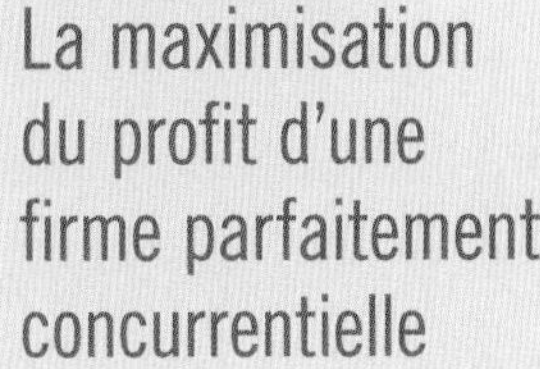

FIGURE 14.1

La maximisation du profit d'une firme parfaitement concurrentielle

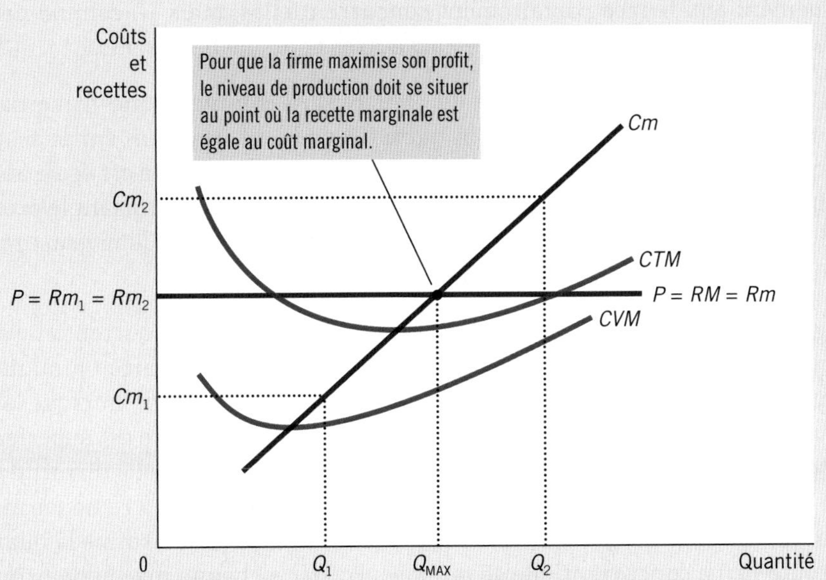

Ce graphique illustre la courbe de coût marginal (*Cm*), la courbe de coût total moyen (*CTM*), la courbe de coût variable moyen (*CVM*) et le prix du marché (*P*), lequel est égal à la recette marginale (*Rm*) et à la recette moyenne (*RM*). Pour une quantité Q_1, la recette marginale Rm_1 dépasse le coût marginal Cm_1, et toute augmentation de la production génère un profit additionnel. Pour la quantité Q_2, le coût marginal Cm_2 dépasse la recette marginale Rm_2, et toute réduction de la production accroît le profit. La quantité optimale de production Q_{MAX} se trouve à l'intersection de la courbe de prix horizontale et de la courbe de coût marginal.

recette totale moins le coût total, augmentera. Tant que la recette marginale est supérieure au coût marginal — comme c'est le cas en Q_1 —, le profit augmente en même temps que la production.

Le même raisonnement s'applique lorsque le niveau de production se situe en Q_2. Dans ce cas, le coût marginal est supérieur à la recette marginale. Si la firme réduit sa production d'une unité, l'économie réalisée sur les coûts (Cm_2) excédera la perte de recette (Rm_2). Par conséquent, si la recette marginale est inférieure au coût marginal, comme c'est le cas ici, la firme peut augmenter son profit en réduisant sa production.

Jusqu'où la firme continuera-t-elle ces ajustements de production marginaux? Que la quantité produite au départ soit faible (Q_1) ou élevée (Q_2), la firme finira par ajuster sa production pour qu'elle atteigne Q_{MAX}, la quantité optimale de production. Cette analyse nous permet de formuler trois règles générales concernant la maximisation du profit :

- Si la recette marginale est supérieure au coût marginal, la firme doit augmenter sa production.
- Si le coût marginal est supérieur à la recette marginale, la firme doit réduire sa production.
- Au volume de production permettant la maximisation du profit, la recette marginale est égale au coût marginal.

Dans la prise de décisions rationnelles, les firmes qui cherchent à maximiser leur profit tiennent compte de ces règles fondamentales. Celles-ci ne s'appliquent pas uniquement aux firmes parfaitement concurrentielles, mais — comme nous le verrons dans le prochain chapitre — à d'autres types de firmes aussi.

Vous êtes maintenant en mesure de comprendre comment une firme parfaitement concurrentielle décide de la quantité de biens à mettre sur le marché. Puisque cette firme est un preneur de prix, sa recette marginale est égale au prix du marché. Pour un prix donné, le volume de production maximisant le profit se situe à l'intersection du prix et de la courbe de coût marginal. Ce niveau optimal de production est désigné par Q_{MAX} sur la figure 14.1.

La figure 14.2 illustre la réaction d'une firme parfaitement concurrentielle à une augmentation du prix du marché. Pour un prix donné P_1, la firme produit une quantité Q_1, quantité telle que le coût marginal est égal au prix. Lorsque le prix s'élève à P_2, la firme constate que pour Q_1, sa recette marginale est supérieure à son coût marginal. Elle augmente donc sa production. La nouvelle quantité optimale est alors Q_2, quantité à laquelle le coût marginal est égal à ce nouveau prix supérieur. En somme, puisque la courbe de coût marginal détermine la quantité que toute firme concurrentielle se propose d'offrir à chaque niveau de prix, elle représente donc la courbe d'offre de la firme.

FIGURE 14.2

Le coût marginal et la courbe d'offre de la firme

Une augmentation du prix de P_1 à P_2 provoque une augmentation de la quantité optimale de production, laquelle passe de Q_1 à Q_2. Puisque la courbe de coût marginal indique la quantité produite par la firme pour chaque niveau de prix, elle représente la courbe d'offre de la firme.

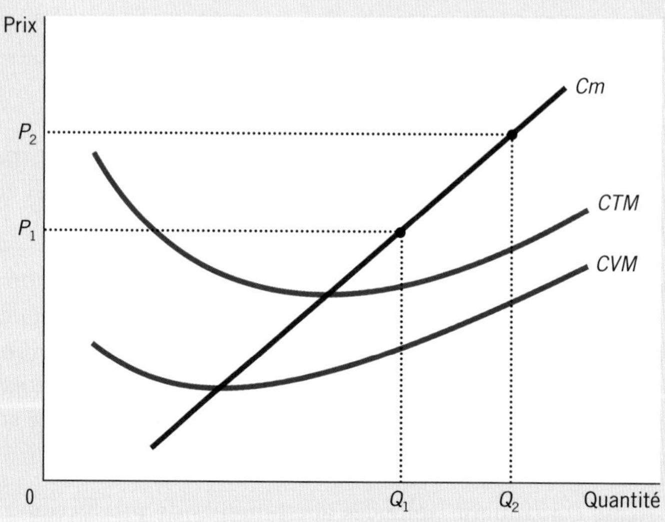

La décision d'interrompre la production à court terme

Jusqu'à présent, nous nous sommes limités à analyser les décisions de production d'une firme parfaitement concurrentielle. Toutefois, dans certaines circonstances, il arrive que la firme décide d'interrompre momentanément sa production.

Il importe ici d'établir la distinction entre une interruption d'activité temporaire et une sortie pure et simple du marché. Une *interruption de production temporaire* consiste en une décision à court terme de ne plus produire pour une période donnée en raison des conditions du marché. Une *sortie* consiste en une décision à long terme de quitter définitivement le marché. La différence entre ces décisions à court et à long terme tient au fait que la plupart des firmes ne peuvent éliminer leurs coûts fixes à court terme, alors qu'elles peuvent le faire à long terme. Ainsi, une firme qui arrête temporairement de produire continue à supporter des coûts fixes, alors qu'une firme qui décide de sortir du marché n'a plus ni coûts fixes ni coûts variables à supporter.

Prenons, par exemple, la décision que doit prendre un fermier en matière de production. Ses immobilisations foncières font partie de ses coûts fixes. S'il décide de ne rien cultiver pendant la saison, sa terre reste en jachère et il ne peut pas recouvrer ses coûts fixes. Dans le contexte de sa décision d'interrompre ou non sa production momentanément, le coût de ses immobilisations s'appelle *coût irrécupérable* (*sunk cost,* en anglais). En revanche, si le fermier décide d'abandonner complètement son exploitation, il peut vendre sa terre. S'il prenait la décision à long terme de se retirer définitivement du marché, le coût des immobilisations ne serait plus irrécupérable (nous reviendrons bientôt sur cette notion de coût irrécupérable).

Examinons maintenant les raisons qui motivent une firme à interrompre temporairement ses activités. Si une firme cesse son exploitation, elle perd la totalité de la recette tirée de la vente de sa production. Toutefois, cela lui permet d'éviter les coûts variables de production (bien qu'elle continue de payer les coûts fixes). Par conséquent, une firme interrompt temporairement sa production si la recette qu'elle pourrait obtenir de sa production est inférieure à ses coûts variables.

Pour mieux comprendre le raisonnement derrière cette interruption de production, posons quelques formules mathématiques simples. Si RT correspond à la recette totale et CVT, au coût variable total, on peut alors représenter la décision de la firme selon l'équation suivante :

$$\text{Interruption de production quand } RT < CVT$$

La firme cesse momentanément ses activités si la recette totale est inférieure au coût variable total. En divisant les deux membres de l'inégalité par Q (la production), on obtient :

$$\text{Interruption de production quand } RT/Q < CVT/Q$$

Il est possible de simplifier encore cette expression. RT/Q correspond à la recette totale divisée par la quantité, soit la recette moyenne. Comme nous l'avons déjà dit, la recette moyenne de toute firme correspond simplement au prix du bien, P. De la même manière, CVT/Q représente le coût variable moyen, CVM. Par conséquent, le critère justifiant l'arrêt momentané des activités de la firme se formule ainsi :

$$\text{Interruption de production quand } P < CVM$$

Autrement dit, une firme décide de cesser temporairement ses activités si le prix de son produit est inférieur au coût variable moyen de production. Ce critère a quelque chose d'intuitif : au moment de décider de produire, la firme compare le prix qu'elle perçoit par unité avec le coût variable moyen de production de cette même unité. Si le prix de vente ne permet pas de recouvrer le coût variable moyen, la firme a tout intérêt à arrêter sa production. Certes, elle réalise une perte (car elle paie toujours ses coûts fixes), mais sa perte serait plus grande si elle continuait de produire. Elle pourra rouvrir ses portes si la conjoncture évolue de manière que le prix dépasse le coût variable moyen.

Seuil de fermeture
Prix le plus bas qu'accepterait une firme concurrentielle à court terme, lequel correspond au minimum du coût variable moyen.

Cela dit, le prix correspondant au minimum du coût variable moyen est parfois appelé **seuil de fermeture.** Si le prix du marché est inférieur à ce seuil, alors la firme interrompt temporairement ses activités. Si les conditions du marché venaient à changer et que le prix remontait au-dessus de ce seuil, alors elle pourrait recommencer à produire.

C'est ainsi que se termine la description des décisions de production d'une firme parfaitement concurrentielle cherchant à maximiser son profit. Une telle firme décide de la quantité à produire afin que le coût marginal soit égal au prix du bien produit. Or, si ce prix est inférieur au coût variable moyen pour cette quantité, la firme a tout intérêt à interrompre momentanément sa production, comme on peut le constater à la figure 14.3. La courbe d'offre à court terme d'une firme parfaitement concurrentielle correspond à la portion de la courbe de coût marginal qui se situe au-dessus de la courbe de coût variable moyen.

FIGURE 14.3

La courbe d'offre à court terme d'une firme parfaitement concurrentielle

À court terme, la courbe d'offre d'une firme parfaitement concurrentielle se confond avec la portion de sa courbe de coût marginal (*Cm*) située au-dessus du coût variable moyen (*CVM*). Si le prix tombe au-dessous de la courbe de coût variable moyen, mieux vaut interrompre à court terme la production.

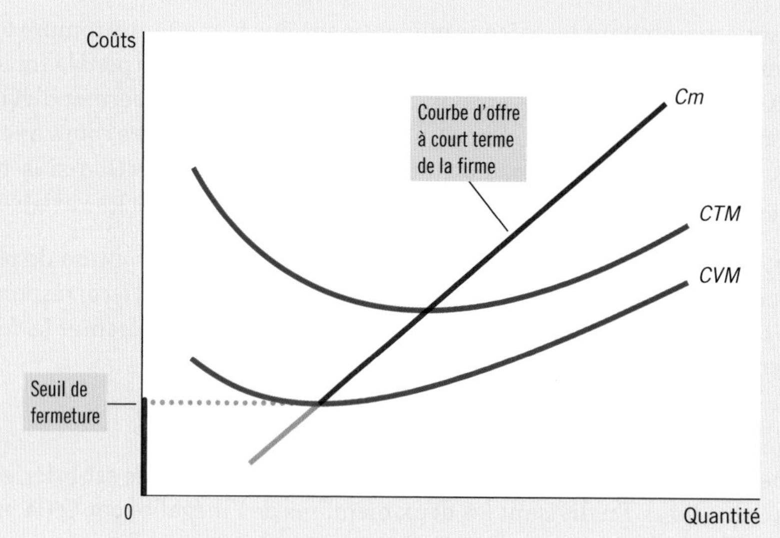

Les coûts irrécupérables

Coût irrécupérable
Coût déjà engagé et qui ne peut être récupéré.

Vous avez sûrement déjà entendu les expressions *Ce qui est fait est fait* ou *Ne revenons pas sur le passé.* Ces phrases sont tout à fait de mise dans la prise de décisions rationnelles. Les économistes parlent de **coût irrécupérable** lorsqu'une dépense déjà engagée ne peut être récupérée. Puisqu'on ne peut rien faire pour éviter ces coûts, mieux vaut en faire fi au moment de prendre des décisions. Et cela s'applique aussi bien à la vie quotidienne qu'à la stratégie de la firme.

Notre analyse de la décision de la firme d'interrompre ses activités illustre le principe des coûts irrécupérables. Nous partons de l'hypothèse qu'une firme ne peut récupérer ses coûts fixes lorsqu'elle cesse momentanément ses activités. En effet, indépendamment de la quantité produite à court terme (y compris zéro), la firme doit payer ses coûts fixes. Par conséquent, les coûts fixes sont irrécupérables et la firme en fait abstraction lorsqu'elle prend une décision concernant la production. La courbe d'offre à court terme de la firme correspond à la portion de sa courbe de coût marginal qui se situe au-dessus de sa courbe de coût variable moyen, et l'ampleur des coûts fixes n'intervient pas dans cette décision en matière d'offre.

Cet impact négligeable des coûts irrécupérables se vérifie également dans la vie quotidienne. Imaginons, par exemple, que vous accordez une valeur de 15 $ au fait d'assister à la projection d'un film récent. Vous payez votre billet 12 $, mais vous le perdez juste avant d'entrer dans la salle. Devriez-vous acheter une autre place de cinéma ou rentrer chez vous parce que vous ne voulez pas débourser une somme de 24 $ pour voir le film ? La réponse est simple : il vaudrait mieux acheter un nouveau billet. Le plaisir de voir le film (15 $) dépasse le coût de renonciation de 12 $ pour la seconde entrée. Les 12 $ payés pour le billet perdu sont des coûts irrécupérables. Ce qui est fait est fait, inutile de revenir là-dessus.

ÉTUDE DE CAS

Des restaurants à moitié vides et des golfs miniatures hors saison

Vous est-il déjà arrivé d'entrer dans un restaurant à moitié vide ? Vous vous êtes alors demandé pourquoi il restait ouvert, alors que les recettes des quelques clients ne suffiraient visiblement pas à couvrir l'ensemble des coûts.

Pour décider s'il reste ouvert dans l'après-midi, un restaurateur doit se rappeler la différence qu'il y a entre les coûts fixes et les coûts variables. Une bonne partie des coûts de restauration — le loyer, l'équipement, les tables, les assiettes, les couverts, etc. — font partie des coûts fixes qu'on ne pourra pas réduire en fermant l'après-midi. Autrement dit, il s'agit de coûts irrécupérables à court terme. Lorsque le propriétaire décide que son établissement doit rester ouvert, seuls les coûts variables entrent en ligne de compte : le coût de la nourriture et les salaires du personnel. Le restaurateur ne fermera que si les recettes obtenues des quelques rares clients n'arrivent pas à couvrir ces coûts variables.

Il est parfois rentable de rester ouvert, même avec de nombreuses tables libres.

Le gérant d'un golf miniature se trouvera devant le même dilemme. En raison de la variation importante des recettes selon la saison, l'entreprise doit décider des heures d'ouverture. Ici encore, la prise en compte des coûts fixes — immobilisations foncières et coût de construction — n'intervient aucunement. Le golf miniature ne devrait ouvrir que lorsque les recettes dépassent les coûts variables.

La décision d'entrer sur le marché ou d'en sortir à long terme

La décision d'entrer sur le marché ou d'en sortir à long terme relève de la même logique que celle de l'interruption momentanée de la production. En fermant ses portes, une firme perd la totalité de ses recettes, mais elle économise maintenant tout autant sur les coûts fixes que sur les coûts variables. Par conséquent, la firme quitte le marché si les recettes qu'elle pourrait obtenir de sa production sont inférieures à son coût de production total.

Cette fois encore, il sera plus simple de formuler ce critère sous forme mathématique. Si RT représente la recette totale et CT, le coût total, le critère de sortie peut se formuler ainsi :

$$\text{Sortie quand } RT < CT$$

La firme quitte le marché si la recette totale est inférieure au coût total. En divisant les deux membres de cette équation par Q (quantité produite), on peut en conclure :

$$\text{Sortie quand } RT/Q < CT/Q$$

On peut simplifier cette formule en rappelant que RT/Q correspond à la recette moyenne, laquelle est égale au prix P, et que CT/Q correspond au coût total moyen (CTM). Le critère de la firme pour mettre définitivement fin à ses activités sera :

$$\text{Sortie quand } P < CTM$$

Par conséquent, une firme décide de fermer ses portes et de quitter le marché si le prix du bien est inférieur au coût total moyen. Cela dit, le prix qui correspond au minimum du coût total moyen est parfois appelé **seuil de rentabilité**. Si le prix du marché est inférieur à ce seuil, alors la firme sort définitivement du marché.

Seuil de rentabilité
Prix le plus bas qu'accepterait une firme concurrentielle à long terme, lequel correspond au minimum du coût total moyen.

Le même type de raisonnement s'applique dans le cas de la création d'une nouvelle firme. Celle-ci entrera sur le marché si elle est rentable, autrement dit, si le prix du bien dépasse le coût total moyen de production. Le critère justifiant l'entrée sur le marché est donc :

$$\text{Entrée si } P > CTM$$

Ce critère est exactement l'inverse du critère de sortie.

Vous comprenez alors la stratégie à long terme de maximisation du profit de la firme parfaitement concurrentielle. Si la firme est déjà sur le marché, elle produit une quantité telle que le coût marginal est égal au prix du produit. Cependant, si le prix est inférieur au coût total moyen pour cette quantité, la firme décidera de fermer ses portes et de sortir du marché (ou de ne pas y entrer). La figure 14.4 illustre ce résultat. Par conséquent, *la courbe d'offre à long terme d'une firme parfaitement concurrentielle correspond à la portion de sa courbe de coût marginal située au-dessus du coût total moyen.*

FIGURE 14.4

La courbe d'offre à long terme d'une firme parfaitement concurrentielle

À long terme, la courbe d'offre de la firme se confond avec la portion de sa courbe de coût marginal (*Cm*) qui se situe au-dessus du coût total moyen (*CTM*). Si le prix est inférieur au coût total moyen, la firme a tout intérêt à se retirer du marché.

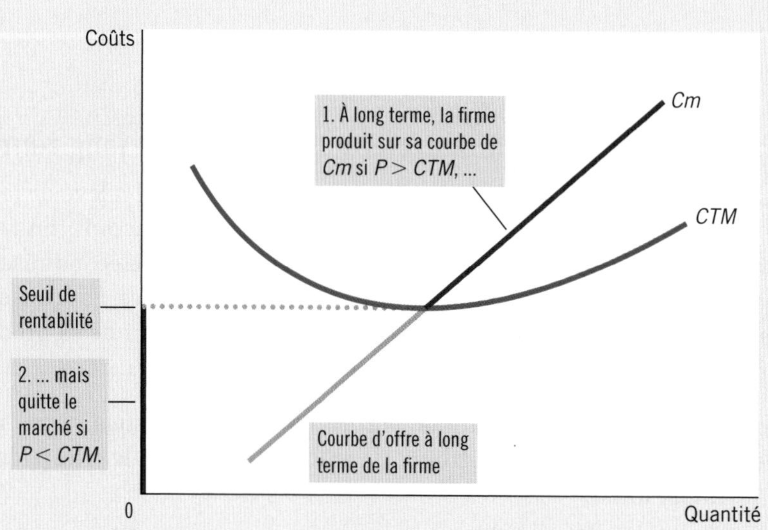

La mesure du profit de la firme

Pendant que nous étudions la question de l'entrée et de la sortie d'une firme sur un marché, il peut s'avérer utile d'examiner plus en détail la notion de profit. Souvenez-vous que le profit est égal à la recette totale (*RT*) moins le coût total (*CT*), soit :

$$\text{Profit} = RT - CT$$

Nous pouvons récrire cette équation en multipliant et en divisant par *Q* le membre de droite de cette formule :

$$\text{Profit} = (RT/Q - CT/Q) \times Q$$

Remarquez que *RT*/*Q* est égal à la recette moyenne, laquelle est égale au prix *P*, et que *CT*/*Q* correspond au coût total moyen *CTM*. Dès lors :

$$\text{Profit} = (P - CTM) \times Q$$

Cette façon d'exprimer le profit nous permet une représentation graphique. Le graphique a) de la figure 14.5 montre une firme réalisant un profit positif. Comme nous l'avons vu, la firme maximise son profit en produisant une quantité telle que le prix est égal au coût marginal. Observons le rectangle ombré. La hauteur du rectangle est égale à *P* – *CTM*, la différence entre le prix et le coût total moyen. Sa largeur est égale à *Q*, la quantité produite. La surface du rectangle est donc (*P* – *CTM*) × *Q*, soit le profit de la firme.

De la même façon, le graphique b) de cette figure montre une firme accusant des pertes (profit négatif). Dans ce cas, la maximisation du profit signifie la

FIGURE 14.5

Le profit et la perte

a) Firme réalisant un profit

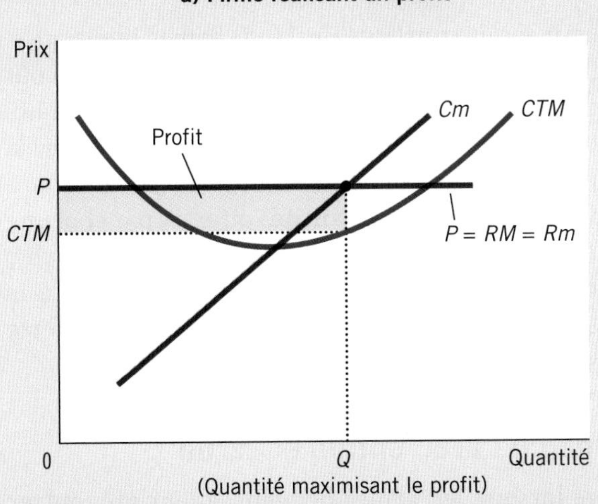

b) Firme accusant une perte

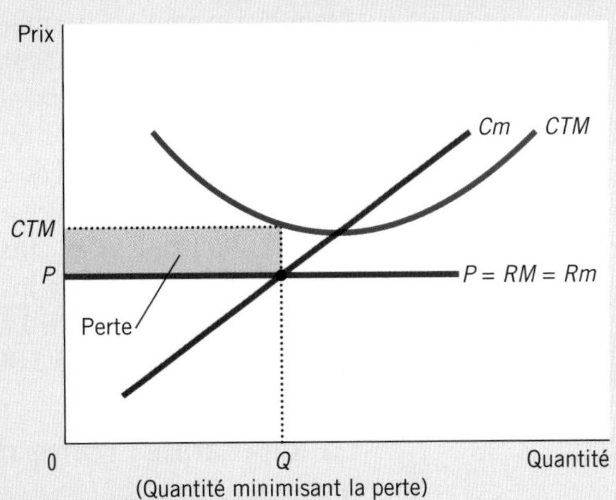

La surface du rectangle ombré entre le prix et le coût total moyen représente le profit de la firme. La hauteur de ce rectangle est égale au prix moins le coût total moyen (*P* – *CTM*), et sa largeur, à la quantité produite (*Q*). Sur le graphique a), le prix est supérieur au coût total moyen, la firme réalisant dès lors un profit positif. Sur le graphique b), le prix est inférieur au coût total moyen, la firme accusant donc une perte.

minimisation des pertes, encore une fois en produisant la quantité pour laquelle le prix est égal au coût marginal. Observons maintenant le rectangle ombré. Il a une hauteur de $CTM - P$ et une largeur de Q. Sa surface, qui est de $(CTM - P) \times Q$, représente la perte de la firme. Dans une telle situation, une firme ne réalise pas assez de recettes pour couvrir son coût total moyen; à long terme, elle choisira donc de quitter le marché.

MINITEST

- Comment une firme sur un marché parfaitement concurrentiel détermine-t-elle le niveau de production qui maximise son profit? Expliquez.
- Dans quelles circonstances une firme de ce type décide-t-elle de cesser momentanément sa production? de quitter définitivement le marché?

La courbe d'offre sur un marché parfaitement concurrentiel

Après avoir analysé les décisions entourant l'offre d'une firme, nous pouvons maintenant nous pencher sur la courbe d'offre de marché. Deux cas sont à considérer: celui d'un marché composé d'un nombre fixe de firmes et celui d'un marché où ce nombre varie, parce que certaines entreprises se retirent du marché pour être remplacées par d'autres. Chacune de ces situations correspond à un horizon temporel différent. À court terme, on ne peut ni entrer sur le marché ni en sortir facilement, d'où la pertinence de l'hypothèse d'un nombre fixe de firmes. Mais, à long terme, le nombre de firmes peut s'ajuster si les conditions du marché changent.

Le court terme: l'offre de marché avec un nombre fixe de firmes

Prenons l'exemple d'un marché qui serait constitué de 1000 firmes identiques. Pour un prix donné, chacune d'elles fixe sa production de manière que le coût marginal soit égal au prix, comme on le voit sur le graphique a) de la figure 14.6. Tant et aussi longtemps que le prix est supérieur au coût variable moyen, la courbe de coût marginal de chaque firme correspond à sa courbe d'offre. La quantité offerte sur ce marché est égale à la somme des quantités offertes par chacune de ces 1000 firmes. Par conséquent, pour obtenir la courbe d'offre de ce marché, il suffit d'additionner la production de toutes ces firmes. Comme l'indique le graphique b) de la figure 14.6, si les firmes sont identiques, la quantité offerte sur le marché est égale à 1000 fois la quantité offerte par chaque firme.

Le long terme: l'offre de marché avec entrée et sortie

Voyons maintenant ce qui arrive lorsque les firmes peuvent, à leur gré, entrer sur le marché ou en sortir. Émettons l'hypothèse que toutes les firmes disposent de la même technologie de production et ont accès aux mêmes marchés pour se procurer les intrants. Toutes les firmes, existantes ou potentielles, présentent dès lors les mêmes courbes de coût.

FIGURE 14.6

L'offre de marché à court terme

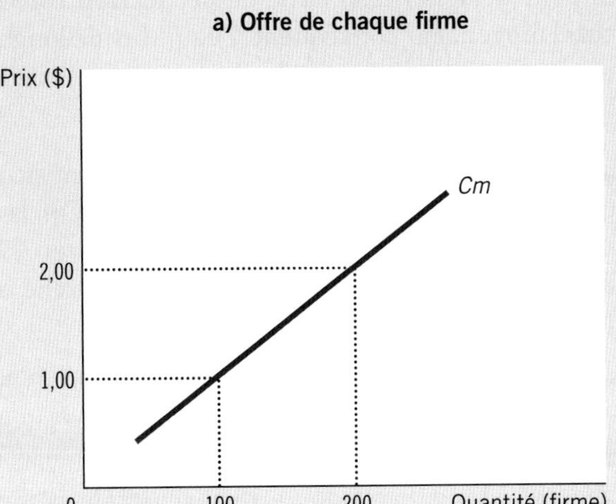

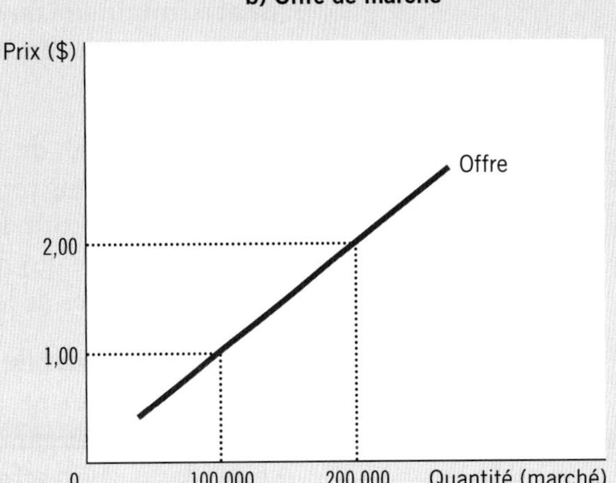

Lorsque à court terme, le nombre de firmes sur le marché est fixe, la courbe d'offre de marché telle qu'elle est illustrée sur le graphique b) reflète la courbe de coût marginal de la firme individuelle du graphique a). Dans un marché composé de 1 000 firmes, la quantité offerte sur le marché est égale à 1 000 fois la quantité offerte par chaque firme.

La décision de participer à un marché de ce type ou de s'en retirer dépend des incitatifs perçus par les propriétaires des firmes existantes et des entrepreneurs souhaitant se lancer en affaires. Si les firmes existantes sont rentables, cela encouragera les futurs entrepreneurs à entrer sur le marché. Leur arrivée sur le marché se traduira par un accroissement du nombre de firmes et une augmentation de la production, ce qui entraînera une réduction du prix et du profit. À l'inverse, si les firmes existantes enregistrent des pertes, certaines d'entre elles se retireront du marché, ce qui réduira leur nombre et la quantité produite, et entraînera ainsi une hausse du prix et du profit. À la fin d'un tel processus d'entrée et de sortie, les firmes qui demeurent sur le marché réalisent un profit économique nul. Souvenez-vous que le profit d'une entreprise s'exprime de la façon suivante :

$$\text{Profit} = (P - CTM) \times Q$$

Cette équation indique que la firme réalise un profit nul si et seulement si le prix du bien est égal au coût total moyen de production de ce bien. Dès que ce prix dépasse le coût total moyen, la firme réalise un profit, lequel incite certaines firmes à faire leur entrée sur le marché. Si le prix est inférieur au coût total moyen, le profit est négatif, ce qui conduit certaines firmes à se retirer du marché. Le processus d'entrée et de sortie s'achève lorsque le prix et le coût total moyen finissent par être égaux.

Cette analyse débouche sur une conclusion étonnante. Nous avons remarqué précédemment que les firmes parfaitement concurrentielles offrent un volume de production tel que le prix est égal à leur coût marginal. Nous venons de noter que le processus d'entrée et de sortie des firmes pousse le prix à être égal au coût total moyen. Cependant, si le prix est à la fois égal au coût marginal et au coût total moyen, ces deux mesures de coût doivent être égales. Or, le coût marginal et le coût total moyen sont égaux seulement lorsque la firme produit au minimum de son coût total moyen. Rappelez-vous qu'au chapitre 13, nous avons utilisé le concept de capacité efficace pour désigner le volume de production correspondant au minimum du coût total moyen. Par conséquent, l'équilibre de long terme d'un marché en concurrence parfaite implique que les firmes produisent à leur capacité efficace.

Le graphique a) de la figure 14.7 illustre le cas d'une firme en situation d'équilibre de long terme. Comme le prix *P* est égal au coût marginal *Cm*, la firme maximise son profit. De plus, comme le prix est égal au coût total moyen *CTM*, le profit est nul, ce qui dissuade de nouvelles firmes d'entrer sur le marché ou des firmes existantes de le quitter.

Cette analyse du comportement de la firme permet de tracer la courbe d'offre de marché à long terme. Dans un marché où les firmes entrent et sortent à volonté, un seul prix peut garantir un profit nul : le minimum du coût total moyen. Dans ce cas, la courbe d'offre de marché à long terme doit être horizontale, comme on le voit sur le graphique b) de la figure 14.7. N'importe quel prix au-dessus de ce niveau générera un profit et, par conséquent, provoquera l'entrée de nouvelles firmes sur le marché de même qu'une augmentation de l'offre de marché. À l'inverse, n'importe quel prix au-dessous de ce niveau se traduira par des pertes et, conséquemment, par la sortie de certaines firmes et la réduction de l'offre de marché. À la longue, le nombre de firmes sur ce type de marché finit par s'ajuster afin que le prix soit égal au minimum du coût total moyen et qu'il y ait suffisamment de firmes pour satisfaire la demande à ce prix.

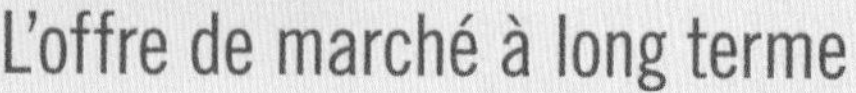

FIGURE 14.7

L'offre de marché à long terme

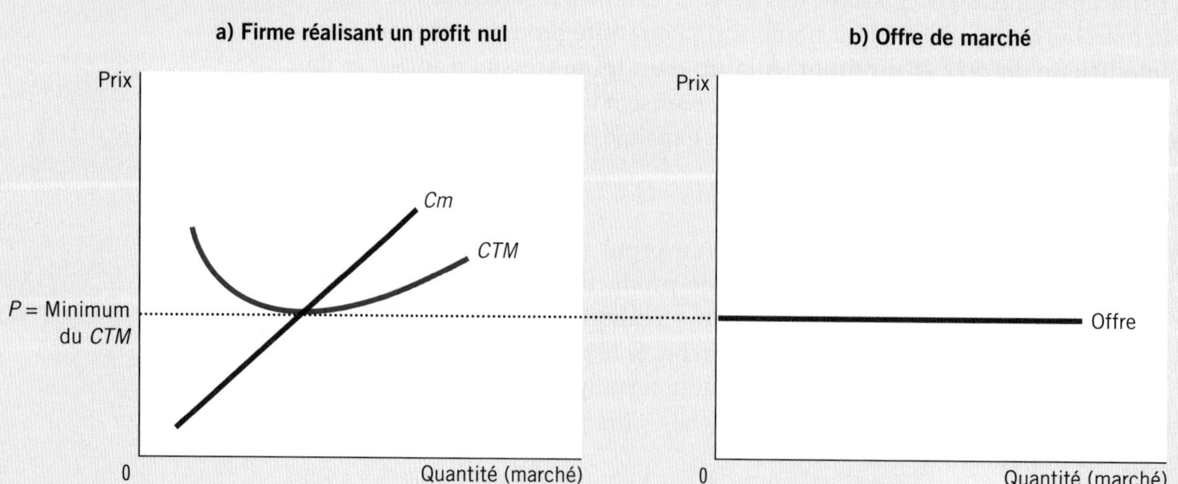

Les firmes entreront sur le marché ou s'en retireront jusqu'à ce que le profit soit nul. Ainsi, à long terme, le prix égale le minimum du coût total moyen, comme on le voit sur le graphique a). Le nombre de firmes s'ajuste pour satisfaire la demande à ce prix. La courbe d'offre de marché à long terme est horizontale, comme on le voit sur le graphique b).

Pourquoi les firmes concurrentielles qui font un profit nul restent-elles en affaires?

À première vue, il peut sembler étrange qu'à long terme, les firmes réalisent un profit nul. Après tout, les gens se lancent en affaires pour faire du profit. Si l'entrée de nouvelles firmes amène le profit à tendre vers zéro, il semble peu intéressant de se lancer en affaires.

Pour bien comprendre cette situation de profit nul, il faut se rappeler que le profit est égal à la recette totale moins le coût total et que ce coût total comprend tous les coûts de renonciation de la firme. Plus particulièrement, il comprend le coût de renonciation du temps et des sommes d'argent que les propriétaires consacrent à leur entreprise. Les recettes de la firme devront donc être suffisantes pour dédommager les propriétaires pour leurs coûts de renonciation.

Prenons l'exemple d'un fermier qui investit un million de dollars dans sa ferme, argent qu'il aurait pu déposer dans un compte en banque rapportant 50 000 $ d'intérêts par année. En outre, il a renoncé à un salaire de 30 000 $ par année. Dans ce cas, le coût de renonciation est égal à la somme des intérêts non perçus et du salaire non gagné, soit un total de 80 000 $. Même si son profit tend vers zéro, les recettes de son exploitation agricole compensent ses coûts de renonciation.

N'oubliez pas que les économistes et les comptables évaluent différemment les coûts. Comme nous l'avons expliqué au chapitre 13, les comptables tiennent compte des coûts explicites, mais non des coûts implicites. Ils ne retiennent que les coûts impliquant des sorties de fonds et négligent une partie des coûts de renonciation. Même en situation de profit économique nul, les profits comptables sont positifs. Le comptable de notre fermier conclura que celui-ci a fait un profit de 80 000 $, ce qui convaincra le fermier de rester en affaires.

Les déplacements de la demande à court et à long terme

Puisque le nombre de firmes dans un marché peut varier à long terme, mais pas à court terme, la réaction du marché à toute variation de la demande est fonction de l'horizon temporel considéré. Examinons donc les effets, d'abord à court puis à long terme, des déplacements de la demande. Cette analyse permettra de voir comment le marché réagit dans le temps et comment l'entrée et la sortie des firmes font tendre le marché vers son équilibre de long terme.

▲ « À vrai dire, nous sommes une organisation sans but lucratif — sans même le vouloir ! »

Supposons que le marché du lait se trouve initialement en situation d'équilibre de long terme. Les firmes réalisent un profit nul et le prix est égal au minimum du coût total moyen. Le graphique a) de la figure 14.8 illustre cette situation. Le point A représente l'équilibre de long terme, tandis que la quantité vendue sur le marché est de Q_1 et que le prix est de P_1.

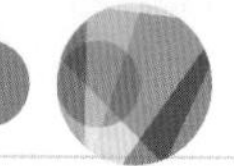

FIGURE 14.8

Une augmentation de la demande à court et à long terme

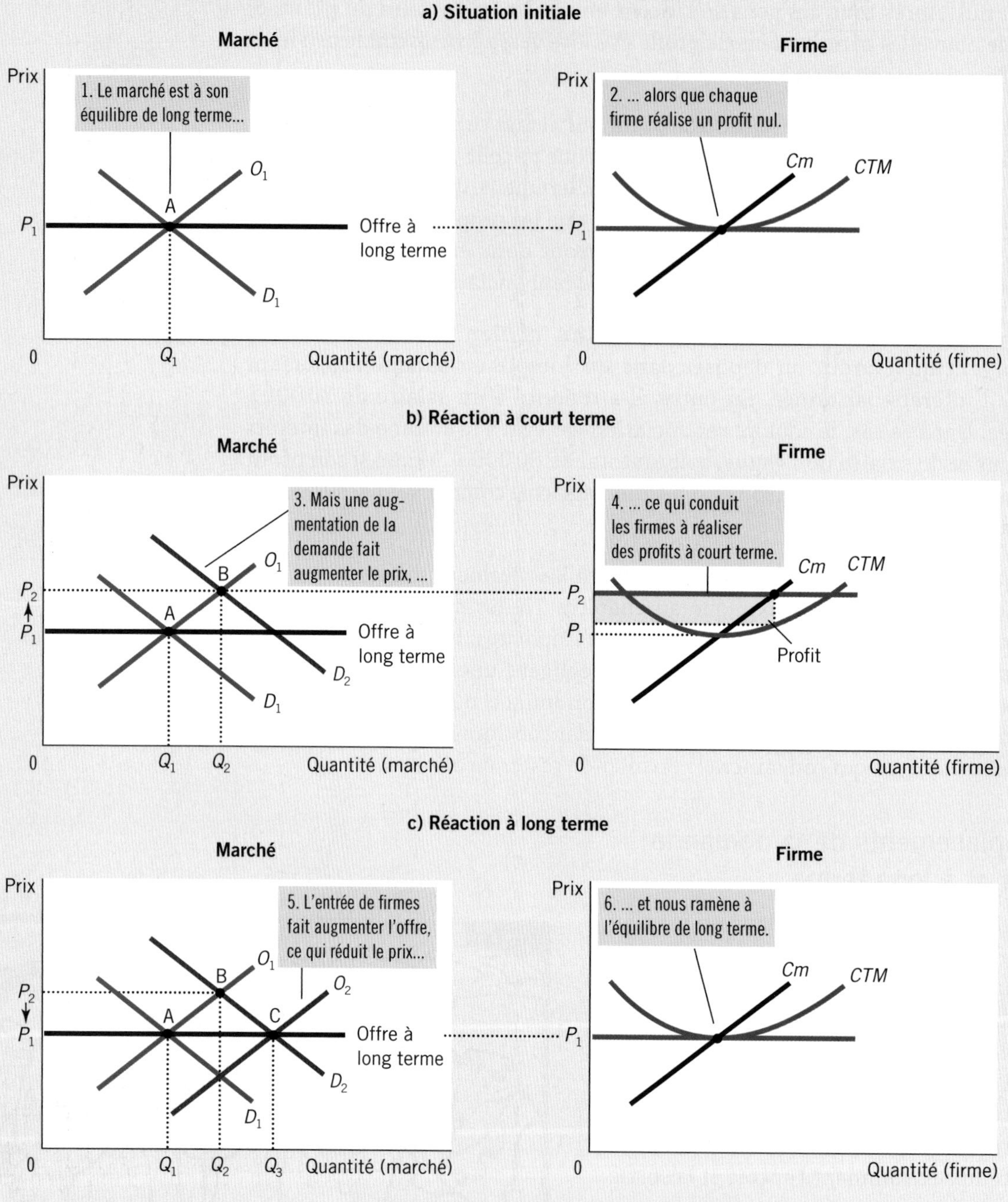

Au point A, le marché se situe à son équilibre de long terme, tel qu'il est illustré sur le graphique a). À cet équilibre, toutes les firmes réalisent un profit nul et le prix est égal au minimum du coût total moyen. Le graphique b) montre ce qui survient à court terme lorsque la demande passe de D_1 à D_2. L'équilibre se déplace de A à B, le prix augmente de P_1 à P_2 et la quantité totale vendue sur le marché passe de Q_1 à Q_2. Puisque le prix est alors supérieur au coût total moyen, les firmes réalisent un profit, ce qui incite d'autres firmes à entrer à long terme sur le marché. Cela se traduit par un déplacement de la courbe d'offre de marché à court terme vers la droite, de O_1 à O_2, comme l'indique le graphique c). Le nouvel équilibre de long terme se situe au point C, le prix redescend à P_1, mais la quantité vendue augmente pour atteindre Q_3. Les profits sont de nouveau nuls, le prix se retrouve au minimum du coût total moyen, mais les firmes sont plus nombreuses pour répondre à une demande supérieure.

Imaginons maintenant que les scientifiques découvrent des vertus thérapeutiques exceptionnelles au lait. La courbe de demande se déplace alors vers la droite, de D_1 à D_2, comme sur le graphique b). L'équilibre de court terme passe de A à B, la quantité s'accroît de Q_1 à Q_2 et le prix augmente de P_1 à P_2. Pour répondre à cette hausse de prix, toutes les firmes existantes augmentent leur production. Comme leur courbe d'offre se confond avec leur courbe de coût marginal, l'augmentation de la production est directement liée à leur coût marginal. Au nouvel équilibre de court terme, le prix du lait dépasse le coût total moyen et les firmes font maintenant des profits.

Au fil du temps, la présence de profits attire de nouvelles firmes. Certains agriculteurs peuvent décider de se reconvertir à la production laitière. L'augmentation du nombre de firmes se traduit par un déplacement de la courbe d'offre de marché à court terme vers la droite, laquelle passe de O_1 à O_2, comme sur le graphique c). Ce déplacement finit par faire chuter le prix du lait, qui se dirige vers le minimum du coût total moyen. Lorsque le prix atteint ce seuil, les profits redeviennent nuls et les firmes cessent d'entrer sur le marché. Ainsi, le marché retrouve un nouvel équilibre de long terme, représenté par le point C. Le prix du lait est retombé à P_1, mais la quantité produite a augmenté à Q_3. Chaque firme produit de nouveau à sa capacité efficace, mais l'augmentation du nombre de firmes dans l'industrie laitière entraîne une augmentation de la quantité produite et vendue.

Pourquoi la courbe d'offre à long terme a-t-elle parfois une pente positive ?

Jusqu'ici, nous avons constaté que les entrées et les sorties de firmes du marché rendent horizontale la courbe d'offre à long terme. Notre analyse se fonde sur l'hypothèse qu'il existe un grand nombre de firmes susceptibles d'entrer sur le marché et que celles-ci présentent plus ou moins les mêmes coûts. La courbe d'offre de marché à long terme est donc horizontale et correspond au minimum du coût total moyen. Lorsque la demande du produit augmente, cela provoque une augmentation du nombre de firmes et de la quantité offerte, sans aucune modification du prix.

Deux raisons peuvent éventuellement faire en sorte que la courbe d'offre à long terme présente une pente positive. La première tient au fait que certains facteurs de production existent en quantité limitée. Prenons l'exemple du marché des produits agricoles. Tout le monde peut décider d'acheter quelques arpents de terre pour s'ouvrir une ferme, mais la superficie des terres agricoles reste limitée. Une demande accrue se traduira par une augmentation du prix des terrains, ce qui entraînera une augmentation des coûts pour tous les fermiers. Par conséquent, une augmentation de la demande de produits agricoles ne peut pas provoquer une augmentation de la quantité offerte sans hausser les coûts de production qui, à leur tour, se répercuteront sur le prix. Dans ce cas, la courbe d'offre de marché à long terme finira par avoir une pente positive, même si l'entrée sur le marché demeure libre.

L'autre raison expliquant cette pente positive de la courbe d'offre à long terme tient au fait que les firmes peuvent avoir des coûts différents. Examinons cette fois-ci le marché des peintres en bâtiment. Tout le monde a la possibilité d'y entrer, mais les coûts diffèrent pour chacun : d'une part, certains travaillent plus rapidement que d'autres ; d'autre part, certains ont des coûts de renonciation plus élevés. Pour un niveau de prix donné, ceux qui ont les coûts les plus bas seront plus susceptibles que les autres d'entrer sur le marché. Cependant, pour augmenter encore l'offre des services de peinture, il faudra attirer de nouvelles firmes. Or, parce que ces firmes supportent des coûts plus élevés, les prix doivent grimper pour les inciter à se joindre au marché. Par conséquent, la courbe d'offre des services de peinture présente à long terme une pente positive, même si l'entrée sur le marché demeure libre.

Il est à noter que si les firmes ont des coûts différents, certaines d'entre elles réaliseront des profits économiques, même à long terme. Dans ce cas, le prix du marché reflète le coût total moyen de *la firme marginale* — la première à sortir du marché si le prix est plus faible. Cette firme ne réalise aucun profit. En revanche, les autres firmes, en raison de leurs coûts inférieurs, font encore un profit. Le profit des firmes existantes n'est pas éliminé par l'entrée d'autres firmes, car ces dernières supportent des coûts supérieurs. Ces nouvelles firmes, aux coûts plus élevés, ne se lanceront sur le marché que dans la mesure où une augmentation des prix leur garantit un profit.

Pour ces deux raisons, la courbe d'offre de marché à long terme peut présenter une pente positive plutôt que nulle, ce qui indique ainsi la nécessité d'une augmentation du prix pour susciter une augmentation de la quantité offerte. Le principe fondamental n'en demeure pas moins vrai : en raison de la possibilité des firmes d'entrer sur le marché et d'en sortir plus facilement à long terme qu'à court terme, la courbe d'offre à long terme est généralement plus élastique que la courbe d'offre à court terme.

MINITEST

- Si l'on tient compte de la possibilité d'entrer sur le marché et d'en sortir, à long terme, le prix est-il égal au coût marginal, au coût total moyen, à ces deux coûts ou à aucun ? Illustrez votre réponse par un graphique.

Conclusion : ce qui se cache derrière la courbe d'offre

Vous venez d'étudier le comportement des firmes qui cherchent à maximiser leur profit dans des marchés parfaitement concurrentiels. Selon l'un des **dix principes d'économie** présentés au chapitre 1, les gens rationnels raisonnent à la marge. Dans ce chapitre, nous avons appliqué ce principe à la firme dans un marché parfaitement concurrentiel. Cette analyse nous a fourni une théorie sur la courbe d'offre dans un marché parfaitement concurrentiel et, par le fait même, une meilleure compréhension de la dynamique des marchés.

Vous avez aussi appris que lorsque vous achetez un bien d'une firme dans un marché parfaitement concurrentiel, vous payez un prix très près de son coût de production. Plus précisément, lorsque les firmes en situation de concurrence parfaite cherchent à maximiser leur profit, le prix du bien égale son coût marginal de production. En outre, si les firmes ont la possibilité d'entrer sur le marché ou d'en sortir librement, le prix correspond également au minimum du coût total moyen de production.

Dans ce chapitre, nous sommes partis de l'hypothèse que les firmes étaient des preneurs de prix. Cela dit, les concepts présentés ici servent également à l'analyse du comportement des firmes dans des marchés moins concurrentiels. Dans les trois prochains chapitres, nous étudierons le comportement des firmes qui détiennent un pouvoir de marché. L'analyse à la marge nous servira de nouveau pour arriver, cette fois, à des conclusions radicalement différentes.

Résumé

- Parce que la firme en situation de concurrence parfaite est un preneur de prix, ses recettes sont proportionnelles à la quantité produite. Le prix est égal à la recette moyenne et à la recette marginale.
- Afin de maximiser son profit, la firme produira la quantité pour laquelle la recette marginale est égale au coût marginal. Comme sa recette marginale est égale au prix, la firme produit une quantité telle que le prix est égal à son coût marginal. Ainsi, la courbe de coût marginal représente la courbe d'offre de la firme.
- À court terme, lorsqu'elle ne peut pas récupérer ses coûts fixes, la firme décidera d'interrompre temporairement sa production si le prix du bien est inférieur au coût variable moyen. À long terme, quand elle peut récupérer à la fois ses coûts fixes et ses coûts variables, la firme choisira de sortir du marché si le prix est inférieur au coût total moyen.
- À long terme, dans un marché où les firmes peuvent entrer et sortir librement, leur profit tend vers zéro. À cet équilibre de long terme, toutes les firmes produisent à leur capacité efficace, le prix est égal au minimum du coût total moyen et le nombre de firmes s'ajuste de manière à répondre à la demande à ce niveau de prix.
- Une modification de la demande aura un effet différent selon l'horizon temporel considéré. À court terme, une augmentation de la demande fait monter les prix et accroît le profit, alors qu'une diminution de la demande fait baisser les prix et génère une perte. Toutefois, si les firmes peuvent librement entrer sur le marché et en sortir, leur nombre varie à long terme de façon à retrouver l'équilibre avec un profit nul.

Concepts clés

Coût irrécupérable, p. 294

Marché parfaitement concurrentiel, p. 286

Recette marginale, p. 288

Recette moyenne, p. 287

Seuil de fermeture, p. 294

Seuil de rentabilité, p. 296

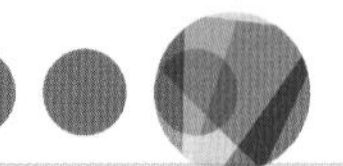

Questions de révision

1. Qu'entend-on par l'expression « firme évoluant dans un marché parfaitement concurrentiel » ?
2. Quelle différence y a-t-il entre la recette et le profit d'une firme ? Lequel des deux la firme cherche-t-elle à maximiser ?
3. Tracez les courbes de coût d'une firme type. À un niveau de prix donné, expliquez comment celle-ci décide du volume de production visant à maximiser son profit. Sur votre graphique, indiquez sa recette totale ainsi que son coût total.
4. Dans quelles circonstances une firme décide-t-elle d'interrompre temporairement ses activités ? Justifiez votre réponse.
5. Dans quelles circonstances une firme décide-t-elle de sortir du marché ? Justifiez votre réponse.
6. À quel moment le prix est-il égal au coût marginal : à court terme, à long terme, dans les deux cas ou dans aucun des deux cas ? Justifiez votre réponse.
7. À quel moment le prix est-il égal au minimum du coût total moyen : à court terme, à long terme, dans les deux cas ou dans aucun des deux cas ? Justifiez votre réponse.
8. Les courbes d'offre de marché sont-elles généralement plus élastiques à long terme ou à court terme ? Expliquez votre réponse.

Le monopole

15
CHAPITRE

Si vous possédez un ordinateur personnel, il y a fort à parier qu'il utilise l'une des versions de Windows, le système d'exploitation vendu par Microsoft. Il y a plusieurs années, lorsque ce système a été lancé, Microsoft a déposé une demande de brevet et a obtenu du gouvernement le droit exclusif de produire et de vendre les exemplaires de ce système d'exploitation. Tout client désireux d'acheter un exemplaire de Windows n'a d'autre possibilité que de payer à la société Microsoft la somme qu'elle exige. On dit alors que Microsoft détient le *monopole* sur le marché de Windows.

Le modèle que nous avons élaboré au chapitre 14 au sujet du comportement des entreprises ne permet pas de décrire convenablement les décisions d'affaires de Microsoft. Dans le chapitre précédent, nous avons analysé les marchés parfaitement concurrentiels sur lesquels plusieurs firmes offrent des produits presque identiques, chacune d'elles n'ayant qu'une influence minime sur le prix des produits. À l'inverse, le monopole détenu par Microsoft, qui n'a aucun concurrent

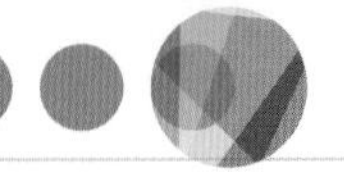

direct, lui permet d'influer grandement sur le prix du marché. Alors qu'une firme concurrentielle est un preneur de prix, un monopole est un *faiseur de prix*.

Lorsqu'une firme fixe elle-même le prix, on dit qu'elle dispose d'un *pouvoir de marché*. Nous verrons dans ce chapitre que ce pouvoir de marché modifie la relation entre le prix que fixe la firme et ses coûts. Une firme parfaitement concurrentielle prend le prix comme une donnée du marché et fixe la quantité produite de telle sorte que son prix égale son coût marginal. À l'inverse, le prix exigé par un monopole excède son coût marginal. C'est particulièrement vrai en ce qui concerne Windows de Microsoft. Le coût marginal de Windows — le coût supplémentaire supporté par Microsoft pour produire une copie additionnelle du système d'exploitation sur disque compact — n'est que de quelques dollars, mais son prix de vente excède largement ce coût marginal.

Les monopoles ont toute liberté de demander des prix élevés, et cela n'a rien de surprenant, puisque leurs clients n'ont d'autre option que de payer la somme exigée. Dans ce cas, pourquoi un exemplaire de Windows ne se vend-il pas 1 000 $ ou 10 000 $? Tout simplement parce qu'un tel prix réduirait considérablement la quantité demandée. Les gens se passeraient d'un ordinateur, utiliseraient un autre système d'exploitation ou feraient des copies pirates. Il existe une limite au profit que les monopoles peuvent réaliser, car des prix élevés réduisent le volume des ventes. Les monopoles peuvent certes fixer librement le prix de leurs produits, mais leur profit n'est pas illimité.

Tout en analysant les décisions des monopoles en matière de prix et de production, nous en observerons les implications pour l'ensemble de la société. Les monopoles, tout comme les firmes concurrentielles, visent à maximiser leur profit. Toutefois, l'atteinte de cet objectif a ici des conséquences radicalement différentes sur le bien-être. Les acheteurs et les vendeurs d'un marché concurrentiel, préoccupés par leurs seuls intérêts, sont guidés par une main invisible qui les conduit vers des solutions de marché avantageuses sur le plan du bien-être collectif. Les monopoles, qui échappent justement à cette concurrence, ne constituent donc pas la meilleure solution de marché pour la société dans son ensemble.

Selon l'un des **dix principes d'économie** du chapitre 1, le gouvernement peut parfois améliorer les solutions de marché. L'analyse présentée dans ce chapitre illustrera très bien ce principe. En examinant les problèmes que les monopoles posent à notre société, nous aborderons les différentes options politiques des pouvoirs publics pour y remédier. Par exemple, le gouvernement américain a suivi de près les décisions prises par Microsoft. En 1994, il a empêché la firme d'acquérir Intuit, un autre fabricant de logiciels ayant mis au point un programme vedette de gestion financière personnelle, pour réglementer ce qui lui apparaissait comme une concentration extrême du pouvoir de marché dans les mains d'une seule entreprise. De la même façon, en 1998, le ministère de la Justice américain s'est opposé à l'intégration du navigateur Explorer au système d'exploitation Windows, parce qu'elle pouvait constituer une entrave à la concurrence, celle de Netscape, en l'occurrence. Enfin, à la fin de mars 2004, la Commission européenne a décidé d'imposer à Microsoft une amende de 497 millions d'euros pour ses pratiques anticoncurrentielles. Comme vous le verrez, le Canada dispose également d'une législation contre le pouvoir de marché excessif.

Pourquoi les monopoles existent-ils ?

Lorsqu'une entreprise est le seul vendeur d'un produit et qu'il n'y a aucun proche substitut de ce produit, on parle de **monopole.** La présence d'un monopole est essentiellement attribuable à l'existence de *barrières à l'entrée*: un monopole reste le seul vendeur sur un marché si aucune autre firme ne peut pénétrer ce marché et lui faire concurrence. Ces barrières à l'entrée sont essentiellement liées aux trois raisons suivantes :

Monopole
Firme qui est la seule à offrir un produit pour lequel il n'y a aucun proche substitut.

- *La possession exclusive d'une ressource :* une ressource clé appartient exclusivement à une seule entreprise.
- *La réglementation gouvernementale :* le gouvernement octroie à une seule firme le droit exclusif de produire un bien ou un service.
- *Le processus de production :* les coûts de production sont tels qu'un unique producteur est plus efficace qu'une multitude de producteurs, ce qui crée ainsi un monopole naturel.

Revenons rapidement sur chacune d'elles.

La possession exclusive d'une ressource

Le moyen le plus simple de se constituer un monopole consiste à s'approprier une ressource clé. Prenons par exemple le marché de l'eau dans un petit village. Si, parmi la centaine de résidants, chacun dispose d'un puits, on y retrouve le modèle de la concurrence parfaite présenté au chapitre 14. Dans ce contexte, le prix du litre d'eau a tendance à être égal au coût marginal de pompage d'un litre additionnel. Toutefois, si la ville ne dispose que d'un seul puits et qu'il n'existe aucun autre moyen de se procurer de l'eau, alors le propriétaire du puits est en situation de monopole. Il n'y a donc rien d'étonnant à ce qu'il dispose d'un pouvoir de marché nettement supérieur à celui de petites firmes au sein d'un marché concurrentiel. De plus, dans le cas d'un produit de première nécessité comme l'eau, le détenteur d'un monopole peut exiger à loisir un prix élevé même si son coût marginal est faible.

L'exemple classique d'un monopole créé par la possession exclusive d'une ressource clé est celui de DeBeers, la firme de diamants d'Afrique du Sud. Fondée en 1888, elle a longtemps eu la mainmise sur un peu plus de 80 % de la production mondiale de diamants. Même si sa part de marché n'atteint pas 100 %, elle exerce tout de même une immense influence sur les prix des diamants.

Par ailleurs, le tsunami qui a frappé le Japon en 2011 a montré à quel point le monopole de ressources clés peut être important dans le réseau mondial de chaînes d'approvisionnement. Comme certaines institutions financières trop grosses pour faire faillite lors de la crise financière de 2008, certains fournisseurs japonais s'avèrent indispensables. Deux entreprises, Mitsubishi Gas Chemical Company et Hitachi Chemical Company, contrôlent environ 90 % du marché d'une résine de spécialité servant à coller certaines composantes des micropuces que contiennent des téléphones intelligents et d'autres appareils. La pile compacte des lecteurs iPod d'Apple est faite à partir d'un polymère que fabrique Kureha Corporation, qui détient 70 % de ce marché. Ces entreprises ont montré qu'elles détenaient un important pouvoir de marché sur des intrants clés d'appareils très populaires, ce dont témoigne le prix élevé de ces intrants. Le tsunami

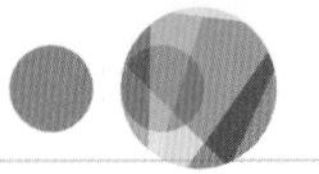

ayant causé des dommages importants à ces entreprises, la chaîne logistique mondiale a donc été perturbée.

Si la propriété exclusive d'une ressource clé constitue l'une des causes des monopoles, on la trouve assez rarement dans la pratique. Les économies nationales sont immenses et populeuses, de sorte que la plupart du temps, de nombreuses personnes se partagent la propriété des ressources. D'ailleurs, en raison de l'importance du commerce international, le marché naturel de la plupart des biens s'étend souvent à toute la planète. Par conséquent, très peu d'entreprises possèdent des ressources pour lesquelles il n'y a pas de substituts proches.

La réglementation gouvernementale

Dans de nombreux cas, les monopoles dérivent d'une décision gouvernementale octroyant à un individu ou à une entreprise le droit exclusif de vendre un bien ou un service. Il arrive que la création d'un monopole soit simplement liée à l'influence politique de son détenteur. Les rois, par exemple, avaient tendance à accorder à leurs amis ou alliés un permis exclusif d'exploitation commerciale (l'histoire du Canada en témoigne). À d'autres époques, certains gouvernements ont autorisé les monopoles, pensant ainsi servir l'intérêt du public. Par exemple, en 1921, en plein cœur de la tempête politique entourant la prohibition de l'alcool, le gouvernement du Québec crée la Commission des liqueurs, l'ancêtre de l'actuelle SAQ. L'objectif avoué était alors la tempérance plutôt que l'abstinence.

▲
Un grand crû de monopole

Les lois sur les brevets et sur le droit d'auteur constituent deux autres façons de créer des monopoles, et ce, dans le but de servir l'intérêt public. Quand une entreprise pharmaceutique découvre un nouveau médicament, elle demande au gouvernement de lui accorder un brevet. Si ce dernier considère qu'il s'agit vraiment d'une découverte, il approuvera l'octroi de ce brevet, accordant ainsi à l'entreprise le droit exclusif de fabriquer et de commercialiser son nouveau produit pendant 20 ans. Dans un même ordre d'idées, lorsqu'une romancière termine un ouvrage, elle demande un droit d'auteur pour obtenir la garantie officielle que personne ne copie ni ne vende son œuvre sans sa permission. Ce droit d'auteur fait de cette romancière la détentrice d'un monopole sur la vente de son ouvrage.

Les implications de ces lois sur les brevets et sur le droit d'auteur sont facilement imaginables. En conférant un monopole à un producteur, ces lois engendrent des prix nettement supérieurs à ceux qui auraient cours en cas de concurrence. Toutefois, en autorisant les producteurs en situation de monopole à demander des prix plus élevés et en leur garantissant des profits supérieurs, ce type de législation encourage également des comportements désirables. Les entreprises pharmaceutiques disposant d'un monopole sur la vente des médicaments qu'elles ont découverts investissent davantage dans la recherche. En octroyant à la romancière un droit d'auteur, on l'incite à écrire de nouveau et à produire de meilleurs ouvrages.

Par conséquent, la législation entourant la propriété intellectuelle comporte des coûts et des bénéfices. Les lois sur les brevets et sur le droit d'auteur ouvrent la porte toute grande à la création. Cependant, un tel avantage pourrait être atténué par le fait que les prix seront plus élevés. Nous y reviendrons plus loin dans ce chapitre.

Les monopoles naturels

Une industrie constitue un exemple de **monopole naturel** si une seule firme peut fournir un bien ou un service pour l'ensemble du marché à un coût inférieur à celui que pourraient proposer plusieurs firmes. Un monopole naturel apparaît lorsque la taille du marché est restreinte et qu'une seule firme peut approvisionner le marché tout en demeurant dans la partie décroissance de son coût total moyen. La figure 15.1 illustre le coût total moyen d'une telle firme. Dans cet exemple, une seule entreprise est en mesure de produire n'importe quelle quantité à moindre coût. Cela signifie que pour tous les niveaux de production, un plus grand nombre de firmes entraînerait une plus petite production par firme, pour un coût total moyen supérieur.

Monopole naturel
Monopole qui survient lorsqu'une seule firme peut satisfaire la demande du marché à un coût inférieur à celui que pourraient proposer plusieurs firmes.

FIGURE 15.1

Le monopole naturel

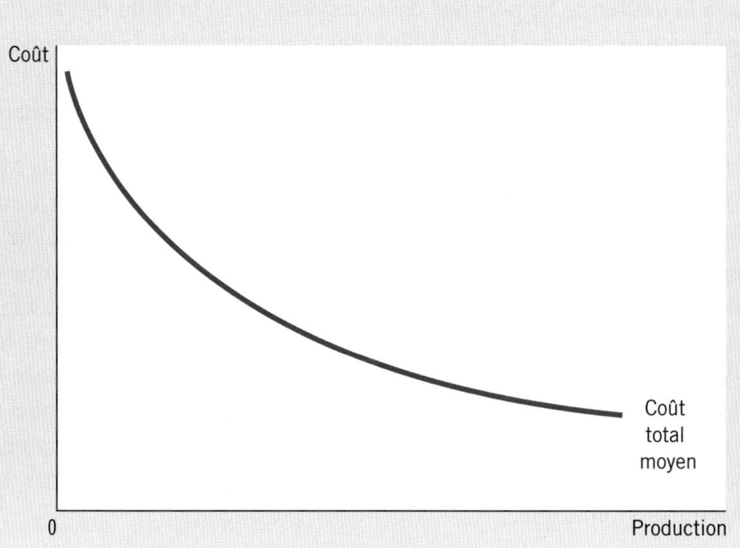

Si la courbe de coût total moyen d'une firme diminue lorsque la production augmente, cette dernière dispose d'un monopole naturel. Dans un tel cas, lorsque la production est répartie entre plusieurs firmes, chaque firme produit moins et le coût total moyen augmente. Par conséquent, une seule firme peut produire n'importe quelle quantité à moindre coût.

L'approvisionnement en eau représente un bon exemple de monopole naturel. Pour desservir les résidants d'une ville, une entreprise se voit obligée de construire un réseau d'aqueduc à l'échelle de l'agglomération. Si plusieurs firmes devaient se faire concurrence pour fournir ce service, chacune d'elles aurait à supporter le coût fixe de la construction de ce réseau. Par conséquent, le coût total moyen de l'eau est inférieur si une seule firme dessert l'ensemble du marché.

Nous avons examiné d'autres exemples de monopole naturel lorsque nous avons discuté des biens publics et des ressources communes au chapitre 11. Nous avons remarqué que les biens de club répondaient au principe d'exclusion d'usage, mais pas au principe de rivalité d'usage. Prenons l'exemple d'un pont fort peu utilisé. Cette infrastructure répond au principe d'exclusion d'usage,

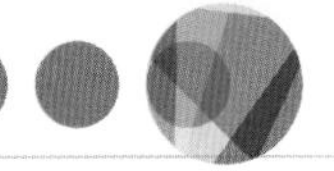

parce qu'il est possible d'y installer un péage pour en interdire l'accès, mais elle ne répond pas au principe de rivalité d'usage, puisque son utilisation par une personne ne réduit en rien celle des autres. Comme la construction du pont représente un coût fixe important et que son utilisation par une personne additionnelle ajoute un coût marginal négligeable, le coût total moyen de la traversée de ce pont (coût total divisé par le nombre de passages) diminue avec l'augmentation de l'affluence. On peut donc considérer ce pont comme un monopole naturel.

Lorsqu'une firme dispose d'un monopole naturel, elle se préoccupe fort peu de l'entrée potentielle de nouvelles firmes sur le marché. Habituellement, il est difficile de maintenir une position monopolistique sans posséder une ressource clé, ni jouir de la protection du gouvernement. Les profits monopolistiques attirent en effet les nouveaux entrants, ce qui augmente la concurrence. En revanche, personne n'a d'intérêt particulier à entrer sur un marché déjà occupé par un monopole naturel. Les firmes potentielles savent qu'elles ne pourront pas présenter des coûts aussi bas que ceux du monopole, car les deux entreprises devront se partager le marché.

Dans certains cas, la taille du marché constitue le facteur déterminant de l'existence d'un monopole naturel. Prenons l'exemple d'un pont enjambant une rivière. Si la population est réduite, le pont est un monopole naturel. Un seul pont suffit à répondre à la demande au plus bas coût possible. Or, à la suite de l'augmentation de la population et à cause des encombrements du pont et de la demande accrue, il faudra deux ou même trois ponts sur cette même rivière. En raison de l'élargissement du marché, le monopole naturel peut se transformer en marché concurrentiel.

Le pont Ambassador, qui relie Windsor, en Ontario, et Detroit, dans le Michigan, est un exemple de quasi-monopole. Propriété de la Detroit International Bridge Company, l'entreprise américaine privée qui en assure l'exploitation, le pont Ambassador constitue le poste frontalier le plus achalandé d'Amérique du Nord et canalise plus de 20 % des flux commerciaux entre le Canada et les États-Unis. Malgré la présence de quelques postes frontaliers concurrents (dont le tunnel Detroit-Windsor, propriété des deux villes), l'achalandage élevé et le manque relatif de concurrence ont permis à l'entreprise propriétaire du pont d'imposer l'un des péages les plus élevés en Amérique du Nord. Le quasi-monopole du pont Ambassador est cependant menacé par la construction projetée d'un deuxième pont de propriété publique.

MINITEST

- Citez trois raisons qui expliquent l'apparition d'un monopole.
- Donnez deux exemples de monopole et expliquez, dans chaque cas, la raison de leur apparition.

La détermination du prix et du niveau de production des monopoles

Après avoir examiné les raisons de l'apparition des monopoles, passons maintenant à leurs décisions en matière de production et de prix. À partir de cette analyse, nous pourrons évaluer l'intérêt que présentent les monopoles pour la société et nous examinerons ensuite les politiques publiques à adopter à leur égard.

Le monopole et la concurrence

La différence essentielle entre une entreprise concurrentielle et un monopole réside dans la capacité de ce dernier à influer sur le prix du bien produit. En raison de sa taille réduite par rapport au marché, une firme concurrentielle vend sa production au prix du marché, lequel est considéré comme une donnée. Ce n'est pas le cas d'un monopole, unique producteur, qui a toute latitude de modifier le prix de son bien en ajustant sa production.

Pour bien voir la différence entre une entreprise concurrentielle et un monopole, il suffit d'observer leur courbe de demande. Dans le chapitre 14, lorsque nous avons étudié la maximisation des profits des firmes parfaitement concurrentielles, le prix du marché était représenté par une droite horizontale. Parce qu'une firme concurrentielle peut vendre autant ou aussi peu qu'elle le désire à ce niveau de prix, la courbe de demande pour ce type de firme est une droite horizontale, comme on le constate sur le graphique a) de la figure 15.2. En effet, cette entreprise met sur le marché un produit pour lequel il existe des substituts parfaits (les produits de toutes les autres firmes existantes). Pour cette raison, sa courbe de demande est parfaitement élastique.

En revanche, la courbe de demande d'un monopole, unique fournisseur d'un marché, correspond à la courbe de demande du marché. Pour les raisons habituelles, elle présente donc une pente négative, comme le montre le graphique b) de la figure 15.2. Lorsque la firme augmente son prix, les consommateurs achètent moins son produit. Autrement dit, lorsque le monopole réduit son volume de production, le prix du produit augmente.

La courbe de demande du marché restreint la capacité d'un monopole à tirer profit de son pouvoir de marché. Ce dernier préférerait vendre de grandes quantités à un

FIGURE 15.2

La courbe de demande d'une firme parfaitement concurrentielle et celle d'un monopole

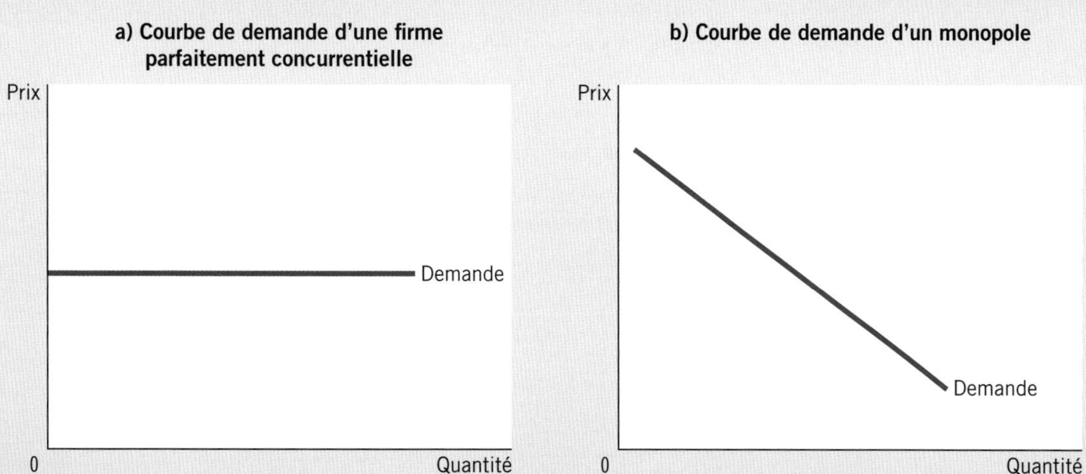

Puisqu'elles sont des preneurs de prix, les firmes concurrentielles ont une courbe de demande horizontale, comme celle du graphique a). En revanche, le monopole, unique producteur du marché, a une courbe de demande à pente négative, comme celle du graphique b). Il doit donc accepter de baisser ses prix s'il veut augmenter ses ventes.

prix élevé, mais la courbe de demande du marché ne le lui permet pas. Cette dernière représente les seules combinaisons de prix et de quantités qui s'offrent au monopole. Celui-ci peut modifier la quantité produite (ou le prix demandé), mais il doit impérativement se situer en un point, quel qu'il soit, de cette courbe de demande.

Quel point de cette courbe de demande choisira-t-il donc ? Comme dans le cas des firmes concurrentielles, nous partons de l'hypothèse que le monopole a pour objectif de maximiser son profit. Comme le profit est égal à la recette totale moins le coût total, la prochaine étape, pour expliquer le comportement du monopole, sera l'analyse de ses recettes.

Les recettes d'un monopole

Prenons l'exemple d'une petite ville ayant un seul distributeur d'eau. Le tableau 15.1 illustre les recettes de ce monopole selon le volume d'eau produit.

Les deux premières colonnes montrent le barème de demande. Si le monopole produit un litre d'eau, il a la possibilité de le vendre 10 $. S'il en produit 2, il devra

TABLEAU 15.1

Les recettes totale, moyenne et marginale d'un monopole

En monopole, la recette marginale est toujours inférieure au prix de vente du produit.

QUANTITÉ (LITRES)	PRIX ($)	RECETTE TOTALE ($)	RECETTE MOYENNE ($)	RECETTE MARGINALE ($)
(*Q*)	(*P*)	(*RT* = *P* × *Q*)	(*RM* = *RT*/*Q*)	(*Rm* = Δ*RT*/Δ*Q*)
0	11	0	—	
				10
1	10	10	10	
				8
2	9	18	9	
				6
3	8	24	8	
				4
4	7	28	7	
				2
5	6	30	6	
				0
6	5	30	5	
				−2
7	4	28	4	
				−4
8	3	24	3	

baisser son prix à 9 $ le litre pour pouvoir vendre les deux. S'il en produit 3, il devra baisser son prix à 8 $ le litre, et ainsi de suite. En construisant un graphique à partir de ces deux colonnes, on obtient une courbe de demande à pente négative.

La troisième colonne du tableau indique la *recette totale* de ce monopole. Elle est égale au produit de la quantité vendue (première colonne) par le prix (deuxième colonne). La quatrième colonne indique la *recette moyenne,* soit la recette par unité vendue, obtenue en divisant la recette totale (troisième colonne) par la quantité vendue (première colonne). Comme nous l'avons vu au chapitre 14, la recette moyenne est toujours égale au prix du bien, qu'il s'agisse d'un marché parfaitement concurrentiel ou monopolistique.

La dernière colonne du tableau 15.1 indique la *recette marginale,* soit la recette additionnelle réalisée sur la vente de chaque unité additionnelle. La recette marginale correspond à la variation de la recette totale lorsque les ventes augmentent d'une unité. Par exemple, lorsque la firme produit 3 litres d'eau, elle perçoit une recette totale de 24 $. En faisant passer sa production à 4 litres, sa recette totale passe à 28 $. Par conséquent, la recette marginale est égale à 28 $ moins 24 $, soit 4 $.

Le tableau 15.1 illustre un élément fondamental pour la compréhension du comportement d'un monopole : *la recette marginale d'un monopole est toujours inférieure au prix de vente du produit.* Imaginons, par exemple, que la firme fait passer sa production d'eau de 3 litres à 4 litres. Sa recette totale augmentera seulement de 4 $, même si chaque litre se vend 7 $. Étant donné la pente négative de la courbe de demande, la recette marginale est inférieure au prix. Pour augmenter ses ventes, un monopole doit accepter de réduire son prix. Par conséquent, pour vendre ce quatrième litre d'eau, il doit accepter de recevoir 1 $ de moins pour chacun de ses trois premiers litres. Cette perte de 3 $ explique l'écart qu'il y a entre le prix du quatrième litre (7 $) et la recette marginale de ce quatrième litre (4 $).

La recette marginale d'un monopole est donc très différente de celle d'une firme parfaitement concurrentielle. Dans le cas d'un monopole, une augmentation de la quantité vendue se traduit par une double conséquence sur la recette totale ($P \times Q$) :

- *Un effet de quantité :* les ventes augmentent, donc Q augmente, ce qui contribue à accroître la recette totale.
- *Un effet de prix :* les prix baissent, donc P diminue, ce qui contribue à réduire la recette totale.

Dans un marché parfaitement concurrentiel, une firme libre de vendre tout ce qu'elle souhaite au prix du marché n'a pas à se soucier de l'effet de prix. Lorsqu'elle augmente sa production d'une unité, elle obtient le prix du marché pour cette unité additionnelle sans que cela influe sur le prix qu'elle touche sur ses unités précédentes. Comme la firme concurrentielle est un preneur de prix, sa recette marginale est égale au prix du bien. Dans le cas d'un monopole, cependant, toute augmentation de la production d'une unité conduit à une réduction du prix de toutes les unités vendues, et cette baisse de prix réduit la recette reçue de toutes les unités vendues. Par conséquent, la recette marginale d'un monopole est inférieure au prix de vente.

La figure 15.3 représente la courbe de demande et la courbe de recette marginale d'un monopole (puisque le prix est égal à la recette moyenne, la courbe de

FIGURE 15.3

Les courbes de demande et de recette marginale d'un monopole

La courbe de demande indique la relation entre la quantité demandée et le prix du bien. La courbe de recette marginale illustre les variations de la recette totale consécutives à la vente d'une unité additionnelle. Comme le prix de toutes les unités doit diminuer lorsque le monopole augmente sa production, la recette marginale est toujours inférieure au prix.

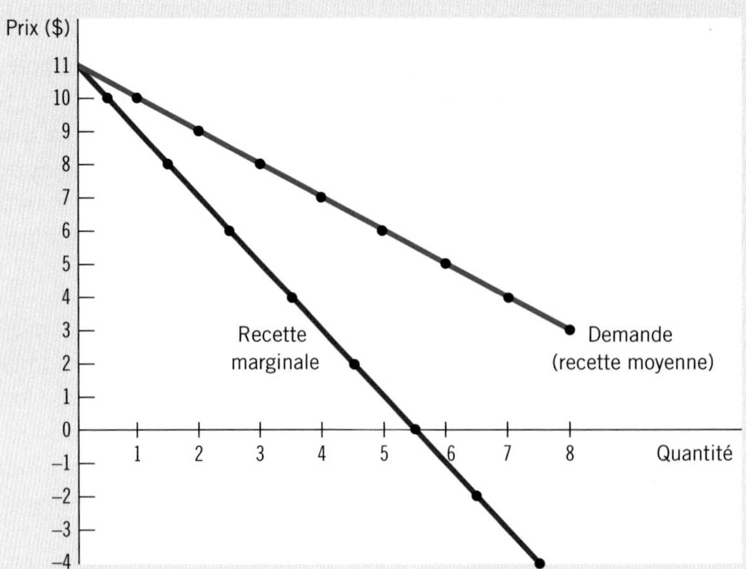

demande représente également la courbe de recette moyenne). Ces deux courbes ont toujours la même origine sur l'axe des ordonnées, car la recette marginale de la première unité vendue est égale au prix du bien. Toutefois, pour tout autre volume de vente, la recette marginale du monopole est inférieure au prix du bien. La courbe de recette marginale du monopole se situe donc au-dessous de la courbe de demande.

Sur cette figure (tout comme au tableau 15.1), on constate que la recette marginale peut même devenir négative lorsque l'effet de prix sur la recette est supérieur à l'effet de quantité. Dans un tel cas, lorsque la firme produit une unité additionnelle, le prix chute à un point tel que la recette totale de la firme diminue, même si celle-ci vend plus d'unités.

La maximisation du profit

Après avoir étudié les recettes d'un monopole, nous pouvons maintenant analyser la façon dont il maximise son profit. Selon l'un des **dix principes d'économie** du chapitre 1, les gens rationnels raisonnent à la marge. Cela se vérifie pour les monopoles tout comme pour les firmes parfaitement concurrentielles. Appliquons donc l'analyse marginale à la prise de décisions d'un monopole en matière de production.

La figure 15.4 illustre la courbe de recette marginale, la courbe de demande et les courbes de coût d'un monopole. Toutes ces courbes devraient vous être familières : les courbes de demande et de recette marginale sont identiques à celles de la figure 15.3, tandis que les courbes de coût sont analogues à celles que nous avons vues aux deux chapitres précédents. Ces courbes fournissent donc toute l'information nécessaire pour déterminer le niveau de production qui maximisera le profit d'un monopole.

Tout d'abord, faisons l'hypothèse que la firme produit une quantité relativement faible, en l'occurrence Q_1. Dans ce cas, le coût marginal est inférieur à la recette marginale. Si la firme augmente sa production d'une unité, sa recette

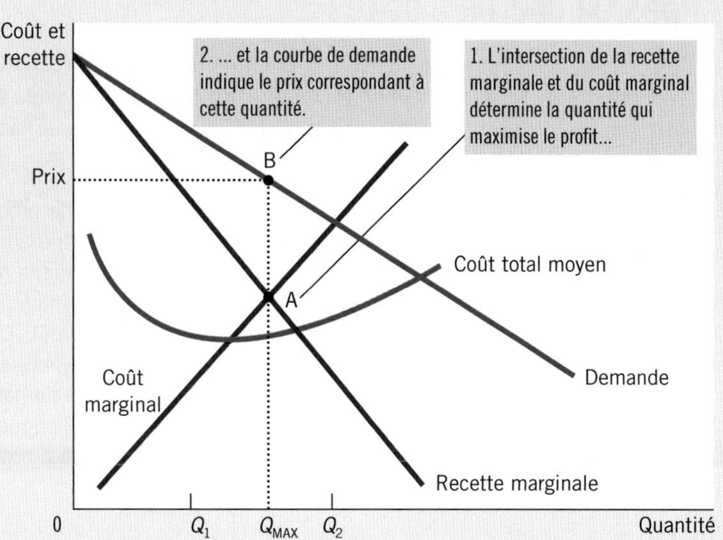

FIGURE 15.4

La maximisation du profit d'un monopole

Un monopole maximise son profit en choisissant un volume de production tel que la recette marginale est égale au coût marginal (point A). Il utilise ensuite la courbe de demande pour déterminer le prix qui incitera les consommateurs à acheter cette quantité (point B).

additionnelle excédera son coût additionnel, ce qui fera croître du même coup son profit. Par conséquent, si le coût marginal est inférieur à la recette marginale, la firme peut accroître son profit en produisant davantage.

Le même raisonnement s'applique à un niveau de production supérieur, soit Q_2. Cette fois, le coût marginal excède la recette marginale. Si la firme décide de réduire sa production d'une unité, l'économie réalisée sur le coût sera supérieure à la perte de recette. Par conséquent, si le coût marginal est supérieur à la recette marginale, la firme peut accroître son profit en réduisant sa production.

En fin de compte, la firme ajuste sa production pour atteindre le niveau Q_{MAX}, niveau auquel la recette marginale est égale au coût marginal. Le niveau de production qui maximise le profit du monopole se trouve donc à l'intersection des courbes de recette marginale et de coût marginal. Sur la figure 15.4, cette intersection se trouve au point A.

Vous vous souvenez sans doute que les firmes parfaitement concurrentielles, analysées au chapitre 14, fixent leur production de telle sorte que la recette marginale est égale au coût marginal. En ce sens, les monopoles et les firmes concurrentielles maximisent leur profit de la même façon. Néanmoins, il existe une différence importante entre ces deux types de firmes : la recette marginale d'une firme concurrentielle est égale à son prix, tandis que la recette marginale d'un monopole est inférieure à son prix. Ainsi,

pour une firme concurrentielle, $P = Rm = Cm$

pour un monopole, $P > Rm = Cm$

Pour les deux types de firmes, c'est l'égalité entre le coût marginal et la recette marginale qui détermine le volume de production qui maximise le profit. Ce qui les différencie, c'est la relation entre le prix et la recette marginale.

Comment un monopole parvient-il à trouver le prix qui maximise son profit ? La réponse est donnée par la courbe de demande, qui indique le prix que les

BON À SAVOIR

Pourquoi un monopole n'a-t-il pas de courbe d'offre ?

Vous avez peut-être remarqué que l'analyse du prix dans un marché monopolistique se fait à partir de la courbe de demande et des courbes de coûts de la firme, sans aucune mention de la courbe d'offre du marché. En revanche, au chapitre 4, lorsque nous avons analysé les prix sur les marchés parfaitement concurrentiels, les deux expressions qui revenaient le plus souvent étaient l'*offre* et la *demande*.

Qu'est-il advenu de cette courbe d'offre ? Même si le monopole doit décider de la quantité à produire, il n'a pas de courbe d'offre. Une telle courbe nous indique la quantité que la firme choisit de mettre en marché pour tout niveau de prix. Ce concept est sensé dans le cadre de l'analyse d'une firme concurrentielle, preneur de prix, mais un monopole est un faiseur de prix. Il ne sert à rien de se questionner sur la quantité qu'offrira un monopole à chaque niveau de prix, puisqu'il fixe lui-même le prix au moment de décider de sa production.

En fait, la décision du monopole en matière de production est indissociable de la courbe de demande du marché. La forme de cette courbe de demande conditionne la forme de la courbe de recette marginale, laquelle détermine à son tour le niveau de production maximisant le profit. Dans un marché parfaitement concurrentiel, on peut analyser les décisions d'offre en faisant fi de la courbe de demande, ce qui n'est pas le cas dans un marché monopolistique. C'est pourquoi on n'évoque jamais la courbe d'offre du monopole.

consommateurs sont prêts à payer pour la quantité vendue. Après avoir déterminé le volume de production pour lequel le coût marginal est égal à la recette marginale, le monopole utilise la courbe de demande pour trouver le prix correspondant à cette quantité. Sur la figure 15.4, le prix qui maximise le profit se situe au point B.

Nous pouvons maintenant voir la différence fondamentale entre les marchés parfaitement concurrentiels et les marchés monopolistiques : sur un marché parfaitement concurrentiel, le prix est égal au coût marginal, alors que sur un marché monopolistique, le prix est supérieur au coût marginal. Comme nous le verrons dans la prochaine section, cette constatation est cruciale pour la compréhension du coût social des monopoles.

Le profit d'un monopole

Quel profit un monopole réalise-t-il ? Pour le savoir, on doit se rappeler que le profit est égal à la recette totale (RT) moins le coût total (CT) :

$$\text{Profit} = RT - CT$$

Cette équation peut s'écrire sous la forme suivante :

$$\text{Profit} = (RT/Q - CT/Q) \times Q$$

où RT/Q correspond à la recette moyenne, qui est égale au prix P, et CT/Q est le coût total moyen (CTM). Par conséquent :

$$\text{Profit} = (P - CTM) \times Q$$

Cette équation (qui définit aussi le profit dans le cas d'une firme parfaitement concurrentielle) nous permet de mesurer graphiquement le profit d'un monopole.

Observez la surface ombrée de la figure 15.5. La hauteur de ce rectangle (segment BC) représente le prix moins le coût total moyen, $P - CTM$, soit le profit par unité vendue, le profit moyen. La largeur de ce rectangle (segment DC) représente la quantité vendue, Q_{MAX}. Par conséquent, la superficie du rectangle correspond au profit total du monopole.

FIGURE 15.5

Le profit du monopole

La surface du rectangle BCDE représente le profit du monopole. La hauteur (BC) est égale au prix moins le coût total moyen, lequel représente le profit par unité vendue. La largeur de ce rectangle (DC) correspond au nombre d'unités vendues.

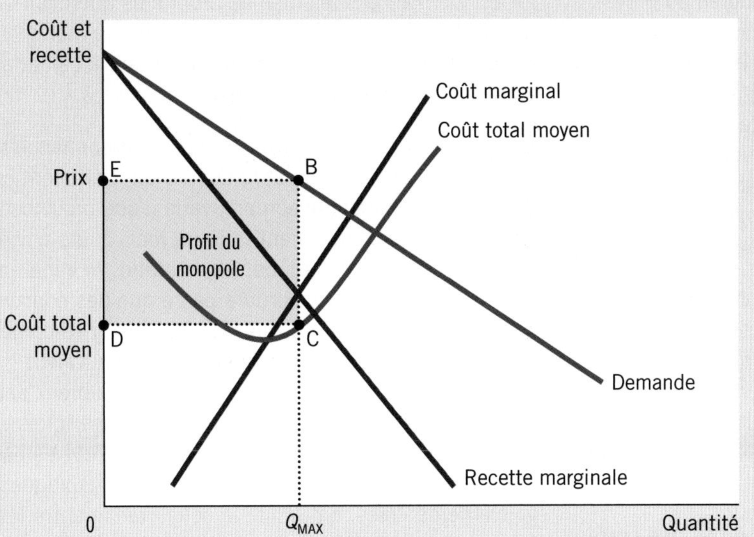

ÉTUDE DE CAS

Les médicaments de marque et les médicaments génériques

D'après notre analyse, la fixation des prix diffère selon qu'il s'agit d'un marché monopolistique ou d'un marché parfaitement concurrentiel. Cette théorie se vérifie tout particulièrement sur le marché des médicaments, qui intègre ces deux structures de marché. Quand une entreprise pharmaceutique découvre un médicament, les lois sur les brevets lui accorde un monopole sur la vente de ce produit. Toutefois, à l'expiration de ce brevet, n'importe quelle entreprise peut fabriquer et vendre ce médicament. Le marché, jusqu'alors monopolistique, devient concurrentiel.

Comment le prix du médicament évolue-t-il à la fin de ce droit d'exploitation exclusif? La figure 15.6 illustre le marché d'un médicament type. Sur ce graphique, le coût

FIGURE 15.6

Le marché des médicaments

Une firme qui détient un brevet sur la vente d'un médicament dispose d'un monopole et peut donc demander un prix nettement supérieur au coût marginal de production de ce médicament. Lorsque le brevet est expiré, d'autres entreprises peuvent entrer sur ce marché et lui faire concurrence; le prix passe alors du prix monopolistique au coût marginal.

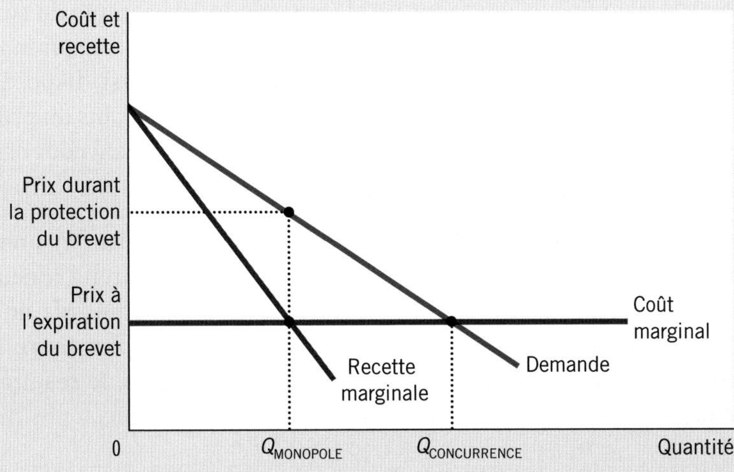

▶

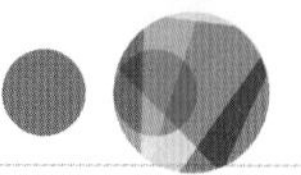

marginal du médicament reste constant (c'est le cas de la plupart des médicaments). Pendant la durée du brevet, le monopole maximise son profit en produisant une quantité pour laquelle la recette marginale est égale au coût marginal et en exigeant un prix nettement supérieur au coût marginal. Cependant, lorsque la protection du brevet tire à sa fin, le profit inhérent à la production de ce médicament encourage d'autres entreprises à entrer sur le marché. Plus le marché devient concurrentiel, plus les prix devraient diminuer pour tendre vers le coût marginal.

La réalité confirme notre théorie. Lorsqu'un médicament n'est plus protégé par un brevet, les autres fabricants s'empressent de mettre sur le marché ce qu'on appelle des *médicaments génériques,* c'est-à-dire des médicaments dont la composition chimique est identique à celle des médicaments de marque, mais dont le prix est nettement inférieur au prix monopolistique.

L'expiration du brevet ne signifie cependant pas une perte totale du pouvoir de marché pour le monopole. En effet, certains consommateurs restent fidèles aux produits de marque, craignant sans doute que le nouveau médicament générique n'ait pas les mêmes propriétés que celui qu'ils utilisent depuis des années. Cela permet au monopole de continuer à demander un prix supérieur à celui de ses nouveaux concurrents.

Par exemple, l'un des médicaments sur ordonnance les plus vendus au Canada est le Lipitor, un traitement contre le cholestérol. Quoique son prix varie d'une province à l'autre, l'approvisionnement pour un mois coûte environ 85 $. L'équivalent générique, Atorvastatin, se vend environ 46 $. Cet écart de prix perdure parce que des consommateurs ne sont pas convaincus que les deux médicaments sont parfaitement interchangeables. Si l'équivalent générique est beaucoup moins cher, de nombreux analystes constatent que le prix des médicaments génériques est beaucoup plus élevé au Canada que dans d'autres pays. C'est que plusieurs facteurs, y compris des politiques gouvernementales, ont limité la concurrence entre les fabricants de médicaments génériques au Canada, dont le marché est dominé par deux géants, Apotex et Teva.

Le bien-être économique et le monopole

Le monopole constitue-t-il une façon efficiente d'organiser un marché ? Nous venons de voir qu'à la différence d'une firme concurrentielle, le monopole est en mesure de demander un prix supérieur au coût marginal. Du point de vue des consommateurs, ce prix élevé n'est guère souhaitable. Cependant, les propriétaires d'une entreprise monopolistique profitent de ce prix élevé. Les bénéfices réalisés par les propriétaires dépassent-ils les coûts imposés aux consommateurs, ce qui rendrait le monopole souhaitable pour l'ensemble de la société ?

Pour répondre à cette question, nous reprendrons l'analyse faite au chapitre 7, en nous servant du concept de surplus total pour mesurer le bien-être économique. Souvenez-vous que le surplus total correspond à la somme du surplus du consommateur et du surplus du producteur. Le surplus du consommateur est la différence entre le prix maximum qu'un consommateur est disposé à payer pour acheter un bien et le prix qu'il paie effectivement. Le surplus du producteur correspond à la différence entre le prix reçu par le vendeur et son coût de production. Dans le cas qui nous concerne, il n'y a qu'un seul producteur : le monopole.

Vous pouvez deviner le résultat de cette analyse. Au chapitre 7, nous avons conclu que l'équilibre de l'offre et de la demande dans un marché concurrentiel constitue un résultat souhaitable pour la société. La main invisible du marché conduit à une allocation des ressources qui maximise le surplus total. Si l'existence d'un monopole modifie cette allocation des ressources, le résultat risque fort de ne pas être optimal sur le plan du bien-être économique.

La perte sèche

Voyons d'abord ce que ferait un planificateur social bienveillant s'il dirigeait un monopole. Le rôle de cet individu consiste à se préoccuper non seulement du profit des propriétaires de l'entreprise, mais également des bénéfices que retirent les consommateurs. Il chercherait donc à maximiser le surplus total, lequel équivaut au surplus du producteur (profit) auquel s'ajoute le surplus du consommateur. Souvenez-vous que le surplus total est égal à la différence entre la valeur accordée au produit par les consommateurs et les coûts de production du monopole.

La figure 15.7 illustre le niveau de production qu'un planificateur social sélectionnerait. La courbe de demande reflète la valeur qu'accordent les consommateurs au bien en question, valeur qui se mesure par le prix qu'ils sont prêts à payer. La courbe de coût marginal illustre les coûts du monopole. La quantité socialement efficiente se trouve donc à l'intersection de la courbe de demande et de la courbe de coût marginal. Pour une quantité moindre, la valeur d'une unité additionnelle du bien (aux yeux des consommateurs) excède le coût marginal de production ; une hausse de la production ferait donc augmenter le surplus total. Pour une quantité supérieure à la quantité optimale, la valeur d'une unité additionnelle du bien est inférieure au coût marginal de production ; une diminution de la production ferait donc augmenter le surplus total. À la quantité optimale, la valeur d'une unité additionnelle du bien est exactement égale au coût marginal de production.

Si un planificateur social dirigeait le monopole, l'entreprise pourrait atteindre son niveau de production efficient en fixant le prix du produit à l'intersection des courbes de demande et de coût marginal. Par conséquent, le planificateur social demanderait un prix égal au coût marginal, ce qui est contraire aux intérêts du monopole qui cherche à maximiser son profit. En fait, il agirait comme une firme parfaitement concurrentielle. Comme ce prix indiquerait clairement aux consommateurs le véritable coût de production du bien, ceux-ci pourraient alors en acheter une quantité efficiente.

FIGURE 15.7

Le niveau de production efficient

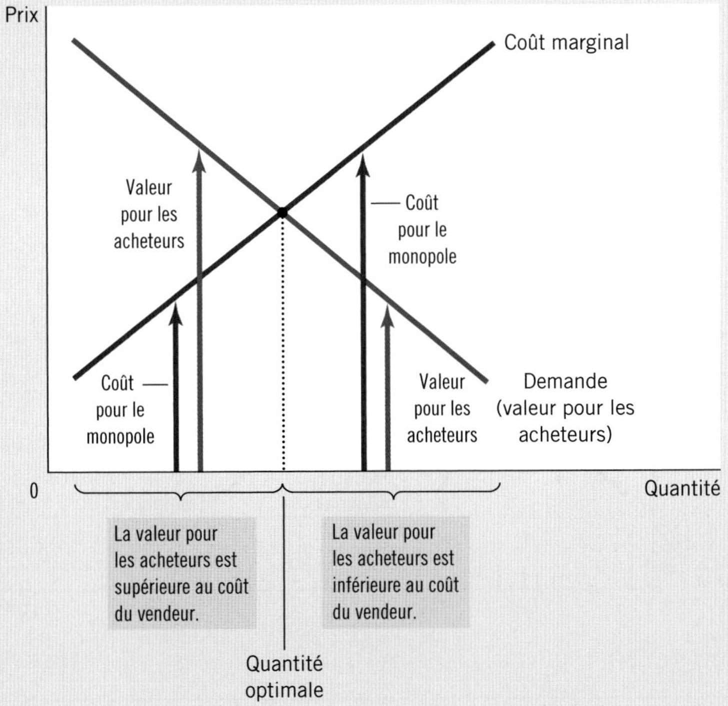

Un planificateur social bienveillant et désireux de maximiser le surplus total sur un marché sélectionnera le niveau de production correspondant à l'intersection de la courbe de demande et de la courbe de coût marginal. Au-dessous de ce niveau de production, la valeur du bien pour l'acheteur marginal (représentée par la courbe de demande) excède le coût marginal de sa production. Au-dessus de ce niveau, la valeur accordée par l'acheteur marginal est inférieure au coût marginal.

La comparaison entre le niveau de production retenu par le monopole et celui choisi par le planificateur social nous permet d'évaluer le coût social, sur le plan du bien-être, d'une situation monopolistique. Comme nous l'avons vu, le monopole détermine son niveau de production à l'intersection des courbes de recette marginale et de coût marginal; le planificateur social choisirait une quantité se situant à l'intersection de la courbe de demande et de la courbe de coût marginal. La figure 15.8 illustre cette comparaison. Le monopole produit moins que la quantité socialement efficiente.

Cette inefficience du monopole s'observe également lorsqu'on considère le prix qu'il réclame. Puisque la courbe de demande du marché illustre la relation entre le prix d'un bien et la quantité demandée, une quantité trop faible et inefficiente correspond à un prix trop élevé et inefficient. Lorsque le prix de monopole excède le coût marginal, certains acheteurs potentiels accordent à ce bien une valeur supérieure au coût marginal, mais inférieure au prix réclamé par le monopole. Ces acheteurs potentiels finissent donc par ne pas acheter le bien. Comme ces consommateurs accordent au bien une valeur supérieure à son coût de production, ce résultat est inefficient. Par conséquent, les prix pratiqués par le monopole empêchent la réalisation de certains échanges mutuellement avantageux.

On peut mesurer l'inefficience du monopole à l'aide de la perte sèche, comme le montre le graphique de la figure 15.8. Souvenez-vous que la courbe de demande reflète la valeur que les consommateurs accordent au bien, tandis que la courbe de coût marginal montre le coût supporté par la firme. Par conséquent, la surface du triangle représentant la perte sèche, comprise entre la courbe de demande et la courbe de coût marginal, est égale à la perte de surplus total attribuable au pouvoir de marché du monopole.

Cette perte sèche se compare à celle que provoque une taxe. En fait, le détenteur d'un monopole est en quelque sorte un percepteur d'impôt privé. Comme nous l'avons vu au chapitre 8, l'imposition d'une taxe sur un bien creuse un écart

FIGURE 15.8

L'inefficience du monopole

Comme le prix de monopole est supérieur au coût marginal, les acheteurs qui accordent au bien une valeur supérieure à son coût ne sont pas forcément tous en mesure de l'acheter. Par conséquent, la quantité produite et vendue par un monopole est inférieure à l'optimum social. La perte sèche correspond à la surface du triangle comprise entre la courbe de demande (qui indique la valeur accordée au bien par les consommateurs) et la courbe de coût marginal (qui indique le coût du monopole).

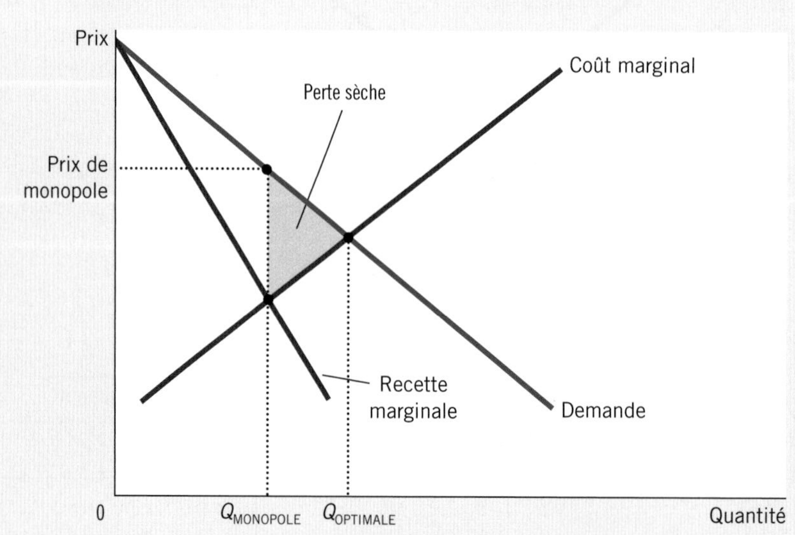

entre la volonté de payer du consommateur (reflétée par la courbe de demande) et le coût de production de l'offreur (illustré par la courbe d'offre). Grâce à son pouvoir de marché, le monopole demande un prix supérieur au coût marginal et creuse ainsi un écart similaire. Dans les deux cas, l'écart entre la volonté de payer et le coût marginal signifie que la quantité vendue est inférieure à l'optimum social. La différence entre les deux situations tient au fait que, dans un cas, c'est le gouvernement qui perçoit la taxe, alors que, dans l'autre cas, c'est le monopole qui encaisse le profit.

Le profit du monopole : un coût social ?

Il est courant d'accuser les monopoles d'encaisser un profit au détriment des consommateurs, et il est vrai que le monopole réalise un profit supérieur en raison de son pouvoir de marché. Or, selon l'analyse économique du monopole, le profit de ces entreprises ne constitue pas en lui-même un problème pour la société.

Dans un marché monopolistique, comme dans tous les marchés, le bien-être économique inclut à la fois le bien-être des consommateurs et celui des producteurs. Chaque fois qu'un consommateur paie un dollar supplémentaire à un producteur en raison d'un prix de monopole, le surplus de ce consommateur diminue d'un dollar et celui du producteur augmente d'autant. Toutefois, un tel transfert du consommateur au producteur n'influe en rien sur le surplus total du marché — la somme des surplus du consommateur et du producteur. Autrement dit, le profit du monopole ne réduit en rien la taille du gâteau économique ; il signifie simplement que le producteur en obtient une plus grande part, au détriment des consommateurs. À moins qu'on ne décide de privilégier les consommateurs pour une quelconque raison — un jugement de valeur hors du domaine d'études de l'économie du bien-être — le profit du monopole ne constitue pas un problème social.

Le véritable problème réside dans le fait que la firme produit et vend une quantité inférieure au niveau qui maximiserait le surplus total. La perte sèche mesure la réduction de la taille du gâteau dans son ensemble. Or, ce sont les prix élevés pratiqués par le monopole qui sont en cause ici : les consommateurs achètent moins d'unités lorsque la firme fixe son prix au-dessus de son coût marginal. Souvenez-vous que le profit gagné sur les unités qui continuent à se vendre ne constitue pas un problème. Le problème tient à l'inefficience d'une production trop faible. Autrement dit, si le prix élevé que réclame le monopole ne décourageait pas certains consommateurs d'acheter ce bien, il ferait augmenter le surplus du producteur d'une somme égale à la réduction du surplus du consommateur, ce qui laisserait ainsi le surplus total au niveau que choisit le planificateur social bienveillant.

Cela dit, dans certains cas, la perte sèche peut être encore plus importante. Supposons qu'un monopole doive engager des coûts supplémentaires pour maintenir sa position de monopole sur le marché. Par exemple, un monopole créé par le gouvernement est obligé de recourir à des lobbyistes pour convaincre les législateurs de conserver le monopole. Dans ce cas, la firme pourrait consacrer une partie de ses profits au paiement des coûts du lobbying. Le coût social du monopole comprendrait donc à la fois ces coûts additionnels et la perte sèche attribuable à l'écart que creuse la firme entre le prix et son coût marginal.

Plus tôt dans ce chapitre, nous avons traité de l'exemple du pont Ambassador, qui relie Detroit et Windsor. Réagissant au projet de pont de propriété publique, les propriétaires de l'Ambassador ont dépensé des millions de dollars en publicité pour s'opposer à la construction d'un autre pont, en plus de commanditer une pétition réclamant un plébiscite. Ces coûts peuvent entrer dans la catégorie des coûts sociaux engagés par l'entreprise pour protéger sa position monopolistique.

MINITEST

- Comparez la quantité produite par un monopole avec la quantité qui maximise le surplus total. Faites le lien avec la notion de perte sèche.

La discrimination de prix

Jusqu'à maintenant, nous sommes toujours partis de l'hypothèse selon laquelle la firme faisait payer le même prix à tous ses clients. Toutefois, les entreprises essaient souvent de faire payer des prix différents à des clients différents, et ce, même si les coûts de production sont les mêmes pour toutes les unités vendues. Cette pratique est appelée **discrimination de prix.**

Discrimination de prix
Pratique commerciale qui consiste à vendre à des clients différents un même bien à des prix différents.

Avant même d'aborder le comportement d'un monopole pratiquant une discrimination de prix, il importe de faire remarquer qu'une telle discrimination est impossible sur un marché parfaitement concurrentiel. En effet, la présence de nombreuses firmes vendant le même bien au prix du marché empêche que l'une d'elles vende moins cher à un client, puisqu'elle peut vendre tout ce qu'elle veut à ce prix. Si elle tente de vendre ce bien à un prix supérieur, les clients s'adresseront à ses concurrents. En conséquence, pour qu'une firme puisse pratiquer une discrimination de prix, elle doit disposer d'un certain pouvoir de marché.

La parabole de l'éditeur

Afin de comprendre pourquoi un monopole veut s'adonner à une discrimination de prix, prenons le cas suivant. Vous êtes le président de la maison d'édition Bouquinfou et vous souhaitez appliquer une politique de discrimination de prix. Votre auteur à succès vient juste de terminer son dernier roman. Pour simplifier les choses, nous partirons du principe que vous lui versez une somme forfaitaire de 2 millions de dollars pour les droits exclusifs de publication de son livre et que, en outre, le coût d'impression est nul. Le profit de Bouquinfou est donc égal aux recettes tirées de la vente de cet ouvrage, moins les 2 millions de dollars versés à l'auteur. En partant de ces prémisses, comment allez-vous, en tant que président, décider du prix de vente de ce livre ?

Tout d'abord, vous devez estimer la demande potentielle de cet ouvrage. Le service du marketing vous indique que ce livre attire deux types de lecteurs : les 100 000 inconditionnels de cet écrivain, prêts à payer 30 $ pour l'acheter, et 400 000 lecteurs supplémentaires, beaucoup moins enthousiastes, qui ne consentiront pas à débourser plus de 5 $.

Quel prix maximisera le profit de Bouquinfou ? D'emblée, il y a deux prix qu'on peut considérer : 5 $ et 30 $. Si la maison d'édition demande 30 $, elle n'ira chercher que les 100 000 inconditionnels de l'écrivain ; en revanche, si elle demande 5 $, elle ira chercher tous les lecteurs, soit 500 000 personnes. Pour résoudre le problème de cette maison d'édition, il suffit d'un peu d'arithmétique. Si elle est en

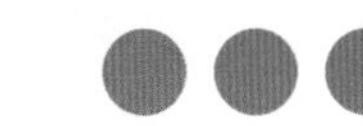

mesure de vendre 100 000 exemplaires à 30 $ chacun, elle obtiendra une recette de 3 millions de dollars et fera un profit d'un million. Si elle vend 500 000 exemplaires à 5 $ chacun, ses recettes seront de 2 500 000 $ et son profit, de 500 000 $. Par conséquent, Bouquinfou maximisera son profit en vendant cet ouvrage 30 $, sans se préoccuper de perdre 400 000 clients potentiels.

Toutefois, cette décision provoque une perte sèche. Il existe 400 000 personnes prêtes à dépenser 5 $ pour ce livre, alors que son coût marginal d'impression est nul. On perd donc un surplus total de 2 millions de dollars en vendant ce livre plus cher. Cette perte sèche correspond à l'inefficience habituelle d'un monopole, qui demande un prix supérieur au coût marginal.

Imaginons maintenant que le service du marketing de Bouquinfou découvre que ces deux groupes de lecteurs constituent deux marchés complètement séparés. Les inconditionnels vivent en Australie alors que les moins enthousiastes habitent au Canada. Il est difficile de penser que les lecteurs d'un de ces deux pays puissent aller acheter ce livre dans l'autre. Quelles sont les conséquences de cette découverte pour la stratégie marketing ?

En modifiant sa stratégie, Bouquinfou pourra faire plus de profits. En effet, elle pourra accroître son profit en vendant l'ouvrage 30 $ aux 100 000 lecteurs australiens et 5 $ aux 400 000 lecteurs canadiens. La recette passera donc à 3 millions en Australie et à 2 millions au Canada, pour un total de 5 millions de dollars et un profit de 3 millions de dollars, nettement supérieur au million que la maison se proposait de gagner en vendant l'ouvrage 30 $ à toute sa clientèle. Il n'est guère surprenant que Bouquinfou adopte cette stratégie de discrimination de prix.

Évidemment, cet exemple est hypothétique, mais il décrit bien la stratégie adoptée par de nombreux éditeurs. En général, les manuels sont vendus moins cher en Europe qu'au Canada. Les livres offerts aux étudiants des cégeps sont également moins chers que ceux offerts aux étudiants universitaires. La différence de prix entre les livres reliés et les livres à couverture souple est encore plus marquée. Un éditeur commence habituellement par lancer un nouveau roman sous sa forme reliée, plus chère, pour ensuite le publier en édition de poche, bon marché. La différence de prix entre ces deux produits dépasse largement la différence entre les coûts d'impression. Par conséquent, l'éditeur suit le raisonnement de notre exemple : il commence par vendre l'édition reliée aux lecteurs inconditionnels, pour ensuite commercialiser le livre de poche. Il pratique donc une discrimination de prix afin d'augmenter son profit.

La morale de l'histoire

Comme toutes les paraboles, l'histoire de Bouquinfou est métaphorique, mais on peut en tirer un enseignement général. On peut même en tirer trois, en matière de discrimination de prix.

Le premier et le plus évident de ces enseignements est que la discrimination de prix constitue une stratégie rationnelle pour un monopole qui cherche à maximiser son profit. En d'autres mots, en appliquant des prix différents à des clientèles différentes, le monopole accroît son profit, car il demande essentiellement à chacun de ses clients un prix s'approchant de sa volonté de payer, ce qui serait impossible avec un prix unique.

Le deuxième enseignement est que cette discrimination repose sur la possibilité de séparer les clients selon leur volonté de payer. Dans notre exemple, cette séparation était géographique, mais les monopoles utilisent d'autres critères, comme l'âge, le revenu, etc.

De ce deuxième enseignement dérive un corollaire : certaines forces de marché peuvent empêcher un monopole de pratiquer une discrimination de prix : pensons à *l'arbitrage,* qui consiste à acheter un produit à bas prix sur un marché pour le revendre plus cher sur un autre marché, en profitant de cette différence de prix. Dans l'exemple précité, imaginons que les librairies australiennes décident d'acheter ce livre au Canada et de le revendre à leurs lecteurs. Un tel arbitrage empêchera la discrimination de prix de Bouquinfou, car aucun des lecteurs australiens ne paiera le prix fort.

Le troisième enseignement de cette parabole est sans doute le plus surprenant : la discrimination de prix peut accroître le bien-être économique. Rappelez-vous que lorsque Bouquinfou exige 30 $ pour chaque livre, 400 000 lecteurs moins enthousiastes ne l'achètent pas, même s'ils lui accordent une valeur supérieure à son coût marginal de production, ce qui provoque une perte sèche. En revanche, lorsque la maison d'édition pratique une discrimination de prix, l'ensemble des lecteurs est en mesure d'acheter cet ouvrage, et le résultat est efficient. La discrimination de prix peut donc éliminer l'inefficience inhérente à la politique de prix du monopole.

Remarquez que l'augmentation du bien-être économique provoquée par cette discrimination de prix se reflète dans le surplus du producteur (plus élevé), plutôt que dans le surplus du consommateur (plus faible). Dans notre exemple, les consommateurs ne profitent pas d'une situation plus avantageuse : le prix payé correspond exactement à la valeur qu'ils accordaient à ce livre. Ils ne bénéficient donc d'aucun surplus du consommateur. L'augmentation totale du surplus découlant de cette politique de prix se traduit par l'augmentation du profit de Bouquinfou.

L'analyse de la discrimination de prix

Analysons d'un peu plus près la discrimination de prix et ses conséquences sur le bien-être économique. Faisons l'hypothèse que le monopole pratique une *discrimination de prix parfaite.* Cette discrimination de prix parfaite correspond à une situation où le monopole connaît précisément la volonté de payer de chaque consommateur et ajuste son prix en conséquence pour chacun d'eux. Dans un tel cas, le monopole retire la totalité du surplus pour chaque transaction.

La figure 15.9 illustre le surplus du producteur et le surplus du consommateur avec et sans discrimination de prix. Pour simplifier les choses, supposons que le coût marginal est constant. En l'absence de discrimination, la firme demande un seul prix, supérieur au coût marginal, comme on le voit sur le graphique a). Ce prix provoque une perte sèche puisqu'il empêche certains consommateurs potentiels, qui accordent à ce bien une valeur supérieure au coût marginal, de l'acheter à ce prix plus élevé. Cependant, si la firme pratique une discrimination de prix parfaite, comme sur le graphique b), chaque consommateur qui accorde à ce bien une valeur supérieure au coût marginal l'acquiert à un prix correspondant à sa volonté de payer. Tous les agents tirent ainsi avantage de cet échange ; il n'y a pas de perte sèche, et l'ensemble du surplus se retrouve, sous forme de profit, dans les caisses du monopole.

Bien entendu, dans la réalité, la discrimination parfaite n'existe pas, même si certaines techniques de prix multiples permettent de s'en approcher. Les consommateurs n'entrent pas dans les boutiques en faisant connaître ouvertement leur

FIGURE 15.9

Le bien-être économique avec et sans discrimination de prix

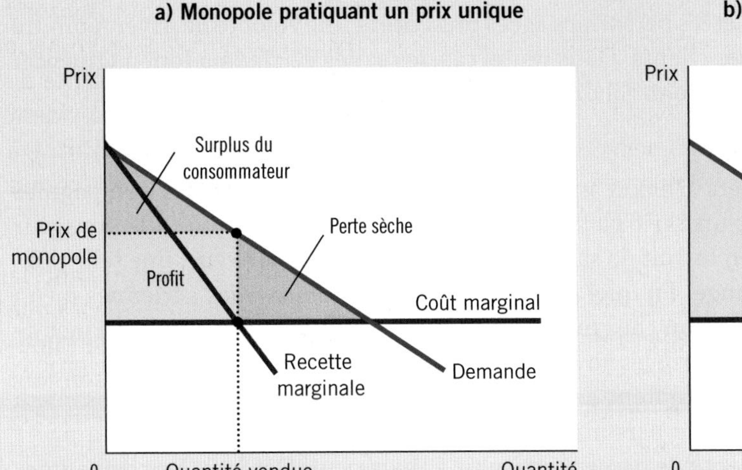

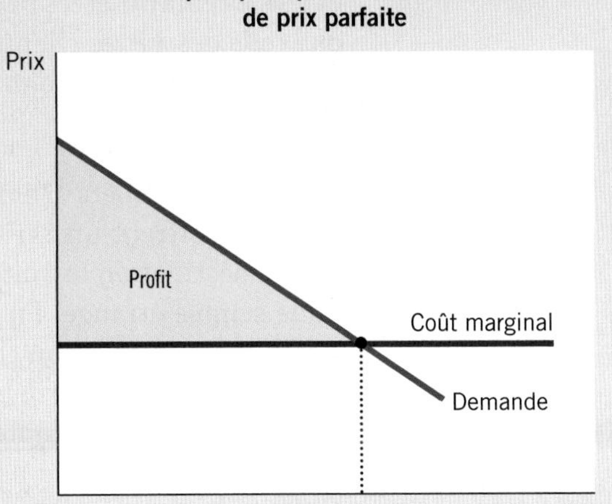

Sur le graphique a), le monopole exige le même prix de tous ses clients et le surplus total est égal à la somme du profit (surplus du producteur) et du surplus du consommateur. Sur le graphique b), le monopole pratique une discrimination de prix parfaite. Comme le surplus du consommateur est nul, le surplus total est égal au profit de la firme. La comparaison de ces deux graphiques montre que la discrimination de prix parfaite fait augmenter le profit et le surplus total, mais qu'elle réduit le surplus du consommateur.

volonté de payer. Par conséquent, les entreprises fondent leur discrimination de prix en répartissant leur clientèle selon divers groupes : les jeunes et les vieux, les acheteurs des jours de semaine et des week-ends, les Canadiens et les Australiens, et ainsi de suite. À la différence de notre parabole de Bouquinfou, à l'intérieur d'un même groupe, tous les consommateurs n'ont pas la même volonté de payer, ce qui rend impossible une discrimination de prix parfaite.

Quelle est la conséquence, sur le bien-être, de cette discrimination de prix imparfaite ? L'analyse de ces principes de fixation des prix est assez complexe et n'apporte pas de réponse générale à la question. Si l'on compare les résultats du monopole pratiquant un prix unique avec ceux d'un monopole pratiquant une discrimination de prix imparfaite, le surplus total peut augmenter, diminuer ou rester identique. La seule certitude concerne le profit du monopole : la discrimination fait augmenter le profit ; sinon, la firme choisirait de ne pratiquer qu'un seul prix pour tous ses consommateurs.

Des exemples de discrimination de prix

Dans l'économie canadienne, les entreprises emploient de nombreuses stratégies afin d'exiger des prix différents selon les clients. Maintenant que nous comprenons les mécanismes de la discrimination de prix, examinons quelques exemples.

Les entrées au cinéma

Dans de nombreuses salles de cinéma, les billets sont moins chers pour les enfants et les personnes âgées que pour les autres clients. Cette pratique semble difficile à comprendre dans un marché concurrentiel, où le prix est égal au coût marginal et où le coût marginal d'un siège offert à un enfant ou à une personne âgée est le même que celui d'un siège offert à tout autre spectateur. Toutefois, cette pratique se comprend aisément lorsqu'une salle de cinéma a un certain pouvoir de marché et que les enfants et les personnes âgées présentent une volonté de payer moindre que celle des autres clients. Dans un tel cas, les salles de cinéma font augmenter leurs profits en pratiquant la discrimination de prix.

Les billets d'avion

Les prix des billets d'avion varient grandement. La plupart des compagnies aériennes offrent un tarif plus avantageux pour un aller-retour si le voyageur reste à destination la nuit de samedi à dimanche. À première vue, une telle politique semble étrange. En quoi cela regarde-t-il les compagnies aériennes qu'un voyageur dorme ou non chez lui le samedi soir ? Pourtant, cette règle permet de faire la distinction entre les voyageurs d'affaires et les autres. Selon toute probabilité, les premiers acceptent de payer plus cher pour rentrer chez eux le samedi soir. En revanche, une personne qui voyage à titre personnel cherche à payer moins cher et accepte de passer cette nuit à l'extérieur. Dès lors, les compagnies aériennes peuvent pratiquer une discrimination de prix en réduisant le prix des vols pour ce type de clientèle.

Les bons de réduction

De nombreuses entreprises offrent au public des bons de réduction dans les journaux et les magazines. Depuis quelques années, des sites Web comme Groupon offrent également ces bons en ligne. Les consommateurs doivent découper les bons ou, dans le cas de Groupon, cliquer sur l'aubaine du jour, pour l'acheter à meilleur prix. Pourquoi les entreprises offrent-elles ces bons de réduction ? Pourquoi ne pas réduire le prix du produit, tout simplement ?

Pour la bonne raison que les bons de réduction permettent aux entreprises de pratiquer une discrimination de prix. Elles savent que leurs clients n'ont pas tous le temps de découper ces bons ou de devenir membre de Groupon et que, en outre, ceux qui le font révèlent ainsi leur volonté de payer plus faible. Un cadre supérieur très occupé et disposant de revenus substantiels ne perdra pas son temps à découper les bons dans les circulaires. Il est sans doute prêt à payer plus cher pour les produits qu'il consomme. À l'inverse, une personne au chômage risque davantage de rechercher les bons de réduction et les plus bas prix. Les étudiants et les jeunes qui, en plus d'être plus portés à utiliser les technologies, sont peu disposés à payer cher, seront plus enclins à utiliser des sites comme Groupon. En proposant un prix réduit aux seuls consommateurs qui utilisent des bons de réduction, les entreprises parviennent donc à faire une discrimination de prix avantageuse pour elles.

Les bourses d'études

La plupart des universités accordent des bourses d'études aux étudiants les moins fortunés. On peut considérer cette politique comme une sorte de discrimination de prix. Les étudiants qui disposent de ressources financières importantes sont généralement plus disposés que les autres à payer pour leurs études. En exigeant des droits de scolarité élevés et en offrant des bourses de manière sélective, les établissements d'enseignement font payer les étudiants en fonction de la valeur qu'ils accordent à leur formation. Ce comportement est identique à celui de n'importe quel monopole qui pratique une discrimination de prix.

Les réductions liées à la quantité

Dans tous les exemples précédents, la firme demande un prix différent à des clients différents. Il arrive néanmoins qu'elle fasse payer des prix différents aux mêmes clients selon les quantités qu'ils achètent. Il est fréquent que les firmes consentent des diminutions de prix aux clients qui achètent en grande quantité. Une boulangerie vendra un beigne 1 $, mais elle en vendra une douzaine pour 8 $. Il s'agit d'une forme de discrimination de prix, car les clients paient le premier beigne beaucoup plus cher que le douzième. Ce type de discrimination de prix fonctionne dans la mesure où la volonté de payer des clients diminue pour chaque unité additionnelle.

MINITEST

- Donnez deux exemples de discrimination de prix.
- Quelles sont les conséquences de la discrimination de prix parfaite sur le surplus du consommateur, le surplus du producteur et le surplus total ?

Les politiques publiques en matière de monopole

Nous venons de voir qu'à la différence des marchés concurrentiels, les monopoles ne parviennent pas à allouer les ressources de manière efficiente. En effet, ils produisent moins que la quantité optimale tout en pratiquant des prix supérieurs au coût marginal. Pour affronter ce problème, les pouvoirs publics disposent des quatre possibilités suivantes :

- Essayer d'accroître la concurrence sur les marchés monopolistiques ;
- Réglementer les activités des monopoles ;
- Nationaliser certains monopoles ;
- Maintenir le *statu quo*.

Les lois sur la concurrence

L'une des façons de remédier à l'inefficience créée par le pouvoir de marché en général, et du monopole en particulier, consiste à légiférer pour favoriser la concurrence et décourager les pratiques monopolistiques. Par exemple, le gouvernement peut adopter des lois interdisant toute fusion de deux entreprises qui réduirait sensiblement la concurrence dans une industrie et, par le fait même, diminuerait le bien-être économique de la société dans son ensemble.

Au Canada, c'est le Bureau de la concurrence, relevant d'Industrie Canada, qui se charge de l'application de la *Loi sur la concurrence*. Les avocats et les économistes du Bureau enquêtent sur les pratiques anticoncurrentielles qui tombent sous le coup de cette loi. Le cas échéant, le directeur enverra certaines causes devant le procureur général du Canada en vue d'une poursuite criminelle. Dans d'autres cas, il pourra déposer une demande d'examen et de règlement devant le Tribunal de la concurrence.

Ce tribunal est un organisme quasi judiciaire, semblable par bien des aspects à un tribunal, avec ses juges et autres membres, experts dans les domaines financier, scientifique et administratif. Dans la majorité des causes qui lui sont transmises, le Tribunal doit établir si une pratique ou une action a un effet défavorable sur la concurrence. Si tel est le cas, il a le pouvoir de rendre une ordonnance interdisant cette pratique ou cette action. Il pourra, en l'occurrence, empêcher une fusion ou exiger qu'une entreprise cède certains actifs. Par exemple, en 2005, le Bureau de la concurrence statuait que la fusion de deux des plus importantes entreprises de salles de cinéma au pays, Cineplex Galaxy et Famous Players, aurait pour effet de réduire la concurrence. Le Bureau de la concurrence a autorisé la fusion, sous condition que Cineplex Galaxy vende 35 de ses cinémas dans 17 villes, totalisant des recettes annuelles de quelque 100 millions de dollars.

La *Loi sur la concurrence* interdit également toute une série de pratiques anticoncurrentielles, comme nous le verrons au chapitre 17.

Ce type de législation présente des avantages et des inconvénients. Il arrive que les entreprises fusionnent non pas pour éliminer la concurrence, mais pour réduire leurs coûts en rationalisant leur production. Ces avantages, tirés d'une plus grande efficacité, s'appellent *synergies*. Dans un contexte mondial où les grandes entreprises canadiennes qui dominent le marché national sont bien petites à l'échelle de la planète, il est nécessaire de prendre en compte une telle réalité. Même si le marché financier canadien est dominé par le groupe des cinq, ces banques constituent des acteurs mineurs sur la scène internationale. Certains banquiers insistent sur le fait que les banques canadiennes ne sont pas en mesure de rivaliser sur les marchés internationaux sans les économies d'échelle résultant d'une fusion de leurs activités. En se fondant sur ce raisonnement, en 1998, quatre des plus importantes banques du pays ont demandé le droit de fusionner : la Banque Royale et la Banque de Montréal, de même que la Banque canadienne impériale de commerce et la Banque Toronto-Dominion. Le gouvernement fédéral s'est opposé à ces deux fusions.

Pour véritablement améliorer le bien-être économique, le gouvernement doit être capable de décider si une fusion est souhaitable ou non. Pour ce faire, il doit mesurer et comparer les avantages des synergies par rapport au coût social que représente la réduction de la concurrence. Cela n'empêche pas les critiques des lois sur la concurrence de se montrer sceptiques quant aux possibilités du gouvernement de réaliser des analyses avantages-coûts suffisamment précises.

DANS L'ACTUALITÉ

La *Loi sur la concurrence* à l'œuvre

Dans l'article qui suit, l'auteur examine les conditions que le CRTC impose à Bell dans l'éventualité d'une fusion avec Astral Media.

LE CRTC dit oui à Bell et Astral

La Presse canadienne

L'automne dernier, le projet d'achat avait été refusé par le CRTC qui jugeait qu'il n'était pas dans l'intérêt public. Cette fois-ci, c'est en suggérant de vendre certaines stations de radio et de télé que Bell a réussi à convaincre le CRTC, qui n'a toutefois pas exigé la vente d'actifs additionnels. « On commençait avec une meilleure demande », a souligné le président du CRTC, Jean-Pierre Blais, pour justifier le feu vert donné à la deuxième tentative de Bell et d'Astral. « Il y avait la proposition de se départir de certains actifs », qui répondait aux inquiétudes initiales

▶

du CRTC au sujet de la trop grande concentration des médias, a-t-il dit. Bell ne voulait pas commenter la décision jeudi. « Nous sommes en train d'analyser les détails de la décision du CRTC et nous émettrons une déclaration détaillée avant l'ouverture des marchés demain », a indiqué dans un courriel la porte-parole Jacqueline Michelis. Car dans sa décision rendue publique jeudi, le CRTC a imposé ses conditions à la transaction.

Il exige que Bell vende plus d'une dizaine de services, dont les chaînes Historia, MusiquePlus, Séries +, The Family Channel et Teletoon. Le géant des télécommunications pourra toutefois conserver sa lucrative chaîne « The Movie Network ». Deux stations de radio d'Ottawa-Gatineau devront aussi quitter l'empire de Bell. « Mais il faut voir les bénéfices de la transaction », a insisté M. Blais.

Car Bell devra investir près de 247 millions $ pour créer de nouvelles émissions de radio et de télé ou encore pour soutenir financièrement des programmes existants, 72 millions $ de plus que ce que l'entreprise avait offert. Il s'agit en fait d'un pourcentage de la valeur de la transaction. Une partie des fonds doit obligatoirement être versée à des producteurs indépendants et certaines sommes seront allouées pour les communautés linguistiques en situation minoritaire.

Le CRTC affirme qu'il met en place un certain nombre de balises en vue de protéger la concurrence. Il souligne que les conditions vont permettre d'assurer que l'acquisition profite au public et au système canadien de radiodiffusion.

Quand l'organisme fédéral avait rejeté la première mouture de la transaction en octobre dernier, il avait jugé que la vente donnerait à Bell une trop grande part du marché télévisuel et qu'elle aurait créé une concentration de médias « sans précédent ». « Avec sa demande, Astral a offert une approche différente et répondu à plusieurs de nos préoccupations », a déclaré jeudi le président du CRTC.

Car après le refus initial, Bell était retournée à sa planche à dessin et avait soumis une proposition dans laquelle elle suggérait de se départir de 11 chaînes télévisées spécialisées d'Astral et de 10 stations de radio. Tout cela dans le but d'obtenir le feu vert du CRTC.

Lors de la première proposition, le CRTC avait calculé que si Bell avait acheté Astral, l'entreprise aurait détenu 42,7 pour cent du marché de la télévision de langue anglaise et 33 pour cent du marché francophone. Pour cette deuxième version de la transaction proposée, les parts de marché sont moindres : il a été estimé que la mainmise sur le marché télévisuel serait de 35,8 pour cent en anglais et de 22,6 pour cent en français.

Bell se refusait toutefois à vendre « The Movie Network », argumentant que cela l'empêcherait de faire concurrence aux services de vidéo sur demande comme Netflix. Rogers avait demandé au CRTC d'exiger que la nouvelle entreprise fusionnée se départisse de cette chaîne. Mais Bell avait signifié son intention de tourner le dos à l'entente si le CRTC devait la forcer à vendre davantage de chaînes télévisées spécialisées d'Astral de langue française parce qu'elle dit vouloir apporter plus de concurrence au marché québécois.

Elle se voit aussi autorisée à continuer d'exploiter quatre stations de radio de langue anglaise dans le marché de Montréal, avec certaines conditions. L'entreprise doit par ailleurs adhérer au code de conduite du CRTC qui vise à limiter les comportements anticoncurrentiels et ainsi s'engager à traiter les producteurs et les distributeurs de façon équitable.

D'autres grands joueurs dans le marché, notamment Quebecor et Rogers Communications, avaient vertement dénoncé la transaction proposée.

Cogeco Câble a pour sa part exprimé sa déception, tout en se disant confiant que les mesures de contrôle instaurées par le CRTC permettront de maintenir un niveau de concurrence suffisant.

« Bien que désappointés, nous acceptons et respectons la décision », a déclaré par voie de communiqué le président et chef de la direction de Cogeco Câble, Louis Audet.

« Cependant, de façon objective, nous observons qu'un nombre important de mesures additionnelles de supervision accompagnent cette décision. Nous sommes confiants que si toutes les mesures de contrôle sont activement mises en œuvre et si leur application se fait en temps opportun, sous une étroite supervision, les intérêts des consommateurs canadiens pourraient être protégés efficacement et le marché canadien de la radiodiffusion pourrait demeurer véritablement concurrentiel », a ajouté M. Audet.

L'organisme Option consommateur, qui s'est opposé à la fusion, s'est déclaré déçu de la décision du CRTC, tout comme le Centre de la défense de l'intérêt public, qui défend les droits des consommateurs. « Lorsque Bell aura acquis Astral, elle touchera près de 60 pour cent des revenus provenant de la télévision francophone payante et des chaînes de télévision spécialisées du Québec », souligne John Lawford, conseiller juridique au Centre.

Selon lui, la fusion entraînera une augmentation des prix et une diminution de l'offre et de la qualité du service à la clientèle au Québec et partout au Canada. ■

Source : La Presse canadienne. (29 juin 2013). « Le CRTC dit oui à Bell et Astral ». *La métropole*. Repéré à www.lametropole.com

La réglementation

La réglementation est un autre type d'intervention publique possible pour contrer le comportement des monopoles. C'est la solution la plus fréquemment adoptée dans le cas des monopoles naturels, comme celui de la distribution du gaz et de l'électricité. Le gouvernement empêche ces sociétés de pratiquer les prix qu'elles veulent. En fait, le gouvernement réglemente leurs tarifs.

Comment réglementer le prix d'un monopole naturel ? Cette question est beaucoup plus complexe qu'il y paraît. On a tendance à penser que le prix doit être égal au coût marginal de la firme. Dans un tel cas, les consommateurs achèteront la quantité produite qui maximise le surplus total, ce qui garantira une allocation efficiente des ressources.

Toutefois, deux problèmes pratiques empêchent l'application d'une telle réglementation des prix. Le premier, illustré à la figure 15.10, tient au fait que les monopoles naturels ont un coût total moyen décroissant. Comme nous l'avons vu au chapitre 13, lorsque le coût total moyen décroît, le coût marginal est inférieur au coût total moyen. Si la réglementation exige de fixer un prix égal au coût marginal, ce prix sera inférieur au coût total moyen et entraînera une perte pour la firme. Plutôt que de demander un prix aussi faible, le monopole préférera se retirer du marché.

Plusieurs modalités permettent de contourner ce problème, mais aucune d'elles n'est parfaite. L'une de ces solutions consiste à subventionner le monopole, le gouvernement absorbant les pertes inhérentes à la tarification au coût marginal. Cependant, pour subventionner cette industrie, le gouvernement devra lever des impôts, qui génèrent également une perte sèche. Selon une autre formule, on peut autoriser le monopole à exiger un prix supérieur au coût marginal. Si ce prix réglementé est égal au coût total moyen, le monopole réalise un profit économique nul, mais cette tarification entraîne également des pertes sèches, car le prix exigé ne reflète pas le coût marginal de production du bien. En réalité, la tarification au coût total moyen ressemble à la levée d'une taxe sur ce produit.

FIGURE 15.10

La tarification au coût marginal pour un monopole naturel

Parce qu'un monopole naturel a une courbe de coût total moyen descendante, son coût marginal est inférieur à son coût total moyen. Si les autorités réglementaires exigent que le prix du monopole soit égal à son coût marginal, ce prix se situera au-dessous du coût total moyen, et la firme accusera une perte.

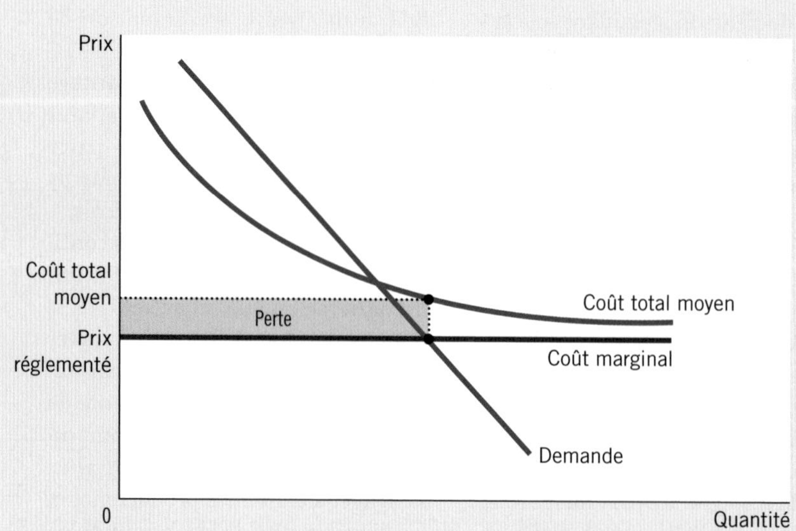

Le deuxième problème associé à la tarification au coût marginal (et également à la tarification au coût total moyen) est que la réglementation n'incite nullement le monopole à réduire ses coûts. Dans un marché concurrentiel, toutes les entreprises cherchent à réduire leurs coûts, car des coûts plus faibles signifient des profits plus élevés. Cependant, si un monopole sait que les autorités réglementaires réduiront son prix lorsqu'il comprimera ses coûts, alors il n'a aucun intérêt à le faire. Toutefois, en pratique, l'autorité chargée de la réglementation laissera le monopole profiter en partie des avantages découlant de la réduction des coûts en lui permettant d'accroître son profit, une pratique qui implique de permettre un prix légèrement supérieur au coût marginal.

La nationalisation des monopoles

Le gouvernement dispose d'une troisième solution pour remédier à l'inefficience des monopoles. Au lieu de réglementer un monopole naturel détenu par une entreprise privée, il le nationalise en en faisant une société d'État. Cette solution, beaucoup plus fréquemment utilisée en Europe qu'aux États-Unis, se retrouve également au Canada, même si elle tend à se raréfier depuis quelques années.

Les entreprises canadiennes appartenant à l'État dépendent soit du gouvernement fédéral (les sociétés de la Couronne), soit des gouvernements provinciaux (les sociétés d'État). Parmi les sociétés de la Couronne, citons Postes Canada, la Société Radio-Canada et Via Rail. Au cours des dernières décennies, le gouvernement fédéral a privatisé certaines sociétés de la Couronne, dont Petro-Canada, Air Canada et le CN.

Au niveau provincial, on trouve des sociétés d'État dans le domaine de l'hydroélectricité (Manitoba Hydro, Hydro-Québec et Ontario Hydro) et des télécommunications (Saskatchewan Tel et B.C. Tel). Dans la plupart des provinces, la distribution de gaz et d'eau est assurée par des sociétés d'État. Au Québec, l'alcool (la SAQ) et le jeu (Loto-Québec) relèvent du gouvernement provincial.

Les économistes préfèrent généralement les monopoles naturels de propriété privée plutôt que publique. La question consiste à savoir quelles sont les conséquences de tel ou tel type de propriété pour les coûts de production. Les gestionnaires privés ont tout intérêt à réduire leurs coûts au minimum dans la mesure où cette réduction se reflète sur les profits. Du reste, les actionnaires risquent d'exiger leur démission en cas de performance médiocre. En revanche, si le monopole est géré par des bureaucrates inefficaces, les clients et les contribuables payeront la note. Ils n'auront alors d'autre recours que l'intervention politique. Les bureaucrates sont susceptibles de constituer un groupe d'intérêt particulier visant à empêcher toute réduction de coût. En résumé, si l'on veut s'assurer que les entreprises sont bien gérées, la recherche des profits est infiniment plus efficace que le bulletin de vote.

Le maintien du *statu quo*

Toute politique destinée à résoudre le problème des monopoles présente des inconvénients. Certains économistes prônent donc une absence d'intervention de la part du gouvernement, plutôt qu'une politique de correction de l'inefficience des monopoles. Parmi ceux-ci, George Stigler, prix Nobel (1982) d'économie pour ses travaux sur l'organisation industrielle, défend ce point de vue dans *Fortune encyclopedia of economics* :

> Selon un théorème économique célèbre, une économie concurrentielle produira les plus grands bénéfices à partir d'un stock de ressources donné. Aucune économie dans le monde ne satisfait complètement aux conditions d'un tel théorème, et toutes les économies réelles diffèrent de cette économie idéale et cet écart est ce qu'on appelle la *défaillance du marché*. Selon moi, cette défaillance du marché est, en ce qui concerne l'économie américaine, nettement moins pénalisante que la *défaillance politique* découlant des imperfections propres aux politiques économiques qui relèvent des régimes politiques existants.

Cette citation met en évidence la nécessité de concevoir l'intervention de l'État dans l'économie d'une perspective tout autant politique qu'économique.

MINITEST

- Énumérez les diverses solutions envisagées par les pouvoirs publics pour résoudre l'inefficience provoquée par les monopoles et indiquez les problèmes potentiels découlant de telles solutions politiques.

Conclusion : la présence des monopoles

Dans ce chapitre, nous avons abordé le comportement d'entreprises qui ont la capacité de fixer elles-mêmes leur prix de vente. Nous avons vu que ces firmes n'agissent pas de la même manière que les firmes concurrentielles. Le tableau 15.2 résume les différences et les similarités qu'il y a entre ces deux types de marchés.

Nous avons vu que le monopole produit moins que la quantité socialement efficiente et exige des prix supérieurs au coût marginal, ce qui engendre une perte sèche. Cette inefficience peut être partiellement corrigée par des interventions gouvernementales ou, dans certains cas, par une discrimination de prix pratiquée par le monopole.

Quelle est l'importance du problème posé par le monopole ? Il existe deux réponses à cette question.

D'une certaine façon, les monopoles sont courants. La plupart des firmes peuvent plus ou moins décider des prix qu'elles exigent, car leurs produits ne sont pas exactement identiques à ceux des autres firmes. Une Ford Taurus se différencie d'une Toyota Camry ; un ordinateur Apple n'est pas un ordinateur Dell. Chacun de ces produits présente une courbe de demande à pente négative, ce qui confère à son producteur un certain pouvoir de marché.

Cependant, rares sont les firmes ayant un pouvoir de marché très substantiel. Il existe des substituts de la plupart des produits qui, sans être exactement identiques, sont passablement similaires. La société Apple peut augmenter légèrement le prix de ses ordinateurs sans perdre une trop grosse partie de sa clientèle, mais si elle les augmente trop, elle verra ses ventes chuter de manière considérable.

Au bout du compte, le pouvoir de marché est une question de degré. S'il est vrai que la majorité des entreprises disposent d'un certain pouvoir de marché, il s'agit la plupart du temps d'un pouvoir fort limité. Et, dans ce cas, il n'est pas totalement erroné de considérer que ces entreprises poursuivent leurs activités sur des marchés concurrentiels, même si ce n'est pas tout à fait le cas.

TABLEAU 15.2

Une comparaison entre la concurrence parfaite et le monopole

	CONCURRENCE PARFAITE	MONOPOLE
SIMILARITÉS		
But de la firme	Maximiser son profit	Maximiser son profit
Critère de maximisation	$Rm = Cm$	$Rm = Cm$
Profit économique possible à court terme?	Oui	Oui
DIFFÉRENCES		
Nombre de firmes	Nombreuses	Une seule
Recette marginale	$Rm = P$	$Rm < P$
Prix	$P = Cm$	$P > Cm$
Niveau de production efficient?	Oui	Non
Entrée à long terme?	Oui	Non
Profit économique possible à long terme?	Non	Oui
Possibilité de discrimination de prix?	Non	Oui

Résumé

- Lorsqu'il n'existe qu'un seul vendeur sur un marché, il s'agit d'un monopole. Un monopole apparaît dans l'un des trois cas suivants : la firme dispose d'une ressource clé, le gouvernement lui a octroyé un droit d'exploitation exclusif, la firme approvisionne le marché à des prix inférieurs à ceux que pratiqueraient plusieurs firmes.
- Comme le monopole est le seul vendeur sur son marché, la courbe de demande de son produit a une pente négative. Quand le monopole augmente sa production d'une unité additionnelle, le prix de vente de son produit diminue, ce qui réduit ainsi les recettes gagnées pour toutes les unités produites. Dès lors, la recette marginale du monopole est toujours inférieure au prix de son produit.
- À l'instar des firmes concurrentielles, le monopole maximise son profit en produisant une quantité pour laquelle la recette marginale est égale au coût marginal. Il détermine ensuite son

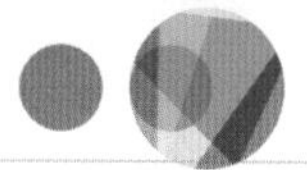

prix à l'aide de la courbe de demande. Toutefois, à la différence d'une firme concurrentielle, le prix du monopole est supérieur à sa recette marginale et, donc, à son coût marginal.

- Le niveau de production qui maximise le profit du monopole est inférieur à celui qui maximise la somme des surplus du consommateur et du producteur. Autrement dit, lorsque le monopole fixe son prix au-dessus du coût marginal, certains consommateurs qui accordent au produit une valeur supérieure à son coût de production ne l'achèteront pas. Cela provoque donc une perte sèche semblable à celle provoquée par l'imposition d'une taxe.
- Les monopoles peuvent souvent accroître leur profit en exigeant des prix différents pour un même produit selon la volonté de payer des consommateurs. Cette discrimination de prix améliore le bien-être économique en permettant à des consommateurs qui n'achèteraient pas un produit de se le procurer. Dans le cas extrême d'une discrimination de prix parfaite, la perte sèche du monopole est complètement éliminée. Dans la plupart des cas, lorsque la discrimination de prix est imparfaite, elle peut se traduire par une augmentation ou une diminution du bien-être par rapport aux résultats obtenus avec un seul prix monopolistique.
- Les pouvoirs publics essayent de corriger l'inefficience des monopoles de quatre façons : en adoptant des lois « anti-monopole » pour tenter de stimuler la concurrence, en réglementant les prix pratiqués par le monopole, en nationalisant cette entreprise ou, enfin, si la défaillance du marché semble mineure en comparaison des inévitables imperfections des politiques envisageables, en choisissant de maintenir le *statu quo*.

Concepts clés

Discrimination de prix, p. 324 Monopole, p. 309 Monopole naturel, p. 311

Questions de révision

1. Donnez un exemple d'un monopole créé par le gouvernement. La création d'un tel monopole constitue-t-elle une politique forcément désastreuse ? Justifiez votre réponse.
2. Donnez une définition d'un *monopole naturel*. En quoi la taille d'un marché importe-t-elle pour qu'on puisse dire si une firme dispose d'un monopole naturel ?
3. Pourquoi la recette marginale d'un monopole est-elle inférieure au prix de son produit ? La recette marginale peut-elle être négative ? Expliquez.
4. Tracez les courbes de coût marginal, de demande et de recette marginale d'un monopole. Précisez le niveau de production permettant de maximiser le profit. Quel est le prix correspondant ?
5. Sur le graphique de votre réponse à la question précédente, montrez le niveau de production qui maximise le surplus total. Illustrez la perte sèche du monopole en justifiant votre réponse.
6. Fournissez deux exemples de discrimination de prix. Dans chaque cas, expliquez ce qui motive la stratégie du monopole.
7. Qu'est-ce qui donne au gouvernement le pouvoir de réglementer les fusions d'entreprises ? Sur le strict plan du bien-être économique, donnez une bonne et une mauvaise raison justifiant la fusion de deux entreprises.
8. Expliquez les deux problèmes qui surviennent lorsque le gouvernement réglemente un monopole naturel et fixe un prix égal au coût marginal.

La concurrence monopolistique

16
CHAPITRE

Vous entrez dans une librairie pour acheter un livre que vous comptez lire durant les vacances. Vous hésitez entre un roman noir de Stephen King, un roman de Michel Tremblay et une biographie de Steve Jobs. Dans une telle situation, de quel type de marché êtes-vous partie prenante ?

D'une part, le marché des livres semble concurrentiel : en parcourant les rayonnages, vous trouvez de nombreux auteurs et éditeurs qui cherchent à retenir votre attention. Dans un tel contexte, vous avez la possibilité en tant qu'acheteur de choisir entre des milliers de produits différents. Cependant, comme tout le monde peut écrire et se faire publier, l'édition n'est pas très rentable et, pour un romancier à succès, il en existe des centaines d'autres qui vivotent.

D'autre part, le marché du livre semble monopolistique, puisque chaque livre est unique et que les éditeurs disposent d'une certaine latitude pour en fixer le prix de vente. Sur un tel marché, les vendeurs sont des faiseurs de prix plutôt que des preneurs de prix. En outre, de toute évidence, le prix d'un livre excède nettement son coût marginal. Le prix d'un roman tourne généralement autour de 35 $, alors que le coût d'impression d'un exemplaire supplémentaire ne dépasse pas 5 $.

Concurrence monopolistique
Structure de marché où de nombreuses firmes proposent des produits similaires, mais légèrement différents.

Le marché du livre ne correspond ni au modèle de la concurrence parfaite ni au modèle du monopole, mais il présente à la fois des caractéristiques concurrentielles et des caractéristiques monopolistiques. Ce type de structure de marché renvoie au terme de **concurrence monopolistique.** Nous verrons que beaucoup d'industries entrent dans cette catégorie.

Entre le monopole et la concurrence parfaite

Les deux derniers chapitres, sur l'analyse des structures de marché, concernaient les entreprises concurrentielles et les monopoles. Au chapitre 14, nous avons constaté qu'au sein d'un marché parfaitement concurrentiel, le prix en vigueur est toujours égal au coût marginal de production. Nous avons également vu qu'à long terme, l'entrée et la sortie de firmes sur le marché font tendre le profit économique vers zéro, de sorte que le prix finit par être égal au coût total moyen. Au chapitre 15, nous avons relevé qu'une firme en situation de monopole se sert de son pouvoir de marché pour maintenir les prix au-dessus du coût marginal et s'assurer ainsi d'un profit économique positif, ce qui entraîne du même coup une perte sèche pour la société.

Ces deux structures de marché, la concurrence parfaite et le monopole, illustrent quelques concepts essentiels relativement au fonctionnement des marchés. La plupart des marchés de l'économie réunissent des caractéristiques appartenant à ces deux extrêmes, sans correspondre parfaitement à l'une ou à l'autre de ces définitions. Presque toutes les entreprises font face à la concurrence, sans que celle-ci soit rigoureuse au point de correspondre à celle de la définition d'un preneur de prix présentée au chapitre 14. De la même manière, presque toutes les entreprises disposent d'un certain pouvoir de marché, sans qu'il soit aussi important que celui des monopoles, décrit au chapitre 15. D'une certaine façon, l'entreprise type de notre économie est en situation de *concurrence imparfaite.*

Oligopole
Structure de marché caractérisée par un petit nombre de vendeurs qui proposent des produits semblables ou identiques.

Il existe deux types de marché où la concurrence est imparfaite. Le premier type est l'**oligopole,** un marché qui se compose de quelques vendeurs offrant chacun un produit semblable ou identique à celui des autres. Les économistes ont recours au *ratio de concentration* afin de mesurer le pouvoir des firmes qui dominent le marché. Ce ratio correspond au pourcentage total des ventes effectuées par les quatre plus grosses entreprises du marché. Au Canada, de nombreuses industries présentent un ratio de concentration inférieur à 50 %, mais d'autres secteurs sont nettement plus concentrés : les céréales à déjeuner (ratio de concentration de 78 %), l'aéronautique (81 %), les appareils électroménagers (95 %) et les cigarettes (95 %). Ces industries correspondent bien au modèle de l'oligopole.

Le second type est la *concurrence monopolistique* et renvoie à une structure de marché dans laquelle plusieurs firmes vendent des produits semblables, mais pas identiques. Dans ce contexte de concurrence monopolistique, chaque firme dispose d'un monopole sur son produit, mais les autres firmes offrant des substituts proches luttent pour attirer la même clientèle.

Soyons plus précis et établissons qu'un marché de concurrence monopolistique possède les caractéristiques suivantes :

- *Un grand nombre de vendeurs :* De nombreuses firmes se disputent la même clientèle.
- *La différenciation du produit :* Chaque firme offre un produit légèrement différent de celui de ses concurrentes. Par conséquent, au lieu d'être un preneur de prix, chaque firme dispose d'une courbe de demande à pente négative.
- *L'absence de barrière à l'entrée :* Chaque firme est libre d'entrer sur le marché ou d'en sortir, sans aucune restriction. Le nombre de firmes sur le marché s'ajuste donc à long terme jusqu'à ce que le profit économique tende vers zéro.

Il suffit de réfléchir quelques instants pour que viennent à l'esprit de nombreux exemples de marchés correspondant à de telles caractéristiques : livres, DVD, jeux d'ordinateur, restaurants, leçons de piano, meubles, garagistes, dentistes, etc.

La concurrence monopolistique, tout comme l'oligopole, est une structure de marché située entre la concurrence parfaite et le monopole. Il s'agit néanmoins de deux réalités distinctes. L'oligopole se différencie de l'idéal de la concurrence parfaite du chapitre 14 par le petit nombre de vendeurs sur le marché, lequel limite grandement la férocité de la concurrence et donne une importance primordiale aux interactions stratégiques des firmes. En revanche, la concurrence monopolistique se caractérise par un grand nombre de vendeurs, tous petits par rapport à la taille du marché. Toutefois, la concurrence monopolistique s'écarte de la concurrence parfaite en ceci que chaque firme offre un produit légèrement différent de celui des autres firmes.

La figure 16.1 répertorie les quatre types de structures de marché. Lorsqu'on analyse un marché, la première question à se poser concerne le nombre de firmes qui le composent. Dans le cas d'une seule firme, on a affaire à un monopole.

Nombre de firmes?

Une seule firme

Quelques firmes

De nombreuses firmes

Type de produits?

Produits différenciés

Produits identiques

Monopole (chapitre 15)
- Électricité
- Câblo-distribution

Oligopole (chapitre 17)
- Banques
- Essence

Concurrence monopolistique (chapitre 16)
- Livres
- Restaurants

Concurrence parfaite (chapitre 14)
- Blé
- Lait

FIGURE 16.1

Les quatre structures de marché

Les économistes qui étudient l'organisation industrielle répartissent les marchés en quatre catégories : le monopole, l'oligopole, la concurrence monopolistique et la concurrence parfaite.

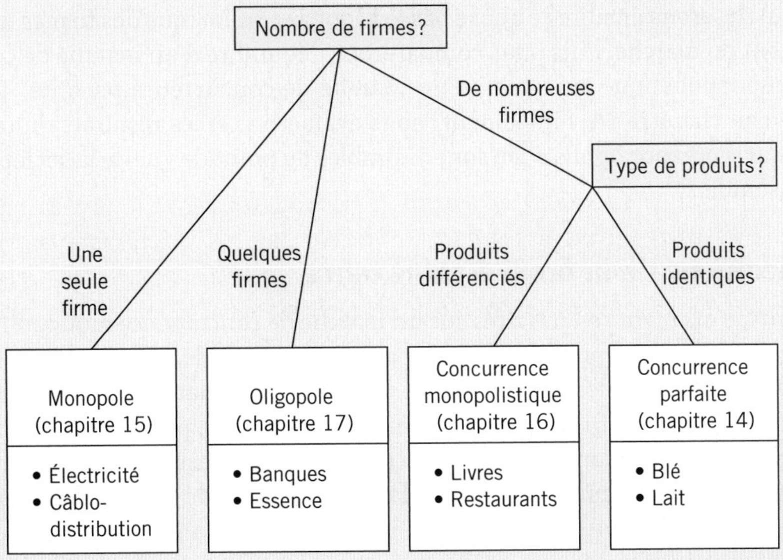

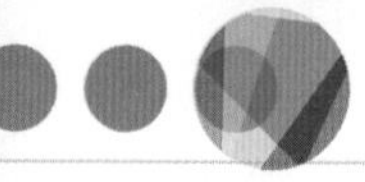

S'il y en a quelques-unes, il s'agit d'un oligopole. Si l'on en compte beaucoup, il faut se poser une seconde question : ces entreprises vendent-elles des produits identiques ou différenciés ? Dans le cas de produits différenciés, on est devant un marché de concurrence monopolistique. Si, au contraire, les produits sont identiques, il s'agit d'un marché parfaitement concurrentiel.

Bien entendu, dans la réalité, les choses ne sont pas aussi tranchées que dans cette approche théorique. Il est parfois difficile de déterminer la structure d'un marché. Il n'existe aucune norme précise permettant de savoir s'il y a quelques firmes ou de nombreuses firmes sur le marché. (La douzaine de constructeurs d'automobiles constitue-t-elle un marché de concurrence monopolistique ou un oligopole ? Le débat reste ouvert.) Il n'existe pas non plus de moyen sûr de savoir si les produits sont différenciés ou s'ils sont identiques. (Les différentes marques de lait recouvrent-elles exactement le même produit ? Là encore, la question n'est pas tranchée.) En analysant les marchés réels, les économistes doivent garder à l'esprit les caractéristiques de toutes les structures de marché déjà étudiées et les appliquer, cas par cas.

Maintenant que nous avons vu comment les économistes définissent les différentes structures de marché, nous pouvons poursuivre notre analyse. Dans le prochain chapitre, nous analyserons l'oligopole. Mais tout d'abord, penchons-nous sur la concurrence monopolistique.

MINITEST

- Définissez l'oligopole et la concurrence monopolistique en donnant un exemple de chaque structure.

La concurrence et la différenciation du produit

Pour comprendre la nature d'un marché de concurrence monopolistique, nous commencerons par examiner les décisions individuelles que prend une firme. Nous analyserons ensuite ce qui se passe à long terme lorsque des firmes entrent et sortent du marché. Puis nous comparerons l'équilibre d'un marché de concurrence monopolistique avec celui d'un marché de concurrence parfaite, comme celui vu au chapitre 14. Finalement, nous évaluerons si les résultats du marché de concurrence monopolistique sont désirables du point de vue de la société dans son ensemble.

Les décisions de la firme à court terme

Toute firme exerçant ses activités sur un marché de concurrence monopolistique partage beaucoup de points communs avec un monopole. Comme son produit est différent de celui des autres firmes, sa courbe de demande a une pente négative (à l'inverse d'une firme parfaitement concurrentielle, pour laquelle la courbe de demande est horizontale au prix du marché). Par conséquent, cette firme se conforme à la règle monopolistique de la maximisation du profit : elle choisit un niveau de production tel que sa recette marginale est égale à son coût marginal et utilise sa courbe de demande pour fixer un prix de vente correspondant à cette quantité.

La figure 16.2 représente les courbes de coût, de demande et de recette marginale pour deux firmes exerçant leurs activités sur deux marchés de concurrence monopolistique distincts. Sur ces deux graphiques, la quantité qui maximise le profit se trouve à l'intersection des courbes de recette marginale et de coût marginal. Les deux graphiques illustrent deux situations distinctes. En a), le prix est supérieur au coût total moyen et la firme réalise un profit. En b), le prix se situe au-dessous du coût total moyen. Dans ce cas, la firme ne peut pas faire de profit ; au mieux, elle peut chercher à minimiser ses pertes.

Tout cela devrait vous rappeler quelque chose : en effet, une firme sur un marché de concurrence monopolistique sélectionne la quantité à produire et le prix de vente, tout comme le fait un monopole. À court terme, ces deux types de structures de marché se ressemblent donc beaucoup.

FIGURE 16.2

La concurrence monopolistique à court terme

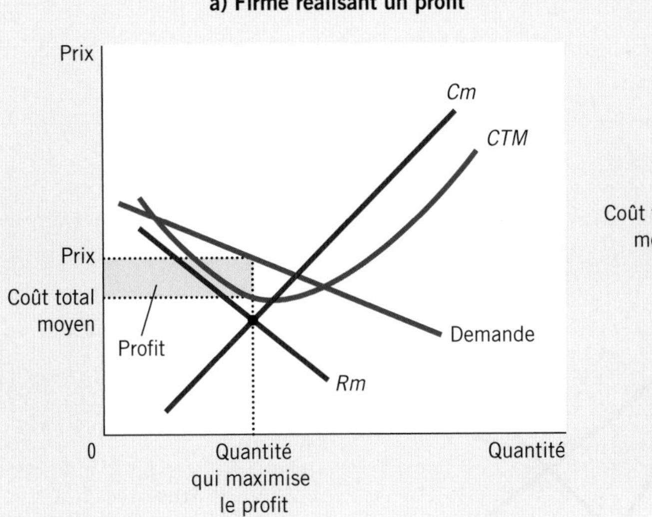

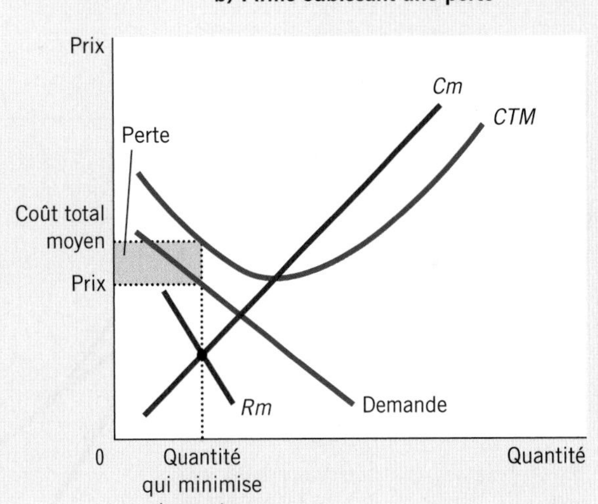

Les firmes en concurrence monopolistique, tout comme les monopoles, maximisent leur profit en produisant une quantité pour laquelle la recette marginale est égale au coût marginal. En a), la firme réalise un profit car, pour cette quantité, le prix est supérieur au coût total moyen, tandis qu'en b), elle subit une perte, le prix étant inférieur au coût total moyen.

L'équilibre à long terme

Les situations décrites à la figure 16.2 ne se prolongent pas indéfiniment. Lorsque les firmes réalisent un profit, comme c'est le cas sur le graphique a), cela attire d'autres firmes désireuses d'entrer sur ce marché. Leur arrivée élargit la sélection des produits offerts aux consommateurs et, par conséquent, réduit la demande des produits de chaque firme sur le marché. Autrement dit, le profit suscite l'arrivée de nouveaux joueurs, laquelle se traduit par un déplacement vers la gauche des courbes de demande des firmes existantes et par une diminution du profit qu'elles réalisent.

À l'inverse, si les firmes subissent des pertes, comme c'est le cas sur le graphique b), certaines d'entre elles auront tendance à se retirer du marché. Ce faisant, elles réduisent la variété des produits offerts aux consommateurs et font ainsi augmenter la demande des produits des firmes qui demeurent sur le marché. Cela revient à dire que les pertes incitent certaines firmes à se retirer, tout en déplaçant vers la droite les courbes de demande de celles qui se maintiennent sur le marché. Comme la demande pour les firmes restantes augmente, celles-ci voient leur profit augmenter (ou, plutôt, leurs pertes diminuer).

Un tel processus d'ajustement se poursuivra jusqu'à ce que les firmes réalisent un profit économique nul. La figure 16.3 décrit cet équilibre à long terme. Une fois que le marché a atteint cet équilibre, personne n'a intérêt à y entrer ni à en sortir.

Remarquez que sur ce graphique, la courbe de demande ne fait qu'effleurer celle du coût total moyen. En langage mathématique, on dira que la demande est *tangente* au coût total moyen. Et il est nécessaire qu'il en soit ainsi une fois que les entrées sur le marché et les sorties du marché ont fait tendre le profit

FIGURE 16.3

La concurrence monopolistique à long terme

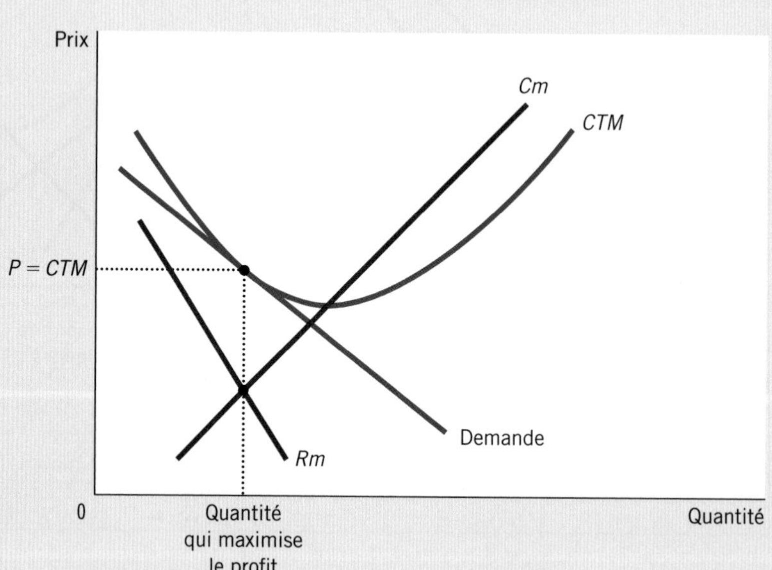

Dans un marché de concurrence monopolistique, si les firmes réalisent un profit, cela attire de nouveaux joueurs, et la courbe de demande des firmes existantes se déplace vers la gauche. De la même manière, si ces firmes subissent des pertes, certaines sortiront du marché, et la courbe de demande des firmes restantes se déplacera vers la droite. En raison de ces déplacements, une firme finit par se trouver en situation d'équilibre à long terme, comme on le voit sur ce graphique. Dans ce cas, le prix est égal au coût total moyen et les firmes réalisent un profit économique nul.

vers zéro. Comme le profit par unité est égal à la différence entre le prix (sur la courbe de demande) et le coût total moyen, le profit total est nul lorsque les deux courbes se touchent sans se croiser. Notez également que ce point de tangence s'aligne sur la quantité pour laquelle la recette marginale égale le coût marginal. Il ne s'agit pas d'une coïncidence : cette quantité maximise le profit, et le profit est égal à zéro à long terme.

En résumé, l'équilibre à long terme sur un marché de concurrence monopolistique répond aux deux caractéristiques suivantes :

- Tout comme dans le cas du monopole, le prix est supérieur au coût marginal. En effet, la maximisation du profit impose que la recette marginale soit égale au coût marginal, et la courbe de demande à pente négative implique une recette marginale inférieure au prix.
- Tout comme sur un marché parfaitement concurrentiel, le prix est égal au coût total moyen, parce que les entrées et les sorties de firmes ramènent le profit économique à zéro.

Cette dernière caractéristique montre bien la différence entre la concurrence monopolistique et le monopole. Comme il est l'unique vendeur d'un produit qui n'a pas de proche substitut, le monopole peut continuer à réaliser des profits à long terme. En revanche, comme l'entrée de nouvelles firmes sur un marché de concurrence monopolistique est libre, le profit économique d'une firme tend vers zéro.

La concurrence monopolistique et la concurrence parfaite

La figure 16.4 compare l'équilibre à long terme dans un marché de concurrence monopolistique avec celui d'un marché de concurrence parfaite (nous avons déjà étudié l'équilibre à long terme en concurrence parfaite dans le chapitre 14). L'examen de ces deux marchés fait clairement ressortir deux différences : la capacité excédentaire et la marge sur le coût marginal.

La capacité excédentaire

Comme nous venons de le voir, la dynamique des entrées et des sorties sur un marché de concurrence monopolistique oblige les firmes à se situer au point de tangence des courbes de demande et de coût total moyen. Sur le graphique b) de la figure 16.4, on constate que le volume de production situé en ce point est inférieur à celui qui minimise le coût total moyen. Dans un contexte de concurrence monopolistique, les firmes produisent une quantité située sur la partie décroissante de la courbe de coût total moyen — une différence marquée avec la concurrence parfaite. Comme le montre le graphique a) de la figure 16.4, la dynamique des entrées et des sorties sur un marché parfaitement concurrentiel pousse les firmes à produire au minimum de leur coût total moyen.

Le volume de production qui minimise le coût total moyen est appelé *capacité efficace* de la firme. À long terme, les firmes parfaitement concurrentielles produisent à leur capacité efficace, alors que sur les marchés de concurrence monopolistique, les firmes produisent en deçà de ce niveau. On dit alors de ces firmes qu'elles ont une *capacité excédentaire*. En d'autres mots, contrairement à ce qui se passe en situation de concurrence parfaite, les firmes en concurrence monopolistique pourraient accroître leur production et diminuer leur

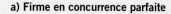

FIGURE 16.4

La concurrence monopolistique et la concurrence parfaite

a) Firme en concurrence parfaite

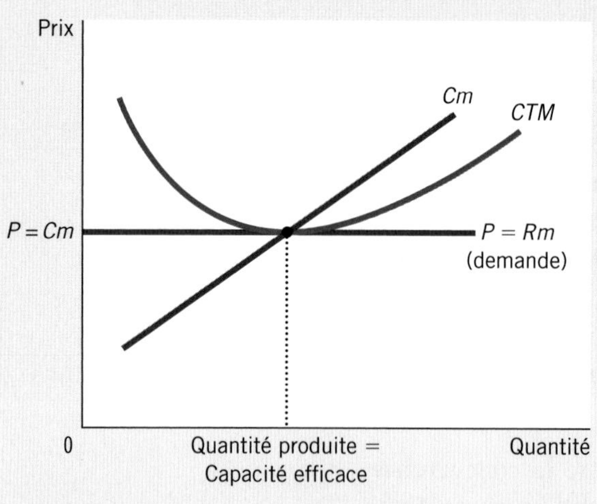

b) Firme en concurrence monopolistique

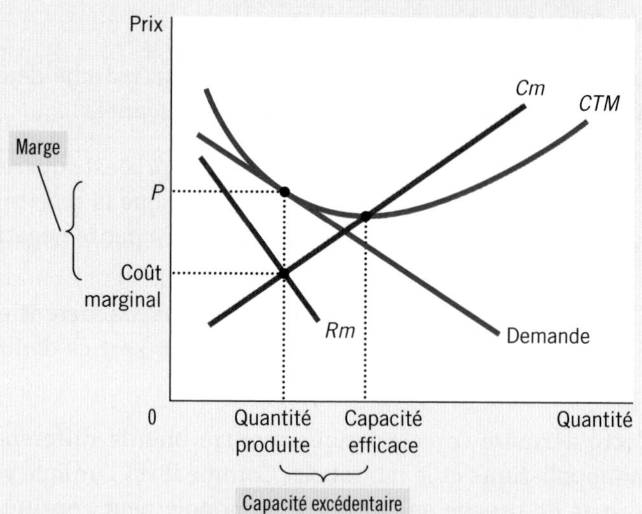

Le graphique a) illustre l'équilibre à long terme sur un marché de concurrence parfaite, et le graphique b), l'équilibre à long terme sur un marché de concurrence monopolistique. On remarque deux différences : d'abord, la firme en situation de concurrence parfaite produit à sa capacité efficace, là où le coût total moyen est à son minimum ; par contraste, la firme en situation de concurrence monopolistique produit en deçà de sa capacité efficace. Ensuite, en situation de concurrence parfaite, le prix est égal au coût marginal, tandis qu'il se situe au-dessus du coût marginal en situation de concurrence monopolistique.

coût total moyen. Elles ne le font pas, car elles devraient réduire leur prix, ce qui serait moins rentable. Elles préfèrent donc garder une capacité excédentaire inutilisée.

La marge sur le coût marginal

La deuxième différence entre la concurrence parfaite et la concurrence monopolistique concerne la relation entre le prix et le coût marginal. En situation de concurrence parfaite, le prix est égal au coût marginal, comme on le voit sur le graphique a) de la figure 16.4. En revanche, le graphique b) montre qu'en situation de concurrence monopolistique, le prix est supérieur au coût marginal, parce que la firme dispose d'un certain pouvoir de marché.

Comment cette marge sur le coût marginal s'accorde-t-elle avec la dynamique des entrées de firmes et du profit nul à long terme ? La condition du profit nul nous assure uniquement que le prix est égal au coût total moyen, sans toutefois que le prix soit égal au coût marginal. En effet, à l'équilibre à long terme, les firmes en situation de concurrence monopolistique produisent une quantité située sur la partie décroissante de leur courbe de coût total moyen. À cet endroit, le coût marginal se situe au-dessous du coût total moyen. Afin que le prix soit égal au coût total moyen, il faut donc qu'il soit supérieur au coût marginal.

Cette relation entre le prix et le coût marginal illustre la différence fondamentale entre le comportement des firmes en concurrence parfaite et celui de celles qui sont en concurrence monopolistique. Imaginez que vous posez la question suivante à une firme: «Souhaitez-vous qu'un autre client entre dans votre magasin et vous achète un produit au prix actuel?» Celle qui est parfaitement concurrentielle vous répondra qu'elle ne s'en soucie guère, puisque le prix est exactement égal au coût marginal et que cette vente supplémentaire ne lui rapporte aucun profit additionnel. En revanche, une firme sur un marché de concurrence monopolistique souhaite toujours attirer un nouveau client, car son prix est supérieur à son coût marginal et toute vente supplémentaire représente un profit additionnel.

Selon une vieille plaisanterie, les firmes en concurrence monopolistique envoient toujours des cartes de Noël à leurs clients! Il est en effet toujours intéressant d'attirer de nouveaux clients lorsque le prix est supérieur au coût marginal.

La concurrence monopolistique et le bien-être

Du point de vue de la société en général, le résultat d'un marché de concurrence monopolistique est-il souhaitable? L'intervention des pouvoirs publics peut-elle l'améliorer? Dans les chapitres précédents, nous avons évalué les marchés sur le plan de l'efficience, c'est-à-dire sur celui de la maximisation du bien-être. Nous avons vu que les marchés concurrentiels permettent d'obtenir des résultats efficients, à moins qu'il y ait des externalités et que les monopoles engendrent des pertes sèches. Les marchés de concurrence monopolistique sont plus complexes que l'un ou l'autre de ces cas extrêmes. C'est pourquoi évaluer le bien-être sur ces marchés consiste en un exercice beaucoup plus subtil.

La marge sur le coût marginal constitue l'une des sources d'inefficience de la concurrence monopolistique. Par sa présence, la marge repousse certains consommateurs qui accordent au produit une valeur supérieure au coût marginal (mais inférieure à son prix). Ainsi, les prix en situation de concurrence monopolistique créent le même genre de perte sèche que les prix en monopole. Nous avons déjà abordé ce type d'inefficience au chapitre 15.

Même si, sur le plan du bien-être, la concurrence monopolistique est moins avantageuse que la concurrence parfaite, où le prix est toujours égal au coût marginal, il n'est pas facile pour les pouvoirs publics d'intervenir sur ces marchés. Afin de forcer les firmes à fixer un prix égal à leur coût marginal, il faudrait réglementer toutes les entreprises qui offrent des produits différenciés. Or, l'omniprésence de ce type de produits dans l'économie rend impossible et coûteux un tel contrôle bureaucratique.

De plus, on finirait par buter sur les mêmes problèmes que ceux occasionnés par la réglementation des monopoles naturels. Dans le cas d'un marché de concurrence monopolistique, si l'on oblige les firmes à diminuer leur prix lorsqu'elles font déjà des profits nuls, on les force à réaliser des pertes. Dans ces conditions, pour qu'elles restent en affaires, le gouvernement se sentira obligé de les aider à couvrir leurs pertes. Or, au lieu de subventionner des firmes réglementées et, par conséquent, d'augmenter les impôts, le gouvernement préférera sans doute l'inefficience des prix de concurrence monopolistique.

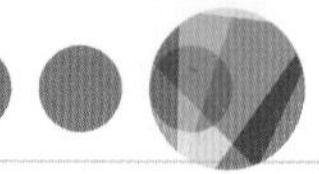

Une autre manifestation de l'inefficience associée à la concurrence monopolistique concerne le nombre souhaitable de firmes sur le marché : tantôt elles sont en nombre insuffisant, tantôt elles sont trop nombreuses. Examinons ce problème sous l'angle des externalités engendrées par l'entrée de nouvelles firmes. Chaque fois qu'une nouvelle firme se prépare à entrer sur le marché, elle ne prend en considération que son profit potentiel. Toutefois, son entrée sur le marché provoquera les deux effets externes suivants :

- *L'externalité liée à la diversité des produits :* Étant donné que le surplus du consommateur augmente lorsqu'un nouveau produit apparaît sur le marché, l'entrée d'une nouvelle firme confère au consommateur une externalité positive.
- *L'externalité associée à une perte de part de marché :* Étant donné que l'entrée de nouveaux concurrents signifie une perte de clientèle et de profit pour les firmes existantes, les nouvelles firmes imposent une externalité négative aux anciennes.

L'entrée de nouvelles firmes sur un marché de concurrence monopolistique entraîne donc des externalités positives et des externalités négatives. Selon l'importance respective de chacune, le marché mettra à la disposition des consommateurs une variété de produits trop faible ou trop grande.

De telles externalités sont directement liées aux caractéristiques de la concurrence monopolistique. L'externalité causée par la diversité des produits survient parce que toute nouvelle firme veut offrir un bien différent de ceux qu'offrent les firmes déjà en place. L'externalité associée à une perte de part de marché découle du fait que les firmes fixent un prix supérieur au coût marginal, ce qui les conduit à vouloir toujours vendre davantage. En revanche, sur un marché parfaitement concurrentiel, les firmes vendent des produits identiques et demandent un prix qui est égal au coût marginal, ce qui élimine complètement ces deux types d'externalités.

En somme, lorsqu'on considère le bien-être de la société, on peut conclure que les marchés de concurrence monopolistique ne sont pas aussi avantageux que les marchés parfaitement concurrentiels. En situation de concurrence monopolistique, la main invisible ne garantit pas la maximisation du surplus total. Toutefois, comme de telles défaillances du marché sont à la fois subtiles, difficiles à mesurer et pratiquement impossibles à corriger, toute intervention publique demeure problématique.

MINITEST

- Nommez les trois caractéristiques essentielles d'un marché de concurrence monopolistique.
- Sur un graphique, représentez l'équilibre à long terme d'un tel type de marché, en l'expliquant. Pourquoi cet équilibre diffère-t-il de celui d'un marché parfaitement concurrentiel ?

La publicité

Dans notre monde moderne, il est pratiquement impossible d'échapper aux annonces publicitaires. Tous les jours, dans le journal, à la télévision, dans Internet ou sur l'autoroute, des entreprises essaient de vous convaincre d'acheter leurs produits. Ce type de comportement est tout à fait courant sur des marchés de concurrence monopolistique. Lorsque les firmes vendent des biens différenciés à un prix supérieur au coût marginal, elles ont tout intérêt à faire de la publicité pour inciter les consommateurs à acheter leurs produits.

Les dépenses publicitaires varient énormément selon les produits. Dans le cas des produits de consommation hautement différenciés, comme les médicaments sans ordonnance, les parfums, les boissons gazeuses, les lames de rasoir, les boîtes de céréales et la nourriture pour chiens, ces dépenses oscillent entre 10 % et 20 % des recettes. Dans le domaine des produits industriels, tels que la machinerie lourde et les satellites de communication, les entreprises ne consacrent qu'un très faible budget à la publicité. Pour ce qui est des produits non différenciés, comme le blé, les arachides ou le pétrole, les entreprises ne dépensent pas un sou.

L'ensemble des dépenses de publicité de l'économie s'élève à 2 % du revenu total des entreprises et prend plusieurs formes : annonces publicitaires à la radio, à la télévision et dans Internet, espaces publicitaires dans les journaux et les magazines, publipostage direct, panneaux publicitaires, etc.

La controverse sur la publicité

Notre société dépense-t-elle trop en publicité ? Cette publicité présente-t-elle une quelconque utilité sociale ? Comme il est bien difficile d'évaluer son utilité sociale, la publicité suscite la controverse. Examinons donc les arguments des deux parties en présence.

Les opposants à la publicité

Les détracteurs de la publicité affirment que les entreprises en font pour manipuler les goûts des consommateurs. La publicité se sert essentiellement d'arguments psychologiques au lieu d'être strictement informative. Si l'on écoute une annonce télévisée pour une marque de boisson gazeuse, on n'obtiendra vraisemblablement aucune information sur le prix ou la qualité du produit en regardant un groupe de gens heureux sur une plage ensoleillée tenant tous à la main une cannette de cette boisson. L'objectif publicitaire est de transmettre un message subtil au subconscient : pour être heureux et entouré d'amis, il suffit de boire cette boisson. Les détracteurs de la publicité considèrent qu'une telle annonce crée un besoin artificiel.

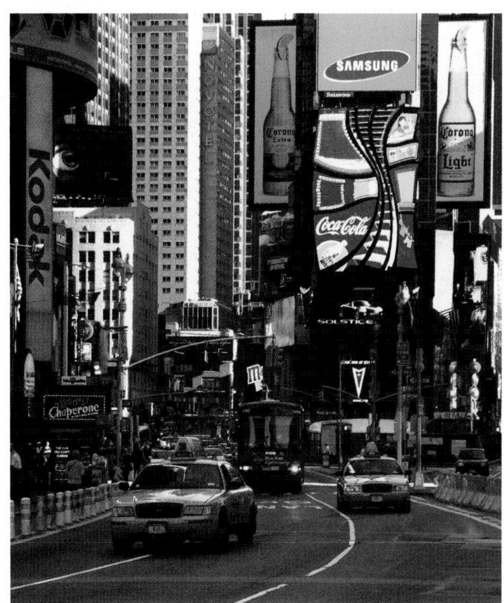

Toute cette publicité est-elle vraiment nécessaire ?

Ils font également remarquer que la publicité nuit à la concurrence, car elle vise à convaincre les consommateurs que les produits sont plus différents qu'ils le sont en réalité. En insistant sur cette différenciation, elle cherche à fidéliser la

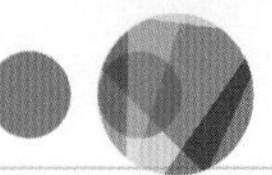

clientèle, en la rendant moins sensible aux différences de prix entre des produits similaires. La courbe de demande perd de son élasticité et les entreprises peuvent donc demander une marge supérieure sur le coût marginal.

Les défenseurs de la publicité

Selon les partisans de la publicité, les entreprises en font dans le but d'informer les consommateurs. La publicité renseigne ces derniers sur les prix en vigueur, les nouveaux produits et les endroits où ils peuvent se les procurer. Cette information permet aux clients de faire des choix en connaissance de cause, et aux marchés, d'allouer les ressources de manière efficiente.

Ces défenseurs de la publicité font également remarquer qu'elle entretient la concurrence. Grâce à elle, les consommateurs, mieux informés des produits et des firmes sur le marché, profitent des différences de prix, ce qui réduit le pouvoir de marché des entreprises. En outre, la publicité facilite les entrées sur le marché, car les nouvelles firmes peuvent ainsi attirer la clientèle de leurs concurrents.

Au fil du temps, les gouvernements ont fini par se rallier à l'opinion selon laquelle la publicité favorise la concurrence, comme en témoigne la réglementation de certaines professions, par exemple chez les avocats, les notaires et

ÉTUDE DE CAS

L'envolée de Canada Goose

Les campagnes de marketing visent à différencier un produit de la concurrence. L'un des meilleurs exemples à cet égard concerne le parka de duvet du fabricant canadien de vêtements de plein air Canada Goose. Des personnalités connues comme Emma Watson, Matt Damon, Hayden Christensen, Maggie Gyllenhaal et Hilary Duff ont toutes été vues vêtues des manteaux de l'entreprise. Ces derniers ont même fait du cinéma : Nicolas Cage portait un parka de Canada Goose dans *Trésor national* (2004), de même que Jessica Alba dans *Le porte-bonheur* (2007) et Kate Beckinsale dans *Enfer blanc* (2009).

À l'origine, les parkas ont été conçus pour les grands froids : Canada Goose affirme qu'ils peuvent supporter des froids de –70 °C. Dès ses débuts, l'entreprise aspirait à rendre sa marque synonyme de qualité, particulièrement celle de son duvet d'oie, que lui fournissent les communautés huttériennes du Canada. Les fermiers huttériens gardent de petits troupeaux d'oies qu'ils laissent vieillir avant de les plumer. Leur duvet est donc plus fourni et contient une multitude de poches d'air qui emprisonnent la chaleur. Cela signifie que le duvet des huttériens est plus coûteux, ce qui explique le prix élevé des manteaux Canada Goose, en plus d'alimenter la perception de prestige qui les entoure.

Si Hollywood ne risque pas de connaître des températures de –70 °C, l'entreprise y a fait des parkas Canada Goose le dernier accessoire mode incontournable, et ce, grâce à d'astucieuses campagnes de marketing visant à souligner le caractère prestigieux du produit. Plutôt que de miser sur de coûteuses campagnes de publicité, l'entreprise a privilégié le placement de produits et les tactiques dites de *guerilla marketing*. Cette approche non conventionnelle comprend non seulement de la visibilité dans les films de Hollywood, mais également du placement de produits auprès du personnel de sécurité et du service d'ordre dans les manifestations sportives en plein air, de même qu'auprès des videurs, des portiers et des voituriers des hôtels Fairmount, et d'autres personnes qui travaillent dans un environnement froid. Ces panneaux publicitaires humains se sont avérés d'excellents ambassadeurs du produit. Ce type de stratégies publicitaires est particulièrement efficace et important à l'ère des médias sociaux, où une photo d'Emma Watson vêtue d'un parka Canada Goose peut se propager de façon virale sur le Web.

Le marché de la mode n'est pas reconnu pour sa stabilité. Il reste à voir si Canada Goose poursuivra sur sa lancée ou s'il finira comme d'autres « incontournables » aujourd'hui disparus. Le succès récent de l'entreprise montre cependant l'importance de la différenciation de produit et des stratégies de marketing novatrices orientées vers les médias sociaux.

les pharmaciens. Par le passé, ces professionnels avaient obtenu des gouvernements provinciaux l'interdiction de la publicité dans leur domaine parce que celle-ci contrevenait à leur code de déontologie. Or, les tribunaux ont reconnu que ces interdictions étaient avant tout une entrave à la concurrence. Ils ont donc invalidé les lois interdisant aux membres de ces professions de faire de la publicité.

La publicité comme signal de qualité

Les annonces publicitaires renseignent très peu le consommateur sur les produits annoncés. Si l'on prend l'exemple d'une entreprise qui lance une nouvelle marque de céréales, on est très susceptible de voir un acteur connu et fort bien payé en train de déclarer à quel point il se régale. Quel est le contenu informationnel d'un tel type d'annonce?

La réponse à cette question est la suivante: bien plus que ce que vous pourriez croire. Les tenants de la publicité font remarquer que même si celle-ci contient peu de renseignements concrets, elle a néanmoins une signification aux yeux des consommateurs: elle leur parle de la qualité du produit. Le fait que cette entreprise dépense énormément d'argent pour annoncer son produit constitue en soi un *signal* de qualité.

Prenons par exemple le cas de deux entreprises — Flocons givrés et Grains santé. Chacune vient de mettre au point une nouvelle céréale qui devrait se vendre 5 $ la boîte. Pour simplifier les choses, nous dirons que le coût marginal du produit est nul et que ces 5 $ correspondent au profit. Flocons givrés et Grains santé savent toutes deux qu'en dépensant 10 millions de dollars en publicité, elles pourront convaincre un million de consommateurs d'essayer leur nouveau produit et que les consommateurs satisfaits rachèteront la céréale.

Examinons tout d'abord la décision de Flocons givrés. Se basant sur une étude de marché, l'entreprise sait que sa nouvelle céréale est assez médiocre. Même si la campagne de publicité permet de convaincre un million de consommateurs de l'essayer, ces derniers se détourneront rapidement d'un produit qui ne les satisfait pas. Flocons givrés décide qu'il ne vaut pas la peine d'investir 10 millions de dollars pour réaliser un maigre profit de 5 millions de dollars. Elle ne fait donc pas de publicité et demande à ses concepteurs de concevoir un autre produit.

En revanche, Grains santé sait qu'elle dispose d'une excellente céréale. Tous ceux qui l'essaient en rachètent une boîte par mois dans l'année suivante. Un investissement de 10 millions de dollars en publicité rapportera 60 millions de dollars (12 millions × 5 $) de recettes. Une campagne de publicité est donc rentable pour Grains santé, qui dispose d'un produit permettant de fidéliser sa clientèle. L'entreprise décide alors de lancer une telle campagne.

Après avoir étudié le comportement des deux entreprises, voyons maintenant celui des consommateurs. Nous sommes partis du principe que les consommateurs seront tentés d'essayer la nouvelle céréale annoncée à la télévision, mais ce comportement est-il rationnel? Les consommateurs devraient-ils changer de marque de céréales juste parce qu'une entreprise en fait la publicité?

En fait, il est tout à fait rationnel pour les consommateurs d'essayer de nouveaux produits après leur lancement. Dans notre exemple, les consommateurs décident d'essayer la nouvelle céréale parce que Grains santé a fait de la publicité. Grains santé a investi en publicité, car elle savait qu'elle disposait d'un bon produit, tandis que Flocons givrés y a renoncé, sachant que son produit était médiocre. Les dépenses publicitaires de Grains santé assurent les consommateurs de la qualité de ses céréales. Chaque consommateur pense, avec raison : « Si Grains santé est prête à dépenser autant d'argent pour promouvoir son nouveau produit, c'est qu'il est probablement bon ! »

BON À SAVOIR

Galbraith contre Hayek

John Kenneth Galbraith (Canadien) et Friedrich Hayek (Autrichien) sont deux des grands économistes du xxe siècle. Ils nourrissaient des opinions très différentes au sujet de la publicité, opinions qui reflétaient dans une large mesure leur position respective concernant le système capitaliste dans son ensemble.

L'ouvrage le plus connu de John Kenneth Galbraith s'intitule *L'Ère de l'opulence* et a été publié en 1958. Galbraith y affirme que les entreprises recourent à la publicité afin de créer une demande pour des produits que, sans cette publicité, les individus ne voudraient pas acheter ou dont ils n'auraient pas besoin. Il estimait que l'économie de marché ne devait pas être acclamée lorsqu'elle satisfait des désirs qu'elle a elle-même créés. Il ne cachait pas son scepticisme devant l'affirmation selon laquelle la croissance économique accentuait le bien-être des individus, puisque les aspirations de tous étaient orientées de façon qu'elles suivent le rythme de leur prospérité matérielle croissante. Il craignait que les dépenses publiques consacrées à la modernisation des écoles et à l'entretien des parcs, par exemple, ne pâtissent du fait que la publicité et l'art de vendre stimulent artificiellement le désir d'acheter des biens personnels. Selon Galbraith, il en résultait une opulence privée et une misère publique. Sa recommandation politique générale était claire : accentuer le rôle et l'intervention de l'État.

Pour sa part, l'ouvrage le plus connu de Friedrich Hayek s'intitule *La Route de la servitude* et a été publié en 1944. Il y affirme qu'un élargissement du rôle de l'État dans l'économie entraîne un sacrifice des libertés individuelles. Il a également formulé en 1961 une critique bien connue des thèses de Galbraith, notamment en ce qui concerne l'opinion de ce dernier au sujet de la publicité. Hayek a avancé l'idée que la publicité n'était qu'un exemple d'un phénomène plus général, soit le fait que de nombreuses préférences personnelles sont issues du milieu de vie. Les goûts de chacun en littérature, en art et en musique sont tous acquis, et non innés. Le désir

John Kenneth Galbraith (1908-2006)

Friedrich Hayek (1899-1992)

d'écouter un concerto de Mozart qu'éprouve une personne peut résulter de sa participation à un cours d'initiation à l'écoute de la musique, mais cela ne rend pas ce désir moins légitime et ne fait pas du professeur de musique une source d'influence maléfique. Hayek a conclu ainsi : « C'est précisément parce qu'il croit possible d'amener les consommateurs à aimer ses produits que chaque producteur s'efforce de les influencer. Mais s'il est vrai qu'un tel effort peut influencer les goûts des consommateurs, aucun producteur ne peut parvenir à véritablement les déterminer. »

Alors que ces deux économistes divergeaient d'opinion quant au rôle de la publicité, des marchés et de l'État, ils partageaient néanmoins quelque chose : leur grande renommée. Hayek a reçu le prix Nobel d'économie en 1974. Pour sa part, Galbraith (qui a passé une grande partie de sa vie professionnelle aux États-Unis) s'est vu remettre la Médaille nationale de la liberté par le président Clinton, en 2000. En outre, bien que leurs principaux ouvrages aient été rédigés il y a plusieurs dizaines d'années, ils demeurent tout aussi intéressants à lire encore aujourd'hui.

L'aspect le plus surprenant de cette théorie, c'est que le contenu de la publicité n'a pratiquement aucune importance. C'est l'argent dépensé en publicité par Grains santé qui démontre la qualité du produit. Le contenu des annonces est moins important que l'appréciation de leur coût par le public. En revanche, une publicité bon marché ne parviendra pas à convaincre les consommateurs de la qualité du produit. Dans notre exemple, si la campagne de promotion coûtait moins de trois millions de dollars, Flocons givrés et Grains santé y auraient toutes deux recours pour leur marketing. Comme les deux céréales, bonne ou médiocre, seraient annoncées, les consommateurs n'en tireraient aucune conclusion. Ils finiraient par faire fi progressivement de tels lancements peu coûteux.

C'est la raison pour laquelle les entreprises payent fort cher des acteurs très connus pour vanter les mérites de leurs produits sans, en apparence, communiquer une information. Le message est dans le coût de la publicité, et non dans son contenu.

Les marques de commerce

Il existe une relation étroite entre la publicité et les marques de commerce. Sur bien des marchés, on trouve deux types d'entreprises : celles qui vendent des produits dont le nom est fort connu et celles qui vendent des biens substituts génériques. Prenons l'exemple d'une pharmacie qui vend de l'aspirine Bayer à côté de l'aspirine générique ou d'une épicerie où l'on trouve du Pepsi au milieu de colas beaucoup moins connus. La plupart du temps, une marque connue dépense plus en publicité et, par conséquent, exige un prix plus élevé.

Comme dans le cas de la publicité, il y a une controverse entourant l'utilité et la pertinence des marques de commerce. Examinons les arguments des deux parties.

Les adversaires des marques de commerce font remarquer que ces dernières ne servent qu'à faire croire au public qu'il existe des différences entre les produits. Dans la plupart des cas, il est impossible de distinguer le produit générique de la grande marque. Les consommateurs qui acceptent de payer plus cher pour celle-ci font preuve d'un comportement irrationnel, résultat du conditionnement publicitaire. Dans les années 1930, l'économiste Edward Chamberlin, l'un des promoteurs de la théorie de la concurrence monopolistique, en a conclu que les marques avaient un impact négatif sur l'économie. Il a donc proposé au gouvernement d'en décourager l'usage en refusant d'octroyer une marque de commerce exclusive aux entreprises qui identifient leurs produits. Plus récemment, Naomi Klein a ravivé le débat avec la parution de son livre *No Logo : la tyrannie des marques*. Elle y dénonce entre autres les méthodes utilisées par les grandes marques pour s'immiscer dans la vie quotidienne des consommateurs.

Par contre, certains économistes se sont érigés en défenseurs des marques de commerce, affirmant qu'elles garantissent la qualité du produit aux consommateurs. Ils se fondent sur deux arguments. Tout d'abord, les marques de commerce fournissent une information sur la qualité lorsqu'il est impossible de la juger avant l'achat. Ensuite, de telles marques constituent pour ces entreprises un *incitatif* à maintenir une qualité et une réputation qui leur ont coûté fort cher et qui peuvent leur rapporter gros.

Voyons comment ces deux arguments se vérifient en pratique. Prenons l'exemple d'une marque fort connue : McDonald's. Imaginons que vous roulez en voiture dans une ville inconnue et que vous voulez vous arrêter pour manger. Vous avez deux options : le restaurant du coin et McDonald's. Lequel choisissez-vous ? Le restaurant local offre possiblement un meilleur rapport qualité-prix que la grande chaîne de restauration rapide, qui propose le même produit un peu partout en Amérique du Nord, mais vous n'avez aucun moyen de le savoir. Par contre, la marque McDonald's vous est familière et vous vous en servez pour juger de la qualité de la nourriture.

Qui plus est, vous savez que la grande chaîne a toutes les raisons du monde de respecter son gage de qualité, car si l'un de ses clients devait souffrir d'un empoisonnement alimentaire, cela serait désastreux pour l'entreprise. Sa réputation, gagnée au prix de campagnes publicitaires répétées d'année en année, en pâtirait. Les ventes chuteraient à la fois dans le restaurant en question, mais également chez tous les franchisés du pays. Si la même mésaventure survient au restaurant du coin, il devra peut-être fermer, mais la perte de profit ne sera pas comparable. Par conséquent, on peut supposer que la qualité de la nourriture importe beaucoup plus à McDonald's qu'au restaurateur du coin.

Toute la controverse sur les marques de commerce tourne autour d'une seule question : les consommateurs sont-ils rationnels lorsqu'ils expriment une préférence pour une marque plutôt que pour un bien générique ? Les détracteurs assurent qu'un tel comportement est irrationnel et qu'il résulte d'un conditionnement publicitaire. Les partisans des marques de commerce justifient la volonté de payer des consommateurs par la garantie de qualité qu'offrent de tels produits.

MINITEST

- En quoi la publicité rend-elle les marchés moins concurrentiels ? En quoi les rend-elle plus concurrentiels ?
- Présentez des arguments favorables et défavorables aux marques de commerce.

Conclusion

La concurrence monopolistique porte bien son nom, car elle combine les caractéristiques du monopole et de la concurrence parfaite. Tout comme un monopole, la firme exerçant ses activités sur un marché de concurrence monopolistique présente une courbe de demande à pente négative et, par conséquent, exige un prix supérieur au coût marginal. Tout comme sur un marché parfaitement concurrentiel qui comporte de nombreuses firmes, le jeu des entrées et des sorties fait tendre vers zéro le profit que chacune d'elles peut réaliser à long terme. Le tableau 16.1 résume notre analyse.

Comme ces firmes produisent des biens différenciés, elles doivent faire de la publicité pour convaincre les consommateurs d'acheter leur marque. Dans une certaine mesure, la publicité manipule les goûts des consommateurs, promeut une fidélité irrationnelle à la marque et entrave la concurrence. Toutefois, dans une large mesure, la publicité fournit de l'information, contribue à la mise sur pied de marques de qualité et favorise la concurrence.

La théorie de la concurrence monopolistique décrit de nombreux marchés dans l'économie. On peut seulement regretter que cette théorie ne fournisse pas aux gouvernements une ligne de conduite simple et convaincante. Du point de vue d'un théoricien de l'économie, l'allocation des ressources sur ce type de marché n'est pas parfaite. Pourtant, en pratique, la gamme des interventions visant à l'améliorer reste très limitée.

TABLEAU 16.1

La concurrence monopolistique : entre la concurrence parfaite et le monopole

	CONCURRENCE PARFAITE	CONCURRENCE MONOPOLISTIQUE	MONOPOLE
Caractéristiques communes aux trois structures de marché			
But de la firme	Maximiser ses profits	Maximiser ses profits	Maximiser ses profits
Critère de maximisation	$Rm = Cm$	$Rm = Cm$	$Rm = Cm$
Profit économique possible à court terme ?	Oui	Oui	Oui
Caractéristiques communes à la concurrence monopolistique et au monopole			
Preneur de prix ?	Oui	Non	Non
Prix	$P = Cm$	$P > Cm$	$P > Cm$
Niveau de production efficient ?	Oui	Non	Non
Caractéristiques communes à la concurrence monopolistique et à la concurrence parfaite			
Nombre de firmes	Nombreuses	Nombreuses	Une seule
Entrées à long terme ?	Oui	Oui	Non
Profit économique possible à long terme ?	Non	Non	Oui

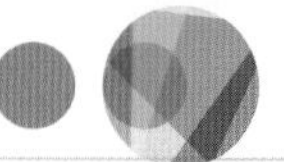

Résumé

- Un marché de concurrence monopolistique présente les trois caractéristiques suivantes : un grand nombre de firmes, des biens différenciés et peu de barrières à l'entrée.
- Deux caractéristiques différencient l'équilibre de ce type de marché et celui d'un marché de concurrence parfaite. Premièrement, les firmes disposent d'une capacité excédentaire et, dès lors, produisent une quantité située sur la partie décroissante de leur courbe de coût total moyen. Deuxièmement, elles exigent un prix supérieur au coût marginal.
- La concurrence monopolistique ne présente pas toutes les caractéristiques désirables de la concurrence parfaite. D'abord en raison de la perte sèche, typique du monopole, que provoque la marge entre le prix et le coût marginal. Ensuite, parce que le nombre de firmes — et, par conséquent, le nombre de produits offerts — risque d'être trop ou pas assez élevé. En pratique, les gouvernements disposent de peu de latitude pour corriger ces défaillances du marché.
- La différenciation des produits, inhérente à la concurrence monopolistique, conduit à l'utilisation de la publicité et des marques de commerce. Les détracteurs de ce type de commercialisation font valoir que les entreprises tablent sur l'irrationalité des consommateurs pour limiter la concurrence. Les partisans de la publicité et des marques considèrent qu'elles garantissent la qualité des produits et la concurrence par les prix.

Concepts clés

Concurrence monopolistique, p. 338 Oligopole, p. 338

Questions de révision

1. Décrivez les trois caractéristiques de la concurrence monopolistique. Quels sont ses points communs avec un monopole ? avec un marché de concurrence parfaite ?
2. Représentez sur un graphique une firme en concurrence monopolistique réalisant un profit. Montrez ce qui arrive si une nouvelle firme entre sur ce marché.
3. Représentez graphiquement l'équilibre à long terme d'une firme dans un marché de concurrence monopolistique. Quelle est la relation entre le prix et le coût total moyen ? entre le prix et le coût marginal ?
4. Sur un marché de concurrence monopolistique, la firme produit-elle trop ou trop peu par rapport au niveau de production optimal ? Pourquoi les gouvernements n'arrivent-ils pas à corriger ce problème ?
5. En quoi la publicité réduit-elle le bien-être économique ? Dans quelle mesure peut-elle l'augmenter ?
6. Même si la publicité ne semble pas toujours avoir de contenu informatif, elle transmet néanmoins une information aux consommateurs. Comment ?
7. Nommez et expliquez deux avantages des marques de commerce.

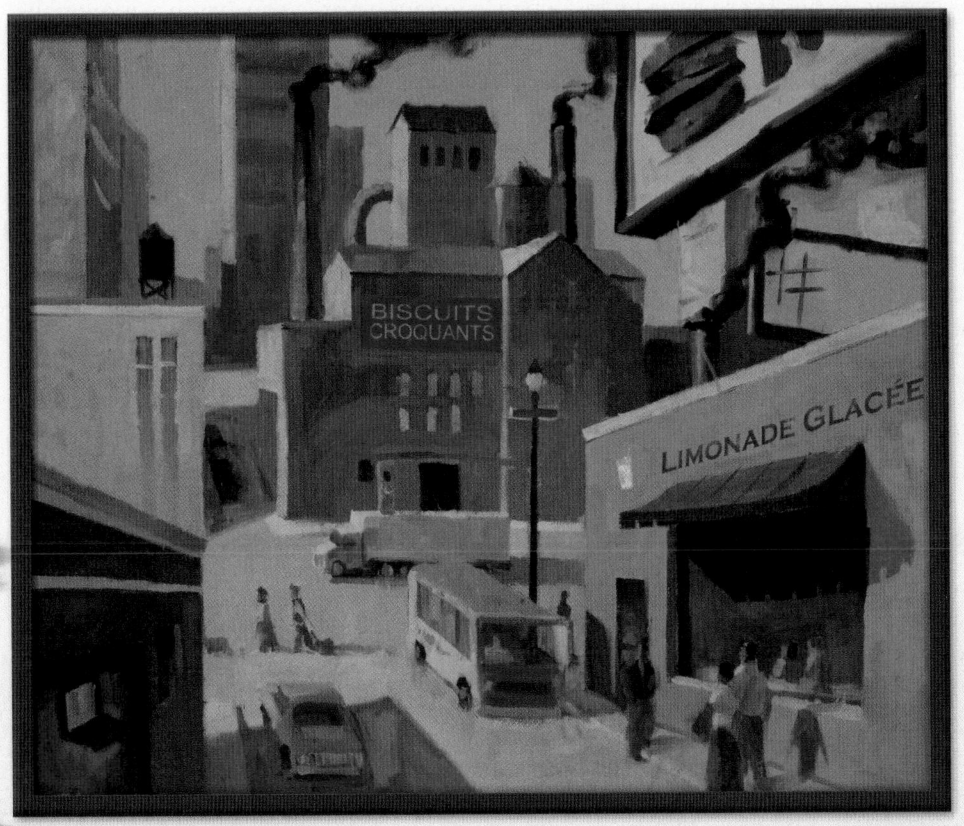

L'oligopole

17
CHAPITRE

Si vous magasinez pour acheter des patins de hockey, il y a fort à parier que vous reviendrez à la maison avec l'une des deux marques suivantes : Nike-Bauer ou Reebok-CCM. À elles seules, ces deux entreprises produisent la plupart des patins vendus au Canada. Elles déterminent la quantité de patins à produire et fixent le prix de vente des patins selon la courbe de demande du marché.

Le marché des patins de hockey ne correspond à aucune des trois structures de marché que nous avons étudiées aux chapitres 14, 15 et 16. Il y a trop peu de firmes pour qu'il s'agisse de concurrence parfaite ou de concurrence monopolistique, et il y a trop de firmes pour qu'il s'agisse d'un monopole. L'industrie des patins de hockey se situe en fait entre le monopole et la concurrence monopolistique, et constitue une autre forme de concurrence imparfaite, l'**oligopole.**

Oligopole
Structure de marché caractérisée par un petit nombre de vendeurs qui proposent des produits similaires ou identiques.

L'oligopole est présent partout autour de vous : pensez aux banques, aux compagnies aériennes, aux pétrolières, etc. La principale caractéristique de ce marché tient au fait qu'il ne comprend que quelques vendeurs. Par conséquent, les actions de l'un de ces vendeurs peuvent avoir une influence déterminante sur les profits des autres. Ces entreprises oligopolistiques sont dès lors beaucoup plus interdépendantes que le sont les entreprises concurrentielles. Ce chapitre montre comment cette interdépendance conditionne le comportement de la firme et présente les problèmes qu'elle pose sur le plan des politiques publiques.

Théorie des jeux
Étude du comportement des agents dans des situations d'interaction stratégique.

L'analyse de l'oligopole nous offre l'occasion d'aborder la **théorie des jeux**, c'est-à-dire l'étude du comportement des agents en situation d'interaction stratégique. L'emploi de l'adjectif *stratégique* renvoie à la situation où un agent doit prendre une décision en tenant compte des réactions des autres participants. C'est le cas du tic-tac-toe, des échecs et de nombreuses décisions d'affaires. Puisque le nombre de firmes en présence sur un marché en oligopole est limité, chacune d'elles doit agir stratégiquement, car elle sait que son profit dépend non seulement de sa propre production, mais aussi de celle des autres. Au moment de fixer la quantité à produire, chaque firme en oligopole doit en évaluer les conséquences sur les décisions de production des autres.

Il n'est pas nécessaire de recourir à la théorie des jeux pour comprendre le monopole et les marchés concurrentiels. Sur un marché de concurrence parfaite ou de concurrence monopolistique, la taille de chaque firme est si minime, par rapport à celle du marché, que les interactions stratégiques avec les autres firmes ne revêtent aucune importance. Quant au monopole, il y a absence d'interaction stratégique, car le marché ne comprend qu'une seule firme. Cependant, comme nous le verrons, la théorie des jeux est fort utile pour la compréhension du comportement des firmes en oligopole.

Les marchés dominés par quelques offreurs

En raison du petit nombre de firmes qui évoluent dans le marché, l'oligopole est caractérisé par une tension entre la concurrence et la coopération. Le petit groupe de firmes a tout intérêt à coopérer et à se comporter comme un monopole — en produisant en petite quantité tout en demandant un prix supérieur au coût marginal. Cependant, puisque chacune des firmes de ce marché est motivée par son seul profit, il est très tentant pour chacune d'elles de rompre la coopération.

L'exemple d'un duopole

Pour comprendre le comportement des firmes en oligopole, prenons le cas d'un marché composé uniquement de deux firmes, à savoir un duopole. Le duopole est la forme la plus simple d'oligopole. Comme les oligopoles composés de trois membres ou plus se heurtent aux mêmes problèmes, l'exemple du duopole, qui a le mérite de simplifier les choses, nous permettra de bien cerner la dynamique de ces marchés.

Imaginons un petit village dans lequel deux villageois — Alain et François — sont les seuls propriétaires de l'unique source d'eau potable. Tous les samedis,

Alain et François décident de la quantité à pomper, apportent l'eau au village et en obtiennent le meilleur prix. Pour simplifier les choses, supposons qu'Alain et François peuvent pomper gratuitement autant d'eau qu'ils le veulent. Le coût marginal de l'eau est donc nul.

Le tableau 17.1 illustre le barème de demande d'eau dans ce village. La première colonne indique la quantité totale demandée et la deuxième indique le prix. Si les deux propriétaires du puits vendent un total de 10 litres d'eau, celle-ci se vendra 110 $ le litre. S'ils en vendent 20 litres, le prix tombera à 100 $ le litre, et ainsi de suite. En représentant ces deux colonnes de chiffres sur un graphique, on obtiendra une courbe de demande type, à pente négative.

La recette totale de la vente de cette eau figure dans la dernière colonne du tableau 17.1. Elle est égale à la quantité vendue multipliée par le prix. Comme le coût de pompage est nul, la recette des deux producteurs équivaut à leur profit total.

Examinons maintenant comment fonctionne l'industrie de l'eau dans ce village et voyons-en les conséquences sur le prix et la quantité vendue.

La concurrence, les monopoles et les cartels

Avant de déterminer le prix et la quantité d'eau qui résulteraient du duopole d'Alain et de François, passons rapidement en revue deux des structures de marché vues précédemment : la concurrence parfaite et le monopole.

TABLEAU 17.1

Le barème de demande d'eau

QUANTITÉ (LITRES)	PRIX ($)	RECETTE TOTALE (ET PROFIT TOTAL) ($)
0	120	0
10	110	1 100
20	100	2 000
30	90	2 700
40	80	3 200
50	70	3 500
60	60	3 600
70	50	3 500
80	40	3 200
90	30	2 700
100	20	2 000
110	10	1 100
120	0	0

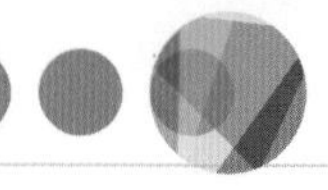

Voyons tout d'abord ce qui arriverait dans ce marché de l'eau en situation de concurrence parfaite. Les décisions concernant la production de chaque firme feraient tendre le prix vers le coût marginal. Or, dans notre exemple, ce coût marginal est nul. Par conséquent, dans un contexte de concurrence parfaite, le prix d'équilibre de l'eau serait 0 et la quantité d'équilibre se fixerait à 120 litres. Le prix de l'eau refléterait son coût de production, et on en produirait et en consommerait une quantité efficiente.

Voyons maintenant l'équilibre de ce marché en situation de monopole. Le tableau 17.1 indique qu'une quantité totale de 60 litres à un prix de 60 $ le litre permettrait de maximiser le profit. Un monopole cherchant à maximiser son profit aurait donc tout intérêt à produire cette quantité en la vendant à ce prix. Comme c'est le cas de tous les monopoles, le prix serait supérieur au coût marginal. Par conséquent, le résultat serait inefficient, car la quantité d'eau produite et consommée serait inférieure à l'optimum social de 120 litres.

Collusion
Entente entre plusieurs firmes à propos du prix demandé ou de la quantité vendue sur le marché.

Cartel
Groupe de firmes agissant comme un monopole.

À quoi faut-il s'attendre dans le cas de notre duopole ? Il est possible qu'Alain et François s'entendent sur la quantité d'eau à produire et sur son prix de vente. Un tel accord entre deux entreprises s'appelle **collusion**, et lorsque ces dernières agissent d'un commun accord, elles forment un **cartel**. Une fois ce cartel mis en place, le marché devient monopolistique, et l'analyse du chapitre 15 est applicable. Si Alain et François décident de s'entendre, ils adopteront le comportement d'un monopole de façon à maximiser le profit total qu'ils peuvent retirer du marché. Nos deux producteurs pomperont alors un total de 60 litres d'eau, qu'ils vendront 60 $ le litre. Cette fois encore, le prix dépassera le coût marginal et le résultat ne sera pas socialement efficient.

Pour former un cartel, il faut se mettre d'accord non seulement sur la production totale, mais aussi sur la quantité produite par chacune des firmes. Dans notre exemple, Alain et François doivent se répartir la production de 60 litres. Chacun des membres du cartel veut obtenir la plus grande part du marché pour en retirer le maximum de profit. Si Alain et François s'entendent pour se répartir la production en parts égales, chacun d'eux vendra 30 litres d'eau à 60 $ le litre et en retirera un profit de 1 800 $.

L'équilibre en oligopole

Même si les firmes d'un oligopole aimeraient former des cartels dans le but de bénéficier de profits monopolistiques, elles n'y parviennent pas toujours. Comme nous le verrons un peu plus loin dans ce chapitre, la législation sur la concurrence interdit les ententes explicites entre firmes. De plus, les membres se disputent fréquemment sur la répartition des profits, ce qui rend parfois impossible toute collusion. Observons ce qui se passe si Alain et François décident *individuellement* de la quantité d'eau à produire.

On aura tout d'abord tendance à penser qu'Alain et François adopteront eux-mêmes un comportement monopolistique afin de maximiser conjointement leur profit. Toutefois, en l'absence de toute entente formelle, cela est hautement improbable. Supposons qu'Alain s'attende à ce que François produise seulement 30 litres d'eau (la moitié de la quantité monopolistique). Alain tiendra le raisonnement suivant : « Je pourrais moi aussi produire 30 litres d'eau, pour un total de 60 litres vendus conjointement sur le marché à 60 $ le litre. J'en retirerais alors un profit de 1 800 $ (30 litres × 60 $). Par ailleurs, je pourrais produire 40 litres d'eau, pour une quantité totale vendue sur le marché de 70 litres à un prix de 50 $ le litre. Je ferais ainsi un profit de 2 000 $ (40 litres × 50 $). Même si le profit total conjoint sur le marché s'en trouve diminué, le mien augmentera, puisque je détiendrai une part de marché plus importante. »

De toute évidence, François peut élaborer le même raisonnement. Si Alain et François mettent chacun sur le marché 40 litres d'eau, les ventes totales passeront à 80 litres, et le prix tombera à 40 $ le litre. Comme chacun des membres du duopole se préoccupe uniquement de son propre intérêt au moment de décider de la quantité à produire, la production totale dépasse celle du monopole, ce qui entraîne un prix inférieur et, du même coup, un profit inférieur.

Même si la volonté de servir leur propre intérêt amène les membres du duopole à produire une quantité supérieure à celle d'un monopole, leur production ne tend pas pour autant vers celle d'un marché concurrentiel (120 litres). Voyons ce qui arrive lorsque chacun d'eux produit 40 litres d'eau à 40 $ le litre, pour un profit individuel de 1 600 $. Dans un tel cas, la logique d'Alain le mène cette fois à une conclusion différente :

« Actuellement, je fais un profit de 1 600 $, mais si j'augmente ma production à 50 litres, la production totale atteindra 90 litres, qui se vendront 30 $ le litre sur le marché. Mon profit sera alors de 1 500 $. Plutôt que d'augmenter ma production en faisant chuter les prix, je ferais mieux de la maintenir à 40 litres. »

Si Alain et François décident tous deux de produire 40 litres, on aboutit à une sorte d'équilibre. En fait, ce résultat s'appelle *équilibre de Nash* (d'après le nom du mathématicien John Nash, dont la vie a été portée à l'écran dans le film *A Beautiful Mind*). L'**équilibre de Nash** correspond à une situation où les agents économiques en interaction décident chacun d'adopter la meilleure stratégie possible, compte tenu de celle adoptée par les autres. Dans le cas qui nous occupe, étant donné qu'Alain produit 40 litres, la meilleure stratégie pour François consiste à produire également 40 litres. De la même manière, étant donné que François produit 40 litres, la meilleure stratégie pour Alain consiste à produire 40 litres. Une fois cet équilibre de Nash atteint, ni Alain ni François n'ont intérêt à modifier leur décision.

Équilibre de Nash
Situation où les agents en interaction choisissent la meilleure stratégie possible, compte tenu de celle choisie par les autres agents.

Cet exemple illustre la tension présente entre la coopération et l'intérêt personnel. Les firmes en oligopole auraient tout intérêt à collaborer pour atteindre un résultat monopolistique. Toutefois, comme chacune se préoccupe de son intérêt personnel, aucune ne parvient à un résultat qui maximiserait le profit conjoint. Au contraire, chaque firme est tentée d'augmenter sa production pour s'emparer d'une plus grande part du marché, ce qui entraîne ainsi une baisse du prix.

Cela dit, le désir de servir leur intérêt personnel ne conduit pas les firmes au même résultat que celui qu'obtiendrait un marché parfaitement concurrentiel. Tout comme les monopoles, les firmes en oligopole savent fort bien qu'une augmentation de leur production réduit le prix de leur produit. Par conséquent, elles n'iront pas jusqu'à produire une quantité telle que le prix sera égal au coût marginal (120 litres).

En résumé, en oligopole, lorsque les firmes décident individuellement de leur production pour maximiser leur profit, elles finissent par produire une quantité supérieure à ce que ferait un monopole et inférieure à ce que ferait un marché parfaitement concurrentiel. Le prix en oligopole est ainsi inférieur à celui du monopole, mais supérieur à celui du marché parfaitement concurrentiel (lequel est égal au coût marginal).

Le nombre de firmes et la dynamique de marché

Nous pouvons nous servir des résultats de l'analyse du duopole pour voir les conséquences qu'une augmentation du nombre de firmes entraînerait sur la dynamique du marché. Imaginons, par exemple, que Jérôme et Jean-Félix découvrent soudainement une source sur leur propriété et se joignent à l'oligopole créé par Alain et François. Le barème de la demande du tableau 17.1 reste inchangé, mais les producteurs sont maintenant plus nombreux pour répondre à la demande — quatre au lieu de deux. Comment le prix de l'eau et la quantité vendue au village évolueront-ils ?

Si les vendeurs d'eau décident de former un cartel, ils peuvent encore une fois tenter de maximiser le profit total en produisant une quantité monopolistique et en demandant le prix de monopole. Tout comme dans le duopole, les membres du cartel doivent s'entendre sur la quantité à produire et sur la manière de concrétiser cette entente. Toutefois, plus les protagonistes sont nombreux, plus il est difficile de négocier un accord et de le faire respecter.

Si les producteurs ne forment pas un cartel — peut-être en raison de la législation sur la concurrence —, ils doivent décider individuellement de leur production. Pour voir les répercussions de l'augmentation du nombre de producteurs sur le résultat du marché, considérons les décisions que chacun doit prendre. À tout moment, ils peuvent décider d'augmenter la production d'un litre en tenant compte des deux effets suivants :

- *L'effet de quantité :* Le prix se situant au-dessus du coût marginal, la vente d'un litre d'eau supplémentaire accroîtra le profit de la firme.
- *L'effet de prix :* Toute augmentation de la production se traduira par une baisse de prix, ce qui réduira le profit sur les autres unités vendues.

Si l'effet de quantité est supérieur à l'effet de prix, le propriétaire du puits augmentera sa production. Si l'effet de quantité est inférieur à l'effet de prix, il n'augmentera pas sa production (et il aura sans doute intérêt à la réduire). En considérant la production de ses concurrentes comme une donnée, chaque firme augmente donc sa production jusqu'à ce que ces deux effets s'équilibrent exactement.

Voyons maintenant comment le nombre de firmes influe sur l'analyse marginale de chaque offreur. Plus les firmes sont nombreuses, moins elles se soucient individuellement de leur influence sur le prix du marché. L'augmentation du nombre de firmes réduit l'importance de l'effet de prix. Pour un oligopole comprenant de nombreuses firmes, l'effet de prix disparaît complètement, ne laissant place qu'à l'effet de quantité. Dans ce cas extrême, chaque membre de l'oligopole augmente sa production tant et aussi longtemps que le prix se situe au-dessus du coût marginal.

Un oligopole constitué d'un très grand nombre de firmes n'est en fait rien de plus qu'un groupe de firmes parfaitement concurrentielles. Une firme concurrentielle se soucie uniquement de l'effet de quantité quand vient le temps d'établir sa production : en tant que preneur de prix, l'effet de prix n'entre pas en ligne de compte. Par conséquent, plus un oligopole compte de firmes, plus le marché oligopolistique se rapproche d'un marché parfaitement concurrentiel. Le prix se rapproche du coût marginal et la quantité produite s'approche de l'optimum social.

Une telle analyse nous offre une nouvelle perspective sur les effets du commerce international. Imaginons que Toyota et Honda sont les uniques constructeurs d'automobiles au Japon, et qu'il en est de même pour Volkswagen et Mercedes en Allemagne, ainsi que pour Ford et General Motors au Canada. Si tous ces pays interdisaient le commerce international des véhicules, chacun d'eux se retrouverait en présence d'un duopole et le résultat de marché serait passablement éloigné de celui de la concurrence parfaite. Or, avec le libre-échange, le marché de l'automobile devient le marché mondial de l'automobile, un marché oligopolistique composé de six firmes. Le libre-échange fait donc augmenter le choix des consommateurs au moment d'acheter un véhicule et ce renforcement de la concurrence rapproche les prix du coût marginal. La théorie de l'oligopole constitue, en sus de la théorie des avantages comparatifs abordée dans le chapitre 3, une autre raison d'opter pour le libre-échange.

MINITEST

- Si les membres d'un oligopole arrivaient à s'entendre sur la quantité à produire, quelle quantité choisiraient-ils de produire ?
- Si les firmes en présence ne parvenaient pas à un accord et décidaient individuellement de leur production, produiraient-elles une quantité supérieure ou inférieure à celle de votre réponse précédente ? Pourquoi ?

L'analyse économique de la coopération : le dilemme du prisonnier

Comme nous venons de le voir, les firmes en oligopole aimeraient réaliser les profits du monopole, mais cela requiert une coopération qui reste parfois difficile à obtenir. Dans cette section, nous étudierons les problèmes qui surgissent lorsque la coopération est souhaitable, mais difficile à obtenir. Cette analyse économique de la coopération se fera grâce à la théorie des jeux.

Nous nous attarderons ici sur un jeu qu'on appelle le **dilemme du prisonnier.** Ce jeu est intéressant en ceci qu'il favorise la compréhension des difficultés relatives à l'obtention et au maintien de la coopération. Il arrive souvent, dans l'existence, que les gens ne réussissent pas à coopérer, même si cette coopération leur aurait permis d'améliorer leur sort. L'oligopole n'en est qu'un exemple parmi tant d'autres. Le dilemme du prisonnier révèle une leçon applicable à toutes sortes de groupes d'agents qui tentent d'établir une coopération entre leurs membres.

Dilemme du prisonnier
Jeu entre deux criminels arrêtés, qui illustre la difficulté de maintenir la coopération, même lorsque celle-ci leur serait mutuellement profitable.

Le dilemme du prisonnier raconte l'histoire de deux criminels qui viennent de se faire arrêter par la police. Pour les besoins de la cause, nous les appellerons Bonnie et Clyde. La police dispose de preuves suffisantes pour les accuser de port d'arme illégal, ce qui leur vaudrait une année d'emprisonnement chacun. Les criminels sont également soupçonnés d'avoir dévalisé une banque, mais les preuves sont insuffisantes pour les inculper de vol à main armée. Les policiers interrogent Bonnie et Clyde dans des pièces séparées en proposant à chacun le marché suivant :

« À l'heure qu'il est, nous pouvons te coffrer pour un an, mais si tu reconnais avoir fait ce vol à main armée et que tu accuses ton complice, tu recevras l'immunité et tu seras libre, tandis qu'il passera 20 ans derrière les barreaux. Cependant, si vous confessez tous deux votre crime, nous nous passerons de vos témoignages et nous économiserons ainsi les frais d'un procès. Vous purgerez chacun une peine de 8 ans de prison. »

Si Bonnie et Clyde, ces voleurs de banques invétérés, se préoccupent seulement de sauver leur propre peau, que croyez-vous qu'ils feront : avoueront-ils leur crime ou se tairont-ils ? La figure 17.1 illustre leurs options dans ce qu'on appelle une *matrice des gains*. Chaque prisonnier dispose de deux stratégies : avouer son crime ou tout nier. La sentence de chacun d'eux dépend de la stratégie qu'il ou elle adopte, mais aussi de celle du complice.

Mettons-nous à la place de Bonnie. Elle raisonne de la manière suivante : « Je ne sais pas ce que fera Clyde. S'il nie tout, il vaut mieux que j'avoue. Je serai ainsi libre au lieu de croupir un an en prison. S'il parle, j'ai encore intérêt à avouer, car je m'en tirerai avec 8 ans de prison au lieu de 20. En fin de compte, quoi que Clyde fasse, la meilleure stratégie consiste à avouer. »

Stratégie dominante
Stratégie qui est la meilleure pour un joueur, quelle que soit la stratégie choisie par les autres joueurs.

En théorie des jeux, un joueur possède une **stratégie dominante** lorsqu'il a une seule stratégie qui est la meilleure, quelle que soit la stratégie adoptée par les autres. Dans le cas de Bonnie, cette stratégie consiste à passer aux aveux. Elle passera ainsi moins de temps en prison, peu importe que Clyde avoue ou non.

Plaçons-nous maintenant dans la peau de Clyde. Ses choix sont les mêmes que ceux de Bonnie et il tient le même raisonnement qu'elle. Quoi que fasse Bonnie, la meilleure façon de réduire sa peine d'emprisonnement est de tout avouer. En d'autres mots, l'aveu est également la stratégie dominante de Clyde.

Finalement, Bonnie et Clyde avouent et chacun écope de huit ans de prison. C'est un résultat désastreux si l'on se met dans leur peau, car si tous les deux

FIGURE 17.1

Le dilemme du prisonnier

Ce jeu concerne deux criminels soupçonnés d'avoir dévalisé une banque. Leur sentence dépend de la décision de chacun de confesser ou non ce crime, ainsi que de la décision de l'autre de le confesser ou non.

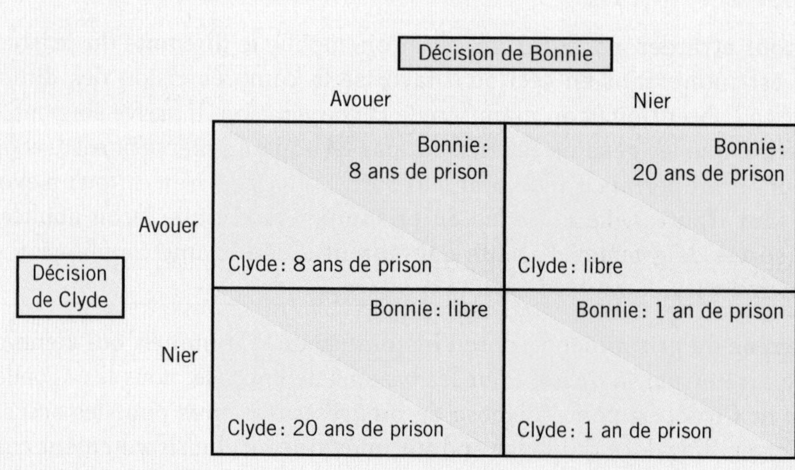

avaient nié le crime, ils s'en seraient nettement mieux tirés, ne passant qu'un an en prison pour port d'arme illicite. En se souciant uniquement de leur propre intérêt, les prisonniers se retrouvent tous deux dans une situation bien pire.

Pour voir à quel point il est difficile de maintenir une coopération, imaginons que Bonnie et Clyde, avant d'être arrêtés par la police, ont convenu de ne rien avouer. De toute évidence, une telle entente les protège tous les deux s'ils la respectent, puisqu'ils n'écoperont alors que d'un an de prison chacun. Toutefois, ces deux bandits resteront-ils muets simplement parce qu'ils se sont mis d'accord? Comme ils sont interrogés séparément, l'intérêt individuel reprend ses droits et les amène à tout avouer. Leur coopération reste difficile à maintenir parce que d'un strict point de vue individuel, elle est irrationnelle.

L'oligopole et le dilemme du prisonnier

Quel lien peut-on faire entre le dilemme du prisonnier et l'oligopole? Il s'avère que les membres d'un oligopole, lorsqu'ils cherchent à atteindre un résultat de monopole, jouent un jeu semblable à celui de nos deux prisonniers.

Revenons sur l'exemple du duopole d'Alain et de François. Supposons qu'à la suite de négociations prolongées, les deux offreurs s'entendent pour produire chacun 30 litres d'eau, de sorte que le prix du marché demeure élevé (60 $), ce qui leur assurerait un profit maximum (1 800 $ chacun). Après avoir conclu l'entente, chacun doit maintenant décider s'il respectera ou non cette entente. Après tout, Alain et François pourraient être individuellement tentés d'augmenter leur production et par la même occasion leur profit. La figure 17.2 illustre en quoi le profit de chacun des vendeurs dépend autant de sa stratégie que de celle adoptée par l'autre. Imaginons que vous êtes Alain. Vous pourriez raisonner de la manière suivante: « Je peux produire 30 litres comme convenu, ou je peux tricher et augmenter ma production à 40 litres. Si François respecte l'entente et produit 30 litres, alors je gagne un profit de 2 000 $ en produisant 40 litres, au lieu d'un profit de 1 800 $ en produisant 30 litres. Il est donc préférable pour moi de produire 40 litres. Toutefois, si François ne respecte pas l'entente et décide de produire 40 litres, alors je gagne un profit de 1 600 $ en produisant

FIGURE 17.2

Le jeu de l'oligopole d'Alain et de François

Dans ce jeu, le profit de l'un dépend de la décision de celui-ci de produire 30 ou 40 litres, ainsi que de la décision de l'autre de produire 30 ou 40 litres.

Décision de François \ Décision d'Alain	Vendre 40 litres	Vendre 30 litres
Vendre 40 litres	Alain : 1 600 $ / François : 1 600 $	Alain : 1 500 $ / François : 2 000 $
Vendre 30 litres	Alain : 2 000 $ / François : 1 500 $	Alain : 1 800 $ / François : 1 800 $

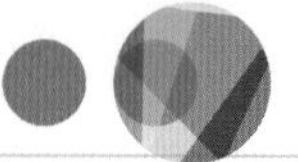

40 litres, au lieu d'un profit de 1 500 $ en produisant 30 litres. Une fois de plus, il est préférable que je produise 40 litres. Par conséquent, quoi que fasse François, il est préférable que je ne respecte pas l'entente et que je produise 40 litres. »

La stratégie dominante d'Alain est donc de produire 40 litres. Bien entendu, François fait le même raisonnement et sa stratégie dominante est la même. Puisque les deux finissent par produire chacun 40 litres, ils atteignent un résultat (1 600 $ de profit chacun) qui est, de leur point de vue, nettement moins intéressant.

Cet exemple illustre bien pourquoi les firmes en oligopole ont de la difficulté à maintenir des profits de monopole. Certes, la solution de monopole est avantageuse pour l'ensemble des firmes, mais chaque firme a un intérêt individuel à tricher. De même que la poursuite de l'intérêt individuel conduit les deux prisonniers à tout avouer, la poursuite de l'intérêt individuel rend difficile la coopération entre les firmes d'un oligopole. Les prix élevés, la production réduite et les profits de monopole sont bien souvent hors de portée.

D'autres exemples de dilemme du prisonnier

Nous venons de voir que le dilemme du prisonnier nous permet de comprendre le problème auquel se heurtent les membres d'un oligopole. La même logique

ÉTUDE DE CAS

L'OPEP et le marché du pétrole

Notre exemple concernant l'approvisionnement en eau d'un petit village était fictif, mais si l'on remplace l'eau par le pétrole, puis Alain et François par l'Iran et l'Irak, cet exemple s'approche sérieusement de la réalité. Une bonne part du pétrole mondial provient de quelques pays du Moyen-Orient. Ces pays constituent bel et bien un oligopole et leurs décisions de production sont tout à fait comparables à celles d'Alain et de François sur la quantité d'eau à pomper.

En 1960, les grands producteurs de pétrole mondiaux ont formé un cartel, l'Organisation des pays exportateurs de pétrole (l'OPEP), réunissant à l'origine l'Iran, l'Irak, le Koweït, l'Arabie saoudite et le Venezuela. En 2013, le Qatar, la Libye, les Émirats arabes unis, l'Algérie, le Nigéria, l'Équateur et l'Angola en sont également membres. Ces pays ont la mainmise sur une forte proportion des réserves mondiales d'or noir et, comme tous les cartels, ils essaient d'augmenter le prix de leur produit en limitant les quantités produites. L'OPEP tente de fixer le volume de production de chacun de ses membres.

Ce faisant, l'OPEP se heurte au même problème qu'affrontent Alain et François dans notre histoire. Les pays de l'OPEP voudraient bien maintenir le prix du pétrole à un niveau élevé, mais chaque membre du cartel est tenté d'accroître sa production afin d'obtenir une plus grande part du profit total. Les membres de ce cartel s'entendent souvent sur une réduction de la production, sans toutefois toujours respecter leur entente.

De 1973 à 1985, l'OPEP est parvenue à maintenir une solide coopération et un niveau de prix élevé. Le baril de brut est passé de 3 $ en 1972 (soit 17 $ en dollars d'aujourd'hui) à 11 $ en 1974 (52 $ en dollars d'aujourd'hui), pour atteindre 35 $ en 1981 (88 $ en dollars d'aujourd'hui). Toutefois, au début des années 1980, les pays membres ont commencé à se quereller sur les niveaux de production, et l'OPEP n'a plus été en mesure d'assurer une coopération efficace. En 1986, le prix du brut est redescendu à 13 $ le baril (24 $ en dollars d'aujourd'hui).

Récemment, les membres de l'OPEP ont éprouvé plus de difficultés à collaborer de manière efficace. Toutefois, ceci n'a pas empêché le prix du pétrole de passer allègrement la barre des 100 $ le baril. Cette fois-ci, la cause principale se trouve du côté de la forte croissance de la demande mondiale, plus particulièrement la demande chinoise. À long terme, on peut penser que la Russie, le Brésil, les États-Unis et le Canada exerceront une influence non négligeable sur les prix mondiaux, ce qui réduirait d'autant la cohésion et le pouvoir de l'OPEP.

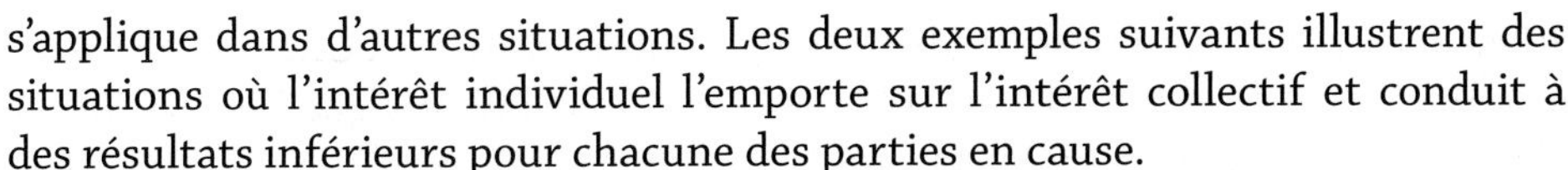

s'applique dans d'autres situations. Les deux exemples suivants illustrent des situations où l'intérêt individuel l'emporte sur l'intérêt collectif et conduit à des résultats inférieurs pour chacune des parties en cause.

La publicité

Lorsque deux entreprises se lancent dans des campagnes publicitaires visant la même clientèle, elles se trouvent aussi devant le dilemme du prisonnier. Prenons par exemple deux entreprises brassicoles : Grosse broue et Belle blonde. Si aucune d'elles ne fait de publicité, elles se partageront le marché à parts égales. Si elles font toutes deux de la publicité, le résultat sera identique, mais le coût de la promotion réduira d'autant leur profit respectif. Enfin, si l'une d'elles se lance dans une campagne publicitaire alors que l'autre ne fait rien, la première s'emparera d'une part de marché de la seconde.

Les profits des deux entreprises dépendent donc de leur décision, comme le montre la figure 17.3. On peut constater que la stratégie dominante pour chacune d'elles consiste à faire de la publicité. Par conséquent, chaque firme fera de la publicité, même si elles ont, collectivement, tout intérêt à ne pas en faire.

Les ressources communes

Au chapitre 11, nous avons vu que les gens ont tendance à trop utiliser les ressources communes. Ce problème peut également être vu comme une autre illustration du dilemme du prisonnier.

Imaginons que deux sociétés pétrolières — Métrolitre et Pleingaz — possèdent deux champs de pétrole adjacents, au-dessus d'une nappe commune d'une valeur de 12 millions de dollars. Il en coûte 1 million de dollars pour mettre un puits en exploitation. Si chaque entreprise réalise un forage, elle extraira la moitié de la réserve pétrolifère en réalisant 5 millions de dollars de profit (la recette de 6 millions de dollars moins le coût de 1 million de dollars).

Comme ce pétrole est une ressource commune, les deux entreprises n'en feront pas une utilisation efficiente. Supposons que l'une d'elles procède au forage d'un autre puits. En possédant deux des trois puits existants, elle s'assure les deux tiers des réserves et un profit de 6 millions de dollars ($\frac{2}{3}$ de 12 millions moins deux

FIGURE 17.3

Le jeu de la publicité

Décision de Belle blonde		Décision de Grosse broue : Faire de la publicité	Décision de Grosse broue : Ne pas faire de publicité
	Faire de la publicité	Grosse broue : 3 G$ de profit Belle blonde : 3 G$ de profit	Grosse broue : 2 G$ de profit Belle blonde : 5 G$ de profit
	Ne pas faire de publicité	Grosse broue : 5 G$ de profit Belle blonde : 2 G$ de profit	Grosse broue : 4 G$ de profit Belle blonde : 4 G$ de profit

Dans ce jeu concernant deux firmes qui vendent des produits similaires, le profit de chacune dépend de la décision de l'une et de l'autre de faire ou non de la publicité.

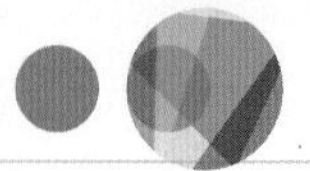

fois 1 million), alors que l'autre firme doit se contenter d'un profit de 3 millions de dollars ($\frac{1}{3}$ de 12 millions moins 1 million). Cependant, si l'autre entreprise l'imite, elles devront à nouveau partager la nappe pétrolifère. Chacune d'elles devra alors assumer le coût d'un second puits, et leur profit respectif retombera à 4 millions de dollars (6 millions moins deux fois 1 million).

La figure 17.4 illustre cette situation. La stratégie dominante de chacune de ces entreprises consiste à forer deux puits mais, là encore, l'intérêt propre des deux entreprises les conduit à un résultat inférieur à ce qui serait pour elles un optimum.

Le dilemme du prisonnier et le bien-être

Le dilemme du prisonnier décrit de nombreuses situations de la vie courante et montre la difficulté de maintenir une coopération, même si elle est avantageuse pour les deux joueurs. De toute évidence, cette absence de coopération constitue un problème pour les participants, mais est-ce un problème du point de vue de la société en général ? La réponse varie selon les circonstances.

Dans certains cas, l'équilibre atteint en l'absence de coopération s'avère néfaste pour la société comme pour les joueurs. Dans le cas des ressources communes illustré à la figure 17.4, Métrolitre et Pleingaz gaspillent toutes deux leurs ressources en forant des puits de pétrole supplémentaires. Si les deux joueurs coopéraient, ils éviteraient ce gaspillage et la société dans son ensemble s'en porterait mieux.

En revanche, dans le cas de firmes en oligopole tentant de réaliser des profits de monopole, une absence de coopération est tout à fait souhaitable pour la société dans son ensemble. L'atteinte de résultats monopolistiques profite aux firmes de l'oligopole, au détriment des consommateurs. Comme nous avons pu le voir au chapitre 7, les marchés concurrentiels sont préférables pour la société parce qu'ils permettent de maximiser le surplus total. Lorsque les membres de l'oligopole ne parviennent pas à coopérer, ils produisent une quantité qui se rapproche de ce niveau optimal. Autrement dit, la main invisible assure une allocation efficiente des ressources uniquement sur un marché concurrentiel, et les marchés ne sont concurrentiels que là où les firmes ne réussissent pas à coopérer.

FIGURE 17.4

Un jeu avec une ressource commune

Dans ce jeu concernant deux pétrolières se livrant à l'extraction à partir d'une nappe commune, leur profit respectif dépend du nombre de puits que l'une et l'autre décident de forer.

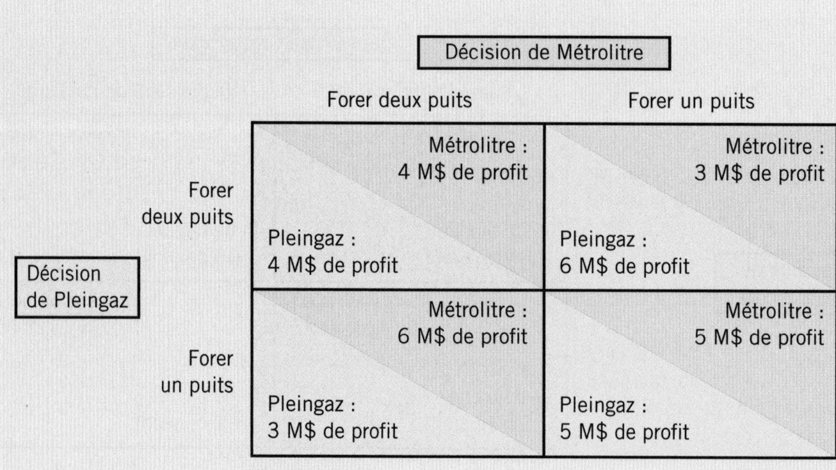

De la même façon, si l'on reprend l'exemple des deux malfaiteurs interrogés par la police, leur absence de coopération est bénéfique pour la société, puisqu'ils écopent de plus d'années derrière les barreaux. Le dilemme du prisonnier constitue certes un dilemme pour les deux bandits, mais il contribue au bien-être de la société dans son ensemble.

Pourquoi les gens collaborent-ils parfois ?

Le dilemme du prisonnier démontre les difficultés de la coopération, mais la coopération est-elle impossible ? Tous les malfaiteurs interrogés par la police ne dénoncent pas obligatoirement leurs complices. Les membres d'un cartel arrivent parfois à maintenir une collusion, malgré les incitations à ne pas respecter leurs engagements. Bien souvent, la raison pour laquelle les joueurs peuvent résoudre le dilemme du prisonnier tient au fait que le jeu se joue plusieurs fois.

Afin de voir pourquoi la coopération s'avère plus facile à respecter en cas de jeu répété, revenons aux membres de notre duopole, Alain et François. On se souvient qu'ils souhaitaient maintenir leur production de cartel à 30 litres chacun. Or, si le jeu ne se joue qu'une seule fois, ils n'ont aucun intérêt individuel à respecter cette entente ; par conséquent, en enfreignant cet accord, chacun d'eux produit 40 litres.

Supposons maintenant qu'Alain et François s'attendent à répéter le même jeu toutes les semaines. Au moment de s'entendre initialement pour limiter la production, ils peuvent aussi décider d'une pénalité en cas de tricherie. Ils peuvent, par exemple, convenir que si l'un d'entre eux produit 40 litres, tous les deux produiront 40 litres pour toujours. Il s'agit d'une pénalité facile à appliquer, car si l'un augmente sa production, l'autre a tout intérêt à faire de même.

Cette simple menace de pénalité suffit la plupart du temps à assurer la coopération. Chacun des joueurs sait que son profit passera de 1 800 \$ à 2 000 \$ en cas de non-respect de l'entente, mais que cette augmentation du profit ne durera qu'une semaine. Par la suite, ce profit chutera à 1 600 \$, pour y demeurer de façon définitive. Tant et aussi longtemps que les deux participants tiendront compte de leur profit futur, ils renonceront au profit à court terme que leur procurerait une défection. Par conséquent, dans un dilemme du prisonnier répété, les deux joueurs pourraient probablement maintenir une coopération.

ÉTUDE DE CAS

Le tournoi du dilemme du prisonnier

Supposons que vous jouiez au dilemme du prisonnier avec une personne interrogée de son côté, dans une autre pièce, et que vous rejouiez de très nombreuses fois, votre résultat final équivalant au nombre total d'années à passer en prison. Vous avez intérêt à ce que ce résultat soit le plus faible possible. Quelle stratégie adopterez-vous ? Commencerez-vous par tout avouer ou tout nier ? Quelles seront les conséquences des actions de l'autre joueur sur vos décisions subséquentes ?

Un dilemme du prisonnier répété est un jeu fort complexe. Pour encourager la coopération entre les joueurs, chacun doit pénaliser l'autre pour chaque refus de coopérer. Cependant, la stratégie examinée précédemment dans le cas du cartel d'Alain et de François — tricher pour toujours dès que l'autre ne respecte pas son engagement — n'est pas très prometteuse. Si l'on joue plusieurs fois, il est préférable d'adopter une stratégie qui permet aux joueurs de revenir à la coopération après une absence de coopération.

▶

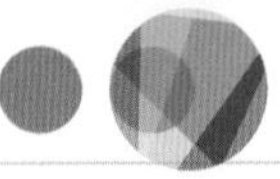

Afin de trouver la stratégie la plus efficace, le politologue Robert Axelrod a organisé un tournoi. Les participants envoyaient des programmes informatiques conçus pour jouer un dilemme du prisonnier répété. Chaque participant jouait contre chacun des autres, le gagnant étant celui qui écopait de la peine de prison cumulative la moins lourde.

La stratégie qui l'a emporté était fort simple ; elle est connue sous le nom anglais de *tit-for-tat*. Selon cette stratégie, un joueur commence par collaborer et se conforme ensuite à l'attitude qu'a eue son partenaire au tour précédent. Par conséquent, il collabore jusqu'à ce que l'autre triche, et il triche jusqu'à ce que l'autre collabore de nouveau. Autrement dit, on commence par être gentil, on pénalise les méchants et on leur pardonne, le cas échéant. À la surprise d'Axelrod, cette stratégie simpliste s'est avérée supérieure à toutes les autres plus sophistiquées qui ont été présentées.

Cette stratégie du *tit-for-tat* n'a rien de nouveau. C'est en fait la stratégie biblique dite « œil pour œil, dent pour dent ». Le tournoi du dilemme du prisonnier laisse croire que cette règle pratique est efficace dans bien des situations réelles.

MINITEST

- Expliquez ce qu'est le dilemme du prisonnier.
- Construisez une matrice des gains indiquant les choix des prisonniers et expliquez le résultat le plus probable.
- Que nous enseigne le dilemme du prisonnier sur les oligopoles ?

Les politiques publiques en matière d'oligopole

Selon l'un des **dix principes d'économie** du chapitre 1, les gouvernements peuvent parfois améliorer les solutions de marché. Ce principe s'applique généralement bien aux marchés en situation d'oligopole. Comme nous venons de le voir, la coopération entre les membres d'un oligopole est désavantageuse si l'on se place du point de vue de la société, car elle aboutit à une production plus faible et à des prix plus élevés. Afin de rapprocher l'allocation des ressources de l'optimum social, les gouvernements devraient donc essayer d'inciter les firmes d'un oligopole à se concurrencer plutôt qu'à coopérer. Voyons comment ils y parviennent et quelles controverses ce genre d'intervention suscite.

La restriction du commerce et la *Loi sur la concurrence*

L'économie de marché repose sur la liberté qu'ont les agents de passer des contrats. Les entreprises et les ménages ont recours aux contrats pour réaliser des échanges mutuellement avantageux. Ils s'en remettent parfois au système judiciaire pour les faire respecter. Néanmoins, depuis des années, les tribunaux canadiens ont refusé de faire respecter les accords entre concurrents visant à restreindre le commerce (limitation des quantités, augmentation ou fixation des prix), les considérant comme contraires à l'intérêt public.

La *Loi sur la concurrence* canadienne codifie et étaye cette politique. Le paragraphe 45 (1) de cette loi précise que :

> Commet une infraction quiconque, avec une personne qui est son concurrent à l'égard d'un produit, complote ou conclut un accord ou un arrangement :
>
> a) soit pour fixer, maintenir, augmenter ou contrôler le prix de la fourniture du produit ;

b) soit pour attribuer des ventes, des territoires, des clients ou des marchés pour la production ou la fourniture du produit;

c) soit pour fixer, maintenir, contrôler, empêcher, réduire ou éliminer la production ou la fourniture du produit.

La *Loi sur la concurrence* comporte à la fois des clauses civiles et des clauses criminelles. Au chapitre 15, nous avons vu que le commissaire de la concurrence, en tant que chef du Bureau de la concurrence, est chargé de l'application de cette législation. Le commissaire renvoie les causes criminelles au ministre de la Justice du Canada, et les causes d'ordre civil sont entendues devant le Tribunal de la concurrence. Les fusions, déjà abordées au chapitre 15, font l'objet des dispositions civiles de la loi. Toute conspiration destinée à restreindre le commerce, comme celles décrites au paragraphe 45 (1) mentionné ci-dessus, tombe sous le coup des dispositions criminelles de cette loi.

Le trucage des offres, la discrimination de prix, la vente à prix imposé et l'utilisation de prix de prédation font également l'objet de poursuites au criminel. Le trucage des offres consiste, pour les soumissionnaires potentiels, à s'entendre à l'avance pour ne pas soumettre d'offres, ou pour les truquer. La discrimination de prix survient lorsqu'un fournisseur vend à des entreprises concurrentes la même quantité de biens à des prix différents. La vente à prix imposé consiste, pour le fabricant, à exiger des détaillants qu'ils vendent leurs produits à un prix fixé à l'avance (minimum ou maximum). L'établissement d'un prix de prédation consiste à vendre un produit à un prix ridiculement bas pour éliminer ou limiter sérieusement la concurrence. Le commissaire se charge des poursuites au criminel, mais les individus qui ont été lésés par de telles ententes peuvent intenter des poursuites en justice pour réclamer des dommages et intérêts. Ces dispositions et certaines autres de la *Loi sur la concurrence* sont destinées à empêcher les entreprises en oligopole d'agir individuellement ou conjointement de façon à limiter la concurrence sur le marché.

Les controverses entourant la *Loi sur la concurrence*

Au fil du temps, le débat entourant la politique de concurrence a fini par se recentrer sur le type de comportements à bannir. La plupart des commentateurs s'accordent à dire que les ententes sur la fixation des prix devraient être illégales. Néanmoins, certaines pratiques dont les conséquences étaient loin d'être évidentes ont fait l'objet de condamnations en vertu de cette législation. En voici trois exemples.

La vente à prix imposé

L'une des pratiques commerciales à caractère litigieux s'appelle la *vente à prix imposé*. Imaginons que Superbranché Électronique vend des lecteurs Blu-Ray aux détaillants pour 300 $. Si l'entreprise exige que les détaillants vendent leurs lecteurs 350 $, on dit alors qu'elle pratique la vente à prix imposé. Tout détaillant qui ne respecte pas le prix fixé par Superbranché va à l'encontre de cette entente.

À première vue, la vente à prix imposé peut paraître anticoncurrentielle et, par conséquent, indésirable du point de vue de la collectivité. Comme toute entente entre les membres d'un cartel, elle empêche la concurrence par les prix. C'est la raison pour laquelle les tribunaux considèrent souvent qu'il s'agit d'une infraction aux lois sur la concurrence.

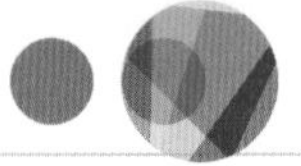

Certains économistes défendent néanmoins la vente à prix imposé, et ce, pour deux raisons.

Premièrement, ils ne pensent pas que cela nuit à la concurrence. Dans la mesure où Superbranché Électronique a un certain pouvoir de marché, elle l'exercera au moyen du prix de gros plutôt que par l'intermédiaire du prix de vente imposé. De plus, Superbranché n'a pas vraiment intérêt à décourager la concurrence entre

ÉTUDE DE CAS

La collusion entre des stations-service au Québec

Au Québec, il n'est pas rare de rencontrer un automobiliste qui pense que dans le marché de l'essence, les détaillants sont de mèche lorsqu'il s'agit de fixer le prix du précieux liquide. Le Bureau de la concurrence leur a donné raison en 2013.

En effet, le Bureau de la concurrence a porté des accusations criminelles relativement à la fixation du prix de l'essence à la pompe dans deux villes du Québec. Ces accusations touchaient de nombreux détaillants qui auraient comploté pour fixer le prix de l'essence à Sherbrooke et à Magog. Un communiqué émanant du Bureau de la concurrence précise ceci :

> Les accusations ont été déposées le 15 juillet 2010 dans le cadre d'une enquête menée par le Bureau à l'égard de la fixation du prix de l'essence au détail dans certains marchés régionaux du Québec. Cette enquête a été rendue publique en 2008.
>
> Dans cette affaire, ce sont jusqu'à présent 39 personnes et 15 entreprises qui ont été accusées de fixation des prix au criminel. À ce jour, 33 personnes et 7 entreprises ont soit plaidé coupables ou été reconnues coupables ; le total des amendes dépasse les 3 millions de dollars. Parmi ces 33 personnes, 6 ont été condamnées à des peines d'emprisonnement correspondant à 54 mois.

Le marché de la vente au détail de l'essence présente certaines particularités. Premièrement, le produit vendu est très homogène, c'est-à-dire qu'il ne varie pas d'une station-service à l'autre. L'essence offerte chez le détaillant X constitue, aux yeux des consommateurs, un substitut parfait de l'essence proposée chez le détaillant Y. Il n'est donc pas étonnant de constater à quel point le prix importe dans ce marché. Deuxièmement, la demande d'essence en général est très inélastique à court terme. Une hausse de prix de 10 cents le litre rendra peut-être les automobilistes furieux, mais elle ne changera pas immédiatement leurs habitudes en matière de transport. Toutefois, la demande d'essence du détaillant X, elle, est très élastique, car les consommateurs peuvent aller faire le plein chez le détaillant Y si le prix y est plus faible, même d'un cent. Comme il fait face à une demande très élastique, chaque détaillant rivalise donc pour offrir aux consommateurs une essence à meilleur prix.

« On fait le plein ? — Haut les mains ! »

Nous retrouvons ici la dynamique inhérente au dilemme du prisonnier. Chaque joueur (ici, le détaillant) a individuellement intérêt à diminuer son prix. Or, cette stratégie dominante conduit l'ensemble des détaillants à un équilibre qui n'est pas, de leur point de vue, optimal. D'où l'intérêt que présente pour eux la collusion dans la fixation des prix. En se concertant, ils peuvent s'entendre sur un prix plus élevé. Cependant, cette pratique est illégale au Canada, car elle prive les automobilistes des bienfaits de la concurrence.

Peut-on craindre que de tels cartels se retrouvent un peu partout au pays ? Non. Selon les économistes, les cartels ne peuvent être maintenus que là où le nombre de joueurs est plutôt faible. Il est plus facile de comploter à Magog qu'à Montréal ou à Toronto, où le nombre de détaillants est beaucoup plus élevé. En effet, il est infiniment plus difficile, voire impossible, de passer une entente et de la faire respecter lorsqu'il y a 500 participants. La tentation de tricher devient beaucoup trop forte et le cartel éclate.

Les Montréalais et les Torontois ont donc peu à craindre. Quant aux résidants des régions, souhaitons-leur que les amendes très salées qu'ont eu à payer les fautifs sachent dissuader les comploteurs potentiels.

ses détaillants. En effet, comme un cartel de détaillants vend un volume inférieur à un groupe de détaillants concurrents, Superbranché n'a rien à gagner d'un cartel de détaillants.

Deuxièmement, ces économistes pensent que la vente à prix imposé a sa propre légitimité. Il est possible que Superbranché exige de ses détaillants un espace de vente impeccable et un personnel de vente bien formé. Toutefois, sans fixation du prix de vente, certains clients profiteront de l'excellent service de certains magasins pour s'informer sur les caractéristiques des lecteurs Blu-Ray et iront ensuite acheter leur appareil chez un détaillant à marge réduite, n'offrant aucun service. D'une certaine façon, l'excellent service des détaillants de lecteurs Blu-Ray de Superbranché représente un bien public. Au chapitre 11, nous avons vu que lorsqu'une personne offre un bien public, les autres peuvent en profiter sans payer. Dans ce cas, ce seraient les détaillants à marge réduite qui joueraient les resquilleurs en profitant du service des autres détaillants, ce qui entraînerait ainsi une baisse généralisée du service. En fixant le prix de vente, Superbranché empêche ce type de resquille.

Cet exemple de la vente à prix imposé illustre un principe important : certaines pratiques commerciales qui semblent de prime abord être une entrave à la concurrence ont parfois des objectifs parfaitement légitimes. Un tel principe complique d'autant l'application des lois sur la concurrence. Les économistes, les avocats et les juges concernés par l'application de ces lois ont la responsabilité de déterminer les comportements contraires au bien public. Une tâche qui n'a souvent rien d'évident.

Les prix de prédation

Les entreprises qui jouissent d'un pouvoir de marché s'en servent généralement pour augmenter leurs prix au-dessus du niveau concurrentiel. Le gouvernement devrait-il s'inquiéter lorsque ces firmes fixent des prix trop bas ? C'est sur cette question que se centre le deuxième débat entourant la politique de concurrence.

Prenons l'exemple d'une grande compagnie aérienne fictive, Air Coyote, détenant un monopole sur certains trajets. Bip Bip Express arrive dans l'industrie et s'empare de 20 % du marché, réduisant dès lors la part d'Air Coyote à 80 %. Cette dernière décide alors de réduire ses prix pour lutter contre la concurrence. Certains analystes considèrent que l'action d'Air Coyote est anticoncurrentielle : sa baisse de prix a pour unique objectif d'éliminer Bip Bip Express afin de récupérer la totalité du marché et de pouvoir ensuite augmenter de nouveau les prix. Ce type de comportement se définit comme la fixation d'un prix de prédation.

Une telle argumentation laisse certains économistes sceptiques. Ces derniers considèrent que l'utilisation d'un prix de prédation constitue rarement, voire jamais, une pratique commerciale intéressante pour les firmes. Pourquoi ? Toute guerre des prix qui a pour objectif l'élimination d'un rival oblige à maintenir les prix au-dessous des coûts. En vendant à perte, Air Coyote a tout intérêt à augmenter son nombre de vols, puisqu'elle attire des clients supplémentaires. Pendant ce temps, Bip Bip Express peut réagir à la stratégie d'Air Coyote en réduisant son nombre de vols. Par conséquent, Air Coyote supportera plus de 80 % des pertes, plaçant Bip Bip Express en bonne position pour survivre à cette guerre des prix. Comme dans le dessin animé dont cet exemple est inspiré, le prédateur souffre plus que sa proie.

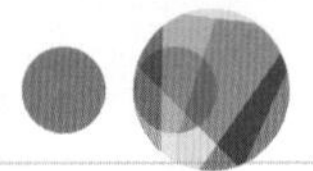

Les économistes continuent de débattre du bien-fondé d'une politique de concurrence qui se préoccuperait des prix de prédation. Plusieurs questions restent en suspens : l'établissement d'un prix de prédation constitue-t-il une stratégie d'affaires profitable ? Si oui, dans quelles circonstances ? Le système judiciaire est-il en mesure de distinguer les prix concurrentiels, et donc avantageux pour les consommateurs, des prix de prédation ? Ces questions restent sans réponse.

La vente liée

La vente liée constitue un troisième exemple de pratique commerciale controversée. Supposons que le Studio Pompafric produise deux nouveaux films : *Pirates des Grands lacs 3* et *Moïse et les 15 commandements*. Si Pompafric offre aux cinémas les deux films pour un prix unique plutôt que de les vendre séparément, on parle alors de *vente liée*.

Les dispositions civiles de la *Loi sur la concurrence* interdisent la pratique de la vente liée, en s'appuyant généralement sur la raison suivante : établissons que *Pirates des Grands lacs 3* est un film à grand succès, tandis que *Moïse et les 15 commandements* fait plutôt office de film d'auteur non rentable. On peut soupçonner que le studio se servira de la forte demande pour *Pirates des Grands lacs 3* afin d'obliger les cinémas à acheter *Moïse et les 15 commandements*. Pompafric pourra utiliser la vente liée afin d'augmenter son pouvoir de marché. Ce type d'argument laisse aussi bien des économistes sceptiques. Considérons que les cinémas sont prêts à payer 20 000 $ pour *Pirates des Grands lacs 3*, sans débourser un sou pour *Moïse et les 15 commandements*. Ils sont donc prêts à payer un maximum de 20 000 $ pour les deux films — exactement la somme qu'ils se proposaient de payer pour le premier. En obligeant les cinémas à accepter un film sans valeur commerciale, on n'augmente pas leur volonté de payer. Par conséquent, Pompafric n'augmente pas son pouvoir de marché en liant les deux ventes.

Dans ce cas, pourquoi les ventes liées existent-elles ? Il s'agit d'une forme de discrimination de prix. Imaginons qu'il n'existe que deux cinémas : le Cinéma Urbain, prêt à payer 15 000 $ pour *Pirates des Grands lacs 3* et 5 000 $ pour *Moïse et les 15 commandements*, et le Cinéma Campagne qui, à l'inverse, accepte de payer 5 000 $ pour *Pirates des Grands lacs 3* et 15 000 $ pour *Moïse et les 15 commandements*. Si Pompafric exige des prix séparés pour les deux films, sa meilleure stratégie consiste à demander 15 000 $ pour chaque film, chaque cinéma choisissant celui qu'il préfère. Toutefois, si Pompafric propose un forfait jumelé, il pourra exiger 20 000 $ pour les films. Par conséquent, si les deux cinémas accordent une valeur différente aux films, la vente liée permettra au studio d'augmenter son profit en exigeant un prix combiné qui se rapproche de la véritable volonté de payer de sa clientèle.

La vente liée demeure une pratique commerciale critiquée. L'argument le plus fréquemment utilisé, concernant le risque d'étendre le pouvoir de marché d'une entreprise à d'autres produits, ne semble guère fondé, du moins dans sa forme la plus simple. Néanmoins, certains économistes ont démontré par des théories assez complexes que la vente liée pouvait réduire la concurrence. Dans l'état actuel de nos connaissances, les retombées négatives de cette pratique sur le bien-être économique restent encore à prouver.

MINITEST

- Quel genre d'accord les entreprises n'ont-elles pas le droit de passer ? Comment expliquer la controverse entourant les lois sur la concurrence ?

DANS L'ACTUALITÉ

La collusion dans les soumissions sur les égouts : une sale affaire

Le trucage d'offres se produit lorsque plusieurs parties s'entendent sur le prix qu'elles proposeront dans leur soumission respective pour donner l'impression que le processus d'appel d'offres est concurrentiel. Cette forme de fixation des prix et de collusion est illégale dans de nombreux pays, dont le Canada. L'article suivant relate un cas survenu à Montréal. Il illustre en outre le dilemme du prisonnier, puisque les entreprises impliquées dans cette forme de collusion ont une motivation à vendre leurs complices.

Une entreprise accusée de collusion dans les soumissions en dénonce d'autres : l'entreprise plaide coupable

Linda Gyulai

L'une des six entreprises accusées de collusion dans les soumissions pour l'obtention des contrats de service d'entretien des égouts dans la région de Montréal a dénoncé les cinq autres. Une autre entreprise ou une personne dont l'identité a été tenue secrète avait d'abord mis le Bureau de la concurrence sur la piste. En fait, le Bureau de la concurrence ne dispose pas de beaucoup d'autres moyens pour découvrir des cartels et déposer des accusations.

MSC Réhabilitation inc. a plaidé coupable, mardi, devant la Cour supérieure du Québec pour son rôle dans le cartel de collusion dans les soumissions sur 12 appels d'offres, dont trois visant des arrondissements de Montréal.

L'entreprise a reconnu sa culpabilité à un chef d'accusation simple dans le cadre d'un programme de clémence qu'elle a obtenu en échange de preuves relatives aux activités du cartel, expliquait mercredi Alexa Keating, porte-parole du Bureau de la concurrence. L'entreprise a écopé d'une amende de 75 000 $, mais aucune accusation n'a été portée contre ses dirigeants. Le Bureau a aussi déposé 156 chefs d'accusation combinés contre 5 autres entreprises et leurs propriétaires ou présidents, soit Canalisation nord-américaine ltée, Groupe Esthétix, Colmatec inc., Chalifoux Sani Laurentides inc. et Kelly Sani-Vac inc. Elles seront appelées à comparaître devant les tribunaux.

En tout, le cartel a participé à 37 appels d'offres en 2008 et 2009 et obtenu pour 3,3 millions de dollars de contrats d'entretien et de maintenance auprès d'arrondissements et de municipalités de la région de Montréal ainsi que de Transport Québec.

Le Bureau de la concurrence offre l'immunité à toute personne qui alerte les autorités de l'existence d'un complot auquel elle a participé, de même que la clémence à quiconque reconnaît sa culpabilité et collabore à l'enquête, comme l'a fait MSC Réhabilitation.

Source : Gyulai, Linda. (24 novembre 2011). « Montreal firm turns on partners in bid-rigging case : Leniency deal brings information ; Five other companies face 156 charges in wide-ranging case on sewer tenders ». *The Montreal Gazette*, p. A4. (Traduction libre).

Conclusion

Les firmes en oligopole aimeraient bien agir comme des monopoles, mais l'intérêt propre de chacune d'elles les pousse plutôt à adopter des pratiques concurrentielles. Elles finissent donc par ressembler soit à des monopoles, soit à des entreprises concurrentielles, selon le nombre de firmes et le degré de coopération qu'elles arrivent à maintenir. Le dilemme du prisonnier met en lumière la difficulté de maintenir une coopération entre les membres d'un oligopole, bien que ces derniers aient tout intérêt à coopérer.

Les lois sur la concurrence permettent aux gouvernements de réglementer les pratiques des firmes en oligopole. Or, le fondement et l'application de ces lois sont une source de controverses permanentes. Même si les ententes sur les prix limitent notoirement le bien-être économique et devraient, par conséquent,

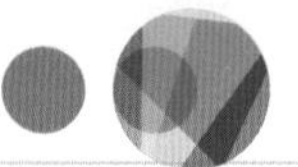

être illégales, certaines pratiques commerciales qui semblent réduire la concurrence ont parfois des objectifs parfaitement légitimes. Les gouvernements devraient donc être particulièrement prudents dans l'application des lois sur la concurrence.

Résumé

- Les firmes en oligopole maximisent leur profit total en formant un cartel et en se comportant comme un monopole. Cependant, si elles décident individuellement de leur niveau de production, on assiste à une augmentation de la quantité et à une baisse des prix par rapport à ceux d'un monopole. Plus un oligopole compte de membres, plus la quantité et le prix se rapprochent de ceux d'un marché parfaitement concurrentiel.
- Le dilemme du prisonnier démontre que l'intérêt individuel empêche bien souvent les gens de coopérer, même s'il y va de leur intérêt mutuel. La logique du dilemme du prisonnier s'applique à bien des situations : la publicité, le problème des ressources communes et les oligopoles.
- Les pouvoirs publics s'appuient sur les lois sur la concurrence pour empêcher les pratiques anticoncurrentielles des firmes en oligopole. L'application de ces lois prête le flanc à la critique, car certains comportements, qui paraissent de prime abord aller à l'encontre de la concurrence, répondent en fait à des objectifs commerciaux légitimes.

Concepts clés

Cartel, p. 358

Collusion, p. 358

Dilemme du prisonnier, p. 361

Équilibre de Nash, p. 359

Oligopole, p. 356

Stratégie dominante, p. 362

Théorie des jeux, p. 356

Questions de révision

1. Si un groupe de vendeurs pouvaient se constituer en cartel, quel prix et quelle quantité chercheraient-ils à établir ?
2. Comparez le prix et la quantité d'un oligopole avec ceux d'un monopole.
3. Comparez le prix et la quantité d'un oligopole avec ceux d'un marché parfaitement concurrentiel.
4. Dans quelle mesure le nombre d'entreprises composant un oligopole a-t-il une incidence sur les résultats du marché ?
5. En quoi consiste le dilemme du prisonnier ? En quoi concerne-t-il l'oligopole ?
6. Donnez deux exemples du dilemme du prisonnier dans des situations autres que celle de l'oligopole afin de démontrer comment il contribue à expliquer de nombreux comportements.
7. Quel genre de comportements les lois sur la concurrence interdisent-elles ?
8. Qu'est-ce que la vente à prix imposé ? En quoi est-elle controversée ?

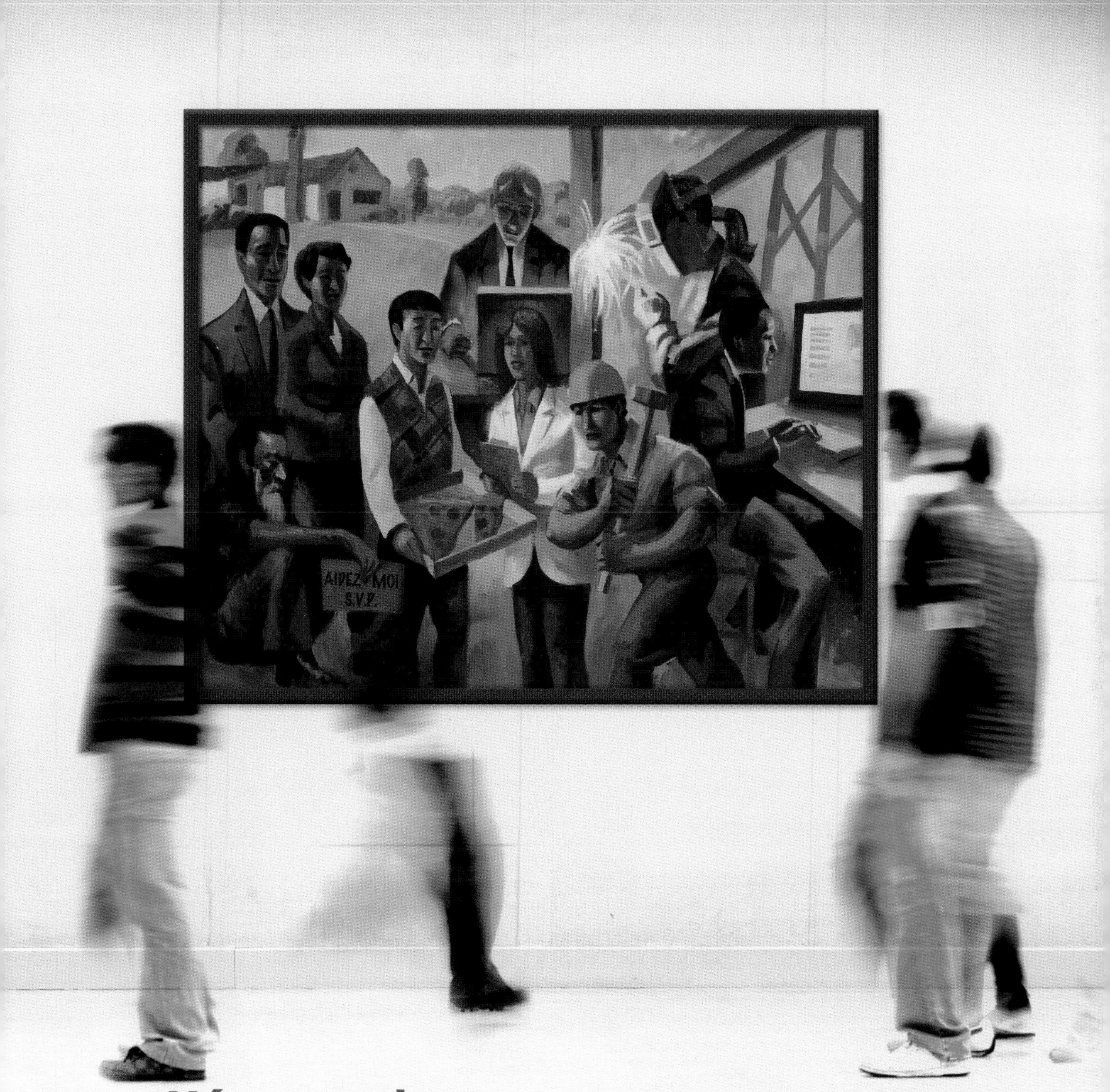

L'économie du marché du travail

Le marché des facteurs de production

18
CHAPITRE

Une fois votre scolarité terminée, votre revenu dépendra essentiellement de l'emploi que vous obtiendrez. Vous gagnerez davantage en tant que comptable qu'en tant que caissier dans un supermarché. Bien que cette affirmation semble évidente, il n'est pas si simple d'en démontrer la véracité. Aucune loi n'exige qu'un comptable soit mieux payé qu'un caissier de supermarché. Aucun principe éthique ne suggère qu'un comptable mérite un meilleur salaire. En somme, qu'est-ce qui détermine qu'un emploi est plus payant qu'un autre ?

Il va sans dire que votre revenu n'est qu'une goutte d'eau dans l'océan économique canadien. En 2014, le revenu total de tous les résidants canadiens avoisinait 1 900 milliards de dollars. Ces revenus ont été obtenus de différentes façons. Les travailleurs en ont gagné environ les trois quarts sous forme de salaires et d'avantages sociaux. Le reste est allé aux propriétaires fonciers et aux détenteurs de capital — le stock d'outils, d'immeubles et d'équipements d'une économie — sous forme de rente, de profit ou d'intérêts. Qu'est-ce qui détermine

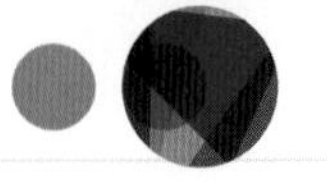

la proportion des revenus qui va aux travailleurs, aux propriétaires fonciers ou encore aux détenteurs de capital ? Pourquoi certains travailleurs gagnent-ils de meilleurs salaires que d'autres ? Pourquoi certains propriétaires fonciers ont-ils un revenu de rente plus élevé que d'autres ? Pourquoi certains détenteurs de capital reçoivent-ils un profit plus élevé que d'autres ? Et pourquoi un comptable gagne-t-il beaucoup plus qu'un caissier de supermarché ?

Les réponses à ces questions, comme c'est souvent le cas en économie, reposent sur les mécanismes de l'offre et de la demande. L'offre et la demande de travail, de terres et de capital déterminent les prix payés aux travailleurs, aux propriétaires fonciers et aux détenteurs de capital. Afin de comprendre pourquoi certaines personnes ont des revenus plus élevés que d'autres, il faut analyser les marchés où leurs services sont offerts. C'est ce que nous essaierons de faire dans ce chapitre-ci et au chapitre 19.

Facteurs de production
Intrants utilisés dans la production de biens et de services.

Ce chapitre présente les fondements théoriques essentiels à l'analyse des marchés des facteurs. Les **facteurs de production** sont les intrants utilisés dans la production de biens et de services. Le travail, la terre et le capital sont les principaux facteurs de production. Lorsqu'une firme de comptables réalise une vérification pour un client, elle utilise les heures de travail du comptable (travail), un espace physique (terre) ainsi que des bureaux et des équipements informatiques (capital). De même, lorsqu'un supermarché vend de la nourriture, il utilise les heures de travail du caissier (travail), un espace physique (terre) et des caisses enregistreuses (capital).

À bien des égards, les marchés des facteurs ressemblent aux marchés des biens et des services analysés dans les chapitres précédents, à une exception près : la demande d'un facteur de production est une *demande dérivée*. C'est que la demande d'une firme pour un facteur de production est dérivée de sa décision d'offrir un bien dans un autre marché. La demande de comptables est inextricablement liée à l'offre de service de vérification comptable. De même, la demande de caissiers de supermarché est inextricablement liée à l'offre de nourriture.

Dans ce chapitre, nous analyserons la demande de facteurs en considérant la décision d'une firme cherchant à maximiser son profit en situation concurrentielle. Notre analyse portera d'abord sur la demande de travail. Le travail est le plus important facteur de production, puisque les travailleurs reçoivent la plus grosse partie des revenus générés par l'économie canadienne. Nous verrons plus loin à quel point l'analyse du marché du travail s'apparente à celle des autres facteurs de production.

Les principes théoriques présentés dans ce chapitre permettront d'expliquer dans une large mesure la répartition des revenus dans l'économie canadienne entre les travailleurs, les propriétaires fonciers et les détenteurs de capital. Au chapitre 19, nous examinerons un peu plus en détail pourquoi certains travailleurs gagnent plus que d'autres, alors qu'au chapitre 20, nous nous pencherons sur la répartition des revenus au Canada et sur le rôle que joue le gouvernement en ces matières.

La demande de travail

Comme tous les autres marchés de l'économie, le marché du travail est gouverné par les forces de l'offre et de la demande. C'est ce qui est illustré à la figure 18.1.

FIGURE 18.1

Les multiples usages de l'offre et de la demande

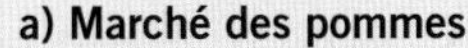

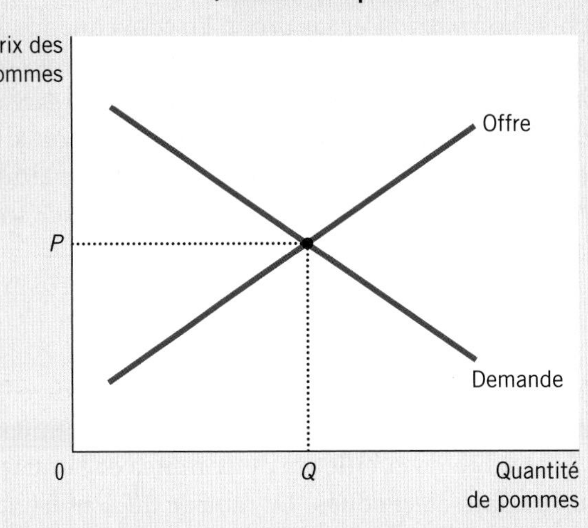

b) Marché des cueilleurs de pommes

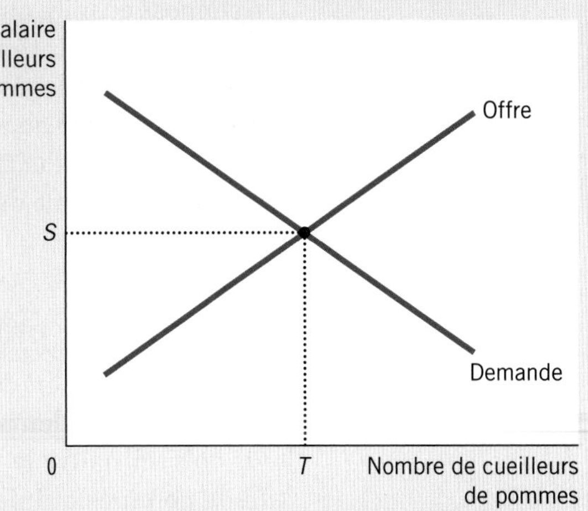

Les outils de l'offre et de la demande s'appliquent autant au marché des biens qu'au marché du travail. Le graphique a) montre comment l'offre et la demande de pommes déterminent le prix des pommes. Le graphique b) montre comment l'offre et la demande de cueilleurs de pommes déterminent le salaire des cueilleurs de pommes.

Sur le graphique a), on voit que l'offre et la demande de pommes déterminent le prix des pommes. Le graphique b) montre que l'offre et la demande de cueilleurs de pommes déterminent le prix, c'est-à-dire le salaire, des cueilleurs de pommes.

Nous avons déjà précisé que le marché du travail est différent des autres marchés parce que la demande de travail est une demande dérivée. Les services des travailleurs ne sont pas des biens finaux prêts à être consommés, mais plutôt des intrants qui servent à la production d'autres biens. Pour bien comprendre la demande de travail, nous devons donc examiner les firmes qui embauchent des travailleurs pour produire des biens de consommation. Nous saisirons alors comment la production de biens influe sur la demande de travail et participe à la détermination des salaires.

La firme concurrentielle qui maximise son profit

Analysons le comportement d'une firme typique qui cherche à déterminer la quantité de travail dont elle aura besoin. Par exemple, un pomiculteur doit décider chaque semaine du nombre de cueilleurs de pommes à engager. Une fois embauchés, les cueilleurs de pommes cherchent à ramasser la plus grande quantité possible de pommes. Le producteur vend ensuite ces pommes, paie ses travailleurs et conserve le reste à titre de profit.

Cette analyse repose sur deux hypothèses. D'abord, on suppose que le producteur est en situation de *concurrence parfaite* à la fois sur le marché des pommes (où il est un vendeur) et sur le marché des cueilleurs de pommes (où il est un acheteur). Nous avons vu, au chapitre 14, qu'une firme en concurrence parfaite est un preneur de prix. Puisqu'on retrouve de nombreux producteurs qui vendent des pommes et qui embauchent des cueilleurs de pommes, un pomiculteur,

considéré individuellement, exerce une influence négligeable sur le prix des pommes et sur le salaire des cueilleurs de pommes. Le producteur doit se plier aux prix déterminés par le marché. Il ne lui reste qu'à décider de la quantité de pommes à vendre et du nombre de travailleurs à embaucher.

On suppose ensuite que la firme cherche à *maximiser son profit*. En conséquence, le pomiculteur ne s'intéresse pas dans l'absolu à la quantité de pommes vendues ou au nombre d'employés qu'il embauche. Il s'intéresse seulement au profit réalisé, lequel correspond au revenu total provenant de la vente des pommes moins le coût total de production. L'offre de pommes de ce producteur et sa demande de travailleurs sont dérivées de son objectif premier, qui est de maximiser son profit.

La fonction de production et le produit marginal du travail

Avant d'embaucher des travailleurs, la firme doit examiner le lien entre le nombre de travailleurs et le volume de production. En d'autres mots, le pomiculteur doit connaître le lien entre le nombre de cueilleurs de pommes et la quantité de pommes qui peuvent être cueillies et vendues. Le tableau 18.1 présente un exemple chiffré. Les données de la première colonne indiquent le nombre de

TABLEAU 18.1

La décision d'embauche d'une firme concurrentielle

TRAVAIL	PRODUCTION	PRODUIT MARGINAL DU TRAVAIL	VALEUR DU PRODUIT MARGINAL DU TRAVAIL	SALAIRE	PROFIT MARGINAL
T (Nombre de travailleurs)	*Q* (Sacs par semaine)	$PmT = \Delta Q/\Delta T$ (Sacs par semaine)	$VPmT = P \times PmT$	*S*	$\Delta Profit = \Delta PmT - S$
0	0				
		100	1 000 $	500 $	500 $
1	100				
		80	800 $	500 $	300 $
2	180				
		60	600 $	500 $	100 $
3	240				
		40	400 $	500 $	–100 $
4	280				
		20	200 $	500 $	–300 $
5	300				

travailleurs, alors que celles de la deuxième colonne montrent la quantité de pommes cueillies chaque semaine par les travailleurs.

Ces deux colonnes décrivent la capacité de production du producteur. Comme nous l'avons vu au chapitre 13, les économistes utilisent le terme **fonction de production** pour décrire la relation entre la quantité d'intrants utilisés et le volume de production. Dans notre exemple, les intrants sont les cueilleurs de pommes et la production s'exprime en sacs de pommes. Les autres intrants (les pommiers, la terre, les tracteurs et les autres équipements) sont considérés comme fixes pour l'instant. La fonction de production du pomiculteur montre que l'embauche d'un premier travailleur génère une production de 100 sacs de pommes par semaine. Si le producteur engage deux travailleurs, ceux-ci produisent 180 sacs de pommes par semaine, et ainsi de suite.

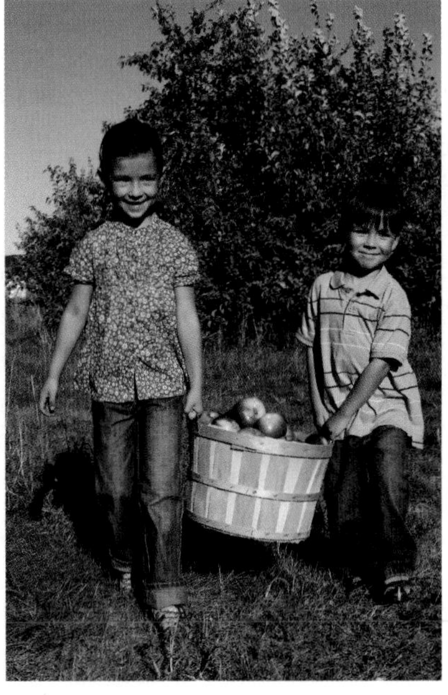

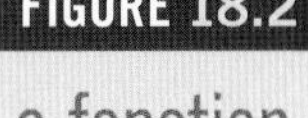

« Crois-tu que nous serons payés selon notre productivité marginale? — Mais oui, c'est un marché concurrentiel. »

La figure 18.2 illustre graphiquement les données présentées au tableau 18.1. Le nombre de travailleurs apparaît sur l'axe horizontal, tandis que la production se trouve sur l'axe vertical. Ce graphique représente la fonction de production.

Un des **dix principes d'économie** présentés au chapitre 1 stipule que les gens rationnels raisonnent à la marge. Ce principe est important pour bien comprendre comment le producteur détermine la quantité de travail (le nombre de travailleurs) à utiliser. Les données de la troisième colonne du tableau 18.1 montrent le **produit marginal du travail**, à savoir l'augmentation de la production attribuable à l'utilisation d'une unité de travail additionnelle. Par exemple, si le producteur augmente le nombre de travailleurs de 1 à 2, la production de pommes passe de 100 à 180 sacs. Ainsi, le produit marginal associé au second travailleur est de 80 sacs.

Fonction de production
Relation entre la production d'un bien et la quantité de facteurs de production utilisés.

Produit marginal du travail
Augmentation de la production induite par une unité de travail additionnelle.

Notons que le produit marginal du travail diminue à mesure que le nombre de travailleurs augmente. Ce phénomène, déjà vu au chapitre 13, est appelé

FIGURE 18.2

La fonction de production

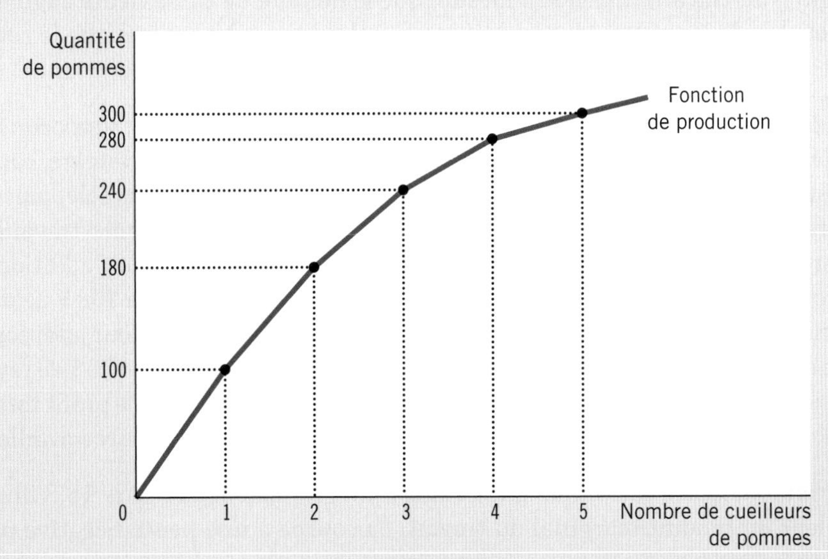

La fonction de production représente la relation entre la production d'un bien (les pommes) et la quantité de facteurs de production utilisés (les cueilleurs de pommes). À mesure que le nombre de travailleurs augmente, la fonction de production s'aplatit, ce qui traduit une productivité marginale décroissante.

Productivité marginale décroissante
Diminution du produit marginal d'un facteur au fur et à mesure que la quantité de ce facteur augmente.

productivité marginale décroissante. Il est important de comprendre que cette baisse du produit marginal du travail n'est pas le résultat d'une diminution de la qualité du travail. Il ne s'agit donc pas d'une situation où un producteur embauche initialement les meilleurs travailleurs pour ensuite employer des personnes moins performantes. Au contraire, la qualité des travailleurs est présumée constante. En fait, au départ, les premiers travailleurs cueillent les pommes se trouvant parmi les pommiers les mieux garnis. À mesure que le nombre de travailleurs augmente, les cueilleurs de pommes doivent opter pour les pommiers un peu moins garnis. En conséquence, lorsque le nombre de travailleurs augmente, chaque travailleur additionnel contribue moins à la cueillette de pommes. C'est ce qui explique le fait que sur le graphique de la figure 18.2, la fonction de production tend à s'aplatir à mesure que le nombre de travailleurs augmente.

La valeur du produit marginal et la demande de travail

Le producteur de notre exemple, qui cherche à maximiser son profit, se soucie davantage de l'argent que des pommes. Le producteur doit considérer le profit généré par chaque travailleur afin d'établir le nombre de travailleurs à embaucher. Puisque le profit correspond au revenu total moins le coût total, le profit généré par un travailleur additionnel correspond à la contribution de ce travailleur au revenu moins son salaire.

Pour connaître la contribution du travailleur au revenu, il faut convertir le produit marginal du travail (mesuré en sacs de pommes) en valeur du produit marginal (mesuré en dollars). Pour ce faire, on doit utiliser le prix des pommes. Pour poursuivre notre exemple, si un sac de pommes se vend 10 $ et qu'un travailleur additionnel produit 80 sacs de pommes, alors ce travailleur génère 800 $ de revenu.

Valeur du produit marginal
Produit marginal d'un intrant multiplié par le prix du bien qu'il sert à produire.

La **valeur du produit marginal** de tout intrant est le produit marginal de cet intrant multiplié par le prix du marché du bien qu'il sert à produire. La quatrième colonne du tableau 18.1 montre la valeur du produit marginal du travail, le seul intrant considéré ici, si l'on suppose que le prix du marché est de 10 $ le sac de pommes. Comme le prix du marché est constant pour un producteur en situation de concurrence, la valeur du produit marginal du travail (tout comme le produit marginal du travail) diminue à mesure que le nombre de travailleurs augmente. Autrement dit, la valeur du produit marginal du travail nous indique le revenu additionnel que la firme obtient de l'embauche d'un travailleur additionnel.

Afin de pouvoir déterminer le nombre de travailleurs à embaucher, supposons que le salaire établi par le marché est de 500 $ par semaine. Dans ce contexte, comme l'illustre le tableau 18.1, embaucher le premier travailleur est rentable, puisqu'il génère 1 000 $ de revenu, ou encore 500 $ de profit. Le deuxième travailleur, quant à lui, génère 800 $ de revenu additionnel, ou 300 $ de profit additionnel. Le troisième travailleur engendre 600 $ de revenu additionnel, ou 100 $ de profit additionnel. Toutefois, après le troisième travailleur, tout travailleur additionnel cesse d'être rentable. Ainsi, le quatrième travailleur ne génère que 400 $ de revenu additionnel alors que son salaire est de 500 $, ce qui fait diminuer le profit total de 100 $. Par conséquent, le producteur ne devrait embaucher que trois travailleurs.

Reformulons notre raisonnement à l'aide d'un graphique. La figure 18.3 illustre la valeur du produit marginal du travail. La courbe a une pente négative parce que le produit marginal du travail diminue à mesure que le nombre de travailleurs augmente. Ce graphique comporte également une ligne horizontale située au niveau du salaire du marché. Afin de maximiser son profit, la firme embauche des travailleurs jusqu'au point où les deux courbes se croisent. À la gauche de ce point, la valeur du produit marginal du travail est supérieure au salaire : l'embauche d'un travailleur additionnel permettrait donc d'augmenter le profit. À la droite de ce point, la valeur du produit marginal du travail est inférieure au salaire : l'embauche d'un travailleur additionnel provoquerait une diminution du profit. En somme, une firme dans un marché parfaitement concurrentiel qui maximise son profit embauche des travailleurs jusqu'à ce que la valeur du produit marginal du travail soit égale au salaire.

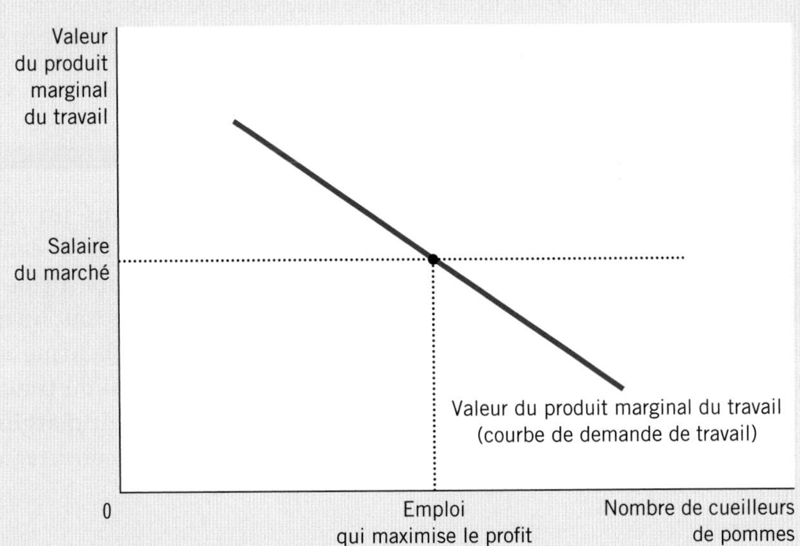

FIGURE 18.3

La valeur du produit marginal du travail

Ce graphique montre que la valeur du produit marginal du travail (le produit marginal multiplié par le prix du bien) dépend du nombre de travailleurs. La courbe a une pente négative en raison de la productivité marginale décroissante. Pour une firme dans un marché concurrentiel qui cherche à maximiser son profit, la courbe de la valeur du produit marginal du travail correspond également à sa courbe de demande de travail.

BON À SAVOIR

La demande de facteurs et l'offre de biens : les deux faces de la même médaille

Au chapitre 14, nous avons vu comment, dans un marché concurrentiel, une firme cherchant à maximiser son profit décide de la quantité de biens à vendre : elle choisit la quantité qui correspond au point où le prix du bien est égal au coût marginal de production. Nous venons d'examiner comment cette même firme décide de la quantité de travailleurs à embaucher : elle choisit le nombre de travailleurs qui correspond au point où le salaire est égal à la valeur du produit marginal du travail. Sachant que la fonction de production fait le lien entre la quantité d'intrants utilisés et la production du bien, on ne se surprend pas de constater que la décision de la firme relative à la demande d'intrants soit intimement liée à sa décision quant à l'offre de biens. En fait, ces deux décisions constituent les deux faces d'une même médaille.

Pour s'en convaincre, examinons le lien entre le produit marginal du travail (*PmT*) et le coût marginal de production des pommes (*Cm*). Supposons qu'un travailleur additionnel coûte 500 $ en salaire et génère un produit marginal de 50 sacs de pommes. Si la production de 50 sacs de pommes additionnels coûte 500 $, c'est donc dire que le coût marginal d'un sac est de 500 $/50, ou 10 $. De manière générale, si *S* est le salaire et qu'une unité de travail additionnelle permet de produire *PmT* sacs de pommes, alors le coût marginal d'un sac de pommes est $Cm = S/PmT$.

Cette analyse permet de voir en quoi la productivité marginale décroissante est intimement liée au coût marginal croissant. À mesure que le nombre de cueilleurs de pommes augmente, chaque travailleur additionnel ajoute moins en matière de production de pommes (le *PmT* diminue). De la même façon, lorsque la production

►

de pommes est élevée, le verger est rempli de travailleurs, de sorte que la production d'un sac de pommes additionnel devient plus coûteuse (le *Cm* augmente).

Considérons maintenant le critère de maximisation du profit. Nous avons déjà établi qu'une firme qui cherche à maximiser son profit opte pour une quantité de travail telle que la valeur du produit marginal du travail ($P \times PmT$) est égale au salaire (S). Reformulons la chose à l'aide d'une équation :

$$P \times PmT = S$$

En divisant chaque côté de l'équation par *PmT*, nous obtenons :

$$P = S/PmT$$

Nous venons de conclure que *S/PmT* est égal au coût marginal (*Cm*). En faisant une substitution, nous obtenons :

$$P = Cm$$

Cette équation établit que le prix d'un sac de pommes est égal au coût marginal de production de ce sac de pommes. Ainsi, *dans un marché concurrentiel, lorsqu'une firme embauche des travailleurs jusqu'au point où la valeur du produit marginal du travail est égale au salaire, elle produit une quantité de biens telle que le prix est égal au coût marginal*. L'analyse de la demande de travail présentée dans ce chapitre n'est qu'une autre façon de voir la décision de production abordée au chapitre 14.

Après avoir expliqué la stratégie d'embauche d'une firme dans un marché concurrentiel, nous pouvons maintenant élaborer une théorie de la demande de travail. Rappelons que la courbe de demande de travail d'une firme nous renseigne sur la quantité de travail que cette firme demande pour tout niveau de salaire. L'analyse de la figure 18.3 nous a permis de constater que la firme adopte la quantité de travail pour laquelle la valeur du produit marginal du travail est égale au salaire. Par conséquent, la courbe de la valeur du produit marginal du travail correspond à la courbe de demande de travail d'une firme concurrentielle qui maximise son profit.

Les déplacements de la courbe de demande de travail

Nous savons maintenant que la courbe de demande de travail ne fait que refléter la valeur du produit marginal du travail. En gardant cela à l'esprit, examinons ce qui pourrait faire déplacer la courbe de demande de travail.

Le prix du bien

La valeur du produit marginal du travail correspond au produit marginal du travail multiplié par le prix de vente du bien. Par conséquent, lorsque le prix du bien change, la valeur du produit marginal du travail change et la courbe de demande de travail se déplace. Par exemple, une augmentation du prix des pommes accroît la valeur du produit marginal des cueilleurs de pommes, ce qui conduit les pomiculteurs à augmenter leur demande de travail. À l'inverse, une baisse du prix des pommes réduit la valeur du produit marginal du travail et provoque une diminution de la demande de travail.

Les changements technologiques

Durant les 50 dernières années, la production du travailleur canadien moyen par heure de travail a augmenté d'environ 125 %. Pourquoi ? La raison principale est liée aux progrès technologiques. Les scientifiques et les ingénieurs sont constamment à la recherche de meilleures façons de faire. Et ces changements technologiques modifient considérablement le marché du travail. Une avancée technologique fait augmenter le produit marginal du travail, ce qui a pour effet d'accroître la demande de travail. Les progrès technologiques expliquent donc pourquoi, au fil des ans, le nombre d'emplois a augmenté de concert avec la hausse des salaires.

Cependant, il arrive parfois que les changements technologiques réduisent la demande de travail. Par exemple, la mise en service de robots industriels bon marché pourrait réduire le produit marginal du travail, ce qui provoquerait une diminution de la demande de travail. Cela dit, l'histoire montre que les progrès technologiques s'accompagnent habituellement d'une croissance de l'emploi. Dans les 50 dernières années, même si les salaires (ajustés pour tenir compte de l'inflation) ont augmenté en moyenne de 100 %, les firmes ont néanmoins augmenté leur nombre de travailleurs de plus de 50 %.

BON À SAVOIR

La révolte des Luddites

De tout temps, le progrès technologique a été un atout pour les travailleurs. L'augmentation de l'équipement a permis d'accroître la productivité, la demande de main-d'œuvre et les salaires. Malgré ces faits, les travailleurs ont parfois été convaincus que la technologie menaçait leur niveau de vie, comme l'illustre le célèbre cas des Luddites. En Grande-Bretagne, au début du XIXe siècle, des tisserands ont perdu leur emploi. Ils ont été supplantés par une invention qui s'est vite répandue : des machines pouvant produire des textiles avec moins de travailleurs qualifiés et à plus bas prix. Les artisans remplacés par ces machines se sont violemment révoltés contre la nouvelle technologie. Ils ont démoli les métiers à tisser utilisés dans les manufactures de tissage de laine et de coton et sont même allés jusqu'à incendier les maisons des propriétaires d'usines. Parce qu'ils affirmaient que leur meneur était le général Ned Ludd (qui n'aurait peut-être pas existé et ne serait qu'une figure légendaire), ils ont été surnommés les *Luddites*. Ces derniers réclamaient du gouvernement britannique qu'il limite l'utilisation de la nouvelle technologie afin de préserver leurs emplois. Au lieu de les aider, le Parlement a pris des mesures pour les réprimer. Des milliers de troupes ont été dépêchées pour mater les émeutes de Luddites et le Parlement a aussi déclaré que la destruction de machine était un délit majeur. À la suite d'un procès qui s'est déroulé à York en 1813, 17 hommes ont été pendus pour ce délit. Plusieurs autres ont été reconnus coupables et ont été déportés dans la colonie pénitentiaire de l'Australie. De nos jours, le mot *luddite* fait référence à une personne qui s'oppose aux progrès technologiques.

Les Luddites

L'offre des autres facteurs

La quantité disponible d'un facteur de production peut influer sur le produit marginal des autres facteurs. Par exemple, une diminution de l'offre d'échelles réduit le produit marginal du travail des cueilleurs de pommes et, par conséquent, la demande de cueilleurs de pommes. Nous nous pencherons davantage sur cette question un peu plus loin dans ce chapitre.

MINITEST

- Définissez ce qu'on entend par *produit marginal du travail* et par *valeur du produit marginal du travail*.
- Décrivez comment une firme concurrentielle cherchant à maximiser son profit détermine le nombre de travailleurs qu'elle désire embaucher.

L'offre de travail

Après avoir analysé la demande de travail, penchons-nous maintenant sur l'autre côté du marché et examinons l'offre de travail. Un modèle plus formel de l'offre de travail sera proposé au chapitre 21, lorsque nous présenterons la théorie du choix du consommateur. Nous nous contenterons ici d'évoquer quelques facteurs qui sous-tendent l'offre de travail.

L'arbitrage entre le travail et le loisir

Selon l'un des **dix principes d'économie** présentés au chapitre 1, les gens sont soumis à des arbitrages. Dans la vie de tous les jours, il n'y a sans doute pas d'arbitrage plus important que celui qui oppose le travail au loisir. Plus les heures de travail sont longues, moins il reste d'heures pour regarder la télévision, discuter avec des amis ou s'adonner à son passe-temps préféré. Cet arbitrage entre le travail et le loisir sous-tend l'offre de travail.

Un autre des **dix principes d'économie** stipule que le coût d'un bien est ce à quoi il faut renoncer pour l'obtenir. À quoi renoncez-vous pour profiter d'une heure de loisir ? Vous renoncez à une heure de travail rémunéré. Ainsi, si votre salaire est de 15 $ l'heure, le coût de renonciation d'une heure de loisir est de 15 $. Et si votre salaire augmente à 20 $ l'heure, le coût de renonciation du loisir augmente également.

La courbe d'offre de travail reflète en quoi les décisions des travailleurs, relatives à l'arbitrage entre le travail et le loisir, sont touchées par un changement de ce coût de renonciation. Une courbe d'offre de travail à pente positive signifie qu'une hausse du salaire conduit les travailleurs à accroître la quantité de travail qu'ils désirent offrir. Puisque le temps est une ressource limitée, la décision de travailler plus d'heures implique qu'ils disposeront de moins d'heures de loisir. Autrement dit, une hausse du coût de renonciation du loisir, c'est-à-dire du salaire, incite les travailleurs à réduire leurs heures de loisir.

Il convient de noter que l'offre de travail n'a pas toujours une pente positive. Imaginons une situation où votre salaire passe de 15 $ l'heure à 20 $ l'heure. Le coût de renonciation du loisir est certes plus grand, mais vous êtes aussi plus riche qu'auparavant. Vous pourriez décider que cette richesse additionnelle vous permet d'augmenter vos heures de loisir. Ainsi, une augmentation de votre salaire pourrait vous conduire à travailler moins d'heures. Dans ce cas, la courbe d'offre de travail aurait une pente négative. Au chapitre 21, nous examinerons comment la hausse du salaire exerce deux effets contraires sur la quantité de travail offert (appelés *effet de revenu* et *effet de substitution*). Aux fins du présent chapitre, nous supposerons que la courbe d'offre de travail a une pente positive.

Les déplacements de la courbe d'offre de travail

La courbe d'offre de travail se déplace lorsque les gens modifient la quantité de travail qu'ils désirent offrir à un niveau de salaire donné. Penchons-nous brièvement sur ce qui pourrait contribuer à faire déplacer la courbe d'offre de travail.

Les changements dans les valeurs

En 1950, environ 34 % des femmes en âge de travailler détenaient un emploi rémunéré ou se cherchaient un emploi. En 2014, la proportion était de plus de 62 %. Plusieurs facteurs expliquent cette progression. Un de ces facteurs est lié à un changement qui s'est opéré sur le plan des valeurs ou des attitudes par rapport au travail. Dans les générations passées, la norme sociale exigeait que les femmes demeurent au foyer pour élever leurs enfants. De nos jours, les femmes ont moins d'enfants et un plus grand nombre de mères décident d'avoir un emploi rémunéré. Tout cela contribue à l'augmentation de l'offre de travail.

Les autres marchés du travail

L'offre de travail sur un marché du travail donné dépend de ce qui survient sur d'autres marchés du travail. Si le salaire des cueilleurs de poires augmente, certains cueilleurs de pommes pourraient être tentés de changer d'emploi. L'offre de travail sur le marché des cueilleurs de pommes pourrait alors diminuer.

L'immigration

La migration des travailleurs d'une région à l'autre, ou d'un pays à l'autre, constitue bien souvent la cause d'un changement de l'offre de travail. Par exemple, les immigrants qui arrivent au Canada font augmenter l'offre de travail au Canada, mais ils font diminuer l'offre de travail dans leur pays d'origine. En fait, une bonne part de la controverse liée aux politiques d'immigration repose sur l'impact présumé de l'immigration sur l'offre de travail et, par ricochet, sur l'équilibre sur le marché du travail.

MINITEST

- Qui, du concierge ou de la chirurgienne, a le coût de renonciation du loisir le plus élevé? Expliquez. Cela vous aide-t-il à comprendre pourquoi les médecins font autant d'heures de travail?

L'équilibre sur le marché du travail

Jusqu'à présent, nous avons établi deux faits relatifs à la détermination du salaire sur un marché du travail concurrentiel:

- Le salaire s'ajuste de façon à équilibrer l'offre et la demande de travail.
- Le salaire est égal à la valeur du produit marginal du travail.

À première vue, il peut sembler étonnant que le salaire puisse faire ces deux choses en même temps. Pourtant, ces deux propositions sont au cœur de l'explication de la détermination du salaire d'équilibre.

La figure 18.4 illustre un marché du travail en équilibre. Le salaire et la quantité de travail se sont ajustés pour équilibrer l'offre et la demande. Lorsque le marché est en équilibre, chaque firme embauche le nombre de travailleurs qui lui est profitable au salaire d'équilibre. Suivant la règle de maximisation du profit, chaque firme embauche des travailleurs jusqu'à ce que la valeur du produit marginal soit égale au salaire. Ainsi, lorsque l'offre et la demande sont en situation d'équilibre sur le marché du travail, le salaire correspond à la valeur du produit marginal du travail.

Cette analyse nous permet d'énoncer un principe important: tout événement qui provoque un déplacement de l'offre ou de la demande de travail modifie le salaire d'équilibre et la valeur du produit marginal du travail, puisque ceux-ci doivent toujours être égaux. Examinons maintenant quelques exemples pour illustrer ce principe.

FIGURE 18.4

L'équilibre sur le marché du travail

Comme tout prix, le prix du travail (le salaire) dépend de l'offre et de la demande. Puisque la courbe de demande reflète la valeur du produit marginal du travail, à l'équilibre, les travailleurs reçoivent un salaire égal à la valeur de leur contribution marginale à la production des biens et des services.

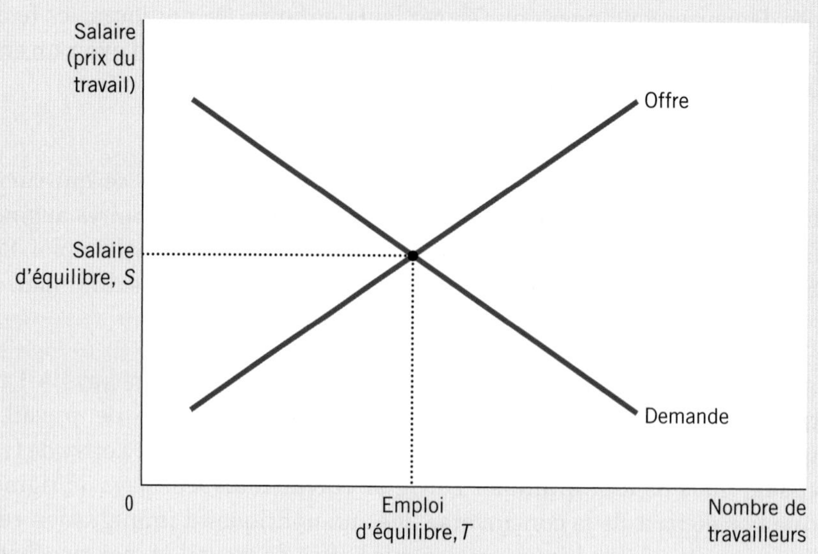

Les déplacements de l'offre de travail

Supposons que l'arrivée de nouveaux immigrants fasse augmenter le nombre de cueilleurs de pommes. Comme l'illustre la figure 18.5, l'offre de travail se déplace vers la droite, de O_1 à O_2. Au salaire initial, S_1, la quantité de travail offerte est maintenant plus grande que la quantité de travail demandée. Ce surplus de travailleurs exerce une pression à la baisse sur le salaire des cueilleurs de pommes. Celui-ci diminue, passant de S_1 à S_2, ce qui incite maintenant les firmes

FIGURE 18.5

Un déplacement de la courbe d'offre de travail

Une hausse de l'offre de travail de O_1 à O_2, peut-être due à l'augmentation du nombre de travailleurs immigrants, fait diminuer le salaire d'équilibre de S_1 à S_2. Le salaire étant plus bas, les firmes embauchent plus de travailleurs, ce qui fait passer le niveau d'emploi de T_1 à T_2. Le changement du salaire reflète le changement de la valeur du produit marginal du travail. Les travailleurs étant plus nombreux, la production de chaque travailleur additionnel devient plus petite.

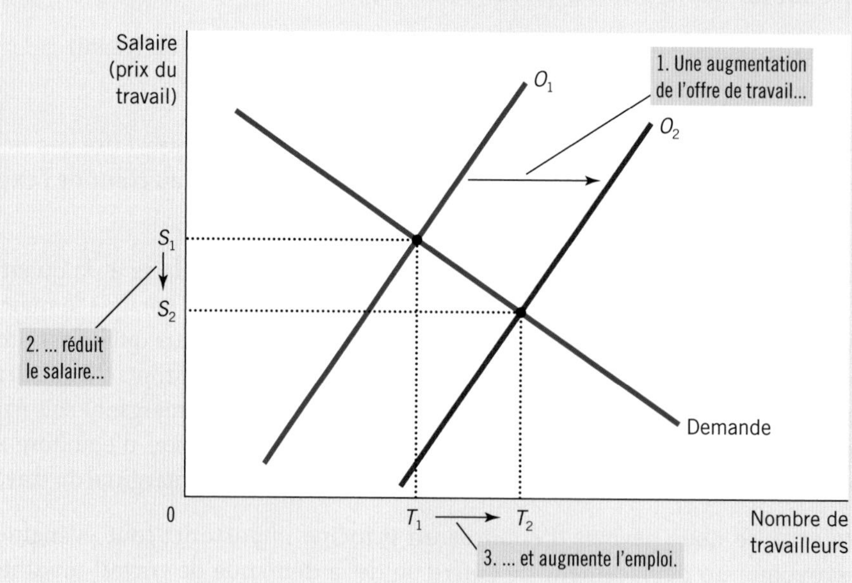

à embaucher plus de travailleurs (déplacement le long de la demande de travail). Puisque le nombre de travailleurs embauchés augmente, le produit marginal du travail diminue, tout comme la valeur du produit marginal. Au nouvel équilibre, le salaire et la valeur du produit marginal du travail sont tous deux plus bas qu'avant l'arrivée de nouveaux travailleurs.

Une situation survenue en Israël permet d'illustrer comment un changement de l'offre de travail peut modifier l'équilibre sur un marché du travail. Durant les années 1980, plusieurs milliers de Palestiniens faisaient la navette entre les territoires palestiniens occupés et Israël pour y occuper des emplois, surtout dans le secteur agricole et dans celui de la construction. Toutefois, en 1988, des troubles politiques dans les territoires occupés ont incité le gouvernement israélien à adopter plusieurs mesures dont un des effets, non voulu, a été de réduire l'offre de travail. L'imposition d'un couvre-feu, la vérification systématique des permis de travail et l'interdiction faite aux Palestiniens de passer la nuit sur le territoire israélien ont eu un impact économique conforme à ce que prédit la théorie : le nombre de Palestiniens ayant un emploi en Israël a chuté de moitié, et ceux qui continuaient à y travailler ont vu leur salaire augmenter d'environ 50 %. Puisque le nombre de travailleurs palestiniens en Israël était en baisse, la valeur du produit marginal de ceux qui y maintenaient leur emploi était en hausse.

Les déplacements de la demande de travail

Supposons maintenant que les pommes deviennent plus populaires auprès des consommateurs, ce qui se traduit par une hausse de la demande et du prix des pommes. Cette augmentation du prix n'influe pas sur le produit marginal du travail, mais sur la *valeur* du produit marginal du travail. Avec la hausse du prix des pommes, il devient rentable pour les firmes d'embaucher de nouveaux cueilleurs de pommes. Comme le montre la figure 18.6, un déplacement de la demande de travail vers la droite, de D_1 à D_2, fait augmenter le

FIGURE 18.6

Un déplacement de la courbe de demande de travail

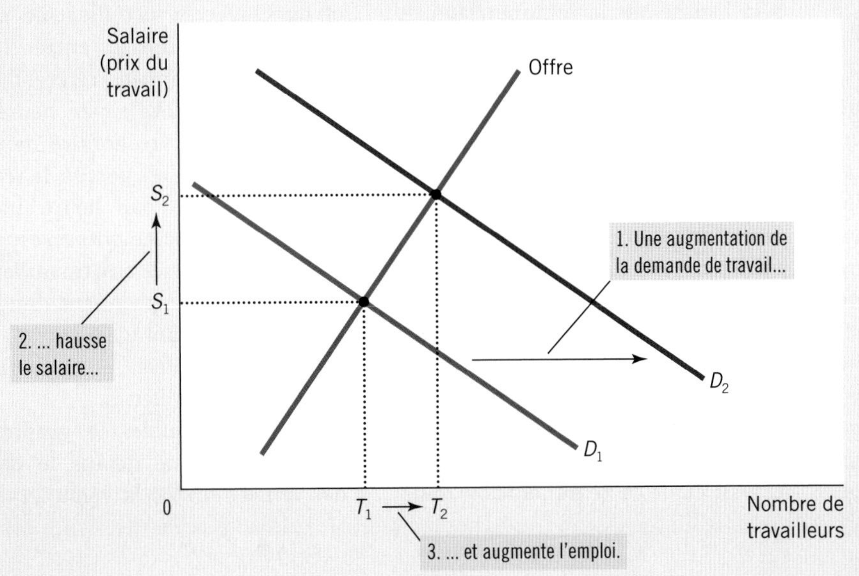

Lorsque la demande de travail augmente de D_1 à D_2, en réponse par exemple à une hausse du prix du bien produit, le salaire d'équilibre augmente de S_1 à S_2 et le niveau d'emploi augmente de T_1 à T_2. Ici encore, le changement du salaire reflète un changement de la valeur du produit marginal du travail. Puisque le prix du bien produit est plus élevé, la production générée par un travailleur additionnel vaut plus cher.

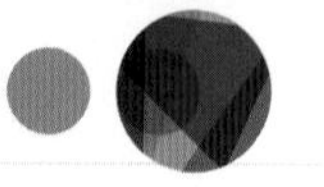

salaire d'équilibre, de S_1 à S_2, et le niveau d'emploi d'équilibre, de T_1 à T_2. Une fois de plus, le salaire et la valeur du produit marginal du travail évoluent dans le même sens.

Cette analyse met en lumière le lien étroit entre la rentabilité des entreprises et celle des travailleurs dans une industrie donnée. L'augmentation du prix des pommes entraîne une hausse du profit des producteurs de pommes, mais aussi du salaire des cueilleurs de pommes. La baisse du prix des pommes réduit le profit des producteurs de pommes ainsi que le salaire des cueilleurs de pommes. Ce phénomène est bien connu des travailleurs qui œuvrent dans des industries aux prix volatils. Les travailleurs dans le secteur du pétrole, par exemple, savent d'expérience que leur revenu est étroitement lié au prix mondial du brut.

Ces divers exemples devraient vous donner une bonne compréhension de la façon dont les salaires sont établis sur les marchés du travail concurrentiels. L'interaction de l'offre et de la demande de travail détermine le salaire d'équilibre, et tout déplacement de l'offre ou de la demande de travail entraîne un changement du salaire d'équilibre. De plus, la maximisation du profit par les firmes, sur laquelle repose la demande de travail, implique que le salaire d'équilibre est toujours égal à la valeur du produit marginal du travail.

DANS L'ACTUALITÉ

La productivité et les salaires

Une récente étude publiée par le Centre sur la productivité et la prospérité illustre bien comment, au Québec comme ailleurs dans le monde, le salaire est lié à la productivité du travail.

La productivité rapporte aussi aux travailleurs

Trop souvent, on oublie que la productivité du travail est un facteur déterminant fondamental de la rémunération du travail. Elle joue d'ailleurs un rôle essentiel pour les travailleurs puisque, à long terme, les gains de productivité contribuent directement à leur enrichissement personnel.

Dans le cas où la rémunération des travailleurs est inférieure à leur rendement, les entreprises cherchent à embaucher davantage de gens, créant ainsi une pression à la hausse sur la rémunération. À l'opposé, dans l'éventualité où la rémunération dépasse le rendement des travailleurs, les entreprises cherchent à réduire la main-d'œuvre, ce qui a pour effet de diminuer la pression sur la rémunération. C'est ainsi que, d'un point de vue théorique, on s'attend à ce que la rémunération des travailleurs évolue à un rythme similaire à celui de la productivité du travail.

Le graphique illustre bien cette adéquation sur le plan empirique. La croissance de la productivité du travail et de la rémunération dans les vingt pays de l'OCDE retenus et au Québec y est illustrée pour la période comprise entre 1981 et 2010. Les données réfèrent à la rémunération totale par heure et non pas au salaire horaire moyen. En plus des salaires perçus, la rémunération totale par heure inclut l'ensemble des paiements en espèces ou en nature versés aux travailleurs. Ces données comprennent donc les primes, les avantages sociaux et les autres bénéfices et cotisations versés aux travailleurs.

Dans l'ensemble, le graphique montre bien que depuis le début des années 1980, la rémunération ▶

La croissance de la productivité du travail et de la rémunération horaire totale (1981-2010)

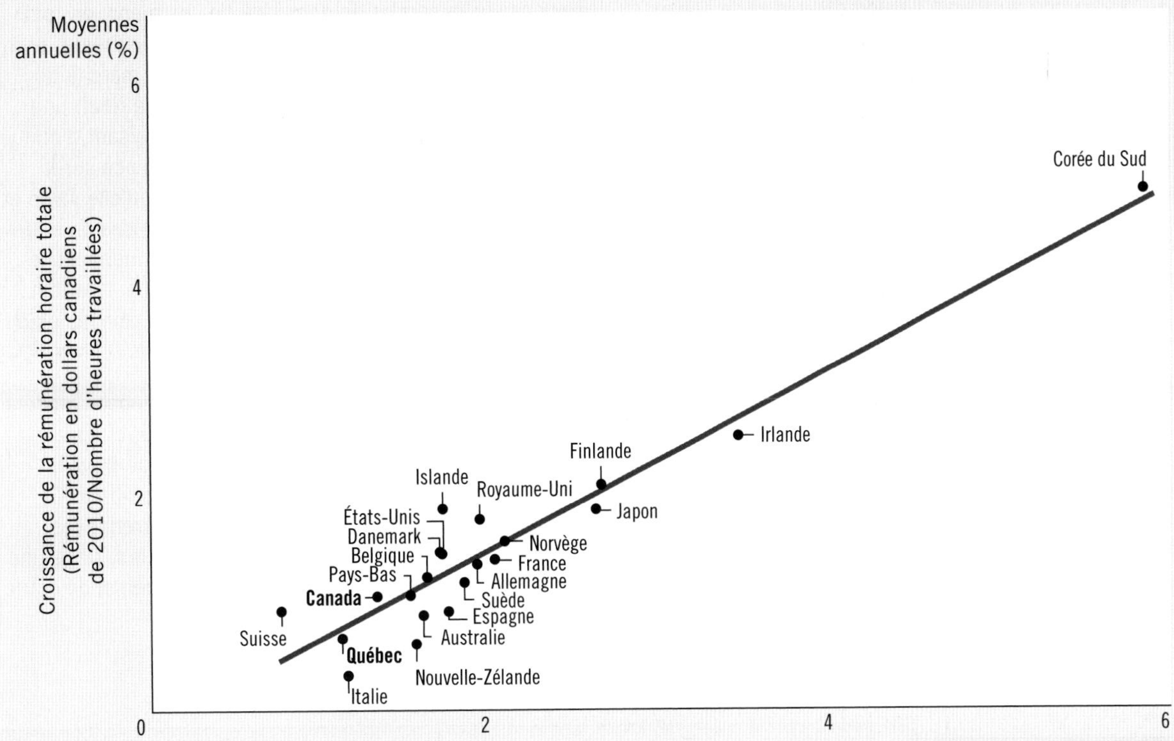

Source: http://statcpp.hec.ca/bilan2011/GRAPH9.xls

a effectivement évolué à un rythme très similaire à celui de la productivité du travail. Par exemple, les fortes hausses de la productivité du travail enregistrées en Finlande (2,58 %) et en Irlande (3,40 %) ont été accompagnées d'une croissance soutenue de la rémunération, soit 2,15 % en moyenne dans le cas de la Finlande et 2,59 % pour l'Irlande. À l'inverse, la progression de la rémunération totale par heure a été plus faible là où la productivité du travail a crû à un rythme plus lent. Ainsi, on remarque que la faible croissance de la productivité du travail observée en Italie (1,09 %), au Canada (1,27 %) et en Nouvelle-Zélande (1,50 %) a été accompagnée d'une augmentation plus lente de la rémunération horaire totale (respectivement 0,33 %, 1,09 % et 0,63 % en moyennes annuelles).

Le graphique nous apprend aussi que le Québec n'échappe pas à la règle. Au cours des trente dernières années, la croissance annuelle moyenne de la rémunération des travailleurs québécois s'est élevée à environ 0,7 % alors que la progression de la productivité du travail a atteint une moyenne de 1,06 % par année. À titre comparatif, dans les pays de l'OCDE étudiés, la croissance annuelle moyenne de la rémunération s'est chiffrée à 1,55 % et celle de la productivité du travail à 1,98 % au cours de la même période.

Le constat qui émerge est donc évident : à long terme, la croissance de la rémunération des travailleurs est étroitement liée à celle de la productivité du travail. Autrement dit, la rémunération (y compris les salaires) tend à croître plus rapidement là où la productivité du travail progresse vite et, à ce chapitre, le Québec tire de l'arrière. ■

Source : Centre sur la productivité et la prospérité. (2011). *Productivité et prospérité au Québec : bilan 2011*. HEC Montréal, p. 28-30.

BON À SAVOIR

Le monopsone

Dans les pages précédentes, nous avons élaboré notre analyse du marché du travail à l'aide des outils de l'offre et de la demande. Pour ce faire, nous avons postulé que le marché du travail était concurrentiel, c'est-à-dire que nous avons présumé qu'il existait de nombreux acheteurs et de nombreux vendeurs de travail, de sorte que chaque acheteur ou vendeur avait une influence négligeable sur la rémunération.

Maintenant, imaginons ce qu'est le marché du travail dans une petite ville ne comptant qu'un seul grand employeur. Celui-ci est susceptible d'exercer une grande influence sur les salaires versés et pourrait fort bien utiliser le pouvoir qu'il détient pour faire pencher la balance en sa faveur. Lorsqu'un marché ne comprend qu'un seul acheteur, on parle d'une *situation de monopsone*.

À maints égards, un monopsone est semblable à un monopole (un marché ne comportant qu'un seul vendeur). Comme nous l'avons mentionné au chapitre 15, une entreprise en situation de monopole produit moins de biens que le ferait une entreprise affrontant des concurrents. En restreignant la quantité de biens mis en vente, elle se déplace sur la courbe de demande de ces biens, en fait monter le prix et engrange plus de profits. De même, une entreprise en situation de monopsone sur le marché du travail embauche moins de travailleurs que le ferait une entreprise en situation de concurrence. En faisant diminuer le nombre d'emplois disponibles, elle se déplace sur la courbe d'offre de travail, réduit les salaires qu'elle verse et récolte plus de profits. Ainsi, tant les entreprises en situation de monopole que celles en situation de monopsone réduisent l'activité économique sur un marché et la font passer sous le niveau socialement optimal. Dans les deux cas, le pouvoir du marché entraîne des pertes sèches.

Le présent ouvrage ne décrit pas complètement le modèle du monopsone parce que dans les faits, celui-ci apparaît rarement. Dans la plupart des marchés du travail, les travailleurs peuvent se tourner vers de nombreux employeurs et les entreprises sont en concurrence les unes avec les autres pour attirer les travailleurs. Dans une telle situation, le modèle de l'offre et de la demande est le plus approprié.

MINITEST

- Quel impact l'arrivée de travailleurs immigrants pourrait-elle avoir sur l'offre de travail ? sur la demande de travail ? sur le produit marginal du travail ? sur le salaire d'équilibre ?

Les autres facteurs de production : la terre et le capital

Nous avons examiné comment les firmes déterminent le nombre de travailleurs à embaucher et comment ces décisions influent sur le salaire que reçoivent les travailleurs. Or, la firme doit également prendre des décisions d'achat à propos des autres facteurs de production. Par exemple, notre pomiculteur doit décider de la superficie de son verger et du nombre d'échelles mises à la disposition des cueilleurs de pommes. Nous pouvons répartir les facteurs de production utilisés par la firme en trois grandes catégories : le travail, la terre et le **capital**.

Capital
Infrastructures et équipements utilisés pour la production de biens et de services.

Les termes *travail* et *terre* sont plutôt explicites, mais il est un peu plus délicat de définir le terme *capital*. Les économistes font référence au capital pour désigner le stock d'infrastructures et d'équipements utilisés pour la production. Le stock de capital d'une économie représente l'accumulation des biens produits dans le passé qui sont maintenant utilisés pour la production de nouveaux biens et services. Pour notre pomiculteur, le stock de capital comprend les échelles pour monter dans les pommiers, les camions pour transporter les sacs de pommes, les entrepôts où sont conservées les pommes ainsi que les pommiers eux-mêmes.

L'équilibre sur les marchés de la terre et du capital

Qu'est-ce qui détermine la rémunération que reçoivent les détenteurs du capital et les propriétaires fonciers pour leur contribution au processus de production ? Avant de répondre, il nous faut d'abord distinguer deux types de prix : le prix d'achat et le prix de location. Le *prix d'achat* de la terre ou du capital est le prix à payer pour devenir propriétaire à perpétuité du facteur de production en question. Le *prix de location* est le prix à payer pour pouvoir utiliser le facteur de production en question pendant une période de temps donnée. Il est important de garder à l'esprit cette distinction, puisque chacun de ces prix obéit à des forces économiques quelque peu différentes.

Voyons maintenant comment l'analyse élaborée pour le marché du travail peut s'appliquer à la terre et au capital. On peut penser qu'en un certain sens, le salaire constitue le prix de location du travail. Ainsi, l'essentiel de ce que nous avons appris sur la détermination du salaire peut très bien s'appliquer aux prix de location de la terre et du capital. Comme le montrent les graphiques a) et b) de la figure 18.7, le prix de location de la terre et le prix de location du capital sont déterminés par l'interaction de l'offre et de la demande. De plus, la demande de terre ou de capital est déterminée de façon semblable à la demande de travail. Pour établir la quantité de terre et le nombre d'échelles à louer, notre producteur de pommes emploiera la même logique qui lui permet de connaître le nombre de cueilleurs de pommes à embaucher. Le producteur optera pour la quantité de terre ou de capital qui est celle où la valeur du produit marginal du facteur est égale à son prix. En somme, la courbe de demande de la terre reflète la productivité marginale de la terre et la courbe de demande du capital reflète la productivité marginale du capital.

Nous pouvons maintenant expliquer la rémunération des travailleurs, des propriétaires fonciers et des détenteurs du capital. Si la firme qui utilise des facteurs de

FIGURE 18.7

Les marchés de la terre et du capital

a) Marché de la terre

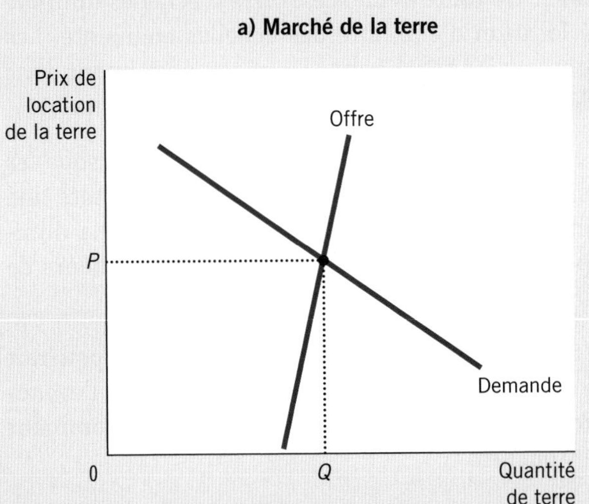

b) Marché du capital

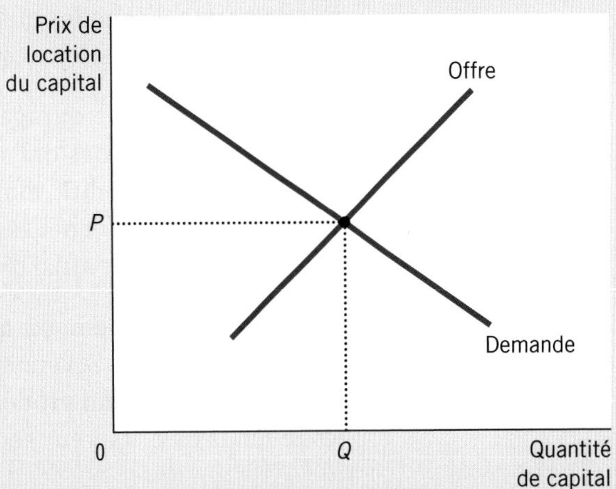

L'offre et la demande déterminent la rémunération qui sera versée aux propriétaires fonciers, comme le montre le graphique a), et celle qui sera versée aux détenteurs du capital, comme le montre le graphique b). Quant à la demande de chaque facteur, elle dépend de la valeur du produit marginal de ce facteur.

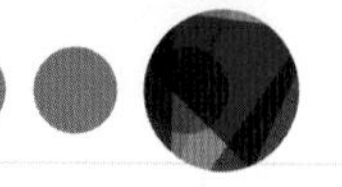

production est en situation de concurrence et cherche à maximiser son profit, alors le prix de location de chaque facteur correspond à la valeur du produit marginal de ce facteur. Le travail, la terre et le capital reçoivent, à titre de rémunération, la valeur de leur contribution marginale au processus de production.

Considérons maintenant le prix d'achat de la terre et du capital. Il y a bien sûr un lien entre le prix d'achat d'un facteur et son prix de location : les acheteurs seront d'autant plus disposés à payer pour acquérir un terrain ou du capital si ceux-ci génèrent un important flux de revenus locatifs. Comme nous venons de le voir, le prix de location d'équilibre d'un facteur correspond en tout temps à la valeur du produit marginal de ce facteur. Cela implique que le prix d'achat d'équilibre d'une unité donnée de terre ou de capital dépend à la fois de la valeur courante du produit marginal et de la valeur future anticipée du produit marginal.

Les liens entre les facteurs de production

Nous avons établi que le prix payé pour tout facteur de production (terre, travail ou capital) correspond à la valeur du produit marginal de ce facteur. Le produit marginal d'un facteur dépend quant à lui de la quantité disponible de ce facteur. En raison de la productivité marginale décroissante, un facteur de production abondant présente un faible produit marginal et, donc, un faible prix. À l'inverse, un facteur de production peu abondant présente un produit marginal élevé et, donc, un prix élevé. Par conséquent, lorsque l'offre d'un facteur diminue, le prix d'équilibre de ce facteur augmente.

Toutefois, lorsque l'offre d'un facteur change, les effets ne se limitent pas au seul marché de ce facteur. Dans la plupart des cas, les facteurs de production sont utilisés ensemble, de sorte que la productivité d'un facteur dépend des quantités disponibles des autres facteurs utilisés dans le processus de production. Ainsi, un changement de l'offre d'un facteur influe sur les revenus de tous les facteurs.

Par exemple, imaginez une situation où un ouragan détruit bon nombre d'échelles utilisées par les cueilleurs de pommes. Qu'arrive-t-il aux revenus des différents facteurs de production ? De toute évidence, l'offre d'échelles diminue et, par conséquent, le prix de location d'équilibre des échelles augmente. Les propriétaires d'échelles qui n'ont pas été touchés par l'ouragan obtiennent donc un rendement supérieur lors de la location de leurs échelles aux pomiculteurs.

Or, les effets de cet ouragan vont au-delà du marché des échelles. Puisque les cueilleurs de pommes ont moins d'échelles à leur disposition, on constate une diminution du produit marginal de ces travailleurs. Par conséquent, la diminution de l'offre d'échelles a pour effet de réduire la demande de cueilleurs de pommes, ce qui fait ainsi diminuer le salaire d'équilibre.

En somme, un événement qui touche l'offre d'un facteur de production pourrait aussi influer sur les revenus de tous les facteurs. L'analyse de l'impact de l'événement sur la valeur du produit marginal d'un facteur permet de prédire comment les revenus de ce facteur seront touchés.

MINITEST

- Qu'est-ce qui détermine le revenu des propriétaires fonciers et des détenteurs du capital ? Quel serait l'impact d'une hausse de la quantité de capital sur les revenus de ceux qui détiennent déjà du capital ? Quel en serait l'impact sur les revenus des travailleurs ?

ÉTUDE DE CAS

L'économie de la Grande Peste

Au XIVe siècle, en Europe, la peste bubonique a entraîné la mort du tiers de la population en quelques années. Cet événement, connu sous le nom de *Grande Peste*, nous permet d'illustrer, de façon un peu macabre, la théorie des facteurs de production présentée dans ce chapitre. Considérons les effets de la Grande Peste sur ceux qui ont eu la chance d'y survivre. Qu'est-il arrivé, à votre avis, aux salaires des travailleurs et aux rentes versées aux propriétaires fonciers ?

Les travailleurs ayant survécu à la Grande Peste furent chanceux à plusieurs égards.

Pour répondre à cette question, examinons les effets d'une réduction de la population sur le produit marginal du travail et le produit marginal de la terre. Si l'offre de travailleurs diminue, alors le produit marginal du travail augmente (c'est le phénomène du produit marginal du travail décroissant à rebours). En conséquence, la Grande Peste devrait avoir fait augmenter les salaires.

Puisque la terre et le travail sont utilisés ensemble pour la production, une baisse de l'offre de travailleurs influe aussi sur le marché de la terre, l'autre facteur de production important en Europe médiévale. Avec moins de travailleurs pour labourer la terre, chaque unité de terre additionnelle produit moins de denrées. Autrement dit, le produit marginal de la terre diminue. Par conséquent, la Grande Peste devrait avoir fait diminuer les loyers.

En fait, les données historiques disponibles semblent corroborer ces deux conclusions. Les salaires ont approximativement doublé durant cette période, alors que les rentes ont diminué de 50 % ou plus. La Grande Peste a donc contribué à la prospérité des paysans et à l'appauvrissement des propriétaires fonciers.

Conclusion

Dans ce chapitre, nous avons expliqué comment le travail, la terre et le capital sont rémunérés pour leur contribution au processus de production. La théorie présentée dans ce chapitre est connue sous le nom de *théorie néoclassique de la distribution*. Selon cette théorie, la rémunération versée à un facteur de production dépend de l'offre et de la demande de ce facteur, et cette dernière dépend de la productivité marginale du facteur. À l'équilibre, chaque facteur de production est rémunéré selon la valeur de son produit marginal.

La théorie néoclassique de la distribution est largement acceptée par les économistes. Ils l'utilisent pour expliquer comment les 1 900 milliards de dollars de revenus générés par l'économie canadienne sont distribués au sein de la population. Dans les deux prochains chapitres, nous analyserons plus en profondeur la question de la distribution des revenus. La théorie néoclassique nous servira de cadre de référence pour mener cette analyse.

Vous êtes maintenant en mesure de répondre à la question posée au début du chapitre. Pourquoi les comptables sont-ils mieux payés que les caissiers de supermarché ? Parce que les comptables peuvent produire un bien (en fait, un service) ayant une plus grande valeur marchande que celle du service que peuvent produire les caissiers. Les gens sont prêts à payer davantage pour obtenir une bonne vérification comptable que pour permettre l'enregistrement de leurs

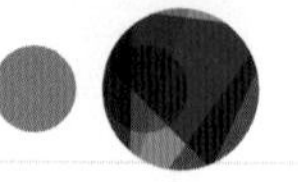

achats à la caisse. Les salaires de ces travailleurs reflètent les prix du marché pour les biens et les services qu'ils produisent. Si les gens délaissaient soudainement les services comptables pour dépenser plus d'argent dans les supermarchés, alors les prix de ces biens et de ces services seraient modifiés, tout comme les salaires d'équilibre de ces deux groupes de travailleurs.

Résumé

- Les revenus d'une économie sont distribués sur les marchés des facteurs de production. Les trois plus importants facteurs de production sont le travail, la terre et le capital.
- La demande d'un facteur, dont le travail, est une demande dérivée provenant des firmes qui utilisent ce facteur pour produire des biens et des services. Une firme concurrentielle qui cherche à maximiser son profit utilise un facteur jusqu'au point où la valeur du produit marginal du facteur est égale à son prix.
- L'offre de travail résulte de l'arbitrage que doit faire l'individu entre le travail et le loisir. Une courbe d'offre de travail à pente positive signifie que les travailleurs réagissent à une hausse du salaire en réduisant leurs heures de loisir et en augmentant leurs heures de travail.
- Le prix payé pour tout facteur est celui qui équilibre l'offre et la demande de ce facteur. Comme la demande d'un facteur reflète la valeur du produit marginal de ce facteur, à l'équilibre, chaque facteur est rémunéré selon la valeur de son produit marginal.
- Puisque les facteurs de production sont utilisés conjointement, le produit marginal d'un facteur dépend des quantités disponibles des autres facteurs. En conséquence, un changement de l'offre d'un facteur influe sur la rémunération des autres facteurs.

Concepts clés

Capital, p. 392

Facteurs de production, p. 378

Fonction de production, p. 381

Productivité marginale décroissante, p. 382

Produit marginal du travail, p. 381

Valeur du produit marginal, p. 382

Questions de révision

1. Expliquez comment la fonction de production d'une firme est liée à son produit marginal du travail, comment le produit marginal du travail est lié à la valeur du produit marginal du travail et comment la valeur du produit marginal du travail de la firme est liée à sa demande de travail.
2. Donnez deux exemples d'événements qui peuvent faire déplacer la demande de travail.
3. Donnez deux exemples d'événements qui peuvent faire déplacer l'offre de travail.
4. Expliquez comment le salaire s'ajuste pour équilibrer l'offre et la demande de travail, tout en étant égal à la valeur du produit marginal du travail.
5. Si la population du Canada augmentait soudainement en raison d'une forte immigration, quel en serait l'impact probable sur les salaires ? Qu'arriverait-il aux loyers perçus par les détenteurs du capital et par les propriétaires fonciers ?

La rémunération et la discrimination

19
CHAPITRE

Au Canada, aujourd'hui, un médecin gagne en moyenne environ 200 000 $ par année, un agent de police reçoit environ 50 000 $ par année, alors que le salaire moyen d'une serveuse de restaurant se chiffre à 20 000 $ par année. Ces exemples servent à illustrer les grandes différences de rémunération qu'on observe dans notre économie. Ils expliquent aussi pourquoi certaines personnes vivent dans un château, se promènent en limousine et prennent leurs vacances sur la Côte d'Azur, tandis que d'autres vivent dans un petit appartement, utilisent le transport en commun et passent leurs vacances sur leur balcon.

Pourquoi la rémunération varie-t-elle d'une personne à l'autre ? Selon la théorie néoclassique présentée au chapitre 18, sur le marché du travail, les salaires sont déterminés par l'offre et la demande de travail. Quant à elle, la demande de travail reflète la productivité marginale du travail. Ainsi, en situation d'équilibre, chaque travailleur est payé selon la valeur de son produit marginal.

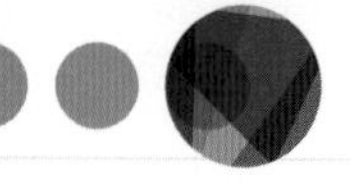

Cette théorie du marché du travail, bien qu'acceptée par la majorité des économistes, n'est que le début d'une explication. Pour comprendre les grands écarts de rémunération qu'on observe d'un emploi à l'autre, nous devons aller au-delà de ce cadre général et examiner plus précisément ce qui détermine l'offre et la demande de différents types d'emplois. C'est le principal objectif de ce chapitre.

Les déterminants du salaire d'équilibre

Les travailleurs sont différents les uns des autres. Les emplois aussi sont différents les uns des autres. Par exemple, certains emplois sont bien payés, alors que d'autres le sont moins, mais présentent des aspects non pécuniaires intéressants. Dans cette partie du chapitre, nous nous attarderons sur l'impact que ces différences peuvent avoir sur l'offre de travail, la demande de travail et les salaires d'équilibre.

Les différences compensatoires

Lorsqu'un travailleur songe à accepter un emploi, le salaire n'est qu'un des facteurs à considérer. Certains emplois sont faciles, amusants et sécuritaires ; d'autres sont exigeants, ennuyeux et dangereux. Plus les aspects non pécuniaires d'un emploi sont intéressants, plus il y aura de personnes prêtes à occuper cet emploi à un salaire donné. En d'autres mots, l'offre de travail pour les emplois faciles, amusants et sécuritaires est plus grande que l'offre de travail pour des emplois exigeants, ennuyeux et dangereux. En conséquence, les « bons emplois » s'accompagnent généralement d'un salaire d'équilibre moindre que celui des « mauvais emplois ».

Imaginons que vous cherchez un emploi dans une petite localité située près d'une plage. Deux types d'emplois sont offerts : agir comme surveillant de plage ou travailler à la collecte des ordures ménagères. Le surveillant de plage marche tranquillement le long de la plage et vérifie à l'occasion que les touristes présents ont bel et bien acheté le billet d'accès à la plage. Le préposé à la collecte des ordures doit se lever avant l'aube pour conduire un camion bruyant et sale à travers la ville afin de ramasser des déchets. Quel emploi préféreriez-vous ? La plupart des gens choisiraient de travailler à la plage si les salaires étaient identiques. Pour inciter les gens à devenir des préposés à la collecte des ordures, les autorités de la localité doivent offrir un salaire plus élevé pour cette collecte que pour la surveillance de plage.

Différence compensatoire
Écart entre les salaires qui s'explique par les aspects non pécuniaires des différents emplois.

Les économistes utilisent le terme **différence compensatoire** pour désigner l'écart entre les salaires qui s'explique par les aspects non pécuniaires des différents emplois. Ces différences compensatoires sont monnaie courante dans notre économie. Voici quelques exemples :

- Les travailleurs employés dans une mine de charbon sont mieux payés que d'autres travailleurs ayant la même scolarité. Leur salaire plus élevé compense la saleté et le danger associés au travail du mineur, notamment en ce qui concerne les impacts négatifs sur la santé à long terme.
- Les travailleurs de nuit dans une usine sont mieux payés que leurs collègues qui travaillent le jour. Le salaire plus élevé compense l'obligation de travailler de nuit, et donc de dormir le jour, une situation que la plupart des gens préféreraient éviter.

- Les professeurs d'université sont moins bien payés que les avocats ou les médecins, qui ont pourtant des niveaux de scolarité comparables. Le salaire moins élevé des professeurs est compensé par la liberté, la stimulation intellectuelle et la satisfaction personnelle associées à cet emploi.

DANS L'ACTUALITÉ

Reconnaître l'engagement des professeurs

Dans l'article qui suit, l'auteure fait état d'une différence compensatoire introduite dans le réseau scolaire québécois.

Les anglophones bonifient le salaire des enseignants selon leur engagement

Pascale Breton

Pour valoriser la profession enseignante, le réseau anglophone du Québec a choisi de bonifier le salaire de ses enseignants en fonction de leur engagement auprès des élèves.

L'initiative pourrait servir d'exemple, espère le directeur général de l'Association des commissions scolaires du Québec, David Birnbaum, en se joignant au débat des dernières semaines concernant l'évaluation des enseignants et la valorisation de la profession.

« Nous en faisons un peu plus pour reconnaître le travail des enseignants », souligne M. Birnbaum.

Les enseignants qui s'engagent auprès des élèves dans des activités parascolaires, du mentorat ou du tutorat après les heures de classe verront leur salaire bonifié jusqu'à 8 %.

Il n'est pas question de rémunération au mérite. Il s'agit plutôt d'un programme pour reconnaître et valoriser la contribution de l'enseignant.

Auparavant, un enseignant qui s'engageait auprès des élèves après les heures de classe, que ce soit dans un club de photographie, une chorale ou une équipe sportive, par exemple, devait le faire bénévolement.

Cette initiative contribue à favoriser la réussite scolaire, croit le directeur général.

« Nous voulons miser sur nos enseignants qui sont la porte d'entrée, la clé de tout ce qui a trait à la réussite scolaire. On a vu que la réussite scolaire est souvent liée à des activités parascolaires, surtout pour les garçons. »

Régions éloignées

Le programme de reconnaissance vise aussi le recrutement et la rétention du personnel dans les régions éloignées.

Certains incitatifs sont déjà en place, tant du côté anglophone que francophone, pour inciter les enseignants à s'installer dans certaines régions, notamment dans le nord du Québec, les Îles-de-la-Madeleine et le nord de l'Abitibi.

Les primes venant du programme de reconnaissance s'ajoutent à ce qui est déjà prévu. Les enseignants admissibles pourraient obtenir une bonification salariale allant aussi jusqu'à 8 % de leur traitement annuel.

Le programme de bonification résulte des négociations de la dernière convention collective, signée en juin 2010, et s'applique à compter de cette année.

Québec alloue cette année quelque 330 000 $ pour ce programme, tandis que l'enveloppe gonflera à 2,3 millions annuellement pour les prochaines années. Si une prime de 8 % correspond à quelque 5 000 $, dans les faits, la bonification pourrait être moindre si les 8 000 enseignants du réseau s'en prévalent, souligne Serge Laurendeau, le président de l'Association provinciale des enseignants du Québec, le syndicat du côté anglophone.

Il reconnaît toutefois que ce programme de bonification corrige une iniquité. « Auparavant, la participation aux activités n'était pas reconnue. Dans chaque commission scolaire, chacun agissait comme bon voulait. En échange d'une activité, un enseignant pouvait avoir un après-midi de congé », illustre M. Laurendeau.

Il n'existe pas de primes de la sorte du côté francophone, reconnaissant l'implication auprès des élèves.

« De notre côté, les activités parascolaires sont incluses dans la tâche, explique Bruno-Pierre Cyr, responsable des communications au sein de la Fédération des syndicats de l'enseignement. ■

Source : Breton, Pascale. (17 septembre 2011). « Les anglophones bonifient le salaire des enseignants selon leur engagement ». *La Presse*. Repéré à www.lapresse.ca

Le capital humain

Le mot *capital* fait généralement référence au stock d'équipements et de machineries d'une économie donnée. Le stock de capital inclut le tracteur du fermier, l'usine du fabricant et le tableau noir du professeur. En somme, le capital est un facteur de production qui a lui-même été produit.

Capital humain
Connaissances et compétences que les travailleurs acquièrent par l'éducation, la formation et l'expérience.

Il existe un autre type de capital qui, bien que moins tangible que le capital physique, est tout aussi important pour une économie. Le **capital humain** représente les connaissances et les compétences que les travailleurs acquièrent par l'éducation, la formation et l'expérience. Comme toute forme de dépense en capital, l'éducation représente une dépense en ressources faite aujourd'hui dans le but d'améliorer la productivité future. Toutefois, contrairement aux investissements dans les autres formes de capital, l'investissement en éducation est lié à une personne, et c'est ce lien même qui fait de ce capital un capital humain.

Il n'est pas étonnant d'apprendre que les travailleurs ayant accumulé plus de capital humain ont une rémunération plus élevée que ceux qui disposent de moins de capital humain. Par exemple, au Canada, les détenteurs d'un diplôme universitaire gagnent environ 60 % de plus que ceux qui n'ont obtenu qu'un diplôme d'études secondaires. Ce grand écart a été observé dans nombre de pays à travers le monde. La différence est encore plus grande dans les pays en voie de développement, là où les travailleurs scolarisés se font plus rares.

Le jeu de l'offre et de la demande explique assez facilement pourquoi l'éducation tend à faire augmenter les salaires. Les entreprises — la demande de travail — sont prêtes à débourser davantage pour des travailleurs scolarisés parce que ceux-ci ont un produit marginal plus élevé. Les travailleurs — l'offre de travail — sont prêts à payer le coût de s'instruire seulement s'ils peuvent ultérieurement en tirer un bénéfice. En somme, la différence entre le salaire d'un travailleur scolarisé et celui d'un employé qui l'est moins peut s'envisager comme une différence compensatoire pour les coûts liés à la scolarisation.

L'habileté, l'effort et la chance

Pourquoi les joueurs de la LNH reçoivent-ils des salaires plus élevés que ceux des ligues mineures ? Dans ce cas-ci, le salaire plus élevé n'est pas attribuable à une différence compensatoire. Jouer dans la LNH n'est pas plus désagréable que de jouer dans les ligues mineures ; en fait, c'est probablement l'inverse qui est vrai. Jouer dans la LNH n'exige pas plus de scolarité ni d'expérience. Dans une large mesure, les joueurs de la LNH gagnent davantage parce qu'ils ont de plus grandes habiletés naturelles.

Les habiletés naturelles sont importantes pour tout type de travail. En raison de l'hérédité et du milieu familial, les gens ont des capacités physiques et mentales qui diffèrent d'un individu à l'autre. Certaines personnes ont de la force physique, d'autres moins. L'intelligence varie d'une personne à l'autre, tout comme les habiletés sociales. Ces caractéristiques, et bien d'autres, déterminent la productivité des travailleurs et, par conséquent, jouent un rôle dans la détermination des salaires.

L'effort est aussi important. Certaines personnes travaillent fort, d'autres sont paresseuses. Il n'est pas étonnant de constater que les gens qui travaillent fort sont plus productifs et gagnent de meilleurs salaires. Dans une certaine mesure,

La valeur de la formation

« Les riches s'enrichissent et les pauvres s'appauvrissent. » Comme plusieurs adages, celui-ci n'est pas toujours vrai ; mais qu'en est-il au Canada ? Nous aborderons plus avant la question de la redistribution des revenus au chapitre 20. Nous voulons quand même ici évoquer ce que plusieurs considèrent comme un important déterminant de la répartition des revenus dans une économie : l'écart de salaires entre les travailleurs qualifiés et les travailleurs non qualifiés. De nombreuses études se sont penchées sur cette question pour chercher à expliquer cet écart et son évolution au fil du temps.

La figure 19.1 montre le ratio de la médiane des revenus des diplômés universitaires sur la médiane des revenus des diplômés d'études secondaires. Ces données portent sur les hommes au Canada et aux États-Unis pour la période 1980-2007. Le graphique montre qu'aux États-Unis, ce ratio s'est accru de façon constante à travers les années. En 1980, les diplômés universitaires américains gagnaient environ 40 % de plus que les diplômés d'études secondaires ; en 2007, ils gagnaient environ 80 % de plus. La situation est un peu différente au Canada. Bien que les salaires relatifs des diplômés universitaires soient nettement plus élevés que ceux des diplômés d'études secondaires, l'écart n'a pas augmenté au fil du temps. En 1980, les diplômés universitaires touchaient environ 60 % de plus que les détenteurs d'un diplôme d'études secondaires ; en 2007, ils gagnaient 53 % de plus.

FIGURE 19.1

Le ratio des revenus des diplômés universitaires sur les revenus des diplômés d'études secondaires

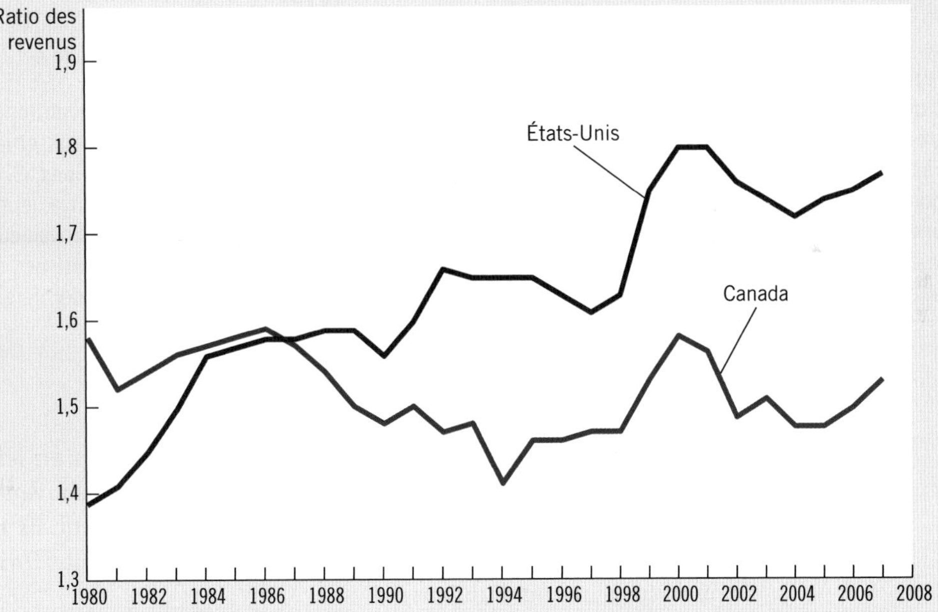

Sources : Données tirées de Burbidge, J., L. MaGee et A. Robb. (2002). « The education premium in Canada and the United States ». *Canadian Public Policy*, vol. XXVIII, n° 2 ; Statistique Canada. (2010). « Education indicators in Canada : An international perspective » (Catalogue 81-604-X) ; U.S. Bureau of Labor Statistics.

Qu'est-ce qui explique cette différente progression de l'écart des revenus entre les travailleurs qualifiés et les travailleurs non qualifiés ? Il n'y a pas qu'une seule explication, mais les économistes ont avancé quelques hypothèses. Une de celles-ci repose sur la comparaison entre l'offre et la demande de travailleurs qualifiés et l'offre et la demande de travailleurs non qualifiés dans les deux pays.

Une explication possible de la croissance de l'écart de revenus aux États-Unis est que la demande de travailleurs qualifiés s'est accrue plus rapidement que l'offre de ces

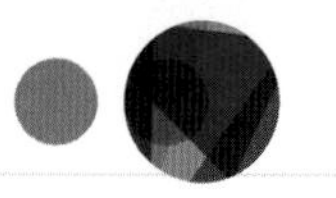

mêmes travailleurs. La hausse relative de la demande de travail pour les travailleurs qualifiés aurait été plus forte que la hausse relative de l'offre de travail, ce qui aurait contribué à l'augmentation relative des salaires, d'où l'inégalité croissante des salaires observée aux États-Unis.

Les économistes ont proposé deux hypothèses pour expliquer la tendance américaine. Selon la première hypothèse, le commerce international aurait fait augmenter la demande relative de main-d'œuvre qualifiée. Depuis quelques années, on a pu observer une croissance très importante du commerce international entre les États-Unis et les autres pays. Comme la main-d'œuvre non qualifiée est abondante et peu coûteuse dans nombre de pays, les États-Unis tendent à importer des biens produits par des travailleurs non qualifiés et à exporter des biens produits par des travailleurs qualifiés. En conséquence, la forte hausse du commerce international a accru la demande intérieure (relative) de main-d'œuvre qualifiée.

La deuxième hypothèse stipule que les changements technologiques ont modifié la demande relative de travail qualifié et de travail non qualifié. L'utilisation croissante des ordinateurs fait augmenter la demande de main-d'œuvre qualifiée capable de les utiliser, tout en réduisant la demande des travailleurs non qualifiés, maintenant remplacés par ces appareils. Par exemple, beaucoup d'entreprises utilisent de nos jours des bases de données informatisées plutôt que des classeurs pour mettre à jour leurs données. En conséquence, il y a une plus grande demande de programmeurs en informatique et une baisse de la demande de commis au classement. Autrement dit, l'informatisation des données accroît la demande de main-d'œuvre qualifiée et réduit la demande de travailleurs non qualifiés.

Les économistes ont eu de la difficulté à vérifier le bien-fondé de ces deux explications. Il est possible, voire probable, que les deux soient simultanément vraies : un commerce international accru et les changements technologiques sont tous deux responsables de l'écart croissant des salaires observé aux États-Unis.

Mais pourquoi n'a-t-on pas observé une hausse similaire de la rémunération relative des travailleurs qualifiés canadiens ? Après tout, le commerce international s'est aussi accru au Canada et les entreprises canadiennes ont accès aux mêmes technologies que les entreprises américaines. Or, l'écart des salaires est demeuré relativement constant au Canada à travers le temps. Le marché du travail canadien n'est-il pas sujet aux mêmes influences ?

Plusieurs explications ont été avancées. Une possibilité serait qu'au Canada, contrairement aux États-Unis, l'offre relative de travailleurs qualifiés a progressé à peu près au même rythme que la demande relative de travailleurs qualifiés. Par conséquent, l'écart entre la rémunération des travailleurs qualifiés et celle des travailleurs non qualifiés est demeuré à peu près le même pendant cette période de 27 ans.

Une autre explication suggère que les entreprises canadiennes auraient réalisé moins d'investissements en capital physique que les entreprises américaines. Si l'acquisition de nouveaux équipements rend les travailleurs scolarisés relativement plus productifs que les travailleurs non scolarisés, ceci pourrait expliquer que l'écart des salaires soit demeuré plutôt stable durant les 20 dernières années.

les entreprises récompensent directement leurs employés en les payant sur la base de leur production. Les vendeurs, par exemple, sont souvent payés à partir d'une commission basée sur un pourcentage des ventes qu'ils réalisent. Dans certains cas, l'effort est récompensé moins directement, sous forme d'un salaire annuel plus élevé ou d'une prime.

La chance joue aussi un rôle dans la détermination des salaires. Une personne ayant un diplôme d'une école de métiers — où il aurait appris à réparer des téléviseurs à écran cathodique —, mais dont l'expertise devient désuète se retrouvera avec un salaire plus faible, en comparaison avec d'autres personnes qui ont le même nombre d'années de formation. Ce salaire plus bas est dû à la (mal)chance, un phénomène que les économistes reconnaissent, mais étudient peu.

Quelle est l'importance de l'habileté, de l'effort et de la chance dans la détermination des salaires ? Voilà une question corsée, car l'habileté, l'effort et la chance sont difficiles à mesurer. Toutefois, il y a lieu de croire que ce sont des facteurs très importants. Les économistes du travail analysent les salaires en fonction de variables qui sont mesurables — années de scolarité, années d'expérience, âge et caractéristiques de l'emploi. Bien que toutes ces variables mesurables influent sur le salaire d'un travailleur, comme le prédit la théorie, elles sont responsables de moins de la moitié de la variation des salaires dans notre économie. Si une grande partie de la variation des salaires ne peut être expliquée, c'est sans doute parce que des variables difficiles à mesurer, telles que l'habileté, l'effort et la chance, jouent un rôle important.

Une autre vision de l'éducation : la théorie du signal

Un peu plus tôt, nous avons abordé la théorie du capital humain, selon laquelle la scolarité fait augmenter le salaire des travailleurs parce qu'elle les rend plus productifs. Bien que ce point de vue soit largement accepté, certains économistes proposent une autre théorie, selon laquelle le niveau de scolarité atteint permet aux entreprises de faire le tri entre les employés qui sont très efficaces

ÉTUDE DE CAS

Les avantages de la beauté

Chaque personne est différente des autres. Une de ces différences réside sur le plan de la beauté. L'actrice Keira Knightley, par exemple, est une belle femme. En partie pour cette raison, ses films attirent de larges auditoires. Bien entendu, de larges auditoires signifient des revenus importants pour Knightley.

Être beau, c'est payant.

Les bénéfices économiques liés à la beauté sont-ils importants ? Daniel Hamermesh et Jeff Biddle, économistes du travail, ont essayé de répondre à cette question dans une étude publiée en décembre 1994 dans *The American Economic Review*. Hamermesh et Biddle ont examiné des données tirées de sondages réalisés aux États-Unis et au Canada. Les intervieweurs du sondage devaient accorder une note sur l'apparence physique de tous les répondants à l'enquête. Hamermesh et Biddle ont ensuite cherché à établir la part du salaire attribuable aux variables standard, telles que la scolarité et l'expérience, et celle pouvant être expliquée par l'apparence physique.

Hamermesh et Biddle ont constaté qu'être beau est payant. Les personnes jugées plus séduisantes que la moyenne gagnent environ 5 % de plus que la moyenne. Les gens de beauté moyenne gagnent de 5 à 10 % de plus que ceux jugés en dessous de la moyenne. Ces résultats sont semblables pour les hommes et pour les femmes. (L'étudiant curieux pourra lire avec profit le dernier livre d'Hamermesh paru en 2011 : *Beauty pays. Why attractive people are more successful.*)

Comment peut-on expliquer l'impact de la beauté sur le salaire ? Il y a plusieurs explications possibles. Il est possible que la beauté soit un type d'habileté naturelle qui détermine la productivité et les salaires. Certaines personnes sont nées avec des attributs de vedette de cinéma, alors que les autres en sont dépourvues. La beauté est utile dans n'importe quel emploi ayant un lien avec le public — acteurs, vendeurs, serveurs, par exemple. Dans ce genre d'emploi, l'employé séduisant a plus de valeur pour l'entreprise que celui qui l'est moins. En considérant les préférences de ses clients, une entreprise sera prête à offrir de meilleurs salaires pour attirer des employés séduisants.

Une autre interprétation est que la beauté est une mesure indirecte d'autres types d'habiletés. La séduction qu'exerce une personne ne dépend pas seulement de facteurs héréditaires. Cela dépend aussi des vêtements, de la coiffure, de l'attitude de la personne et d'autres attributs qu'il est possible d'influencer. Peut-être qu'une personne qui réussit à projeter une image séduisante d'elle-même lors d'une entrevue est plus susceptible d'être une personne intelligente qui sera efficace dans d'autres tâches.

Une troisième interprétation est que l'impact de la beauté sur le salaire reflète une forme de discrimination, un sujet sur lequel nous reviendrons plus loin.

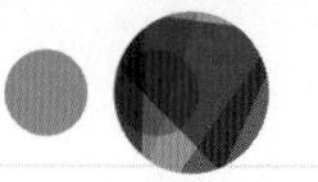

et ceux qui le sont peu. Selon cette théorie, lorsque des personnes obtiennent un diplôme collégial ou universitaire, par exemple, elles ne deviennent pas plus productives, mais elles envoient un *signal* de leur grande efficacité aux employeurs potentiels. Comme il est plus facile pour des gens très efficaces d'obtenir un diplôme collégial ou universitaire que pour des gens peu efficaces, plus de personnes efficaces obtiennent un diplôme d'études postsecondaires. En conséquence, il est rationnel pour des entreprises d'interpréter l'obtention d'un diplôme d'études postsecondaires comme un signal d'efficacité ou d'habileté.

La théorie du signal en éducation est semblable à la théorie du signal en publicité vue au chapitre 16. Dans la théorie du signal en publicité, la publicité ne contient pas vraiment d'information, mais elle agit comme un signal de qualité du produit aux yeux des consommateurs, puisque l'entreprise est disposée à dépenser de l'argent en publicité. Dans la théorie du signal en éducation, la scolarité n'a pas d'effet réel positif sur la productivité, mais le travailleur signale ses capacités en acceptant de poursuivre de longues études. Dans chaque théorie, une action est entreprise non pas pour le bénéfice direct qui y est rattaché, mais bien parce que cette action donne une information à celui qui l'observe.

Nous sommes maintenant en présence de deux conceptions de l'éducation: la théorie du capital humain et la théorie du signal. Ces deux théories sont en mesure d'expliquer pourquoi les travailleurs très scolarisés gagnent de meilleurs salaires que les travailleurs peu scolarisés. Selon la théorie du capital humain, l'éducation rend le travailleur plus productif; selon la théorie du signal, il y a corrélation entre l'éducation et l'habileté naturelle. Or, les politiques qui visent à accroître le niveau de scolarisation de l'ensemble de la population ne sont pas envisagées de la même façon selon qu'on adopte l'une ou l'autre de ces théories. Selon la théorie du capital humain, accroître le niveau d'éducation de toute la population ferait augmenter la productivité de tous les travailleurs, ce qui conduirait à de meilleurs salaires pour tous. Selon la théorie du signal, l'éducation en soi n'accroît pas la productivité. Par conséquent, augmenter le niveau de scolarisation de toute la population n'aurait aucun effet sur les salaires.

La vérité se situe vraisemblablement entre ces deux extrêmes. Les bénéfices associés à l'éducation sont probablement une combinaison de hausse de la productivité, comme il est suggéré par la théorie du capital humain, et de l'habileté qui est ainsi révélée, comme il est proposé par la théorie du signal. Il reste cependant à déterminer le poids relatif de ces deux effets.

Le phénomène du vedettariat

Bien que la plupart des chanteurs ne gagnent qu'un faible revenu et doivent souvent occuper d'autres emplois pour boucler leur budget, la chanteuse Céline Dion gagne des millions de dollars en interprétant des chansons. Autre exemple, pour la plupart des gens, jouer au hockey est un loisir. P. K. Subban, quant à lui, gagne des millions de dollars comme joueur de la LNH pour les Canadiens de Montréal. Céline Dion et P. K. Subban sont des super vedettes dans leur domaine respectif et leur popularité auprès du public se traduit par des revenus élevés.

Pourquoi Céline Dion et P. K. Subban gagnent-ils autant d'argent? Il n'est pas surprenant de constater des écarts de revenus pour une même profession. Les bons menuisiers gagnent davantage que les menuisiers peu compétents et les bons plombiers ont un meilleur salaire que les plombiers médiocres. Les gens diffèrent les uns des autres en matière d'habiletés et d'efforts, et ces différences expliquent les écarts de revenus. Pourtant, les meilleurs menuisiers et plombiers ne gagnent pas des millions comme le font les vedettes du monde du spectacle ou les athlètes professionnels. Qu'est-ce qui explique cette différence ?

Pour comprendre l'origine des impressionnants revenus de Céline Dion et de P. K. Subban, nous devons étudier les caractéristiques des marchés dans lesquels ils offrent leurs services. Les super vedettes se retrouvent dans les marchés qui ont les deux caractéristiques suivantes :

- Chaque consommateur du marché désire obtenir le bien offert par le meilleur producteur.
- Le bien est produit à l'aide d'une technologie qui permet au meilleur producteur d'offrir à faible coût son bien à chaque consommateur.

Si Céline Dion est l'une des meilleures artistes de la chanson, alors les gens voudront acheter son prochain album ; acheter deux fois plus d'albums d'un artiste deux fois moins bon n'est pas une substitution acceptable. De plus, il est possible pour chaque consommateur d'apprécier le talent de Céline Dion. Comme il est facile de produire de nombreux exemplaires d'un album, Céline Dion peut offrir ses services à des millions de gens simultanément. De la même façon, parce que les matchs de hockey sont télédiffusés, des millions d'amateurs peuvent suivre les exploits de P. K. Subban.

On comprend donc pourquoi il n'y a pas de menuisiers ni de plombiers qui sont des super vedettes. Toutes choses étant égales par ailleurs, on voudrait tous engager le meilleur menuisier, mais ce dernier, contrairement à un artiste, ne peut offrir ses services qu'à un nombre limité de clients. S'il est vrai que le meilleur menuisier peut exiger un salaire plus élevé que le menuisier moyen, ce dernier peut quand même gagner un bon salaire.

Les salaires au-dessus de l'équilibre : le salaire minimum, les syndicats et les salaires d'efficience

Les économistes analysent les écarts de salaires entre les travailleurs sur la base d'ajustements de l'offre et de la demande de travail — l'équilibre du marché survient lorsque l'offre correspond à la demande. Toutefois, dans certains cas, cette analyse ne fonctionne pas. Pour certains travailleurs, les salaires sont supérieurs au salaire d'équilibre. Examinons trois raisons qui expliquent cette situation.

Une des raisons pour lesquelles des salaires peuvent se situer au-dessus du salaire d'équilibre est la présence de lois sur le salaire minimum, comme nous l'avons vu au chapitre 6. La plupart des travailleurs ne sont pas touchés par ces lois, parce que leurs salaires sont déjà au-dessus du salaire minimum. Toutefois, pour certains travailleurs, surtout ceux qui ont peu de compétences et d'expérience, les lois sur le salaire minimum font augmenter les salaires par rapport à ce qu'ils obtiendraient dans un marché du travail non réglementé.

Une deuxième raison pour laquelle les salaires peuvent se retrouver au-dessus du salaire d'équilibre est liée à l'influence des syndicats. Un **syndicat** est un regroupement de travailleurs qui négocie avec l'employeur les salaires et les conditions de travail. Les syndicats réussissent à faire augmenter les salaires au-dessus du niveau d'équilibre, sans doute parce qu'ils peuvent utiliser la menace d'une

Syndicat
Organisation qui négocie avec l'employeur les salaires et les conditions de travail des employés.

Grève
Arrêt de travail imposé par un syndicat.

grève, laquelle constitue un arrêt de travail volontaire et organisé. Des études suggèrent que les travailleurs syndiqués gagnent de 10 à 20 % de plus que les travailleurs similaires, mais non syndiqués.

Salaires d'efficience
Salaires supérieurs aux salaires d'équilibre volontairement payés par les entreprises afin d'améliorer la productivité des travailleurs.

Une troisième raison qui explique que certains salaires sont au-dessus du niveau d'équilibre est proposée par la théorie des **salaires d'efficience**. Cette théorie suggère qu'une entreprise peut trouver profitable de payer des salaires élevés parce que cela lui permet d'augmenter la productivité de ses travailleurs. En particulier, des salaires élevés peuvent réduire le roulement du personnel, inciter les travailleurs à travailler plus fort et accentuer la qualité des travailleurs qui postulent pour un emploi dans cette entreprise. Si cette théorie est exacte, alors certaines entreprises peuvent choisir de payer davantage leurs employés par rapport à ce qu'ils gagneraient normalement.

Les salaires supérieurs au niveau d'équilibre, que ce soit en raison des lois sur le salaire minimum, des syndicats ou des salaires d'efficience, ont un impact sur le marché du travail. En particulier, un salaire plus élevé que le salaire d'équilibre fait augmenter la quantité de travail offerte et réduit la quantité de travail demandée. Il en résulte un surplus de travailleurs, soit du chômage. On considère en général que l'analyse du chômage et des politiques gouvernementales qui y sont liées relève de la macroéconomie, ce qui dépasse donc le cadre de ce chapitre. Ce serait cependant une erreur de complètement omettre ces facteurs dans l'analyse de la rémunération. Bien que les écarts de salaires puissent s'expliquer en maintenant l'hypothèse d'un équilibre dans le marché du travail, les salaires plus élevés que les salaires d'équilibre jouent un rôle dans certains cas.

MINITEST

- Définissez ce qu'est une différence compensatoire et donnez un exemple.
- Donnez deux raisons pour lesquelles les travailleurs très scolarisés ont de meilleurs salaires que les travailleurs peu scolarisés.

L'économie de la discrimination

Discrimination
Traitement différencié des personnes basé sur des caractéristiques personnelles : l'âge, le sexe, l'appartenance ethnique, etc.

Un autre facteur qui peut expliquer l'écart des salaires est la discrimination. La **discrimination** survient lorsque le marché traite différemment des personnes qui ne diffèrent que par certaines caractéristiques personnelles : l'âge, le sexe, l'appartenance ethnique, etc. La discrimination reflète les préjugés que les gens entretiennent à l'égard de certains groupes de personnes. Bien que la discrimination soit un sujet controversé qui génère bien des débats, les économistes essaient d'analyser cette question de la façon la plus objective possible, afin de séparer le mythe et la réalité.

La discrimination et le marché du travail

Jusqu'à quel point la discrimination sur le marché du travail a-t-elle un impact sur les salaires de certaines personnes ? Poser la question est plus facile que d'y répondre.

Il pourrait sembler naturel d'évaluer l'ampleur de la discrimination sur le marché du travail en comparant les salaires moyens de différents groupes.

Par exemple, des études canadiennes ont montré que les femmes appartenant à un groupe ethnique minoritaire ont des salaires plus faibles que les femmes de race blanche. Il en va de même chez les hommes. Le salaire moyen des femmes sur le marché du travail correspond à environ 80 % de celui des hommes. Des études récentes ont déterminé que les autochtones vivant hors des réserves gagnent environ 10 % de moins que la moyenne de la population. Il y aurait aussi des écarts de revenus observables si l'on considère la langue maternelle. Par exemple, des études ont révélé que les francophones unilingues seraient désavantagés en matière de revenus, bien que cet écart semble lentement se résorber. Ces écarts de revenus sont parfois présentés lors de débats politiques comme des preuves que beaucoup d'employeurs exercent de la discrimination contre des groupes minoritaires et les femmes.

« Notre entreprise ne fait pas de discrimination raciale, Johnson. À nos yeux, vous êtes noir et invisible. »

Toutefois, un problème évident caractérise cette vision des choses. Même dans un marché du travail où il n'y aurait aucune discrimination, les gens qui sont différents gagnent des salaires différents. Les gens n'ont pas tous le même stock de capital humain et ne sont pas tous capables de faire un travail donné ou prêts à le faire. Les gens diffèrent aussi en ce qui a trait aux années d'expérience, qui peuvent par ailleurs être continues ou interrompues. Les écarts de salaires observables dans une économie peuvent donc être, dans une large mesure, attribuables aux facteurs déterminants des salaires d'équilibre que nous avons vus dans la section précédente. Le simple fait de constater qu'il y a des écarts de salaires entre de grands groupes d'individus — minorités et non-minorités, hommes et femmes — ne nous permet pas de savoir s'il y a discrimination.

La notion de capital humain est particulièrement utile ici. Le nombre de personnes ayant achevé des études secondaires, collégiales ou universitaires varie passablement d'un groupe à l'autre. Par exemple, le taux de diplomation pour ces différents niveaux d'études est plus élevé chez la population de race blanche que chez la population autochtone. Dans la même veine, et bien que les choses tendent à changer, plus d'hommes que de femmes détiennent un diplôme d'études collégiales ou universitaires. Plus tôt dans ce chapitre, nous avons vu qu'il existait un important écart de salaires entre la main-d'œuvre qualifiée et non qualifiée. En conséquence, il est probable qu'une partie des écarts de salaires qui sont observés entre les groupes puisse être expliquée par des différences de scolarisation.

Toutefois, les différences en matière de capital humain sont peut-être elles-mêmes le résultat d'un type de discrimination plus subtil. Une variable telle que la scolarisation peut être influencée par divers facteurs sociaux qui seraient eux-mêmes le résultat d'une discrimination systémique touchant certains groupes. Par exemple, pendant de nombreuses années, les établissements scolaires n'incitaient pas les jeunes filles à étudier les sciences et les mathématiques, bien que ces disciplines aient une valeur élevée sur le marché du travail.

Le capital humain acquis sous forme d'expériences de travail peut aussi expliquer ces écarts de salaires. En particulier, les femmes ont en général moins d'années d'expérience que les hommes, notamment parce que le taux d'activité des femmes sur le marché du travail a augmenté au cours des dernières décennies.

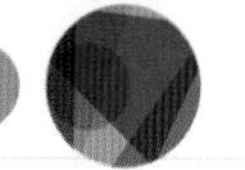

En conséquence, la travailleuse moyenne de nos jours est plus jeune que le travailleur moyen. De plus, les femmes ont plus tendance que les hommes à interrompre leur carrière pour élever leurs enfants. En considérant ces deux facteurs, le niveau d'expérience de la travailleuse moyenne est moindre que le niveau d'expérience du travailleur moyen. (Bien entendu, cela n'explique pas l'écart de salaires entre les femmes et les hommes ayant le même âge et la même expérience.)

Une autre source de l'écart salarial est la différence compensatoire. Certains analystes sont d'avis que les femmes choisissent des emplois qui sont compatibles avec le fait qu'elles ont tendance à accorder beaucoup de temps à la famille, comme le démontrent les données disponibles à ce sujet. Les femmes optent plus souvent pour des emplois qui ont des horaires de travail flexibles, qui n'obligent pas à faire des heures supplémentaires et qui ne nécessitent pas beaucoup de déplacements. Ces emplois sont par contre moins payants. Par exemple, plus de femmes occupent un poste d'assistante administrative, alors que plus d'hommes ont un emploi de conducteur de camion. Les salaires relatifs de ces emplois dépendent en partie des conditions de travail liées à chaque type de travail. Comme les aspects non pécuniaires sont difficiles à mesurer, il n'est pas facile d'évaluer l'importance de la différence compensatoire dans l'explication des écarts de salaires qu'on peut observer.

Somme toute, l'analyse des écarts de salaires entre les différents groupes ne permet pas d'établir clairement l'ampleur de la discrimination sur le marché du travail au Canada. Bon nombre d'économistes sont d'avis qu'une partie des écarts de salaires observables peuvent être attribués à la discrimination. On ne s'entend pas cependant sur son ampleur. La seule conclusion qui fait l'objet d'un consensus est la suivante : parce que les écarts de salaires moyens entre les différents groupes reflètent en partie des différences sur le plan du capital humain et des caractéristiques des emplois, ils ne peuvent à eux seuls révéler l'ampleur de la discrimination sur le marché du travail.

La discrimination par les employeurs

Après avoir essayé de mesurer l'ampleur de la discrimination sur le marché du travail, nous nous pencherons maintenant sur les forces économiques qui y sont liées. Qu'est-ce qui peut expliquer qu'un groupe dans la société reçoit un salaire plus faible qu'un autre groupe, même si l'on tient constants le capital humain et les caractéristiques des emplois ?

La réponse n'est pas évidente. Il pourrait sembler naturel d'attribuer la responsabilité aux employeurs pour des différences de salaires qui sont discriminatoires. Après tout, ce sont eux qui font l'embauche déterminant la demande de travail et les salaires. Il semble raisonnable de tenir les employeurs responsables du fait que certains groupes de travailleurs gagnent des salaires plus faibles qu'ils le devraient. Or, de nombreux économistes estiment que cette analyse est un peu simpliste. Ils sont plutôt d'avis que l'économie de marché, en situation de concurrence, produit un antidote naturel à la discrimination par l'employeur. Cet antidote est la volonté de faire des profits.

Imaginons une économie où les travailleuses sont catégorisées seulement par la couleur de leurs cheveux. Les blondes et les brunes ont les mêmes habiletés et les mêmes expériences de travail et elles ont une éthique de travail similaire. Toutefois, les employeurs, par discrimination, préfèrent ne pas employer les blondes. En conséquence, cela diminue la demande de blondes par rapport à une situation sans discrimination. Il en résulte que les blondes gagnent un salaire plus faible que les brunes.

Cette différence salariale peut-elle durer? Dans cette économie, il y a une façon facile pour une entreprise de battre la concurrence: embaucher des blondes. En embauchant des blondes, une entreprise paie des salaires plus faibles et a donc des coûts de production plus faibles que les entreprises qui engagent des brunes. Au fil du temps, de plus en plus d'entreprises décident d'embaucher des blondes pour aussi tirer profit des coûts de production plus faibles. Les firmes qui continuent à engager des brunes ont des coûts de production plus élevés et commencent à perdre de l'argent devant cette nouvelle concurrence. Ces pertes finissent par inciter ces entreprises à quitter le marché. Peu à peu, on constate une augmentation du nombre d'entreprises qui embauchent des blondes et une réduction du nombre d'entreprises qui n'emploient que des brunes. Il en résulte une hausse de la demande de blondes et une baisse de la demande de brunes. Ce processus d'ajustement se poursuit jusqu'à ce que l'écart dans les salaires disparaisse.

En somme, les propriétaires d'entreprise qui se soucient d'abord et avant tout de maximiser les profits ont un avantage par rapport à ceux qui veulent aussi exercer une discrimination. Cela a pour effet que les firmes non discriminatoires ont tendance à remplacer celles qui le sont. En ce sens, les forces du marché sont un remède assez efficace à la discrimination par les employeurs.

ÉTUDE DE CAS

L'écart salarial entre les hommes et les femmes

Le tableau 19.1 illustre, pour le Canada, les ratios de revenus femmes-hommes par type de profession, pour les années 1997 et 2010. Si l'on considère tous les types de profession, le ratio a légèrement augmenté de 1997 à 2010, passant de 83 à 87. Cela signifie qu'en 1997, les femmes gagnaient en moyenne 83 % du revenu des hommes, et qu'en 2010, elles gagnaient en moyenne 87 % du revenu des hommes. Notez les écarts importants entre les types de profession : en 2010, les travailleuses de la construction gagnaient 81 % du salaire de leurs vis-à-vis

TABLEAU 19.1

Les ratios de revenus femmes-hommes par type de profession, 1997 et 2010

TYPE DE PROFESSION	1997	2010
Toutes les professions	83	87
Administration	78	84
Travail de bureau	90	96
Sciences	85	89
Enseignement	88	94
Vente	74	76
Construction	75	81

Source : Adapté de Statistique Canada. CANSIM, 282-0070.

►

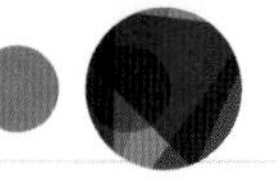

masculins, alors que pour les travailleuses de bureau, la proportion s'élevait à 96 %.

Comme nous l'avons déjà souligné, on ne doit pas tirer de conclusions trop hâtives à partir de données brutes. L'ampleur des écarts salariaux varie considérablement d'un groupe d'âge à l'autre, d'un niveau de scolarité à l'autre et d'une profession à l'autre. Il y a donc plusieurs facteurs qui entrent en jeu. Dans la mesure du possible, il faut déterminer et mesurer ces facteurs. Pour ce faire, les économistes utilisent habituellement des données sur les travailleurs en considérant les caractéristiques susceptibles d'influer sur la rémunération : le niveau de scolarité, l'expérience de travail, le type de profession ou le nombre d'heures de travail. Des techniques statistiques sont ensuite utilisées pour répartir en deux catégories les écarts de revenus bruts entre les femmes et les hommes : ceux qui peuvent être expliqués par des différences sur le plan des caractéristiques individuelles et ceux qui ne peuvent pas l'être. Les écarts non expliqués sont généralement attribués à la discrimination.

Le tableau 19.2 montre un exemple de cette démarche à partir d'une étude réalisée par Statistique Canada. Ce tableau illustre le pourcentage de l'écart de revenus femmes-hommes qui s'explique par les différences sur le plan des caractéristiques individuelles des travailleurs et le pourcentage qui demeure inexpliqué. Quelque 51 % de l'écart salarial n'est pas expliqué et pourrait donc être attribué à une forme ou à une autre de discrimination. Parmi les facteurs qui permettent d'expliquer l'écart des salaires, les plus importants sont la branche d'activité (11,2), l'expérience de travail (10,1) et la profession (8,6).

TABLEAU 19.2

Les facteurs responsables de l'écart salarial entre les hommes et les femmes

FACTEURS EXPLIQUANT L'ÉCART SALARIAL	POURCENTAGE DE L'ÉCART SALARIAL EXPLIQUÉ
Niveau de scolarité	4,5 %
Expérience de travail à temps complet	10,1 %
Ancienneté	2,8 %
Âge du benjamin de la famille	0,7 %
Situation de famille	0,8 %
Statut d'employé à temps partiel	3,6 %
Région	0,0 %
Taille urbaine	–0,6 %
Statut syndical	0,8 %
Taille de l'entreprise	0,9 %
Tâches	4,3 %
Participe aux décisions relatives au budget et à la dotation	1,3 %
Branche d'activité	11,2 %
Profession	8,6 %
Total expliqué	49,0 %
Total non expliqué	51,0 %

Source : Statistique Canada. (janvier 2001). « L'écart persistant : nouvelle évidence empirique concernant l'écart salarial entre les hommes et les femmes au Canada » (Catalogue nº 11F0019MIF2001157).

La discrimination par les consommateurs et les gouvernements

Comme les entreprises cherchent à faire des profits, elles contribuent à réduire les écarts salariaux liés à la discrimination. Toutefois, ce mécanisme correctif ne permet pas de les éliminer complètement. Nous nous pencherons ici sur deux limites importantes de ce mécanisme correctif : les préférences des consommateurs et les politiques gouvernementales.

Pour comprendre comment les préférences des consommateurs pour la discrimination peuvent influer sur les salaires, considérons à nouveau notre économie fictive, où l'on trouve des blondes et des brunes. Imaginons un restaurant dont le propriétaire exerce une discrimination contre les blondes au moment d'engager du personnel. Ainsi, les blondes gagnent des salaires plus faibles que les brunes. Dans cette situation, un restaurant pourrait ouvrir avec des serveuses aux cheveux blonds et baisser le prix de ses repas. Si les consommateurs ne se souciaient que de la qualité et du prix des repas, les restaurants qui exercent une discrimination ne seraient pas rentables et quitteraient le marché. L'écart des salaires finirait par disparaître.

Toutefois, il est aussi possible que les consommateurs préfèrent être servis par un personnel aux cheveux bruns. Si cette préférence discriminatoire est forte, on ne doit pas s'attendre à ce que l'arrivée de restaurants employant des blondes puisse éliminer l'écart des salaires. Si les consommateurs ont des préférences discriminatoires, un marché concurrentiel est alors compatible avec un écart de salaires d'origine discriminatoire. Une économie où l'on retrouve ce genre de discrimination aurait deux types de restaurants : les restaurants Blondes embauchent des blondes, ont des coûts de production moindres et présentent des prix plus bas ; les restaurants Brunes embauchent des brunes, ont des coûts de production plus importants et présentent des prix plus élevés. Les consommateurs qui ne se soucient pas de la couleur des cheveux du personnel seront attirés par les bas prix qu'offrent les restaurants qui emploient des blondes. Les consommateurs qui ont un comportement discriminatoire iront dans les restaurants qui ont des employées aux cheveux bruns. Cette préférence discriminatoire a un coût, puisque les prix qu'ils devront payer sont plus élevés.

Une intervention du gouvernement peut aussi maintenir la discrimination dans un marché concurrentiel. Par exemple, si le gouvernement impose une loi qui ne permet pas aux blondes de travailler dans un restaurant, alors un écart de salaires peut se maintenir même si le marché est concurrentiel. Lorsque l'apartheid était en vigueur en Afrique du Sud, les personnes de race noire n'avaient pas le droit d'occuper certains emplois. Les gouvernements discriminatoires appliquent des lois afin de contrer les forces du marché qui, naturellement, tendent à favoriser l'égalisation des salaires dans un marché en concurrence.

En résumé, un marché concurrentiel constitue un bon remède contre la discrimination qu'exercent les employeurs. L'entrée dans ce marché de nouvelles firmes qui ne se soucient que de faire des profits tend à éliminer les écarts de salaires discriminatoires. Ces écarts de salaires peuvent subsister dans un marché concurrentiel seulement si les consommateurs sont prêts à payer davantage pour pouvoir exercer une discrimination ou si le gouvernement maintient volontairement cette discrimination.

ÉTUDE DE CAS

La discrimination dans les sports

Comme nous l'avons vu, il est difficile de mesurer avec précision l'ampleur de la discrimination. Pour établir si un groupe de travailleurs fait face à une discrimination, un chercheur doit tenir compte des différences de productivité entre ce groupe et les autres travailleurs de l'économie. Toutefois, il est difficile d'isoler la contribution particulière d'un travailleur à la production de biens et de services.

Le sport professionnel fait exception à cette règle. Dans une équipe professionnelle de sport, il existe des mesures objectives de la productivité. Au baseball, par exemple, on peut notamment mesurer la performance d'un joueur par sa moyenne au bâton, ses circuits ou ses buts volés. Au hockey, on peut utiliser les buts marqués ou le nombre de passes obtenues.

Les économistes s'intéressent à trois types de discrimination dans le sport professionnel : 1) la discrimination salariale ; 2) la ségrégation sur le plan des tâches, où certaines tâches ou positions sont réservées à certains groupes ; et 3) la discrimination à l'entrée ou à l'embauche, où seulement les meilleurs éléments du groupe discriminé obtiennent des emplois.

Les études américaines se sont surtout intéressées à la discrimination raciale ayant des effets sur les salaires. Ces études ont montré que la discrimination raciale est présente au sein des équipes sportives professionnelles et qu'elle serait due essentiellement aux comportements des consommateurs. Par exemple, une étude publiée dans le *Journal of Labor Economics* en 1988 (vol. 6, n° 1) a déterminé que les joueurs de basketball de race noire gagnaient 20 % de moins que les joueurs de race blanche ayant un niveau d'habileté comparable. Cette étude a aussi révélé que la foule assistant aux matchs de basketball était plus nombreuse pour les équipes ayant une forte proportion de joueurs de race blanche. Des résultats semblables ont été observés pour les joueurs de baseball, bien que des études plus récentes n'aient pu établir qu'il y avait toujours des écarts de salaires discriminatoires. Une interprétation possible de ces résultats est que la discrimination exercée par les consommateurs rend les joueurs de race noire moins rentables que les joueurs de race blanche pour les propriétaires de ces équipes. En présence de ce type de discrimination, un écart de salaires discriminatoire peut être maintenu même si les propriétaires d'équipe ne se soucient que de faire du profit.

Plusieurs études publiées dans la revue *Canadian Public Policy* entre 1987 et 1995 ont visé à évaluer si les joueurs de hockey francophones faisaient face à une discrimination. Les premières études s'intéressaient à la discrimination à l'embauche. Au moyen de différentes mesures de performance pour des joueurs de la LNH, il a été établi que les joueurs francophones étaient sous-représentés dans la LNH et réussissaient mieux que les joueurs anglophones. Cela suggérait donc la présence d'une discrimination à l'embauche. En raison de cette discrimination, les francophones devaient offrir une performance considérablement meilleure que celle des anglophones pour espérer jouer dans la LNH.

Des études subséquentes ont remis en question ces conclusions. Par exemple, il est possible qu'une maîtrise insuffisante de la langue anglaise limite les joueurs francophones moins talentueux dans leurs efforts pour s'adapter aux besoins de l'équipe. En conséquence, pour les joueurs moins talentueux, la sélection réalisée en partie sur la base de la langue maximise le succès de l'équipe, tant sur la patinoire qu'en dehors de la glace.

D'autres études ont mis l'accent sur les différences dans le style de jeu entre les équipes juniors du Québec (d'où proviennent la majorité des joueurs francophones qui joueront dans la LNH) et les équipes juniors des provinces anglophones. Les équipes juniors québécoises tendent à privilégier des joueurs offensifs de petit gabarit, alors que les équipes de la LNH préfèrent en général les joueurs plus imposants physiquement et qui excellent en défensive, surtout lorsqu'il s'agit de joueurs moins talentueux. Cela suggère que la sous-représentation des joueurs francophones dans la LNH n'est pas due à la discrimination à l'embauche, mais à des préférences concernant les styles de jeu. Enfin, une autre étude, faite à partir de données mises à jour, n'a pas établi de preuves de l'existence d'une discrimination salariale ou à l'embauche à l'endroit des francophones.

Une récente étude évoque plutôt la localisation des équipes de la LNH comme facteur déterminant. L'hypothèse qui y est avancée est que les tensions historiques entre les Canadiens anglais et les Canadiens français seraient à l'origine d'une discrimination salariale. Ainsi, les francophones qui jouent pour des équipes situées au Canada anglais gagneraient de plus faibles salaires que les francophones jouant au sein d'équipes américaines, où ces tensions n'existent pas. D'après les données analysées, il semblerait que les francophones qui jouent pour des équipes du Canada anglais font face à une discrimination salariale importante.

MINITEST

- Pourquoi est-il difficile d'établir si un groupe de travailleurs fait face à une discrimination?
- Expliquez comment les firmes qui maximisent leurs profits tendent à éliminer les écarts de salaires.
- Comment une discrimination salariale peut-elle être maintenue?

Conclusion

Dans les marchés concurrentiels, les travailleurs gagnent un salaire qui équivaut à la valeur de leur produit marginal. Cependant, plusieurs facteurs influent sur le produit marginal. Les entreprises paient davantage les travailleurs qui sont plus talentueux, plus efficaces, plus expérimentés et plus scolarisés parce que ces travailleurs sont plus productifs. Les entreprises paient des salaires moindres aux travailleurs envers lesquels les consommateurs ont une attitude discriminatoire parce que ces travailleurs contribuent moins aux revenus de l'entreprise.

La théorie du marché du travail qui a été développée a permis d'expliquer pourquoi certains travailleurs gagnent davantage que d'autres. Cette théorie n'affirme d'aucune façon que la distribution des revenus qui en résulte est égale, juste ou désirable. Cette question sera abordée dans le prochain chapitre.

Résumé

- Les travailleurs gagnent des salaires différents pour plusieurs raisons. Jusqu'à un certain point, les écarts de salaires reflètent les caractéristiques des emplois. Toutes choses étant égales par ailleurs, les travailleurs qui ont un emploi difficile et désagréable sont mieux payés que ceux qui ont un emploi facile et agréable.
- Les travailleurs qui ont plus de capital humain sont mieux payés que ceux qui ont peu de capital humain. La rentabilité associée à l'accumulation du capital humain est élevée et s'est accrue au cours des 20 dernières années.
- La scolarité, l'expérience et les caractéristiques des emplois influent sur les revenus, comme la théorie le prédit. Toutefois, une bonne partie de la variabilité des revenus peut être expliquée par des facteurs qui sont difficilement mesurables par les économistes, comme le talent naturel, l'effort ou la chance.
- Certains économistes sont d'avis que les travailleurs plus scolarisés gagnent un meilleur salaire non pas parce que la scolarisation fait augmenter la productivité, mais bien parce que les travailleurs talentueux utilisent, auprès des employeurs, la scolarité comme un signal de leurs habiletés. Si la théorie du signal est exacte, accroître la scolarité de tous les travailleurs ne ferait pas augmenter le niveau général des salaires.
- Les salaires sont parfois plus élevés que les salaires résultant de l'équilibre de l'offre et de la demande de travail. Trois raisons expliquent cette situation: les lois sur le salaire minimum, les syndicats et les salaires d'efficience.
- Une partie des écarts de salaires peuvent être attribués à la discrimination basée sur l'origine ethnique, le sexe ou d'autres facteurs. Il est difficile de mesurer l'ampleur de la discrimination,

▶

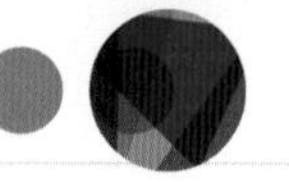

parce qu'il faut tenir compte des différences sur le plan du capital humain et des caractéristiques des emplois.

- Les marchés concurrentiels tendent à limiter l'impact de la discrimination salariale. Si les salaires d'un groupe de travailleurs sont plus bas que ceux d'un autre groupe, et ce, pour des motifs qui ne sont pas liés à la productivité marginale, alors les firmes qui ne pratiquent pas de discrimination seront plus rentables que celles qui exercent une discrimination. La recherche de la maximisation des profits peut ainsi réduire les écarts de salaires d'origine discriminatoire. Toutefois, la discrimination peut se maintenir dans les marchés concurrentiels si les consommateurs sont prêts à payer davantage aux firmes discriminatoires ou si le gouvernement applique des lois qui exigent des firmes qu'elles discriminent.

Concepts clés

Capital humain, p. 400

Différence compensatoire, p. 398

Discrimination, p. 406

Grève, p. 406

Salaires d'efficience, p. 406

Syndicat, p. 405

Questions de révision

1. Pourquoi les travailleurs employés dans une mine de charbon sont-ils mieux payés que d'autres travailleurs ayant le même niveau de scolarité ?
2. En quel sens l'éducation est-elle une forme de capital ?
3. Comment la scolarité d'un travailleur peut-elle faire augmenter son salaire sans hausser sa productivité ?
4. Quelles conditions doit-on retrouver pour qu'il y ait des super vedettes ? Peut-il y avoir des super vedettes chez les dentistes ou chez les musiciens ? Expliquez.
5. Indiquez trois raisons pour lesquelles le salaire d'un travailleur peut se retrouver au-dessus du salaire qui équilibre l'offre et la demande.
6. Pourquoi est-il difficile d'établir si un groupe de travailleurs fait face à une discrimination salariale ?
7. Les forces du marché en situation de concurrence font-elles augmenter ou diminuer la discrimination basée sur l'origine ethnique ?
8. Donnez un exemple de discrimination qui peut se maintenir dans un marché en concurrence.

L'inégalité du revenu et la pauvreté

La critique littéraire Mary Colum a déjà dit à l'écrivain Ernest Hemingway que la seule différence entre les riches et les pauvres, c'est que les riches ont plus d'argent. C'est vrai. Mais cette affirmation soulève plusieurs questions sans y répondre. L'écart de revenu entre les riches et les pauvres est un sujet d'étude à la fois fascinant et important ; pour les riches, pour les pauvres et pour la classe moyenne qui aspire à devenir riche, mais craint aussi de devenir pauvre.

La lecture des chapitres 18 et 19 a dû vous donner une bonne idée de ce qui explique pourquoi des travailleurs différents ont un revenu différent. Le revenu d'une personne dépend de l'offre et de la demande de travail, lesquelles sont liées au talent naturel, au capital humain, à la différence compensatoire, à la discrimination, etc. Comme le revenu du travail constitue environ les trois quarts du revenu total dans l'économie canadienne, les facteurs qui déterminent les salaires sont aussi largement responsables de la répartition du revenu dans la

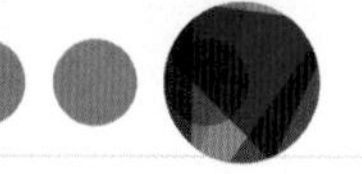

société. En d'autres mots, ces facteurs permettent d'expliquer pourquoi certaines personnes sont riches et d'autres sont pauvres.

Il sera question dans ce chapitre de la répartition du revenu, un sujet qui soulève des questions fondamentales sur le rôle des politiques économiques. Un des **dix principes d'économie** évoqués au chapitre 1 est que le gouvernement peut parfois améliorer les solutions de marché. Cette possibilité est particulièrement importante lorsqu'on considère la distribution du revenu. La main invisible du marché permet d'allouer les ressources de manière efficiente, mais elle ne garantit pas que ces ressources soient réparties de manière équitable. En conséquence, plusieurs économistes, mais pas tous, sont d'avis que le gouvernement devrait redistribuer le revenu pour atteindre une plus grande égalité. Toutefois, en faisant cela, le gouvernement se heurte à un autre des **dix principes d'économie**: les gens sont soumis à des arbitrages. Lorsque le gouvernement met en place des politiques pour rendre plus équitable la distribution du revenu, cela brouille les incitatifs, change les comportements et rend moins efficiente l'allocation des ressources.

Notre analyse de la distribution du revenu se fera en trois étapes. Tout d'abord, nous évaluerons l'importance de l'inégalité dans notre société. Ensuite, nous étudierons différents points de vue sur le rôle que devrait jouer le gouvernement dans la redistribution du revenu. Enfin, nous examinerons différentes politiques qui visent à aider les gens les plus pauvres de la société.

La mesure de l'inégalité

Nous amorçons notre étude de la distribution du revenu en nous intéressant à quatre questions liées à la mesure de l'inégalité:

- Quelle est l'ampleur de l'inégalité dans notre société?
- Quel est le nombre de pauvres dans notre société?
- Quels sont les problèmes liés à la mesure de l'inégalité?
- À quelle fréquence les gens passent-ils d'une classe de revenu à une autre?

Les réponses à ces questions nous permettront d'analyser les politiques gouvernementales qui visent à redistribuer le revenu.

L'inégalité du revenu au Canada

La répartition du revenu dans une économie peut être décrite de plusieurs façons. Le tableau 20.1 est particulièrement clair. Imaginons que toutes les familles d'une économie sont ordonnées selon le revenu familial annuel. Ces familles sont ensuite divisées en cinq groupes égaux: le premier quintile, le deuxième quintile, le troisième quintile, et ainsi de suite. Le tableau 20.1 illustre la fourchette de revenus pour chacun de ces groupes et la proportion du revenu total qui a été gagné par chaque groupe de familles au Canada en 2010.

Ces données nous permettent d'évaluer la distribution du revenu dans l'économie. Si le revenu était réparti de manière égale, chaque quintile recevrait un cinquième (20 %) du revenu. Si tout le revenu était concentré entre quelques familles seulement, alors le cinquième quintile recevrait 100 % du revenu, laissant les autres à 0 %. La réalité, on s'en doute, est située entre ces deux extrêmes.

À partir du revenu familial avant impôt et transferts comme mesure du revenu, le tableau 20.1 nous permet de constater qu'en 2010, le premier quintile des familles recevait 2,1 % du revenu total, tandis que le cinquième quintile en recevait 52 %. En d'autres mots, même si chaque quintile compte le même nombre de familles, le cinquième quintile a environ 25 fois plus de revenus que le premier.

TABLEAU 20.1

La distribution du revenu du marché au Canada, 2010

GROUPE	REVENU ANNUEL FAMILIAL MOYEN ($)	PROPORTION DU REVENU TOTAL DU MARCHÉ (%)
Premier quintile	7 100	2,1
Deuxième quintile	23 100	7,3
Troisième quintile	45 400	14,3
Quatrième quintile	77 000	24,3
Cinquième quintile	164 900	52,0

Source : Statistique Canada. (2012). *Revenu du marché, total et après impôt, selon le type de famille économique et les quintiles de revenu* (dollars constants de 2010). CANSIM (202-0701).

ÉTUDE DE CAS

La redistribution du revenu au Canada

Diverses politiques gouvernementales contribuent spécifiquement à la redistribution du revenu, politiques parmi lesquelles on trouve celle qui encadre les programmes d'impôt sur le revenu et de transferts, qui ne sont pas pris en compte dans le tableau 20.1. Le tableau 20.2 illustre en quoi ces deux programmes participent à la redistribution du revenu au Canada. Il est à noter qu'une personne seule y est considérée comme une unité familiale.

La deuxième colonne de ce tableau montre le revenu du marché familial moyen pour chaque groupe de revenu et, entre parenthèses, le pourcentage du revenu du marché total que touche chaque groupe. La colonne suivante montre la somme moyenne des transferts pécuniaires gouvernementaux qu'a reçue chaque groupe. Comme le laisse voir le tableau, les paiements de transfert, tout comme le pourcentage des paiements totaux reçus, tendent à baisser à mesure qu'augmente le revenu familial, sauf dans le cas des familles se situant dans les deux premiers quintiles.

Le régime fiscal est un autre instrument servant à la redistribution du revenu, et l'impôt sur le revenu joue un rôle particulièrement important à cet égard. Comme le montre le tableau, la contribution fiscale augmente avec le revenu. Les membres du groupe touchant le revenu le plus élevé ont acquitté une moyenne de 35 700 $ en impôt sur le revenu, ce qui a représenté 62 % du total payé au Canada. Quant au groupe touchant le revenu le plus faible, ses membres ont versé en moyenne 900 $ en impôt sur le revenu, soit 2 % de la totalité de cet impôt.

La dernière colonne du tableau donne le revenu moyen de chaque groupe, après transferts et impôt sur le revenu. Ce revenu moyen résulte de la somme des transferts reçus et du revenu du marché touché, de laquelle est soustrait l'impôt sur le revenu payé. Dans le cas des trois groupes touchant les revenus les plus faibles (qui comprennent la tranche des 60 % des revenus familiaux les plus faibles), leur revenu après transferts et impôt sur le revenu est supérieur à leur revenu du marché. Par contre, dans le cas des deux groupes touchant les revenus les plus élevés (la tranche des 40 % des revenus familiaux les plus élevés), les programmes gouvernementaux d'impôt sur le revenu et de transferts ont pour effet d'abaisser leur revenu.

▶

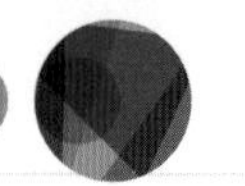

TABLEAU 20.2

La répartition du revenu au Canada, 2010

GROUPE	REVENU DU MARCHÉ FAMILIAL MOYEN ($)	MOYENNE DES TRANSFERTS REÇUS ($)	MOYENNE DE L'IMPÔT SUR LE REVENU PAYÉ ($)	REVENU MOYEN APRÈS TRANSFERTS ET IMPÔT ($)
Premier quintile	7 100 (2,1)	8 800 (19)	900 (2)	14 600 (4,8)
Deuxième quintile	23 100 (7,3)	12 000 (26)	2 400 (4)	32 700 (10,7)
Troisième quintile	45 400 (14,3)	10 500 (23)	6 200 (11)	49 700 (16,2)
Quatrième quintile	77 000 (24,3)	8 900 (19)	12 400 (21)	73 500 (24,0)
Cinquième quintile	164 900 (52,0)	6 300 (13)	35 700 (62)	135 500 (44,3)

Note : Le pourcentage du total est indiqué entre parenthèses.

Source : Adapté de Statistique Canada. (2012). *Revenu du marché, total et après impôt, selon le type de famille économique et les quintiles de revenu* (dollars constants de 2010). CANSIM (202-0701).

ÉTUDE DE CAS

L'inégalité du revenu dans le monde

Comment l'inégalité du revenu au Canada se compare-t-elle à ce qu'on trouve dans les autres pays ? Il s'agit d'une question intéressante, mais à laquelle il est difficile de répondre. Dans certains pays, les données ne sont pas disponibles. Dans d'autres pays, le problème est plutôt que les données ne sont pas recueillies de la même façon. Dans certains cas, on ne dispose d'information que sur le revenu individuel ou encore seulement sur le revenu des ménages. Enfin, d'autres pays s'attardent aux dépenses plutôt qu'au revenu. En conséquence, toute différence observée entre deux pays peut être le résultat de différences sur le plan économique ou sur celui de la collecte des données.

Malgré tout, le tableau 20.3, qui offre une comparaison entre les inégalités dans 12 pays, est assez révélateur. Les pays sont ordonnés du plus égalitaire au moins égalitaire. En tête de liste, on trouve le Japon, où le cinquième le plus riche de la population a un revenu qui n'est que 3,4 fois supérieur à celui du cinquième le plus pauvre. L'Afrique du Sud se situe au bas de la liste, puisque le cinquième le plus riche de la population a un revenu qui est plus de 30 fois supérieur à celui du cinquième le plus pauvre de la population. Comme on le constate, l'inégalité du revenu est présente dans tous les pays, mais le degré d'inégalité varie considérablement d'un pays à l'autre.

Lorsque les pays sont classés en fonction des parts du revenu reçues par le premier et le cinquième quintile, on constate que le Canada se classe dans les premiers rangs. En effet, les inégalités du revenu sont moins criantes au Canada qu'aux États-Unis, au Mexique ou en Afrique du Sud.

►

TABLEAU 20.3

L'inégalité du revenu dans le monde

Le tableau indique, pour chaque pays, le pourcentage du revenu reçu par le quintile inférieur et par le quintile supérieur. Le ratio de ces deux mesures donne une bonne idée de l'écart qui sépare les riches et les pauvres.

PAYS	PREMIER QUINTILE (%)	CINQUIÈME QUINTILE (%)	RATIO : ÉCART ENTRE LES RICHES ET LES PAUVRES
Japon	10,6	35,7	3,4
Allemagne	8,5	36,9	4,3
Inde	8,9	41,6	4,7
Canada	7,0	40,4	5,8
Royaume-Uni	6,1	44,0	7,2
États-Unis	5,4	45,8	8,5
Russie	4,9	51,3	10,5
Chine	4,7	50,0	10,6
Nigéria	4,4	55,7	12,7
Mexique	3,1	59,1	19,1
Brésil	2,0	64,4	32,2
Afrique du Sud	2,0	66,5	33,2

Source : Banque mondiale. (2005). *World development report 2005 : Building institutions for markets.*

Le taux de pauvreté

En s'intéressant aux inégalités du revenu au Canada, on cherche à connaître la distribution du revenu, mais aussi le nombre de Canadiens qui vivent dans la pauvreté. Avoir un revenu relativement faible n'est pas la même chose que de vivre dans la pauvreté. Les politiques gouvernementales touchant la répartition du revenu doivent prendre en compte cette distinction.

Le **taux de pauvreté** est le pourcentage de la population dont le revenu familial est sous le seuil de pauvreté. Le **seuil de pauvreté** est le niveau du revenu familial en bas duquel une famille est considérée comme pauvre. Malheureusement, le seuil de pauvreté n'est pas un concept bien défini ; comme la plupart des pays (mais non les États-Unis), le Canada n'a pas de mesure officielle du seuil de pauvreté.

Taux de pauvreté
Pourcentage de la population dont le revenu familial est situé sous le seuil de pauvreté.

Seuil de pauvreté
Niveau absolu du revenu en bas duquel une famille est considérée comme pauvre.

Toutefois, Statistique Canada produit annuellement une donnée appelée *seuil de faible revenu* (SFR), qui est souvent utilisée comme mesure du seuil de pauvreté au Canada. Le SFR correspond au niveau du revenu où un ménage d'une taille donnée et d'une ville donnée doit dépenser 20 % de son revenu de plus que la moyenne pour la nourriture, le logement et les vêtements. Les familles canadiennes consacrent en moyenne 43 % de leur revenu à ces trois catégories de

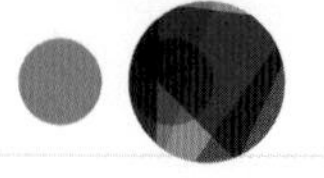

dépenses. C'est donc dire que les familles qui dépensent plus de 63 % de leur revenu pour la nourriture, les vêtements et le logement se trouvent sous la barre du SFR. En 2011, le taux de pauvreté au Canada, en fonction du SFR, était de 8,8 %.

Comme Statistique Canada prend soin de le souligner, l'utilisation du SFR comme mesure de la pauvreté est problématique, puisqu'il s'agit d'une mesure relative établie en fonction d'un revenu moyen. Plusieurs analystes sont d'avis que les mesures relatives comme le SFR sont plus utiles à titre d'estimation de l'inégalité du revenu que comme mesure de la pauvreté. Il ne faut donc pas confondre inégalité du revenu et pauvreté. Un pays pourrait avoir une forte inégalité du revenu sans avoir de citoyens qui vivent dans la pauvreté.

Pour s'affranchir des limites inhérentes à des mesures comme le seuil de faible revenu, certains préconisent le recours à une mesure absolue du seuil de pauvreté. Pour obtenir cette mesure absolue, on doit déterminer le coût d'acquisition des biens et des services essentiels, qui permettent la satisfaction des *besoins fondamentaux*. Dans le cas de cette mesure, le principal problème réside dans la difficulté d'établir une liste des besoins fondamentaux, puisqu'une telle liste comporte inévitablement une part de subjectivité et d'arbitraire (mais pas plus que toute autre mesure de la pauvreté).

Emploi et Développement social Canada a mis au point une telle mesure absolue, nommée *mesure du panier de consommation*, qui se fonde sur le coût des biens et des services nécessaires pour qu'une famille moyenne de quatre personnes (deux parents et deux enfants) puisse avoir un régime alimentaire nutritif, se procurer des vêtements pour le travail et des activités sociales, se loger dans sa collectivité et assumer d'autres dépenses indispensables (meubles, transport en commun et loisirs). En 2007, selon la mesure du panier de consommation, le taux de faible revenu chez les familles canadiennes avec enfants était de 10,1 %.

La pauvreté est un mal économique qui touche tous les groupes au sein de la population, mais elle ne les affecte pas tous à la même fréquence. Le tableau 20.4 donne le taux de pauvreté pour différents groupes en utilisant la mesure du panier de consommation. Plusieurs faits frappants se dégagent de ces données :

- Il existe une corrélation entre la pauvreté et l'ethnicité. Les immigrants récents sont deux fois plus susceptibles de vivre dans l'indigence que la population en général, tout comme le sont les Canadiens autochtones qui vivent hors réserve.
- Le taux est élevé parmi les personnes souffrant d'incapacités limitant le travail qu'ils peuvent réaliser. Près du tiers d'entre eux sont pauvres.
- Les familles monoparentales sont deux fois et demie plus susceptibles de vivre dans la pauvreté que la moyenne ; les personnes seules, trois fois plus.

Ces faits décrivent la société canadienne depuis de nombreuses années et ils indiquent le groupe qui est le plus susceptible d'être pauvre.

Les problèmes de mesure de l'inégalité

Bien que les données sur la distribution du revenu nous offrent un bon aperçu du degré d'inégalité dans notre société, l'interprétation de ces données n'est pas aussi simple qu'il y paraît. Les données sont basées sur le revenu annuel des ménages. Toutefois, la plupart des gens s'inquiètent davantage de leur capacité

TABLEAU 20.4

Le taux de pauvreté chez différents groupes de personnes au Canada, 2007

Le tableau montre que le taux de pauvreté varie énormément d'un groupe d'individus à l'autre.

GROUPE	TAUX DE PAUVRETÉ (%)
Toutes les personnes	10,1
Chefs de famille monoparentale	26,6
Personnes seules (45-64 ans)	32,8
Personnes souffrant d'incapacité limitant le travail	32,5
Immigrants récents	22,3
Autochtones hors réserve	22,1
Enfants	11,9

Source : Ressources humaines et Développement des compétences Canada. (août 2009). *Le faible revenu au Canada de 2000 à 2007 selon la mesure du panier de consommation.*

à maintenir un bon niveau de vie que de leur revenu comme tel. Pour diverses raisons, les données sur la distribution du revenu et le taux de pauvreté ne nous permettent pas d'avoir une image précise de l'inégalité sur le plan du niveau de vie. Examinons quelques-unes de ces raisons.

Les transferts en nature

Les mesures de la distribution du revenu et du taux de pauvreté sont basées sur le revenu pécuniaire des familles. Cependant, grâce à de nombreux programmes gouvernementaux ou non gouvernementaux, les pauvres reçoivent des aides non pécuniaires comme des bons d'alimentation ou des logements à loyer modique. Les transferts donnés aux pauvres sous forme de biens et de services plutôt qu'en argent sont appelés des **transferts en nature**. Les mesures les plus courantes du degré d'inégalité ne prennent pas en considération ces transferts en nature.

Transferts en nature
Transferts donnés aux pauvres sous forme de biens et de services plutôt qu'en argent.

Les transferts en nature sont reçus surtout par les personnes les plus pauvres de la société. Le fait de ne pas les inclure dans le calcul du revenu a un impact important sur la mesure du taux de pauvreté. Il est toutefois difficile d'obtenir des données précises sur la valeur de ces transferts en nature.

Les transferts en nature étant importants, cela complique l'évaluation du degré de pauvreté. Au fil du temps, les politiques gouvernementales qui soutiennent les pauvres évoluent et accordent plus ou moins d'importance à l'aide pécuniaire par rapport à l'aide sous forme de transferts en nature. En conséquence, les changements observés dans le taux de pauvreté reflètent en partie les changements dans le type d'aide apportée par le gouvernement, et pas seulement l'évolution de la pauvreté.

Le cycle de vie économique

Le revenu varie de façon prévisible au cours d'une vie. Un jeune travailleur, spécialement s'il est aux études, a un revenu assez faible. Le revenu augmente à mesure que le travailleur gagne en maturité et en expérience, pour atteindre un sommet à 50 ans avant de diminuer fortement à la retraite, autour de 65 ans. Ce phénomène a conduit les économistes à élaborer l'**hypothèse du cycle de vie.**

Hypothèse du cycle de vie
Hypothèse suivant laquelle les individus planifient à long terme leur consommation et leur épargne de façon à lisser leur consommation sur l'ensemble de leur cycle de vie.

Selon l'hypothèse du cycle de vie élaborée par Franco Modigliani, les gens peuvent emprunter et épargner pour lisser leur consommation et annuler les variations de revenu dues au cycle de vie. En ce sens, le niveau de vie pour une année donnée dépend davantage du revenu sur l'horizon de vie que du revenu de l'année en question. Les gens ont tendance à emprunter lorsqu'ils sont jeunes, par exemple pour poursuivre des études ou s'acheter une maison, et à rembourser ces emprunts plus tard lorsque leur revenu devient plus élevé. Les gens ont leur plus haut taux d'épargne lorsqu'ils atteignent l'âge mûr. Le déclin prononcé du revenu qui survient lors de la retraite ne s'accompagne pas d'un déclin du niveau de vie, parce que les gens auront préalablement épargné pour cette retraite.

Le cycle de vie normal implique des inégalités dans le revenu au fil des années, mais il ne représente pas de véritables inégalités dans le niveau de vie. Pour évaluer le degré d'inégalité des niveaux de vie dans notre société, il vaut mieux se fier au revenu moyen au cours de la vie qu'au revenu annuel. Toutefois, les données sur le revenu au cours de la vie ne sont pas aisément disponibles. En somme, lorsqu'on s'intéresse aux données sur l'inégalité, il importe de garder à l'esprit la notion de cycle de vie. Sachant que le revenu d'une personne fluctue beaucoup d'une année à l'autre, on doit s'attendre à ce que le revenu au cours de la vie soit plus également distribué dans la population que le revenu annuel.

Le revenu temporaire et le revenu permanent

Le revenu d'une personne varie au cours d'une vie non seulement en raison du cycle de vie, mais aussi à cause d'événements temporaires ou aléatoires. Si les érablières sont endommagées par le verglas lors d'un hiver donné, cela aura pour effet de faire temporairement baisser le revenu des producteurs de sirop d'érable du Québec. Au fil du temps, les arbres endommagés prendront du mieux et le revenu des producteurs de sirop d'érable s'améliorera.

Si les gens peuvent emprunter et épargner pour régulariser les variations du revenu associées au cycle de vie, ils peuvent aussi emprunter et épargner pour régulariser des variations du revenu temporaires. Il ne serait pas sage, pour des producteurs de sirop d'érable, de dépenser entièrement le revenu additionnel associé à une bonne année. Il est plus prudent d'épargner une partie de ce revenu dans l'éventualité d'une année difficile. De la même façon, un revenu temporairement plus faible les amènera à puiser dans leurs économies ou à recourir à un emprunt.

Les changements temporaires du revenu n'influent pas sur le niveau de vie, dans la mesure où une famille épargne et emprunte pour se protéger de ces changements. La capacité qu'a une famille à se procurer des biens et des services dépend largement de son **revenu permanent,** c'est-à-dire son revenu moyen à long terme.

Revenu permanent
Moyenne du revenu à long terme comme base de consommation.

Lorsqu'on cherche à prendre la mesure des disparités du niveau de vie, il est donc plus avisé de considérer la répartition du revenu permanent que la répartition du revenu annuel courant. Certes, le revenu permanent n'est pas simple à mesurer, mais il s'agit d'un concept important. En ceci qu'il fait fi des changements transitoires du revenu, le revenu permanent est plus également distribué que le revenu courant.

La mobilité économique

Les gens parlent souvent des riches et des pauvres comme si ces groupes étaient constitués des mêmes familles d'une année à l'autre. En fait, ce n'est pas du tout le cas. La mobilité économique, soit le fait de passer d'une classe de revenu à une autre, est importante dans l'économie canadienne. La chance et l'effort peuvent permettre de grimper dans l'échelle du revenu, alors que le mouvement inverse peut être dû à la malchance ou à un manque d'effort. Cette mobilité s'explique en partie par des variations temporaires du revenu et en partie par des changements du revenu plus permanents.

La mobilité intergénérationnelle — c'est-à-dire la persistance de la réussite économique d'une génération à l'autre — est une mesure déterminante de la mobilité économique. Trois économistes canadiens (Miles Corak, Lori Curtis et Shelly Phipps) de l'Université Dalhousie ont cherché à mesurer et à comparer la mobilité intergénérationnelle entre les pays. Cette difficile entreprise présente des problèmes de mesure, qu'il est possible de surmonter en calculant l'élasticité intergénérationnelle des gains entre les pères et leur fils (le manque de données ne permet pas de faire des calculs comparables pour les mères et leur fille). L'élasticité intergénérationnelle mesure le pourcentage de variation dans les gains des fils divisé par le pourcentage de variation dans les gains de leur père. Plus faible est l'élasticité intergénérationnelle, plus faible est la transmission d'acquis économiques à la génération suivante, et plus grande est la mobilité économique.

Corak, Curtis et Phipps ont assemblé des estimations comparables de l'élasticité intergénérationnelle des gains entre les pères et leur fils dans divers pays à revenu élevé. La figure 20.1 présente ces estimations et montre l'importante variation dans la mobilité intergénérationnelle des pays. Le Royaume-Uni, l'Italie et les États-Unis présentent un degré peu élevé de mobilité économique, contrairement au Danemark, à la Norvège, à la Finlande et au Canada, où ce degré est beaucoup plus élevé. Au Canada, l'élasticité intergénérationnelle du revenu entre les pères et leur fils n'est que de 0,19, ce qui signifie qu'une augmentation

FIGURE 20.1

La mobilité intergénérationnelle : l'élasticité intergénérationnelle des gains des pères et de leur fils, dans certains pays

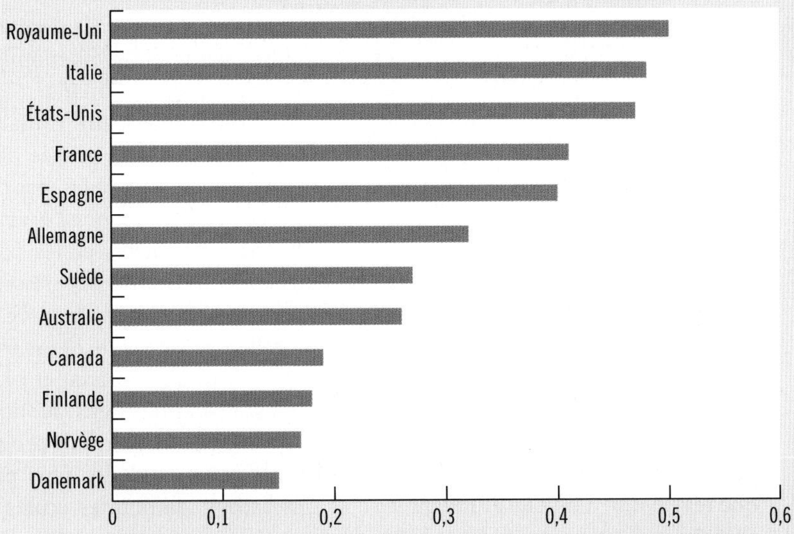

Source : Corak, M., L. Curtis et S. Phipps. (mars 2010). « Economic mobility, family background, and the well-being of children in the United States and Canada ». *Working Paper n° 2010-08,* Université Dalhousie, Département d'économie.

de 10 % des gains d'un père est associée à une augmentation de 1,9 % seulement des gains de son fils. Ces données permettent de penser qu'il existe un degré très élevé de mobilité économique d'une génération à une autre. En comparaison, l'élasticité aux États-Unis est de 0,50 : une augmentation de 10 % des gains du père est associée à une augmentation de 5 % des gains du fils.

MINITEST

- Qu'est-ce qui est mesuré par le taux de pauvreté ?
- Décrivez trois problèmes potentiels qui peuvent compliquer l'interprétation d'une mesure du taux de pauvreté.

DANS L'ACTUALITÉ

Le rêve américain se vit au Canada

L'article suivant montre que le prétendu rêve américain est beaucoup plus plausible au Canada qu'aux États-Unis.

Au Canada, contrairement aux États-Unis, le rêve américain se réalise encore

Barrie McKenna

Nous savons que l'écart entre les riches et les pauvres au Canada est grand et continue de s'agrandir. Il suffit de penser à Attawapiskat et à d'autres communautés du Nord pour savoir que le rêve américain n'est pas celui de tous les Canadiens. Cependant, nous ne devrions pas confondre la disparité de revenus et l'égalité des chances.

Le Canada est en tête de peloton en matière de mobilité économique, non loin du Danemark, de la Norvège et d'autres pays scandinaves. Récemment, un article à la une du *New York Times* traitait d'une nouvelle recherche qui contredit l'opinion populaire en révélant que les Américains jouissent d'une moins grande mobilité économique que leurs semblables au Canada. Ciel !

Si les États-Unis sont plus riches, les inégalités y sont aussi plus grandes et la mobilité, nettement réduite. L'inégalité y est transmise de père en fils, telle la couleur des yeux ou des cheveux. Le constat repose en partie sur les travaux d'un professeur de l'Université d'Ottawa, Miles Corak, économiste spécialiste des politiques publiques et ancien directeur de la Direction des études de la famille et du travail de Statistique Canada. Le professeur Corak a quantifié l'écart des chances entre les deux pays et arrive à des conclusions surprenantes. La mobilité économique des Canadiens est jusqu'à trois fois plus grande que celle dont jouissent les Américains, et les raisons tiennent presque entièrement aux conditions que vivent les mieux nantis et les plus défavorisés de la société. C'est ce que révèle une nouvelle étude qu'il a coréalisée et qui porte sur la mobilité économique, les antécédents familiaux et le bien-être des enfants aux États-Unis et au Canada.

Selon le professeur Corak, les deux pays se distinguent par les conditions de vie de ceux qui se trouvent aux extrémités du spectre économique, particulièrement aux États-Unis, où les enfants riches deviennent des adultes riches et où les enfants pauvres deviennent des adultes pauvres. Le phénomène est moins observé au Canada.

Le rêve américain voulant que la réussite soit à la portée de tous, même des plus humbles, est devenu un mythe. Et, alors que l'écart grandit entre les riches et les pauvres, la classe moyenne rapetisse. Pour l'instant du moins, le rêve de la mobilité ascendante demeure toujours vivace au Canada, et ce, grâce à de solides politiques publiques et à un régime fiscal plus progressif. Même les enfants les plus pauvres ont accès à de bonnes écoles, à des soins de santé de qualité et à un

▶

logement convenable (nonobstant Attawapiskat).

Une récente analyse du ministère des Finances a révélé que sur les 24 millions de contribuables qui ont produit une déclaration de revenus en 2008, 7 millions de Canadiens à faible revenu avaient reçu un transfert net en espèces du régime fiscal fédéral. Le crédit d'impôt pour enfants, par exemple, a permis d'atténuer la pauvreté en transférant des impôts aux familles défavorisées. Le marché du travail encourage de la même façon les parents à être des parents grâce en partie aux prestations pour congé parental du Régime d'assurance emploi. Les enfants sont également plus susceptibles de grandir dans des foyers biparentaux où au moins un parent travaille à mi-temps pour veiller sur les enfants.

Comparez cela aux États-Unis, où le financement des écoles provient principalement de taxes foncières variables d'une municipalité à l'autre, plutôt que des impôts de l'État. Dans les quartiers à faible valeur foncière et ne comptant que quelques rares entreprises, les écoles sous-financées périclitent et deviennent des foyers d'échecs à répétition.

Or, les États-Unis sont un pays d'extrêmes et ceux qui sont au sommet font la belle vie. Les chances pour un enfant de rester au pinacle de la richesse y sont beaucoup plus grandes qu'au Canada. La divergence des possibilités aux États-Unis est encore plus prononcée en matière d'études supérieures. Les frais de scolarité, qui peuvent atteindre facilement des dizaines de milliers de dollars par année, rendent les meilleures écoles hors de portée de nombreux Américains. Les plus riches, en revanche, peuvent littéralement offrir à leurs enfants les perspectives d'avenir qu'ils souhaitent en payant pour les meilleurs établissements d'enseignement, en embauchant des professeurs particuliers et en faisant appel aux contacts de la famille. « Les pères n'obtiennent pas des emplois pour leurs fils, mais ils les inscrivent dans les meilleurs établissements et les mettent en contact avec les bons réseaux, une stratégie qui s'avère très profitable aux États-Unis », dit le professeur Corak.

Les Canadiens ne devraient pas se réjouir trop vite. Ottawa et la plupart des provinces accusent d'importants déficits budgétaires, et d'aucuns ont déjà ciblé l'éducation et les soins de santé pour réaliser des économies.

Autre source d'inquiétude, l'inégalité croissante des revenus mine les perspectives des générations futures. Le professeur Corak s'inquiète qu'une dérive vers l'américanisation amène des Canadiens fortunés à former des institutions d'exclusion. Le phénomène s'observe déjà dans des villes de plus en plus polarisées comme Toronto, où les quartiers se distinguent de plus en plus selon le revenu et l'origine ethnique.

Le rêve de la mobilité ascendante est toujours accessible pour la génération actuelle de jeunes Canadiens. Ce rêve est cependant une composante essentielle d'une économie robuste, et les décideurs politiques devraient s'employer à le maintenir en vie pour les générations futures. ■

Source : McKenna, Barrie. (12 février 2012). « In Canada, unlike the U.S., the American dream lives on ». *The Globe and Mail.* (Traduction libre). Repéré à www.theglobeandmail.com

La philosophie politique de la redistribution du revenu

Nous venons d'examiner la répartition du revenu dans l'économie et les problèmes de mesure qui y sont liés. Cette analyse était *positive* dans la mesure où elle cherchait à décrire le monde tel qu'il est. Nous nous penchons maintenant sur la question *normative* à laquelle les politiciens doivent répondre : que doit faire le gouvernement à propos des inégalités économiques ?

Et l'enjeu n'est pas qu'économique. L'analyse économique ne nous outille pas pour répondre à la question suivante : les pouvoirs publics devraient-ils tenter de réduire les inégalités ? Notre vision des choses est, dans une large mesure, une question de philosophie politique. Comme le rôle du gouvernement dans la redistribution du revenu est au cœur de nombreux débats, nous devons donc mettre

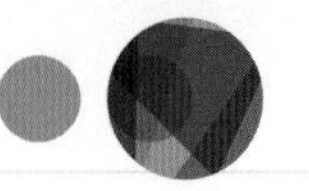

de côté pour un bref moment notre analyse économique afin de nous intéresser à la philosophie politique.

L'utilitarisme

Utilitarisme
Philosophie politique selon laquelle le gouvernement doit choisir des politiques qui maximisent la somme des utilités de tous les membres de la société.

Utilité
Mesure de la satisfaction.

L'**utilitarisme** est une école de pensée importante en philosophie politique. Les fondateurs de cette école sont les philosophes anglais Jeremy Bentham (1748-1832) et John Stuart Mill (1806-1873). Dans une large mesure, la conception utilitariste consiste à étendre la logique qui sous-tend la prise de décisions individuelles aux questions morales et aux politiques publiques.

Le point de départ de l'utilitarisme est la notion d'**utilité** — le degré de satisfaction associé à la situation d'un individu. L'utilité est une mesure du bien-être et constitue, selon les utilitaristes, l'objectif ultime de toute action gouvernementale ou privée. Selon eux, tout gouvernement doit d'abord chercher à maximiser la somme des utilités de tous les membres de la société. Bentham parlait d'atteindre « le plus grand bonheur du plus grand nombre ».

La conception utilitariste de la redistribution du revenu est basée sur la notion de l'*utilité marginale décroissante*. Il est raisonnable de penser qu'un dollar de plus de revenu procure plus d'utilité à une personne pauvre qu'à une personne riche. En d'autres mots, à mesure que le revenu d'une personne augmente, le bien-être supplémentaire généré par un dollar additionnel diminue. Cette vision des choses, doublée de l'objectif des utilitaristes consistant à maximiser l'utilité totale, implique que le gouvernement devrait chercher à favoriser une distribution du revenu qui soit plus égalitaire.

La démonstration est simple. Imaginons que Bianca et Jacinthe sont semblables, sauf que Bianca gagne 80 000 $ tandis que Jacinthe ne gagne que 20 000 $. Enlever un dollar à Bianca pour le donner à Jacinthe aura pour effet de réduire l'utilité de Bianca et d'augmenter celle de Jacinthe. Toutefois, en raison de l'utilité marginale décroissante, la baisse de l'utilité de Bianca sera moindre que la hausse de l'utilité de Jacinthe. De façon globale, l'objectif des utilitaristes est atteint, puisque la redistribution du revenu fait augmenter l'utilité totale.

De prime abord, la conception utilitariste pourrait laisser croire que le gouvernement doit redistribuer le revenu jusqu'à ce que chaque membre de la société dispose du même revenu. De fait, cela serait le cas si le montant total du revenu, soit 100 000 $ dans notre exemple, était une donnée constante. Cependant, en pratique, ce n'est pas le cas. Les utilitaristes s'opposent à l'idée d'une égalisation complète du revenu parce qu'ils adhèrent à l'un des **dix principes d'économie** présentés au chapitre 1 : les gens réagissent aux incitatifs.

Pour redistribuer à Jacinthe une partie du revenu de Bianca, le gouvernement doit mettre en place des politiques en ce sens, comme c'est le cas au Canada avec le système d'imposition et de transferts. L'application de ces politiques a pour effet que les gens à haut revenu paient des impôts élevés, alors que les gens à faible revenu reçoivent des transferts. Or, si le gouvernement s'empare du revenu additionnel gagné par une personne à travers une hausse de l'impôt sur le revenu ou une réduction des transferts, alors Bianca et Jacinthe auront moins d'incitatifs à travailler fort. Si elles travaillent moins, le revenu global de la société diminue et l'utilité totale fait de même. Un gouvernement utilitariste doit chercher l'équilibre entre les gains liés à une plus grande égalité et les pertes associées à la dissuasion au travail. Afin de maximiser l'utilité totale, le gouvernement ne peut entreprendre de rendre la société complètement égalitaire.

Une parabole classique permet d'illustrer la logique utilitariste. Imaginons que Bianca et Jacinthe sont des voyageuses ayant soif, dans deux emplacements distincts dans un même désert. L'oasis où se trouve Bianca contient beaucoup d'eau potable, celle de Jacinthe n'en a que très peu. Si le gouvernement pouvait transférer sans frais de l'eau d'une oasis à l'autre, alors l'utilité totale que procure l'eau serait maximisée en égalisant la quantité d'eau dans les deux endroits. Toutefois, le gouvernement n'a à sa disposition qu'un seau percé. Une partie de l'eau est gaspillée pendant qu'on effectue le transport d'une oasis à l'autre. Dans cette situation, un gouvernement utilitariste pourrait quand même faire transporter de l'eau de l'oasis de Bianca vers celle de Jacinthe si cette dernière en a vraiment besoin et si le seau n'est pas trop percé. Cependant, avec pour seul outil un seau percé, un gouvernement utilitariste ne cherchera pas à réaliser l'égalité complète.

Le libéralisme politique

Le **libéralisme politique** propose une autre façon d'aborder la question de l'inégalité. Le philosophe John Rawls a développé cette conception dans son ouvrage intitulé *A theory of Justice*. Ce livre, d'abord publié en 1971, est rapidement devenu un classique dans le domaine de la philosophie politique.

Libéralisme politique
Philosophie politique selon laquelle le gouvernement devrait choisir des politiques justes, telles qu'évaluées par un observateur impartial placé derrière le voile de l'ignorance.

Selon Rawls, les institutions, les lois et les politiques qui caractérisent une société se doivent d'être justes. Rawls pose ensuite une question fondamentale. Comment pouvons-nous, en tant que membres de la société, nous entendre sur le sens à donner au mot *justice* ? On peut penser que le point de vue de chacun est inévitablement lié à sa situation individuelle. Certaines personnes sont talentueuses, d'autres moins. Certaines personnes sont motivées, d'autres sont paresseuses. Certaines personnes sont nées dans une famille riche, alors que d'autres sont issues d'une famille pauvre. En considérant ces différences, peut-on objectivement définir ce que devrait être une société juste ?

Pour répondre à cette question, Rawls propose d'imaginer la situation suivante. Supposons qu'avant la naissance, chaque membre d'une société participe à une réunion où seront établies les règles de la société. À ce moment précis, chaque personne ignore les circonstances de sa vie à venir. Pour employer les termes de Rawls, chaque personne est dans sa « position originelle » derrière un « voile d'ignorance ». Selon Rawls, cette position de départ permet d'établir des règles justes pour la société, parce qu'on doit considérer comment ces règles sont susceptibles d'affecter chaque personne. Comme Rawls l'écrit : « Étant donné que tout le monde se trouve dans la même situation et que personne n'est à même de définir des principes qui l'avantageraient spécifiquement, les principes de justice sont le résultat d'une négociation ou d'un accord équitables. » Cette façon de faire permet de concevoir des politiques gouvernementales et des institutions qui seront objectivement justes.

Rawls s'est ensuite penché sur ce que ces politiques gouvernementales, conçues derrière un voile d'ignorance, pourraient accomplir. En particulier, il s'est demandé ce que serait une distribution du revenu perçue comme équitable par une personne qui n'est pas en mesure de savoir si elle sera riche ou pauvre. Selon Rawls, une personne dans la position originelle serait particulièrement inquiète devant la possibilité d'être la personne la plus défavorisée. En ce sens, les politiques gouvernementales devraient être conçues pour faire augmenter le bien-être de la personne qui est la plus pauvre de la société. Autrement dit, contrairement aux utilitaristes qui proposent de maximiser la somme des utilités individuelles, Rawls propose plutôt de maximiser l'utilité minimale. Cette règle de Rawls est appelée le **critère du maximin.**

Critère du maximin
Critère selon lequel le gouvernement devrait chercher à maximiser le bien-être de la personne la plus pauvre de la société.

Le critère du maximin met l'accent sur la personne la plus défavorisée de la société. Cela permet de justifier des politiques gouvernementales qui visent une distribution du revenu plus égalitaire. En transférant une partie du revenu des riches vers les pauvres, la société augmente le bien-être des moins fortunés. Cependant, le critère du maximin ne conduit pas à une société complètement égalitaire. Si le gouvernement promettait d'égaliser entièrement le revenu, cela créerait une désincitation au travail qui aurait pour effet de réduire le revenu total de la société et de pénaliser la personne la moins fortunée. En somme, le critère du maximin est compatible avec le fait de maintenir une inégalité du revenu. Un tel écart crée une incitation au travail, ce qui permet à la société de mieux venir en aide aux pauvres. Néanmoins, parce que la philosophie de Rawls met beaucoup l'accent sur les membres les moins fortunés de la société, la distribution du revenu qu'elle propose sera plus égalitaire que si l'on adoptait une démarche utilitariste.

La philosophie de Rawls est controversée, mais ce qu'il propose est intéressant. En particulier, sa conception nous permet d'envisager la redistribution du revenu comme une **assurance sociale.** À partir de la position originelle derrière un voile d'ignorance, la redistribution du revenu agit comme une police d'assurance. Les propriétaires de maison contractent une assurance contre le feu pour se protéger d'un éventuel incendie. De la même façon, en décidant collectivement d'adopter des politiques qui prélèvent des impôts aux riches pour redistribuer l'argent aux pauvres, chaque individu prend en quelque sorte une assurance contre l'éventualité d'être membre d'une famille pauvre. Considérant que les gens n'aiment pas le risque, nous devrions être heureux d'être nés dans une société qui nous procure une telle assurance.

Assurance sociale
Politique du gouvernement visant à protéger les citoyens contre le risque d'événements indésirables.

Il n'est pas certain, cependant, que des gens rationnels derrière un voile d'ignorance aient une telle aversion pour le risque qu'ils décideraient d'opter pour le critère du maximin. De fait, une personne dans la position originelle peut aboutir n'importe où dans la distribution du revenu. Elle pourrait donc considérer que chaque possibilité est aussi susceptible de se produire et ainsi concevoir des politiques gouvernementales en ce sens. Dans cette perspective, la meilleure politique, lorsque nous sommes derrière un voile d'ignorance, est de chercher à maximiser l'utilité moyenne des membres de la société. Dans ce cas, la notion de justice se rapproche davantage de la philosophie utilitariste que de la philosophie de Rawls.

Le libertarianisme

Libertarianisme
Philosophie politique selon laquelle le rôle du gouvernement doit se limiter à faire respecter les lois et les contrats, sans redistribuer le revenu.

Une troisième façon d'aborder l'inégalité est appelée le **libertarianisme.** Les deux philosophies considérées jusqu'à présent, l'utilitarisme et le libéralisme politique, envisagent le revenu global de la société comme une ressource qu'on peut redistribuer sans contrainte pour atteindre un objectif social donné. Par contraste, les libertariens avancent l'idée que la société ne gagne en soi aucun revenu, puisque c'est plutôt chaque membre de la société qui gagne un revenu.

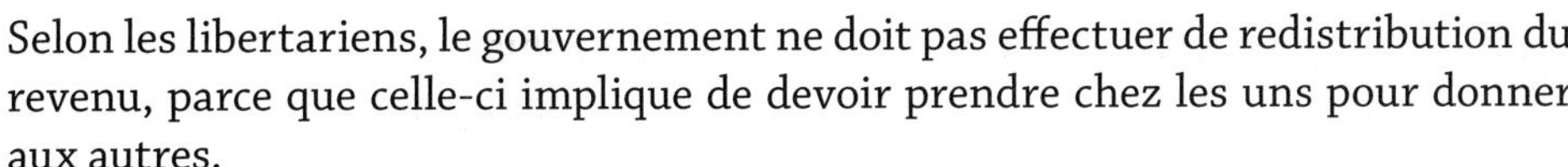

Selon les libertariens, le gouvernement ne doit pas effectuer de redistribution du revenu, parce que celle-ci implique de devoir prendre chez les uns pour donner aux autres.

C'est la position défendue par le philosophe Robert Nozick dans son célèbre livre publié en 1974, *Anarchy, State, and Utopia* :

> Nous ne sommes pas comme des enfants à qui on a donné des pointes d'une tarte à la hâte avant de se rendre compte au dernier instant que les morceaux sont inégaux et que des ajustements sont nécessaires. Il n'y a pas de distribution *centrale*, aucune personne ou aucun groupe n'a le droit de contrôler toutes les ressources et de décider comment elles seront distribuées. Ce que nous avons, nous l'obtenons par des échanges avec les autres ou encore à titre de cadeau. Dans une société libre, diverses personnes contrôlent différentes ressources. Les nouveaux avoirs surviennent à la suite d'échanges volontaires et de gestes posés par des personnes.

Alors que l'utilitarisme et le libéralisme politique essaient d'établir le degré d'inégalité qui serait acceptable dans une société, Nozick rejette la notion même de redistribution du revenu.

Selon le libertarianisme, ce n'est pas le *résultat* qui compte, mais bien le *processus*. Si la répartition du revenu est obtenue de manière injuste, par exemple si une personne en vole une autre, le gouvernement a le droit et même la responsabilité de corriger la situation. Toutefois, à condition que le processus soit juste, la distribution du revenu ainsi déterminée est tout aussi équitable, même si elle devait être inégale.

Nozick critique le libéralisme politique de Rawls en faisant une analogie entre la distribution du revenu dans la société et la distribution des notes finales dans un cours universitaire. Supposons qu'on vous demande de juger de l'équité des notes finales du cours d'économie que vous suivez en ce moment. Seriez-vous tenté de vous mettre derrière un voile d'ignorance et de choisir une distribution des notes sans connaître les talents ou les efforts de chacun des étudiants ? Peut-être voudriez-vous surtout vous assurer que le processus d'attribution des notes est équitable, peu importe si la distribution qui en résulte est égalitaire ou pas ? Dans le cas des notes finales d'un cours, l'argumentation du libertarianisme en faveur du processus plutôt que du résultat est assez convaincante.

Pour les tenants du libertarianisme, l'égalité des chances est plus importante que l'égalité du revenu. Ils sont d'avis que le gouvernement doit faire respecter les droits individuels pour s'assurer que chaque personne a les mêmes occasions d'utiliser ses talents et d'obtenir du succès. Une fois ces règles du jeu établies, le gouvernement n'a aucune justification pour modifier la répartition du revenu.

MINITEST

- Bianca a un revenu plus élevé que celui de Jacinthe. Quelqu'un propose de prélever un impôt sur le revenu de Bianca afin d'augmenter le revenu de Jacinthe. Expliquez comment cette proposition serait perçue par les tenants de l'utilitarisme, du libéralisme et du libertarianisme.

Les politiques visant la réduction de la pauvreté

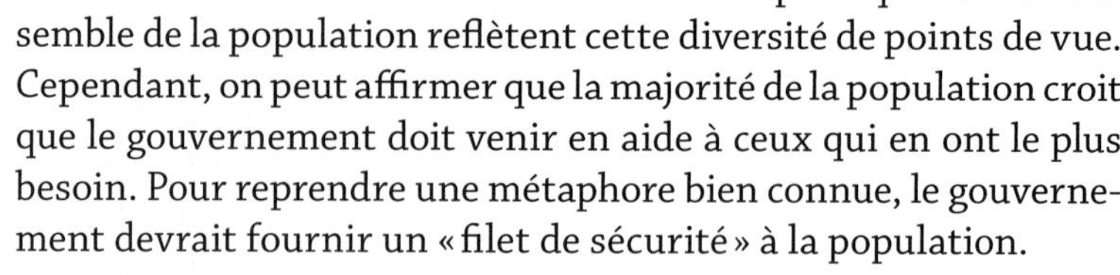

Comme nous venons de le voir, il y a différentes façons d'envisager le rôle du gouvernement dans la redistribution du revenu. Les débats politiques dans l'ensemble de la population reflètent cette diversité de points de vue. Cependant, on peut affirmer que la majorité de la population croit que le gouvernement doit venir en aide à ceux qui en ont le plus besoin. Pour reprendre une métaphore bien connue, le gouvernement devrait fournir un « filet de sécurité » à la population.

Comment lui venir en aide?

La pauvreté est l'un des problèmes les plus difficiles que doivent affronter les pouvoirs publics. Les familles pauvres sont davantage confrontées que le reste de la population à des problèmes comme l'itinérance, la dépendance envers les drogues, la violence domestique, les problèmes de santé, les grossesses à l'adolescence, l'analphabétisme, le chômage et une faible scolarité. Les gens issus d'une famille pauvre commettent plus d'actes criminels, mais ils sont aussi plus souvent victimes de crimes. Bien qu'il soit difficile de séparer les causes de la pauvreté de ses effets, il demeure qu'elle est associée à plusieurs problèmes économiques et sociaux.

Supposons que vous êtes un membre du gouvernement et que votre objectif est de réduire le nombre de personnes qui vivent dans la pauvreté. Comment pourriez-vous atteindre cet objectif? Voici quelques possibilités qui peuvent être considérées. Il faut cependant garder à l'esprit que ces diverses options ne peuvent aider tous les pauvres et que le choix de la meilleure solution n'est pas chose facile.

Les lois sur le salaire minimum

Les lois qui déterminent le salaire minimum devant être payé à un employé sont toujours une source de vifs débats. Les tenants du salaire minimum l'envisagent comme une façon d'aider les travailleurs à faible revenu sans que le gouvernement ait à débourser de l'argent. D'autres analystes sont d'avis que le salaire minimum pénalise les personnes qu'il devrait aider.

Le salaire minimum peut facilement être analysé au moyen des outils de l'offre et de la demande. Pour les travailleurs qui sont peu qualifiés et qui ont peu d'expériences de travail, le salaire minimum sera plus élevé que le salaire qui équilibre l'offre et la demande de travail. Puisque cela représente une hausse du coût du travail pour les entreprises, cela a pour effet de réduire la quantité de travail demandée par ces entreprises. Il en résulte un chômage plus élevé pour les groupes de travailleurs sujets au salaire minimum. S'il est vrai que les travailleurs qui gardent leur emploi bénéficient d'un meilleur salaire, ceux qui chôment et qui auraient pu être employés à un plus bas salaire sont en plus mauvaise posture.

L'ampleur de ces effets est étroitement liée à l'élasticité de la demande de travail. Les tenants du salaire minimum sont d'avis que la demande de travailleurs non qualifiés est relativement inélastique. L'effet du salaire minimum sur le chômage serait donc assez faible. Ceux qui s'opposent au salaire minimum croient plutôt que la demande est assez élastique, surtout dans un horizon de long terme où l'emploi et la production peuvent être ajustés plus facilement. Ils notent aussi que bon nombre de travailleurs au salaire minimum sont des jeunes issus de la classe moyenne. Selon eux, un salaire minimum élevé ne serait donc pas très utile comme politique d'aide aux pauvres.

L'aide sociale

Le gouvernement peut améliorer le niveau de vie des personnes pauvres en augmentant leur revenu. Pour ce faire, il peut mettre en place un système d'aide sociale. L'**aide sociale** est un terme générique qui regroupe plusieurs programmes gouvernementaux. Au Canada, les programmes d'aide sociale relèvent de la compétence des gouvernements provinciaux, bien qu'une partie du financement provienne du gouvernement fédéral.

Aide sociale
Programmes gouvernementaux qui augmentent le revenu des personnes dans le besoin.

Les caractéristiques des programmes d'aide sociale et la générosité de l'aide varient considérablement d'une province à l'autre. Toutefois, ces programmes ont quelques points en commun. La plupart font la distinction entre les personnes considérées aptes au travail et celles qui ne le sont pas. Les gens qui sont considérés comme étant aptes au travail reçoivent généralement des prestations plus faibles. Les personnes qui ne sont pas aptes au travail, les familles avec enfants et les personnes handicapées reçoivent des prestations plus élevées.

Les programmes d'aide sociale sont souvent critiqués parce qu'ils n'incitent pas au travail. Par exemple, la somme versée par le gouvernement diminue si une personne gagne un autre revenu. Dans le passé, plusieurs provinces réduisaient la prestation d'un dollar pour chaque dollar gagné par l'individu. En somme, le taux marginal d'imposition sur le revenu gagné était de 100 %. Bien entendu, cela dissuade les prestataires d'aide sociale de chercher du travail pour augmenter leur revenu et tend à les confiner à ce programme. En réponse à ce problème, plusieurs provinces ont réduit le taux marginal d'imposition du revenu gagné par les prestataires d'aide sociale. Il demeure cependant élevé, soit plus de 70 % dans la plupart des provinces ou territoires.

L'impôt négatif sur le revenu

Dès qu'un gouvernement choisit un régime fiscal particulier, cela a un impact sur la répartition du revenu. Dans un régime fiscal progressif, les familles à haut revenu paient un pourcentage plus élevé de leur revenu en impôt que les familles à faible revenu. Comme il en a été question au chapitre 12, on doit élaborer un régime fiscal en gardant à l'esprit la notion d'équité.

Plusieurs économistes proposent d'augmenter le revenu des personnes pauvres en utilisant un système d'**impôt négatif sur le revenu**. Dans ce système, chaque famille doit déclarer son revenu au gouvernement. Les familles à haut revenu devraient payer des impôts selon leur revenu, tandis que les familles à faible revenu recevraient un transfert. Autrement dit, ces familles à revenu modeste devraient « payer » un « impôt négatif ».

Impôt négatif sur le revenu
Régime fiscal qui prélève des impôts auprès des ménages à haut revenu et donne des transferts aux ménages à faible revenu.

Par exemple, supposons que le gouvernement utilise la formule suivante pour calculer le montant d'impôt à payer :

$$\text{Impôt à payer} = (\tfrac{1}{3} \text{ du revenu}) - 10\,000\,\$$$

D'après cette formule, une famille qui gagne 60 000 $ devrait payer 10 000 $ sous forme d'impôt, alors qu'une famille ayant un revenu de 90 000 $ devrait débourser 20 000 $ en impôt. De même, une famille gagnant un revenu de 30 000 $ ne paierait aucun impôt. Enfin, une famille ayant un revenu de 15 000 $ devrait « payer » –5 000 $. Autrement dit, le gouvernement devrait envoyer un chèque de 5 000 $ à cette famille.

Dans un régime fiscal à impôt négatif sur le revenu, les familles pauvres reçoivent une aide financière sans avoir à faire la démonstration qu'elles en ont besoin. La seule preuve requise pour recevoir de l'aide est d'avoir un faible revenu. Selon les points de vue, ce dernier aspect est un avantage ou un désavantage. Pour certains analystes, contrairement au système d'aide sociale, l'impôt négatif sur le revenu n'encourage pas indûment les naissances et ne brise pas les familles. Pour d'autres analystes, l'impôt négatif sur le revenu se trouve à subventionner des gens paresseux qui ne méritent pas l'aide du gouvernement.

Les transferts en nature

Une autre façon d'aider les pauvres est de leur fournir directement des biens et des services dont ils ont besoin pour augmenter leur niveau de vie. Par exemple, des organismes de charité donnent aux pauvres de la nourriture, un abri pour la nuit et des jouets pour les enfants lors d'occasions spéciales. Au Canada, les transferts en nature fournis par le gouvernement incluent les habitations à loyer modique et les garderies subventionnées. Le système public de santé, financé à même les impôts sur le revenu et les taxes sur la masse salariale, peut aussi être considéré comme un transfert en nature pour les pauvres.

Est-il préférable d'aider les pauvres avec des transferts en nature ou avec de l'argent versé directement ? La réponse n'est pas évidente.

Les tenants des transferts en nature avancent que ces derniers permettent de s'assurer que les pauvres obtiennent ce dont ils ont le plus besoin. Les problèmes liés à l'abus d'alcool ou de drogues se rencontrent plus souvent chez les pauvres que dans le reste de la société. En donnant aux pauvres des biens et des services comme de la nourriture ou des vêtements, la société s'assure de ne pas encourager la toxicomanie. C'est l'une des raisons qui permettent d'expliquer pourquoi, sur le plan politique, les transferts en nature sont généralement préférés au versement direct d'argent comme mesure d'aide.

Toutefois, il y a aussi des gens qui croient que les transferts en nature sont une mesure d'aide inefficace et irrespectueuse. Le gouvernement ne peut être certain de connaître les biens et les services dont les pauvres ont vraiment besoin. Beaucoup de gens pauvres sont des personnes ordinaires qui vivent une période difficile. Malgré ces difficultés, ce sont ces personnes qui sont les mieux placées pour décider de ce qui permettrait d'améliorer leur niveau de vie. Plutôt que de donner à ces personnes pauvres des transferts en nature sous forme de biens et de services dont elles ne veulent peut-être pas, il vaut mieux leur verser de l'argent directement et les laisser acheter ce qu'elles croient être le mieux pour elles.

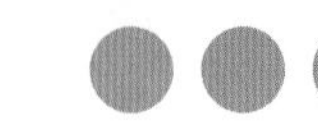

L'assurance emploi

L'assurance emploi (AE) permet au gouvernement d'offrir un revenu de remplacement aux personnes qui sont temporairement sans emploi.

L'AE est destinée aux travailleurs qui perdent leur emploi malgré eux; ceux qui démissionnent ou sont congédiés pour une raison valable n'y ont pas droit. Pour être admissible à l'AE, on doit avoir travaillé un certain nombre d'heures depuis sa dernière période de chômage. Le niveau des prestations est situé à 55 % du salaire avant la perte d'emploi, jusqu'à un maximum équivalant au salaire industriel moyen. Les chômeurs peuvent recevoir des prestations pendant un maximum de 45 semaines.

Il y a un débat entourant l'AE au Canada : devrait-elle être organisée selon les principes d'un programme d'assurance ou fonctionner comme un simple programme de transfert de revenus ? Les analystes qui sont convaincus que l'AE devrait être organisée selon les principes d'un programme d'assurance mettent en lumière certaines des caractéristiques actuelles du programme. Les fonds utilisés pour l'AE proviennent de cotisations payées par les employés et les employeurs. Les taux de cotisation sont les mêmes pour les employés et les employeurs de tous les domaines, même si l'on retrouve un plus grand risque de chômage dans certaines industries et professions. Par exemple, l'industrie de la construction connaît des variations cycliques et saisonnières. Un travailleur de la construction est plus susceptible d'être mis en chômage que, par exemple, un professeur d'université. Pourtant, si le travailleur de la construction et le professeur d'université gagnent le même salaire, ces travailleurs et leurs employeurs paieront les mêmes cotisations à l'AE.

Le fait que les cotisations à l'AE soient les mêmes dans ces deux situations vient en contradiction avec l'un des principes les plus importants de l'assurance : les individus à haut risque devraient payer une prime plus élevée que les individus à faible risque. Par exemple, les primes d'assurance automobile payées par les jeunes hommes célibataires sont plus élevées que celles payées par les femmes mariées plus âgées, parce que les jeunes conducteurs ont un plus grand risque d'avoir un accident d'automobile. De la même façon, les gens ayant un mauvais dossier de conduite paient des primes plus élevées que les personnes ayant un bon dossier de conduite. En somme, une vraie assurance prend en compte l'expérience passée de l'assuré.

C'est dans cet esprit que le système d'AE a fait l'objet d'une profonde réforme en 2013. On prend désormais en considération l'expérience passée du travailleur lors du traitement de sa demande de prestation. En effet, le ministère fédéral des Ressources humaines définit trois catégories de prestataires : les travailleurs de longue date, les prestataires fréquents et les prestataires occasionnels. Pour chaque catégorie de prestataires, le Ministère détermine des exigences relatives à la recherche d'un nouvel emploi. Par exemple, les exigences sont plus élevées pour un prestataire fréquent que pour les autres types de prestataires. En effet, le Ministère précise :

- « De la première à la sixième semaine de votre demande d'assurance emploi, vous devrez effectuer une recherche pour un emploi semblable à celui que vous

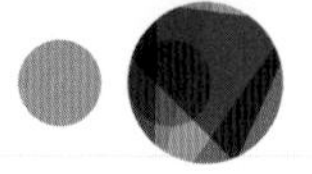

occupez habituellement et accepter un salaire à partir de 80 % de votre salaire précédent, mais qui n'est pas inférieur au salaire minimum en vigueur dans la province ou le territoire où l'emploi est offert.

- À partir de la septième semaine de votre demande, vous devrez élargir votre recherche d'emploi pour inclure tout travail pour lequel vous êtes qualifié (avec une formation en milieu de travail, au besoin) et accepter un salaire à partir de 70 % de votre salaire précédent, mais qui n'est pas inférieur au salaire minimum en vigueur dans la province ou le territoire où l'emploi est offert. »

La récente réforme ne module pas les taux de cotisations des travailleurs en fonction des risques de chômage ; elle module plutôt les prestations auxquelles ils ont droit en fonction des risques de chômage.

D'aucuns sont d'avis que la réforme de l'AE va trop loin. Ils soulignent que les prestataires fréquents se retrouvent plus souvent dans les régions et que la réforme contribuera à vider celles-ci de leurs forces vives. D'autres pensent au contraire que la réforme ne va pas assez loin, puisque rien n'est fait pour que le système d'AE fonctionne véritablement selon les principes d'une assurance. Le système d'AE au Canada devrait-il suivre de plus près les principes d'assurance ? Cette question complexe continue d'alimenter les discussions.

MINITEST

- Nommez trois politiques gouvernementales qui visent à aider les pauvres et exposez les avantages et les inconvénients de chacune d'elles.

Conclusion

Il y a longtemps que l'être humain se questionne sur la distribution du revenu dans la société. Selon Platon, le célèbre philosophe grec, dans une société idéale, le revenu de la personne la plus riche serait au plus quatre fois plus élevé que celui de la personne la plus pauvre. Bien qu'il soit difficile de mesurer l'inégalité, il est clair que notre société connaît beaucoup plus d'inégalité que ce que Platon recommandait.

L'un des **dix principes d'économie** évoqués au chapitre 1 souligne que le gouvernement peut parfois améliorer les solutions de marché. Toutefois, il n'y a pas de consensus sur la façon dont on devrait appliquer ce principe à la question de la distribution du revenu. Les philosophes et les pouvoirs publics ne s'entendent ni sur le degré d'inégalité dans notre économie, ni sur la pertinence d'avoir des politiques gouvernementales visant à modifier la distribution du revenu. Les opinions divergent aussi au sein du public en général. Chaque fois que le gouvernement hausse les impôts, les politiciens débattent en vue de déterminer si cette hausse sera absorbée par les riches, les pauvres ou la classe moyenne.

Un autre des **dix principes d'économie** stipule que les gens sont soumis à des arbitrages. Il faut garder ce principe à l'esprit lorsqu'il est question d'inégalité économique. Les politiques gouvernementales créent une désincitation à l'effort si elles pénalisent ceux qui ont du succès et récompensent ceux qui n'en ont pas. En somme, les pouvoirs publics font face à un arbitrage entre égalité et efficience. Plus le gâteau est divisé en morceaux égaux, plus le gâteau devient petit. Voilà une leçon à tirer de notre analyse de la distribution du revenu sur laquelle presque tout le monde peut s'entendre.

Résumé

- Les données sur la distribution du revenu montrent une forte inégalité dans notre société. Le cinquième de la population la plus riche gagne un revenu beaucoup plus élevé que celui du cinquième de la population la plus pauvre.
- Les transferts en nature, le cycle de vie, les revenus temporaires et la mobilité économique sont d'importants facteurs explicatifs de la variation du revenu. En raison de ces facteurs, il devient difficile d'évaluer le degré d'inégalité dans notre société au moyen de données qui ne portent que sur une seule année. Lorsque ces facteurs sont pris en compte, on constate que le bien-être économique est réparti plus également que le revenu annuel.
- Les philosophes ont différents points de vue sur le rôle du gouvernement dans la redistribution du revenu. Les utilitaristes (comme John Stuart Mill) choisissent une distribution du revenu qui permet de maximiser la somme des utilités de chaque membre de la société. Les tenants du libéralisme politique (comme John Rawls) déterminent la distribution du revenu à partir d'une position originelle derrière un voile d'ignorance qui empêche de savoir à l'avance si l'on sera riche ou pauvre. Pour les tenants du libertarianisme (comme Robert Nozick), le gouvernement doit seulement protéger les droits individuels pour s'assurer d'un processus équitable, sans égard à la distribution du revenu.
- Diverses politiques gouvernementales viennent en aide aux pauvres, comme les lois sur le salaire minimum, l'aide sociale, l'impôt négatif sur le revenu et les transferts en nature. Ces politiques permettent à certaines familles de se sortir de la pauvreté. Toutefois, elles comportent aussi des conséquences non voulues et indésirables. Comme l'aide financière diminue à mesure que le revenu augmente, les pauvres font souvent face à des taux marginaux d'imposition très élevés. Des taux élevés découragent les familles qui veulent augmenter leur revenu pour améliorer leur sort.

Concepts clés

Aide sociale, p. 431

Assurance sociale, p. 428

Critère du maximin, p. 428

Hypothèse du cycle de vie, p. 422

Impôt négatif sur le revenu, p. 431

Libéralisme politique, p. 427

Libertarianisme, p. 428

Revenu permanent, p. 422

Seuil de pauvreté, p. 419

Taux de pauvreté, p. 419

Transferts en nature, p. 421

Utilitarisme, p. 426

Utilité, p. 426

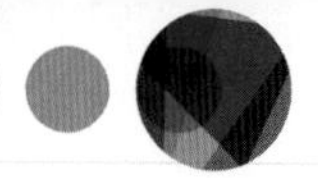

Questions de révision

1. Comment le degré d'inégalité du revenu au Canada se compare-t-il à ce qu'on trouve dans les autres pays du monde ?
2. Dans quels groupes de la société trouve-t-on plus de pauvreté ?
3. Pourquoi les variations de revenu temporaires ou liées au cycle de vie compliquent-elles l'analyse de l'inégalité du revenu ?
4. Décrivez comment les tenants de l'utilitarisme, du libéralisme politique et du libertarianisme envisagent les inégalités de revenu.
5. Quels sont les avantages et les inconvénients à utiliser les transferts en nature pour venir en aide aux pauvres ?
6. Expliquez pourquoi des programmes de lutte contre la pauvreté peuvent créer de la désincitation au travail. Comment peut-on réduire ce problème ? Quels seraient les désavantages des mesures que vous proposez ?
7. Le Régime d'assurance emploi devrait-il fonctionner selon les principes d'un programme de transfert de revenus ou plutôt selon les principes d'une assurance ?

Approfondissements

7
PARTIE

La théorie du choix du consommateur

Lorsque vous entrez dans un magasin, vous avez la possibilité d'acheter des milliers d'articles. Bien entendu, en raison de vos ressources financières limitées, il vous est impossible de tout acheter. Après avoir considéré le prix des articles offerts, vous achetez des biens qui, au regard de vos ressources, répondent à vos besoins et à vos désirs.

Dans ce chapitre, nous présenterons une théorie qui explique comment les consommateurs en arrivent à choisir un bien plutôt qu'un autre. Jusqu'à présent dans cet ouvrage, les décisions du consommateur ont été illustrées par la courbe de demande. Comme nous l'avons vu, la courbe de demande reflète la quantité demandée d'un bien pour chaque niveau de prix. Lorsque le prix d'un bien augmente, la quantité demandée de ce bien diminue. Nous allons maintenant nous pencher plus longuement sur les décisions qui sous-tendent la courbe de demande, à l'aide de la théorie du choix du consommateur.

Un des **dix principes d'économie** évoqués au chapitre 1 est que les gens sont soumis à des arbitrages. La théorie du choix du consommateur examine les arbitrages auxquels les gens font face à titre de consommateurs. Un consommateur qui achète un bien dispose alors de ressources moindres pour acheter d'autres biens. Une personne qui augmente ses heures de loisir et réduit ses heures de travail dispose d'un revenu plus faible qui limite sa consommation. Une personne qui augmente ses dépenses et épargne moins dans la période courante doit comprendre qu'elle aura un niveau de consommation plus faible dans le futur. La théorie du choix du consommateur examine ces divers arbitrages et les décisions des consommateurs qui en résultent.

Après avoir présenté les principes de base de la théorie du choix du consommateur, nous chercherons à les appliquer à diverses questions auxquelles font face les ménages. Voici quelques exemples :

- Les courbes de demande ont-elles toutes une pente négative ?
- Comment les salaires influent-ils sur l'offre de travail ?
- Comment les taux d'intérêt influent-ils sur l'épargne des ménages ?

De prime abord, ces questions peuvent sembler ne pas être liées les unes aux autres. Toutefois, comme nous le verrons plus loin, la théorie du choix du consommateur permet de répondre à chacune d'elles.

La contrainte budgétaire : ce que le consommateur peut acheter

La majorité des gens voudrait augmenter la quantité ou la qualité des biens qu'ils consomment. Plusieurs d'entre nous aimeraient avoir des vacances plus longues, conduire une automobile plus luxueuse ou manger dans de meilleurs restaurants. Les gens ne consomment pas tout ce qu'ils veulent parce qu'ils sont limités par leur revenu. Nous amorcerons notre analyse du choix du consommateur en examinant le lien entre le revenu et la consommation.

Afin de simplifier les choses, supposons qu'un consommateur donné n'achète que deux biens : de la pizza et du cola. Il va sans dire que le consommateur moyen achète des milliers de biens différents. Néanmoins, la simplification qui est ici proposée n'altère en rien les fondements de l'analyse du choix du consommateur. C'est le revenu du consommateur qui limite ses achats de pizzas et de cola. Supposons que notre consommateur dispose d'un revenu mensuel de 1 000 $ et que tout son revenu soit consacré à l'achat de pizzas, vendues 10 $ chacune et à l'achat de cola, au prix de 2 $ le litre.

Le tableau de la figure 21.1 montre certaines des combinaisons de pizzas et de cola que notre consommateur peut acheter. La première ligne du tableau nous permet de constater que si notre consommateur alloue tout son revenu à l'achat de pizzas, il pourra s'en procurer 100, mais devra renoncer au cola. La seconde ligne du tableau nous montre une autre combinaison possible : 90 pizzas et 50 L de cola, et ainsi de suite, étant donné que chaque combinaison du tableau coûte exactement 1 000 $.

Le graphique de la figure 21.1 illustre les diverses combinaisons possibles pour le consommateur. Le nombre de pizzas se trouve sur l'axe horizontal alors que l'axe vertical mesure le nombre de litres de cola. Trois points sont indiqués sur cette figure. Au point A, le consommateur ne consomme pas de cola, mais achète 100 pizzas. Au point B, le consommateur ne consomme pas de pizzas, mais achète 500 L de cola. Au point C, le consommateur achète 50 pizzas et 250 L de cola. Le point C, situé au milieu de la ligne joignant le point A au point B, est la combinaison où la moitié du revenu est dépensée pour chaque bien. Bien entendu, il y a d'autres combinaisons possibles, qu'on trouve sur la ligne joignant le point A au point B. Cette ligne, appelée **contrainte budgétaire,** illustre les combinaisons de biens que le consommateur peut acheter. Dans le cas présent, la contrainte budgétaire montre l'arbitrage entre la pizza et le cola auquel le consommateur fait face.

Contrainte budgétaire
Limite des combinaisons possibles de biens que le consommateur peut acheter.

La pente de la contrainte budgétaire mesure le taux auquel le consommateur peut échanger un bien pour l'autre. Nous avons vu, en annexe du chapitre 2, qu'on calcule la pente d'une droite en divisant la distance verticale entre deux points par la distance horizontale entre ces deux mêmes points. Du point A au point B, la distance verticale est de 500 L de cola alors que la distance horizontale est de 100 pizzas. La pente de cette courbe est donc de 5 L de cola par pizza. (La pente a une valeur négative. Toutefois, aux fins de notre analyse, le signe *moins* peut être laissé de côté.)

FIGURE 21.1

La contrainte budgétaire du consommateur

QUANTITÉ DE PIZZAS	LITRES DE COLA	DÉPENSE EN PIZZAS ($)	DÉPENSE EN COLA ($)	DÉPENSE TOTALE ($)
100	0	1000	0	1000
90	50	900	100	1000
80	100	800	200	1000
70	150	700	300	1000
60	200	600	400	1000
50	250	500	500	1000
40	300	400	600	1000
30	350	300	700	1000
20	400	200	800	1000
10	450	100	900	1000
0	500	0	1000	1000

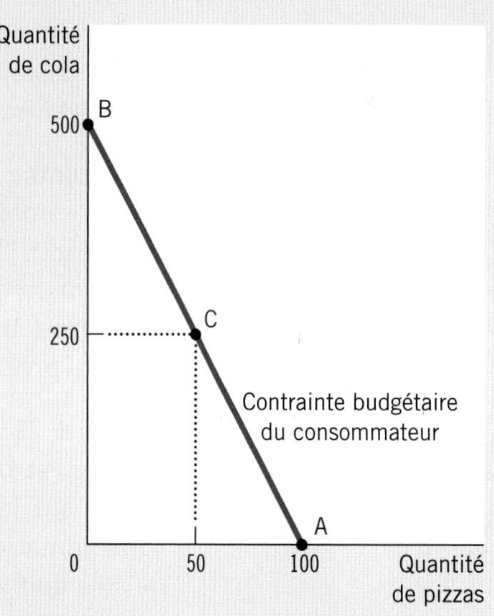

La contrainte budgétaire illustre les différentes combinaisons de biens qui sont accessibles, étant donné le revenu du consommateur. Dans le cas présent, le consommateur achète des pizzas et du cola. Le tableau et le graphique montrent ce que le consommateur peut acheter avec un budget de 1000$ si le prix de la pizza est de 10$ l'unité et si le prix du cola est de 2$ le litre.

Notez que la pente de la contrainte budgétaire correspond au prix relatif des deux biens, soit le prix d'un bien comparé au prix de l'autre bien. Une pizza coûte cinq fois plus cher que 1 L de cola, de sorte que le coût de renonciation d'une pizza est de 5 L de cola. La pente de la contrainte budgétaire, évaluée ici à 5, reflète l'arbitrage auquel est soumis le consommateur : une pizza pour 5 L de cola.

MINITEST

- Tracez une contrainte budgétaire pour une personne dont le revenu est de 1 000 $, sachant que le prix d'une pizza est de 10 $ et que le prix de 1 L de cola est de 5 $. Quelle est la pente de cette contrainte budgétaire ?

Les préférences : ce que le consommateur désire

Notre but premier dans ce chapitre est de comprendre les choix des consommateurs. La contrainte budgétaire constitue le premier élément de cette analyse. Elle illustre les combinaisons de biens que le consommateur peut acheter en considérant son revenu et les prix des biens. Cependant, les choix du consommateur ne dépendent pas seulement de la contrainte budgétaire, mais aussi de ses préférences pour les deux biens. Nous nous tournons maintenant vers ce deuxième élément de notre analyse.

Les courbes d'indifférence

Les préférences du consommateur lui permettent de choisir différentes combinaisons de pizzas et de cola. S'il doit choisir entre deux combinaisons différentes, le consommateur opte pour celle qui correspond le mieux à ses goûts. Si les deux combinaisons lui semblent équivalentes, on dit du consommateur qu'il est *indifférent* par rapport à ces deux combinaisons.

Tout comme la contrainte budgétaire, les préférences du consommateur peuvent être présentées graphiquement. Pour ce faire, nous utiliserons les courbes d'indifférence. Une **courbe d'indifférence** illustre les combinaisons de biens qui donnent au consommateur le même niveau de satisfaction. Dans le cas présent, les courbes d'indifférence montrent les différentes combinaisons de pizzas et de cola qui procurent au consommateur le même niveau de satisfaction.

Courbe d'indifférence
Courbe qui illustre les différentes combinaisons de biens qui procurent au consommateur le même niveau de satisfaction.

La figure 21.2 montre deux des nombreuses courbes d'indifférence. Le consommateur est indifférent envers les combinaisons A, B et C, car elles se trouvent toutes sur la même courbe. De façon évidente, si le consommateur réduit sa consommation de pizzas, en passant du point A au point B, la consommation de cola doit augmenter pour que le consommateur conserve le même niveau de satisfaction. Si la consommation de pizzas est réduite de nouveau, en passant du point B au point C, la quantité consommée de cola doit une fois de plus augmenter.

La pente, en tout point sur une courbe d'indifférence, correspond au taux auquel un consommateur est prêt à échanger un bien pour un autre. Ce taux est dénommé **taux marginal de substitution** (*TmS*). Dans le cas présent, le taux marginal de substitution mesure le nombre d'unités de cola nécessaires au consommateur pour compenser la réduction d'une unité de pizza, tout en conservant le même

Taux marginal de substitution
Taux auquel un consommateur est prêt à échanger un bien pour un autre, tout en conservant le même niveau de satisfaction.

FIGURE 21.2

Les préférences du consommateur

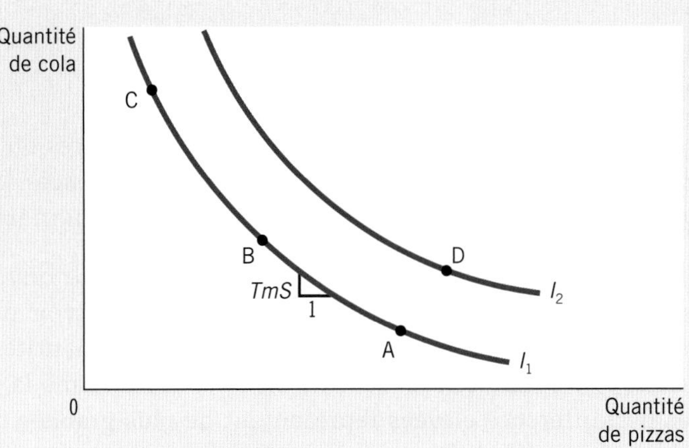

Les préférences du consommateur sont représentées par des courbes d'indifférence qui montrent les différentes combinaisons de pizzas et de cola qui procurent le même niveau de satisfaction au consommateur. Comme le consommateur préfère avoir plus d'unités d'un bien, les points situés sur une courbe d'indifférence élevée (I_2, par exemple) sont préférés aux points situés sur une courbe d'indifférence basse (I_1, par exemple). Le taux marginal de substitution (*TmS*) est le taux auquel le consommateur est prêt à échanger du cola contre de la pizza.

niveau de satisfaction. Notons que, puisque les courbes d'indifférence ne sont pas des lignes droites, le taux marginal de substitution ne sera pas le même pour tous les points d'une courbe d'indifférence donnée. Le taux auquel un consommateur est prêt à échanger un bien pour un autre dépend de sa consommation actuelle des deux biens. Autrement dit, le taux auquel un consommateur est prêt à échanger de la pizza pour du cola varie selon qu'il a faim ou qu'il a soif. Cette soif (ou cette faim) est liée à son tour à la quantité de pizzas et à la quantité de litres de cola qu'il consomme.

Le consommateur ressent le même niveau de satisfaction en tout point sur une courbe d'indifférence donnée. Toutefois, certaines courbes d'indifférence sont préférées à d'autres. Comme le consommateur préfère une grande consommation à une faible consommation, il préférera les courbes d'indifférence élevées plutôt que les courbes d'indifférence basses. Dans le cas illustré par la figure 21.2, le consommateur préfère tout point sur la courbe I_2 à tout point sur la courbe I_1.

L'ensemble des courbes d'indifférence d'un consommateur permet de classer les préférences de ce consommateur. Autrement dit, on peut utiliser les courbes d'indifférence pour classer une combinaison de biens par rapport à une autre. Par exemple, les courbes d'indifférence indiquent que le point D est préféré au point A, parce que le point D est situé sur une courbe d'indifférence plus élevée que celle où se trouve le point A. Cette conclusion peut sembler évidente, puisque le point D représente une plus grande quantité de pizzas et une plus grande quantité de cola par rapport à ce qu'on observe au point A. Un autre exemple sera encore plus éclairant. Les courbes d'indifférence indiquent que le point D est préféré au point C parce que le point D est situé sur une courbe d'indifférence plus élevée que celle où l'on trouve le point C. Le point D est une combinaison où l'on trouve moins de cola qu'au point C. Cependant, il y a suffisamment de pizzas supplémentaires au point D pour que le consommateur le préfère au point C.

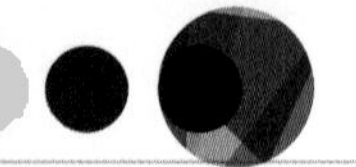

En déterminant comment chaque point se situe sur une courbe d'indifférence donnée, on en arrive à classer toutes les combinaisons possibles de pizzas et de cola.

Les quatre propriétés des courbes d'indifférence

Puisque les courbes d'indifférence représentent les préférences du consommateur, elles ont certaines propriétés qui reflètent ces préférences. Considérons quatre propriétés qui caractérisent la plupart des courbes d'indifférence:

- *Propriété 1: Les courbes d'indifférence élevées sont préférées aux courbes d'indifférence basses.* Les consommateurs préfèrent généralement avoir plus de biens que moins de biens. Cette préférence pour les plus grandes quantités est reflétée dans les courbes d'indifférence. Comme on le constate dans la figure 21.2, les courbes d'indifférence élevées représentent de plus grandes quantités de biens que les courbes d'indifférence basses. En conséquence, le consommateur préfère choisir un point situé sur une courbe d'indifférence élevée plutôt que sur une courbe d'indifférence basse.
- *Propriété 2: Les courbes d'indifférence ont une pente négative.* La pente d'une courbe d'indifférence reflète le taux auquel un consommateur est prêt à échanger un bien pour un autre, tout en conservant le même niveau de satisfaction. Dans la plupart des cas, le consommateur désire consommer les deux biens. En conséquence, si la quantité consommée d'un bien diminue, le consommateur doit augmenter la quantité consommée de l'autre bien afin de maintenir son niveau de satisfaction. C'est la raison pour laquelle les courbes d'indifférence ont une pente négative.
- *Propriété 3: Les courbes d'indifférence ne peuvent se croiser.* Pour vérifier la véracité de cette affirmation, imaginons une situation où deux courbes se croisent, comme c'est le cas dans la figure 21.3. Les points A et B procurent au consommateur le même niveau de satisfaction, puisqu'ils se trouvent sur la même courbe d'indifférence. De plus, les points B et C donnent aussi au consommateur le même niveau de satisfaction, puisqu'ils sont sur la même courbe d'indifférence. Cela implique donc que les points A et C procurent au consommateur le même niveau de satisfaction. Pourtant, le point C est une combinaison où il y a plus

FIGURE 21.3

Des courbes d'indifférence qui se croisent

Une telle situation ne peut pas se produire. En analysant ces courbes d'indifférence, on constate que le consommateur ressent le même niveau de satisfaction envers les combinaisons associées aux points A, B et C. Pourtant, le point C correspond à un plus grand nombre de pizzas et de litres de cola que ce qu'on trouve au point A.

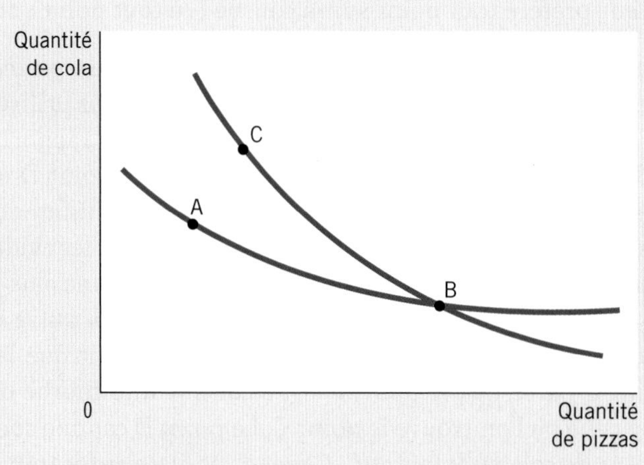

des deux biens. Le consommateur ne peut être indifférent s'il a à choisir entre le point A et le point C, car cela contredirait l'hypothèse évoquée plus tôt, à savoir que le consommateur préfère une plus grande quantité des deux biens plutôt qu'une petite quantité des deux biens. C'est pour cette raison que des courbes d'indifférence ne peuvent se croiser.

- *Propriété 4: Les courbes d'indifférence sont convexes.* La pente d'une courbe d'indifférence est le taux marginal de substitution, soit le taux auquel le consommateur est prêt à échanger un bien pour un autre tout en conservant le même niveau de satisfaction. Le taux marginal de substitution dépend généralement de la quantité de chaque bien qui est déjà consommée par le consommateur. De plus, les gens préfèrent céder les biens qu'ils possèdent en abondance plutôt que de céder ceux qu'ils possèdent en moins grande quantité. Cela explique pourquoi les courbes d'indifférence sont convexes par rapport à l'origine. Analysons un exemple à partir de la figure 21.4. Au point A, le consommateur a peu de pizzas et beaucoup de litres de cola. Il a donc plus faim que soif. Pour que le consommateur cède une pizza dans cette circonstance, on devra lui donner 6 L de cola. Le taux marginal de substitution est ici de 6 L de cola par pizza. Par contraste, au point B, le consommateur a peu de cola et beaucoup de pizzas. Il a donc plus soif que faim. Dans ce cas, le consommateur sera prêt à céder 1 pizza pour 1 L de cola. Le taux marginal de substitution est ici de 1 L de cola par pizza. En somme, une courbe d'indifférence convexe reflète le fait que le consommateur est plus prêt à céder un bien qu'il possède en grande quantité.

Les courbes d'indifférence convexes

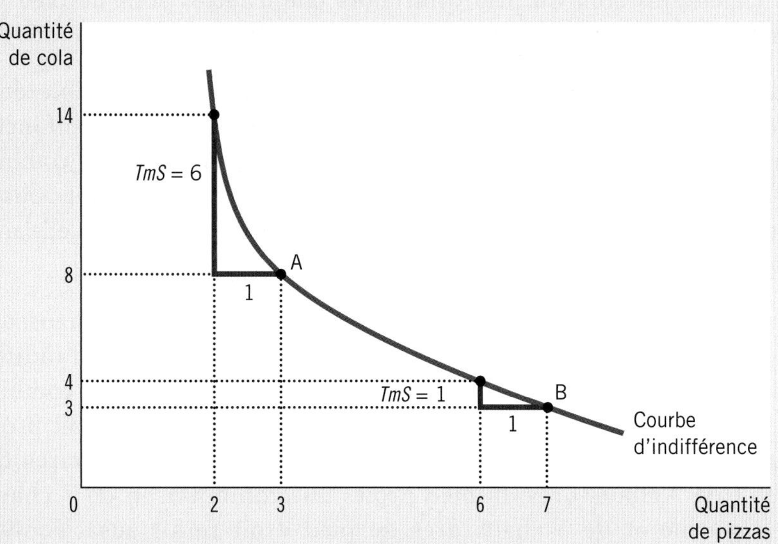

Les courbes d'indifférence sont convexes par rapport à l'origine. La forme de ces courbes implique que le taux marginal de substitution (*TmS*) dépend des quantités consommées des deux biens. Au point A, le consommateur a peu de pizzas et beaucoup de litres de cola. Dans ce cas, pour que le consommateur accepte de céder une pizza, on devra lui donner beaucoup de cola. Le taux marginal de substitution est ici de 6 L de cola par pizza. Au point B, le consommateur a beaucoup de pizzas et peu de cola. Dans cette circonstance, pour que le consommateur accepte de céder une pizza, il suffit de lui donner un peu de cola. Le taux marginal de substitution est ici de 1 L de cola par pizza.

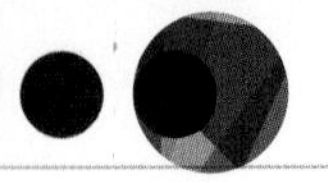

Les courbes d'indifférence : deux cas particuliers

La forme d'une courbe d'indifférence nous renseigne sur la quantité donnée d'un bien que le consommateur est prêt à céder afin d'obtenir une quantité donnée de l'autre bien, tout en gardant le même niveau de satisfaction. Les courbes d'indifférence sont moins convexes (donc plus droites) lorsque les biens en question peuvent être facilement substitués, alors qu'elles sont très convexes lorsque les biens en question ne peuvent que difficilement être substitués. Pour mieux comprendre ces affirmations, examinons deux cas particuliers.

Les substituts parfaits

Supposons qu'on vous offre des combinaisons de pièces de 1 $ et de pièces de 2 $. Comment classeriez-vous ces combinaisons ?

Vous seriez sans doute simplement préoccupé par la valeur monétaire de chaque combinaison. En effet, parce que chaque pièce de 2 $ procure deux fois plus de satisfaction qu'une pièce de 1 $, vous seriez toujours prêt à échanger une pièce de 2 $ pour deux pièces de 1 $, peu importe la quantité de chacune de ces pièces qui se retrouve dans une combinaison donnée. Le taux marginal de substitution entre les pièces de 1 $ et les pièces de 2 $ est égal à un nombre constant : 2.

On peut représenter les préférences envers les pièces de 1 $ et les pièces de 2 $ à l'aide des courbes d'indifférence qu'on voit sur le graphique a) de la figure 21.5. Les courbes d'indifférence sont des lignes droites, parce que le taux marginal de substitution est constant. Dans ce cas, on peut dire que les deux biens sont des **substituts parfaits.**

Substituts parfaits
Deux biens pour lesquels les courbes d'indifférence sont des lignes droites.

Les compléments parfaits

Supposons qu'on vous offre diverses combinaisons de chaussures. Certaines de ces chaussures sont du pied droit alors que d'autres sont du pied gauche. Comment classeriez-vous ces combinaisons ?

Dans le cas présent, vous êtes sans doute préoccupé par le nombre de paires de chaussures. Autrement dit, chaque combinaison est évaluée en fonction du nombre de paires qui peuvent être assemblées. Par exemple, une combinaison de 5 chaussures du pied gauche et de 7 chaussures du pied droit vous donne 5 paires. Obtenir une autre chaussure du pied droit est inutile si elle n'est pas accompagnée d'une chaussure du pied gauche.

Les préférences pour les chaussures du pied droit et les chaussures du pied gauche peuvent être représentées par les courbes d'indifférence du graphique b) de la figure 21.5. Comme on peut le voir, une combinaison de 5 chaussures du pied gauche et de 5 chaussures du pied droit procure le même niveau de satisfaction qu'une combinaison de 5 chaussures du pied gauche et de 7 chaussures du pied droit. Une combinaison de 7 chaussures du pied gauche et de 5 chaussures du pied droit serait aussi équivalente. Les courbes d'indifférence sont donc à angle droit. Cela indique des biens qui sont des **compléments parfaits.**

Compléments parfaits
Deux biens pour lesquels les courbes d'indifférence sont à angle droit.

Dans la vraie vie, bien sûr, la plupart des biens ne sont ni de parfaits substituts, comme les pièces de 1 $ et celles de 2 $, ni de parfaits compléments, comme les chaussures du pied droit et celles du pied gauche. À l'exception de cas particuliers, les courbes d'indifférence sont donc convexes.

FIGURE 21.5

Les substituts parfaits et les compléments parfaits

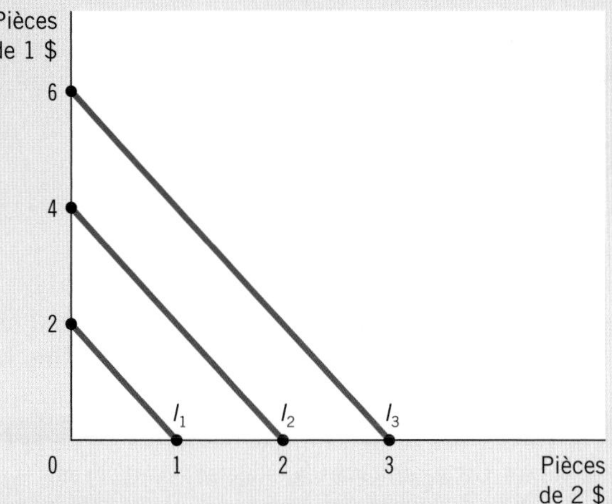

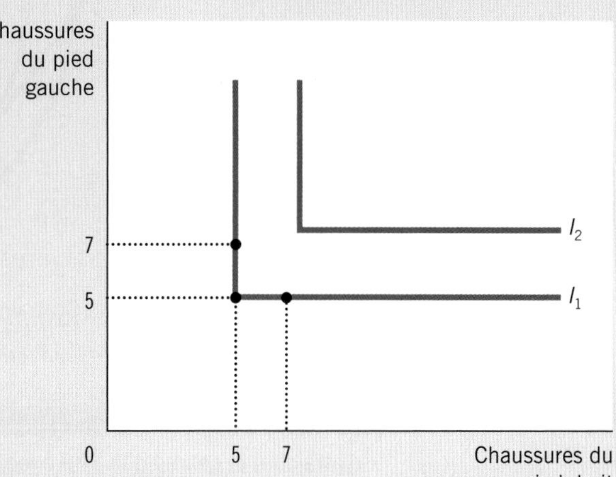

Des biens qui se substituent facilement, comme des pièces de 1 $ et des pièces de 2 $, donnent des courbes d'indifférence qui sont des lignes droites, comme on le voit sur le graphique a). Des compléments parfaits, comme une chaussure du pied droit et une chaussure du pied gauche, forment des courbes d'indifférence à angle droit, comme on le voit sur le graphique b).

MINITEST

- Tracez quelques courbes d'indifférence pour une combinaison de pizzas et de cola. Expliquez les quatre propriétés de ces courbes d'indifférence.

L'optimisation : ce que le consommateur choisit

Le but de ce chapitre est d'expliquer comment le consommateur effectue ses choix. Nous détenons les deux pièces maîtresses de cette analyse : la contrainte budgétaire et les préférences du consommateur. Utilisons-les toutes les deux afin d'expliquer le comportement du consommateur.

« Et si tu prends celui-ci, ton taux marginal de substitution égalera le prix relatif. »

Les choix du consommateur

Considérons à nouveau notre exemple. Le consommateur aimerait avoir la meilleure combinaison possible de pizzas et de litres de cola. Il s'agit donc de la combinaison située sur la courbe d'indifférence la plus élevée. Toutefois, le consommateur doit aussi se trouver sur ou sous la contrainte budgétaire, laquelle représente ses ressources disponibles.

La figure 21.6 illustre la contrainte budgétaire du consommateur et trois courbes d'indifférence. La courbe d'indifférence la plus élevée que le consommateur peut atteindre (I_2 sur la figure) est celle qui effleure la contrainte budgétaire. Le point

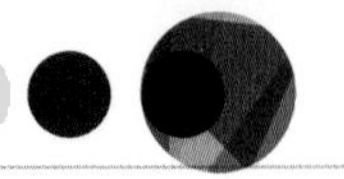

FIGURE 21.6

L'optimum du consommateur

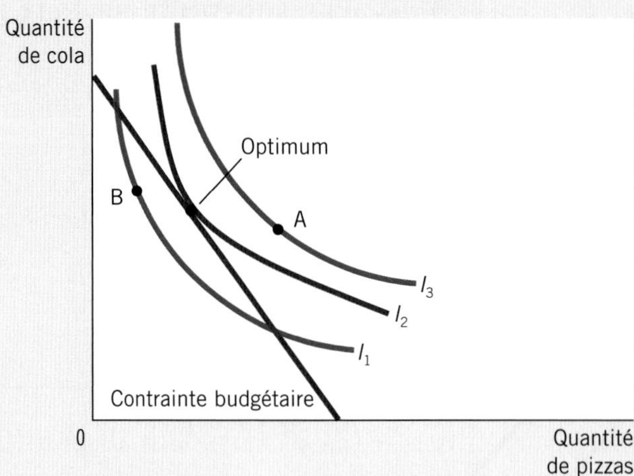

Le consommateur choisit la combinaison de biens située sur la contrainte budgétaire qui permet d'atteindre la courbe d'indifférence la plus élevée. Cette combinaison, appelée *optimum,* est celle où le taux marginal de substitution est égal au prix relatif des deux biens. Dans cette figure, la courbe d'indifférence la plus élevée que le consommateur peut atteindre est I_2. Il est vrai que le consommateur préfère le point A, qui se trouve sur la courbe d'indifférence I_3. Toutefois, cette combinaison de pizzas et de litres de cola est inaccessible, car trop coûteuse pour lui. Par contraste, le point B est une combinaison abordable pour le consommateur, mais comme elle se situe sur une courbe d'indifférence plus basse (I_1), le consommateur ne la choisit pas.

de rencontre entre une courbe d'indifférence et une contrainte budgétaire est appelé *optimum du consommateur.* Le consommateur aimerait bien la combinaison située au point A, mais celle-ci se trouve au-delà de sa contrainte budgétaire. Le consommateur a les moyens de se procurer la combinaison située au point B, mais celle-ci se trouve sur une courbe d'indifférence plus basse et est donc associée à un niveau de satisfaction plus faible. L'optimum représente la meilleure combinaison de pizzas et de cola qui est accessible au consommateur.

Il faut noter qu'à l'optimum du consommateur, la pente de la courbe d'indifférence est égale à la pente de la contrainte budgétaire. La courbe d'indifférence est dite *tangente à la contrainte budgétaire.* La pente de la courbe d'indifférence est le taux marginal de substitution entre la pizza et le cola, alors que la pente de la contrainte budgétaire est le prix relatif de la pizza et du cola. En somme, *la combinaison des deux biens qui est choisie par le consommateur à l'optimum est celle où le taux marginal de substitution est égal au prix relatif.*

Dans le chapitre 7, nous avons vu que le prix du marché reflète la valeur marginale que le consommateur attribue au bien qu'il consomme. Dans le présent chapitre, notre analyse nous conduit à un résultat similaire, mais présenté différemment. Le consommateur opte pour l'optimum, qui se définit par la combinaison de biens où le taux marginal de substitution est égal au prix relatif des biens. Ce prix relatif est une variable donnée sur laquelle le consommateur n'exerce aucun contrôle. Le prix relatif est le taux auquel le *marché* est prêt à échanger un bien pour un autre, alors que le taux marginal de substitution est le taux auquel le *consommateur* est prêt à échanger un bien pour un autre. En situation d'optimum, la valeur relative accordée aux deux biens par le consommateur (mesurée par le taux marginal de substitution) est égale à la valeur relative accordée aux deux biens par le marché (mesurée par le prix relatif). Considérant les choix optimaux des consommateurs, on peut donc dire que les prix du marché des différents biens reflètent la valeur accordée à ces biens par les consommateurs.

Les variations de revenu et le choix du consommateur

Nous venons d'analyser la façon dont le consommateur effectue ses choix de consommation. Nous allons maintenant étudier comment un changement de son revenu influe sur ses choix. Avec un revenu plus élevé, le consommateur est en mesure d'acheter de plus grandes quantités des deux biens. Comme on peut le

BON À SAVOIR

L'utilité : un autre moyen de décrire les préférences et l'optimisation

Nous avons utilisé des courbes d'indifférence pour représenter les préférences du consommateur. Le recours au concept d'*utilité* est un autre moyen courant de les représenter. L'utilité est une mesure abstraite de la satisfaction qu'un ensemble de biens procure au consommateur. Les économistes affirment qu'un consommateur préfère un ensemble de biens à un autre lorsque le premier lui confère une plus grande utilité que le deuxième.

Les courbes d'indifférence et l'utilité sont étroitement associées. Puisque le consommateur privilégie les points situés sur une courbe d'indifférence plus élevée, il s'ensuit que les combinaisons de biens se trouvant sur une telle courbe comportent une plus grande utilité. Comme le consommateur retire une même satisfaction de toutes les combinaisons de biens correspondant aux points d'une même courbe d'indifférence, toutes ces combinaisons de biens procurent la même utilité. On peut donc assimiler une courbe d'indifférence à une courbe à « utilité égale ».

L'*utilité marginale* de tout bien désigne l'accroissement d'utilité que le consommateur obtient d'une unité additionnelle de ce bien. On considère que la plupart des biens ont une *utilité marginale décroissante* : plus nombreuses sont les unités du bien que le consommateur possède déjà, plus faible est l'utilité marginale qu'apporte une unité additionnelle de ce bien.

Le taux marginal de substitution entre deux biens est fonction de l'utilité marginale de chacun des deux biens en question. Par exemple, si l'utilité marginale du bien X est deux fois plus élevée que celle du bien Y, alors une personne devrait obtenir deux unités du bien Y pour compenser la perte d'une unité du bien X, de sorte que le taux marginal de substitution est de 2. Plus généralement, le taux marginal de substitution (et donc la pente de la courbe d'indifférence) est égal au résultat que donne la division de l'utilité marginale d'un premier bien par l'utilité marginale d'un deuxième bien.

L'analyse d'utilité constitue un autre moyen de décrire la démarche d'optimisation du consommateur. Il faut se rappeler ici qu'à l'optimum du consommateur, le taux marginal de substitution est égal au rapport des prix, c'est-à-dire que :

$$TmS = P_X/P_Y$$

Puisque le taux marginal de substitution est égal au rapport entre les utilités marginales (*Um*), on peut représenter une telle condition d'optimisation au moyen de la formule suivante :

$$Um_X/Um_Y = P_X/P_Y$$

On peut maintenant transposer cette formule ainsi :

$$Um_X/P_X = Um_Y/P_Y$$

L'interprétation de cette équation est simple : à l'optimum, l'utilité marginale par dollar dépensé pour le bien X est égale à l'utilité marginale par dollar dépensé pour le bien Y. Pourquoi ? Si cette équation était inexacte, le consommateur pourrait accroître son utilité en dépensant moins d'argent pour le bien qui procure une moins grande utilité marginale par dollar, et plus d'argent pour le bien qui comporte une plus grande utilité marginale par dollar.

Lorsque les économistes traitent de la théorie du choix du consommateur, ils la formulent parfois à l'aide de différents termes. Un économiste pourrait dire que l'objectif du consommateur consiste à maximiser l'utilité. Un autre économiste pourrait affirmer que le consommateur vise plutôt la courbe d'indifférence la plus haute possible. Le premier économiste en conclurait qu'à l'optimum du consommateur, l'utilité marginale par dollar est la même pour tous les biens, tandis que le deuxième en conclurait plutôt que la courbe d'indifférence est tangente à la contrainte budgétaire. Il s'agit en fait de deux façons différentes de dire la même chose.

voir sur la figure 21.7, une hausse du revenu déplace la contrainte budgétaire vers le haut. Le prix relatif des deux biens n'ayant pas changé, la pente de la nouvelle contrainte budgétaire est la même que celle de la contrainte budgétaire initiale. Autrement dit, une augmentation du revenu entraîne un déplacement parallèle de la contrainte budgétaire.

La nouvelle contrainte budgétaire permet au consommateur de choisir une meilleure combinaison de pizzas et de cola parce qu'il peut maintenant atteindre une courbe d'indifférence plus élevée. Compte tenu du déplacement de la contrainte budgétaire et des préférences du consommateur, représentées par les courbes d'indifférence, le choix optimal passe donc de l'optimum initial au nouvel optimum.

On note que dans la figure 21.7, le consommateur choisit maintenant de consommer une plus grande quantité de pizzas et une plus grande quantité de cola. Une hausse de la consommation des deux biens n'est pas le seul résultat possible. Toutefois, c'est le résultat le plus probable, à la lumière de ce que nous avons étudié au chapitre 4. Nous y avons vu que pour un **bien normal**, une hausse du revenu entraîne une hausse de la consommation. Aux fins de notre analyse, nous supposons que la pizza et le cola sont des biens normaux.

Bien normal
Bien pour lequel, toutes choses étant égales par ailleurs, la demande augmente quand le revenu des acheteurs augmente.

La figure 21.8 montre une situation où une hausse du revenu entraîne une augmentation de la consommation de pizzas, mais une baisse de la consommation de cola. Une hausse du revenu qui provoque une baisse de la consommation est caractéristique de ce que les économistes appellent un **bien inférieur.** Dans le cas de la figure 21.8, la pizza est un bien normal alors que le cola est un bien inférieur.

Bien inférieur
Bien pour lequel, toutes choses étant égales par ailleurs, la demande diminue quand le revenu des acheteurs augmente.

La plupart des biens sont des biens normaux, mais il existe des biens inférieurs. Le transport en commun est peut-être un exemple de bien inférieur. Les consommateurs à haut revenu possèdent souvent leur propre véhicule et empruntent moins le transport en commun que les consommateurs à faible revenu.

FIGURE 21.7

Une augmentation du revenu

La contrainte budgétaire se déplace vers le haut à la suite d'une hausse du revenu du consommateur. Si les deux biens sont des biens normaux, alors la hausse du revenu entraîne une augmentation de la quantité consommée des deux biens. Dans ce cas, le consommateur achète plus de pizzas et plus de cola.

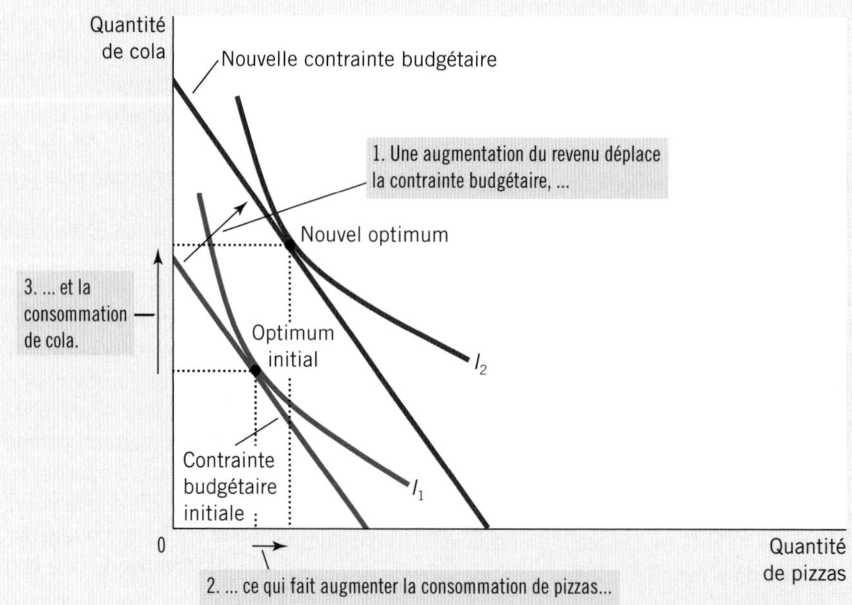

FIGURE 21.8

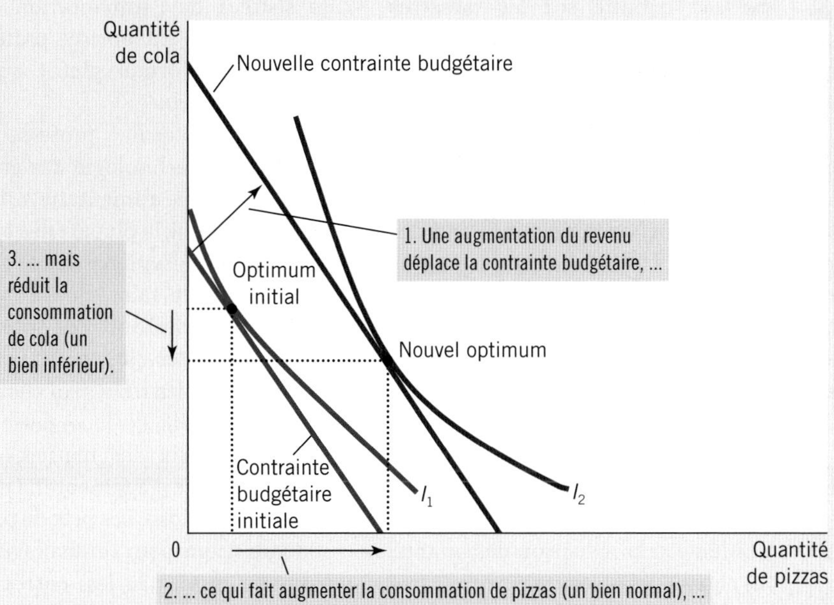

Un bien inférieur

Un bien est inférieur si une hausse du revenu entraîne une baisse de la quantité demandée. Dans ce graphique, le cola est un bien inférieur. La contrainte budgétaire se déplace vers le haut, à la suite d'une hausse du revenu, et le consommateur achète plus de pizzas, mais moins de cola.

DANS L'ACTUALITÉ

Le sous-dimensionnement, une nouvelle ruse des fabricants

Conscientes du fait que de nombreux aliments sont des biens normaux, les entreprises hésitent de plus en plus à hausser leurs prix lorsque leurs coûts augmentent. Comme le montre l'article suivant, elles optent de plus en plus pour le sous-dimensionnement.

Consommation : en avoir moins, au même prix

Émilie Bilodeau

Les sacs de croustilles sont toujours plus gonflés d'air. Les biscuits s'amincissent. Les pots de yogourt sont plus légers. Pourtant, les emballages, eux, changent à peine de forme. En alimentation, la réduction des volumes fait en sorte que le consommateur paie le même prix pour des quantités moindres.

Illusions d'optique stratégiques

La marque Nestlé a décidé de changer le format de ses bouteilles de sirop Nesquik pour préparer le lait au chocolat. Comme l'entreprise vient à peine d'amorcer ce virage, dans les rayons des épiceries, on trouve l'ancien et le nouveau contenant côte à côte au prix de 5,19 $. En apparence, les deux pots en forme de lapin semblent identiques. Il n'y a que l'étiquette qui est légèrement différente. Sauf que si le client choisit le contenant frappé du mot « nouveau » en lettres rouges, il achète 460 ml de sirop au lieu de 510 ml. Pour le même prix, il obtient 10 % moins de liquide au chocolat.

Option consommateurs n'est aucunement surpris par cette stratégie. Depuis quelques années, l'association recueille les plaintes des consommateurs concernant les produits alimentaires qui sont réduits en taille, mais dont les prix n'ont pas baissé pour autant.

Dans un rapport sur le sous-dimensionnement qui sera rendu public dans quelques semaines, l'organisation recense des exemples de

►

réduction des volumes, notamment dans les secteurs des croustilles, des craquelins, des condiments, des yogourts, des jus, des barres de chocolat, des produits laitiers, des biscuits et des céréales.

Geneviève Charlet, conseillère juridique et coauteure du rapport, a observé 1001 techniques employées par les fabricants pour conserver leur contenant, mais réduire leur contenu. « Les entreprises jouent avec les illusions d'optique pour ne pas que le client se rende compte qu'il en a moins pour son argent », explique-t-elle.

Pour les pots de yogourt ou de condiment, par exemple, les fabricants vont créer une forme concave dans le fond du contenant. Dans le cas des céréales, des croustilles ou des biscuits, ils vont plutôt ajouter de l'air dans l'emballage.

Dans le rayon des croustilles ou des céréales, il est hors de question de diminuer la taille de l'emballage au profit d'un concurrent, affirme François Desrosiers, président fondateur d'Interim marketing et expert du milieu de l'alimentation. « La face des boîtes de céréales demeure la même, mais c'est l'épaisseur qui diminue un peu. Dans ces secteurs concurrentiels, il n'est pas question qu'on laisse de l'espace à une autre marque. On veut garder sa visibilité sur les tablettes d'épicerie. »

Une pratique légale

Selon M. Desrosiers, le phénomène de la réduction des quantités a pris plus de temps avant d'atteindre le marché québécois, étant donné que les fabricants doivent créer des emballages bilingues qui respectent nos lois. Ils doivent également se plier à notre réglementation concernant le tableau des valeurs nutritionnelles et la liste des ingrédients. Avant de s'attaquer au Québec, les entreprises ont pénétré des marchés plus payants, comme les États-Unis ou l'Europe.

Même si la réduction des quantités choque les consommateurs, cette pratique n'est pas illégale. « Réduire un emballage de 250 g à 200 g, c'est comme une augmentation cachée de 20 %. À part en alimentation, cherchez-en, des produits qui augmentent de 20 % d'un seul coup ! Une hausse de cet ordre-là, c'est impensable, c'est immoral, mais ce n'est pas illégal, parce que tous les éléments requis par la loi, notamment le poids de la nourriture, sont présents sur les étiquettes », explique M. Desrosiers.

Immorale peut-être. Mais avec la stagnation des revenus et le taux d'endettement, ce spécialiste du secteur de l'alimentation comprend que les entreprises préfèrent réduire leur format plutôt qu'augmenter leur prix.

Louis Papineau, professeur à l'Institut de technologie des emballages et du génie alimentaire, affirme pour sa part que la plupart des entreprises ne réduisent pas leur format dans le but de faire plus d'argent. « Les entreprises ont tout intérêt à ne pas duper les clients. Mais dans le contexte, elles n'ont pas nécessairement le choix de jouer avec leur format. Le prix des matières premières ne cesse d'augmenter. Le prix du sucre a explosé. Les prix du papier et du plastique pour l'emballage augmentent aussi. Si les entreprises suivaient la tendance, les consommateurs paieraient 10 $ pour avoir la même quantité de yogourt qu'il y a 10 ans », dit-il.

Pour éviter de se faire duper, il n'existe pas de nombreuses solutions. La meilleure demeure de regarder le prix par unité de mesure (en millilitre ou en gramme) que le commerçant est obligé d'afficher. Ainsi, devant un étalage de dizaines de sortes de yogourt ou de biscuits, le consommateur pourra toujours trouver le meilleur rapport quantité/prix. [...] ■

Source : Bilodeau, Émilie. (6 février 2014). « Consommation : en avoir moins, au même prix ». *La Presse*. Repéré à www.lapresse.ca

Les variations de prix et le choix du consommateur

Utilisons maintenant la théorie du choix du consommateur pour analyser l'impact d'un changement de prix sur les choix du consommateur. Imaginons une situation où le prix du litre de cola baisse de 2 $ à 1 $. Il va sans dire qu'un prix plus bas augmente les possibilités d'achat du consommateur. Autrement dit, une baisse du prix déplace vers le haut la contrainte budgétaire.

La figure 21.9 illustre l'impact d'une baisse de prix sur la contrainte budgétaire. Le prix du cola n'a pas d'importance dans le cas où le consommateur consacre tout son budget de 1000 $ à la consommation de pizzas. Par conséquent, le point A demeure le même. Toutefois, si le consommateur consacre tout son budget à la consommation de cola, il pourra maintenant se procurer 1000 L plutôt que 500 L. Ainsi, l'autre extrémité de la contrainte budgétaire passe du point B au point C.

FIGURE 21.9

L'impact d'une modification de prix

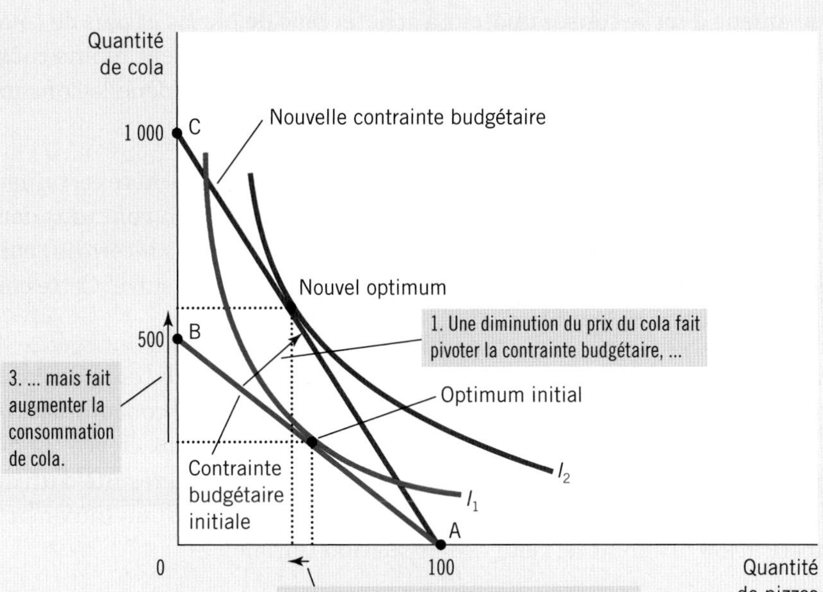

À la suite d'une baisse du prix du litre de cola, la contrainte budgétaire se déplace vers l'extérieur et la pente devient plus abrupte. La consommation de pizzas et de cola est modifiée, comme le reflète le nouvel optimum. La quantité consommée de cola augmente, alors que la quantité consommée de pizzas diminue.

Dans l'exemple précédent, où le revenu augmentait tandis que les prix demeuraient les mêmes, la pente restait inchangée. Dans le cas présent, le déplacement de la contrainte budgétaire s'accompagne d'un changement de la pente. Comme nous le savons, la pente de la contrainte budgétaire reflète le prix relatif de la pizza et du cola. Le prix de la pizza demeure inchangé, alors que 1 L de cola se vend maintenant 1 $ plutôt que 2 $. Le consommateur peut ainsi échanger une pizza, au prix de 10 $, pour 10 L de cola plutôt que 5. En conséquence, la pente de la nouvelle contrainte budgétaire est plus abrupte.

L'impact d'un déplacement de la contrainte budgétaire sur la quantité consommée de chacun des deux biens reflète les préférences du consommateur. Dans le cas présent, le consommateur achète plus de cola, mais consomme moins de pizzas.

L'effet de revenu et l'effet de substitution

L'impact d'un changement de prix peut être décomposé en deux effets : un **effet de revenu** et un **effet de substitution.** Pour mieux comprendre ces effets, analysons la réaction d'un consommateur lorsqu'il apprend la baisse du prix du litre de cola. Il y a deux réactions probables :

- « Excellente nouvelle ! Puisque le cola est moins cher, mon revenu me donne un plus grand pouvoir d'achat. Je suis, en quelque sorte, plus riche. Je peux donc m'acheter plus de pizzas et plus de cola. » Cette réaction décrit l'effet de revenu.
- « Puisque le cola est moins cher, chaque pizza que je sacrifie me donne donc plus de litres de cola. La pizza étant maintenant relativement plus chère, je devrais acheter moins de pizzas et plus de cola. » Cette réaction décrit l'effet de substitution.

Laquelle de ces réactions semble la plus convaincante ? En fait, ces deux réactions sont justifiées. La baisse du prix du cola améliore la situation du consommateur.

Effet de revenu
Modification de la consommation induite par un changement de prix qui amène le consommateur à se déplacer sur une courbe d'indifférence plus élevée ou plus basse.

Effet de substitution
Modification de la consommation induite par un changement de prix qui amène le consommateur à se déplacer le long d'une courbe d'indifférence donnée, vers un point ayant un nouveau taux marginal de substitution.

Dans la mesure où la pizza et le cola sont des biens normaux, l'amélioration du pouvoir d'achat du consommateur aura un impact sur les deux biens. L'effet de revenu amène donc le consommateur à acheter plus de pizzas et plus de cola. Par ailleurs, la consommation de cola est maintenant relativement moins coûteuse que la consommation de pizzas. Cet effet de substitution amène le consommateur à acheter moins de pizzas et plus de cola.

Considérons la somme de ces deux effets. Le consommateur achète certainement plus de cola, puisque l'effet de revenu et l'effet de substitution vont tous deux en ce sens. L'impact final sur la consommation de pizzas est plus incertain, puisque l'effet de revenu et l'effet de substitution jouent l'un contre l'autre. Cette conclusion est résumée dans le tableau 21.1.

On peut analyser l'effet de revenu et l'effet de substitution à l'aide des courbes d'indifférence. L'effet de revenu constitue le changement de consommation qui résulte d'un déplacement vers une courbe d'indifférence plus élevée. L'effet de substitution représente le changement de consommation qui résulte d'un déplacement le long de la courbe d'indifférence, vers un point ayant un taux marginal de substitution différent de celui de la situation initiale.

La figure 21.10 nous permet d'illustrer graphiquement l'effet de revenu et l'effet de substitution. À la suite de la baisse du prix du litre de cola, le consommateur passe du point A (l'optimum initial) vers le point C (le nouvel optimum). Ce changement s'est opéré en deux étapes. Le consommateur s'est d'abord déplacé le long de la courbe d'indifférence I_1, passant du point A au point B. Le consommateur ressent le même niveau de satisfaction à l'un ou l'autre de ces points. Cependant, le taux marginal de substitution au point B reflète le nouveau prix relatif (la ligne pointillée qui traverse le point B reflète le nouveau prix relatif, car elle est parallèle à la nouvelle contrainte budgétaire). À la seconde étape, le consommateur se déplace sur une courbe d'indifférence plus élevée (I_2), passant du point B au point C. Les taux marginaux de substitution au point B et au point C sont identiques, même si ces points sont situés sur des courbes d'indifférence différentes. Autrement dit, la pente de la courbe d'indifférence I_1 au point B est identique à la pente de la courbe d'indifférence I_2 au point C.

Dans la réalité, le consommateur ne choisit pas vraiment le point B. Ce point hypothétique nous est toutefois utile pour clarifier les deux effets qui

TABLEAU 21.1

L'effet de revenu et l'effet de substitution lorsque le prix du cola diminue

BIEN	EFFET DE REVENU	EFFET DE SUBSTITUTION	EFFET TOTAL
Cola	Le consommateur est plus riche. Il achète donc plus de cola.	Le cola est relativement moins cher. Le consommateur achète donc plus de cola.	L'effet de revenu et l'effet de substitution vont dans le même sens. Le consommateur achète donc plus de cola.
Pizza	Le consommateur est plus riche. Il achète donc plus de pizzas.	La pizza est relativement plus chère. Le consommateur achète donc moins de pizzas.	L'effet de revenu et l'effet de substitution vont dans des sens opposés. L'effet net sur la consommation de pizzas est donc incertain.

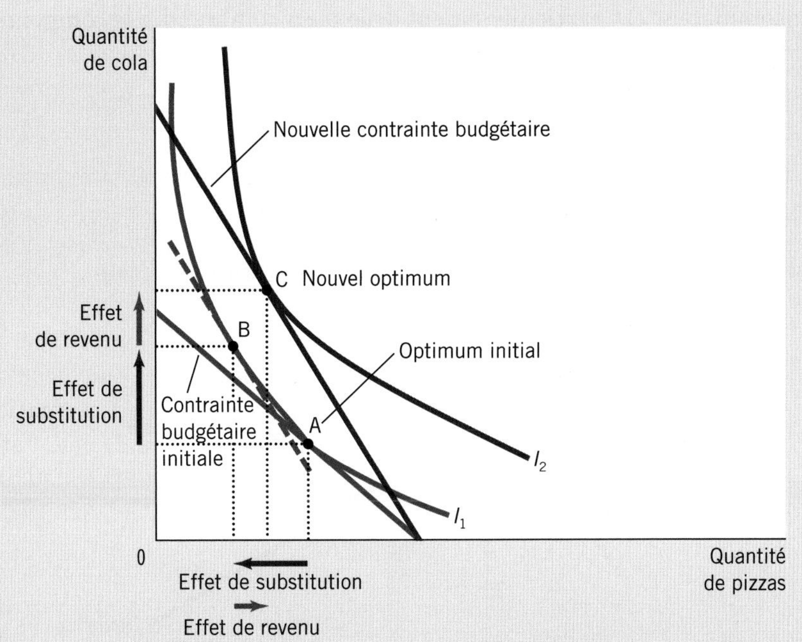

FIGURE 21.10

L'effet de revenu et l'effet de substitution

L'impact d'un changement de prix peut être décomposé en un effet de revenu et un effet de substitution. L'effet de substitution est illustré par le passage du point A au point B sur la courbe d'indifférence I_1. Ce déplacement le long de la courbe d'indifférence amène le consommateur vers un point ayant un taux marginal de substitution différent. L'effet de revenu est illustré par le passage du point B, sur la courbe d'indifférence I_1, au point C, sur la courbe d'indifférence I_2. Le consommateur se déplace ici sur une courbe d'indifférence plus élevée.

déterminent le choix du consommateur. Il faut noter que le passage du point A au point B ne reflète qu'un changement du taux marginal de substitution, sans que le bien-être du consommateur soit modifié. De la même façon, le passage du point B au point C ne reflète qu'un changement du bien-être du consommateur, sans que le taux marginal de substitution soit modifié. En somme, le passage du point A au point B illustre l'effet de substitution, alors que le passage du point B au point C illustre l'effet de revenu.

Le choix du consommateur et la courbe de demande

Nous venons d'analyser l'impact d'un changement de prix sur la contrainte budgétaire et sur les quantités demandées de chaque bien. La courbe de demande d'un bien reflète ces décisions du consommateur. Rappelez-vous qu'une courbe de demande indique la quantité demandée d'un bien pour chaque niveau de prix de ce bien. En fait, une courbe de demande peut aussi être envisagée comme le résumé des décisions prises par le consommateur en fonction de sa contrainte budgétaire et de ses courbes d'indifférence.

La figure 21.11 nous permet d'étudier la demande de cola. Le graphique a) illustre le déplacement vers le haut de la contrainte budgétaire qui est liée à la baisse du prix du litre de cola, de 2 $ à 1 $. En raison de l'effet de revenu et de l'effet de substitution, le consommateur augmente sa consommation de cola de 250 à 750 L. Quant au graphique b), il illustre la courbe de demande qui résulte des décisions du consommateur. En ce sens, la théorie du choix du consommateur nous donne les fondements théoriques qui sous-tendent la courbe de demande que nous avons présentée au chapitre 4.

Il est certes rassurant de constater que la courbe de demande est un prolongement naturel de la théorie du choix du consommateur. Toutefois, ce n'est pas pour cette raison que nous avons présenté cette théorie. Il n'est pas nécessaire d'établir un rigoureux cadre de référence théorique uniquement pour en conclure que les consommateurs sont sensibles aux variations de prix. En fait, la théorie du choix du consommateur est particulièrement utile pour comprendre le comportement des individus, sujet de la prochaine section.

FIGURE 21.11

Le choix du consommateur et la courbe de demande

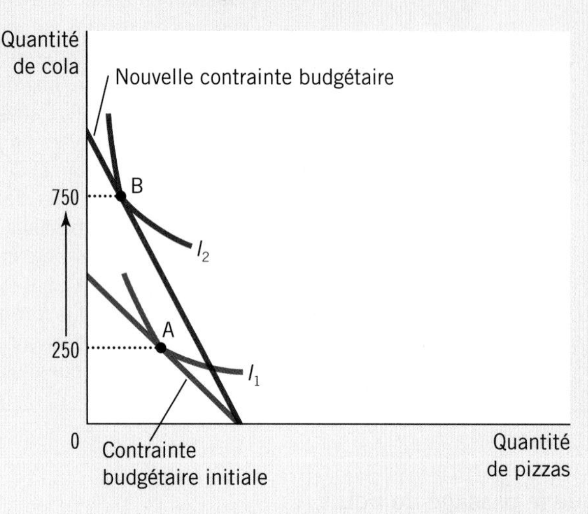

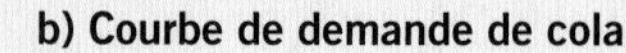
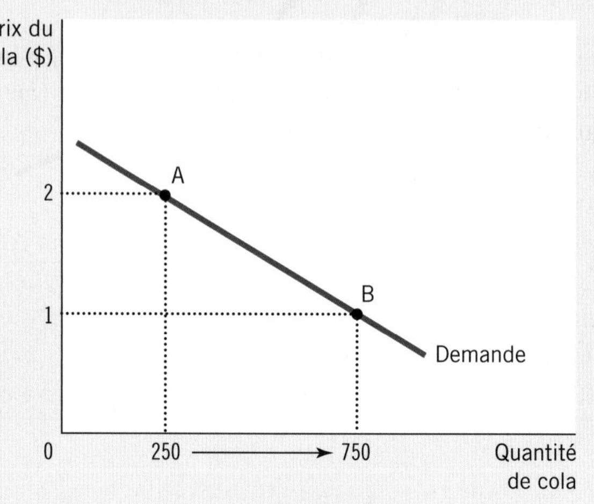

On voit sur le graphique a) qu'à la suite d'une baisse du prix du litre de cola, de 2 $ à 1 $, l'optimum du consommateur passe du point A au point B, tandis que la quantité consommée passe de 250 à 750 L. La courbe de demande qu'on peut voir sur le graphique b) illustre cette relation entre le prix et la quantité demandée.

MINITEST

- Tracez une contrainte budgétaire et des courbes d'indifférence pour la pizza et le cola. Modifiez votre graphique en tenant compte du fait que le prix de la pizza augmente. Indiquez le nouvel optimum. Prenez soin d'illustrer l'effet de revenu et l'effet de substitution.

Trois applications

Maintenant que nous avons développé les principes de base de la théorie du choix du consommateur, utilisons-les afin de jeter un peu de lumière sur trois questions économiques. À première vue, vous aurez peut-être l'impression que ces trois questions n'entretiennent aucun lien. En fait, elles sont toutes liées aux décisions que doivent prendre les individus et elles peuvent donc être analysées à l'aide du modèle que nous venons de présenter.

Les courbes de demande ont-elles toutes une pente négative ?

De façon générale, le consommateur achète une moindre quantité d'un bien dont le prix augmente. Ce comportement habituel relève de la *loi de la demande* et s'exprime graphiquement par une courbe de demande ayant une pente négative.

Il n'est toutefois pas théoriquement impossible qu'une courbe de demande ait une pente positive. Autrement dit, les consommateurs peuvent aller à l'encontre de la loi de la demande et acheter une plus grande quantité d'un bien dont le prix augmente. La figure 21.12 illustre cette situation. Dans cet exemple, le consommateur achète de la viande et des pommes de terre. La contrainte budgétaire initiale est la ligne qui joint le point A au point B. L'optimum initial correspond au point C. À la suite d'une hausse du prix des pommes de terre, la contrainte budgétaire s'est déplacée vers le bas et est maintenant représentée par la ligne qui joint le point A au point D. Le nouvel optimum est représenté par le point E. Il faut noter que la hausse du prix des pommes de terre se traduit ici par une hausse de la quantité demandée de pommes de terre.

La réaction du consommateur peut sembler bizarre. Cependant, cette réaction s'explique lorsqu'on s'aperçoit que la pomme de terre est un bien très inférieur. La hausse du prix des pommes de terre appauvrit considérablement le consommateur. Dans ce cas-ci, l'effet de revenu incite le consommateur à acheter moins de viande, mais plus de pommes de terre. En même temps, parce que les pommes de terre sont devenues relativement plus coûteuses que la viande, l'effet de substitution incite le consommateur à acheter plus de viande et moins de pommes de terre. Or, dans ce cas particulier, l'effet de revenu est tellement fort qu'il domine largement l'effet de substitution. Par conséquent, le consommateur réagit à la hausse du prix des pommes de terre en achetant moins de viande et plus de pommes de terre.

Les économistes utilisent le terme **bien de Giffen** pour décrire un bien qui échappe à la loi de la demande. Ce terme fait référence à Robert Giffen, un économiste britannique du XIXe siècle, qui a mis en lumière cette possibilité. Dans notre exemple, la pomme de terre est un bien de Giffen. Un bien de Giffen est un bien inférieur pour lequel l'effet de revenu domine l'effet de substitution. Dans cette situation, la courbe de demande a une pente positive.

Bien de Giffen
Bien pour lequel une hausse de prix entraîne une hausse de la quantité demandée.

FIGURE 21.12

Un bien de Giffen

Dans cet exemple, une hausse du prix des pommes de terre déplace l'optimum du consommateur du point C au point E. La hausse du prix des pommes de terre incite donc le consommateur à acheter moins de viande et plus de pommes de terre.

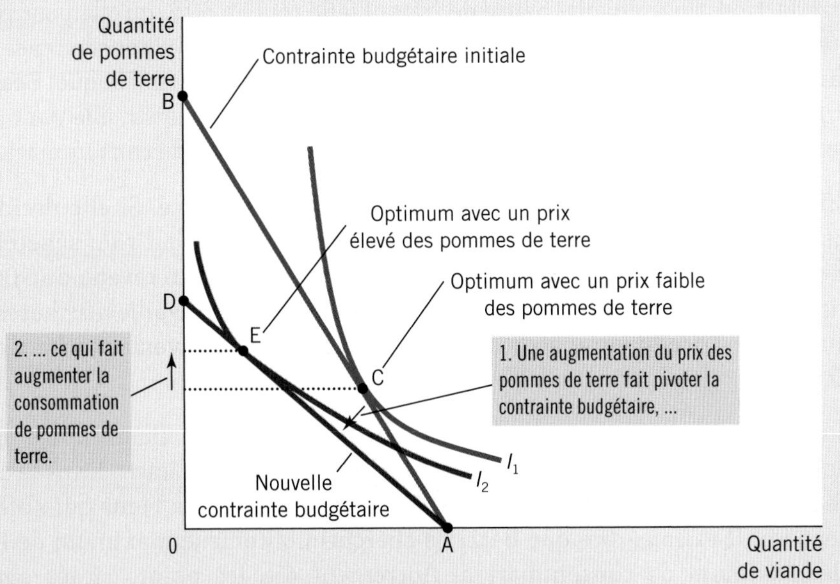

BON À SAVOIR

À la recherche de biens de Giffen

Certains économistes affirment que les biens de Giffen n'existent pas. Pourtant, certains historiens sont d'avis que la pomme de terre était effectivement un bien de Giffen durant une période de famine survenue en Irlande au XIXe siècle. La pomme de terre était ancrée dans les habitudes alimentaires des Irlandais. Une hausse du prix des pommes de terre a entraîné un fort effet de revenu. Les gens ont réagi à cette réduction de leur niveau de vie en consommant moins de viande (un bien de luxe à l'époque), mais plus de pommes de terre. Il est donc possible qu'une hausse du prix des pommes de terre ait eu pour effet de faire augmenter la quantité demandée de pommes de terre.

Une étude menée récemment par Robert Jensen et Nolan Miller a donné des résultats semblables, mais encore plus probants, de l'existence des biens de Giffen. Pendant cinq mois, ces deux économistes ont réalisé une expérience sur le terrain dans la province du Hunan, en Chine. Ils ont remis des bons à des ménages choisis au hasard. Ces bons subventionnaient l'achat de riz, un élément de base du régime alimentaire local. À l'aide de sondages, les économistes ont pu vérifier si la consommation de riz fluctuait en fonction des changements de prix. Ils ont accumulé des preuves que les ménages pauvres ont agi comme le prévoit la théorie du bien de Giffen. Le fait de diminuer le prix du riz par le bon de subvention les a poussés à réduire leur consommation de riz. Le retrait de la subvention a eu l'effet contraire. Jensen et Miller ont écrit : « À notre connaissance, cette expérience est la première véritable preuve empirique de l'existence d'un bien de Giffen. »

Ainsi, selon la théorie du choix du consommateur, certaines courbes de demande peuvent présenter une pente positive et, parfois, ce phénomène étrange se produit bel et bien. Par conséquent, la loi de la demande que nous avons étudiée au chapitre 4 n'est pas tout à fait fiable. Il faut souligner, cependant, que les biens de Giffen sont très rares.

Comment les salaires influent-ils sur l'offre de travail ?

Jusqu'à présent, nous avons utilisé la théorie du choix du consommateur pour examiner comment le consommateur alloue son revenu à l'achat de deux biens. Nous pouvons utiliser la même théorie pour étudier comment il répartit son temps entre le travail et le loisir.

Considérons le cas de Béatrice, une traductrice qui travaille à la pige. À l'exclusion des heures de sommeil, Béatrice dispose de 100 heures par semaine. Une partie de son temps est consacrée à des loisirs, comme regarder la télévision ou lire des revues. L'autre partie de son temps est consacrée à son travail de traduction. Pour chaque heure de travail, elle touche 50 $, qu'elle peut par la suite dépenser pour obtenir des biens de consommation. En conséquence, son salaire (50 $) reflète l'arbitrage entre le loisir et la consommation auquel Béatrice fait face. Chaque fois que Béatrice renonce à une heure de loisir, elle peut alors travailler une heure supplémentaire et obtenir 50 $ de plus de consommation.

La figure 21.13 illustre la contrainte budgétaire de Béatrice. Si elle décide de consacrer ses 100 heures à des activités de loisir, elle ne peut rien acheter. En décidant de consacrer ses 100 heures au travail, elle reçoit un revenu de 5 000 $, mais elle ne dispose d'aucun temps pour le loisir. Si elle travaille 40 heures par semaine, Béatrice dispose de 60 heures de loisir et d'un revenu hebdomadaire de 2 000 $.

Les courbes d'indifférence qu'on trouve sur la figure 21.13 illustrent les préférences de Béatrice en ce qui concerne la consommation et le loisir. Dans le cadre de notre analyse, la consommation et le loisir sont les deux biens qui s'offrent à Béatrice. Il va sans dire que Béatrice cherche à obtenir le maximum de loisir et le maximum de consommation. Autrement dit, les points situés sur les courbes d'indifférence élevées sont préférés aux points situés sur les courbes

FIGURE 21.13

La décision travail-loisir

Le graphique illustre la contrainte budgétaire de Béatrice et ses courbes d'indifférence. Elle doit choisir la combinaison optimale d'heures de travail (représentées par sa consommation) et d'heures de loisir.

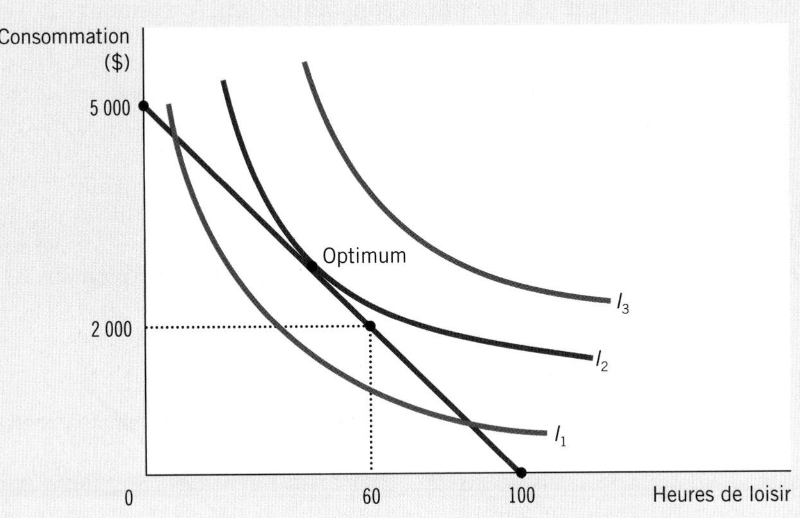

d'indifférence basses. À un salaire de 50 $ l'heure, Béatrice choisit une combinaison qui constitue son optimum, puisque cette combinaison se trouve sur la courbe d'indifférence la plus haute (I_2), qui est conforme à sa contrainte budgétaire.

Évaluons maintenant l'impact d'une hausse du salaire de Béatrice, de 50 $ à 60 $ l'heure. La figure 21.14 nous montre deux résultats possibles. Dans chaque cas, comme on le voit dans les graphiques situés à gauche, la contrainte budgétaire pivote vers le haut, de CB_1 à CB_2. La pente de la contrainte budgétaire devient plus abrupte, reflétant ainsi le changement du prix relatif. Maintenant que le salaire est plus élevé, pour chaque heure de loisir sacrifiée, Béatrice obtient plus de consommation.

À la suite de la hausse du salaire, ce sont les préférences de Béatrice, représentées par ses courbes d'indifférence, qui déterminent ses décisions à propos du loisir et du travail. Pourtant, les décisions prises par Béatrice diffèrent selon le graphique considéré. Dans le graphique a), la hausse de salaire entraîne une réduction des heures de loisir. Dans le graphique b), cette même hausse de salaire se traduit par une augmentation des heures de loisir.

Le choix de Béatrice entre le loisir et la consommation détermine aussi son offre de travail, étant donné qu'une heure de loisir additionnelle fait perdre une heure de travail. La partie droite de la figure 21.14 illustre l'offre de travail de Béatrice qui résulte de ses choix. Dans le graphique a), une hausse de salaire entraîne une réduction des heures de loisir et, donc, une augmentation des heures de travail. L'offre de travail a donc une pente positive. Dans le graphique b), une hausse de salaire entraîne une augmentation des heures de loisir et une réduction des heures de travail. L'offre de travail a donc une pente négative.

De prime abord, une offre de travail ayant une pente négative semble bizarre. Pourquoi une hausse de salaire entraînerait-elle une réduction des heures de travail ? La réponse nous oblige à tenir compte de l'effet de revenu et de l'effet de substitution.

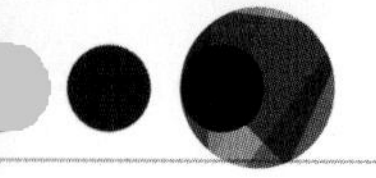

Considérons d'abord l'effet de substitution. Après la hausse de salaire, le loisir devient relativement plus coûteux par rapport à la consommation, ce qui encourage Béatrice à remplacer le loisir par la consommation. Autrement dit, l'effet de

FIGURE 21.14

Une hausse de salaire

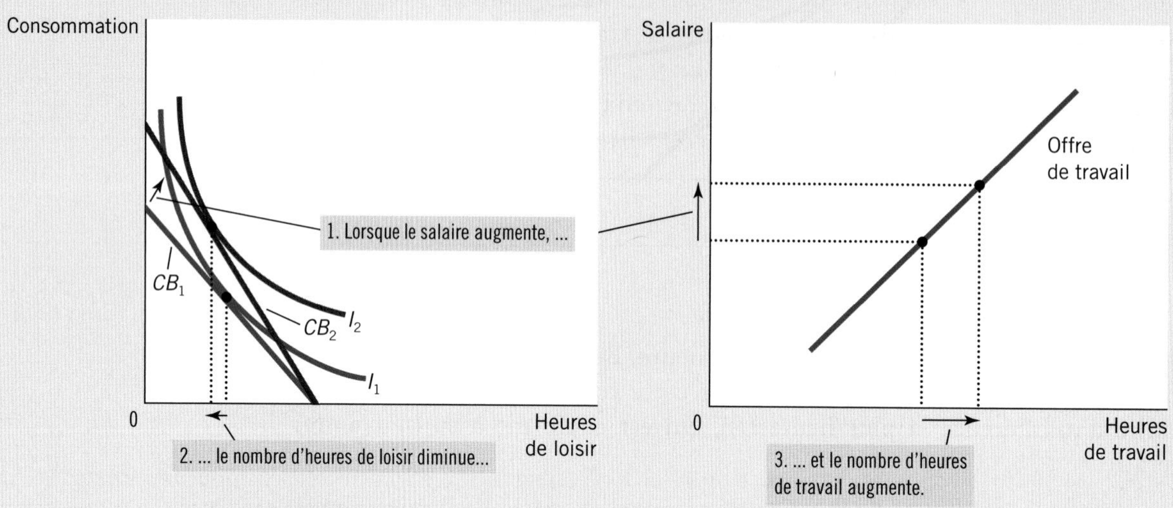

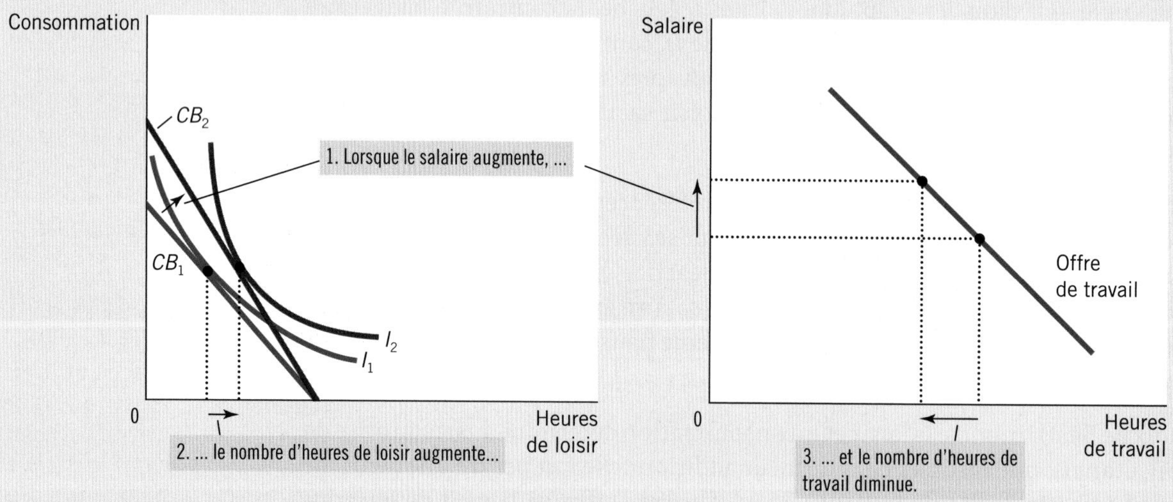

Les deux graphiques de cette figure illustrent les réactions possibles d'une personne à la suite d'une hausse de son salaire. Les graphiques situés à gauche illustrent la contrainte budgétaire initiale (CB_1), la nouvelle contrainte budgétaire (CB_2) ainsi que les optimums. Les graphiques situés à droite nous montrent l'offre de travail qui correspond à ces choix. Puisque les heures de travail correspondent aux heures totales moins les heures de loisir, tout changement des heures de loisir implique un changement en sens opposé de la quantité de travail offerte. Dans le graphique a), une hausse de salaire entraîne une hausse de la consommation et une baisse des heures de loisir. En conséquence, l'offre de travail a une pente positive. Dans le graphique b), une hausse de salaire entraîne une hausse de la consommation et des heures de loisir. En conséquence, l'offre de travail a une pente négative.

substitution incite Béatrice à travailler davantage si le salaire augmente, ce qui produit une courbe d'offre de travail à pente positive.

Considérons maintenant l'effet de revenu. La hausse de son salaire permet à Béatrice d'opter pour une courbe d'indifférence plus élevée. Elle atteint donc un niveau de satisfaction plus élevé. Dans la mesure où la consommation et le loisir sont des biens normaux, elle voudra profiter de cette amélioration de son bien-être pour augmenter à la fois le loisir et la consommation. Autrement dit, l'effet de revenu incite Béatrice à travailler moins. Ceci produit une courbe d'offre de travail à pente négative.

En somme, la théorie économique ne permet pas de prédire avec certitude l'impact qu'aura une hausse de salaire sur les heures de travail. Dans le cas où l'effet de substitution domine l'effet de revenu, une hausse de son salaire incite Béatrice à travailler davantage. Dans le cas où l'effet de revenu est plus fort que l'effet de substitution, une hausse de son salaire encourage Béatrice à réduire ses heures de travail. En conséquence, l'offre de travail peut avoir une pente tantôt positive, tantôt négative.

ÉTUDE DE CAS

L'effet de revenu et l'offre de travail : les tendances historiques, les gagnants du loto et l'hypothèse de Carnegie

L'existence d'une offre de travail ayant une pente négative peut, de prime abord, sembler possible mais peu probable. Toutefois, il y a lieu de croire que l'offre de travail, considérée sur une longue période de temps, a en fait une pente négative. Il y a 100 ans, la plupart des gens travaillaient 6 jours par semaine. De nos jours, la norme est plutôt de cinq jours par semaine. En même temps que la semaine de travail est devenue plus courte, le salaire du travailleur moyen (ajusté pour l'inflation) s'est élevé.

Les économistes sont en mesure d'expliquer cette tendance historique. Au fil du temps, des progrès technologiques ont fait augmenter la productivité des travailleurs, ce qui a eu pour effet d'accroître la demande de travail. Comme nous le savons, une hausse de la demande de travail a pour effet de faire augmenter les salaires d'équilibre. Chaque heure de travail est donc mieux rémunérée. Pourtant, plutôt que de travailler plus d'heures, la plupart des travailleurs décident de profiter de cette nouvelle richesse en s'octroyant plus d'heures de loisir. Autrement dit, à la suite de la hausse des salaires, l'effet de revenu domine l'effet de substitution.

L'analyse du comportement des gagnants du loto semble aussi indiquer une offre de travail ayant une pente négative. En gagnant une somme importante au loto, une personne voit son revenu augmenter considérablement, ce qui cause une hausse importante de sa contrainte budgétaire. Cependant, le salaire du gagnant n'ayant pas changé, la *pente* de sa contrainte budgétaire demeure la même. C'est donc dire qu'il n'y a aucun effet de substitution. En examinant le comportement des gagnants du loto, on est donc en mesure de considérer isolément l'impact de l'effet de revenu sur l'offre de travail.

Les études qui ont été menées auprès de gagnants du loto ont donné des résultats très révélateurs. Parmi les personnes qui ont gagné un lot de plus de 50 000 $, 25 % ont quitté leur emploi dans l'année qui a suivi, tandis que 9 % ont réduit leurs heures de travail. Parmi les personnes qui ont gagné un lot de plus de un million de dollars, 40 % ont cessé de travailler. En somme, un gain important produit un effet de revenu puissant.

Des résultats semblables ont été constatés dans une étude publiée en mai 1993 dans le *Quarterly Journal of Economics*. Une personne célibataire qui reçoit un legs de plus de 150 000 $ est quatre fois plus susceptible de cesser de travailler qu'une personne célibataire recevant un legs de moins de 25 000 $. Ce résultat n'aurait pas surpris Andrew Carnegie, un industriel du XIXe siècle. Selon Carnegie, le parent qui laisse à son fils une fortune considérable étouffe les talents et l'énergie de ce fils et l'incite à mener une vie moins utile que ce qui se serait produit sans ce legs. Carnegie, dans une perspective quelque peu paternaliste, était d'avis non seulement que l'effet de revenu sur l'offre de travail était important, mais aussi qu'il fallait s'en inquiéter. Durant toute sa vie, et jusqu'à sa mort, Carnegie a donné l'essentiel de sa fortune à des œuvres de charité.

Comment les taux d'intérêt influent-ils sur l'épargne des individus ?

Une décision importante à laquelle nous faisons tous face consiste à déterminer la part de notre revenu qui sera consacrée à la consommation présente et la part qui sera épargnée en prévision du futur. Cette décision peut être analysée à l'aide de la théorie du choix du consommateur, ce qui nous permettra de mieux comprendre le lien entre le taux d'intérêt sur l'épargne et le niveau d'épargne.

Analysons le cas de Germain, un travailleur planifiant sa retraite. Pour simplifier les choses, divisons la vie de Germain en deux périodes. Durant la première période, Germain est un jeune travailleur. Lors de la seconde période, il est âgé et à la retraite. Dans ses jeunes années, Germain gagne un revenu de 100 000 $. Une partie de ce revenu est utilisée à des fins de consommation, et une autre partie, à l'épargne. Durant sa retraite, Germain consomme ce qu'il a épargné dans le passé, y compris les intérêts reçus sur l'épargne.

Imaginons que le taux d'intérêt est de 10 %. Ainsi, pour chaque dollar économisé dans sa jeunesse, Germain peut dépenser 1,10 $ à sa retraite. On peut envisager la consommation de jeunesse et la consommation de retraite comme les deux biens entre lesquels Germain doit choisir. Le taux d'intérêt détermine le prix relatif des deux biens.

La figure 21.15 illustre la contrainte budgétaire de Germain. S'il ne fait aucune épargne, il peut alors consommer 100 000 $ durant sa jeunesse, mais il sera incapable de consommer à la retraite. S'il épargne tout son revenu, il ne consomme rien durant toute sa jeunesse, mais il disposera à la retraite de 110 000 $. La contrainte budgétaire illustre l'ensemble des possibilités qui s'offrent à Germain.

Les courbes d'indifférence qui se trouvent à la figure 21.15 illustrent les préférences de Germain à propos de la consommation lorsqu'il est jeune et lorsqu'il est à la retraite. Puisque Germain préfère consommer plus que consommer moins, les points situés sur les courbes d'indifférence élevées sont préférés aux

FIGURE 21.15

L'épargne et la consommation

Ce graphique illustre la contrainte budgétaire d'une personne qui doit décider de son niveau de consommation pendant différentes périodes de sa vie. On y trouve aussi les courbes d'indifférence, qui représentent ses préférences, et l'optimum.

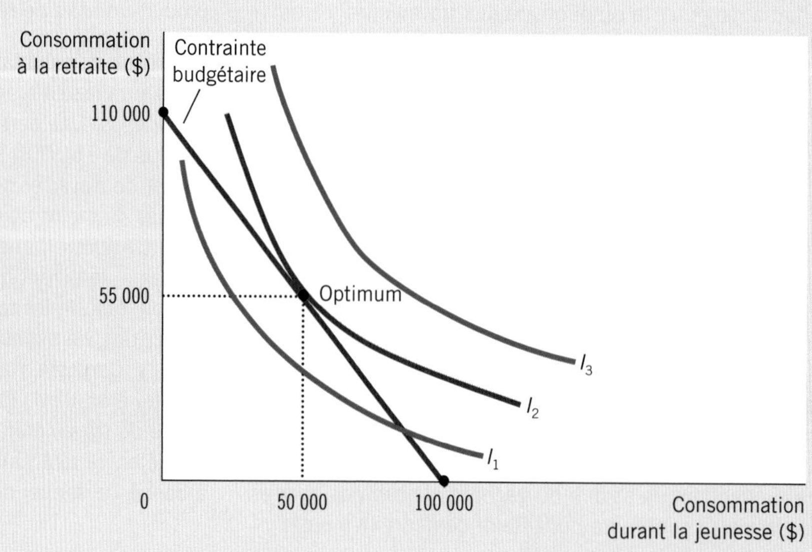

points situés sur les courbes d'indifférence basses. Germain choisit un optimum en optant pour une combinaison située sur la courbe d'indifférence la plus élevée qui touche à sa contrainte budgétaire. Dans notre exemple, Germain consomme 50 000 $ durant sa jeunesse et 55 000 $ à la retraite.

Considérons maintenant une situation où le taux d'intérêt passe de 10 % à 20 %. La figure 21.16 nous montre deux résultats possibles. Dans les deux cas, la contrainte budgétaire pivote et devient plus abrupte. Avec un taux d'intérêt maintenant plus élevé, chaque dollar économisé durant sa jeunesse lui permet encore plus de consommation à la retraite.

Les deux graphiques illustrent l'impact d'une hausse du taux d'intérêt, selon les préférences de Germain. Dans les deux cas, la consommation à la retraite augmente. Cependant, l'impact de la hausse du taux d'intérêt sur la consommation durant sa jeunesse n'est pas le même dans les deux graphiques. Dans le graphique a), Germain réagit à la hausse du taux d'intérêt en consommant moins durant sa jeunesse. Dans le graphique b), Germain réagit à la hausse du taux d'intérêt en consommant plus durant sa jeunesse.

Le niveau d'épargne de Germain correspond à la différence entre son revenu et sa consommation durant sa jeunesse. Le graphique a) montre qu'à la suite de la hausse du taux d'intérêt, Germain diminue sa consommation durant sa jeunesse, ce qui implique une augmentation de l'épargne. Sur le graphique b), il décide plutôt d'augmenter sa consommation durant sa jeunesse, ce qui implique une diminution de son niveau d'épargne.

FIGURE 21.16

Une hausse du taux d'intérêt

a) Hausse du taux d'intérêt accroissant l'épargne

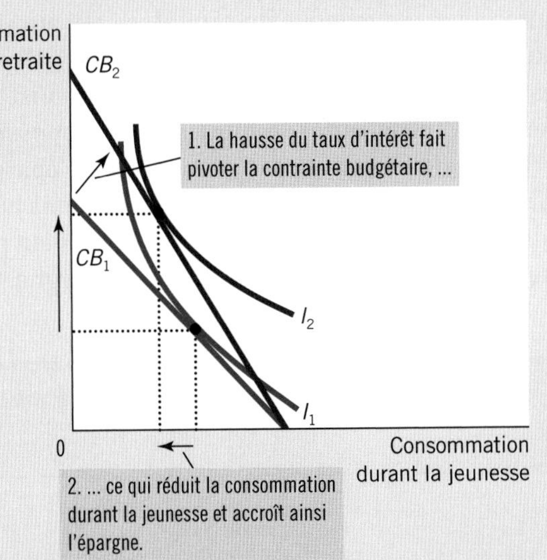

b) Hausse du taux d'intérêt réduisant l'épargne

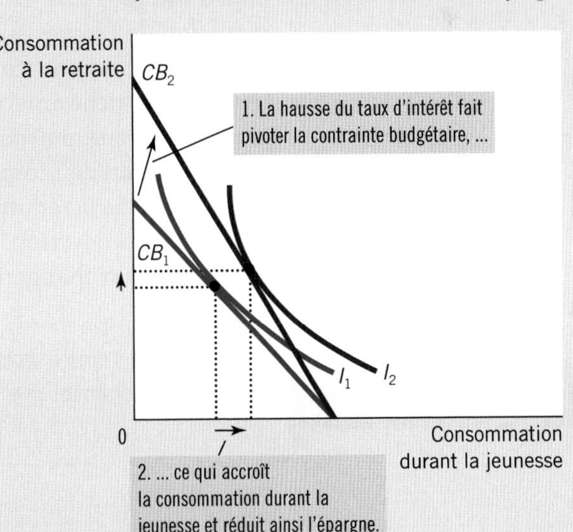

Dans les deux graphiques, une hausse du taux d'intérêt fait pivoter la contrainte budgétaire. Dans le cas du graphique a), la consommation durant la jeunesse diminue, tandis que la consommation à la retraite augmente. Il en résulte donc une hausse de l'épargne durant la jeunesse. Dans le cas du graphique b), la consommation durant la jeunesse et à la retraite augmente. Il en résulte donc une baisse de l'épargne durant la jeunesse.

De prime abord, la situation décrite par le graphique b) peut sembler bizarre, puisqu'une hausse du taux d'intérêt incite Germain à épargner moins. Il y a pourtant une explication. Il faut considérer l'effet de revenu et l'effet de substitution qui se produisent à la suite de la hausse du taux d'intérêt.

Examinons d'abord l'effet de substitution. Par suite de la hausse du taux d'intérêt, la consommation à la retraite devient relativement moins coûteuse par rapport à la consommation durant la jeunesse. En conséquence, l'effet de substitution incite Germain à consommer davantage à la retraite et à consommer moins durant sa jeunesse. Autrement dit, l'effet de substitution encourage Germain à épargner davantage durant sa jeunesse.

Examinons maintenant l'effet de revenu. Par suite de la hausse du taux d'intérêt, Germain peut atteindre une courbe d'indifférence plus élevée, ce qui représente une amélioration de son sort. Dans la mesure où la consommation durant sa jeunesse et la consommation à la retraite représentent des biens normaux, Germain peut profiter de l'augmentation de revenu que procure la hausse du taux d'intérêt pour accroître son niveau de bien-être en consommant davantage durant sa jeunesse et à la retraite. Autrement dit, l'effet de revenu encourage Germain à épargner moins.

Le résultat final, bien sûr, dépend de l'effet de substitution et de l'effet de revenu. Si la hausse du taux d'intérêt entraîne un effet de substitution plus important que l'effet de revenu, alors Germain épargne davantage. Si l'effet de revenu est plus important que l'effet de substitution, alors Germain épargne moins. En somme, la théorie du choix du consommateur nous indique qu'une hausse du taux d'intérêt peut encourager ou décourager l'épargne.

Cette constatation quelque peu ambiguë est plus intéressante sous l'angle de la théorie économique que sous celui de la politique économique. Dans le cadre de la politique fiscale, il est important de connaître l'impact d'un changement du taux d'intérêt sur le niveau d'épargne. Plusieurs économistes recommandent une réduction de l'impôt sur les intérêts et les revenus du capital, ce qui aurait pour effet de faire augmenter le taux d'intérêt après impôt qui s'applique à l'épargne. Les gens seraient ainsi incités à épargner davantage. D'autres économistes sont plutôt d'avis que, puisque l'effet de revenu et l'effet de substitution s'opposent, une telle réduction de l'impôt sur les intérêts n'aurait pas d'impact sur l'épargne ou pourrait même la réduire. Malheureusement, la recherche n'a pas permis jusqu'ici de trancher la question. C'est donc dire que les économistes ne s'entendent pas sur l'effet réel d'un changement de la politique fiscale sur le niveau d'épargne.

MINITEST

- Expliquez comment une hausse du salaire peut inciter une personne à vouloir moins travailler.

Conclusion : les gens raisonnent-ils vraiment de cette façon ?

La théorie du choix du consommateur cherche à décrire comment le consommateur prend ses décisions. Comme nous venons de le voir, les champs d'application de cette théorie sont nombreux. Par exemple, cette théorie peut expliquer pourquoi le consommateur choisit une pizza plutôt qu'un litre de cola, ou encore comment le travailleur répartit son temps entre le loisir et le travail.

Alors que le chapitre tire à sa fin, vous êtes peut-être sceptique envers la théorie du choix du consommateur. Après tout, vous êtes vous-même un consommateur. Vous ne faites pas vos achats dans les magasins après avoir dessiné une contrainte budgétaire et des courbes d'indifférence sur un graphique. Votre propre expérience ne vient-elle pas contredire ce qu'avance la théorie du choix du consommateur ?

En fait, non. C'est parce que la théorie du choix du consommateur est d'abord et avant tout un modèle théorique. Comme nous l'avons vu au chapitre 2, il n'est pas nécessaire qu'un modèle soit complètement réaliste pour être utile.

La meilleure façon d'envisager la théorie du choix du consommateur est de la voir comme une métaphore de la façon dont le consommateur prend ses décisions. Un consommateur moyen n'utilise pas de manière détaillée le processus décrit dans ce chapitre. Pourtant, il sait que ses choix sont limités par ses ressources financières. Sachant cela, notre consommateur essaie d'obtenir le niveau de satisfaction le plus élevé possible. En somme, la théorie du choix du consommateur vise à expliciter ce processus foncièrement implicite afin d'en dégager une analyse économique.

La véritable utilité de cette théorie réside dans ses applications. Dans la dernière partie de ce chapitre, nous avons appliqué la théorie du choix du consommateur à trois questions précises. Des cours plus avancés en science économique vous permettraient de voir plusieurs autres champs d'application.

Résumé

- La contrainte budgétaire du consommateur illustre les combinaisons possibles de biens que le consommateur peut acheter en fonction de son revenu et du prix des biens. La pente de la contrainte budgétaire est égale au prix relatif des biens.
- Les courbes d'indifférence représentent les préférences du consommateur. Les différentes combinaisons de biens situées sur une courbe procurent au consommateur le même niveau de satisfaction. Les combinaisons de biens situées sur une courbe d'indifférence élevée sont préférées aux combinaisons situées sur une courbe d'indifférence basse. La pente associée à un point donné de la courbe d'indifférence représente le taux marginal de substitution du consommateur, soit le taux auquel le consommateur est prêt à échanger un bien pour un autre, tout en conservant la même utilité.
- Le consommateur opte pour la combinaison de biens qui est située sur la contrainte budgétaire et qui permet d'atteindre la courbe d'indifférence la plus élevée. À cet optimum, la pente de la courbe d'indifférence (le taux marginal de substitution) est égale à la pente de la contrainte budgétaire (le prix relatif des biens).
- À la suite de la baisse du prix d'un bien, l'impact sur les choix du consommateur peut être réparti

►

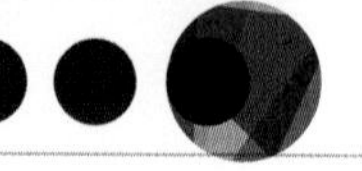

en effet de revenu et en effet de substitution. L'effet de revenu est le changement de la quantité consommée qui résulte du fait que la baisse du prix d'un bien rend le consommateur plus riche. L'effet de substitution est le changement de la quantité consommée qui résulte du fait que la baisse du prix d'un bien encourage la consommation de ce bien, devenu relativement moins cher. L'effet de revenu permet d'atteindre une courbe d'indifférence plus élevée, alors que l'effet de substitution se traduit par un déplacement le long de la courbe d'indifférence vers un point ayant une pente différente.

- La théorie du choix du consommateur a de nombreuses applications. Elle peut expliquer pourquoi certaines courbes de demande ont une pente positive, pourquoi une hausse du salaire peut faire augmenter ou diminuer la quantité de travail offerte ou pourquoi un taux d'intérêt plus élevé peut faire augmenter ou diminuer l'épargne.

Concepts clés

Bien de Giffen, p. 457
Bien inférieur, p. 450
Bien normal, p. 450
Compléments parfaits, p. 446
Contrainte budgétaire, p. 441
Courbe d'indifférence, p. 442
Effet de revenu, p. 453
Effet de substitution, p. 453
Substituts parfaits, p. 446
Taux marginal de substitution, p. 442

Questions de révision

1. Un consommateur dispose d'un budget de 3 000 $. Le vin coûte 3 $ le verre et le fromage coûte 12 $ le kilo. Tracez la contrainte budgétaire du consommateur. Quelle en est la pente ?
2. Tracez des courbes d'indifférence pour un consommateur qui veut acheter du vin ou du fromage. Décrivez et expliquez les quatre propriétés d'une courbe d'indifférence.
3. Choisissez un point sur la courbe d'indifférence pour le vin et le fromage afin d'y montrer le taux marginal de substitution. Que nous indique ce taux ?
4. Illustrez une contrainte budgétaire et des courbes d'indifférence pour un consommateur qui veut acheter du vin ou du fromage. Montrez l'optimum du consommateur. Si le prix du vin est de 3 $ le verre et le prix du fromage est de 12 $ le kilo, quel est le taux marginal de substitution à l'optimum ?
5. Un consommateur de vin et de fromage obtient une augmentation de salaire qui fait passer son revenu de 3 000 $ à 4 000 $. Illustrez l'impact de cette augmentation, en considérant que le vin et le fromage sont des biens normaux. Montrez ensuite ce qui se produit si le fromage est plutôt un bien inférieur.
6. Le prix du fromage augmente de 12 $ à 15 $ le kilo, tandis que le prix du vin demeure à 3 $ le verre. Si l'on suppose que le revenu du consommateur est de 3 000 $, qu'arrive-t-il à la consommation de vin et à la consommation de fromage ? Illustrez l'effet de revenu et l'effet de substitution.
7. L'augmentation du prix du fromage peut-elle inciter le consommateur à acheter plus de fromage ? Expliquez.

Les frontières de la microéconomie

Les choix des individus et les interactions qui en résultent constituent les objets d'étude de la science économique. Cette étude porte sur de nombreux aspects, comme nous l'avons vu aux chapitres précédents. Ce serait toutefois une erreur de croire que tous les aspects étudiés jusqu'à maintenant forment un produit fini, impeccable et permanent. Comme tous les scientifiques, les économistes demeurent toujours à la recherche de nouveaux domaines à étudier et de nouveaux phénomènes à expliquer. Ce dernier chapitre sur la microéconomie traite de trois sujets situés aux frontières de la discipline et illustre les efforts que déploient les économistes pour approfondir leur compréhension de la société et du comportement humain.

Il sera d'abord question de l'*asymétrie de l'information*. En maintes occasions dans la vie, certaines personnes sont mieux informées que d'autres, ce qui a souvent une incidence sur les choix qu'elles font et sur leurs relations mutuelles. L'étude d'une telle asymétrie de l'information permet de mieux comprendre de nombreuses facettes de la vie en société, qu'il s'agisse du marché des voitures d'occasion ou de la coutume consistant à donner des cadeaux.

Il sera ensuite question de la *théorie des choix publics*. Le présent ouvrage fourmille d'exemples montrant diverses défaillances du marché, ainsi que la capacité des politiques publiques à remédier à ces défaillances. Il importe de ne pas perdre de vue cette notion de capacité, puisque sa concrétisation repose d'abord et avant tout sur le bon fonctionnement des institutions politiques. La théorie des choix publics vise à expliquer le fonctionnement du gouvernement grâce aux outils de l'économie.

Il sera enfin question de l'*économie comportementale,* qui fait appel à certains concepts de la psychologie pour éclairer l'étude des questions économiques. Elle aboutit à une représentation du comportement humain qui est à la fois plus subtile et plus complexe que celle qu'offre la théorie économique traditionnelle, mais qui est aussi parfois plus réaliste.

Ce chapitre traite d'une matière très vaste, de sorte qu'il donnera simplement un aperçu des trois questions étudiées plutôt que d'en proposer un examen exhaustif. Un des objectifs consiste à montrer quelques-unes des voies empruntées par les économistes en vue d'élargir leur compréhension du fonctionnement de l'économie. Si, en plus, l'étude du présent chapitre vous incite à suivre d'autres cours d'économie, alors la démarche adoptée aura été pleinement fructueuse !

L'asymétrie de l'information

« Je sais quelque chose que tu ne sais pas. » On entend souvent un enfant en taquiner un autre en lui lançant cette phrase, mais celle-ci n'en révèle pas moins une vérité plus profonde au sujet des interactions entre les individus. En effet, il arrive fréquemment qu'une personne en sache davantage qu'une autre au sujet d'une situation donnée. C'est précisément une telle différence en matière de connaissances pertinentes que désigne l'expression *asymétrie de l'information*.

Les exemples sont nombreux. Ainsi, un travailleur en sait plus que son employeur en ce qui concerne les efforts qu'il consacre à son emploi : c'est un cas d'*action non observable*. De même, le vendeur d'une voiture d'occasion en sait plus sur l'état de la voiture que l'acheteur : c'est alors un cas de *caractéristique non observable*. Dans ces deux cas, la personne moins bien informée (l'employeur, l'acheteur de la voiture) aimerait posséder toutes les données pertinentes, mais la personne mieux informée (le travailleur, le vendeur de la voiture) peut être encline à ne pas les dévoiler.

En raison de la forte prévalence de l'asymétrie de l'information, les économistes ont déployé beaucoup d'efforts, au cours des dernières décennies, pour en étudier les effets. D'ailleurs, le prix Nobel de sciences économiques a été attribué en 2001 à trois économistes (George Akerlof, Michael Spence et Joseph Stiglitz) pour leurs travaux novateurs en la matière. Nous allons maintenant en examiner quelques éléments importants.

L'action non observable : l'agent, le principal et l'aléa moral

L'**aléa moral** est un problème qui surgit lorsqu'une personne, l'**agent**, accomplit un acte pour une autre personne, le **principal**. Si le principal ne peut surveiller adéquatement le comportement de l'agent, celui-ci tend alors à déployer moins d'efforts que ce que le principal juge souhaitable. L'expression *aléa moral* désigne l'éventualité fâcheuse que l'agent adopte un comportement inapproprié ou, du moins, mauvais pour le principal. Dans une telle situation, le principal emploie divers moyens pour inciter l'agent à faire preuve d'un plus grand sens des responsabilités.

Aléa moral
Situation résultant du fait qu'une personne peu surveillée est susceptible d'adopter un comportement malhonnête ou non désirable.

Agent
Personne qui accomplit un acte pour une autre personne, le principal.

Principal
Personne pour laquelle une autre personne, l'agent, accomplit un acte.

Le marché du travail nous offre l'exemple classique : l'employeur est le principal, le travailleur est l'agent et le problème de l'aléa moral réside dans la tentation des travailleurs peu surveillés d'esquiver leurs responsabilités. L'employeur peut réagir de différentes façons dans une telle situation :

- *Accroître la surveillance :* Certains parents faisant appel à une gardienne d'enfants installent des caméras vidéo cachées dans leur domicile pour filmer le comportement de la gardienne pendant qu'ils s'absentent de la maison. Ils peuvent ainsi prendre connaissance de tout comportement irresponsable. L'employeur peut également surveiller ses employés : caméra de surveillance, feuille de présence, contremaître, etc.
- *Augmenter la rémunération :* Selon les théories du salaire d'efficience (examinées au chapitre 19), certains employeurs préfèrent accorder à leurs travailleurs une rémunération située au-dessus du niveau d'équilibre. Une travailleuse qui reçoit une rémunération supérieure à ce niveau est moins susceptible de faire fi de ses responsabilités, parce qu'elle sait que si elle n'agit pas conformément aux exigences de son employeur, elle sera congédiée et pourrait avoir de la difficulté à trouver un autre emploi aussi bien rémunéré.
- *Reporter la rémunération :* Une entreprise peut reporter à plus tard le versement d'une partie de la rémunération d'un travailleur, de sorte que si ce dernier commet une faute professionnelle et est congédié, il subit alors une pénalité plus forte. Le versement d'une prime de fin d'année est un bon exemple de rémunération reportée. De même, une entreprise peut décider d'augmenter la rémunération de ses travailleurs au bout de quelques années. Ainsi, la hausse de salaire des travailleurs peut refléter non seulement leur plus grande expérience de travail, mais aussi la réaction à la présence d'aléa moral.

Les employeurs peuvent recourir à un seul ou à plusieurs de ces mécanismes lorsqu'ils veulent résoudre le problème de l'aléa moral.

De nombreux autres exemples d'aléa moral se retrouvent également à l'extérieur du monde du travail. Ainsi, il arrive souvent que le propriétaire d'une maison disposant d'une assurance contre l'incendie n'achète pas suffisamment d'extincteurs, parce que c'est lui qui doit assumer le coût d'un tel achat, tandis que c'est la compagnie d'assurance qui en est le principal bénéficiaire. De même, une famille peut décider, malgré le fort risque d'inondation, de s'établir près d'une rivière, en raison de la beauté du paysage environnant, alors que c'est le gouvernement qui assume le coût des secours d'urgence après une inondation. De nombreuses réglementations sont adoptées pour prévenir de tels problèmes : une compagnie d'assurance peut exiger que le propriétaire d'une maison assurée par elle achète plusieurs extincteurs, tout comme le gouvernement peut interdire la construction de résidences sur un terrain exposé à un fort risque d'inondation. Toutefois, la compagnie d'assurance ne dispose pas d'une information exhaustive sur les précautions que prend un propriétaire de maison, tout comme le gouvernement ne possède pas toute l'information nécessaire au sujet des risques que court une famille lorsque celle-ci choisit un lieu de résidence particulier. Il s'ensuit que le problème de l'aléa moral demeure présent.

BON À SAVOIR

La gestion des entreprises

Dans les économies modernes, les sociétés par actions assurent une grande partie de la production. À l'instar d'autres entreprises, elles achètent des intrants sur des marchés de facteurs de production et vendent leurs produits sur des marchés de biens et de services. Comme d'autres entreprises également, elles visent la maximisation de leurs profits. Cependant, une grande société par actions doit aussi résoudre des problèmes que n'a pas à affronter une petite entreprise familiale.

Qu'est-ce qui distingue une société par actions des autres types d'entreprise? Sur le plan juridique, une société par actions est une organisation dotée d'une charte qui l'établit en tant que personne morale distincte ayant ses propres droits et responsabilités, séparés de ceux de ses propriétaires et de ses employés. Sur le plan économique, le trait le plus important d'une société par actions est la distinction opérée entre ses propriétaires et ses gestionnaires. Un groupe de personnes — les actionnaires — sont propriétaires de la société par actions et en partagent les profits, tandis qu'un autre groupe de personnes — les gestionnaires — sont à l'emploi de la société par actions pour prendre les décisions concernant le déploiement de ses ressources.

La séparation entre propriétaires et gestionnaires crée un *problème d'agence*. Dans le cas présent, les actionnaires sont le principal et les gestionnaires sont les agents. Le chef de la direction et les autres gestionnaires sont les mieux placés pour connaître les occasions d'affaires qui s'offrent à la société par actions, et c'est à eux qu'incombe la tâche de maximiser les profits en faveur des actionnaires. Toutefois, il n'est pas toujours facile de veiller à ce que les gestionnaires mènent à bien cette tâche. Ils peuvent viser des objectifs qui leur sont propres : s'offrir une belle vie, se doter d'un bureau luxueux et d'un avion privé, donner des réceptions somptueuses ou se complaire dans le prestige découlant de la présidence d'un empire financier. Bref, les objectifs des gestionnaires ne coïncident pas toujours avec la maximisation des profits.

Le conseil d'administration de la société par actions est chargé de l'embauche et du congédiement des cadres supérieurs. Il veille au bon rendement des gestionnaires et détermine leur régime de rémunération. Ce régime comprend souvent des primes visant à faire coïncider l'intérêt des actionnaires et l'intérêt des gestionnaires. Les dirigeants reçoivent parfois des primes fondées sur le rendement ou des options d'achat d'actions de la société, qui valent davantage si celle-ci obtient de bons résultats.

Il faut toutefois noter que les membres du conseil d'administration agissent eux-mêmes à titre d'agents des actionnaires. La présence d'un conseil d'administration chargé d'encadrer les gestionnaires ne fait que déplacer le problème des rapports entre agents et principal. Il s'agit alors de s'assurer que le conseil d'administration s'acquitte de sa propre obligation juridique d'agir dans le meilleur intérêt des actionnaires. Si les membres du conseil d'administration établissent des liens amicaux trop étroits avec les gestionnaires, ils peuvent alors ne plus être en mesure d'assurer l'encadrement nécessaire.

Le problème d'agence au sein des sociétés par actions fait les manchettes depuis quelques années. Les principaux dirigeants de plusieurs grandes entreprises, comme Enron, Tyco et WorldCom, s'étaient engagés dans des activités qui les ont enrichis au détriment des actionnaires de ces entreprises. Dans ces cas particuliers, les activités ont même revêtu un caractère criminel, si bien que non seulement ces dirigeants ont été congédiés, mais ils ont aussi écopé de peines de prison. Dans quelques cas, des actionnaires ont intenté des poursuites judiciaires contre des membres du conseil d'administration n'ayant pas suffisamment encadré le travail des gestionnaires.

Heureusement, les cas d'activités criminelles de la part de dirigeants de société sont rares. D'une certaine façon, il ne s'agit là que de la pointe visible de l'iceberg. Partout où les propriétaires et les gestionnaires forment deux groupes séparés, comme c'est le cas dans la plupart des grandes entreprises, il existe une tension inévitable entre les intérêts des actionnaires et ceux des gestionnaires.

Les caractéristiques non observables : l'antisélection et le problème du citron

L'**antisélection** est un problème qui surgit dans des marchés où le vendeur connaît mieux les attributs du bien vendu que l'acheteur. Il s'ensuit que l'acheteur risque d'acquérir un bien de qualité inférieure. En d'autres termes, la sélection des biens mis en vente peut être moins avantageuse pour l'acheteur non informé.

Antisélection
Situation dans laquelle l'ensemble des attributs non observés devient indésirable pour une personne non informée.

L'exemple classique d'antisélection est celui du marché des voitures d'occasion. Les vendeurs de voitures d'occasion connaissent les défauts de ces voitures, contrairement à la plupart des acheteurs. Comme les propriétaires des moins bonnes voitures sont plus susceptibles de les vendre que les propriétaires des meilleures voitures, les acheteurs craignent souvent de tomber sur un citron. C'est pourquoi nombreux sont ceux qui évitent d'acheter une voiture d'occasion. Ce problème du citron permet de comprendre pourquoi une voiture n'ayant roulé que pendant quelques semaines se vend plusieurs milliers de dollars de moins qu'une voiture neuve du même modèle. L'acheteur d'une voiture d'occasion peut très bien supposer que le vendeur se débarrasse rapidement de cette voiture parce que ce dernier sait quelque chose à son sujet que l'acheteur ignore.

Un autre exemple d'antisélection est tiré du marché du travail. Selon la théorie du salaire d'efficience, les travailleurs possèdent des compétences de degrés variés et ils connaissent sans doute leurs propres compétences mieux que les entreprises qui les embauchent. Lorsqu'une entreprise réduit la rémunération qu'elle verse, les travailleurs les plus talentueux sont les plus susceptibles de la quitter, car ils savent qu'ils sont capables de trouver un emploi mieux rémunéré ailleurs. Inversement, une entreprise peut décider de verser une rémunération au-dessus du niveau d'équilibre afin d'attirer un meilleur ensemble de travailleurs.

Un troisième exemple d'antisélection s'observe dans les marchés de l'assurance. Ainsi, l'acheteur d'une police d'assurance vie connaît mieux ses propres problèmes de santé que les compagnies d'assurance. Puisque les personnes ayant de plus graves problèmes de santé cachés sont plus susceptibles que d'autres personnes d'acheter une police d'assurance vie, la prime d'une police d'assurance vie reflète les coûts que représente une personne plus malade que la moyenne des individus. Par conséquent, le montant élevé de la prime à payer peut dissuader les personnes jouissant d'une assez bonne santé de se doter d'une police d'assurance vie.

Lorsque les marchés subissent les effets de l'antisélection, la main invisible ne parvient pas toujours à manifester sa magie. Dans le marché des voitures d'occasion, le propriétaire d'une bonne voiture peut décider de la garder plutôt que de la vendre au bas prix que les acheteurs sceptiques sont prêts à payer. Dans le marché du travail, les salaires peuvent se maintenir au-dessus du niveau d'équilibre entre l'offre et la demande, ce qui crée du chômage. Dans les marchés de l'assurance, les acheteurs représentant un faible risque peuvent décider de ne pas acquérir d'assurance, parce que les polices offertes ne reflètent pas leurs véritables caractéristiques personnelles.

L'envoi d'un signal pour transmettre une information privée

Si l'asymétrie de l'information est parfois à l'origine d'une politique publique, elle constitue également la motivation de certains comportements individuels qui seraient difficiles à expliquer autrement. Les marchés réagissent

Envoi d'un signal
Acte par lequel une personne informée révèle une information privée à une personne non informée.

de nombreuses façons aux problèmes issus de l'asymétrie de l'information. Une de ces façons est l'**envoi d'un signal**, qui désigne l'acte qu'une personne informée accomplit dans l'unique but de révéler de façon crédible l'information qu'elle détient.

Nous avons déjà vu quelques exemples de l'envoi d'un signal dans des chapitres antérieurs. Comme nous l'avons mentionné au chapitre 16, des entreprises procèdent à des campagnes publicitaires pour signaler à des clients potentiels qu'elles offrent des produits de grande qualité. Au chapitre 20, nous avons souligné que des étudiants vont décrocher un diplôme d'études collégiales ou universitaires pour signaler à des employeurs potentiels qu'ils possèdent des compétences recherchées. Il faut se rappeler ici que la théorie du signal en matière de scolarisation diffère de la théorie du capital humain, qui postule que la scolarisation accroît la productivité d'une personne, plutôt que de simplement transmettre de l'information au sujet d'un talent inné. Ces deux exemples d'envoi d'un signal (publicité et scolarisation) peuvent sembler très différents, mais ils sont fondamentalement assez semblables : dans les deux cas, la personne informée (l'entreprise, l'étudiant) envoie un signal pour persuader la personne non informée (le client, l'employeur) qu'elle offre quelque chose de grande qualité.

Quelles doivent être les caractéristiques d'un acte pour qu'il constitue un signal efficace ? Premièrement, il doit coûter quelque chose. Si un signal ne coûtait rien, tous l'utiliseraient et il ne transmettrait aucune information. Deuxièmement, le signal doit être moins coûteux, ou plus bénéfique, pour la personne proposant un produit de plus grande qualité. Dans le cas contraire, tous seraient pareillement incités à utiliser le signal, de sorte que celui-ci ne révélerait rien.

Reprenons nos deux exemples précédents. Dans le cas de la publicité, l'entreprise offrant un bon produit retire un plus grand bénéfice de la publicité diffusée, parce que les clients qui font l'essai du produit une première fois sont plus susceptibles de l'acheter régulièrement par la suite. Ainsi, cette entreprise agit rationnellement lorsqu'elle acquitte le coût du signal (la publicité), tout comme le client agit rationnellement lorsqu'il se sert du signal comme élément d'information concernant la qualité du produit. Dans le cas de la scolarisation, une personne talentueuse obtient de meilleurs résultats scolaires qu'une personne moins talentueuse. Elle agit donc rationnellement lorsqu'elle acquitte le coût du signal (la scolarisation), tout comme l'employeur agit rationnellement lorsqu'il se sert du signal comme élément d'information concernant le talent de cette personne.

Le monde fourmille d'envois de signal. Les publicités paraissant dans les magazines comportent parfois la mention *Tel que vu à la télé*. Pourquoi une entreprise qui annonce un produit dans un magazine décide-t-elle de souligner ce fait ? Une des raisons possibles est qu'elle tient à manifester sa volonté d'assumer le coût d'un signal onéreux (une publicité télévisée), dans l'espoir que les lecteurs dudit magazine en concluront que le produit annoncé est de grande qualité. Pour la même raison, les diplômés d'une université prestigieuse prennent toujours soin de mettre ce caractère prestigieux en évidence dans leur curriculum vitæ.

ÉTUDE DE CAS

Le cadeau : un signal

Un homme songe au cadeau qu'il va donner à son amoureuse pour son anniversaire. « J'ai trouvé, se dit-il. Je vais lui donner de l'argent. Après tout, je ne connais pas ses goûts aussi bien qu'elle-même, et elle pourra donc s'acheter ce qu'elle veut avec l'argent. » Sauf qu'elle se sent insultée lorsqu'elle reçoit l'argent en question. Convaincue qu'il ne l'aime pas vraiment, elle met fin à leur relation.

Quelle logique économique sous-tend cette anecdote ?

D'une certaine façon, donner des cadeaux est une coutume assez étrange. Comme le laisse entendre l'homme dans cette anecdote, chacun connaît mieux ses propres préférences que toute autre personne, de sorte qu'on pourrait s'attendre à ce que tous préfèrent recevoir de l'argent plutôt qu'un don en nature. Si un employeur remettait des biens plutôt qu'un chèque de paie à un employé, celui-ci s'opposerait sans doute à ce mode de paiement. Toutefois, sa réaction serait très différente si une personne qui l'aime (espère-t-il) faisait la même chose.

On peut interpréter le don d'un cadeau comme la manifestation de l'asymétrie de l'information et de l'envoi d'un signal. L'homme dans l'anecdote ci-dessus détient une information privée que son amoureuse aimerait connaître : l'aime-t-il vraiment ? Choisir un cadeau pour elle est un signal de son sentiment amoureux. Il est certain que le choix d'un cadeau comporte les caractéristiques propres à un signal. Il est coûteux (il faut y consacrer du temps) et son coût est fonction de l'information privée (à quel point il l'aime). S'il l'aime vraiment, le choix d'un cadeau approprié est facile puisqu'il pense à elle constamment. S'il ne l'aime pas vraiment, ce choix est alors plus difficile. Ainsi, le don d'un cadeau qui plaît à son amoureuse est une façon pour lui de transmettre l'information privée au sujet de son amour pour elle. Par contre, donner de l'argent révèle qu'il n'a même pas envie d'essayer.

« M'aime-t-il vraiment ? »

L'application de la théorie du signal au don d'un cadeau concorde avec une autre observation : les individus accordent plus d'importance à cette coutume lorsque l'intensité du sentiment amoureux est très fortement en jeu. C'est pourquoi donner de l'argent à son amoureux ou à son amoureuse est généralement une mauvaise décision. Cependant, un étudiant qui reçoit un chèque de ses parents se sent probablement moins insulté. Il est moins susceptible de douter de l'amour de ses parents, si bien qu'il n'interprétera pas le don en argent comme le signal d'un manque d'affection de leur part.

Le filtrage comme moyen de susciter la révélation d'une information

Lorsqu'une personne informée décide de révéler une information privée qu'elle détient, il s'agit de l'envoi d'un signal. Lorsqu'une personne non informée prend des mesures pour amener une personne informée à révéler une information privée, il s'agit d'un **filtrage**.

Filtrage
Mesure prise par une personne non informée pour amener une personne informée à révéler une information.

Certains cas de filtrage relèvent du simple bon sens. Ainsi, l'acheteur d'une voiture d'occasion peut en demander la vérification par un mécanicien avant la conclusion de l'achat. Le vendeur qui rejette une telle demande révèle qu'il détient une information privée : il s'agit d'un citron. L'acheteur peut alors proposer un prix d'achat plus bas ou chercher une autre voiture.

D'autres cas de filtrage sont plus délicats. Prenons l'exemple d'une entreprise qui vend des polices d'assurance automobile. Cette entreprise voudrait bien facturer

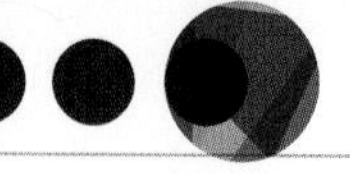

une prime moins élevée aux conducteurs prudents et une prime plus élevée aux conducteurs imprudents. Mais comment peut-elle distinguer les uns des autres ? Les conducteurs eux-mêmes savent s'ils sont prudents ou non, mais les conducteurs imprudents ne reconnaîtront pas qu'ils le sont. Les antécédents d'un conducteur constituent un élément d'information utile (qu'utilisent effectivement les compagnies d'assurance automobile), mais ils ne représentent qu'un indicateur imparfait des risques futurs, en raison du caractère intrinsèquement aléatoire des accidents d'automobile.

La compagnie d'assurance parviendrait à distinguer les deux catégories de conducteurs en offrant différentes polices d'assurance qui les amèneraient à se distinguer eux-mêmes. Ainsi, une police d'assurance comporterait une prime élevée et couvrirait le coût total de tout accident qui surviendrait, tandis qu'une autre police serait assortie d'une prime moins élevée, mais aussi d'une franchise de 1 000 $ (c'est-à-dire que le conducteur devrait assumer les coûts des dommages subis jusqu'à concurrence de 1 000 $ et que la compagnie acquitterait tout coût supplémentaire). Il est à noter ici que la présence d'une franchise est plus pénible pour les conducteurs imprudents, car ils sont plus susceptibles d'être impliqués dans un accident. Il s'ensuit que si la franchise est assez élevée, la police d'assurance comportant une prime moins coûteuse et une franchise devrait être plus intéressante pour les conducteurs prudents, alors que la police d'assurance assortie d'une prime plus coûteuse et exempte de toute franchise devrait être privilégiée par les conducteurs imprudents. Obligés de choisir entre ces deux polices d'assurance, les conducteurs de ces deux catégories révéleraient leur information privée en optant pour l'une ou l'autre des deux.

Un nouveau moyen plus direct d'amener les conducteurs à révéler de l'information privée à leur sujet consiste à installer un dispositif muni d'un GPS sur leur voiture. Sorte de boîte noire pour automobile, ce dispositif permet de surveiller les faits et gestes des clients. En contrepartie, ces derniers voient leur prime d'assurance tarifée selon leur conduite : plus ils sont prudents, moins ils ont à payer.

L'asymétrie de l'information et les politiques publiques

Nous avons examiné deux types d'asymétrie de l'information : l'aléa moral et l'antisélection. Nous avons également vu que les individus peuvent réagir en recourant à l'envoi d'un signal ou au filtrage. Nous allons maintenant nous attarder à ce que l'asymétrie de l'information indique au sujet du champ d'application des politiques publiques.

La tension entre les succès et les défaillances du marché revêt une importance cruciale en microéconomie. Nous avons vu, au chapitre 7, que l'équilibre de l'offre et de la demande est efficient, du fait qu'il maximise le surplus total que la société peut dégager dans un marché. La main invisible d'Adam Smith semblait dominer sans conteste. Toutefois, une telle conclusion a été tempérée par l'étude des externalités (chapitre 10), des biens publics (chapitre 11), de la concurrence imparfaite (chapitres 15 à 17) et de la pauvreté (chapitre 20). Ces exemples de défaillance du marché ont bien montré que l'intervention du gouvernement peut parfois en améliorer le fonctionnement.

L'étude de l'asymétrie de l'information apporte une autre raison de se méfier des marchés. Lorsque certaines personnes ont plus d'information que d'autres, le marché peut ne pas parvenir à optimiser l'utilisation des ressources. Les personnes possédant une voiture en bon état peuvent avoir de la difficulté à la vendre parce que les acheteurs potentiels vont craindre d'hériter d'un citron. Les personnes ayant peu de problèmes de santé peuvent avoir de la difficulté à acquérir une police d'assurance maladie peu coûteuse parce que les compagnies d'assurance ne peuvent les distinguer de celles qui ont des problèmes de santé graves, mais non apparents.

Bien que l'asymétrie de l'information puisse justifier une intervention du gouvernement dans certains cas, trois faits viennent embrouiller la question. D'abord, comme nous l'avons vu, le marché privé réussit parfois à résoudre lui-même les problèmes découlant de l'asymétrie de l'information, grâce à l'envoi de signaux et au filtrage. Ensuite, le gouvernement dispose rarement de plus d'information que les individus concernés. Même si l'allocation des ressources par le marché n'est pas optimale, elle peut très bien être la meilleure disponible. En d'autres termes, en présence d'une asymétrie de l'information, les pouvoirs publics ne sont pas toujours en mesure d'améliorer les résultats imparfaits que donne le marché. Enfin, le gouvernement lui-même est une entité imparfaite, comme nous allons le voir dans la prochaine section.

ÉTUDE DE CAS

L'asymétrie de l'information et la crise financière mondiale de 2007-2009

En 2007, l'économie mondiale a subi une contraction économique et financière, dont les conséquences ont atteint une ampleur jamais vue depuis la Grande Dépression des années 1930. Surnommée par plusieurs la *seconde grande contraction* (la première étant la Grande Dépression), la récession mondiale qui en a découlé n'a laissé indemne pratiquement aucun pays. Le Canada est entré en récession au cours du quatrième trimestre de 2008 et en est sorti au troisième trimestre de 2009. Même si le Canada a beaucoup mieux traversé la tempête que nombre d'autres pays, le produit intérieur brut (la valeur totale des biens et des services produits au Canada) a reculé de plus de 7 % pendant la crise.

On convient généralement que la seconde grande contraction a commencé par une crise financière qui s'est déclenchée sur le marché américain des prêts hypothécaires à risque. Les hypothèques de ce type étaient consenties à des personnes dont les antécédents de crédit n'étaient pas solides et qui risquaient fort de se trouver en défaut de paiement. Alors que la crise se propageait aux institutions financières partout sur le globe, l'accès au crédit s'est refermé et les pays sont tombés dans une profonde récession.

L'analyse de cet événement complexe est toujours en cours, mais beaucoup d'économistes croient que la crise a été exacerbée par un facteur important : la présence d'asymétrie de l'information sur les marchés financiers.

En effet, cette dernière explique en grande partie l'existence même des intermédiaires financiers tels que les banques. Celles-ci offrent de nombreux services — un endroit sûr où garder les fonds, en plus d'un grand nombre d'autres fonctions utiles — et elles existent principalement grâce à leur capacité de réduire les risques associés à l'asymétrie de l'information. Les emprunteurs, par exemple, en savent davantage que les prêteurs sur leurs conditions financières et leur capacité à rembourser leurs prêts. Ce fait peut donner lieu à la fois à l'antisélection (les personnes moins susceptibles de rembourser un prêt sont plus enclines à en demander un) et à l'aléa moral (les emprunteurs prennent des risques excessifs). Ainsi, prêter de l'argent directement aux emprunteurs devient risqué. Les banques et les autres intermédiaires financiers mettent à profit leur expertise spécialisée pour analyser et évaluer le risque ainsi que pour surveiller les emprunteurs. De cette façon, elles parviennent à réduire tant l'antisélection que l'aléa moral sur les marchés financiers. C'est

▶

pour cette raison que les individus sont plus disposés à remettre leur argent à une banque qui, à son tour, prêtera cet actif à des consommateurs et à des entreprises, ce qui évite aux individus de prêter leur argent directement à des emprunteurs.

Bien que les causes sous-jacentes de la crise financière fassent toujours l'objet de débats, certains économistes sont d'avis que le secteur financier n'a pas bien géré les risques associés à l'asymétrie de l'information alors que la crise se dessinait. Ils estiment que l'émergence de plusieurs innovations dans le secteur financier et la multiplication d'institutions bancaires parallèles (telles que les maisons de courtage et les fonds spéculatifs) qui s'occupaient activement de ces innovations ont affaibli les activités traditionnelles d'évaluation et de surveillance des institutions financières.

Parmi ces innovations, il y avait la *titrisation* (ou *titres adossés à des créances*). La titrisation consiste à assembler des prêts, tels que des hypothèques, dans un titre de placement qui est ensuite vendu à un tiers qui, à son tour, le vend à une autre partie ou le combine à d'autres titres pour en former un nouveau, et ainsi de suite. Au cours de la récente crise financière, les hypothèques qui sous-tendaient ces titres de placement étaient de plus en plus dissociées de l'arrangement original conclu entre le prêteur et l'emprunteur. Beaucoup considèrent que le problème de l'asymétrie de l'information concernant le risque associé à ces actifs sous-jacents s'est accentué. Nombre de ces titres étaient en fait adossés à des prêts hypothécaires à haut risque.

Avant la crise, des banques d'investissement comme Bear Stearns et Lehman Brothers aux États-Unis recouraient beaucoup aux titres adossés à des créances. Les banques d'investissement sont des institutions qui n'acceptent pas de dépôts ; elles garantissent et échangent des titres de placement et donnent des conseils financiers aux entreprises et aux gouvernements, entre autres fonctions. Ces institutions ne sont pas soumises à la même surveillance par les organismes de réglementation que les établissements de dépôt. En 2008, après avoir reçu un prêt d'urgence de la Réserve fédérale américaine (la banque centrale des États-Unis), la société Bear Stearns a été rachetée par JP Morgan Chase à une fraction de sa valeur avant crise. Quant à Lehman Brothers, l'institution a été acculée à la faillite. L'effondrement de Bear Stearns et de Lehman Brothers est devenu le cas emblématique de la crise financière.

On a aussi avancé l'idée que des incitatifs importants ont poussé les institutions financières à courir des risques en raison d'une sorte d'aléa moral : la nature du régime de compensation destiné aux employés. Les primes du secteur financier liées à des rendements positifs, sans risque de pénalité en cas de défaut de paiement, ont encouragé les employés à adopter un comportement de plus en plus risqué. Par conséquent, certains analystes ont demandé que les institutions financières ainsi que leurs activités et leur régime de compensation soient mieux réglementés.

Finalement, il a également été fortement suggéré que la réaction des gouvernements vis-à-vis de la crise — en particulier le renflouement des institutions financières et, aux États-Unis et au Canada, celui des constructeurs automobiles — a créé une sorte d'aléa moral. Évidemment, si une entreprise sait que le gouvernement va voler à son secours, elle est moins encline à gérer ses risques de façon prudente. Le plan de sauvetage sans précédent du gouvernement en temps de crise pourrait très bien avoir préparé le terrain à d'autres problèmes à l'avenir : les entreprises et les institutions financières considérées comme « trop grosses pour sombrer » n'hésiteront pas à prendre encore plus de risques.

Les répercussions de la crise financière et économique sont susceptibles de perdurer. Même s'il existe certains désaccords sur la forme que les politiques subséquentes devront prendre pour minimiser les risques que des événements semblables se produisent de nouveau, il faut en priorité comprendre le rôle de l'asymétrie de l'information.

MINITEST

- L'acheteur d'une police d'assurance vie acquitte une certaine prime annuelle et sa famille touche une somme beaucoup plus élevée que cette prime s'il meurt. Croyez-vous que le taux de mortalité des acheteurs d'une police d'assurance vie est plus élevé ou plus faible que le taux de mortalité moyen de la population en général ? S'agit-il là d'un exemple d'aléa moral ? d'un exemple d'antisélection ? Par quels moyens une compagnie d'assurance vie pourrait-elle traiter ces problèmes ?

La théorie des choix publics

Comme nous l'avons vu, les marchés laissés à eux-mêmes ne conduisent pas toujours à une bonne allocation des ressources. Lorsqu'on estime que les résultats du marché sont inadéquats ou inéquitables, il peut être utile que le gouvernement intervienne afin d'améliorer la situation. Pourtant, avant de se féliciter d'un gouvernement interventionniste, on doit prendre en considération un autre fait : le gouvernement est également une entité imparfaite. La **théorie des choix publics** est la discipline dans laquelle les méthodes des sciences économiques sont appliquées à l'étude du fonctionnement du gouvernement.

Théorie des choix publics
Étude du fonctionnement du gouvernement à l'aide des outils de l'analyse économique.

Le paradoxe de Condorcet

La plupart des sociétés développées s'appuient sur des principes démocratiques pour établir les politiques publiques. Par exemple, lorsqu'une ville doit choisir entre deux emplacements pour aménager un nouveau parc, elle fait appel à une méthode simple : c'est la majorité qui l'emporte. Cependant, pour la plupart des questions relevant des politiques publiques, il existe beaucoup plus que deux options. Ainsi, il y a généralement de nombreux emplacements possibles se prêtant à l'aménagement d'un nouveau parc. Dans un tel cas, une démocratie se heurte parfois à certains problèmes lorsque vient le temps de choisir une des options, comme l'avait si bien souligné le marquis de Condorcet, penseur politique français du XVIIIe siècle.

À titre d'exemple, supposons qu'il y a trois options possibles, nommées A, B et C, et trois types d'électeurs, dont les préférences sont indiquées au tableau 22.1. La mairesse de la ville veut traduire ces préférences individuelles en préférences pour la société dans son ensemble. Comment doit-elle procéder ?

Elle pourrait initialement proposer des choix successifs entre deux des options. Si elle demande aux électeurs de choisir d'abord entre les options B et C, les types d'électeurs 1 et 2 vont voter pour B, qui obtiendra donc la majorité. Si elle

TABLEAU 22.1

Le paradoxe de Condorcet

	TYPES D'ÉLECTEURS		
	TYPE 1	TYPE 2	TYPE 3
Pourcentage de l'électorat	35	45	20
Premier choix	A	B	C
Deuxième choix	B	C	A
Troisième choix	C	A	B

Si les électeurs ont les préférences ci-contre au sujet des options A, B et C, alors, dans le cadre de votes majoritaires successifs, A l'emporte sur B, B l'emporte sur C et C l'emporte sur A.

demande ensuite aux électeurs de choisir entre A et B, les types d'électeurs 1 et 3 vont voter pour A, qui ralliera alors la majorité. Constatant que A l'emporte sur B et que B l'emporte sur C, la mairesse pourrait en conclure que les électeurs préfèrent clairement A.

Paradoxe de Condorcet
Incapacité de la règle de la majorité simple de générer des préférences transitives dans une société.

Mais attention ! Supposons que la mairesse demande ensuite aux électeurs de choisir entre les options A et C. Dans ce cas, les types d'électeurs 2 et 3 vont voter pour C, qui aura alors la majorité. Autrement dit, dans le cadre de votes majoritaires successifs entre deux options, A l'emporte sur B, B l'emporte sur C et C l'emporte sur A. En général, on s'attend à ce que les préférences manifestent une propriété nommée *transitivité* : si A est préférée à B et B est préférée à C, alors on s'attend à ce que A soit préférée à C. Le **paradoxe de Condorcet** postule précisément que les résultats démocratiques n'affichent pas toujours cette propriété. Un choix électoral entre deux options peut donner des préférences transitives dans une société, selon la configuration des préférences individuelles, mais ce n'est pas toujours le cas, comme le montre l'exemple tiré du tableau 22.1.

Une des conséquences du paradoxe de Condorcet est que l'ordre dans lequel se déroulent des votes successifs peut orienter le résultat. Si la mairesse demande aux électeurs de choisir d'abord entre A et B, puis de choisir entre celle de ces deux options qui a obtenu la majorité et C, les électeurs vont finalement choisir C. Cependant, si les électeurs se prononcent d'abord entre B et C, puis entre celle de ces deux options qui a obtenu la majorité et A, ils vont finalement choisir A. Et si les électeurs ont d'abord à choisir entre A et C, puis entre celle de ces deux options qui a obtenu la majorité et B, ils vont finalement opter pour B.

On peut tirer deux enseignements du paradoxe de Condorcet. L'enseignement immédiat est que si le choix à effectuer porte sur plus de deux options, l'ordre dans lequel se déroulent les choix successifs peut avoir une incidence déterminante sur le résultat d'une élection démocratique. L'enseignement plus général est qu'un vote majoritaire n'indique pas à lui seul le résultat qu'une société souhaite véritablement obtenir.

Le théorème d'impossibilité d'Arrow

Depuis la formulation du paradoxe de Condorcet, les penseurs politiques ont consacré beaucoup de temps à l'étude des systèmes électoraux et à la mise au point de nouveaux systèmes. Par exemple, au lieu de tenir des votes successifs entre deux options, la mairesse de la ville pourrait demander aux électeurs d'indiquer un ordre de préférence pour les options proposées : chaque électeur accorderait 1 point à la dernière option dans son ordre de préférence, 2 points à l'avant-dernière, 3 points à l'antépénultième, etc. L'option qui récolterait le plus grand nombre de points l'emporterait sur les autres. Dans le cas des préférences indiquées au tableau 22.1, c'est l'option B qui l'emporterait (vous pouvez faire les calculs vous-même). Un tel système électoral porte le nom de *méthode de Borda,* du nom du mathématicien et politologue français qui l'a mis au point au XVIIIe siècle. Il est souvent utilisé dans les sondages visant l'établissement d'un classement des meilleures équipes sportives.

Existe-t-il un système électoral parfait ? Kenneth Arrow, un économiste, s'est attaqué à cette question dans son ouvrage intitulé *Social choice and individual values,* publié en 1951 (version française : *Choix collectifs et préférences individuelles*). Il a d'abord défini ce que serait un système électoral parfait. Il suppose que les membres d'une société ont des préférences parmi diverses options possibles : A, B, C, etc. Il postule ensuite que la société, pour faire un choix entre ces options, veut un système électoral qui comporte plusieurs propriétés :

- *L'unanimité :* Si tous préfèrent A à B, alors A doit l'emporter sur B.
- *La transitivité :* Si A l'emporte sur B et B l'emporte sur C, alors A doit l'emporter sur C.
- *L'indépendance par rapport aux options non pertinentes :* La préférence entre deux options quelconques A et B ne doit pas dépendre de la présence ou non d'une troisième option C.
- *L'absence d'un dictateur :* Aucune personne ne doit toujours avoir le dessus, quelles que soient les préférences de toutes les autres.

Voilà autant de propriétés souhaitables pour un système électoral. Arrow a néanmoins apporté la preuve mathématique incontestable qu'aucun système électoral ne peut posséder toutes ces propriétés. C'est précisément ce qu'on appelle le **théorème d'impossibilité d'Arrow.**

Théorème d'impossibilité d'Arrow
Résultat mathématique montrant que, dans certaines conditions, il n'existe aucun moyen de regrouper les préférences individuelles en un ensemble cohérent de préférences collectives.

La démarche mathématique démontrant la validité du théorème d'Arrow déborde le cadre du présent ouvrage, mais on peut tout de même obtenir un aperçu de cette validité à partir de quelques exemples. Nous avons déjà vu le problème que pose la méthode de la majorité simple. Le paradoxe de Condorcet montre que la majorité simple ne parvient pas à donner un ordre de préférence entre des options qui soit toujours transitif.

Un autre exemple est celui de la méthode de Borda, qui ne comporte pas le facteur appelé *indépendance par rapport aux options non pertinentes*. Rappelons ici qu'à partir des préférences indiquées dans le tableau 22.1, l'option B l'emporte lorsque la méthode de Borda est appliquée. Supposons maintenant que l'option C disparaisse. Si la méthode de Borda est appliquée aux seules options A et B, alors A l'emporte (vous pouvez de nouveau faire les calculs vous-même). Ainsi, l'élimination de l'option C a pour effet de modifier la préférence entre A et B. Cela s'explique par le fait que le résultat de la méthode de Borda dépend du nombre de voix qu'obtiennent A et B et que ce nombre de voix est lui-même fonction de la présence ou non de l'option non pertinente ici, soit C.

Le théorème d'Arrow a des répercussions profondes et troublantes. Il ne signifie pas qu'on devrait renoncer à la démocratie en tant que régime politique. Toutefois, il révèle le fait que, quel que soit le système électoral qu'adopte une société afin de regrouper les préférences de ses membres, ce système comporte des lacunes en tant que mécanisme de choix collectif.

L'électeur médian règne

Malgré le théorème d'Arrow, la plupart des sociétés choisissent leurs dirigeants politiques et leurs politiques publiques au moyen d'un système électoral, souvent selon la règle de la majorité simple. La prochaine étape pour nous consiste à étudier le fonctionnement du gouvernement lorsque celui-ci est porté au pouvoir par la règle de la majorité simple. En d'autres termes, qui, dans une société démocratique, choisit les politiques publiques qui seront mises en œuvre ? Dans certains cas, la théorie du gouvernement démocratique donne une réponse étonnamment simple.

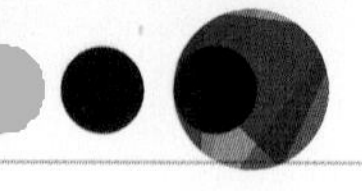

Prenons un exemple. Imaginons que la collectivité détermine la somme d'argent devant être consacrée à un bien public, comme la défense nationale. Chaque électeur a une somme d'argent préférée à cette fin et tient toujours à ce que la somme choisie soit le plus près possible de sa propre somme préférée à cette fin. On peut donc répartir sur une ligne les électeurs selon les sommes qu'ils ont indiquées, allant de la plus petite somme préférée à la plus forte somme préférée, comme le montre la figure 22.1. Il y a ici 100 électeurs, et les sommes d'argent préférées vont de 0 à 20 milliards de dollars. Compte tenu de ces préférences, quelle est, à votre avis, la somme qui sera choisie en démocratie ?

Théorème de l'électeur médian
Résultat mathématique montrant que, si les électeurs choisissent un point sur une ligne et que chaque électeur veut le point le plus près de son point préféré, alors la règle de la majorité simple a pour effet que c'est le point préféré de l'électeur médian qui sera choisi.

Selon un résultat bien connu, nommé **théorème de l'électeur médian,** c'est le budget préféré de l'électeur médian qui sera choisi en vertu de la règle de la majorité simple. L'*électeur médian* est l'électeur situé exactement au milieu de la répartition des électeurs. Si, sur la ligne des électeurs ordonnés selon leur somme préférée respective, on compte 50 électeurs à partir de l'une ou l'autre extrémité de cette ligne, on s'aperçoit que l'électeur médian préfère une somme de 10 milliards de dollars. Par contre, la somme préférée moyenne (qu'on établit en additionnant toutes les sommes préférées et en divisant le résultat par le nombre d'électeurs) est de 9 milliards, alors que la somme préférée modale (celle que préfère le plus grand nombre d'électeurs) est de 15 milliards.

L'électeur médian triomphe parce que sa somme préférée l'emporte sur toute autre proposition dans un choix entre deux options. Dans notre exemple, plus de la moitié des électeurs préfèrent une somme de 10 milliards ou plus, d'une part, et plus de la moitié des électeurs préfèrent une somme de 10 milliards ou moins, d'autre part. Si quelqu'un proposait une somme de 8 milliards plutôt que de 10 milliards, tous ceux qui préfèrent une somme de 10 milliards ou plus voteraient comme l'électeur médian. De façon analogue, si quelqu'un proposait une somme de 12 milliards plutôt que de 10 milliards, tous ceux qui préfèrent une somme de 10 milliards ou moins voteraient comme l'électeur médian. Dans les deux cas, l'électeur médian verrait plus de la moitié des électeurs voter comme lui.

FIGURE 22.1

Le théorème de l'électeur médian : un exemple

Cet histogramme montre comment le choix d'un budget préféré par 100 électeurs se répartit entre cinq options, allant de 0 à 20 milliards de dollars. Si la société fait un choix selon la règle de la majorité simple, c'est l'électeur médian (qui préfère ici 10 milliards) qui détermine le résultat final.

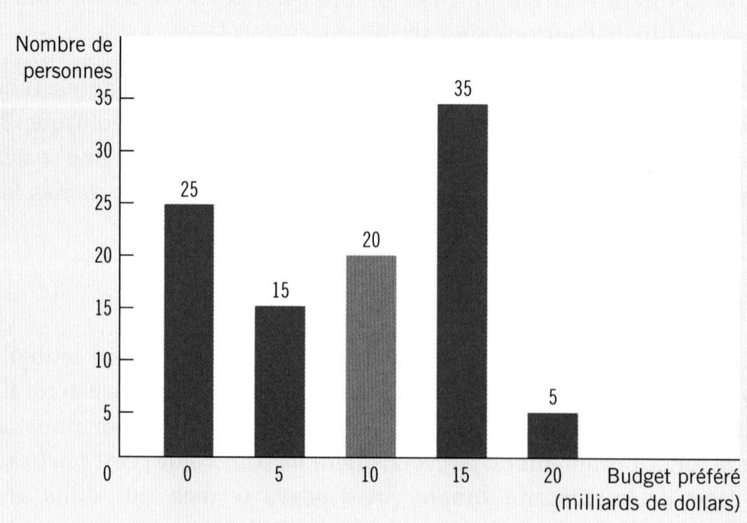

Qu'en est-il du paradoxe de Condorcet ? Il s'avère que lorsque les électeurs choisissent un point sur une ligne et que chaque électeur vise son propre point préféré, le paradoxe de Condorcet ne peut surgir. La somme préférée de l'électeur médian l'emporte sur toute autre.

Le théorème de l'électeur médian a pour conséquence que s'il y a deux partis politiques en lice et que chacun s'efforce de maximiser ses chances d'être élu, les deux partis vont alors adopter des positions qui se rapprochent de celles de l'électeur médian. Ainsi, toujours dans le cadre de notre exemple ci-dessus, supposons que le Parti conservateur préconise une somme de 15 milliards, tandis que le Parti libéral prône une somme de 10 milliards. La proposition du Parti conservateur est plus populaire d'un certain point de vue, c'est-à-dire que les partisans d'une somme de 15 milliards sont plus nombreux que ceux de toute autre somme. Pourtant, le Parti libéral rallie plus de 50 % des voix, car il obtient l'appui des 20 électeurs qui préfèrent une somme de 10 milliards, des 15 électeurs qui préfèrent une somme de 5 milliards et des 25 électeurs qui préfèrent une somme de 0 dollar. Si le Parti conservateur veut être élu, il devra rapprocher sa proposition de la préférence de l'électeur médian. Cette théorie explique donc pourquoi les deux partis politiques dans un système bipartite sont si semblables : ils se rapprochent tous deux de l'électeur médian.

Une autre conséquence du théorème de l'électeur médian est que les positions minoritaires ne reçoivent pas beaucoup d'attention. Admettons que 40 % des électeurs veulent qu'une forte somme d'argent soit consacrée aux parcs nationaux et que 60 % préfèrent qu'aucune somme ne leur soit réservée. Dans un tel cas, la préférence de l'électeur médian est de zéro, quelle que soit l'ampleur de l'opinion minoritaire. Telle est la logique de la démocratie. Plutôt que de favoriser un compromis qui tient compte des préférences de tous, la règle de la majorité simple favorise seulement la personne située exactement au milieu de la répartition.

Les dirigeants politiques sont aussi des êtres humains

Lorsque les économistes étudient le comportement des consommateurs, ils tiennent pour acquis que ceux-ci achètent les biens et les services qui leur procurent le plus haut degré de satisfaction personnelle. Lorsqu'ils étudient le comportement des entreprises, ils considèrent que ces dernières produisent la quantité de biens et de services qui leur rapportent les profits les plus élevés. Que devraient-ils postuler lorsqu'ils étudient le comportement des personnes actives en politique ?

Les dirigeants politiques visent également certains objectifs. Ce serait plaisant de supposer qu'ils veulent toujours favoriser le bien-être de la société dans son ensemble, qu'ils sont à la recherche de la combinaison optimale d'efficience et d'équité. Plaisant, certes, mais pas très réaliste. L'intérêt personnel est une source de motivation aussi puissante chez les dirigeants politiques que chez les consommateurs et les propriétaires d'entreprise. Certains acteurs politiques sont animés par leur volonté d'être réélus et sont prêts à sacrifier l'intérêt national s'ils en retirent une consolidation de leur base électorale. D'autres sont tout simplement motivés par l'avidité. La corruption de certains dirigeants gouvernementaux constitue une entrave bien connue au développement économique.

Le présent ouvrage ne saurait offrir l'élaboration d'une théorie du comportement politique, qui relève plutôt du travail des politologues. Cependant, toute réflexion sur une politique économique doit prendre en compte le fait que cette politique est mise au point non pas par un roi bienveillant, mais par des individus ayant leurs propres désirs, qui sont tout ce qu'il y a de plus humain. Parfois, c'est la défense de l'intérêt national qui les motive, mais d'autres fois, ce sont plutôt leurs propres ambitions politiques et financières. Il n'y a donc rien d'étonnant à ce que la politique économique mise en œuvre ne ressemble pas beaucoup aux idéaux décrits dans les manuels d'économie.

MINITEST

- Une commission scolaire se prononce sur le budget d'une école de quartier et sur le nombre moyen d'élèves par classe. Un sondage révèle alors que 35 % des électeurs souhaitent que ce nombre soit de 9 élèves par classe, 25 % veulent qu'il soit de 10 élèves et 40 % préfèrent qu'il soit de 12 élèves. À quelle décision à ce sujet peut-on s'attendre de la part de la commission scolaire ?

L'économie comportementale

Économie comportementale
Branche de la théorie économique qui intègre des notions de psychologie.

La science économique étudie le comportement humain, mais ce n'est certainement pas la seule discipline qui peut prétendre le faire. La psychologie également jette son éclairage sur les choix que les individus font tout au long de leur vie. Ces deux disciplines adoptent généralement une démarche autonome, en partie parce que chacune traite d'un ensemble de questions qui lui sont propres. Toutefois, une discipline nommée **économie comportementale** (*behavioral economics,* en anglais), caractérisée par le fait que des économistes recourent à des notions fondamentales de psychologie, a fait son apparition vers la fin du XXe siècle. Nous allons maintenant examiner quelques-unes de ses idées.

Les individus n'agissent pas toujours de façon rationnelle

La théorie économique accueille en son sein une espèce humaine un peu particulière, parfois appelée *Homo œconomicus.* Les membres de cette espèce agissent toujours de façon rationnelle. En tant que dirigeants d'entreprise, ils maximisent les profits. En tant que consommateurs, ils maximisent l'utilité (ou, ce qui revient au même, ils choisissent le point situé sur la courbe d'indifférence la plus élevée). Compte tenu des contraintes qu'ils affrontent, ils soupèsent rationnellement tous les coûts et tous les bénéfices et ils font ensuite les meilleurs choix possible.

Or, les gens ordinaires font aussi partie de l'espèce *Homo sapiens.* Si, à maints égards, ils ressemblent aux individus rationnels et prévoyants que postule la théorie économique, ils sont toutefois beaucoup plus complexes qu'eux. Il leur arrive d'être distraits, impulsifs, confus, émotifs et peu perspicaces. De telles imperfections de la raison humaine sont l'objet du travail quotidien des psychologues, mais elles avaient été négligées jusqu'à tout récemment par les économistes.

Herbert Simon, l'un des premiers spécialistes en sciences humaines dont le travail se situe à la frontière des sciences économiques et de la psychologie, estime que les humains devraient être considérés comme des êtres recherchant non pas la maximisation rationnelle de leur utilité, mais bien la *satisfaction* de leurs désirs. Plutôt que de toujours faire le meilleur choix possible, ils prennent simplement les décisions qu'ils jugent suffisamment bonnes. De façon analogue, d'autres économistes estiment que les humains sont seulement « presque rationnels » ou qu'ils font preuve d'une « rationalité limitée ».

Les auteurs de certaines études de la prise de décisions chez les humains ont tenté de repérer diverses erreurs systématiques que commettent les individus. Voici quelques-uns des résultats obtenus :

- *Les individus sont présomptueux :* Supposons qu'on vous demande de répondre à quelques questions d'ordre quantitatif, comme le nombre d'États africains qui sont membres de l'ONU, l'altitude de la plus haute montagne en Amérique du Nord, etc. Cependant, plutôt que de vous demander un nombre précis, on vous demande de donner une estimation dont l'intervalle de confiance est de 90 %, c'est-à-dire une fourchette telle que vous estimez à 90 % la probabilité que la bonne réponse s'y trouve. Lorsque des psychologues procèdent à des expériences de ce type, ils constatent que la plupart des personnes mentionnent une fourchette trop étroite : la bonne réponse se trouve dans la fourchette à une fréquence nettement inférieure à 90 %. Ce qui signifie que la plupart des individus sont présomptueux à leur propre sujet.
- *Les individus accordent trop d'importance à un petit nombre d'observations frappantes :* Supposons que vous songiez à faire l'achat d'une voiture de marque X. Pour en savoir davantage sur sa fiabilité, vous consultez la revue *Protégez-vous,* qui vient de faire une enquête auprès de 1 000 propriétaires de la voiture de marque X. Puis vous croisez une amie qui possède justement une voiture de marque X et qui vous dit que sa voiture est de très mauvaise qualité. Que pensez-vous du commentaire de votre amie ? Si vous adoptez une démarche rationnelle, vous allez comprendre que le commentaire de votre amie fait passer de 1 000 à 1 001 la taille de votre échantillon, ce qui n'apporte pas beaucoup d'information nouvelle. Or, comme le commentaire de votre amie est assez frappant, vous êtes enclin à lui accorder plus d'importance qu'il devrait en avoir dans la prise de votre décision.
- *Les individus sont réticents à changer d'avis :* Les individus ont tendance à donner aux faits une interprétation qui confirme leurs convictions préétablies. Dans le cadre d'une étude, on a demandé aux sujets de lire et d'interpréter un rapport de recherche qui visait à établir si la peine de mort avait ou non un caractère dissuasif à l'égard de la criminalité. Après avoir lu le rapport, ceux qui étaient initialement favorables à la peine de mort ont affirmé que le rapport confirmait leur opinion, et ceux qui étaient initialement opposés à la peine de mort ont également dit que le rapport confirmait leur opinion. Les deux groupes de personnes ont donné aux mêmes faits des interprétations diamétralement opposées.

Songez à certaines décisions que vous avez prises par le passé. Présentent-elles quelques-uns de ces traits ?

Vous vous demandez peut-être pourquoi la science économique se fonde sur l'hypothèse de rationalité, alors même que la psychologie et le sens commun la remettent clairement en question. On peut ici répondre que même si elle n'est pas parfaitement juste, cette hypothèse constitue néanmoins une bonne approximation. Par exemple, lorsque nous avons examiné les différences entre une firme concurrentielle et un monopole, l'hypothèse selon laquelle les entreprises maximisent rationnellement leurs profits a donné de nombreux résultats valides et importants. Comme nous l'avons souligné au chapitre 2, les modèles économiques ne visent pas à reproduire la réalité, mais bien à révéler la nature profonde du problème examiné afin d'en favoriser une meilleure compréhension.

De même, si les économistes tiennent si souvent pour acquise la rationalité, c'est peut-être parce qu'ils ne recherchent pas toujours eux-mêmes la maximisation rationnelle de leur utilité. Comme la plupart des individus, ils sont présomptueux et réticents à changer d'avis. Leur choix entre différentes théories du comportement humain peut s'expliquer par une inertie excessive. En outre, les économistes se contentent peut-être d'une théorie qui n'est pas parfaite, mais qui est suffisamment bonne à leurs yeux. Le modèle de l'homme rationnel peut être la théorie de prédilection d'un chercheur en sciences humaines qui recherche la satisfaction de ses propres désirs.

Les individus se soucient de l'équité

Un autre trait du comportement humain est très bien illustré à l'aide d'une expérience nommée *jeu de l'ultimatum*. Voici comment se déroule ce jeu : deux volontaires (qui ne se connaissent pas) sont invités à jouer à un jeu à l'issue duquel ils pourraient gagner 100 $. On leur explique ensuite les règles du jeu. Ils tirent d'abord à pile ou face pour déterminer qui sera le joueur A et qui sera le joueur B. La tâche du joueur A consiste à proposer une répartition des 100 $ entre lui-même et l'autre joueur. Après que A a fait sa proposition, le joueur B doit décider s'il l'accepte ou la refuse. Si B accepte la proposition, chaque joueur reçoit la somme respective prévue dans ce cas. Si B refuse la proposition, les deux joueurs ne reçoivent rien du tout. Dans les deux cas, le jeu se termine là.

Avant d'aller plus loin, réfléchissez à ce que vous feriez dans une telle situation. Si vous étiez le joueur A, quelle répartition des 100 $ proposeriez-vous ? Si vous étiez le joueur B, quelles propositions accepteriez-vous ?

La théorie économique standard postule que dans une telle situation, les individus tentent rationnellement de maximiser leur utilité. Ce postulat débouche sur une prédiction simple : le joueur A devrait proposer de conserver 99 $ et de remettre 1 $ au joueur B, et le joueur B devrait accepter une telle proposition. Après tout, une fois la proposition faite, le joueur B a intérêt à l'accepter dans la mesure où il obtient une somme d'argent quelconque. De plus, puisque le joueur A sait que le joueur B a intérêt à accepter la proposition, il n'a aucune raison de lui offrir plus de 1 $. Exprimée dans le vocabulaire de la théorie des jeux (traitée au chapitre 17), la répartition 99-1 correspond à un équilibre de Nash.

Pourtant, lorsque des économistes demandent à des individus de jouer au jeu de l'ultimatum, les résultats obtenus sont très différents de la prédiction théorique. Les personnes jouant le rôle du joueur B refusent habituellement toute proposition qui leur accorde 1 $ ou une petite somme semblable. Sachant cela, les personnes qui jouent le rôle du joueur A offrent généralement au joueur B beaucoup plus que 1 $. Certains vont même jusqu'à proposer une répartition moitié-moitié, mais le plus souvent, le joueur A offre au joueur B une somme de l'ordre de 30 $ ou 40 $ et conserve le reste. Dans un tel cas, le joueur B accepte habituellement la proposition.

Comment expliquer ce phénomène? L'interprétation courante est que les individus sont influencés en partie par un certain sens inné de l'équité. Une répartition de 99-1 semble si outrageusement inéquitable pour beaucoup de personnes que celles-ci la rejettent complètement, même à leur propre détriment. Par contre, une répartition de 70-30 demeure inéquitable, mais pas au point d'amener les individus à renoncer à leur intérêt personnel normal.

Tout au long de notre étude du comportement des ménages et des entreprises, le sens inné de l'équité en a été absent. Toutefois, les résultats du jeu de l'ultimatum laissent croire qu'il faudrait peut-être le prendre en compte. Par exemple, il a été question aux chapitres 18 et 19 de l'incidence de l'offre et de la demande de travail sur le niveau des salaires. Certains économistes croient que la perception du caractère équitable des salaires qu'une entreprise verse à ses employés devrait aussi être prise en considération. Ainsi, lorsqu'une entreprise récolte des profits particulièrement élevés pour une année donnée, les employés (comme le joueur B) pourraient s'attendre à en recevoir une part notable, même si l'équilibre de marché ne l'impose pas. L'entreprise (comme le joueur A) pourrait très bien décider de donner aux employés plus que le salaire d'équilibre, de crainte que dans le cas contraire, les employés tentent de se venger en travaillant moins bien ou en recourant à la grève ou même au vandalisme.

Les individus souffrent d'incohérence intertemporelle

Songez à une tâche monotone, comme faire la lessive, pelleter la neige dans l'entrée ou remplir ses déclarations de revenus, puis répondez aux questions suivantes :

1. Préférez-vous (A) consacrer immédiatement 50 minutes à ladite tâche ou (B) lui consacrer 60 minutes demain ?

2. Préférez-vous (A) lui consacrer 50 minutes dans 90 jours ou (B) lui consacrer 60 minutes dans 91 jours ?

Lorsqu'on leur pose des questions de ce genre, nombreuses sont les personnes qui choisissent la réponse B à la première question et la réponse A à la deuxième question. Lorsqu'elles reportent la tâche monotone dans un avenir à moyen terme (comme dans la deuxième question), elles minimisent la quantité de temps nécessaire à consacrer à la tâche en question. Toutefois, lorsqu'elles envisagent la possibilité de l'accomplir immédiatement (comme dans la première question), elles préfèrent y renoncer et la remettre au lendemain.

D'une certaine façon, un tel comportement n'a rien de surprenant : tout le monde se laisse tenter de temps en temps par la procrastination. Cependant, selon la théorie des choix rationnels, il suscite la perplexité. Supposons qu'en réponse à la deuxième question, une personne choisisse de consacrer 50 minutes à la tâche dans 90 jours, et que 90 jours plus tard, nous lui permettions de changer d'avis. En fait, cette personne a alors à répondre à la première question et décide d'accomplir la tâche le lendemain. Pourquoi le simple passage du temps modifierait-il les choix qu'elle fait ?

En maintes occasions dans la vie, les individus élaborent des projets pour eux-mêmes, mais sans y donner suite en fin de compte. Une fumeuse se promet d'arrêter de fumer, mais à peine quelques heures après avoir fumé sa dernière cigarette, elle a envie d'en fumer une autre et laisse tomber sa promesse. Un homme voulant perdre du poids se promet de ne plus manger de dessert, mais lorsque le serveur apporte la carte des desserts, la promesse est vite oubliée. Dans les deux cas, le désir d'obtenir une gratification immédiate amène la personne concernée à abandonner son engagement.

Certains économistes croient que la décision de consommer ou d'épargner est un cas important dans lequel les individus font preuve d'une incohérence intertemporelle de ce genre. Pour beaucoup de personnes, faire une dépense procure une gratification immédiate. S'en abstenir et épargner la somme correspondante, comme le fait de renoncer à une cigarette ou à un dessert, exige un sacrifice immédiat en vue d'obtenir une récompense dans un avenir lointain. Tout comme beaucoup de fumeurs aimeraient pouvoir cesser de fumer et beaucoup de personnes ayant un excès de poids aimeraient manger moins, beaucoup de consommateurs aimeraient épargner davantage. Ainsi, selon une enquête, plus de 50 % des Canadiens ont affirmé qu'ils n'épargnaient pas suffisamment en vue de leur retraite.

Il découle de cette incohérence intertemporelle que les individus devraient s'efforcer de trouver des moyens de s'engager à donner suite à leurs propres projets. Une fumeuse qui tente d'arrêter de fumer peut se débarrasser de toutes ses cigarettes et un homme qui suit un régime peut verrouiller son réfrigérateur. Que peut faire une personne qui épargne trop peu ? Elle devrait trouver un moyen de mettre de côté son argent avant de le dépenser. Certains comptes bancaires, comme ceux qui sont associés à un régime d'épargne-retraite, rendent justement la chose possible. Un employé peut autoriser un prélèvement sur son chèque de paie avant même de le recevoir. La somme prélevée est déposée dans un compte bancaire et ne peut être utilisée avant la retraite qu'au prix d'une pénalité financière. C'est peut-être justement une des raisons pour lesquelles ces comptes d'épargne-retraite sont si populaires : ils mettent les individus à l'abri de leur propre désir d'obtenir une gratification immédiate.

MINITEST

- Décrivez au moins trois façons dont la prise de décisions des individus diffère de celle de l'être humain rationnel que décrit la théorie économique traditionnelle.

Conclusion

Le présent chapitre a porté sur les frontières de la microéconomie. Vous aurez peut-être remarqué que les notions abordées ont davantage été esquissées que pleinement expliquées. C'est tout simplement parce qu'elles sont examinées plus en détail dans des cours avancés, qu'elles font encore l'objet de maints travaux de recherche et qu'elles continuent donc d'être développées.

Pour mieux comprendre en quoi ces notions s'insèrent dans notre propos général, il faut se remémorer les **dix principes d'économie** énoncés au chapitre 1. Selon l'un de ces principes, les marchés représentent en général une bonne façon d'organiser l'activité économique. Un autre de ces principes pose que le gouvernement peut parfois améliorer les solutions de marché. L'étude de l'économie permet une meilleure appréciation du bien-fondé de ces principes ainsi que des restrictions qui leur sont associées. L'étude de l'asymétrie de l'information devrait illustrer l'importance de se méfier du fonctionnement des marchés. L'étude de la théorie des choix publics, quant à elle, devrait illustrer l'importance de se méfier des interventions du gouvernement. Et l'étude de l'économie comportementale devrait illustrer l'importance de se méfier de toute institution qui s'appuie sur la prise de décisions des êtres humains, que ce soit le marché ou le gouvernement.

Le thème commun à toutes les notions étudiées est clairement le fait que la vie est compliquée. L'information est imparfaite, le gouvernement est imparfait et les individus aussi sont imparfaits. Bien sûr, vous le saviez déjà avant de commencer à étudier l'économie, mais les économistes doivent comprendre le mieux possible toutes ces imperfections s'ils veulent parvenir à expliquer et peut-être même à améliorer le fonctionnement du monde contemporain.

Résumé

- Dans de nombreux échanges économiques, l'information disponible est asymétrique. Lorsque des actions sont non observables, le principal doit se rappeler que les agents sont exposés au problème de l'aléa moral. En présence de caractéristiques cachées, les acheteurs doivent être conscients du problème de l'antisélection chez les vendeurs. Les marchés privés réagissent parfois au problème de l'asymétrie de l'information en recourant à l'envoi de signaux et au filtrage.
- Si les politiques publiques peuvent parfois améliorer le fonctionnement des marchés, le gouvernement n'en demeure pas moins une entité imparfaite. Le paradoxe de Condorcet montre bien que la règle de la majorité simple n'engendre pas de préférences transitives dans la société, alors que le théorème d'Arrow révèle qu'aucun système électoral n'est parfait. Dans maintes situations, les structures démocratiques vont donner les résultats désirés par l'électeur médian, peu importe les préférences du reste de l'électorat. En outre, les individus qui définissent les politiques publiques peuvent être animés par leur intérêt personnel plutôt que par l'intérêt national.
- L'étude de la psychologie et de l'économie démontre que la prise de décisions des êtres humains est un processus plus complexe que ce qu'affirme la théorie économique traditionnelle. Les individus n'agissent pas toujours de façon rationnelle, ils se soucient du caractère équitable des résultats économiques (même à leur propre détriment) et ils sont parfois victimes d'incohérence intertemporelle.

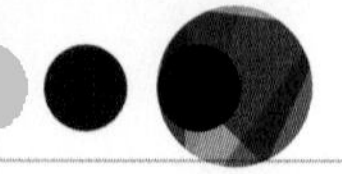

Concepts clés

Agent, p. 469

Aléa moral, p. 469

Antisélection, p. 471

Économie comportementale, p. 482

Envoi d'un signal, p. 472

Filtrage, p. 473

Paradoxe de Condorcet, p. 478

Principal, p. 469

Théorème de l'électeur médian, p. 480

Théorème d'impossibilité d'Arrow, p. 479

Théorie des choix publics, p. 477

Questions de révision

1. Qu'est-ce que l'aléa moral ? Énumérez trois mesures qu'un employeur peut prendre pour atténuer l'importance de ce problème.
2. Qu'est-ce que l'antisélection ? Donnez l'exemple d'un marché dans lequel l'antisélection peut causer des problèmes.
3. Définissez les notions d'envoi de signal et de filtrage, et donnez un exemple de chacune de ces notions.
4. Expliquez le paradoxe de Condorcet.
5. Expliquez pourquoi la règle de la majorité simple a pour effet de favoriser les préférences de l'électeur médian plutôt que celles de l'électeur moyen.
6. Décrivez le jeu de l'ultimatum. Quel est le résultat de ce jeu que prédit la théorie économique traditionnelle ? Les expériences menées confirment-elles la prédiction de cette théorie ? Précisez.

Suggestions de lecture estivale

Si vous avez aimé le cours d'économie que vous venez de terminer, vous prendrez peut-être plaisir à lire l'un de ces livres.

Ouvrages en langue française

- ***Comprendre l'économie : ou comment les économistes pensent,*** de Pierre Lemieux. (2008). Paris, France : Les Belles Lettres. L'auteur, professeur d'économie à l'Université du Québec en Outaouais, présente les grandes composantes de la théorie économique, sans le moindre artifice mathématique ou graphique. Un tour de force et une lecture passionnante.
- ***Les grands économistes,*** de Robert L. Heilbroner. (1971). Paris, France : Seuil. Ce petit livre abordable présente la vie et les idées de quelques économistes célèbres : Smith, Ricardo, Marx, Keynes, Schumpeter, etc.
- ***On n'a pas les gouvernements qu'on mérite : regard d'économiste sur les choix publics,*** de Jean-Luc Migué. (2007). Montréal, Québec : Carte blanche. Un des rares économistes québécois spécialistes de la théorie des choix publics, l'auteur examine les problèmes liés à l'intervention des gouvernements dans la société.

Ouvrages en langue anglaise

- ***The armchair economist : Economics and everyday life,*** de Steven E. Landsburg. (1993). New York, NY : The Free Press. Landsburg discute certains des petits puzzles économiques qui émaillent la vie quotidienne.
- ***Beauty pays,*** de Daniel S. Hamermesh. (2011). Princeton, NJ : Princeton University Press. Un économiste mesure et analyse les effets de la beauté, tant sur le marché du travail que devant la justice.
- ***Capitalism and freedom,*** de Milton Friedman. (1962). Chicago, IL : University of Chicago Press. Écrit par l'un des économistes les plus influents du XXe siècle, ce livre offre un plaidoyer percutant en faveur de l'économie de marché.
- ***Hidden order : The economics of everyday life,*** de David Friedman. (1996). New York, NY : HarperCollins. Ce livre présente une perspective distrayante de la pertinence de l'analyse microéconomique dans l'explication de la vie de tous les jours.
- ***The locavore's dilemma,*** de Pierre Desrochers et Hiroko Shimizu. (2012). New York, NY : PublicAffairs. Un livre fascinant, qui explore les questions de l'écologie, de la géographie et de l'économie. Destruction de mythes en perspective !
- ***Murder at the margin,*** de Marshall Jevons. (1993). Princeton, NJ : Princeton University Press, et ***The fatal equilibrium,*** de Marshall Jevons. (1985). Cambridge, MA : MIT Press. Dans chacun de ces romans noirs, l'auteur utilise la boîte à outils de l'économiste afin de débusquer le coupable. Étonnants et amusants !
- ***Naked economics : Undressing the dismal science,*** de Charles Wheelan. (2002). New York, NY : W.W. Norton & Company. Cet ancien correspondant pour le magazine *The Economist* présente la plupart des concepts économiques importants, sans artifices et en donnant des exemples tirés de la vie quotidienne.

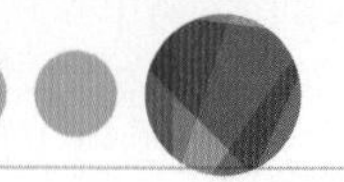

- ***New ideas from dead economists,*** de Todd G. Buchholz. (1989). New York, NY : Penguin Books. Ce petit livre sympathique offre un survol de l'histoire de la pensée économique.
- ***Power and prosperity,*** de Mancur Olson. (2000). New York, NY : Basic Books. Pourquoi certaines économies sont-elles plus prospères que d'autres ? L'auteur, rendu célèbre par le livre *La logique de l'action collective,* explore ici ce que les gouvernements doivent faire pour rendre les marchés efficaces.
- ***The price of everything : A parable of possibility and prosperity,*** de Russel Roberts. (2008). Princeton, NJ : Princeton University Press. Écrit par un professeur d'économie à l'Université George Mason, ce livre explique, à l'aide de paraboles et de dialogues, les principes du fonctionnement du système des prix.
- ***The rational optimist,*** de Matt Ridley. (2010). New York, NY : HarperCollins. L'auteur examine le développement économique à travers l'histoire, en réactualisant les idées d'Adam Smith.
- ***Thinking, fast and slow,*** de Daniel Kahneman. (2011). New York, NY : Farrar, Straus et Giroux. Ce psychologue, Nobel d'économie, se demande dans quelle mesure les humains sont rationnels.
- ***Why globalization works,*** de Martin Wolf. (2004). New Haven, CT : Yale University Press. Le public est fortement divisé quant aux mérites de la mondialisation. Wolf examine les avantages et les coûts de ce phénomène qui nous touche tous.
- ***Why nations fail,*** de Daron Acemoglu et James Robinson. (2012). New York, NY : Crown Publishers. Ces deux économistes examinent le rôle des institutions dans le développement économique des nations. Un livre majeur.
- ***Why popcorn costs so much at the movies : And other pricing puzzles,*** de Richard B. McKenzie. (2008). New York, NY : Springer-Verlag. Pourquoi les tickets de cinéma sont-ils tous au même prix ? Pourquoi une cartouche d'encre coûte-t-elle presque autant qu'une imprimante ? L'auteur utilise les idées économiques de base pour expliquer une multitude de stratégies de prix.
- ***A world of chance : Betting on religion, games, Wall Street,*** de Reuven Brenner, Gabrielle Brenner et Aaron Brown. (2008). New York, NY : Cambridge University Press. Un livre fascinant qui explore les facettes économiques, politiques, financières et historiques des jeux de hasard.

Sources iconographiques

Couverture: Private Collection/The Bridgeman Art Library, toile de Victor Gabriel Gilbert (1847-1933), *The Market Place*; MACIEJ NOSKOWSKI/iStockphoto; Fitzer/iStockphoto; Ouvertures de parties et de chapitres: MACIEJ NOSKOWSKI/iStockphoto; p. 9: © Lea Suzuki/San Francisco Chronicle/Corbis; p. 12: © Bettmann/CORBIS; p. 22: J. B. Handelsman © The New Yorker Collection/www.cartoonbank.com; p. 32: © Susan Mcarthur-letellier/Dreamstime.com; p. 57: Wikipedia Commons; p. 59: Graham Hughes/Presse canadienne; p. 60: tcly/Shutterstock.com; p. 72: Edyta Pawlowska/Shutterstock.com; p. 86: Robert J. Day © The New Yorker Collection/www.cartoonbank.com; p. 120: Getty Images; p. 128: Bernard Schoenbaum © The New Yorker Collection/www.cartoonbank.com; p. 172: Adrian Wyld/Presse canadienne; p. 195: Berry's World. Réimprimé avec l'autorisation de Newspaper Enterprise Association Inc. (United Media); p. 198: © Bernard Bisson/Sygma/Corbis; p. 206: J. B. Handelsman © The New Yorker Collection/www.cartoonbank.com; p. 211: © Mary Evans Picture Library/The Images Works; p. 212: lisafx/BigStock Photo; p. 227: Dana Fradon © The New Yorker Collection/www.cartoonbank.com; p. 230: Kayo/Shutterstock.com; p. 251: Berry's World. Réimprimé avec l'autorisation de Newspaper Enterprise Association Inc. (United Media); p. 258: Vasily Smirnov/Shutterstock.com; p. 268: © Bettmann/CORBIS; p. 270: Rob Marmion/Shutterstock.com; p. 295: Tyler Olson/Shutterstock.com; p. 301: Grin & Bear it © North America Syndicate; p. 310: The Canadian Press Images/Denis Beaumont; p. 347: Andre Viegas/Shutterstock.com; p. 350 (gauche) Time & Life Pictures/Getty Images, (droite) Getty Images; p. 370: Bobb Klissourski/Shutterstock.com; p. 381: © ericmichaud/iStockphoto; p. 385: © Bettmann/Corbis; p. 395: © Bettmann/CORBIS; p. 403: Featureflash/Shutterstock.com; p. 407: © Joseph Rank/www.cartoonstock.com; p. 430: wrangler/Shutterstock.com; p. 447: Kzenon/Shutterstock.com; p. 473: wavebreakmedia/Shutterstock.com.

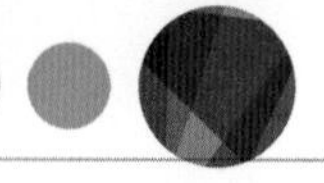

INDEX

Les numéros en caractères gras indiquent qu'une définition du terme se trouve sur la page correspondante.

A

B

C

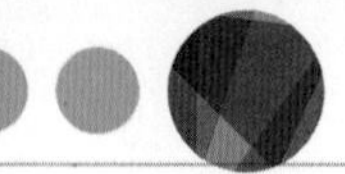

F

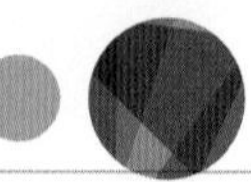

Q

R

S

T

U

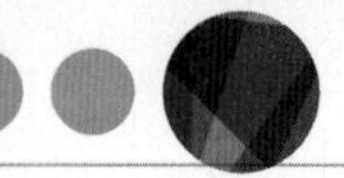

V